Konzepte 6
der Sprach- und Literaturwissenschaft

Herausgegeben von
Peter Eisenberg und Helmuth Kiesel

Hermann Paul

Prinzipien
der Sprachgeschichte

10., unveränderte Auflage
Studienausgabe

Max Niemeyer Verlag
Tübingen 1995

1. Auflage 1880
2. Auflage 1886
3. Auflage 1898
4. Auflage 1909
5. Auflage 1920
   Unveränderter Abdruck 1937
6. Auflage 1960
7. Auflage 1966
8. Auflage 1968
9. Auflage 1975

Die Deutsche Bibliothek – CIP-Einheitsaufnahme

Paul, Hermann: Prinzipien der Sprachgeschichte / Hermann Paul. – 10., unveränd. Aufl., Studienausg. – Tübingen : Niemeyer, 1995
(Konzepte der Sprach- und Literaturwissenschaft ; 6)
NE: GT

ISBN 3-484-22005-8   ISSN 0344-6735

© Max Niemeyer Verlag GmbH & Co. KG, Tübingen 1995
Das Werk einschließlich aller seiner Teile ist urheberrechtlich geschützt. Jede Verwertung außerhalb der engen Grenzen des Urheberrechtsgesetzes ist ohne Zustimmung des Verlages unzulässig und strafbar. Das gilt insbesondere für Vervielfältigungen, Übersetzungen, Mikroverfilmungen und die Einspeicherung und Verarbeitung in elektronischen Systemen.
Printed in Germany.
Gedruckt auf alterungsbeständigem Papier.
Druck: Weihert-Druck GmbH, Darmstadt
Einband: Hugo Nädele, Nehren

Vorrede zur zweiten Auflage.

Schon ehe der Druck der ersten Auflage vollendet war, konnte ich nicht darüber im Zweifel sein, dass meine Erörterungen der Ergänzung dringend bedürftig seien, indem manche wichtige Seiten des Sprachlebens darin nur flüchtig berührt waren. Ich fasste daher sofort eine solche Ergänzung ins Auge und war unablässig darauf bedacht alles zusammenzutragen, was mir dazu dienlich schien. Doch aber kam mir die Aufforderung meines Verlegers zur Herstellung einer zweiten Auflage zu rasch und unerwartet, als dass ich derselben sofort hätte Folge leisten können. Auch jetzt hätte ich lieber noch gezögert, um manches besser ausreifen zu lassen. Ich musste aber schliesslich doch dem durch die reichliche Nachfrage nach dem Buche berechtigten Drängen des Verlegers nachgeben.

Auch diese zweite Auflage wird vor den Augen mancher Fachgenossen nicht mehr Gnade finden als die erste. Die einen werden sie zu allgemein, die andern zu elementar finden. Manche werden etwas Geistreicheres wünschen. Ich erkläre ein für allemal, dass ich nur für diejenigen schreibe, die mit mir der Überzeugung sind, dass die Wissenschaft nicht vorwärts gebracht wird durch komplizierte Hypothesen, mögen sie auch mit noch so viel Geist und Scharfsinn ausgeklügelt sein, sondern durch einfache Grundgedanken, die an sich evident sind, die aber erst fruchtbar werden, wenn sie zu klarem Bewusstsein gebracht und mit strenger Konsequenz durchgeführt werden.

Ohne erhebliche Veränderungen sind aus der ersten Auflage herübergenommen Kap. 13 (= 8), 14 (= 7), 21 (= 13), 23 (= 14), auch 9 (= 10) abgesehen von der Weglassung des letzten Abschnittes, dessen Gegenstand eine ausführlichere Behandlung in Kap. 6 gefunden hat. Etwas belangreichere Veränderungen oder Zusätze haben erfahren die Einleitung (= Kap. 1), Kap. 2 (= 12), 3 (= 3), noch mehr 19 (= 9 von S. 160 an), 20 (= 11), 10 (= der Hauptmasse von 5 und 6). Zum Teil aus der ersten Auflage herübergenommen, zum Teil neu sind Kap. 1 (= 2), 5 (= 4) und 11 (= Stücken von 5 und 6). Ganz neu oder nur kurzen Andeutungen der ersten Auflage entsprechend sind Kap. 4, 6, 7, 8, 12, 15, 16, 17, 18 und 22.

Es war anfänglich meine Absicht noch ein methodologisches Kapitel anzufügen über die Scheidung des Lautwandels von den durch Rücksicht auf die Funktion bedingten Umgestaltungen der Lautform. Ich möchte indessen nicht gern das wiederholen, was ich schon in den Beiträgen z. Gesch. d. deutschen Spr. u. Lit. VI, 1 ff. ausgeführt habe. Freilich sehe ich sowohl aus der sprachwissenschaftlichen Praxis als aus den theoretischen Erörterungen der letzten Jahre, dass die dort gegebenen Auseinandersetzungen wenig Beachtung gefunden haben. Sie sind namentlich von allen denjenigen ignoriert, welche geleugnet haben, dass in der Methode der morphologischen Untersuchungen neuerdings ein erheblicher Fortschritt gemacht sei.

Freiburg i. B., Juni 1886.

Vorrede zur dritten Auflage.

Das Werk hat diesmal keine so durchgreifende Umgestaltung erfahren wie in der zweiten Auflage. Wesentlich verändert und erweitert sind Kap. IV und VIII. Von sonstigen Änderungen und Zusätzen sind die erheblichsten in §§ 45, 98, 130, 152 161, 172, 176, 184, 195, 202 zu finden.

München, April 1898.

Vorrede zur vierten Auflage.

Von der neuen Auflage wird man wohl vor allem eine Auseinandersetzung mit dem ersten Bande von Wundts Völkerpsychologie (Leipzig 1900. ²1904) erwarten. Leider kann ich mich diesem Werke gegenüber, so viel Anregungen es auch im einzelnen bringt, doch in den Hauptpunkten nur ablehnend verhalten. Eine Reihe von Einwendungen sind gegen dasselbe von Delbrück (Grundfragen der Sprachforschung, Strassburg 1901) und Sütterlin (Das Wesen der sprachlichen Gebilde, Heidelberg 1902) erhoben worden. Tiefer in den Kern der Sache dringt meiner Überzeugung nach Wegener in seiner Anzeige der Schrift von Delbrück im Lit. CBl. 1902, Sp. 401, der ich, von nebensächlichen Punkten abgesehen, durchaus beistimmen muss.

Der Gegensatz zwischen Wundt und mir beruht nicht so sehr darauf, dass ich mich an die Psychologie Herbarts angelehnt habe (ohne übrigens dessen metaphysischen Standpunkt einzunehmen), während Wundt sein eigenes System zugrunde legt. Allerdings mag es damit zusammenhängen, dass die Analogie, der ich (wohl in Übereinstimmung mit allen heutigen Sprachforschern) eine so grosse Bedeutung für die Sprechtätigkeit und die Sprachentwickelung beigemessen habe, bei Wundt fast gar keine Rolle spielt (vgl. meine Anm. zu S. 116). Aber eine viel tiefere und breitere Kluft trennt uns, die sich auf keine Weise überbrücken lässt, in Folge der beiderseitigen Stellung zu der sogenannten Völkerpsychologie.

Wundt stellt, wie schon der Gesamttitel seines grossen Werkes zeigt, die Völkerpsychologie neben die Individualpsychologie, und zwar alles Ernstes in einem Sinne, wie ich ihn in der Einleitung meines Buches bekämpft habe (vgl. meine Anm. zu S. 13). Dazu glaubt er sich berechtigt, sobald zu dem seelischen Leben nicht mehr eine transzendente Trägerin hinzugedacht wird. Die Veränderungen der Sprache erfolgen nach ihm durch Veränderungen in der Volksseele, nicht durch solche in den Einzelseelen. Das Problem, welches für mich im Mittelpunkt der Untersuchung steht, die Frage, wie sich die Wechselwirkung der Individuen unter einander vollzieht, ist für Wundt überhaupt kein Problem. Er behandelt daher die Sprache immer nur vom Standpunkt des Sprechenden, nicht von dem des Hörenden (vgl. S. 122). Auf diesem Wege kann meiner Überzeugung nach kein volles Verständnis der Sprachentwickelung gewonnen werden.

In manchen Besprechungen des Wundtschen Werkes ist die Zuversicht ausgesprochen, dass von demselben eine fundamentale Umgestaltung der Sprachwissenschaft ausgehen würde. Ich kann diese Erwartung nicht teilen. Wundt selbst in seiner Verteidigungsschrift gegen Delbrück (Sprachgeschichte und Sprachpsychologie, Leipzig 1901) S. 8 ff. erklärt, dass es ihm nicht sowohl auf eine Verwertung der Psychologie für die Sprachwissenschaft angekommen sei, als auf eine Verwertung der Sprachwissenschaft für die Psychologie, dass er aus der Betrachtung der Sprache psychologische Gesetze haben gewinnen wollen. Ich bezweifle, dass dies möglich ist. Gewiss kann der Psychologe aus der Sprachgeschichte mancherlei Anregung zum Nachdenken schöpfen. Aber jede Veränderung des Sprachgebrauches, wie sie die Sprachgeschichte zu verzeichnen pflegt, auch die allereinfachste, ist nach der von mir vertretenen Auffassung schon das Ergebnis mannigfacher Sprech- und Hörbetätigungen vieler Individuen. Nicht dies Ergebnis ist ein Gegenstand für den Psychologen, sondern die einzelnen Vorgänge, die es schliesslich herbeiführen. Sprechtätigkeit im weitesten Sinne, auch die Spracherlernung eingeschlossen, ist das Gebiet, dem sich die psychologische Forschung zuwenden muss. Hierbei aber wird sie sich auf unmittelbare Beobachtung stützen und bedarf dazu der Sprachgeschichte nicht. Es bleibt dabei: die Psychologie ist ein unentbehrliches Hilfsmittel zum Verständnis der Sprachentwickelung, aber die Sprachgeschichte kann ihr diesen Dienst nicht vergelten, wenigstens nicht unmittelbar. Noch weniger kann die Psychologie aus der Betrachtung von Sprachzuständen Nutzen ziehen, über deren Vorgeschichte wir keine Quellen haben, wie sie aber von Wundt mit Vorliebe herangezogen werden. Hier kann uns vielmehr erst die anderswoher geschöpfte Einsicht in das Wesen der Sprachentwickelung, also auch die anderswoher geschöpfte psychologische Erkenntnis dazu verhelfen, Vermutungen über die Entstehung der betreffenden Zustände zu wagen, die einigen Anspruch auf Wahrscheinlichkeit machen können. Ich vermisse denn auch bei Wundt eine Darlegung der psychologischen Erkenntnisse, die er als mit Hilfe der Sprachwissenschaft gewonnene angesehen wissen will. Ich habe vielmehr den Eindruck, dass er mit fertigen psychologischen Anschauungen an die Sprachbetrachtung herangetreten ist. Darin liegt nach meinen obigen Auseinandersetzungen durchaus kein Vorwurf. Es konnte nicht anders sein.

Von zusammenfassenden Werken über allgemeine Sprachwissenschaft, die seit der dritten Auflage erschienen sind, wären noch zu erwähnen Jac. van Ginneken, Grondbeginselen der Psychologische Taalwetenschap, Lier 1904—06 (auch in französischer Bearbeitung: Principes de linguistique psychologique, Paris 1908) und A. Marty, Untersuchungen zur Grundlegung der allgemeinen Grammatik und Sprachphilosophie, erster Band, Halle 1908. Der Verfasser des ersteren Werkes zeigt eine sehr umfassende Beherrschung der psychologischen und sprachwissenschaftlichen Literatur und enthält manche eigene gute Bemerkungen. Ich kann ihm aber nicht folgen in dem Bestreben die Sprachentwickelung aus wenigen allgemeinen Grundsätzen restlos abzuleiten. Martys Werk hält sich in den Grenzen logisch-psychologischer Untersuchung, ohne in das dem Sprachforscher eigentümliche Gebiet überzugreifen. Es liegt mir nichts ferner, als ihm daraus einen Vorwurf zu machen. Aber es berührt sich deshalb wenig mit meinen überall an die sprachliche Einzelforschung anknüpfenden Untersuchungen. O. Dittrich ist im ersten Bande seiner Grundzüge der Sprachpsychologie (Halle 1903) noch nicht über die Einleitung hinausgekommen (vgl. S. 21). Eingehende prinzipielle Erörterungen enthält das noch unvollendete Werk Vårt Språk von Ad. Noreen.

Ausser den Auseinandersetzungen mit Wundt, die meist in Anmerkungen gegeben sind, habe ich eine Anzahl von Veränderungen und Zusätzen angebracht und neuere Literatur eingetragen. Bedeutendere Änderungen des Textes sind vorgenommen auf S. 64—66, 121—123, 179, 181—182, 401—402.

Die Anwendbarkeit meiner Prinzipien auf nichtindogermanische Sprachen ist mir besonders durch das vortreffliche Werk von Simonyi über die ungarische Sprache bestätigt, sowie auf beschränkterem Gebiete schon früher durch Reckendorfs Behandlung der arabischen Syntax.

Auf vielfältig geäusserten Wunsch ist diesmal ein Register beigegeben, das von meinem Neffen Dr. Paul Gereke ausgearbeitet ist.

München, Januar 1909.

Vorrede zur fünften Auflage.

Die Änderungen dieser Ausgabe beschränken sich auf kleine Zusätze und Berichtigungen. Da ich seit Jahren ausserstande bin, Gedrucktes oder Geschriebenes zu lesen, bedurfte ich bei der Revision fremder Hilfe, die mir durch Fräulein Dr. Annemarie Deditius und Herrn Dr. Rudolf Blümel geleistet wurde.

München, Januar 1920.

H. Paul.

Inhalt.

Seite

Einleitung 1
Notwendigkeit einer allgemeinen theoretischen Wissenschaft (Prinzipienlehre) neben der Sprachgeschichte wie neben jedem Zweige der Geschichtswissenschaft 1. Nähere Bestimmung ihrer Aufgabe 1. Prinzipienlehre zugleich Grundlage für die Methodenlehre 3. Übertragung der in der Naturwissenschaft üblichen Betrachtungsweise auf die Kulturwissenschaft 3. Die Sprachwissenschaft unter den historischen Wissenschaften der vollkommensten Methode fähig 5. Zusammenwirken psychischer und psysischer Faktoren in aller Kulturentwickelung 6. Kulturwissenschaft immer Gesellschaftswissenschaft 7. Kritik der Lazarus-Steinthalschen Völkerpsychologie 8. Wechselwirkung der Seelen aufeinander nur indirekt durch physische Vermittelung möglich 12. Verwandlung indirekter Assoziationen in direkte 15. Eigentümlichkeiten der Sprachwissenschaft gegenüber andern Wissenschaften 16. Wissenschaftliche Behandlung der Sprache nur durch historische Betrachtung möglich 20.

Kap. I. Allgemeines über das Wesen der Sprachentwickelung 23
Gegenstand der Sprachwissenschaft 23. Organismen von Vorstellungsgruppen die Grundlage aller Sprechtätigkeit 26, die Träger der geschichtlichen Entwickelung 29. Erfordernisse für die Beschreibung eines Sprachzustandes 31. Ursache für die Veränderungen des Usus die gewöhnliche Sprechtätigkeit 32. Entwickelungsstadien 32. Klassifizierung der Veränderungen 34. Anfänge der Sprache 35. Grammatik und Logik 36.

Kap. II. Die Sprachspaltung 37
Analogieen aus der organischen Natur 37. Fassung des zu lösenden Problems 39. Veränderung und Differenzierung 40. Verkehrsverhältnisse 40. Spontaneität und Beeinflussung 41. Unabhängigkeit der einzelnen Differenzierungen von einander 42. Das Bild einer Stammtafel unzutreffend 43. Allmähliche Abstufung der Dialektunterschiede 44. Sprachtrennung 46. Die Lautverhältnisse das eigentlich Charakteristische 47. Kunstsprache, Dichtersprache 47. Unbegrenztes Wachstum der mundartlichen Verschiedenheiten 48.

Kap. III. Der Lautwandel 49
Die bei der Erzeugung der Sprachlaute tätigen Faktoren, Bewegungsgefühl und Tonempfindung 49. Mangel eines Bewusstseins

von den Elementen des Wortes 50. Das Wort eine kontinuierliche Reihe von unendlich vielen Lauten 51. Kontrolle des Gesprochenen 52. Grenzen des Unterscheidungsvermögens 53. Ablenkungen von der durch das Bewegungsgefühl angezeigten Richtung unvermeidlich 54. Verschiebung des Bewegungsgefühles 55. Ursachen der Ablenkung 56. Bequemlichkeit Nebenursache, Bewegungsgefühl Hauptursache 57. Kontrolle durch das Lautbild 58. Verhältnis des Einzelnen zu seinen Verkehrsgenossen 59. Lautliche Veränderungen, die nicht auf Verschiebung des Bewegungsgefühles beruhen 63. Konsequenz der Lautgesetze 67.

Kap. IV. **Wandel der Wortbedeutung** 74
Bedeutungswandel auf Unterschiebung beruhend 74. Usuelle und okkasionelle Bedeutung 75. Abstrakte und konkrete Bedeutung 75. Mehrfache Bedeutung 76. Mittel, welche abstrakten Wörtern okkasionell konkrete Bedeutung geben 78. Mittel zur Spezialisierung der Bedeutung 81. Abweichung der okkasionellen Bedeutung von der usuellen auch dadurch möglich, dass erstere nicht alle Elemente der letzteren einschliesst 82. Übertragung auf das räumlich, zeitlich oder kausal mit der usuellen Bedeutung Verknüpfte 83. Notwendigkeit einer Bestimmung für das Hinausgreifen über die Schranken der usuellen Bedeutung 83. Verschiedenheit des Verhältnisses zwischen usueller und okkasioneller Bedeutung in verschiedenen Sprachen 84. Veränderung des Usus aus der okkasionellen Modifikation entwickelt 84. Arten des Bedeutungswandels: Spezialisierung 87, Beschränkung auf einen Teil des ursprünglichen Inhalts 91, Metapher 94, Übertragung auf das räumlich, zeitlich oder kausal mit der älteren Bedeutung Verknüpfte 97, andere Arten 100, Kombination der verschiedenen Arten 102. Bedeutungswandel in Wortgruppen 103. Abhängigkeit des Bedeutungsinhalts von der Bildungsstufe des Einzelnen 103 und des ganzen Volkes 104.

Kap. V. **Analogie** 106
Stoffliche und formale Gruppen 106. Proportionengruppen: stofflich-formale 107, etymologisch-lautliche 108, syntaktische 108. Wirksamkeit der Proportionengruppen bei der Sprechtätigkeit (Analogiebildung) 109, auf syntaktischem Gebiete 110, in Wortbildung und Flexion 112. Abweichung des analogisch Gebildeten vom Usus 113. Analogiebildung auf dem Gebiete des Lautwechsels 117.

Kap. VI. **Die syntaktischen Grundverhältnisse** 121
Definition des Satzes 121. Mittel zur Bezeichnung der Verbindung von Vorstellungen 123. Subjekt und Prädikat, psychologisches und grammatisches 124. Mittel zur Unterscheidung beider: Tonstärke, Wortstellung 126. Konkrete und abstrakte Sätze 128. Scheinbar eingliedrige Sätze 129. Verba impersonalia 130. Negative Sätze 133. Aussage- und Aufforderungssätze 133. Fragesätze 135. Satzerweiterung 138. Doppeltes Subjekt oder Prädikat 138. Herabdrückung des Prädikats zu einer Bestimmung 139. Unterschiede in der Funktion der Bestimmung 142. Prädikatives Attribut 142. Prädikat zum Prädikat 142. Verhältnis mehrerer Bestimmungen 142. Erweiterungen durch Verwendung eines Satzes als Subj. oder Obj. 145.

Vereinigung von Selbständigkeit und Abhängigkeit 145. Indirekte Rede 146. Satz als Apposition zu einem Nomen 147, Nomen zu einem Satz 147. Parataxis 147. Stufenweise Annäherung an Hypotaxis 149. Übergang von Aufforderung und Frage in Hypotaxis 150.

Kap. VII. **Bedeutungswandel auf syntaktischem Gebiet** 151

Vergleichung mit dem Wandel der Wortbedeutung, Unterschied zwischen allgemeiner syntaktischer Beziehung und der Beziehung zu einem bestimmten Worte 151. Genitiv und regierendes Subst. 152. Objektsakkusativ 153. Rektion der Präpositionen 155. Apposition und gen. partitivus 155. Subjekt zu Verben 156. Substant. und adjektivisches Präd. oder Attribut 157. Konjunktionen 158.

Kap. VIII. **Kontamination** 160

Begriff 160. Kontamination auf lautlichem Gebiet 160, auf syntaktischem 163ff. Momentane Anomalieen 163, usuelle 163ff. Negation 175. Pleonasmus 172. Ellipsen 173.

Kap. IX. **Urschöpfung** 174

Bedingungen zur Urschöpfung noch jetzt vorhanden 174. Sie hat niemals ganz aufgehört 175. Anwendung der auf andern Gebieten des Sprachlebens gewonnenen Erfahrungen auf die Urschöpfung 176. Der junge Sprachstoff hauptsächlich Bezeichnungen für Geräusche und Bewegungen 177. Interjektionen 179. Ammensprache 181. Lautsymbolik 182. Die ersten Urschöpfungen ohne grammatische Kategorie 182, bezeichnen ganze Anschauungen 183, werden zunächst ohne Absicht der Mitteilung hervorgebracht 184. Unfähigkeit des Urmenschen zu willkürlicher Hervorbringung von Sprachlauten 185. Reproduktion notwendig für den Begriff der Sprache 187. Unterschied der menschlichen und tierischen Sprache 187.

Kap. X. **Isolierung und Reaktion dagegen** 189

Möglichkeit eines allgemeingültigen Systems der Gruppierung für jede Entwickelungsperiode 189. Wechsel in diesem System 189. Isolierung 190. Das System lediglich bedingt durch Übereinstimmung in Lautgestalt und Bedeutung 190. Ursachen der Isolierung 190. Zerstörung der etymologisch-lautlichen Gruppen 190, der syntaktischen 191, der formalen und stofflichen a) durch den Bedeutungswandel 194, b) durch den Lautwandel 196. Reaktion mit Hilfe der Ausgleichung 198. Beseitigung der durch die Stellung im Satze entstandenen Doppelformigkeit 199. Ausgleichung zwischen lautlich differenzierten Formen aus gleichem Stamme oder Wörtern aus gleicher Wurzel (stoffliche Ausgleichung im Gegensatz zu der formalen) 201. Ungleichmässigkeiten im Eintreten derselben in Folge fördernder oder hemmender Umstände 202: Lautliche Momente 203, grössere oder geringere Festigkeit des Zusammenhanges 205, Intensität der gedächtnismässigen Einprägung 207, Mitwirken der formalen Gruppierung 208. Verwandlung eines zufällig entstandenen bedeutungslosen Unterschiedes in einen bedeutungsvollen 209. Verwandlung von Elementen des Wortstammes in Flexionsendungen 215. Unabsichtlichkeit aller lautlichen Differenzierung 216.

Seite

Kap. XI. Bildung neuer Gruppen 217
Tilgung von Unterschieden durch den Lautwandel 217. Gänzlicher Zusammenfall 217. Zusammentreten unverwandter Wörter zu stofflichen Gruppen: einfachste Art der Volksetymologie 218. Kompliziertere Art der Volksetymologie durch lautliche Umformung 220. Verdeutlichung durch Zusammensetzung 222. Zusammenfall auf formalen Gebiete und Folgen dieses Zusammenfalls a) bei funktioneller Gleichheit 223, b) bei funktioneller Verschiedenheit 229.

Kap. XII. Einfluss der Funktionsveränderung auf die Analogiebildung 233
Eintritt in eine andere Gruppe verändert die Richtung der Analogiebildung 233. Folgen der Verwandlung eines Appellativums in einen Eigennamen 233. Übertritt in eine andere Wortklasse 234. Verschmelzung einer syntaktischen Verbindung zu einer Worteinheit 235. Erstarrung 235. Einwirkung des Bedeutungswandels auf die Konstruktion 237. Umdeutung einer Konstruktion unter dem Einflusse einer synonymen 238.

Kap. XIII. Verschiebungen in der Gruppierung der etymologisch zusammenhängenden Wörter 242
Die Gruppierung der etymologisch zusammenhängenden Wörter und Formen in den Seelen einer späteren Generation muss vielfach anders ausfallen, als es der ursprünglichen Bildungsweise entsprechen würde; die Folge davon ist Analogiebildung, die aus dem Gleise der ursprünglichen Bildungsgesetze heraustritt 242. Beispiele 242. Verschmelzung zweier Suffixe 245. Verschiebung der Beziehungen in der Komposition 247. Verschiebung in dem Verhältnis der verschiedenen Bedeutungen des gleichen Wortes 249.

Kap. XIV. Bedeutungsdifferenzierung 251
Ursachen der Entstehung eines Überflusses in der Sprache 251. Tendenz zur Beseitigung alles Überflusses 251. Blosse negative Beseitigung und positive Nutzbarmachung 253. Lautdifferenzierung zum Zwecke der Bedeutungsdifferenzierung nur scheinbar 254. Doppelwörter 255. Verwandte Vorgänge in Folge partieller Gleichheit der Bedeutung 260. Syntaktische Differenzierung 261.

Kap. XV. Psychologische und grammatische Kategorie 263
Die anfängliche Harmonie zwischen psychologischer und grammatischer Kategorie wird im Laufe der Zeit gestört und sucht sich dann wieder herzustellen; die Beobachtung dieser Vorgänge gibt Belehrung über die ursprüngliche Entstehung der grammatischen Kategorieen 263. Die einzelnen Kategorieen: Geschlecht 263, Numerus 269, Tempus 273, Genus des Verbums 278.

Kap. XVI. Verschiebung der syntaktischen Gliederung 282
Widerstreit zwischen psychologischer und grammatischer Gliederung 282. Zweigliedrigkeit und Vielgliedrigkeit 282. Psychologisches Prädikat 283, Subjekt und Bindeglieder 284. Satzglieder, die regelmässig psychologisches Subj. oder Präd. sind 284. Umschreibungen zur Vermeidung des Widerstreits 285. Ausgleichung des Widerstreits 285. Psychologisches Verhältnis der adverbialen Bestimmungen 286.

Seltenheit des Widerstreits in Sprachen von geringer formaler Ausbildung 287. Rollentausch zwischen dem Bestimmten und der Bestimmung 288. Auseinanderreissung des grammatisch eigentlich Zusammengehörigen: Adjektivum und abhängiger Genitiv 290, Substantivum und Genitiv 291, Verbum und Adverbium 292, Infinitiv und davon abhängiges Glied 293. Entstehung der Verbindungswörter 293. Verwandlung von indirekter Beziehung in direkte 294. Ein Glied, das zu zwei verbundenen Gliedern gehört, wird zum ersten gezogen und zu der Verbindungspartikel in Relation gesetzt 295. Verschiebungen im zusammengesetzten Satz 296 ff. Übergang von Abhängigkeit zur Selbständigkeit 297. Umkehrung des Verhältnisses von Haupt- und Nebensatz 298. Durchbrechung der Grenzen zwischen Haupt- und Nebensatz 299.

Kap. XVII. Kongruenz 304
Kongruenz ausgegangen von solchen Fällen, in denen die Übereinstimmung des einen Wortes mit dem andern ohne Rücksichtnahme auf dasselbe sich ergeben hat, und von da analogisch auf andere Fälle übertragen 304. Fälle, in denen sekundäre Entstehung der Kongruenz historisch verfolgbar ist 304. Schwanken der Kongruenz zwischen zwei Satzteilen 307. Erste Grundlagen der Kongruenz 310.

Kap. XVIII. Sparsamkeit im Ausdruck 313
Sparsamere oder reichlichere Verwendung der sprachlichen Mittel vom Bedürfnis abhängig 313. Die Ansetzung von Ellipsen ist entweder auf ein Minimum einzuschränken oder aber anzuerkennen, dass es zum Wesen des sprachlichen Ausdrucks gehört elliptisch zu sein 313. Ergänzung aus dem Vorhergehenden oder Folgenden 314. Fehlen von Mittelgliedern 319. Ergänzung aus der Situation 322.

Kap. XIX. Entstehung der Wortbildung und Flexion 325
Entstehungsweise der etymologischen Gruppen 325. Normale Entstehungsweise alles Formellen in der Sprache ist die Komposition 325. Entstehung der Komposition aus den verschiedenartigsten Wortgruppen 326. Relativität des Unterschiedes zwischen Kompositum und Wortgruppe 328. Die Ursache, wodurch eine Wortgruppe zum Kompositum wird, ist nicht engerer Anschluss in der Aussprache oder Akzent, sondern eine Isolierung der Verbindung gegenüber ihren Teilen 329. Enstehung von Kompositis aus kopulativen Verbindungen 331, aus der Verbindung eines Substantivums mit einer Bestimmung 333, eines Verbums mit einem Adverbium 340, mit einem Objektsakkusativ 341, mit einer präpositionellen Bestimmung 342. Komplexe, die ohne zusammengeschrieben zu werden doch Eigenschaften eines Kompositums zeigen 342. Koordination von Kompositionsglied und selbständigem Wort 343. Lautveränderungen mit isolierender Wirkung 344. Grenzen, innerhalb deren ein Kompositum noch als solches erscheint 346. Ursprung der Ableitungs- und Flexionssuffixe 347. Kritik der Analyse indogermanischer Grundformen 350.

Kap. XX. Die Scheidung der Redeteile 352
Die Scheidung der Redeteile beruht nicht auf streng durchgeführten logischen Prinzipien 352. Berücksichtigt sind dabei Bedeutung an sich,

Funktion im Satzgefüge, Verhalten in Bezug auf Flexion und Wortbildung 352. Kritik der üblichen Einteilung 352. Zwischenstufen und Übergang zwischen den einzelnen Redeteilen 355 ff. Subst. und Adj. 355. Nomen und Verbum 360. Partizipium 361. Nomen agentis 362. Nomen actionis 363. Infinitiv 364. Adverbium und Adjektivum 366. Präpositionen und Konjunktionen 369.

Kap. XXI. Sprache und Schrift 373
Vorzüge und Mängel der Schrift gegenüber der Rede 373. Leistungsfähigkeit der üblichen Alphabete 374. Verdeckung der mundartlichen Verschiedenheiten durch die Schrift 378. Unfähigkeit der Schrift als Kontrolle gegen Lautveränderungen zu dienen 381. Verselbständigung der Schrift gegen die Aussprache 381, im Zusammenhange mit der Entwickelung zu grösserer Konstanz in der Schreibung 382. Mittel zur Erreichung dieser Konstanz 382. Beseitigung des Schwankens zwischen gleichwertigen Lautzeichen 383. Einwirkung der Etymologie 385. Zurückbleiben der Schrift hinter der Aussprache 388.

Kap. XXII. Sprachmischung 390
Sprachmischung im weitern und engern Sinne 390. Mischung verschiedener Sprachen, Mundarten, Zeitstufen 390. Zweisprachigkeit 391. Zwei Hauptarten der Beeinflussung durch ein fremdes Idiom 392. A) Aufnahme fremden Sprachmaterials 393 ff. Veranlassungen zur Aufnahme fremder Wörter 393. Stufen der Einbürgerung 393. Behandlung des fremden Lautmaterials 394. Assimilierung der schon aufgenommenen Wörter 396. Mehrfache Entlehnung des nämlichen Wortes 397. Wiederangleichung eines Lehnwortes an sein Original 397. Konkurrenz mehrerer Sprachen bei der Entlehnung 398. Pleonastische Verbindung eines einheimischen Suffixes mit einem fremden 399. Entlehnung von Ableitungs- und Flexionssuffixen 399. B) Beeinflussung der inneren Sprachform 401 ff. Dialektmischung 402. Entlehnung aus einer älteren Sprachstufe 403.

Kap. XXIII. Die Gemeinsprache 404
Die Gemeinsprache nichts Reales, sondern nur eine ideale Norm 404, bestimmt durch den Usus eines engen Kreises 404. Schriftsprache und Umgangssprache 405. Bühnensprache 406. Regelung der Schriftsprache 407. Diskrepanz zwischen Schrift- und Umgangssprache 410. Natürliche und künstliche Sprache 411. Verschiebungen in dem Verhältnisse der Individuen zur Gemeinsprache 413. Zwischenstufen zwischen Gemeinsprache und Mundart 417. Entstehung der Gemeinsprache 418.

Register 423

Verzeichnis von Abkürzungen.

Andr. Volkset. = Andresen, Über deutsche Volksetymologie. Vierte Auflage. Heilbronn 1883.
Andr. Spr. = Andresen, Sprachgebrauch und Sprachrichtigkeit im Deutschen. Dritte Auflage. Heilbronn 1883.
Delbrück SF. = Delbrück, Syntaktische Forschungen.
Delbrück, Syntax = Delbrück, Vergleichende Syntax der indogermanischen Sprachen, Strassburg 1893 ff.
Diez = Diez, Grammatik der romanischen Sprachen. Vierte Auflage.
Draeg. oder Draeger = Draeger, Historische Syntax der lateinischen Sprache. Zweite Auflage.
DWb. = Deutsches Wörterbuch von Jac. und Wilh. Grimm.
Goe. = Goethe.
IF = Indogermanische Forschungen.
Kruszewski = N. Kruszewski, Prinzipien der Sprachentwickelung (Techmers Zschr. f. Sprachwissenschaft I, 295 ff.).
Le. = Lessing.
Lu. = Luther.
Madvig, Kl. Schr. = Madvig, Kleine Schriften.
Mätzner engl. = Mätzner, Englische Grammatik. Zweite Auflage.
Mätzner franz. = Mätzner, Syntax der neufranzösischen Sprache.
Michaelis = Caroline Michaelis, Romanische Wortschöpfung.
Morph. Unt. = Morphologische Untersuchungen auf dem Gebiete der indogermanischen Sprachen von Osthoff und Brugmann.
Schi. = Schiller.
Sh. = Shakespeare.
Simonyi = Simonyi, Die ungarische Sprache. Strassburg 1907.
Steinthal, Haupttyp. oder Typen = Steinthal, Charakteristik der Haupttypen des menschlichen Sprachbaus.
Wegener = Wegener, Untersuchungen über die Grundfragen des Sprachlebens, Halle 1885.
Wundt = Wundt, Völkerpsychologie. Erster Band. Die Sprache. Zweite Auflage. Leipzig 1904.
Ziemer = Ziemer, Junggrammatische Streifzüge im Gebiete der Syntax. Kolberg 1882.
Ziemer, Comp. = Ziemer, Vergleichende Syntax der indogermanischen Comparation, Berlin 1884.
Zschr. f. Völkerps. = Zeitschrift für Völkerpsychologie, herausg. von Lazarus und Steinthal.

Einleitung.

Die Sprache ist wie jedes Erzeugnis menschlicher Kultur ein Gegenstand der geschichtlichen Betrachtung; aber wie jedem Zweige der Geschichtswissenschaft so muss auch der Sprachgeschichte eine Wissenschaft zur Seite stehen, welche sich mit den allgemeinen Lebensbedingungen des geschichtlich sich entwickelnden Objektes beschäftigt, welche die in allem Wechsel gleichmässig vorhandenen Faktoren nach ihrer Natur und Wirksamkeit untersucht. Es fehlt für diese Wissenschaft eine allgemein gültige und passende Bezeichnung. Unter Sprachphilosophie versteht man in der Regel doch etwas anderes. Und ausserdem dürfte es vielleicht aus einem Grunde geraten sein diesen Ausdruck lieber zu vermeiden. Unser unphilosophisches Zeitalter wittert darunter leicht metaphysische Spekulationen, von denen die historische Sprachforschung keine Notiz zu nehmen brauche. In Wahrheit aber ist das, was wir im Sinne haben, nicht mehr und nicht minder Philosophie als etwa die Physik oder die Physiologie. Am allerwenigsten darf man diesem allgemeinen Teile der Sprachwissenschaft den historischen als den empirischen gegenüberstellen. Der eine ist gerade so empirisch wie der andere.

Nur selten genügt es zum Verständnis der geschichtlichen Entwickelung eines Gegenstandes die Gesetze einer einzelnen einfachen Experimentalwissenschaft zu kennen; vielmehr liegt es in der Natur aller geschichtlichen Bewegung, zumal wo es sich um irgend einen Zweig menschlicher Kultur handelt, dass dabei sehr verschiedenartige Kräfte, deren Wesen zu ergründen die Aufgabe sehr verschiedener Wissenschaften ist, gleichzeitig in stätiger Wechselwirkung ihr Spiel treiben. Es ist somit natürlich, dass eine solche allgemeine Wissenschaft, wie sie einer jeden historischen Wissenschaft als genaues Pendant gegenübersteht, nicht ein derartig abgeschlossenes Ganze darstellen kann, wie die sogenannten exakten Naturwissenschaften, die Mathematik oder die Psychologie. Vielmehr bildet sie ein Konglomerat, das aus verschiedenen reinen Gesetzeswissenschaften oder in der Regel aus

Segmenten solcher Wissenschaften zusammengesetzt ist. Man wird vielleicht Bedenken tragen einer solchen Zusammenstellung, die immer den Charakter des Zufälligen an sich trägt, den Namen einer Wissenschaft beizulegen. Aber mag man darüber denken, wie man will, das geschichtliche Studium verlangt nun einmal die vereinigte Beschäftigung mit so disparaten Elementen als notwendiges Hilfsmittel, wo nicht selbständige Forschung, so doch Aneignung der von andern gewonnenen Resultate. Man würde aber auch sehr irren, wenn man meinte, dass mit der einfachen Zusammensetzung von Stücken verschiedener Wissenschaften schon diejenige Art der Wissenschaft gegeben sei, die wir hier im Auge haben. Nein, es bleiben ihr noch Aufgaben, um welche sich die Gesetzeswissenschaften, die sie als Hilfsmittel benutzt, nicht bekümmern. Diese vergleichen ja die einzelnen Vorgänge unbekümmert um ihr zeitliches Verhältnis zu einander lediglich aus dem Gesichtspunkte die Übereinstimmungen und Abweichungen aufzudecken und mit Hilfe davon das in allem Wechsel der Erscheinungen ewig sich gleich bleibende zu finden. Der Begriff der Entwickelung ist ihnen völlig fremd, ja er scheint mit ihren Prinzipien unvereinbar, und sie stehen daher in schroffem Gegensatze zu den Geschichtswissenschaften. Diesen Gegensatz zu vermitteln ist eine Betrachtungsweise erforderlich, die mit mehr Recht den Namen einer Geschichtsphilosophie verdienen würde, als das, was man gewöhnlich damit bezeichnet. Wir wollen aber auch hier das Wort Philosophie lieber vermeiden und uns der Bezeichnung Prinzipienwissenschaft bedienen. Ihr ist das schwierige Problem gestellt: wie ist unter der Voraussetzung konstanter Kräfte und Verhältnisse doch eine geschichtliche Entwickelung möglich, ein Fortgang von den einfachsten und primitivsten zu den kompliziertesten Gebilden? Ihr Verfahren unterscheidet sich noch in einer andern Hinsicht von dem der Gesetzeswissenschaften, worauf ich schon oben hindeutete. Während diese naturgemäss immer die Wirkung jeder einzelnen Kraft aus dem allgemeinen Getriebe zu isolieren streben, um sie für sich in ihrer reinen Natur zu erkennen, und dann durch Aneinanderreihen des Gleichartigen ein System aufbauen, so hat im Gegenteil die geschichtliche Prinzipienlehre gerade das Ineinandergreifen der einzelnen Kräfte ins Auge zu fassen, zu untersuchen, wie auch die verschiedenartigsten, um deren Verhältnis zu einander sich die Gesetzeswissenschaften so wenig als möglich kümmern, durch stetige Wechselwirkung einem gemeinsamen Ziele zusteuern können. Selbstverständlich muss man, um das Ineinandergreifen des Mannigfaltigen zu verstehen, möglichst klar darüber sein, welche einzelnen Kräfte dabei tätig sind, und welches die Natur ihrer Wirkungen ist. Dem Zusammenfassen muss das Isolieren vorausgegangen sein. Denn so lange man noch mit unaufgelösten

Komplikationen rechnet, ist man noch nicht zu einer wissenschaftlichen Verarbeitung des Stoffes durchgedrungen. Es ist somit klar, dass die Prinzipienwissenschaft in unserm Sinne zwar auf der Basis der experimentellen Gesetzeswissenschaften (wozu ich auch die Psychologie rechne) ruht, aber doch auch ein gewichtiges Mehr enthält, was uns eben berechtigt ihr eine selbständige Stellung neben jenen anzuweisen. Diese grosse Wissenschaft teilt sich in so viele Zweige, als es Zweige der Geschichte gibt, Geschichte hier im weitesten Sinne genommen und nicht auf die Entwickelung des Menschengeschlechtes beschränkt. Es ist von vornherein zu vermuten, dass es gewisse allgemeine Grundbedingungen geben wird, welche für jede Art der geschichtlichen Entwickelung die notwendige Unterlage bilden; noch sicherer aber ist, dass durch die besondere Natur eines jeden Objektes seine Entwickelung in besonderer Weise bedingt sein muss. Wer es unternimmt die Prinzipien irgend einer einzelnen geschichtlichen Disziplin aufzustellen, der muss auf die übrigen, zumal die nächstverwandten Zweige der Geschichtswissenschaft beständige Rücksicht nehmen, um so die allgemeinen leitenden Gesichtspunkte zu erfassen und nicht wieder aus den Augen zu verlieren. Aber er muss sich auf der andern Seite davor hüten sich in blosse Allgemeinheiten zu verirren und darüber die genaue Anpassung an den speziellen Fall zu versäumen, oder die auf andern Gebieten gewonnenen Resultate in bildlicher Anwendung zu übertragen, wodurch die eigentlich zu ergründenden realen Verhältnisse nur verdeckt werden.

Erst durch die Begründung solcher Prinzipienwissenschaften erhält die spezielle Geschichtsforschung ihren rechten Wert. Erst dadurch erhebt sie sich über die Aneinanderreihung scheinbar zufälliger Daten und nähert sich in Bezug auf die allgemeingültige Bedeutung ihrer Resultate den Gesetzeswissenschaften, die ihr gar zu gern die Ebenbürtigkeit streitig machen möchten. Wenn so die Prinzipienwissenschaft als das höchste Ziel erscheint, auf welches alle Anstrengungen der Spezialwissenschaft gerichtet sind, so ist auf der andern Seite wieder die erstere die unentbehrliche Leiterin der letzteren, ohne welche sie mit Sicherheit keinen Schritt tun kann, der über das einfach Gegebene hinausgeht, welches doch niemals anders vorliegt als einerseits fragmentarisch, anderseits in Komplikationen, die erst gelöst werden müssen. Die Aufhellung der Bedingungen des geschichtlichen Werdens liefert neben der allgemeinen Logik zugleich die Grundlage für die Methodenlehre, welche bei der Feststellung jedes einzelnen Faktums zu befolgen ist.

§ 2. Man hat sich bisher keineswegs auf allen Gebieten der historischen Forschung mit gleichem Ernst und gleicher Gründlichkeit um die Prinzipienfragen bemüht. Für die historischen Zweige der Naturwissenschaft ist dies in viel höherem Masse geschehen als für die Kulturgeschichte. Ursache ist einerseits, dass sich bei der letzteren viel grössere Schwierigkeiten in den Weg stellen. Sie hat es im allgemeinen mit viel komplizierteren Faktoren zu tun, deren Gewirr, so lange es nicht aufgelöst ist, eine exakte Erkenntnis des Kausalzusammenhangs unmöglich macht. Dazu kommt, dass ihre wichtigste Unterlage, die experimentelle Psychologie, eine Wissenschaft von jungem Datum ist, die erst allmählich in nähere Beziehung zur Geschichte gesetzt werden muss. Anderseits aber ist in demselben Masse, wie die Schwierigkeit eine grössere, das Bedürfnis ein geringeres oder mindestens weniger fühlbares gewesen. Für die Geschichte des Menschengeschlechts haben immer von gleichzeitigen Zeugen herstammende, wenn auch vielleicht erst mannigfach vermittelte Berichte über die Tatsachen als eigentliche Quelle gegolten und erst in zweiter Linie Denkmäler, Produkte der menschlichen Kultur, die annähernd die Gestalt bewahrt haben, welche ihnen diese gegeben hat. Ja man spricht von einer historischen und einer prähistorischen Zeit und bestimmt die Grenze durch den Beginn der historischen Überlieferung. Für die erstere ist daher das Bild einer geschichtlichen Entwickelung bereits gegeben, so entstellt es auch sein mag, und es ist leicht begreiflich, wenn die Wissenschaft mit einer kritischen Reinigung dieses Bildes sich genug getan zu haben glaubt und sogar geflissentlich alle darüber hinaus gehende Spekulation von sich abweist. Ganz anders verhält es sich mit der prähistorischen Periode der menschlichen Kultur und gar mit der Entwickelungsgeschichte der organischen und anorganischen Natur, die in unendlich viel ferner liegende Zeiten zurückgreift. Hier ist auch kaum das geringste geschichtliche Element als solches gegeben. Alle Versuche einer geschichtlichen Erfassung bauen sich, abgesehen von dem Wenigen, was von den Beobachtungen früherer Zeiten überliefert ist, lediglich aus Rückschlüssen auf. Und es ist überhaupt gar kein Resultat zu gewinnen ohne Erledigung der prinzipiellen Fragen, ohne Feststellung der allgemeinen Bedingungen des geschichtlichen Werdens. Diese prinzipiellen Fragen haben daher immer im Mittelpunkte der Untersuchung gestanden, um sie hat sich immer der Kampf der Meinungen gedreht. Gegenwärtig ist es das Gebiet der organischen Natur, auf welchem er am lebhaftesten geführt wird, und es muss anerkannt werden, dass hier die für das Verständnis aller geschichtlichen Entwickelung, auch der des Menschengeschlechtes fruchtbarsten Gedanken zuerst zu einer gewissen Klarheit gediehen sind.

Die Tendenz der Wissenschaft geht jetzt augenscheinlich dahin diese spekulative Betrachtungsweise auch auf die Kulturgeschichte auszudehnen, und wir sind überzeugt, dass diese Tendenz mehr und mehr durchdringen wird trotz allem aktiven und passiven Widerstande, der dagegen geleistet wird. Dass eine solche Behandlungsweise für die Kulturwissenschaft nicht gleich unentbehrliches Bedürfnis ist wie für die Naturwissenschaft, und dass man von ihr für die erstere nicht gleich weit gehende Erfolge erwarten darf wie für die letztere, haben wir ja bereitwillig zugegeben. Aber damit sind wir nicht der Verpflichtung enthoben genau zu prüfen, wie weit wir gelangen können, und selbst das eventuelle negative Resultat dieser Prüfung, die genaue Fixierung der Schranken unserer Erkenntnis, ist unter Umständen von grossem Werte. Wir haben aber auch noch gar keine Ursache daran zu verzweifeln, dass sich nicht wenigstens für gewisse Gebiete auch bedeutende positive Resultate gewinnen liessen. Am wenigsten aber darf man den methodologischen Gewinn geringschätzen, der aus einer Klarlegung der Prinzipienfragen erwächst. Man befindet sich in einer Selbsttäuschung, wenn man meint das einfachste historische Faktum ohne eine Zutat von Spekulation konstatieren zu können. Man spekuliert eben nur unbewusst, und es ist einem glücklichen Instinkte zu verdanken, wenn das Richtige getroffen wird. Wir dürfen wohl behaupten, dass bisher auch die gangbaren Methoden der historischen Forschung mehr durch Instinkt gefunden sind als durch eine auf das innerste Wesen der Dinge eingehende allseitige Reflexion. Und die natürliche Folge davon ist, dass eine Menge Willkürlichkeiten mit unterlaufen, woraus endloser Streit der Meinungen und Schulen entsteht. Hieraus gibt es nur einen Ausweg: man muss mit allem Ernst die Zurückführung dieser Methoden auf die ersten Grundprinzipien in Angriff nehmen und alles daraus beseitigen, was sich nicht aus diesen ableiten lässt. Diese Prinzipien aber ergeben sich, soweit sie nicht rein logischer Natur sind, eben aus der Untersuchung des Wesens der historischen Entwickelung.

§ 3. Es gibt keinen Zweig der Kultur, bei dem sich die Bedingungen der Entwickelung mit solcher Exaktheit erkennen lassen als bei der Sprache, und daher keine Kulturwissenschaft, deren Methode zu solchem Grade der Vollkommenheit gebracht werden kann wie die der Sprachwissenschaft. Keine andere hat bisher so weit über die Grenzen der Überlieferung hinausgreifen können, keine andere ist in dem Masse spekulativ und konstruktiv verfahren. Diese Eigentümlichkeit ist es hauptsächlich, wodurch sie als nähere Verwandte der historischen Naturwissenschaften erscheint, was zu der Verkehrtheit verleitet hat sie aus dem Kreise der Kulturwissenschaften ausschliessen zu wollen. Trotz dieser Stellung, welche die Sprachwissenschaft schon seit ihrer Begründung einnahm, gehörte noch viel dazu ihre Methode allmählich bis zu demjenigen Grade der Vollkommenheit auszubilden, dessen sie fähig ist. Besonders seit dem Ende der siebziger Jahre des 19. Jahrhunderts suchte sich eine Richtung Bahn zu brechen, die auf eine tiefgreifende Umgestaltung der Methode hindrängte. Bei dem Streite, der sich darüber entspann, trat deutlich zu Tage, wie gross noch bei vielen Sprachforschern die Unklarheit über die Elemente ihrer Wissenschaft war. Eben dieser Streit hat auch die nächste Veranlassung zur Entstehung dieser Abhandlung gegeben. Sie wollte ihr möglichstes dazu beitragen eine Klärung der Anschauungen herbeizuführen und eine Verständigung wenigstens unter allen denjenigen zu erzielen, welche einen offenen Sinn für die Wahrheit mitbringen. Es war zu diesem Zwecke erforderlich, möglichst allseitig die Bedingungen des Sprachlebens darzulegen und somit überhaupt die Grundlinien für eine Theorie der Sprachentwickelung zu ziehen.

§ 4. Wir scheiden die historischen Wissenschaften im weiteren Sinne in die beiden Hauptgruppen: historische Naturwissenschaften und Kulturwissenschaften. Als das charakteristische Kennzeichen der Kultur müssen wir die Betätigung psychischer Faktoren bezeichnen. Dies scheint mir die einzig mögliche exakte Abgrenzung des Gebietes gegen die Objekte der reinen Naturwissenschaft zu sein. Demnach müssen wir allerdings auch eine tierische Kultur anerkennen, die Entwickelungsgeschichte der Kunsttriebe und der gesellschaftlichen Organisation bei den Tieren zu den Kulturwissenschaften rechnen. Für die richtige Beurteilung dieser Verhältnisse dürfte das nur förderlich sein.

Das psychische Element ist der wesentlichste Faktor in aller Kulturbewegung, um den sich alles dreht, und die Psychologie ist daher die vornehmste Basis aller in einem höheren Sinne gefassten Kulturwissenschaft. Das Psychische ist darum aber nicht der einzige Faktor; es gibt keine Kultur auf rein psychischer Unterlage, und es ist daher mindestens sehr ungenau die Kulturwissenschaften als Geisteswissenschaften zu bezeichnen. In Wahrheit gibt es nur éine reine Geisteswissenschaft, das ist die Psychologie als Gesetzeswissenschaft. Sowie wir das Gebiet der historischen Entwickelung betreten, haben wir es neben den psychischen mit physischen Kräften zu tun. Der menschliche Geist muss immer mit dem menschlichen Leibe und der umgebenden Natur zusammenwirken, um irgend ein Kulturprodukt hervorzubringen, und die Beschaffenheit desselben, die Art, wie es zu stande kommt, hängt eben so wohl von physischen als von psychischen Bedingungen ab; die einen wie die andern zu kennen ist notwendig für ein vollkommenes Verständnis des geschichtlichen Werdens. Es bedarf daher neben der Psychologie auch einer Kenntnis der Gesetze, nach denen sich die physischen Faktoren der Kultur bewegen. Auch die Naturwissenschaften und die Mathematik sind eine notwendige Basis der Kulturwissenschaften. Wenn uns das im allgemeinen nicht zum Bewusstsein kommt, so liegt das daran, dass wir uns gemeiniglich mit der unwissenschaftlichen Beobachtung des täglichen Lebens begnügen und damit auch bei dem, was man gewöhnlich unter Geschichte versteht, leidlich auskommen. Ist es doch dabei mit dem Psychischen auch nicht anders und namentlich bis auf die neuere Zeit nicht anders gewesen. Aber undenkbar ist es, dass man ohne eine Summe von Erfahrungen über die physische Möglichkeit oder Unmöglichkeit eines Vorganges irgend ein Ereignis der Geschichte zu verstehen oder irgend welche Art von historischer Kritik zu üben im stande wäre. Es ergibt sich demnach als eine **Hauptaufgabe für die Prinzipienlehre der Kulturwissenschaft, die allgemeinen Bedingungen darzulegen, unter denen die psychischen und physischen Faktoren, ihren eigenartigen Gesetzen folgend, dazu gelangen zu einem gemeinsamen Zwecke zusammenzuwirken.**

§ 5. Etwas anders stellt sich die Aufgabe der Prinzipienlehre von folgendem Gesichtspunkte aus dar. Die **Kulturwissenschaft ist immer Gesellschaftswissenschaft.** Erst Gesellschaft ermöglicht die Kultur, erst Gesellschaft macht den Menschen zu einem geschichtlichen Wesen. Gewiss hat auch eine ganz isolierte Menschenseele ihre Entwickelungsgeschichte, auch rücksichtlich des Verhältnisses zu ihrem Leibe und ihrer Umgebung, aber selbst die begabteste vermöchte es nur zu einer sehr primitiven Ausbildung zu bringen, die mit dem Tode abgeschnitten wäre. Erst durch die Übertragung dessen, was ein Individuum gewonnen hat, auf andere Individuen und durch das Zusammenwirken mehrerer Individuen zu dem gleichen Zwecke wird ein Wachstum über diese engen Schranken hinaus ermöglicht. Auf das Prinzip der Arbeitsteilung und Arbeitsvereinigung ist nicht nur die wirtschaftliche, sondern jede Art von Kultur basiert. Die eigentümlichste Aufgabe, welche der kulturwissenschaftlichen Prinzipienlehre zufällt und wodurch sie ihre Selbständigkeit gegenüber den grundlegenden Gesetzeswissenschaften behauptet, dürfte demnach darin bestehen, dass sie zu zeigen hat, wie die Wechselwirkung der Individuen auf einander vor sich geht, wie sich der einzelne zur Gesamtheit verhält, empfangend und gebend, bestimmt und bestimmend, wie die jüngere Generation die Erbschaft der älteren antritt.

Nach dieser Seite hin kommt übrigens der Kulturgeschichte schon die Entwicklungsgeschichte der organischen Natur sehr nahe. Jeder höhere Organismus kommt durch Assoziation einer Menge von Zellen zu stande, die nach dem Prinzipe der Arbeitsteilung zusammenwirken und diesem Prinzipe gemäss in ihrer Konfiguration differenziert sind. Auch schon innerhalb der Einzelzelle, des elementarsten organischen Gebildes, ist dies Prinzip wirksam, und durch dasselbe Erhaltung der Form im Wechsel des Stoffes möglich. Jeder Organismus geht früher oder später zu Grunde, kann aber Ablösungen aus seinem eigenen Wesen hinterlassen, in denen das formative Prinzip, nach welchem er selbst gebildet war, lebendig fortwirkt, und dem jeder Fortschritt, welcher ihm in seiner eigenen Bildung gelungen ist, zu gute kommt, falls nicht störende Einflüsse von aussen dazwischen treten.

§ 6. Es dürfte scheinen, als ob unsere Prinzipienlehre der Gesellschaftswissenschaft ungefähr das gleiche sei wie das, was Lazarus und Steinthal Völkerpsychologie nennen, und was sie in ihrer Zeitschrift zu vertreten suchen. Indessen fehlt viel, dass beides sich deckte. Aus unsern bisherigen Erörterungen geht schon hervor, dass unsere Wissenschaft sich sehr viel mit Nichtpsychologischem zu befassen hat. Wir können die Einwirkungen, welche der einzelne von der Gesellschaft erfährt, und die er seinerseits in Verbindung mit den andern ausübt, unter vier Hauptkategorien bringen. Erstens: es werden in ihm psychische Gebilde, Vorstellungskomplexe erzeugt, zu denen er, ohne dass ihm von den andern vorgearbeitet wäre, niemals oder nur sehr viel langsamer gelangt wäre. Zweitens: er lernt mit den verschiedenen Teilen seines Leibes gewisse zweckmässige Bewegungen ausführen, die eventuell zur Bewegung von fremden Körpern, Werkzeugen dienen; auch von diesen gilt, dass er sie ohne das Vorbild anderer vielleicht gar nicht, vielleicht langsamer gelernt hätte. Wir befinden uns also hier auf physiologischem Gebiete, aber immer zugleich auf psychologischem. Die Bewegung an sich ist physiologisch, aber die Erlangung des Vermögens zu willkürlicher Regelung der Bewegung, worauf es hier eben ankommt, beruht auf der Mitwirkung psychischer Faktoren. Drittens: es werden mit Hilfe des menschlichen Leibes bearbeitete oder auch nur von dem Orte ihrer Entstehung zu irgend einem Dienste verrückte Naturgegenstände, die dadurch zu Werkzeugen oder Kapitalien werden, von einem Individuum auf das andere, von der älteren Generation auf die jüngere übertragen, und es findet eine gemeinsame Beteiligung verschiedener Individuen bei der Bearbeitung oder Verrückung dieser Gegenstände statt. Viertens: die Individuen üben auf einander einen physischen Zwang aus, der allerdings eben so wohl zum Nachteil wie zum Vorteil des Fortschrittes sein kann aber vom Wesen der Kultur nicht zu trennen ist.

Von diesen vier Kategorien ist es jedenfalls nur die erste, mit welcher sich die Völkerpsychologie im Sinne von Lazarus-Steinthal beschäftigt. Es könnte sich also damit auch nur ungefähr derjenige

Teil unserer Prinzipienlehre decken, der sich auf diese erste Kategorie bezieht. Aber abgesehen davon, dass dieselbe nicht bloss isoliert von den übrigen betrachtet werden darf, so bleibt auch ausserdem das, was ich im Sinne habe, sehr verschieden von dem, was Lazarus und Steinthal in der Einleitung zu ihrer Zeitschrift (Bd. I, S. 1—73) als die Aufgabe der Völkerpsychologie bezeichnen. So sehr ich das Verdienst beider Männer um die Psychologie und speziell um die psychologische Betrachtungsweise der Geschichte anerkennen muss, so scheinen mir doch die in dieser Einleitung aufgestellten Begriffsbestimmungen nicht haltbar, zum Teil verwirrend und die realen Verhältnisse verdeckend. Der Grundgedanke, welcher sich durch das Ganze hindurchzieht, ist der, dass die Völkerpsychologie sich gerade so teils zu den einzelnen Völkern, teils zu der Menschheit als Ganzes verhalte wie das, was man schlechthin Psychologie nennt, zum einzelnen Menschen. Eben dieser Grundgedanke beruht meiner Überzeugung nach auf mehrfacher logischer Unterschiebung. Und die Ursache dieser Unterschiebung glaube ich darin sehen zu müssen, dass der fundamentale Unterschied zwischen Gesetzeswissenschaft und Geschichtswissenschaft nicht festgehalten[1]) wird, sondern beides immer unsicher ineinander überschwankt.

---

[1]) Angedeutet ist dieser Unterschied allerdings S. 25 ff., wo zwischen den synthetischen, rationalen' und den 'beschreibenden' Disziplinen der Naturwissenschaft unterschieden und eine entsprechende Einteilung der Völkerpsychologie versucht wird. Aber völlige Verwirrung herrscht z. B. S. 15 ff. Aus der Tatsache, dass es nur zwei Formen alles Seins und Werdens gibt, Natur und Geist, folgern die Verfasser, dass es nur zwei Klassen von realen Wissenschaften geben könne, eine, deren Gegenstand die Natur, und eine, deren Gegenstand der Geist sei. Dabei wird also nicht berücksichtigt, dass es auch Wissenschaften geben könne, die das Ineinanderwirken von Natur und Geist zu betrachten haben. Noch bedenklicher ist es, wenn sie dann fortfahren: 'Demnach stehen sich gegenüber Naturgeschichte und Geschichte der Menschheit'. Hier muss zunächst Geschichte in einem ganz andern Sinne gefasst sein, als den man gewöhnlich mit dem Worte verbindet, als Wissenschaft von dem Geschehen, den Vorgängen. Wie kommt aber mit einem Male 'Mensch' an die Stelle von 'Geist'? Beides ist doch weit entfernt sich zu decken. Weiter wird zwischen Natur und Geist der Unterschied aufgestellt, dass die Natur sich in ewigem Kreislauf ihrer gesetzmässigen Prozesse bewege, wobei die verschiedenen Läufe vereinzelt, jeder für sich blieben, wobei immer nur das schon dagewesene wiedererzeugt würde und nichts neues entstünde, während der Geist in einer Reihe zusammenhängender Schöpfungen lebe, einen Fortschritt zeige. Diese Unterscheidung, in dieser Allgemeinheit hingestellt, ist zweifellos unzutreffend. Auch die Natur, die organische mindestens sicher, bewegt sich in einer Reihe zusammenhängender Schöpfungen, auch in ihr gibt es einen Fortschritt. Anderseits bewegt sich auch der Geist (das ist doch auch die Anschauung der Verfasser) in einem gesetzmässigen Ablauf, in einer ewigen Wiederholung der gleichen Grundprozesse. Es sind hier zwei Gegensätze konfundiert, die völlig auseinander gehalten werden

Einleitung.

Der Begriff der Völkerpsychologie selbst schwankt zwischen zwei wesentlich verschiedenen Auffassungen. Einerseits wird sie als die Lehre von den allgemeinen Bedingungen des geistigen Lebens in der Gesellschaft gefasst, anderseits als Charakteristik der geistigen Eigentümlichkeit der verschiedenen Völker und Untersuchen der Ursachen, aus denen diese Eigentümlichkeit entsprungen ist. S. 25 ff. werden diese beiden verschiedenen Auffassungen der Wissenschaft als zwei Teile der Gesamtwissenschaft hingestellt, von denen der erste die synthetische Grundlage des zweiten bildet. Nach keiner von beiden Auffassungen steht die Völkerpsychologie in dem angenommenen Verhältnis zur Individualpsychologie.

Halten wir uns zunächst an die zweite, so kann der Charakteristik der verschiedenen Völker doch nur die Charakteristik verschiedener Individuen entsprechen. Das nennt man aber nicht Psychologie. Die Psychologie hat es niemals mit der konkreten Gestaltung einer einzelnen Menschenseele, sondern nur mit dem allgemeinen Wesen der seelischen Vorgänge zu tun. Was berechtigt uns daher den Namen dieser Wissenschaft für die Beschreibung einer konkreten Gestaltung der geistigen Eigentümlichkeit eines Volkes zu gebrauchen? Was die Verfasser im Sinne haben, ist nichts anderes als ein Teil, und zwar der wichtigste, aber eigentlich nicht isolierbare Teil dessen, was man sonst Kulturgeschichte oder Philologie genannt hat, nur auf psychologische Grundlage gestellt, wie sie heutzutage für alle kulturgeschichtliche Forschung verlangt werden muss. Es ist aber keine Gesetzeswissenschaft wie die Psychologie und keine Prinzipienlehre oder, um den Ausdruck der Verfasser zu gebrauchen, keine synthetische Grundlage der Kulturgeschichte.

Die unrichtige Parallelisierung hat noch zu weiteren bedenklichen Konsequenzen geführt. Es handelt sich nach den Verfassern in der Völkerpsychologie 'um den Geist der Gesamtheit, der noch verschieden ist von allen zu derselben gehörenden einzelnen Geistern, und der sie alle beherrscht' (S. 5). Weiter heisst es (S. 11): Die Verhältnisse, welche die Völkerpsychologie betrachtet, liegen teils im Volksgeiste, als einer Einheit gedacht, zwischen den Elementen desselben (wie z. B. das Verhältnis zwischen Religion und Kunst, zwischen Staat und Sittlichkeit,

müssen, der zwischen Natur und Geist einerseits und der zwischen gesetzmässigem Prozess und geschichtlicher Entwickelung anderseits. Nur von dieser Konfusion aus ist es zu begreifen, dass es die Verfasser überhaupt haben in Frage ziehen können, ob die Psychologie zu den Natur- oder zu den Geisteswissenschaften gehöre, und dass sie schliesslich dazu kommen ihr eine Mittelstellung zwischen beiden anzuweisen. Diese Konfusion ist freilich die hergebrachte, von der man sich aber endlich losreissen sollte nach den Fortschritten, welche die Psychologie einerseits, die Wissenschaft von der organischen Natur anderseits gemacht hat.

Sprache und Intelligenz u. dergl. m.), teils zwischen den Einzelgeistern, die das Volk bilden. Es treten also hier die selben Grundprozesse hervor, wie in der individuellen Psychologie, nur komplizierter oder ausgedehnter'. Das heisst durch Hypostasierung einer Reihe von Abstraktionen das wahre Wesen der Vorgänge verdecken. Alle psychischen Prozesse vollziehen sich in den Einzelgeistern und nirgends sonst. Weder Volksgeist noch Elemente des Volksgeistes wie Kunst, Religion etc. haben eine konkrete Existenz, und folglich kann auch nichts in ihnen und zwischen ihnen vorgehen. Daher weg mit diesen Abstraktionen. Denn 'weg mit allen Abstraktionen' muss für uns das Losungswort sein, wenn wir irgendwo die Faktoren des wirklichen Geschehens zu bestimmen versuchen wollen.¹) Ich will den Verfassern keinen grossen Vorwurf machen wegen eines Fehlers, dem man in der Wissenschaft noch auf Schritt und Tritt begegnet, und vor dem sich der umsichtigste und am tiefsten eindringende nicht immer bewahrt. Mancher Forscher, der sich auf der Höhe des neunzehnten Jahrhunderts fühlt, lächelt wohl vornehm über den Streit der mittelalterlichen Nominalisten und Realisten und begreift nicht, wie man hat dazu kommen können, die Abstraktionen des menschlichen Verstandes für realiter existierende Dinge zu erklären. Aber die unbewussten Realisten sind bei uns noch lange nicht ausgestorben, nicht einmal unter den Naturforschern. Und vollends unter den Kulturforschern treiben sie ihr Wesen recht munter fort, und darunter namentlich diejenige Klasse, welche es allen übrigen zuvorzutun wähnt, wenn sie nur in Darwinistischen Gleichnissen redet. Doch ganz abgesehen von diesem Unfug, die Zeiten der Scholastik, ja sogar die der Mythologie liegen noch lange nicht soweit hinter uns, als man wohl meint, unser Sinn ist noch gar zu sehr in den Banden dieser beiden befangen, weil sie unsere Sprache beherrschen, die gar nicht von ihnen loskommen kann. Wer nicht die nötige Gedankenanstrengung anwendet, um sich von der Herrschaft des Wortes zu befreien, wird sich niemals zu einer unbefangenen Anschauung der Dinge aufschwingen. Die Psychologie ward zur Wissenschaft in dem Augenblicke, wo sie die Abstraktionen der Seelenvermögen nicht mehr als etwas Reelles anerkannte. So wird es vielleicht noch auf manchen Gebieten gelingen

---

¹) Misteli, Zschr f. Völkerps. XIII, 385 hat mich merkwürdigerweise so missverstanden, dass er meint, ich wolle überhaupt keine Abstraktionen gemacht wissen, während ich natürlich nur meine, dass sich keine Abstraktionen störend zwischen das Auge des Beobachters und die wirklichen Dinge stellen sollen, die ihn hindern den Kausalzusammenhang unter den letzteren zu erfassen. Die Belehrung, die er mir über den Wert des Abstrahierens erteilt, ist daher eben so überflüssig wie seine kritische Bemerkung darüber, dass ich ja noch weiter gehende Abstraktionen mache als andere.

Bedeutendes zu gewinnen lediglich durch Beseitigung der zu Realitäten gestempelten Abstraktionen, die sich störend zwischen das Auge des Beobachters und die konkreten Erscheinungen stellen.

§ 7. Diese Bemerkungen bitte ich nicht als eine blosse Abschweifung zu betrachten.[1]) Sie deuten auf das, was wir selbst im folgenden rücksichtlich der Sprachentwickelung zu beobachten haben, was dagegen die Darstellung von Lazarus-Steinthal gar nicht als etwas zu Leistendes erkennen lässt. Wir gelangen von hier aus auch zur Kritik der ersten Auffassung des Begriffs Völkerpsychologie.

Da wir natürlich auch hier nicht mit einem Gesamtgeiste und Elementen dieses Gesamtgeistes rechnen dürfen, so kann es sich in der 'Völkerpsychologie' jedenfalls nur um Verhältnisse zwischen den Einzelgeistern handeln. Aber auch für die Wechselwirkung dieser ist die Behauptung, dass dabei dieselben Grundprozesse hervortreten wie in der individuellen Psychologie, nur in einem ganz bestimmten Verständnis zulässig, worüber es einer näheren Erklärung bedürfte. Jedenfalls verhält es sich nicht so, dass die Vorstellungen, wie sie innerhalb einer Seele aufeinander wirken, so auch über die Schranken der Einzelseele hinaus auf die Vorstellungen anderer Seelen wirkten. Ebensowenig wirken etwa die gesamten Vorstellungskomplexe der einzelnen Seelen in einer analogen Weise aufeinander wie innerhalb der Seele des Individuums die einzelnen Vorstellungen. Vielmehr ist es eine Tatsache von fundamentaler Bedeutung, die wir niemals aus dem Auge verlieren dürfen, dass alle rein psychische Wechselwirkung sich nur innerhalb der Einzelseele vollzieht. Aller Verkehr der Seelen untereinander ist nur ein indirekter auf physischem Wege vermittelter. Es bleibt also dabei, es

---

[1]) Trotz dieser ausdrücklichen Bitte bemerkt L. Tobler, Lit.-Bl f. germ. und rom. Phil. 1881, Sp. 122 über meine Einleitung: „Alle diese einleitenden Begriffsbestimmungen fallen mehr in den Bereich einer philosophischen Zeitschrift und üben auf den weiteren Verlauf der Darstellung keinen Einfluss". Und Misteli, a. a. O. S. 400 tritt ihm bei und meint, er hätte nur noch hinzufügen können: glücklicherweise. Ich muss gestehen, es ist niederschlagend für mich, dass zwei Gelehrte, die doch gerade Interesse für allgemeine Fragen bekunden, so wenig erkannt haben, was der eigentliche Angelpunkt meines ganzen Werkes ist. Alles dreht sich mir darum die Sprachentwickelung aus der Wechselwirkung abzuleiten, welche die Individuen auf einander ausüben. Eine Kritik der Lazarus-Steinthalschen Anschauungen, deren Fehler eben in der Nichtberücksichtigung dieser Wechselwirkung besteht, hängt daher auf das engste mit der Gesamttendenz meines Buches zusammen. Misteli ist überhaupt der Ansicht, dass meine allgemeinen theoretischen Erörterungen von dem Sprachforscher nicht berücksichtigt zu werden brauchten, und dass dieser mit den herkömmlichen grammatischen Kategorien auskommen könnte. Damit wird der alte Dualismus zwischen Philosophie und Wissenschaft sanktioniert, den zu überwinden wir heutzutage mit aller Macht streben sollten.

kann nur eine individuelle Psychologie geben, der man keine Völkerpsychologie oder wie man es sonst nennen mag gegenüber stellen darf. Man fügt nun aber wohl in der Darstellung der individuellen Psychologie dem allgemeinen Teile, der die Grundprozesse behandelt, einen zweiten speziellen Teil hinzu, welcher die Entwickelungsgeschichte der komplizierten Vorstellungsmassen behandelt, die wir erfahrungsmässig in uns selbst und den von uns zu beobachtenden Individuen in wesentlich übereinstimmender Weise finden. Dagegen ist nichts einzuwenden, so lange man sich nur des fundamentalen Gegensatzes bewusst bleibt, der zwischen beiden Teilen besteht. Der zweite ist nicht mehr Gesetzeswissenschaft, sondern Geschichte. Es ist leicht zu sehen, dass diese komplizierten Gebilde nur dadurch haben entstehen können, dass das Individuum mit einer Reihe von andern Individuen in Gesellschaft lebt. Und um tiefer in das Geheimnis ihrer Entstehung einzudringen, muss man sich die verschiedenen Stadien, welche sie nach und nach in den früheren Individuen durchlaufen haben, zu veranschaulichen suchen. Von hier aus sind offenbar Lazarus und Steinthal zu dem Begriff der Völkerpsychologie gelangt. Aber ebensowenig wie eine historische Darstellung, welche schildert, wie diese Entwickelung wirklich vor sich gegangen ist, mit Recht Psychologie genannt wird, ebensowenig wird es die Prinzipienwissenschaft, welche zeigt, wie im allgemeinen eine derartige Entwickelung zu stande kommen kann. Was an dieser Entwickelung psychisch ist, vollzieht sich innerhalb der Einzelseele nach den allgemeinen Gesetzen der individuellen Psychologie. Alles das aber, wodurch die Wirkung des einen Individuums auf das andere ermöglicht wird, ist nicht psychisch.[1])

---

[1]) In einer Abhandlung, die in der Ztschr. f. Völkersp. Bd. 17, S. 233 erschienen ist, setzt sich Steinthal auch mit meiner Kritik auseinander. Leider hat er sich nicht davon überzeugen können, dass die von mir gemachten Unterscheidungen von Belang sind, wofür doch mein ganzes Buch den Beweis liefert. Meine obigen Auseinandersetzungen mit den Anschauungen von Lazarus-Steinthal sind auch jetzt durchaus nicht überflüssig geworden, da dieselben, wenn auch mit mannigfachen Modifikationen, immer wieder Vertreter finden. Dazu gehört trotz der seinerseits geübten Kritik in dem eigentlich entscheidenden Punkte auch Wundt. Er hat nicht nur seinem grossen Werke über Sprache, Mythus und Sitte den Titel Völkerpsychologie gegeben, sondern er erklärt ausdrücklich (I, 1, S. 9), dass, wenn man den Seelenbegriff im empirischen Sinne gebrauche, in diesem die Volksseele genau mit demselben Recht eine reale Bedeutung besitze, wie die individuelle Seele eine solche für sich in Anspruch nehme. Ich kann darin nur einen verhängnisvollen Irrtum sehen. Es ist schwer begreiflich, wie Wundt die Gegner einer solchen Auffassung beschuldigen kann, dass sie in mythologischer Vorstellungsweise befangen seien. Diese Gegnerschaft ist ganz unabhängig von irgendwelchen metaphysischen Voraussetzungen über das Wesen der Seele. Auch wenn man mit Wundt nichts als seelisch anerkennt ausser den Tatsachen des Bewusstseins, so ist es doch klar, dass es kein anderes

Wenn ich von den verschiedenen Stadien in der Entwickelung der psychischen Gebilde gesprochen habe, so habe ich mich der gewöhnlichen bildlichen Ausdrucksweise bedient. Nach unsern bisherigen Auseinandersetzungen ist nicht daran zu denken, dass ein Gebilde, wie es sich in der einen Seele gestaltet hat, wirklich die reale Unterlage sein kann, aus der ein Gebilde der andern entspringt. Vielmehr muss jede Seele ganz von vorn anfangen. Man kann nicht schon Gebildetes in sie hineinlegen, sondern alles muss in ihr von den ersten Anfängen an neu geschaffen werden, die primitiven Vorstellungen durch physiologische Erregungen, die Vorstellungskomplexe durch Verhältnisse, in welche die primitiven Vorstellungen innerhalb der Seele selbst zu einander getreten sind. Um die einer in ihr selbst entsprungenen entsprechende Vorstellungsverbindung in einer anderen Seele hervorzurufen, kann die Seele nichts anderes tun, als vermittelst der motorischen Nerven ein physisches Produkt erzeugen, welches seinerseits wieder vermittelst Erregung der sensitiven Nerven des andern Individuums in der Seele desselben die entsprechenden Vorstellungen hervorruft, und zwar entsprechend assoziiert. Die wichtigsten unter den diesem Zwecke dienenden physischen Produkten sind eben die Sprachlaute. Andere sind die sonstigen Töne, ferner Mienen, Gebärden, Bilder etc.

Was diese physischen Produkte befähigt als Mittel zur Übertragung von Vorstellungen auf ein anderes Individuum zu dienen, ist entweder eine **innere, direkte Beziehung** zu den betreffenden Vorstellungen (man denke z. B. an einen Schmerzensschrei, eine Gebärde der Wut) oder eine **durch Ideenassoziation vermittelte Verbindung**, wobei also die in direkter Beziehung zu dem physischen Werkzeuge stehende Vorstellung das Bindeglied zwischen diesem und der mitgeteilten Vorstellung bildet; das ist der Fall bei der Sprache.

§ 8. Durch diese Art der Mitteilung kann kein Vorstellungsinhalt in der Seele neu geschaffen werden. Der Inhalt, um den es sich handelt, muss vielmehr schon vorher darin sein, durch physiologische Erregungen

---

Bewusstsein gibt als das einzelner Individuen, und dass man vom Bewusstsein eines Volkes nur bildlich reden darf im Sinne einer grösseren oder geringeren Übereinstimmung zwischen den Erscheinungen im Bewusstsein der einzelnen Individuen. Es ist ferner klar, dass der Kausalzusammenhang, der zwischen den verschiedenen Akten des Bewusstseins eines einzelnen Individuums besteht, wie man sich denselben auch denken mag, sei es durch Unbewusst-seelisches, sei es durch physische Bedingungen vermittelt, nicht ebenso zwischen den Bewusstseinsakten verschiedener Individuen besteht, dass vielmehr die Art, wie hier eine Kausalverknüpfung zu stande kommt, eine ganz andere ist, die man nicht ignorieren darf, sondern stets berücksichtigen muss, wenn man die Verhältnisse, die durch das Zusammenwirken der Individuen geschichtlich geworden sind, richtig beurteilen will.

hervorgerufen. Die Wirkung der Mitteilung kann nur die sein, dass gewisse in der Seele ruhende Vorstellungsmassen dadurch erregt, eventuell auf die Schwelle des Bewusstseins gehoben werden, wodurch unter Umständen neue Verbindungen zwischen denselben geschaffen oder alte befestigt werden.

Der Vorstellungsinhalt selbst ist also unübertragbar. Alles, was wir von dem eines andern Individuums zu wissen glauben, beruht nur auf Schlüssen aus unserem eigenen. Wir setzen dabei voraus, dass die fremde Seele in dem selben Verhältnis zur Aussenwelt steht wie die unsrige, dass die nämlichen physischen Eindrücke in ihr die gleichen Vorstellungen erzeugen wie in der unsrigen, und dass diese Vorstellungen sich in der gleichen Weise verbinden. Ein gewisser Grad von Übereinstimmung in der geistigen und körperlichen Organisation, in der umgebenden Natur und den Erlebnissen ist demnach die Vorbedingung für die Möglichkeit einer Verständigung zwischen verschiedenen Individuen. Je grösser die Übereinstimmung, desto leichter die Verständigung. Umgekehrt bedingt jede Verschiedenheit in dieser Beziehung nicht nur die Möglichkeit, sondern die Notwendigkeit des Nichtverstehens, des unvollkommenen Verständnisses oder des Missverständnisses.

Am weitesten reicht die Verständigung durch diejenigen physischen Mittel, welche in direkter Beziehung zu den mitgeteilten Vorstellungen stehen; denn diese fliesst häufig schon aus dem allgemeinen Übereinstimmenden in der menschlichen Natur. Dagegen, wo die Beziehung eine indirekte ist, wird vorausgesetzt, dass in den verschiedenen Seelen die gleiche Assoziation geknüpft ist, was übereinstimmende Erfahrung voraussetzt. Man muss es demnach als selbstverständlich voraussetzen, dass alle Mitteilung unter den Menschen mit der ersteren Art begonnen hat und erst von da zu der letzteren übergegangen ist. Zugleich muss hervorgehoben werden, dass die Mittel der ersten Art bestimmt beschränkte sind, während sich in Bezug auf die der zweiten ein unbegrenzter Spielraum darbietet, weil bei willkürlicher Assoziation unendlich viele Kombinationen möglich sind.

Fragen wir nun, worauf es denn eigentlich beruht, dass das Individuum, trotzdem es sich seinen Vorstellungskreis selbst schaffen muss, doch durch die Gesellschaft eine bestimmte Richtung seiner geistigen Entwickelung erhält und eine weit höhere Ausbildung, als es im Sonderleben zu erwerben vermöchte, so müssen wir als den wesentlichen Punkt bezeichnen die Verwandlung indirekter Assoziationen in direkte. Diese Verwandlung vollzieht sich innerhalb der Einzelseele, das gewonnene Resultat aber wird auf andere Seelen übertragen, natürlich durch physische Vermittelung in der geschilderten Weise. Der

Gewinn besteht also darin, dass in diesen anderen Seelen die Vorstellungsmassen nicht wieder den gleichen Umweg zu machen brauchen, um an einander zu kommen, wie in der ersten Seele. Ein Gewinn ist also das namentlich dann, wenn die vermittelnden Verbindungen im Vergleich zu der schliesslich resultierenden Verbindung von untergeordnetem Werte sind. Durch solche Ersparnis an Arbeit und Zeit, zu welcher ein Individuum dem andern verholfen hat, ist dieses wiederum im stande, das Ersparte zur Herstellung einer weiteren Verbindung zu verwenden, zu der das erste Individuum die Zeit nicht mehr übrig hatte.

Mit der Überlieferung einer aus einer indirekten in eine direkte verwandelten Verbindung ist nicht auch die Ideenbewegung überliefert, welche zuerst zur Entstehung dieser Verbindung geführt hat. Wenn z. B. jemandem der Pythagoräische Lehrsatz überliefert wird, so weiss er dadurch nicht, auf welche Weise derselbe zuerst gefunden ist. Er kann dann einfach bei der ihm gegebenen direkten Verbindung stehen bleiben, er kann auch durch eigene schöpferische Kombination den Satz mit andern ihm schon bekannten mathematischen Sätzen vermitteln, wobei er allerdings ein sehr viel leichteres Spiel hat als der erste Finder. Sind aber, wie es hier der Fall ist, verschiedene Vermittelungen möglich, so braucht er nicht gerade auf die selbe zu verfallen wie dieser.

Es erhellt also, dass bei diesem wichtigen Prozess, indem der Anfangs- und Endpunkt einer Vorstellungsreihe in direkter Verknüpfung überliefert werden, die Mittelglieder, welche ursprünglich diese Verknüpfung herstellen halfen, zu einem grossen Teile für die folgende Generation verloren gehen müssen. Das ist in vielen Fällen eine heilsame Entlastung von unnützem Ballast, wodurch der für eine höhere Entwickelung notwendige Raum geschaffen wird. Aber die Erkenntnis der Genesis wird dadurch natürlich ausserordentlich erschwert.

§ 9. Nach diesen für alle Kulturentwickelung geltenden Bemerkungen, deren spezielle Anwendung auf die Sprachgeschichte uns weiter unten zu beschäftigen hat, wollen wir jetzt versuchen, die wichtigsten Eigentümlichkeiten hervorzuheben, durch die sich die Sprachwissenschaft von andern Kulturwissenschaften unterscheidet. Indem wir die Faktoren ins Auge fassen, mit denen sie zu rechnen hat, wird es uns schon hier gelingen unsere Behauptung zu rechtfertigen, dass die Sprachwissenschaft unter allen historischen Wissenschaften die sichersten und exaktesten Resultate zu liefern imstande ist.

Jede Erfahrungswissenschaft erhebt sich zu um so grösserer Exaktheit, je mehr es ihr gelingt in den Erscheinungen, mit denen sie zu schaffen hat, die Wirksamkeit der einzelnen Faktoren isoliert zu betrachten. Hierin liegt ja eigentlich der spezifische Unterschied der wissenschaftlichen Betrachtungsweise von der populären. Die Isolierung gelingt natürlich um so schwerer, je verschlungener die Komplikationen, in denen die Erscheinungen an sich gegeben sind. Nach dieser Seite hin sind wir bei der Sprache besonders günstig gestellt. Das gilt allerdings nicht, wenn man den ganzen materiellen Inhalt ins Auge fasst, der in ihr niedergelegt ist. Da findet man allerdings, dass alles, was irgendwie die menschliche Seele berührt, hat, die leibliche Organisation, die umgebende Natur, die gesamte Kultur, alle Erfahrungen und Erlebnisse Wirkungen in der Sprache hinterlassen haben, dass sie daher von diesem Gesichtspunkte aus betrachtet, von den allermannigfachsten, von allen irgend denkbaren Faktoren abhängig ist. Aber diesen materiellen Inhalt zu betrachten ist nicht die eigentümliche Aufgabe der Sprachwissenschaft. Dazu kann sie nur in Verbindung mit allen übrigen Kulturwissenschaften beitragen. Sie hat für sich nur die Verhältnisse zu betrachten, in welche dieser Vorstellungsinhalt zu bestimmten Lautgruppen tritt. So kommen von den oben S. 8 angegebenen vier Kategorien der gesellschaftlichen Einwirkung für die Sprache nur die ersten beiden in Betracht. Man braucht auch vornehmlich nur zwei Gesetzeswissenschaften als Unterlage der Sprachwissenschaft, die Psychologie und die Physiologie, und zwar von der letzteren nur gewisse Teile. Was man gewöhnlich unter Lautphysiologie oder Phonetik versteht, begreift allerdings nicht alle physiologischen Vorgänge in sich, die zur Sprechtätigkeit gehören, nämlich nicht die Erregung der motorischen Nerven, wodurch die Sprachorgane in Bewegung gesetzt werden. Er würde ferner auch die Akustik, sowohl als Teil der Physik wie als Teil der Physiologie in Betracht kommen. Die akustischen Vorgänge aber sind nicht unmittelbar von den psychischen beeinflusst, sondern nur mittelbar, durch die lautphysiologischen. Durch diese sind sie derartig bestimmt, dass nach dem einmal gegebenen Anstoss ihr Verlauf im allgemeinen keine Ablenkungen mehr erfährt, wenigstens keine solche, die für das Wesen der Sprache von Belang sind. Unter diesen Umständen ist ein tieferes Eindringen in diese Vorgänge für das Verständnis der Sprachentwickelung jedenfalls nicht in dem Masse erforderlich wie die Erkenntnis der Bewegung der Sprechorgane. Damit soll nicht behauptet werden, dass nicht vielleicht auch einmal aus der Akustik manche Aufschlüsse zu holen sein werden.

Die verhältnismässige Einfachheit der sprachlichen Vorgänge tritt deutlich hervor, wenn wir etwa die wirtschaftlichen damit vergleichen. Hier handelt es sich um eine Wechselwirkung sämtlicher physischen und psychischen Faktoren, zu denen der Mensch in irgend eine Beziehung tritt. Auch den ernstesten Bemühungen wird es niemals gelingen die Rolle, welcher jeder einzelne unter diesen Faktoren dabei spielt, vollständig klar zu legen.

Ein weiterer Punkt von Belang ist folgender. Jede sprachliche Schöpfung ist stets nur das Werk eines Individuums. Es können mehrere das gleiche schaffen, und das ist sehr häufig der Fall. Aber der Akt des Schaffens ist darum kein anderer und das Produkt kein anderes. Niemals schaffen mehrere Individuen etwas zusammen, mit vereinigten Kräften, mit verteilten Rollen. Ganz anders ist das wieder auf wirtschaftlichem oder politischem Gebiete. Wie es innerhalb der wirtschaftlichen und politischen Entwickelung selbst immer schwieriger wird die Verhältnisse zu durchschauen, je mehr Vereinigung der Kräfte, je mehr Verteilung der Rollen sich herausbildet, so sind auch die einfachsten Verhältnisse auf diesen Gebieten schon weniger durchsichtig als die sprachlichen. Allerdings insofern, als eine sprachliche Schöpfung auf ein anderes Individuum übertragen und von diesem umgeschaffen wird, als dieser Prozess sich immer von neuem wiederholt, findet auch hier eine Arbeitsteilung und Arbeitsvereinigung statt, ohne die ja, wie wir gesehen haben, überhaupt keine Kultur zu denken ist. Und wo in unserer Überlieferung eine Anzahl von Zwischenstufen fehlen, da ist auch der Sprachforscher in der Lage verwickelte Komplikationen auflösen zu müssen, die aber nicht sowohl durch das Zusammenwirken als durch das Nacheinanderwirken verschiedener Individuen entstanden sind.

Es ist ferner auch nach dieser Seite hin von grosser Wichtigkeit, dass die sprachlichen Gebilde im allgemeinen ohne bewusste Absicht geschaffen werden. Die Absicht der Mitteilung ist zwar, abgesehen von den allerfrühesten Stadien, vorhanden, aber nicht die Absicht etwas Bleibendes festzusetzen, und das Individuum wird sich seiner schöpferischen Tätigkeit nicht bewusst. In dieser Hinsicht unterscheidet sich die Sprachbildung namentlich von aller künstlerischen Produktion. Die Unbewusstheit, wie wir sie hier als Charakteristikum hinstellen, ist freilich nicht so allgemein anerkannt und ist noch im einzelnen zu erweisen. Man muss dabei unterscheiden zwischen der natürlichen Entwickelung der Sprache und der künstlichen, die allerdings durch ein absichtlich regelndes Eingreifen zu Stande kommt. Solche bewussten Bemühungen beziehen sich fast ausschliesslich auf die Herstellung einer Gemeinsprache in einem dialektisch gespaltenen Gebiete oder einer technischen Sprache für bestimmte Berufsklassen. Wir müssen im folgenden zunächst gänzlich von denselben absehen, um das reine Walten der natürlichen Entwickelung kennen zu lernen, und erst dann ihre Wirksamkeit in einem besondern Abschnitte behandeln. Zu diesem Verfahren sind wir nicht nur berechtigt, sondern auch verpflichtet.

Wir würden sonst ebenso handeln wie der Zoologe oder der Botaniker, der, um die Entstehung der heutigen Tier- und Pflanzenwelt zu erklären, überall mit der Annahme künstlicher Züchtung und Veredlung operierte. Der Vergleich ist in der Tat in hohem Grade zutreffend. Wie der Viehzüchter oder der Gärtner niemals etwas rein willkürlich aus nichts erschaffen können, sondern mit allen ihren Versuchen auf eine nur innerhalb bestimmter Schranken mögliche Umbildung des natürlich Erwachsenen angewiesen sind, so entsteht auch eine künstliche Sprache nur auf Grundlage einer natürlichen. So wenig durch irgend welche Veredlung die Wirksamkeit derjenigen Faktoren aufgehoben werden kann, welche die natürliche Entwickelung bestimmen, so wenig kann das auf sprachlichem Gebiete durch absichtliche Regelung geschehen. Sie wirken trotz alles Eingreifens ungestört weiter fort, und alles, was, auf künstlichem Wege gebildet, in die Sprache aufgenommen ist, verfällt dem Spiel ihrer Kräfte.

Es wäre nun zu zeigen, inwiefern die Absichtslosigkeit der sprachlichen Vorgänge es erleichtert, ihr Wesen zu durchschauen. Zunächst folgt daraus wieder, dass dieselben verhältnismässig einfach sein müssen. Bei jeder Veränderung kann nur ein kurzer Schritt getan werden. Wie wäre das anders möglich, wenn sie ohne Berechnung erfolgt und, wie es meistens der Fall ist, ohne dass der Sprechende eine Ahnung davon hat, dass er etwas nicht schon vorher Dagewesenes hervorbringt? Freilich kommt es dann aber auch darauf an die Indizien, durch welche sich diese Vorgänge dokumentieren, möglichst Schritt für Schritt zu verfolgen. Aus der Einfachheit der sprachlichen Vorgänge folgt nun aber auch, dass sich dabei die individuelle Eigentümlichkeit nicht stark geltend machen kann. Die einfachsten psychischen Prozesse sind ja bei allen Individuen die gleichen, ihre Besonderheiten beruhen nur auf verschiedenartiger Kombination dieser einfachen Prozesse. Die grosse Gleichmässigkeit aller sprachlichen Vorgänge in den verschiedensten Individuen ist die wesentlichste Basis für eine exakt wissenschaftliche Erkenntnis derselben.

So fällt denn auch die Erlernung der Sprache in eine frühere Entwickelungsperiode, in welcher überhaupt bei allen psychischen Prozessen noch wenig Absichtlichkeit und Bewusstsein, noch wenig Individualität vorhanden ist. Und ebenso verhält es sich mit derjenigen Periode in der Entwickelung des Menschengeschlechts, welche die Sprache zuerst geschaffen hat.

Wäre die Sprache nicht so sehr auf Grundlage des Gemeinsamen in der menschlichen Natur aufgebaut, so wäre sie auch nicht das geeignete Werkzeug für den allgemeinen Verkehr. Umgekehrt, dass sie als solches dient, hat zur notwendigen Konsequenz, dass sie alles rein Individuelle, was sich ihr doch etwa aufzudrängen versucht, zurückstösst, dass sie nichts aufnimmt und bewahrt, als was durch die Übereinstimmung einer Anzahl mit einander in Verbindung befindlicher Individuen sanktioniert wird.

Unser Satz, dass die Unabsichtlichkeit der Vorgänge eine exakte wissenschaftliche Erkenntnis begünstige, ist leicht aus der Geschichte der übrigen Kulturzweige zu bestätigen. Die Entwickelung der sozialen Verhältnisse, des Rechts, der Religion, der Poesie und aller übrigen Künste zeigt um so mehr Gleichförmigkeit, macht um so mehr den Eindruck der Naturnotwendigkeit, je primitiver die Stufe ist, auf der man sich befindet. Während sich auf diesen Gebieten immer mehr Absichtlichkeit, immer mehr Individualismus geltend gemacht hat, ist die Sprache nach dieser Seite hin viel mehr bei dem ursprünglichen Zustande stehen geblieben. Sie erweist sich auch dadurch als der Urgrund aller höheren geistigen Entwickelung im einzelnen Menschen wie im ganzen Geschlecht.

§ 10. Ich habe es noch kurz zu rechtfertigen, dass ich den Titel Prinzipien der Sprachgeschichte gewählt habe. Es ist eingewendet, dass es noch eine andere wissenschaftliche Betrachtung der Sprache gäbe, als die geschichtliche.[1]) Ich muss das in Abrede stellen. Was man für eine nichtgeschichtliche und doch wissenschaftliche Betrachtung der Sprache erklärt, ist im Grunde nichts als eine unvollkommen geschichtliche, unvollkommen teils durch Schuld des Betrachters, teils durch Schuld des Beobachtungsmaterials. Sobald man über das blosse Konstatieren von Einzelheiten hinausgeht, sobald man versucht den Zusammenhang zu erfassen, die Erscheinungen zu begreifen, so betritt man auch den geschichtlichen Boden, wenn auch vielleicht ohne sich klar darüber zu sein. Allerdings ist eine wissenschaftliche Behandlung der Sprache nicht bloss möglich, wo uns verschiedene Entwickelungsstufen der gleichen Sprache vorliegen, sondern auch bei einem Nebeneinanderliegen des zu Gebote stehenden Materials. Am günstigsten liegt dann die Sache, wenn uns mehrere verwandte Sprachen oder Mundarten bekannt sind. Dann ist es Aufgabe der Wissenschaft, nicht bloss zu konstatieren, was sich in den verschiedenen Sprachen oder Mundarten gegenseitig entspricht, sondern aus dem Überlieferten die nicht überlieferten Grundformen und Grundbedeutungen nach Möglichkeit zu rekonstruieren. Damit aber verwandelt sich augenscheinlich die vergleichende Betrachtung in eine geschichtliche. Aber auch, wo uns nur eine bestimmte Entwickelungsstufe einer einzelnen Mundart vorliegt, ist noch wissenschaftliche Betrachtung

---

[1]) Vgl. Misteli a. a. O. S. 382 ff.

bis zu einem gewissen Grade möglich. Jedoch wie? Vergleicht man z. B. die verschiedenen Bedeutungen eines Wortes untereinander, so sucht man festzusetzen, welche davon die Grundbedeutung ist, oder auf welche untergegangene Grundbedeutung sie hinweisen. Bestimmt man aber eine Grundbedeutung, aus der andere abgeleitet sind, so konstatiert man ein historisches Faktum. Oder man vergleicht die verwandten Formen untereinander und leitet sie aus einer gemeinsamen Grundform ab. Dann konstatiert man wiederum ein historisches Faktum. Ja man darf überhaupt nicht einmal behaupten, dass verwandte Formen aus einer gemeinsamen Grundlage abgeleitet sind, wenn man nicht historisch werden will. Oder man konstatiert zwischen verwandten Formen und Wörtern einen Lautwechsel. Will man sich denselben erklären, so wird man notwendig darauf geführt, dass derselbe die Nachwirkung eines Lautwandels, also eines historischen Prozesses ist. Versucht man die sogenannte innere Sprachform im Sinne Humboldts und Steinthals zu charakterisieren, so kann man das nur, indem man auf den Ursprung der Ausdrucksformen und ihre Grundbedeutung zurückgeht. Und so wüsste ich überhaupt nicht, wie man mit Erfolg über eine Sprache reflektieren könnte, ohne dass man etwas darüber ermittelt, wie sie geschichtlich geworden ist.[1]) Das einzige, was nun etwa noch von

---

[1]) O. Dittrich hat (Grundzüge der Sprachpsychologie 43 ff. und Die Grenzen der Sprachwissenschaft 10 ff.) eine ganze Menge auf die Sprache bezügliche Wissenschaften aufgestellt. Hierüber aber ist zu sagen, dass einige davon Anwendungen der Sprachwissenschaft sind, bei denen dieselbe praktischen Zwecken dienstbar gemacht wird, und dass diejenigen Disziplinen, die rein theoretischer Natur sind, aufs engste zusammengehören, und dass es nur zum grössten Schaden der Wissenschaft gereichen könnte, wenn jede derselben für sich betrieben werden sollte. Dies gilt auch von der sogenannten Sprachpsychologie. Psychologisch muss die Sprachwissenschaft durchaus sein, auch wo es sich um die Feststellung einzelner Tatsachen handelt. Sprachpsychologie als eigenes Fach hat weder eine Stellung innerhalb der Sprachwissenschaft noch innerhalb der Psychologie. Es gibt nur eine Sprachwissenschaft, aber auch nur eine Psychologie. Oder soll man auch eine besondere Rechtspsychologie, eine Wirtschaftspsychologie etc. aufstellen? Warum dann nicht auch eine Spielpsychologie, ja eine Schach- oder Skatpsychologie? Wenn Dittrich (Grenzen S. 6) behauptet, mein Buch sei eigentlich ein flammender Protest gegen meine These „Sprachwissenschaft ist gleich Sprachgeschichte", so übersieht er, dass auch meine Prinzipienlehre sich durchaus auf die Entwickelung der Sprache bezieht; dass das Material aus der Sprachgeschichte geschöpft ist, und dass die daraus gezogenen Schlüsse bestimmt sind, auf die geschichtliche Einzelforschung zurückzuwirken. Ich wollte nicht etwas aufstellen, was neben der Geschichte herlaufen sollte, ohne dass diese ebenso gut bestehen könnte, sondern etwas, was die Behandlung der Geschichte durchdringen, derselben einen höheren Grad von Wissenschaftlichkeit geben sollte. Man ist doch wohl berechtigt, dasjenige zur Geschichtswissenschaft zu rechnen, was ihr erst einen wahrhaft wissenschaftlichen Charakter verleiht. Daher der Titel meines Buches, und wenn eine

nichtgeschichtlicher Betrachtung übrig bliebe, wären allgemeine Reflexionen über die individuelle Anwendung der Sprache, über das Verhalten des Einzelnen zum allgemeinen Sprachusus, wozu dann auch die Erlernung der Sprache gehört. Dass aber gerade diese Reflexionen aufs engste mit der Betrachtung der geschichtlichen Entwickelung zu verbinden sind, wird sich im folgenden zeigen.

englische Bearbeitung desselben geradezu den Titel führt „Introduction to the Study of the History of Language", so ist auch dagegen nichts einzuwenden.

Erstes Kapitel.
Allgemeines über das Wesen der Sprachentwickelung.

§ 11. Es ist von fundamentaler Bedeutung für den Geschichtsforscher, dass er sich Umfang und Natur des Gegenstandes genau klar macht, dessen Entwickelung er zu untersuchen hat. Man hält das leicht für eine selbstverständliche Sache, in Bezug auf welche man gar nicht irre gehen könne. Und doch liegt gerade hier der Punkt, in welchem die Sprachwissenschaft die Versäumnis von Dezennien noch nicht lange angefangen hat nachzuholen.

Die historische Grammatik ist aus der älteren bloss deskriptiven Grammatik hervorgegangen, und sie hat noch sehr vieles von derselben beibehalten. Wenigstens in der zusammenfassenden Darstellung hat sie durchaus die alte Form bewahrt. Sie hat nur eine Reihe von deskriptiven Grammatiken parallel aneinander gefügt. Das Vergleichen, nicht die Darlegung der Entwickelung ist zunächst als das eigentliche Charakteristikum der neuen Wissenschaft aufgefasst. Man hat die vergleichende Grammatik, die sich mit dem gegenseitigen Verhältnis verwandter Sprachfamilien beschäftigt, deren gemeinsame Quelle für uns verloren gegangen ist, sogar in Gegensatz zu der historischen gesetzt, die von einem durch die Überlieferung gegebenen Ausgangspunkte die Weiterentwickelung verfolgt. Und noch immer liegt vielen Sprachforschern und Philologen der Gedanke sehr fern, dass beides nur ein und dieselbe Wissenschaft ist, mit der gleichen Aufgabe, der gleichen Methode, nur dass das Verhältnis zwischen dem durch Überlieferung Gegebenen und der kombinatorischen Tätigkeit sich verschieden gestaltet. Aber auch auf dem Gebiete der historischen Grammatik im engeren Sinne hat man die selbe Art des Vergleichens angewandt: man hat deskriptive Grammatiken verschiedener Perioden aneinander gereiht. Zum Teil ist es das praktische Bedürfnis, welches für systematische Darstellung ein solches Verfahren gefordert hat und bis zu einem gewissen Grade immer fordern wird. Es ist aber nicht

24   Erstes Kapitel. Allgemeines über die Sprachentwickelung.

zu leugnen, dass auch die ganze Anschauung von der Sprachentwickelung unter dem Banne dieser Darstellungsweise gestanden hat und zum Teil noch steht.

Die deskriptive Grammatik verzeichnet, was von grammatischen Formen und Verhältnissen innerhalb einer Sprachgenossenschaft zu einer gewissen Zeit üblich ist, was von einem jedem gebraucht werden kann, ohne vom andern missverstanden zu werden und ohne ihn fremdartig zu berühren. Ihr Inhalt sind nicht Tatsachen, sondern nur eine Abstraktion aus den beobachteten Tatsachen. Macht man solche Abstraktionen innerhalb der selben Sprachgenossenschaft zu verschiedenen Zeiten, so werden sie verschieden ausfallen. Man erhält durch Vergleichung die Gewissheit, dass sich Umwälzungen vollzogen haben, man entdeckt wohl auch eine gewisse Regelmässigkeit in dem gegenseitigen Verhältnis, aber über das eigentliche Wesen der vollzogenen Umwälzung wird man auf diese Weise nicht aufgeklärt. Der Kausalzusammenhang bleibt verschlossen, so lange man nur mit diesen Abstraktionen rechnet, als wäre die eine wirklich aus der andern entstanden. Denn zwischen Abstraktionen gibt es überhaupt keinen Kausalnexus, sondern nur zwischen realen Objekten und Tatsachen. So lange man sich mit der deskriptiven Grammatik bei den ersteren beruhigt, ist man noch sehr weit entfernt von einer wissenschaftlichen Erfassung des Sprachlebens.

§ 12. Das wahre Objekt für den Sprachforscher sind vielmehr sämtliche Ausserungen der Sprechtätigkeit an sämtlichen Individuen in ihrer Wechselwirkung auf einander. Alle Lautkomplexe, die irgend ein Einzelner je gesprochen, gehört oder vorgestellt hat mit den damit assoziierten Vorstellungen, deren Symbole sie gewesen sind, alle die mannigfachen Beziehungen, welche die Sprachelemente in den Seelen der Einzelnen eingegangen sind, fallen in die Sprachgeschichte, müssten eigentlich alle bekannt sein, um ein vollständiges Verständnis der Entwickelung zu ermöglichen. Man halte mir nicht entgegen, dass es unnütz sei eine Aufgabe hinzustellen, deren Unlösbarkeit auf der Hand liegt. Es ist schon deshalb von Wert sich das Idealbild einer Wissenschaft in seiner ganzen Reinheit zu vergegenwärtigen, weil wir uns dadurch des Abstandes bewusst werden, in welchem unser Können dazu steht, weil wir daraus lernen, dass und warum wir uns in so vielen Fragen bescheiden müssen, weil dadurch die Superklugheit gedemütigt wird, die mit einigen geistreichen Gesichtspunkten die kompliziertesten historischen Entwickelungen begriffen zu haben meint. Eine unvermeidliche Notwendigkeit aber ist es für uns, uns eine allgemeine Vorstellung von dem Spiel der Kräfte in diesem ganzen massenhaften Getriebe zu machen, die wir beständig vor Augen haben müssen, wenn wir die wenigen dürftigen Fragmente, die uns daraus wirklich gegeben sind, richtig einzuordnen versuchen wollen. Nur ein Teil dieser wirkenden Kräfte tritt in die Erscheinung. Nicht bloss das Sprechen und Hören sind sprachgeschichtliche Vorgänge, auch nicht bloss weiterhin die dabei erregten Vorstellungen und die beim leisen Denken durch das Bewusstsein ziehenden Sprachgebilde. Vielleicht der bedeutendste Fortschritt, den die neuere Psychologie gemacht hat, besteht in der Erkenntnis, dass eine ganze Menge von psychischen Vorgängen sich ohne klares Bewusstsein vollziehen, und dass Alles, was je im Bewusstsein gewesen ist, als ein wirksames Moment im Unbewussten bleibt. Diese Erkenntnis ist auch für die Sprachwissenschaft von der grössten Tragweite und ist von Steinthal in ausgedehntem Masse für dieselbe verwertet worden. Alle Äusserungen der Sprechtätigkeit fliessen aus diesem dunklen Raume des Unbewussten in der Seele. In ihm liegt alles, was der Einzelne von sprachlichen Mitteln zur Verfügung hat, und wir dürfen sagen sogar etwas mehr, als worüber er unter gewöhnlichen Umständen verfügen kann, als ein höchst kompliziertes psychisches Gebilde, welches aus mannigfach untereinander verschlungenen Vorstellungsgruppen besteht. Wir haben hier nicht die allgemeinen Gesetze zu betrachten, nach welchen diese Gruppen sich bilden. Ich verweise dafür auf Steinthals Einleitung in die Psychologie und Sprachwissenschaft. Es kommt hier nur darauf an uns ihren Inhalt und ihre Wirksamkeit zu veranschaulichen.[1])

---

[1]) Ich glaube an diesen Anschauungen festhalten zu müssen trotz dem Widerspruche neuerer Psychologen, die es für unzulässig erklären, mit Unbewusstem in der Seele zu operieren, zu denen insbesondere Wundt gehört. Nach Wundt existiert nichts Geistiges ausserhalb des Bewusstseins; was aufhört, bewusst zu sein, hinterlässt nur eine physische Nachwirkung. Durch diese müsste demnach der unleugbare Zusammenhang zwischen früheren und späteren Bewusstseinsakten vermittelt sein; durch diese müsste es ermöglicht werden, dass etwas, was früher einmal im Bewusstsein war, von neuem ins Bewusstsein treten kann, ohne dass ein neuer sinnlicher Eindruck die unmittelbare Ursache ist. Vorausgesetzt, es verhielte sich wirklich so, so ist darauf zu sagen, dass uns diese physische Nachwirkungen, deren Vorhandensein ich durchaus nicht leugnen will, trotz aller Physiologie und Experimentalpsychologie noch recht unbekannt sind, und dass, auch wenn sie viel bekannter wären, doch nicht abzusehen ist, wie sich daraus die ohne sinnliche Eindrücke entstehenden Bewusstseinsvorgänge ableiten liessen. Es bleibt also doch nichts übrig, wenn man überhaupt einen Zusammenhang zwischen den früheren und späteren Bewusstseinsvorgängen erkennen will, als auf psychischem Gebiete zu bleiben und sich die Vermittelung nach Analogie der Bewusstseinsvorgänge zu denken. Man wird der Anschauung, an die ich mich angeschlossen habe, mindestens das gleiche Recht einräumen dürfen wie einer naturwissenschaftlichen Hypothese, vermittelst

Sie sind ein Produkt aus alledem, was früher einmal durch Hören anderer, durch eigenes Sprechen und durch Denken in den Formen der Sprache in das Bewusstsein getreten ist. Durch sie ist die Möglichkeit gegeben, dass das, was früher einmal im Bewusstsein war, unter günstigen Bedingungen wieder in dasselbe zurücktreten kann, also auch, dass das, was früher einmal verstanden oder gesprochen ist, wieder verstanden oder gesprochen werden kann. Man muss nach dem schon erwähnten allgemeinen Gesetze daran festhalten, dass schlechthin keine durch die Sprechtätigkeit in das Bewusstsein eingeführte Vorstellung[1]) spurlos verloren geht, mag die Spur auch häufig so schwach sein, dass ganz besondere Umstände, wie sie vielleicht nie eintreten, erforderlich sind, um ihr die Fähigkeit zu geben wieder bewusst zu werden. Die Vorstellungen werden gruppenweise ins Bewusstsein eingeführt und bleiben daher als Gruppen im Unbewussten. Es assoziieren sich die Vorstellungen auf einander folgender Klänge, nach einander ausgeführter Bewegungen der Sprechorgane zu einer Reihe. Die Klangreihen und die Bewegungsreihen assoziieren sich untereinander. Mit beiden assoziieren sich die Vorstellungen, für die sie als Symbole dienen, nicht bloss die Vorstellungen von Wortbedeutungen, sondern auch die Vorstellungen von syntaktischen Verhältnissen. Und nicht bloss die einzelnen Wörter, sondern grössere Lautreihen, ganze Sätze assoziieren sich unmittelbar mit dem Gedankeninhalt, der in sie gelegt worden ist. Diese wenigstens ursprünglich durch die Aussenwelt gegebenen Gruppen organisieren sich nun in der Seele jedes Individuums zu weit reicheren und verwickelteren Verbindungen, die sich nur zum kleinsten Teile bewusst vollziehen und dann auch unbewusst weiter wirken, zum bei weitem grösseren Teile niemals wenigstens zu klarem Bewusstsein gelangen und nichtsdestoweniger wirksam sind. So assoziieren sich die verschiedenen Gebrauchsweisen, in denen man ein Wort, eine Redensart kennen gelernt hat, unter einander. So assoziieren sich die verschiedenen Kasus des gleichen Nomens, die verschiedenen tempora, modi, Personen des gleichen Verbums, die verschiedenen Ableitungen aus der gleichen Wurzel vermöge der Verwandtschaft des Klanges und der Bedeutung; ferner alle Wörter von gleicher Funktion, z. B. alle Substantiva, alle Adjektiva, alle Verba; ferner die

---

deren es gelingt, einen Zusammenhang zwischen den einzelnen Tatsachen herzustellen, und zu berechnen, was unter bestimmten Bedingungen eintreten muss. Dass diese Anschauung wirklich etwas Entsprechendes leistet, dafür bringt, denke ich, auch mein Buch reichliche Beweise.

[1]) Wenn ich hier und im Folgenden von Vorstellungen rede, so bemerke ich dazu ein für alle Mal, dass ich dabei auch die begleitenden Gefühle und Strebungen mit einrechne.

mit gleichen Suffixen gebildeten Ableitungen aus verschiedenen Wurzeln: ferner die ihrer Funktion nach gleichen Formen verschiedener Wörter, also z. B. alle Plurale, alle Genitive, alle Passive, alle Perfekta, alle Konjunktive, alle ersten Personen; ferner die Wörter von gleicher Flexionsweise, z. B. im Nhd. alle schwachen Verba im Gegensatz zu den starken, alle Masculina, die den Plural mit Umlaut bilden im Gegensatz zu den nicht umlautenden; auch Wörter von nur partiell gleicher Flexionsweise können sich im Gegensatz zu stärker abweichenden zu Gruppen zusammenschliessen; ferner assoziieren sich in Form oder Funktion gleiche Satzformen. Und so gibt es noch eine Menge Arten von zum Teil mehrfach vermittelten Assoziationen, die eine grössere oder geringere Bedeutung für das Sprachleben haben. Alle diese Assoziationen können ohne klares Bewusstsein zu Stande kommen und sich wirksam erweisen, und sie sind durchaus nicht mit den Kategorien zu verwechseln, die durch die grammatische Reflexion abstrahiert werden, wenn sie sich auch gewöhnlich mit diesen decken.

§ 13. Es ist ebenso bedeutsam als selbstverständlich, dass dieser Organismus von Vorstellungsgruppen sich bei jedem Individuum in stetiger Veränderung befindet. Erstlich verliert jedes einzelne Moment, welches keine Kräftigung durch Erneuerung des Eindruckes oder durch Wiedereinführung in das Bewusstsein empfängt, fort und fort an Stärke. Zweitens wird durch jede Tätigkeit des Sprechens, Hörens oder Denkens etwas Neues hinzugefügt. Selbst bei genauer Wiederholung einer früheren Tätigkeit erhalten wenigstens bestimmte Momente des schon bestehenden Organismus eine Kräftigung. Und selbst, wenn jemand schon eine reiche Betätigung hinter sich hat, so ist doch immer noch Gelegenheit genug zu etwas Neuem geboten, ganz abgesehen davon, dass etwas bisher in der Sprache nicht Übliches eintritt, mindestens zu neuen Variationen der alten Elemente. Drittens werden sowohl durch die Abschwächung als durch die Verstärkung der alten Elemente als endlich durch den Hinzutritt neuer die Assoziationsverhältnisse innerhalb des Organismus allemal verschoben. Wenn daher auch der Organismus bei den Erwachsenen im Gegensatz zu dem Entwickelungsstadium der frühesten Kindheit eine gewisse Stabilität hat, so bleibt er doch immer noch mannigfaltigen Schwankungen ausgesetzt.

Ein anderer gleich selbstverständlicher, aber auch gleich wichtiger Punkt, auf den ich hier hinweisen muss, ist folgender: der Organismus der auf die Sprache bezüglichen Vorstellungsgruppen entwickelt sich bei jedem Individuum auf eigentümliche Weise, gewinnt aber auch bei jedem eine eigentümliche Gestalt. Selbst wenn er sich bei verschiedenen ganz aus den gleichen Elementen zusammensetzen sollte, so werden doch diese Elemente in verschiedener Reihenfolge, in ver-

28 Erstes Kapitel. Allgemeines über die Sprachentwickelung.

schiedener Gruppierung, mit verschiedener Intensität, dort zu häufigeren, dort zu selteneren Malen in die Seele eingeführt sein, und wird sich danach ihr gegenseitiges Machtverhältnis und damit ihre Gruppierungsweise verschieden gestalten, selbst wenn wir die Verschiedenheit in den allgemeinen und besonderen Fähigkeiten der Einzelnen gar nicht berücksichtigen.

Schon bloss aus der Beachtung der unendlichen Veränderlichkeit und der eigentümlichen Gestaltung eines jeden einzelnen Organismus ergibt sich die Notwendigkeit einer unendlichen Veränderlichkeit der Sprache im ganzen und einer fortwährenden Herausbildung von dialektischen Verschiedenheiten.

§ 14. **Die geschilderten psychischen Organismen sind die eigentlichen Träger der historischen Entwickelung. Das wirklich Gesprochene hat gar keine Entwickelung.** Es ist eine irreführende Ausdrucksweise, wenn man sagt, dass ein Wort aus einem in einer früheren Zeit gesprochenen Worte entstanden sei. Als physiologisch-physikalisches Produkt geht das Wort spurlos unter, nachdem die dabei in Bewegung gesetzten Körper wieder zur Ruhe gekommen sind. Und ebenso vergeht der physische Eindruck auf den Hörenden. Wenn ich die selben Bewegungen der Sprechorgane, die ich das erste Mal gemacht habe, ein zweites, drittes, viertes Mal wiederhole, so besteht zwischen diesen vier gleichen Bewegungen keinerlei physischer Kausalnexus, sondern sie sind unter einander nur durch den psychischen Organismus vermittelt. Nur in diesem bleibt die Spur alles Geschehenen, wodurch weiteres Geschehen veranlasst werden kann, nur in diesem sind die Bedingungen geschichtlicher Entwickelung gegeben.

Das physische Element der Sprache hat lediglich die Funktion die Einwirkung der einzelnen psychischen Organismen auf einander zu vermitteln, ist aber für diesen Zweck unentbehrlich, weil es, wie schon in der Einleitung nachdrücklich hervorgehoben ist, keine direkte Einwirkung einer Seele auf die andere gibt. Wiewohl an sich nur rasch vorübergehende Erscheinung, verhilft es doch durch sein Zusammenwirken mit den psychischen Organismen diesen zu der Möglichkeit auch nach ihrem Untergange Wirkungen zu hinterlassen. Da ihre Wirkung mit dem Tode des Individuums aufhört, so würde die Entwickelung einer Sprache auf die Dauer einer Generation beschränkt sein, wenn nicht nach und nach immer neue Individuen dazu träten, in denen sich unter der Einwirkung der schon bestehenden neue Sprachorganismen erzeugten. Dass die Träger der historischen Entwickelung einer Sprache stets nach Ablauf eines verhältnismässig kurzen Zeitraumes sämtlich untergegangen und durch neue ersetzt sind, ist wieder eine höchst einfache, aber darum nicht minder beherzigenswerte und nicht minder häufig übersehene Wahrheit.

§ 15. Sehen wir nun, wie sich bei dieser Natur des Objekts die Aufgabe des Geschichtschreibers stellt. Der Beschreibung von Zuständen wird er nicht entraten können, da er es mit grossen Komplexen von gleichzeitig neben einander liegenden Elementen zu tun hat. Soll aber diese Beschreibung eine wirklich brauchbare Unterlage für die historische Betrachtung werden, so muss sie sich an die realen Objekte halten, d. h. an die eben geschilderten psychischen Organismen. Sie muss ein möglichst getreues Bild derselben liefern, sie muss nicht bloss die Elemente, aus denen sie bestehen, vollständig aufzählen, sondern auch das Verhältnis derselben zu einander veranschaulichen, ihre relative Stärke, die mannigfachen Verbindungen, die sie unter einander eingegangen sind, den Grad der Enge und Festigkeit dieser Verbindungen; sie muss, wollen wir es populärer ausdrücken, uns zeigen, wie sich das Sprachgefühl verhält. Um den Zustand einer Sprache vollkommen zu beschreiben, wäre es eigentlich erforderlich, an jedem einzelnen der Sprachgenossenschaft angehörigen Individuum das Verhalten der auf die Sprache bezüglichen Vorstellungsmassen vollständig zu beobachten und die an den einzelnen gewonnenen Resultate unter einander zu vergleichen. In Wirklichkeit müssen wir uns mit etwas viel Unvollkommenerem begnügen, was mehr oder weniger, immer aber sehr beträchtlich hinter dem Ideal zurückbleibt.

Wir sind häufig auf die Beobachtung einiger wenigen Individuen, ja eines einzelnen beschränkt und vermögen auch den Sprachorganismus dieser wenigen oder dieses einzelnen nur partiell zu erkennen. Aus der Vergleichung der einzelnen Sprachorganismen lässt sich ein gewisser Durchschnitt gewinnen, wodurch das eigentlich Normale in der Sprache, der Sprachusus bestimmt wird. Dieser Durchschnitt kann natürlich um so sicherer festgestellt werden, je mehr Individuen und je vollständiger jedes einzelne beobachtet werden kann. Je unvollständiger die Beobachtung ist, um so mehr Zweifel bleiben zurück, was individuelle Eigentümlichkeit und was allen oder den meisten gemein ist. Immer beherrscht der Usus, auf dessen Darstellung die Bestrebungen des Grammatikers fast allein gerichtet zu sein pflegen, die Sprache der Einzelnen nur bis zu einem gewissen Grade, daneben steht immer vieles, was nicht durch den Usus bestimmt ist, ja ihm direkt widerspricht.

Der Beobachtung eines Sprachorganismus stellen sich auch im günstigsten Falle die grössten Schwierigkeiten in den Weg. Direkt ist er überhaupt nicht zu beobachten. Denn er ist ja etwas unbewusst in der Seele Ruhendes. Er ist immer nur zu erkennen an seinen Wirkungen, den einzelnen Akten der Sprechtätigkeit. Erst mit Hilfe von vielen Schlüssen kann aus diesem ein Bild von den im Unbewussten lagernden Vorstellungsmassen gewonnen werden.

Erstes Kapitel. Allgemeines über die Sprachentwickelung.

Von den physischen Erscheinungen der Sprechtätigkeit sind die akustischen der Beobachtung am leichtesten zugänglich. Freilich aber sind die Resultate unserer Gehörswahrnehmung grösstenteils schwer genau zu messen und zu definieren, und noch schwerer lässt sich von ihnen eine Vorstellung geben ausser wieder durch direkte Mitteilung für das Gehör. Weniger unmittelbar der Beobachtung zugänglich, aber einer genaueren Bestimmung und Beschreibung fähig sind die Bewegungen der Sprechorgane. Dass es keine andere exakte Darstellung der Laute einer Sprache gibt, als diejenige, die uns lehrt, welche Organbewegungen erforderlich sind, um sie hervorzubringen, das bedarf heutzutage keines Beweises mehr. Das Ideal einer solchen Darstellungsweise ist nur da annähernd zu erreichen, wo wir in der Lage sind, Beobachtungen an lebendigen Individuen zu machen. Wo wir nicht so glücklich sind, muss uns dies Ideal wenigstens immer vor Augen schweben, müssen wir uns bestreben, ihm so nahe als möglich zu kommen, aus dem Surrogate der Buchstabenschrift die lebendige Erscheinung, so gut es gehen will, herzustellen. Dies Bestreben kann aber nur demjenigen glücken, der einigermassen lautphysiologisch geschult ist, der bereits Beobachtungen an lebenden Sprachen gemacht hat, die er auf die toten übertragen kann, der sich ausserdem eine richtige Vorstellung über das Verhältnis von Sprache und Schrift gebildet hat. Es eröffnet sich also schon hier ein weites Feld für die Kombination, schon hier zeigt sich Vertrautheit mit den Lebensbedingungen des Objekts als notwendiges Erfordernis.

Die psychische Seite der Sprechtätigkeit ist wie alles Psychische überhaupt unmittelbar nur durch Selbstbeobachtung zu erkennen. Alle Beobachtung an andern Individuen gibt uns zunächst nur physische Tatsachen. Diese auf psychische zurückzuführen gelingt nur mit Hilfe von Analogieschlüssen auf Grundlage dessen, was wir an der eigenen Seele beobachtet haben. Immer von neuem angestellte exakte Selbstbeobachtung, sorgfältige Analyse des eigenen Sprachgefühls ist daher unentbehrlich für die Schulung des Sprachforschers. Die Analogieschlüsse sind dann natürlich am leichtesten bei solchen Objekten, die dem eigenen Ich am ähnlichsten sind. An der Muttersprache lässt sich daher das Wesen der Sprechtätigkeit leichter erfassen als an irgend einer anderen. Ferner ist man natürlich wieder viel besser daran, wo man Beobachtungen am lebenden Individuum anstellen kann, als wo man auf die zufälligen Reste der Vergangenheit angewiesen ist. Denn nur am lebenden Individuum kann man Resultate gewinnen, die von jedem Verdachte der Fälschung frei sind, nur hier kann man seine Beobachtungen beliebig vervollständigen und methodische Experimente machen.

Eine solche Beschreibung eines Sprachzustandes zu liefern, die im stande ist eine durchaus brauchbare Unterlage für die geschichtliche Forschung zu liefern,[1]) ist daher keine leichte, unter Umständen eine höchst schwierige Aufgabe, zu deren Lösung bereits Klarheit über das Wesen des Sprachlebens gehört, und zwar in um so höherem Grade, je unvollständiger und unzuverlässiger das zu Gebote stehende Material, und je verschiedener die darzustellende Sprache von der Muttersprache des Darstellers ist. Es ist daher nicht zu verwundern, wenn die gewöhnlichen Grammatiken weit hinter unsern Ansprüchen zurückbleiben. Unsere herkömmlichen grammatischen Kategorien sind ein sehr ungenügendes Mittel die Gruppierungsweise der Sprachelemente zu veranschaulichen. Unser grammatisches System ist lange nicht fein genug gegliedert, um der Gliederung der psychologischen Gruppen adäquat sein zu können. Wir werden noch vielfach Veranlassung haben die Unzulänglichkeit desselben im einzelnen nachzuweisen. Es verführt ausserdem dazu das, was aus einer Sprache abstrahiert ist, in ungehöriger Weise auf eine andere zu übertragen. Selbst wenn man sich im Kreise des Indogermanischen hält, erzeugt die Anwendung der gleichen grammatischen Schablone viele Verkehrtheiten. Sehr leicht wird das Bild eines bestimmten Sprachzustandes getrübt, wenn dem Betrachter eine nahe verwandte Sprache oder eine ältere oder jüngere Entwicklungsstufe bekannt ist. Da ist die grösste Sorgfalt erforderlich, dass sich nichts Fremdartiges einmische. Nach dieser Seite hin hat gerade die historische Sprachforschung viel gesündigt, indem sie das, was sie aus der Erforschung des älteren Sprachzustandes abstrahiert hat, einfach auf den jüngeren übertragen hat. So ist etwa die Bedeutung eines Wortes nach seiner Etymologie bestimmt, während doch jedes Bewusstsein von dieser Etymologie bereits geschwunden und eine selbständige Entwickelung der Bedeutung eingetreten ist. So sind in der Flexionslehre die Rubriken der ältesten Periode durch alle folgenden Zeiten beibehalten worden, ein Verfahren, wobei zwar die Nachwirkungen der ursprünglichen Verhältnisse zu Tage treten, aber nicht die neue psychische Organisation der Gruppen.

§ 16. Ist die Beschreibung verschiedener Epochen einer Sprache nach unseren Forderungen eingerichtet, so ist damit eine Bedingung erfüllt, wodurch es möglich wird sich aus der Vergleichung der verschiedenen Beschreibungen eine Vorstellung von den stattgehabter Vorgängen zu bilden. Dies wird natürlich um so besser gelingen, je näher

---

[1]) Übrigens muss das, was wir hier von der wissenschaftlichen Grammatik verlangen, auch von der praktischen gefordert werden, nur mit den Einschränkungen, welche die Fassungskraft der Schüler notwendig macht. Denn das Ziel der praktischen Grammatik ist ja doch die Einführung in das fremde Sprachgefühl.

sich die mit einander verglichenen Zustände stehen. Doch selbst die leichteste Veränderung des Usus pflegt bereits die Folge des Zusammenwirkens einer Reihe von Einzelvorgängen zu sein, die sich zum grossen Teile oder sämtlich unserer Beobachtung entziehen.

Suchen wir zunächst ganz im allgemeinen festzustellen: was ist die eigentliche Ursache für die Veränderungen des Sprachusus? Veränderungen, welche durch die bewusste Absicht einzelner Individuen zu Stande kommen, sind nicht absolut ausgeschlossen. Grammatiker haben an der Fixierung der Schriftsprachen gearbeitet. Die Terminologie der Wissenschaften, Künste und Gewerbe ist durch Lehrmeister, Forscher und Entdecker geregelt und bereichert. In einem despotischen Reiche mag die Laune des Monarchen hie und da in einem Punkte eingegriffen haben. Überwiegend aber hat es sich dabei nicht um die Schöpfung von etwas ganz Neuem gehandelt, sondern nur um die Regelung eines Punktes, in welchem der Gebrauch noch schwankte, und die Bedeutung dieser willkürlichen Festsetzung ist verschwindend gegenüber den langsamen, ungewollten und unbewussten Veränderungen, denen der Sprachusus fortwährend ausgesetzt ist. Die eigentliche Ursache für die Veränderung des Usus ist nichts anderes als die gewöhnliche Sprechtätigkeit. Bei dieser ist jede absichtliche Einwirkung auf den Usus ausgeschlossen. Es wirkt dabei keine andere Absicht als die auf das augenblickliche Bedürfnis gerichtete Absicht seine Wünsche und Gedanken anderen verständlich zu machen. Im übrigen spielt der Zweck bei der Entwickelung des Sprachusus keine andere Rolle als diejenige, welche ihm Darwin in der Entwickelung der organischen Natur angewiesen hat: die grössere oder geringere Zweckmässigkeit der entstandenen Gebilde ist bestimmend für Erhaltung oder Untergang derselben.

§ 17. Wenn durch die Sprechtätigkeit der Usus verschoben wird, ohne dass dies von irgend jemand gewollt ist, so beruht das natürlich darauf, dass der Usus die Sprechtätigkeit nicht vollkommen beherrscht, sondern immer ein bestimmtes Mass individueller Freiheit übrig lässt. Die Betätigung dieser individuellen Freiheit wirkt zurück auf den psychischen Organismus des Sprechenden, wirkt aber zugleich auch auf den Organismus der Hörenden. Durch die Summierung einer Reihe solcher Verschiebungen in den einzelnen Organismen, wenn sie sich in der gleichen Richtung bewegen, ergibt sich dann als Gesamtresultat eine Verschiebung des Usus. Aus dem anfänglich nur Individuellen bildet sich ein neuer Usus heraus, der eventuell den alten verdrängt. Daneben gibt es eine Menge gleichartiger Verschiebungen in den einzelnen Organismen, die, weil sie sich nicht gegenseitig stützen, keinen solchen durchschlagenden Erfolg haben.

Ursache der Sprachveränderung.

Es ergibt sich demnach, dass sich die ganze Prinzipienlehre der Sprachgeschichte um die Frage konzentriert: wie verhält sich der Sprachusus zur individuellen Sprechtätigkeit? wie wird diese durch jenen bestimmt und wie wirkt sie umgekehrt auf ihn zurück?[1])

Es handelt sich darum, die verschiedenen Veränderungen des Usus, wie sie bei der Sprachentwickelung vorkommen, unter allgemeine Kategorieen zu bringen und jede einzelne Kategorie nach ihrem Werden und ihren verschiedenen Entwickelungsstadien zu untersuchen. Um hierbei zum Ziele zu gelangen, müssen wir uns an solche Fälle halten, in denen diese einzelnen Entwickelungsstadien möglichst vollständig und klar vorliegen. Deshalb liefern uns im allgemeinen die modernen Epochen das brauchbarste Material. Doch auch die geringste Veränderung des Usus ist bereits ein komplizierter Prozess, den wir nicht begreifen ohne Berücksichtigung der individuellen Modifikation des Usus. Da, wo die gewöhnliche Grammatik zu sondern und Grenzlinien zu ziehen pflegt, müssen wir uns bemühen alle möglichen Zwischenstufen und Vermittelungen aufzufinden.

Auf allen Gebieten des Sprachlebens ist eine allmählich abgestufte Entwickelung möglich. Diese sanfte Abstufung zeigt sich einerseits in den Modifikationen, welche die Individualsprachen erfahren, anderseits in dem Verhalten der Individualsprachen zu einander. Dies im einzelnen zu zeigen ist die Aufgabe meines ganzen Werkes. Hier sei zunächst nur noch darauf hingewiesen, dass der einzelne zu dem Sprachmateriale seiner Genossenschaft teils ein aktives, teils ein nur passives Verhältnis haben kann, d. h. nicht alles, was er hört und versteht, wendet er auch selbst an. Dazu kommt, dass von dem Sprachmateriale, welches viele Individuen übereinstimmend anwenden, doch der eine dieses, der andere jenes bevorzugt. Hierauf beruht ganz besonders die Abweichung auch zwischen den einander am nächsten stehenden Individualsprachen und die Möglichkeit einer allmählichen Verschiebung des Usus.

---

[1]) Hieraus erhellt auch, dass Philologie und Sprachwissenschaft ihr Gebiet nicht so gegen einander abgrenzen dürfen, dass die eine immer nur die fertigen Resultate der andern zu benutzen brauchte. Man könnte den Unterschied zwischen der Sprachwissenschaft und der philologischen Behandlung der Sprache nur so bestimmen, dass die erstere sich mit den allgemeinen usuell feststehenden Verhältnissen der Sprache beschäftigt, die letztere mit ihrer individuellen Anwendung. Nun kann aber die Leistung eines Schriftstellers nicht gehörig gewürdigt werden ohne richtige Vorstellungen über das Verhältnis seiner Produkte zu der Gesamtorganisation seiner Sprachvorstellungen und über das Verhältnis dieser Gesamtorganisation zum allgemeinen Usus. Umgekehrt kann die Umgestaltung des Usus nicht begriffen werden ohne ein Studium der individuellen Sprechtätigkeit. Im übrigen verweise ich auf Brugmann, Zum heutigen Stand der Sprachwissenschaft, S. 1 ff.

Paul, Prinzipien.

§ 18. Die Sprachveränderungen vollziehen sich an dem Individuum teils durch seine spontane Tätigkeit, durch Sprechen und Denken in den Formen der Sprache, teils durch die Beeinflussung, die es von andern Individuen erleidet. Eine Veränderung des Usus kann nicht wohl zu Stande kommen, ohne dass beides zusammenwirkt. Der Beeinflussung durch andere bleibt das Individuum immer ausgesetzt, auch wenn es schon das Sprachübliche vollständig in sich aufgenommen hat. Aber die Hauptperiode der Beeinflussung ist doch die Zeit der ersten Aufnahme, der Spracherlernung. Diese ist prinzipiell von der sonstigen Beeinflussung nicht zu sondern, erfolgt auch im allgemeinen auf die gleiche Weise; es lässt sich auch im Leben des einzelnen nicht wohl ein bestimmter Punkt angeben, von dem man sagen könnte, dass jetzt die Spracherlernung abgeschlossen sei. Aber der graduelle Unterschied ist doch ein enormer. Es liegt auf der Hand, dass die Vorgänge bei der Spracherlernung von der allerhöchsten Wichtigkeit für die Erklärung der Veränderung des Sprachusus sind, dass sie die wichtigste Ursache für diese Veränderungen abgeben. Wenn wir, zwei durch einen längeren Zwischenraum von einander getrennte Epochen vergleichend, sagen, die Sprache habe sich in den Punkten verändert, so geben wir ja damit nicht den wirklichen Tatbestand an, sondern es verhält sich vielmehr so: die Sprache hat sich ganz neu erzeugt und diese Neuschöpfung ist nicht völlig übereinstimmend mit dem Früheren, jetzt Untergegangenen ausgefallen.

§ 19. Bei der Klassifizierung der Veränderungen des Sprachusus können wir nach verschiedenen Gesichtspunkten verfahren. Ich möchte zunächst einen wichtigen Unterschied allgemeinster Art hervorheben. Die Vorgänge können entweder positiv oder negativ sein, d. h. sie bestehen entweder in der Schöpfung von etwas Neuem oder in dem Untergang von etwas Altem, oder endlich drittens sie bestehen in einer Unterschiebung, d. h. der Untergang des Alten und das Auftreten des Neuen erfolgt durch den selben Akt. Das letztere ist ausschliesslich der Fall bei dem Lautwandel. Scheinbar zeigt sich die Unterschiebung auch auf andern Gebieten. Dieser Schein wird dadurch hervorgerufen, dass man die Zwischenstufen nicht beachtet, aus denen sich ergibt, dass in Wahrheit ein Nacheinander von positiven und negativen Vorgängen vorliegt. Die negativen Vorgänge beruhen immer darauf, dass in der Sprache der jüngeren Generation etwas nicht neu erzeugt wird, was in der Sprache der älteren vorhanden war; wir haben es also, genau genommen, nicht mit negativen Vorgängen, sondern mit dem Nichteintreten von Vorgängen zu tun. Vorbereitet aber muss das Nichteintreten dadurch sein, dass das später Untergehende auch schon bei der älteren Generation selten geworden ist.

Eine Generation, die ein bloss passives Verhältnis dazu hat, schiebt sich zwischen eine mit noch aktivem und eine mit gar keinem Verhältnis. Anderseits könnte man die Veränderungen des Usus danach einteilen, ob davon die lautliche Seite oder die Bedeutung betroffen wird. Wir erhalten danach zunächst Vorgänge, welche die Laute treffen, ohne dass die Bedeutung dabei in Betracht kommt, und solche, welche die Bedeutung treffen, ohne dass die Laute in Mitleidenschaft gezogen werden, d. h. also die beiden Kategorien des Lautwandels und des Bedeutungswandels. Jeder Bedeutungswandel setzt voraus, dass die auf die Lautgestalt bezügliche Vorstellungsgruppe noch als die gleiche empfunden wird, und ebenso jeder Lautwandel, dass die Bedeutung unverändert geblieben ist. Das schliesst natürlich nicht aus, dass sich mit der Zeit sowohl der Laut als die Bedeutung ändern kann. Aber beide Vorgänge stehen dann in keinem Kausalzusammenhange mit einander; es ist nicht etwa der eine durch den andern veranlasst oder beide durch die gleiche Ursache. Für andere Veränderungen kommen von vornherein Lautgestalt und Bedeutung zugleich in Frage. Hierher gehört zunächst die uranfängliche Zusammenknüpfung von Laut und Bedeutung, die wir als Urschöpfung bezeichnen können. Mit dieser hat natürlich die Sprachentwickelung begonnen, und alle anderen Vorgänge sind erst möglich geworden auf Grund dessen, was die Urschöpfung hervorgebracht hat. Ferner aber gehören hierher verschiedene Vorgänge, die das mit einander gemein haben, dass die schon bestehenden lautlichen Elemente der Sprache neue Kombinationen eingehen auf Grund der ihnen zukommenden Bedeutung. Der wichtigste Faktor dabei ist die Analogie, welche allerdings auch auf rein lautlichem Gebiete eine Rolle spielt, aber doch ihre Hauptwirksamkeit da hat, wo zu gleicher Zeit die Bedeutung mitwirkt.

§ 20. Wenn unsere Betrachtungsweise richtig durchgeführt wird, so müssen die allgemeinen Ergebnisse derselben auf alle Sprachen und auf alle Entwickelungsstufen derselben anwendbar sein, auch auf die Anfänge der Sprache überhaupt. Die Frage nach dem Ursprunge der Sprache kann nur auf Grundlage der Prinzipienlehre beantwortet werden. Andere Hilfsmittel zur Beantwortung gibt es nicht. Wir können nicht auf Grund der Überlieferung eine historische Schilderung von den Anfängen der Sprache entwerfen. Die Frage, die sich beantworten lässt, ist überhaupt nur: wie war die Entstehung der Sprache möglich. Diese Frage ist befriedigend gelöst, wenn es uns gelingt die Entstehung der Sprache lediglich aus der Wirksamkeit derjenigen Faktoren abzuleiten, die wir auch jetzt noch bei der Weiterentwickelung der Sprache immerfort wirksam sehen. Übrigens lässt sich ein Gegensatz zwischen anfänglicher Schöpfung der Sprache und blosser Weiterentwickelung gar nicht durchführen. Sobald einmal die ersten Ansätze gemacht sind, ist Sprache vorhanden und Weiterentwickelung. Es existieren nur graduelle Unterschiede zwischen den ersten Anfängen der Sprache und den späteren Epochen.

§ 21. Noch auf einen Punkt muss ich hier kurz hinweisen. In der Opposition gegen eine früher übliche Behandlungsweise der Sprache, wonach alle grammatischen Verhältnisse einfach aus den logischen abgeleitet wurden, ist man soweit gegangen, dass man eine Rücksichtnahme auf die logischen Verhältnisse, welche in der grammatischen Form nicht zum Ausdruck kommen, von der Sprachbetrachtung ganz ausgeschlossen wissen will. Das ist nicht zu billigen. So notwendig es ist einen Unterschied zwischen logischen und grammatischen Kategorien zu machen, so notwendig ist es auf der andern Seite sich das Verhältnis beider zu einander klar zu machen. Grammatik und Logik treffen zunächst deshalb nicht zusammen, weil die Ausbildung und Anwendung der Sprache nicht durch streng logisches Denken vor sich geht, sondern durch die natürliche, ungeschulte Bewegung der Vorstellungsmassen, die je nach Begabung und Ausbildung mehr oder weniger logischen Gesetzen folgt oder nicht folgt. Aber auch der wirklichen Bewegung der Vorstellungsmassen mit ihrer bald grösseren bald geringeren logischen Konsequenz ist die sprachliche Form des Ausdrucks nicht immer kongruent. Auch psychologische und grammatische Kategorie decken sich nicht. Daraus folgt, dass der Sprachforscher beides auseinander halten muss, aber nicht, dass er bei der Analyse der menschlichen Rede auf psychische Vorgänge, die sich beim Sprechen und Hören vollziehen, ohne doch im Sprachlichen Ausdruck zur Erscheinung zu gelangen, keine Rücksicht zu nehmen brauchte. Gerade erst durch eine allseitige Berücksichtigung dessen, was in den Elementen, aus denen sich die individuelle Rede zusammensetzt, an sich noch nicht liegt, was aber doch den Redenden vorschwebt, und vom Hörenden verstanden wird, gelangt der Sprachforscher zur Erkenntnis des Ursprungs und der Umwandlungen der sprachlichen Ausdrucksformen. Wer die grammatischen Formen immer nur isoliert betrachtet ohne ihr Verhältnis zu der individuellen Seelentätigkeit, gelangt nie zu einem Verständnis der Sprachentwickelung.

Zweites Kapitel.

Die Sprachspaltung.

§ 22. Es ist eine durch die vergleichende Sprachforschung zweifellos sicher gestellte Tatsache, dass sich vielfach aus einer im wesentlichen einheitlichen Sprache mehrere verschiedene Sprachen entwickelt haben, die ihrerseits auch nicht einheitlich geblieben sind, sondern sich in eine Reihe von Dialekten gespalten haben. Man sollte erwarten, dass sich bei der Betrachtung dieses Prozesses mehr als irgend wo anders die Analogieen aus der Entwickelung der organischen Natur aufdrängen müssten. Es ist zu verwundern, dass die Darwinisten unter den Sprachforschern sich nicht vorzugsweise auf diese Seite geworfen haben. Hier in der Tat ist die Parallele innerhalb gewisser Grenzen eine berechtigte und lehrreiche. Wollen wir diese Parallele ein wenig verfolgen, so kann es nur in der Weise geschehen, dass wir die Sprache des einzelnen, also die Gesamtheit der Sprachmittel über die er verfügt, dem tierischen oder pflanzlichen Individuum gleich setzen, die Dialekte, Sprachen, Sprachfamilien etc. den Arten, Gattungen, Klassen des Tier- und Pflanzenreichs.

Es gilt zunächst in einem wichtigen Punkte die vollständige Gleichheit des Verhältnisses anzuerkennen. Der grosse Umschwung, welchen die Zoologie in der neueren Zeit durchgemacht hat, beruht zum guten Teile auf der Erkenntnis, dass nichts reale Existenz hat als die einzelnen Individuen, dass die Arten, Gattungen, Klassen nichts sind als Zusammenfassungen und Sonderungen des menschlichen Verstandes, die je nach Willkür verschieden ausfallen können, dass Artunterschiede und individuelle Unterschiede nicht dem Wesen, sondern nur dem Grade nach verschieden sind. Auf eine entsprechende Grundlage müssen wir uns auch bei der Beurteilung der Dialektunterschiede stellen. Wir müssen eigentlich so viele Sprachen unterscheiden als es Individuen gibt. Wenn wir die Sprachen einer bestimmten Anzahl von Individuen zu einer Gruppe zusammenfassen und die anderer Individuen dieser

Gruppe gegenüber ausschliessen, so abstrahieren wir dabei immer von gewissen Verschiedenheiten, während wir auf andere Wert legen. Es ist also der Willkür ein ziemlicher Spielraum gelassen. Dass sich überhaupt die individuellen Sprachen unter ein Klassensystem bringen lassen müssten, ist von vornherein nicht vorauszusetzen. Man muss darauf gefasst sein, so viele Gruppen man auch unterscheiden mag, eine Anzahl von Individuen zu finden, bei denen man zweifelhaft bleibt, ob man sie dieser oder jener unter zwei naheverwandten Gruppen zuzählen soll. Und in das selbe Dilemma gerät man erst recht, wenn man die kleineren Gruppen in grössere zusammenzuordnen und diese gegen einander abzuschliessen versucht. Eine scharfe Sonderung wird erst da möglich, wo mehrere Generationen hindurch die Verkehrsgemeinschaft abgebrochen gewesen ist.

Wenn man daher von der Spaltung einer früher einheitlichen Sprache in verschiedene Dialekte spricht, so ist damit das eigentliche Wesen des Vorganges sehr schlecht ausgedrückt. In Wirklichkeit werden in jedem Augenblicke innerhalb einer Volksgemeinschaft so viele Dialekte geredet als redende Individuen vorhanden sind, und zwar Dialekte, von denen jeder einzelne eine geschichtliche Entwickelung hat und in stetiger Veränderung begriffen ist. **Dialektspaltung bedeutet nichts anderes als das Hinauswachsen der individuellen Verschiedenheiten über ein gewisses Mass.**

Ein anderer Punkt, in dem wir uns eine Parallele gestatten dürfen, ist folgender. Die Entwickelung eines tierischen Individuums hängt von zwei Faktoren ab. Auf der einen Seite ist sie durch die Natur der Eltern bedingt, wodurch ihr ursprünglich auf dem Wege der Vererbnng eine bestimmte Bewegungsrichtung mitgeteilt wird. Auf der andern Seite stehen alle die zufälligen Einwirkungen des Klimas, der Nahrung, der Lebensweise etc., denen das Individuum in seinem speziellen Dasein ausgesetzt ist. Durch den einen ist die wesentliche Gleichheit mit den Eltern bedingt, durch den andern eine Abweichung von denselben innerhalb gewisser Grenzen ermöglicht. So gestaltet sich die Sprache jedes Individuums einerseits nach den Einwirkungen der Sprachen seiner Verkehrsgenossen, die wir von unserm Gesichtspunkte aus als die Erzeugerinnen seiner eignen betrachten können, anderseits nach den davon unabhängigen Eigenheiten und eigentümlichen Erregungen seiner geistigen und leiblichen Natur. Auch darin besteht Übereinstimmung, dass der erstere Faktor stets der bei weitem mächtigere ist. Erst dadurch, dass jede Modifikation der Natur des Individuums, die von der anfänglich mitgeteilten Bewegungsrichtung ablenkt, mitbestimmend für die Bewegungsrichtung einer folgenden Generation wird, ergibt sich mit der Zeit eine stärkere Veränderung des Typus. So auch in der Sprachgeschichte. Wir dürfen ferner von der Sprache wie von dem tierischen Organismus behaupten: je niedriger die Entwickelungsstufe, desto stärker der zweite Faktor im Verhältnis zum ersten. Auf der andern Seite dürfen wir aber die grossen Verschiedenheiten nicht übersehen, die zwischen der sprachlichen und der organischen Zeugung bestehen. Bei der letzteren hört die direkte Einwirkung der Erzeuger bei einem bestimmten Punkte auf, und es wirkt nur die bis dahin mitgeteilte Bewegungsrichtung nach. An der Erzeugung der Sprache eines Individuums behalten die umgebenden Sprachen ihren Anteil bis zu seinem Ende, wenn auch ihre Einwirkungen in der frühesten Kindheit der betreffenden Sprache am mächtigsten sind und um so schwächer werden, je mehr diese wächst und erstarkt. Die Erzeugung eines tierischen Organismus geschieht durch ein Individuum oder durch ein Paar. An der Erzeugung der Sprache eines Individuums beteiligen sich die Sprachen einer grossen Menge anderer Individuen, aller, mit denen es überhaupt während seines Lebens in sprachlichen Verkehr tritt, wenn auch in sehr verschiedenem Grade. Und, was die Sache noch viel komplizierter macht, die verschiedenen individuellen Sprachen können bei diesem Zeugungsprozess im Verhältnis zu einander zugleich aktiv und passiv, die Eltern können Kinder ihrer eigenen Kinder sein. Endlich ist zu berücksichtigen, dass, auch wenn wir von der Sprache eines einzelnen Individuums reden, wir es nicht mit einem konkreten Wesen, sondern mit einer Abstraktion zu tun haben, ausser, wenn wir darunter die Gesamtheit der in der Seele an einander geschlossenen auf die Sprechtätigkeit bezüglichen Vorstellungsgruppen mit ihren mannigfach verschlungenen Beziehungen verstehen.

Der Verkehr ist es allein, wodurch die Sprache des Individuums erzeugt wird. Die Abstammung kommt nur insoweit in Betracht, als sie die physische und geistige Beschaffenheit des einzelnen beeinflusst, die, wie bemerkt, allerdings ein Faktor in der Sprachgestaltung ist, aber im Verhältnis zu den Einflüssen des Verkehrs ein sehr untergeordneter.

§ 23. Gehen wir von dem unbestreitbar richtigen Satze aus, dass jedes Individuum seine eigene Sprache und jede dieser Sprachen ihre eigene Geschichte hat, so besteht das Problem, das zu lösen uns durch die Tatsache der Dialektbildung auferlegt wird, nicht sowohl in der Frage, wie es kommt, dass aus einer wesentlich gleichmässigen Sprache verschiedene Dialekte entspringen; die Entstehung der Verschiedenheit scheint ja danach selbstverständlich. Die Frage, die wir zu beantworten haben, ist vielmehr die: wie kommt es, dass, indem die Sprache eines jedes einzelnen ihre besondere Geschichte hat, sich gerade dieser grössere oder geringere Grad von Übereinstimmung innerhalb dieser so und so zusammengesetzten Gruppe von Individuen erhält? Alles Anwachsen der dialektischen Verschiedenheit beruht natürlich auf der Veränderung des Sprachusus. Um so stärker die Veränderung, um so mehr Gelegenheit ist zum Wachstum der Verschiedenheit gegeben. Aber der Grad dieses Wachstums ist nicht durch die Stärke der Veränderung allein bedingt, denn keine Veränderung schliesst notwendig eine bleibende Differenzierung ein, und die Umstände, welche auf die Erhaltung der Übereinstimmung oder auf die baldige Wiederherstellung derselben wirken, können in sehr verschiedenem Masse vorhanden sein.

Ohne fortwährende Differenzierung kann das Leben einer Sprache gar nicht gedacht werden. Wäre es denkbar, dass auf einem Sprachgebiete einmal alle Individualsprachen einander vollständig gleich wären, so würde doch im nächsten Augenblicke der Ansatz zur Herausbildung von Verschiedenheiten unter ihnen gemacht werden. Die spontane Entwickelung einer jeder einzelnen muss nach den Besonderheiten in der Anlage und den Erlebnissen ihres Trägers eine besondere Richtung einschlagen. Der Einfluss, den der einzelne übt oder erleidet, erstreckt sich immer nur auf einen Bruchteil der Gesamtheit, und innerhalb dieses Bruchteils finden bedeutende Gradverschiedenheiten statt. Demgemäss findet zwar auch eine immerwährende Ausgleichung der eingetretenen Differenzierungen statt, die darin besteht, dass Abweichungen von dem bisherigen Usus entweder wieder zurückgedrängt werden oder auf Individuen übertragen, die sie spontan nicht entwickelt haben. Diese Ausgleichung wird aber nie eine vollständige. Eine annähernde wird sie immer nur innerhalb eines Kreises, in dem ein anhaltender reger Verkehr stattfindet. Je weniger intensiv der Verkehr ist, um so mehr Differenzen können sich bilden und erhalten. Noch weiter geht die Möglichkeit zur Differenzierung, wenn gar kein direkter Verkehr mehr besteht, sondern nur eine indirekte Verbindung durch Mittelglieder.

§ 24. Wäre die Verkehrsintensität auf allen Punkten eines Sprachgebietes eine gleichmässige, so würden wir lauter Individualsprachen haben, von denen diejenigen, die in enger Verbindung unter einander stünden, immer nur wenig von einander differieren würden, während zwischen den entgegengesetzten Enden doch starke Verschiedenheiten entstanden sein könnten. Es würde dann nicht möglich sein eine Anzahl von Individualsprachen zu einer Gruppe zusammenzufassen, die man einer anderen solchen Zusammenfassung als ein geschlossenes Ganzes gegenüberstellen könnte. Jede Individualsprache würde als eine Zwischenstufe zwischen mehreren andern aufgefasst werden können. Ein solches

Verhältnis aber besteht nirgends und hat niemals bestanden. Es wäre nur denkbar, wenn keine natürlichen Grenzen existierten, keine politischen und religiösen Verbände, wenn etwa das ganze Volk in einer Ebene ohne grösseren Fluss wohnte in lauter Einzelgehöften in ungefähr gleich weitem Abstande von einander ohne gemeinsame Versammlungsörter. Auch dann würde wenigstens die Gruppierung zu Familiensprachen stattfinden. In Wirklichkeit aber finden wir entweder ein Zusammenwohnen in Städten und Dörfern, respektive bei nomadischen Völkerschaften in Horden, oder, wo das System der Einzelhöfe besteht, doch wenigstens kleinere und grössere politische und religiöse Verbände mit Versammlungsörtern. In den Gebirgsgegenden sind die einzelnen Täler mehr oder weniger gegen einander abgeschlossen. Das Meer trennt Inseln ab. Selbst wo keine solche Hemmungen bestehen, liegen oft unkultivierte Landstrecken, Wald, Heide, Moor etc. zwischen den einzelnen Ansiedelungen. Es ist demnach notwendig, dass sich den natürlichen wie den politischen und religiösen Verkehrsverhältnissen entsprechend die Individualsprachen zu Gruppen zusammenschliessen, die verhältnismässig einheitlich und nach aussen abgeschlossen sind. Solche Gruppen werden also zunächst von den kleinsten Verbänden, den einzelnen Ortschaften gebildet. Wo ein Zusammenwohnen der Ortsangehörigen stattfindet, da wird jeder einzelne dem andern näher stehen als dem Angehörigen eines anderen Ortes. Es kann sich also hier eine wirkliche Grenze herausbilden, die nicht durch Zwischenstufen verdeckt ist. Hier zuerst können deutlich merkbare und zugleich bleibende Verschiedenheiten entstehen, wie sie zwischen den Angehörigen des gleichen Ortes mindestens auf die Dauer sich nicht halten können. So lange aber Nachbarorte einen regen Verkehr unter einander unterhalten, kann es auch sein, dass sich zwischen ihnen noch gar kein deutlich hervorstechender und dauernder Unterschied bildet, jedenfalls werden die Unterschiede unerheblich bleiben. Versucht man nun aber um jeden Ortsdialekt diejenigen benachbarten zu gruppieren, die mit demselben in einem regelmässigen Verkehr stehen, so wird man eine Menge sich gegenseitig durchschneidende Gruppen bekommen. Es kann für jeden einzelnen Ort die Gruppierung ein wenig anders ausfallen. Es können Orte hinzutreten oder wegfallen, und auch zu denjenigen, welche bleiben, kann das Verkehrsverhältnis sich etwas modifizieren.

§ 25. Jede Veränderung des Sprachusus ist ein Produkt aus den spontanen Trieben der einzelnen Individuen einerseits und den geschilderten Verkehrsverhältnissen andererseits. Ist ein spontaner Trieb gleichmässig über ein ganzes Sprachgebiet bei der Majorität verbreitet, so wird er sich auch rasch allgemein durchsetzen. Es kann aber sein,

42 Zweites Kapitel. Die Sprachspaltung.

dass er in den verschiedenen Bezirken sehr verschieden stark verteilt ist. Unter solchen Umständen muss in den von einander abgelegenen Bezirken, die in keinem Verkehr mit einander stehn, die Ausgleichung, soweit sie nötig ist, zu verschiedenem Resultate führen. Dazwischen wird dann der Kampf fortdauern und deshalb nicht leicht zur Entscheidung kommen, weil auf diesen Teil die eine, auf jenen die andere Seite stärker einwirkt. Dieses Zwischengebiet bildet einen Grenzwall, durch welchen die Einflüsse von der einen auf die andere Seite nicht durchdringen können, oder nur in solcher Abschwächung, dass sie so gut wie wirkungslos bleiben. Ein solches Zwischengebiet könnte nirgends fehlen, wenn die Kontinuität des Verkehres durch das ganze Sprachgebiet hindurch eine gleichmässige wäre, wenn nirgends durch räumliche Abstände, natürliche Hindernisse oder politische Grenzen Verkehrshemmungen verursacht würden. Indem die gegenseitige Beeinflussung der durch solche Hemmungen getrennten Gebiete auf ein geringes Mass herabgesetzt wird, können sich auch deutliche Grenzen für dialektische Eigentümlichkeiten herausbilden. Ein völliges Abbrechen des Verkehres ist dazu nicht nötig. Er braucht nur so schwach zu werden, dass er ohne einen gewissen Grad spontanen Entgegenkommens wirkungslos bleibt. So kann auch eine zeitweilig bestehende Dialektgrenze allmählich wieder aufgehoben werden, wenn sich das anfangs fehlende spontane Entgegenkommen späterhin einstellt, oder wenn die gleichen Einflüsse von verschiedenen Seiten her kommen.

§ 26. Jede sprachliche Veränderung und mithin auch die Entstehung jeder dialektischen Eigentümlichkeit hat ihre besondere Geschichte. Die Grenze, bis zu welcher sich die eine erstreckt, ist nicht massgebend für die Grenze der andern. Wäre allein das Intensitätsverhältnis des Verkehres massgebend, so müssten allerdings wohl die Grenzen der verschiedenen Dialekteigenheiten durchaus zusammenfallen. Aber die spontanen Tendenzen zur Veränderung können sich in wesentlich anderer Weise verteilen, und danach muss sich das Resultat der gegenseitigen Beeinflussung bestimmen. Wenn sich z. B. ein Sprachgebiet nach einem dialektischen Unterschiede in die Gruppen a und b sondert, so kann es sein und wird häufig vorkommen, dass die Sonderung nach einer andern Eigentümlichkeit damit zusammenfällt, es kann aber auch sein, dass ein Teil von a sich an b anschliesst oder umgekehrt; es kann sich sogar ein Teil von a und von b einem andern Teile von a und von b gegenüberstellen.

Ziehen wir daher in einem zusammenhängenden Sprachgebiete die Grenzen für alle vorkommenden dialektischen Eigentümlichkeiten, so erhalten wir ein sehr kompliziertes System mannigfach sich kreuzender Linien. Eine reinliche Sonderung in Hauptgruppen, die man wieder in so und so viele Untergruppen teilt u. s. f., ist nicht möglich. Das Bild einer Stammtafel, unter dem man sich früher gewöhnlich die Verhältnisse zu veranschaulichen gesucht hat, ist stets ungenau.[1]) Man bringt es nur zu stande, indem man willkürlich einige Unterschiede als wesentlich herausgreift und über andere hinwegsieht. Sind wirklich die hervorstechendsten Merkmale gewählt, so kann man vielleicht einer solchen Stammtafel nicht allen praktischen Wert für die Veranschaulichung absprechen, nur darf man sich nicht einbilden, dass damit eine wahrhaft erschöpfende, genaue Darstellung der Verhältnisse gegeben sei.

§ 27. Noch mehr gerät man mit der genealogischen Veranschaulichung ins Gedränge, wenn man sich bemüht dabei auch die Chronologie der Entwickelung zu berücksichtigen, wie es doch für eine Genealogie erforderlich ist.

Da durch die Entstehung einiger Unterschiede der Verkehr und die gegenseitige Beeinflussung zwischen benachbarten Bezirken noch nicht aufgehoben ist, so kann bei später eintretenden Veränderungen die Entwickelung immer noch eine gemeinschaftliche sein. So können Veränderungen noch in einem ganzen Sprachgebiete durchdringen, nachdem dasselbe schon vorher mannigfach differenziert ist, oder zugleich in mehreren schon besonders gestalteten Teilen. So ist z. B. die Dehnung der kurzen Wurzelvokale (vgl. mhd. *lĕsen, gĕben, rĕden* etc.) in den nieder- und mitteldeutschen Mundarten wesentlich gleichmässig vollzogen, während viele ältere Veränderungen eine bei weitem geringere Ausdehnung erlangt haben. Wir müssen uns das auch bei der Beurteilung der älteren Sprachperioden gegenwärtig halten, für die wir auf Rückschlüsse angewiesen sind. Man ist zu sehr gewohnt alle Veränderungen des ursprünglichen Sprachzustandes, die durch ein ganzes Gebiet hindurch gehen, dann ohne weiteres für älter zu halten als diejenigen, die auf einzelne Teile dieses Gebietes beschränkt sind, und

---

[1]) Gegen die Aufstellung von Stammtafeln hat sich zuerst besonders Schuchardt gewendet, vgl. seine 1870 gehaltene, erst später gedruckte Habilitationsvorlesung Über die Klassifikation der romanischen Mundarten (Graz 1900). Zu lebhaften Erörterungen führte dann der Vortrag von J. Schmidt, Die Verwandtschaftsverhältnisse der indogermanischen Sprachen (Weimar 1872). Von neueren Behandlungen der Frage, wieweit Dialektgrenzen anzuerkennen sind, und wieweit dieselben mit Stammesgrenzen und politischen Grenzen zusammenfallen, führe ich an: K. Haag, 7 Sätze über Sprachbewegung (Zschr. f. hochdeutsche Mundarten 1, 138). F. Wrede, Ethnographie und Dialektwissenschaft (Historische Zschr. 88, 22). O. Bremer, Politische Geschichte und Sprachgeschichte (Historische Vierteljahrsschr. 5, 315). K. Bohnenberger, Sprachgeschichte und politische Geschichte (Zschr. f. hochd. Mus. 3, 321, vgl. auch ib. 4, 129. 241. 6, 129. 299). L. Gauchat, Gibt es Mundartgrenzen! (Arch. f. d. Studium der neueren Spr. 111, 365). E. Tappolet, Über die Bedeutung der Sprachgeographie (Festgabe für H. Morf, 1905, S. 385).

man setzt von diesem Gesichtspunkte aus etwa eine gemeineuropäische, eine slawogermanische, slawolettische, urgermanische, ost- und westgermanische Grundsprache oder Entwicklungsperiode an. Es ist zwar gar nicht zu leugnen, dass im allgemeinen die grössere Ausdehnung einer sprachlichen Eigentümlichkeit einen Wahrscheinlichkeitsgrund für ihr höheres Alter abgibt, aber ein sicherer Anhalt wird damit keineswegs gewährt. Es wird auch ausser den Fällen, bei denen man es positiv nachweisen kann, verschiedene solche geben, in denen die weiter ausgedehnte Veränderung jünger ist, als die auf einen engeren Raum beschränkte. Es sind auch nicht immer die am meisten hervortretenden Eigentümlichkeiten die ältesten. Die jetzt übliche Hauptteilung des Deutschen in Ober-, Mittel- und Niederdeutsch beruht auf dem Stande der Lautverschiebung. Diese hat wahrscheinlich nicht vor dem sechsten Jahrhundert begonnen und erstreckt sich bis ins neunte, ja in einigen Punkten sogar noch weiter. Schon vorher aber gab es erhebliche Unterschiede, die bei der jetzigen Einteilung in den Hintergrund gedrängt sind. Unter Niederdeutsch z. B. sind drei von alters her nicht unwesentlich verschiedene Gruppen zusammengefasst, das Friesische, Sächsische und ein Teil des Fränkischen; das Fränkische ist unter Nieder- und Mitteldeutsch verteilt.

Man kann es auch gar nicht als einen allgemeingültigen Satz hinstellen, dass die Gruppen, die am frühesten angefangen haben sich gegen einander zu differenzieren, auch am stärksten differenziert sein müssten, oder umgekehrt, dass bei den am stärksten differenzierten Gruppen die Differenzierung am frühesten begonnen haben müsste. Die Intensität des Verkehrs kann sich etwas verändern. Die geographische Lagerung der Gruppen zu einander kann sich verschieben. Auch ohne das kann spontanes Entgegenkommen die Veranlassung werden, das neue Veränderungen über ältere Grenzen hinwegschreiten, während sie selbst vielleicht da eine Grenze finden, wo früher keine Grenze war. Oder es kann ein Bezirk, der längere Zeit mit einem benachbarten wesentlich gleiche, dagegen von den übrigen abweichende Entwicklung gehabt hat, von besonderen starken Veränderungen ergriffen werden, während der bisher mit ihm die gleichen Bahnen wandelnde Bezirk mit den übrigen auf der älteren Stufe zurückbleibt.

§ 28. Da es die ausgleichende Wirkung des Verkehrs nicht zulässt, dass zwischen nahe benachbarten Bezirken, die einen regelmässigen Verkehr unterhalten, zu schroffe Verschiedenheiten entstehen, so stellt beinahe jede kleine Gruppe eine Übergangsstufe zwischen den nach den verschiedenen Seiten hin benachbarten Gruppen dar. Es ist eine ganz falsche Vorstellung, die immer noch vielfach verbreitet ist, dass

Übergangsstufen immer erst durch sekundäre Berührung zweier vorher abgeschlossener Dialekte entstünden. Natürlich will ich nicht behaupten, dass sie niemals so entstünden. Ein Übergang kann durch eine Gruppe gebildet werden entweder dadurch, dass sie die wirkliche Zwischenstufe zwischen zwei in den benachbarten Gruppen vorliegenden abweichenden Gestaltungen darbietet oder beide nebeneinander, oder dadurch, dass sie einige dialektische Eigentümlichkeiten mit dieser, andere mit jener Gruppe gemein hat. Bei dieser Gestaltung der Dialektverhältnisse braucht das Verständnis zwischen benachbarten Bezirken nirgends behindert zu sein, weil die Abweichungen zu geringfügig sind und man sich ausserdem beiderseitig an dieselben gewöhnt, und es können darum doch zwischen den fernerliegenden Differenzen bestehen, die eine Verständigung unmöglich machen.

Dies Verhältnis lässt sich an den verschiedensten Sprachen beobachten. Recht deutlich an der deutschen. Einem Schweizer ist es unmöglich einen Holsteiner, selbst nur einen Hessen oder einen Baiern zu verstehen, und doch ist er mit diesem indirekt durch ungehemmte Strömungen des Verkehres verbunden. Die allmähliche Abstufung der deutschen Dialekte im grossen lässt sich vortrefflich an dem Verhalten zu der sogenannten hochdeutschen Lautverschiebung[1]) beobachten. Die selbe Abstufung im kleinen kann man schon bei einer flüchtigen Durchmusterung von Firmenich, Germaniens Völkerstimmen gewahr werden. Ein noch viel deutlicheres Bild von der ausserordentlichen Mannigfaltigkeit der Abstufung gibt der von G. Wenker begründete Sprachatlas. Ebenso verhält es sich nicht bloss innerhalb der einzelnen romanischen Sprachen, sondern sogar innerhalb des ganzen romanischen Sprachgebietes. Die Grenzen der einzelnen Nationen sind nur nach den Schriftsprachen, nicht nach den Mundarten mit einiger Sicherheit zu bestimmen. So teilen z. B. norditalienische Dialekte wichtige Eigentümlichkeiten mit dem Französischen, und stehen den benachbarten Dialekten Frankreichs näher als der italienischen Schriftsprache oder der Mundart von Toscana. Das Gascognesche bildet in mehreren Hinsichten den Übergang vom Provenzalischen (Südfranzösischen) zum Spanischen, das Sardinische den Übergang vom Italienischen zum Spanischen, etc.

Bei dieser Schilderung der Entwickelung ist Sesshaftigkeit der Individuen vorausgesetzt. Jede Wanderung von einzelnen oder gar von Massen bringt Modifikationen hervor, die wir als Mischungen in Kapitel 22 zu behandeln haben. Ebenso modifizierend wirkt das

---

[1]) Vgl. Braune, Beiträge zur Gesch. d. deutschen Spr. I, 1 ff. und Nörrenberg, ib. IX, 371 ff.

Zweites Kapitel. Die Sprachspaltung.

Vorhandensein einer Schriftsprache, worüber in Kapitel 23 zu handeln sein wird.

§ 29. Es kann natürlich auch der Fall eintreten, dass der Verkehr zwischen mehreren Teilen einer Sprachgenossenschaft vollständig unterbrochen wird durch starke natürliche oder politische Grenzen, durch Auswanderung des einen Teiles, durch Dazwischenschiebung eines fremden Volkes und dergl. Von diesem Augenblicke an entwickelt sich auch die Sprache jedes einzelnen Teiles selbständig, und es bilden sich mit der Zeit schroffe Gegensätze heraus ohne vermittelnde Übergänge. So entstehen mehrere selbständige Sprachen aus einer, und dieser Prozess kann sich zu mehreren Malen wiederholen.

Es ist kaum denkbar, dass je bis zu dem Augenblicke, wo eine solche Teilung einer Sprache in mehrere stattgefunden hat, durch das ganze Gebiet hindurch keine merklichen Verschiedenheiten bestanden haben sollten. Ohne mundartliche Unterschiede ist eine Sprache, die sich über ein einigermassen umfängliches Gebiet erstreckt und eine längere Entwickelung hinter sich hat, gar nicht zu denken. Man wird daher in der Regel die selbständigen Sprachen, die sich aus einer gemeinsamen Ursprache entwickelt haben, als Fortsetzungen der Dialekte der Ursprache zu betrachten haben, und kann annehmen, dass ein Teil der zwischen ihnen bestehenden Unterschiede schon aus der Periode ihres kontinuierlichen Zusammenhanges herstammt. Von diesem Teile würde dann das selbe gelten, was überhaupt von mundartlichen Unterschieden eines zusammenhängenden Sprachgebietes gilt. Es könnte also, wenn wir die zu selbständigen Sprachen entwickelten Dialekte mit den Buchstaben des Alphabetes bezeichnen, a einiges mit b gemein haben im Gegensatz zu c und d, anderes mit e im Gegensatz zu b und d, noch anderes mit d im Gegensatz zu b und c u. s. f., und diese Übereinstimmungen könnten auf einem wirklichen Kausalzusammenhange beruhen. Von diesem Gesichtspunkte aus müssen z. B. die Verhältnisse der indogermanischen Sprachfamilien zu einander beurteilt werden. Im einzelnen Falle aber ist es schwer zu entscheiden, ob zu der Übereinstimmung in der Entwickelung wirklich gegenseitige Beeinflussung beigetragen hat. Die Unmöglichkeit eines Zusammentreffens auch bei ganz selbständiger Entwickelung lässt sich kaum je dartun.

Die Trennung braucht auch nicht immer mit alten Dialektgrenzen zusammenzufallen, namentlich dann nicht, wenn sie durch Wanderungen veranlasst wird. Es kann sich ein Teil einer in den wesentlichsten Punkten übereinstimmenden Gruppe absondern, während der andere mit den übrigen ihm ferner stehenden Gruppen in Verbindung bleibt. Es können sich auch Teile verschiedener Gruppen zusammen loslösen. So ist z. B. das Angelsächsische ursprünglich mit dem Friesischen aufs engste verwandt, ja es hat wahrscheinlich auf dem Kontinent niemals als besonderer Dialekt existiert, sondern ist erst entstanden, als friesische Scharen sich von der Heimat loslösten und einige Bestandteile aus andern germanischen Stämmen mit sich vereinigten. Das Angelsächsische hat dann aber eine Sonderentwickelung gehabt, während das Friesische im Zusammenhange mit den übrigen deutschen Mundarten geblieben ist. Zwischen englisch und deutsch gibt es eine scharfe Grenze, zwischen friesisch und niedersächsisch nicht.

§ 30. Das eigentlich charakteristische Moment in der dialektischen Gliederung eines zusammenhängenden Gebietes bleiben immer die Lautverhältnisse. Ursache ist, dass bei der Gestaltung derselben alles auf den direkten Einfluss durch unmittelbaren persönlichen Verkehr ankommt. Im Wortschatz und in der Wortbedeutung, im Formellen und im Syntaktischen macht die mittelbare Übertragung keine Schwierigkeiten. Was hier Neues entstanden ist, kann, wenn es sonst Anklang findet, ohne wesentliche Alterierung weithin wandern. Aber der Laut wird, wie wir im folgenden Kapitel sehen werden, niemals genau in der Gestalt weitergegeben, wie er empfangen ist. Wo schon ein klaffender Riss besteht, da hört überhaupt die Beeinflussung auf lautlichem Gebiete auf. So entwickeln sich denn hier viel stärkere Differenzen als im Wortschatz, in der Formenbildung und Syntax, und jene Differenzen gehen gleichmässiger durch lange Zeiten hindurch als diese. Dagegen, wenn eine wirkliche Sprachtrennung eingetreten ist, können sich die Unterschiede zwischen den verschiedenen Sprachen auf andern Gebieten eben so charakteristisch geltend machen als auf dem lautlichen.

Am wenigsten ist der Wortschatz und seine Verwendung charakteristisch. Hier finden am meisten Übertragungen aus einer Mundart in die andere wie aus einer Sprache in die andere statt. Hier gibt es mehr individuelle Verschiedenheiten als in irgend einer andern Hinsicht. Hier kann es auch Unterschiede geben, die mit den mundartlichen gar nichts zu tun haben und diese durchkreuzen. Auf jeder höheren Kulturstufe entstehen technische Ausdrücke für die verschiedenen Gewerbe, Künste und Wissenschaften, die vorwiegend oder ausschliesslich von einer bestimmten Berufsklasse gebraucht und von den übrigen zum Teil gar nicht verstanden werden. Bei der Ausbildung solcher Kunstsprachen kommen übrigens ganz ähnliche Verhältnisse in Betracht wie bei der Entstehung der Mundarten. Eben dahin gehört auch der Unterschied von poetischer und prosaischer Sprache, der sich auch auf Formelles und Syntaktisches erstreckt. Eigenartige Verhältnisse haben im alten Griechenland auch zu absichtlich kunstvoller Verwendung lautlicher Unterschiede geführt. Es kann aber auch eine poetische Sprache geben (und das ist das

Gewöhnliche), die in den verschiedensten dialektischen Lautgestaltungen sich doch immer gleichmässig gegen die prosaische Rede abhebt.

§ 31. Alle natürliche Sprachentwickelung führt zu einem stetigen, unbegrenzten Anwachsen der mundartlichen Verschiedenheiten. Die Ursachen, welche dazu treiben, sind mit den allgemeinen Bedingungen des Sprachlebens gegeben und davon ganz unzertrennlich. Es ist eine falsche Vorstellung, der man leider noch in sprachwissenschaftlichen Werken begegnet, die ein grosses Ansehen geniessen, dass die frühere zentrifugale Bewegung, durch welche die Mundarten entstanden seien, auf höherer Kulturstufe, bei reger entwickeltem Verkehre durch eine rückläufige, zentripetale abgelöst werde. Diese Vorstellung beruht auf ungenauer Beobachtung. Die Bildung einer Gemeinsprache, die man dabei im Auge hat, vollzieht sich nicht durch eine allmähliche Angleichung der Mundarten aneinander. Die Gemeinsprache entspringt nicht aus den einzelnen Mundarten durch den selben Prozess, durch welchen eine jüngere Form der Mundart aus einer älteren entsprungen ist. Sie ist vielmehr ein fremdes Idiom, dem die Mundart aufgeopfert wird. Darüber in Kapitel 23.

Drittes Kapitel.
Der Lautwandel.[1]

§ 32. Um die Erscheinung zu begreifen, die man als Lautwandel zu bezeichnen pflegt, muss man sich die physischen und psychischen Prozesse klar machen, welche immerfort bei der Hervorbringung der Lautkomplexe stattfinden. Sehen wir, wie wir hier dürfen und müssen, von der Funktion ab, welcher dieselben dienen, so ist es Folgendes, was in Betracht kommt: erstens die Bewegungen der Sprechorgane, wie sie vermittelst Erregung der motorischen Nerven und der dadurch hervorgerufenen Muskeltätigkeit zu stande kommen; zweitens die Reihe von Empfindungen, von welchen diese Bewegungen notwendigerweise begleitet sind, das Bewegungsgefühl, wie es Lotze[2]) und nach ihm Steinthal genannt haben; drittens die in den Hörern, wozu unter normalen Verhältnissen allemal auch der Sprechende selbst gehört, erzeugten Tonempfindungen. Diese Empfindungen sind natürlich nicht bloss physiologische, sondern auch psychologische Prozesse. Auch nachdem die physische Erregung geschwunden ist, hinterlassen sie eine bleibende psychische Wirkung, Erinnerungsbilder, die von der höchsten Wichtigkeit für den Lautwandel sind. Denn sie allein sind es, welche die an sich vereinzelten physiologischen Vorgänge unter einander verbinden, einen Kausalzusammenhang zwischen der frühern und spätern Produktion des gleichen Lautkomplexes herstellen. Das

---

[1]) Mit diesem Kap. vgl. Kruszewski II, 260—8. III, 145—170. Ausführliche prinzipielle Erörterungen auch bei Noreen, Vårt Språk, Bd 3, S. 5 ff.
[2]) Vgl. dessen Medizinische Psychologie (1852) § 26, S. 304; auch Methaphysik II, S. 586 ff. Vgl. noch über das Bewegungsgefühl G. E. Müller, Zur Grundlegung der Psychophysik, § 110. 111 und A. Strümpell Archiv für klinische Medizin XXII S. 321 ff. Wundt gebraucht dafür den Ausdruck Innervation. Jesperson in Techmers Zschr. III, 206 schlägt die Bezeichnung „Organgefühl" vor, weil das Gefühl nicht nur einer Bewegung, sondern auch einer Stellung der Sprechorgane entspreche. In einer Anm. dazu verlangt Techmer Unterscheidung zwischen „Drucksinn" und „innerer Innervationsempfindung".

Erinnerungsbild, welches die Empfindung der früher ausgeführten Bewegungen hinterlassen hat, ist es, vermittelst dessen die Reproduktion der gleichen Bewegungen möglich ist. Bewegungsgefühl und Tonempfindung brauchen in keinem innern Zusammenhange unter einander zu stehen. Beide gehen aber eine äusserliche Assoziation ein, indem der Sprechende zugleich sich selbst reden hört. Durch das blosse Anhören anderer wird das Bewegungsgefühl nicht gegeben, und somit auch nicht die Fähigkeit den gehörten Lautkomplex zu reproduzieren, weshalb es denn immer erst eines Suchens, einer Einübung bedarf, um im stande zu sein einen Laut, den man bis dahin nicht zu sprechen gewohnt ist, nachzusprechen.

§ 33. Es fragt sich, welchen Inhalt das Bewegungsgefühl und die Tonempfindung haben, und bis zu welchem Grade die einzelnen Momente dieses Inhalts bewusst werden.[1]) Vielleicht hat nichts so sehr die richtige Einsicht in die Natur des Lautwandels verhindert, als dass man in dieser Hinsicht die Weite und die Deutlichkeit des Bewusstseins überschätzt hat. Es ist ein grosser Irrtum, wenn man meint, dass, um den Klang eines Wortes in seiner Eigentümlichkeit zu erfassen, sodass eine Erregung der damit assoziierten Vorstellungen möglich wird, die einzelnen Laute, aus denen das Wort sich zusammensetzt, zu deutlichem Bewusstsein gelangen müssten. Es ist sogar, um einen ganzen Satz zu verstehen, nicht immer nötig, dass die einzelnen Wörter ihrem Klange und ihrer Bedeutung nach zum Bewusstsein kommen. Die Selbsttäuschung, in der sich die Grammatiker bewegen, rührt daher, dass sie das Wort nicht als einen Teil der lebendigen, rasch vorüberrauschenden Rede betrachten, sondern als etwas Selbständiges, über das sie mit Musse nachdenken, so dass sie Zeit haben es zu zergliedern. Dazu kommt, dass nicht vom gesprochenen, sondern vom geschriebenen Worte ausgegangen wird. In der Schrift scheint allerdings das Wort in seine Elemente zerlegt, und es scheint erforderlich, dass jeder, der schreibt, diese Zerlegung vornimmt. In Wahrheit verhält es sich aber doch etwas anders. Gewiss muss bei der Erfindung der Buchstabenschrift und bei jeder neuen Anwendung derselben auf eine bisher nicht darin aufgezeichnete Sprache eine derartige Zerlegung vorgenommen sein. Auch muss fortwährend mit jeder Erlernung der Schrift eine Übung im Buchstabieren gesprochener Wörter Hand in Hand gehen. Aber nachdem eine gewisse Fertigkeit erlangt ist, ist der Prozess beim Schreiben nicht gerade der, dass jedes Wort zunächst in die einzelnen

---

[1]) Vgl. S Stricker, Studien über die Sprachvorstellungen, Wien 1880. B. Erdmann, Archiv für systematische Philosophie II, 355 ff, III, 31 ff. 150 ff. R. Dodge, Die motorischen Wortvorstellungen, Halle 1896. Ginneken, Psychologische taalwetenschap I, 1 ff.

Laute zerlegt und dann für jeden einzelnen Laut der betreffende Buchstabe eingesetzt würde. Schon die Schnelligkeit, mit der sich der Vorgang vollzieht, schliesst die Möglichkeit aus, dass seine einzelnen Momente zu klarem Bewusstsein gelangen, und zeigt zugleich, dass das zu einem regelmässigen Ablauf nicht nötig ist. Es tritt aber auch ein wirklich abgekürztes Verfahren ein, wodurch die Schrift sich bis zu einem gewissen Grade von der Sprache emanzipiert, ein Vorgang, den wir später noch näher zu betrachten haben werden. Und sehen wir nun gar ein wenig genauer zu, wie es mit dieser Zergliederungskunst des Schriftkundigen steht, so wird uns gerade daraus recht deutlich entgegentreten, wie übel es mit dem Bewusstsein von den Elementen des Wortlautes bestellt ist. Wir können täglich die Erfahrung machen, dass die vielfachen Diskrepanzen zwischen Schrift und Aussprache von den Angehörigen der betreffenden Sprachgemeinschaft zum grossen Teil unbemerkt bleiben und erst dem Fremden auffallen, ohne dass auch er in der Regel sich Rechenschaft zu geben vermag, worauf sie beruhen. So ist ein jeder nicht lautphysiologisch geschulte Deutsche der Überzeugung, dass er schreibt, wie er spricht. Wenn er aber auch dem Engländer und Franzosen gegenüber eine gewisse Berechtigung zu dieser Überzeugung hat, so fehlt es doch, von Feinheiten abgesehen, nicht an Fällen, in denen die Aussprache ziemlich stark von der Schreibung abweicht. Dass der Schlusskonsonant in *Tag, Feld, lieb* in einem grossen Teile von Deutschland ein anderer Laut ist als der, welcher in *Tages, Feldes, liebes* gesprochen wird, dass das *n* in *Anger* einen wesentlich andern Laut bezeichnet als in *Land*, ist Wenigen eingefallen. Dass man im allgemeinen in *Ungnade* gutturalen, in *unbillig* labialen Nasal spricht, daran denkt niemand. Vollends wird man erstaunt angesehen, wenn man ausspricht, dass in *lange* kein *g*, in der zweiten Silbe von *legen, reden, Ritter, schütteln* kein *e* gesprochen werde, dass der Schlusskonsonant von *leben* nach der verbreteten Aussprache kein *n*, sondern ein *m* gleich alls ohne vorhergehendes *e* sei. Ja man kann darauf rechnen, dass die meisten diese Tatsachen bestreiten werden, auch nachdem sie darauf autmerksam gemacht worden sind. Wenigstens habe ich diese Erfahrung vielfach gemacht, auch an Philologen. Wir sehen daraus, wie sehr die Analyse des Wortes etwas bloss mit der Schrift Angelerntes ist, und wie gering das Gefühl für die wirklichen Elemente des gesprochenen Wortes ist.

§ 34. Eine wirkliche Zerlegung des Wortes in seine Elemente ist nicht bloss sehr schwierig, sie ist geradezu unmöglich. Das Wort ist nicht eine Aneinandersetzung einer bestimmten Anzahl selbständiger Laute, von denen jeder durch ein Zeichen des Alphabetes ausgedrückt werden könnte, sondern es ist im Grunde immer eine kontinuierliche

Reihe von unendlich vielen Lauten, und durch die Buchstaben werden immer nur einzelne charakteristische Punkte dieser Reihe in unvollkommener Weise angedeutet. Das Übrige, was unbezeichnet bleibt, ergibt sich allerdings aus der Bestimmung dieser Punkte bis zu einem gewissen Grade mit Notwendigkeit, aber auch nur bis zu einem gewissen Grade. Am deutlichsten lässt sich diese Kontinuität an den sogenannten Diphthongen erkennen, die eine solche Reihe von unendlich vielen Elementen darstellen, vgl. Sievers, Phonetik Kap. 19, 2. Durch Sievers ist überhaupt zuerst die Bedeutung der Übergangslaute nachdrücklich hervorgehoben. Aus dieser Kontinuität des Wortes aber folgt, dass eine Vorstellung von den einzelnen Teilen nicht etwas von selbst Gegebenes sein kann, sondern erst die Frucht eines, wenn auch noch so primitiven, wissenschaftlichen Nachdenkens, wozu zuerst das praktische Bedürfnis der Lautschrift geführt hat.

Was von dem Lautbilde gilt, das gilt natürlich auch von dem Bewegungsgefühle. Ja wir müssen hier noch weiter gehen. Es kann gar keine Rede davon sein, dass der Einzelne eine Vorstellung von den verschiedenen Bewegungen hätte, die seine Organe beim Sprechen machen. Man weiss ja, dass dieselben erst durch die sorgfältigste wissenschaftliche Beobachtung ermittelt werden können, und dass über viele Punkte auch unter den Forschern Kontroversen bestehen. Selbst die oberflächlichsten und gröbsten Anschauungen von diesen Bewegungen kommen erst durch eine mit Absicht darauf gelenkte Aufmerksamkeit zu stande. Sie sind auch ganz überflüssig, um mit aller Exaktheit Laute und Lautgruppen hervorzubringen, auf die man einmal eingeübt ist. Der Hergang scheint folgender zu sein. Jede Bewegung erregt in bestimmter Weise gewisse sensitive Nerven und ruft so eine Empfindung hervor, welche sich mit der Leitung der Bewegung von ihrem Zentrum durch die motorischen Nerven assoziiert. Ist diese Assoziation hinlänglich fest geworden und das von der Empfindung hinterlassene Erinnerungsbild hinlänglich stark, was in der Regel erst durch Einübung erreicht wird (d. h. durch mehrfache Wiederholung der gleichen Bewegung, vielleicht mit vielen missglückten Versuchen untermischt), dann vermag das Erinnerungsbild der Empfindung die damit assoziierte Bewegung als Reflex zu reproduzieren, und wenn die dabei erregte Empfindung zu dem Erinnerungsbilde stimmt, dann hat man auch die Versicherung, dass man die nämliche Bewegung wie früher ausgeführt hat.

§ 35. Man könnte aber immerhin einräumen, dass der Grad der Bewusstheit, welchen die einzelnen Momente des Lautbildes und des Bewegungsgefühles durch Erlernung der Schrift und sonst durch Reflexion erlangen, ein viel grösserer wäre, als er wirklich ist; man könnte einräumen, dass zur Erlernung der Muttersprache sowohl wie jeder fremden ein ganz klares Bewusstsein dieser Elemente erforderlich wäre, wie denn unzweifelhaft ein höherer Grad von Klarheit erforderlich ist als bei der Anwendung des Eingeübten: daraus würde aber nicht folgen, dass es nun auch immerfort wieder in der täglichen Rede zu dem selben Grade der Klarheit kommen müsste. Vielmehr liegt es in der Natur des psychischen Organismus, dass alle anfangs nur bewusst wirkenden Vorstellungen durch Übung die Fähigkeit erlangen auch unbewusst zu wirken, und dass erst eine solche unbewusste Wirkung einen so raschen Ablauf der Vorstellungen möglich macht, wie er in allen Lagen des täglichen Lebens und auch beim Sprechen erfordert wird. Selbst der Lautphysiologe von Beruf wird sehr vieles sprechen und hören, ohne dass bei ihm ein einziger Laut zu klarem Bewusstsein gelangt.

Für die Beurteilung des natürlichen, durch keine Art von Schulmeisterei geregelten Sprachlebens muss daher durchaus an dem Grundsatze festgehalten werden, dass die Laute ohne klares Bewusstsein erzeugt und perzipiert werden. Hiermit fallen alle Erklärungstheorien, welche in den Seelen der Individuen eine Vorstellung von dem Lautsystem der Sprache voraussetzen, wohin z. B. mehrere Hypothesen über die germanische Lautverschiebung gehören.

§ 36. Anderseits aber schliesst die Unbewusstheit der Elemente nicht eine genaue Kontrolle aus. Man kann unzähligemale eine gewohnte Lautgruppe sprechen oder hören, ohne jemals daran zu denken, dass es eben diese, so und so zusammengesetzte Gruppe ist; sobald aber in einem Elemente eine Abweichung von dem Gewohnten eintritt, die nur sehr geringfügig zu sein braucht, wird sie bemerkt, wofern keine besondern Hemmungen entgegenstehen, wie überhaupt jede Abweichung von dem gewohnten unbewussten Verlauf der Vorstellungen zum Bewusstsein zu gelangen pflegt. Natürlich ist mit dem Bewusstsein der Abweichung nicht auch schon das Bewusstsein der Natur und Ursache der Abweichung gegeben.

Die Möglichkeit der Kontrolle reicht soweit wie das Unterscheidungsvermögen. Dieses geht aber nicht bis ins Unendliche, während die Möglichkeit der Abstufung in den Bewegungen der Sprechorgane und natürlich auch in den dadurch erzeugten Lauten allerdings eine unendliche ist. So liegt zwischen a und i sowohl wie zwischen a und u eine unbegrenzte Zahl möglicher Stufen des Vokalklanges. Ebenso lassen sich die Artikulationsstellen sämtlicher Zungen-Gaumenlaute in dem Bilde einer kontinuierten Linie darstellen, auf welcher jeder Punkt der bevorzugte sein kann. Zwischen ihnen und den Lippenlauten ist allerdings kein so unmerklicher Übergang möglich; doch stehen die denti-labialen in naher Beziehung zu den denti-lingualen (*th—f*). Ebenso ist auch der Übergang von Verschlusslaut zu Reibelaut und umgekehrt allmählich zu bewerkstelligen; denn vollstündiger Verschluss und möglichste Verengung liegen unmittelbar beisammen. Vollends alle Unterschiede der Quantität, der Tonhöhe, der Energie in der Artikulation oder in der Exspiration sind in unendlich vielen Abstufungen denkbar. Und so noch vieles andere. Dieser Umstand ist es vor allem, wodurch der Lautwandel begreiflich wird.

Bedenkt man nun, dass es nicht bloss auf die Unterschiede in denjenigen Lauten ankommt, in die man gewöhnlich ungenauer Weise das Wort zerlegt, sondern auch auf die Unterschiede in den Übergangslauten, im Akzent, im Tempo etc., bedenkt man ferner, dass immer ungleiche Teilchen je mit einer Reihe von gleichen Teilchen zusammengesetzt sein können, so erhellt, dass eine ausserordentlich grosse Mannigfaltigkeit der Lautgruppen möglich ist, auch bei verhältnismässig geringer Differenz. Deshalb können auch recht merklich verschiedene Gruppen wegen ihrer überwiegenden Ähnlichkeit immer noch als wesentlich identisch empfunden werden, und dadurch ist das Verständnis zwischen Angehörigen verschiedener Dialekte möglich, so lange die Verschiedenheiten nicht über einen gewissen Grad hinausgehen. Deshalb kann es aber auch eine Anzahl von Variationen geben, deren Verschiedenheiten man entweder gar nicht oder nur bei besonders darauf gerichteter Aufmerksamkeit wahrzunehmen im stande ist.

§ 37. Die frühe Kindheit ist für jeden Einzelnen ein Stadium des Experimentierens, in welchem er durch mannigfache Bemühungen allmählich lernt, das ihm von seiner Umgebung Vorgesprochene nachzusprechen. Ist dies erst in möglichster Vollkommenheit gelungen, so tritt ein verhältnissmässiger Stillstand ein. Die früheren bedeutenden Schwankungen hören auf, und es besteht fortan eine grosse Gleichmässigkeit in der Aussprache, sofern nicht durch starke Einwirkungen fremder Dialekte oder einer Schriftsprache Störungen eintreten. Die Gleichmässigkeit kann aber niemals eine absolute werden. Geringe Schwankungen in der Aussprache des gleichen Wortes an der gleichen Satzstelle sind unausbleiblich. Denn überhaupt bei jeder Bewegung des Körpers, mag sie auch noch so eingeübt, mag das Bewegungsgefühl auch noch so vollkommen entwickelt sein, bleibt doch noch etwas Unsicherheit übrig, bleibt es doch noch bis zu einem gewissen, wenn auch noch so geringen Grade dem Zufall überlassen, ob sie mit absoluter Exaktheit ausgeführt wird, oder ob eine kleine Ablenkung von dem regelrechten Wege nach der einen oder andern Seite eintritt. Auch der geübteste Schütze verfehlt zuweilen das Ziel und würde es in den meisten Fällen verfehlen, wenn dasselbe nur ein wirklicher Punkt ohne alle Ausdehnung wäre, und wenn es an seinem Geschosse auch nur einen einzigen Punkt gäbe, der das Ziel berühren könnte. Mag jemand auch eine noch so ausgeprägte Handschrift haben, deren durchstehende Eigentümlichkeiten sofort zu erkennen sind, so wird er doch nicht die gleichen Buchstaben und Buchstabengruppen jedesmal in völlig gleicher Weise produzieren. Nicht anders kann es sich mit den Bewegungen verhalten, durch welche die Laute erzeugt werden. Diese Variabilität der Aussprache, die wegen der engen Grenzen, in denen sie sich bewegt, unbeachtet bleibt, enthält den Schlüssel zum Verständnis der sonst unbegreiflichen Tatsache, dass sich allmählich eine Veränderung des Usus in Bezug auf die lautliche Seite der Sprache vollzieht, ohne dass diejenigen, an welchen die Veränderung vor sich geht, die geringste Ahnung davon haben.

Würde das Bewegungsgefühl als Erinnerungsbild immer unverändert bleiben, so würden sich die kleinen Schwankungen immer um den selben Punkt mit dem selben Maximum des Abstandes bewegen. Nun aber ist dies Gefühl das Produkt aus sämtlichen früheren bei Ausführung der betreffenden Bewegung empfangenen Eindrücken, und zwar verschmelzen nach allgemeinem Gesetze nicht nur die völlig identischen, sondern auch die unmerklich von einander verschiedenen Eindrücke mit einander. Ihrer Verschiedenheit entsprechend muss sich auch das Bewegungsgefühl mit jedem neuen Eindruck etwas umgestalten, wenn auch noch so unbedeutend. Es ist dabei noch von Wichtigkeit, dass immer die späteren Eindrücke stärker nachwirken als die früheren. Man kann daher das Bewegungsgefühl nicht etwa dem Durchschnitt aller während des ganzen Lebens empfangenen Eindrücke gleichsetzen, sondern die an Zahl geringeren können die häufigeren durch ihre Frische an Gewicht übertreffen. Mit jeder Verschiebung des Bewegungsgefühls ist aber auch, vorausgesetzt, dass die Weite der möglichen Divergenz die gleiche bleibt, eine Verschiebung der Grenzpunkte dieser Divergenz gegeben.

§ 38. Denken wir uns nun eine Linie, in der jeder Punkt genau fixiert ist, als den eigentlich normalen Weg der Bewegung, auf den das Bewegungsgefühl hinführt, so ist natürlich der Abstand von jedem Punkte, der als Maximum bei der wirklich ausgeführten Bewegung ohne Widerspruch mit dem Bewegungsgefühl statthaft ist, im allgemeinen nach der einen Seite gerade so gross als nach der entgegengesetzten. Daraus folgt aber nicht, dass die wirklich eintretenden Abweichungen sich nach Zahl und Grösse auf beide Seiten gleichmässig verteilen müssen. Diese Abweichungen, die durch das Bewegungsgefühl nicht bestimmt sind, haben natürlich auch ihre Ursachen, und zwar Ursachen, die vom Bewegungsgefühl ganz unabhängig sind. Treiben solche Ursachen genau gleichzeitig mit genau gleicher Stärke, nach entgegengesetzten Richtungen hin, so heben sich ihre Wirkungen gegenseitig auf, und die Bewegung wird mit voller Exaktheit ausgeführt. Dieser Fall wird nur äusserst selten eintreten. Bei weitem in den meisten Fällen wird sich das Übergewicht nach der einen oder der andern Seite neigen. Es kann aber das Verhältnis der Kräfte nach Umständen mannigfach wechseln. Ist dieser Wechsel für die eine Seite so günstig wie für die andere, wechselt im Durchschnitt eine Schwankung nach der einen Seite immer mit einer entsprechenden nach der andern, so werden auch die minimalen Verschiebungen des Bewegungsgefühls immer alsbald wieder paralysiert. Ganz anders aber gestalten sich die Dinge, wenn die Ursachen, die nach der einen Seite drängen, das Übergewicht über die entgegengesetzt wirkenden haben, sei es in jedem einzelnen Falle, sei es auch nur in den meisten. Mag die anfängliche Abweichung auch noch so gering sein, indem sich dabei auch das Bewegungsgefühl um ein Minimum verschiebt, so wird das nächste Mal schon eine etwas größere Abweichung von dem Ursprünglichen möglich und damit wieder eine Verschiebung des Bewegungsgefühls, und so entsteht durch eine Summierung von Verschiebungen, die man sich kaum klein genug vorstellen kann, allmählich eine merkliche Differenz, sei es, dass die Bewegung stetig in einer bestimmten Richtung fortschreitet, sei es, dass der Fortschritt immer wieder durch Rückschritte unterbrochen wird, falls nur die letzteren seltener und kleiner sind als die ersteren.

Die Ursache, warum die Neigung zur Abweichung nach der einen Seite hin grösser ist als nach der andern, kann kaum anders worin gesucht werden, als dass die Abweichung nach der ersteren den Organen des Sprechenden in irgend welcher Hinsicht bequemer ist. Das Wesen dieser grösseren oder geringeren Bequemlichkeit zu untersuchen ist eine physiologische Aufgabe. Damit soll nicht gesagt sein, dass sie nicht auch psychologisch bedingt ist. Akzent und Tempo, die dabei von so entscheidender Bedeutung sind, auch die Energie der Muskeltätigkeit sind wesentlich von psychischen Bedingungen abhängig, aber ihre Wirkung auf die Lautverhältnisse ist doch etwas Physiologisches. Bei der progressiven Assimilation kann es nur die Vorstellung des noch zu sprechenden Lautes sein, was auf den vorhergehenden einwirkt; aber das ist ein gleichmässig durchgehendes psychisches Verhältnis von sehr einfacher Art, während alle spezielle Bestimmung des Assimilationsprozesses auf einer Untersuchung über die physische Erzeugung der betreffenden Laute basiert werden muss.

Für die Aufgabe, die wir uns hier gestellt haben, genügt es auf einige allgemeine Gesichtspunkte hinzuweisen. Es gibt eine grosse Zahl von Fällen, in denen sich schlechthin sagen lässt: diese Lautgruppe ist bequemer als jene, erfordert eine geringere Tätigkeit der Sprechwerkzeuge. So sind ital. *otto, cattivo* zweifellos bequemer zu sprechen als lat. *octo*, nhd. *empfangen*, als ein nicht von Ausgleichung betroffenes **entfangen* sein würde. Vollständige und partielle Assimilation ist eine in allen Sprachen wiederkehrende Erscheinung. Wenn es sich dagegen um den Einzellaut handelt, so lassen sich kaum irgend welche allgemeine Grundsätze über grössere oder geringere Bequemlichkeit des einen oder andern aufstellen, und alle aus beschränkten Gebieten abstrahierten Theorien darüber zeigen sich in ihrer Nichtigkeit einer reicheren Erfahrung gegenüber. Und auch für die Kombination mehrerer Laute lassen sich keineswegs durchweg allgemeine Bestimmungen geben Zunächst hängt die Bequemlichkeit zu einem guten Teile von den. Quantitätsverhältnissen und von der Akzentuation, der exspiratorischen wie der musikalischen ab. Für die lange Silbe ist etwas anderes bequem als für die kurze, für die betonte etwas anderes als für die unbetonte, für den Zirkumflex etwas anderes als für den Gravis oder Akut. Weiter aber richtet sich die Bequemlichkeit nach einer Menge von Verhältnissen, die für jedes Individuum verschieden sein, aber auch grösseren Gruppen in gleicher oder ähnlicher Weise zukommen können, ohne von andern geteilt zu werden. Insbesondere wird dabei ein Punkt zu betonen sein. Es besteht in allen Sprachen eine gewisse Harmonie des Lautsystems. Man sieht daraus, dass die Richtung, nach welcher ein Laut ablenkt, mitbedingt sein muss durch die Richtung der übrigen Laute. Wie Sievers hervorgehoben hat, kommt dabei sehr viel auf die sogenannte Indifferenzlage der Organe an. Jede Verschiedenheit derselben bedingt natürlich auch eine Verschiedenheit in Bezug auf die Bequemlichkeit der einzelnen Laute. Eine allmähliche Verschiebung der Indifferenzlage wird ganz nach Analogie dessen, was wir oben über die des Bewegungsgefühls gesagt haben, zu beurteilen sein.

§ 39. Es ist von grosser Wichtigkeit sich stets gegenwärtig zu halten, dass die Bequemlichkeit bei jeder einzelnen Lautproduktion immer nur eine sehr untergeordnete Nebenursache abgibt, während das Bewegungsgefühl immer das eigentlich Bestimmende bleibt. Einer der gewöhnlichsten Irrtümer, dem man immer wieder begegnet, besteht darin, dass eine in einem langen Zeitraume durch massenhafte kleine Verschiebungen entstandene Veränderung auf einen einzigen Akt des Bequemlichkeitsstrebens zurückgeführt wird. Dieser Irrtum hängt zum Teil mit der Art zusammen, wie Lautregeln in der praktischen Grammatik und danach auch vielfach in Grammatiken, die den Anspruch auf Wissenschaftlichkeit erheben, gefasst werden. Man sagt z. B.: wenn ein tönender Konsonant in den Auslaut tritt, so wird er in dieser Sprache zu dem entsprechenden tonlosen (vgl. mhd. *mîde — meit, rîbe — reip*), als ob man es mit einer jedesmal von neuem eintretenden Veränderung zu tun hätte, die dadurch veranlasst wäre, dass dem Auslaut der tonlose Laut bequemer liegt. In Wahrheit aber ist es dann das durch die Überlieferung ausgebildete Bewegungsgefühl, welches den tonlosen Laut erzeugt, während die allmähliche Reduzierung des Stimmtons bis zu gänzlicher Vernichtung und die etwa damit verbundene Verstärkung des Exspirationsdruckes einer vielleicht schon längst vergangenen Zeit angehören. Ganz verkehrt ist es auch, das Eintreten eines Lautwandels immer auf eine besondere Trägheit, Lässigkeit oder Unachtsamkeit zurückzuführen und das Unterbleiben desselben anderswo einer besondern Sorgfalt und Aufmerksamkeit zuzuschreiben. Wohl mag es sein, dass das Bewegungsgefühl nicht überall zu der gleichen Sicherheit ausgebildet ist. Aber irgend welche Anstrengung zur Verhütung eines Lautwandels gibt es nirgends. Denn die Betreffenden haben gar keine Ahnung davon, dass es etwas Derartiges zu verhüten gibt, sondern leben immer in dem guten Glauben, dass sie heute so sprechen, wie sie vor Jahren gesprochen haben, und dass sie bis an ihr Ende so weiter sprechen werden. Würde jemand im stande sein die Organbewegungen, die er vor vielen Jahren zur Hervorbringung eines Wortes gemacht hat, mit den gegenwärtigen zu vergleichen, so würde ihm vielleicht ein Unterschied auffallen. Dazu gibt es aber keine Möglichkeit. Der einzige Massstab, mit dem er messen kann, ist immer das Bewegungsgefühl, und dieses ist entsprechend modifiziert, ist so, wie es zu jener Zeit gewesen ist, nicht mehr in der Seele.

§ 40. Eine Kontrolle gibt es aber dennoch, wodurch der eben geschilderten Entwickelung des einzelnen Individuums eine mächtige Hemmung entgegengesetzt wird: das ist das Lautbild. Während sich das Bewegungsgefühl nur nach den eigenen Bewegungen bildet, gestaltet sich das Lautbild ausser aus dem Selbstgesprochenen auch aus allem dem, was man von denjenigen hört, mit denen man in Verkehrsgemeinschaft steht. Träte nun eine merkliche Verschiebung des Bewegungsgefühles ein, der keine entsprechende Verschiebung des Lautbildes zur Seite stünde, so würde sich eine Diskrepanz ergeben zwischen dem durch ersteres erzeugten Laute und dem aus den früheren Empfindungen gewonnenen Lautbilde. Eine solche Diskrepanz wird vermieden, indem sich das Bewegungsgefühl nach dem Lautbilde korrigiert. Dies geschieht in derselben Weise, wie sich zuerst in der Kindheit das Bewegungsgefühl nach dem Lautbilde regelt. Es gehört eben zum eigensten Wesen der Sprache als eines Verkehrsmittels, dass der Einzelne sich in steter Übereinstimmung mit seinen Verkehrsgenossen fühlt. Natürlich besteht kein bewusstes Streben danach, sondern die Forderung solcher Übereinstimmung bleibt als etwas Selbstverständliches unbewusst. Dieser Forderung kann auch nicht mit absoluter Exaktheit nachgekommen werden. Wenn schon das Bewegungsgefühl des Einzelnen seine Bewegungen nicht völlig beherrschen kann und selbst kleinen Schwankungen ausgesetzt ist, so muss der freie Spielraum für die Bewegung, der innerhalb einer Gruppe von Individuen besteht, natürlich noch grösser sein, indem es dem Bewegungsgefühle jedes Einzelnen doch niemals gelingen wird dem Lautbilde, das ihm vorschwebt, vollständig Genüge zu leisten. Und dazu kommt noch, dass auch dies Lautbild wegen der bestehenden Differenzen in den Lautempfindungen sich bei jedem Einzelnen etwas anders gestalten muss und gleichfalls beständigen Schwankungen unterworfen ist. Aber über ziemlich enge Grenzen hinaus können auch diese Schwankungen innerhalb einer durch intensiven Verkehr verknüpften Gruppe nicht gehen. Sie werden auch hier unmerklich oder, wenn auch bei genauerer Beobachtung bemerkbar, so doch kaum definierbar oder gar, selbst mit den Mitteln des vollkommensten Alphabetes, bezeichenbar sein. Wir können das nicht nur a priori vermuten, sondern an den lebenden Mundarten tatsächlich beobachten, natürlich nicht an solchen, die einen abgestuften Einfluss der Schriftsprache zeigen. Finden sich auch hie und da bei einem Einzelnen, z. B. in Folge eines organischen Fehlers stärkere Abweichungen, so macht das für das Ganze wenig aus.

§ 41. So lange also der Einzelne mit seiner Tendenz zur Abweichung für sich allein den Verkehrsgenossen gegenüber steht, kann er dieser Tendenz nur in verschwindend geringem Masse nachgeben, da ihre Wirkungen immer wieder durch regulierende Gegenwirkungen paralysiert werden. Eine bedeutendere Verschiebung kann nur eintreten, wenn sie bei sämtlichen Individuen einer Gruppe durchdringt, die wenigstens im Verhältnis zu der Intensität des Verkehrs im Innern, nach aussen hin einen gewissen Grad von Abgeschlossenheit hat. Die Möglichkeit eines solchen Vorganges liegt in denjenigen Fällen klar auf der Hand, wo die Abweichung allen oder so gut wie allen Sprechorganen bequemer liegt als die genaue Innehaltung der Richtung des Bewegungsgefühls. Sehr kommt dabei mit in Betracht, dass die schon vorhandene Übereinstimmung in Akzent, Tempo etc. in die gleichen Bahnen treibt. Dasselbe gilt von der Übereinstimmung in der Indifferenzlage. Aber das reicht zur Erklärung nicht aus. Wir sehen ja, dass von demselben Ausgangspunkte aus sehr verschiedenartige Entwickelungen eintreten, und zwar ohne immer durch Akzentveränderungen oder sonst irgend etwas bedingt zu sein, was seinerseits psychologische Veranlassung hat. Und wir müssen immer wieder fragen: wie kommt es, dass gerade die Individuen dieser Gruppe die und die Veränderung

60 Drittes Kapitel. Der Lautwandel.

gemeinsam durchmachen. Man hat zur Erklärung die Übereinstimmung in Klima, Bodenbeschaffenheit und Lebensweise herbeigezogen.[1]) Es ist aber davon zu sagen, dass bisher auch nicht einmal der Anfang zu einer methodischen Materialiensammlung gemacht ist, aus der sich die Abhängigkeit der Sprachentwickelung von derartigen Einflüssen wahrscheinlich machen liesse. Was im einzelnen in dieser Hinsicht behauptet ist, lässt sich meist sehr leicht ad absurdum führen. Kaum zu bezweifeln ist es, dass Eigentümlichkeiten der Sprechorgane sich vererben, und nähere oder weitere Verwandtschaft ist daher gewiss mit zu den Umständen zu rechnen, die eine grössere oder geringere Übereinstimmung im Bau der Organe bedingen. Aber sie ist es nicht allein, wovon der letztere abhängt. Und ebensowenig hängt die Sprachentwickelung allein vom Bau der Organe ab. Überdies aber tritt die dialektische Scheidung und Zusammenschliessung sehr vielfach mit der leiblichen Verwandtschaft in Widerspruch. Man wird sich demnach

---

[1]) Wundt handelt darüber 1, 473 ff Er unterscheidet drei Ursachen: äussere Naturumgebung, Vermischung von Völkern und Rassen, Einfluss der Kultur. Über die mittlere werden wir im zwölften Kapitel zu handeln haben. Meringer (Idg. Forschungen 16, 195 und Neue freie Presse, 21. Jan 1904) scheint der Ansicht zu sein, wenn ich ihn recht verstanden habe, dass die eigentliche Ursache der Lautveränderungen in den Gemütsbewegungen der Menschen zu suchen sei. Diese tragen jedenfalls wesentlich dazu bei, die normale Aussprache zu variieren. Aber da dieselben bei dem einzelnen Menschen wechseln und bei verschiedenen Individuen sehr verschieden sind, so ist anzunehmen, dass die entgegengesetzten Gemütsbewegungen, indem sie nach entgegengesetzten Richtungen treiben, sich im allgemeinen das Gleichgewicht halten und nur ausnahmsweise eine bleibende Wirkung auf die normale Sprache hinterlassen. Wollen wir etwas über die besonderen Ursachen eines Lautwandels ermitteln, so wird immer die erste Frage sein müssen: inwiefern hängt er mit andern Lautveränderungen und mit dem allgemeinen Lautcharakter desselben Dialekts zusammen? Hierüber lässt sich manches Ergebnis gewinnen, und damit wird man sich wohl vorläufig begnügen müssen. Jedenfalls muss diese Untersuchung erst geführt sein, bevor man irgend eine weitere Vermutung wagen darf. Ferner muss daran festgehalten werden, dass es in der Natur der Sprechtätigkeit an sich begründet ist, dass Lautveränderungen mit der Zeit nicht ausbleiben, wenn dieselben auch bald in grösserem, bald in geringerem Umfange, bald in schnellerem, bald in langsamerem Tempo sich vollziehen. Es muss auch die Ansicht zurückgewiesen werden, dass stärkere Grade von Veränderung immer durch tiefgreifende Umwälzungen in den Lebensbedingungen des betreffenden Volkes hervorgerufen sein müssten. Zum Beweise dafür brauche ich nur auf die bedeutenden Veränderungen hinzuweisen, welche die deutschen, namentlich viele oberdeutsche Mundarten seit den letzten Jahrhunderten des Mittelalters durchgemacht haben, Veränderungen, bei denen gerade die sesshaftesten und sonst konservativsten Bevölkerungsschichten am stärksten beteiligt sind. Dagegen wird man sagen können, dass die relative Abgeschlossenheit kleinerer Verkehrsgruppen ein förderndes Moment für das Durchdringen von Lautveränderungen ist, eben weil die ausgleichende Wirkung des weiteren Verkehres fehlt, die wenigstens in der Mehrzahl der Fälle hemmend wirkt.

immer vergeblich abmühen, wenn man versucht das Zusammentreffen aller Individuen einer Gruppe lediglich als etwas Spontanes zu erklären, und dabei den andern neben der Spontaneität wirkenden Faktor übersieht, den Zwang der Verkehrsgemeinschaft.

§ 42. Gehen wir davon aus, dass jedes Individuum besonders veranlagt und in besonderer Weise entwickelt ist, so ist damit zwar die Möglichkeit ausserordentlich vieler Variationen gegeben, nimmt man aber jedes einzelne Moment, was dabei in Betracht kommt, isoliert, so ist die Zahl der möglichen Variationen doch nur eine geringe. Betrachten wir die Veränderungen jedes einzelnen Lautes für sich, und unterscheiden wir an diesem wieder Verschiebung der Artikulationsstelle, Übergang von Verschluss zu Engenbildung und umgekehrt, Verstärkung oder Schwächung des Exspirationsdruckes u. s. f., so werden wir häufig in der Lage sein nur zwei Möglichkeiten der Abweichungen zu erhalten. So kann z. B. das *a* sich zwar nach und nach in alle möglichen Vokale wandeln, aber die Richtung in der es sich bewegt, kann zunächst doch nur entweder die auf *i* oder die auf *u* sein. Nun kann es zwar leicht geschehen, dass sich die zwei oder drei möglichen Richtungen in einem grossen Sprachgebiete, alles zusammengefasst, ungefähr die Wage halten. Es ist aber sehr unwahrscheinlich, dass das an allen verschiedenen Punkten zu jeder Zeit der Fall sein sollte. Der Fall, dass in einem durch besonders intensiven Verkehr zusammengehaltenen Gebiete die eine Tendenz das Übergewicht erlangt, kann sehr leicht eintreten lediglich durch das Spiel des Zufalls, d. h. auch wenn die Übereinstimmung der Mehrheit nicht durch einen nähern innern Zusammenhang gegenüber den ausserhalb der Gruppe stehenden Individuen bedingt ist, und wenn die Ursachen, die nach dieser bestimmten Richtung treiben, bei den einzelnen vielleicht ganz verschiedene sind. Das Übergewicht einer Tendenz in einem solchen beschränkten Kreise genügt, um die entgegenstehenden Hemmungen zu überwinden. Es wird die Veranlassung, dass sich der Verschiebung des Bewegungsgefühles, wozu die Majorität neigt, eine Verschiebung des Lautbildes nach der entsprechenden Richtung zur Seite stellt. Der Einzelne ist ja in Bezug auf Gestaltung seiner Lautvorstellungen nicht von allen Mitgliedern der ganzen Sprachgenossenschaft abhängig, sondern immer nur von denen, mit welchen er in sprachlichen Verkehr tritt, und wiederum von diesen nicht in gleicher Weise, sondern in sehr verschiedenem Masse je nach der Häufigkeit des Verkehres und nach dem Grade, in welchem sich ein jeder dabei betätigt. Es kommt nicht darauf an, von wie vielen Menschen er diese oder jene Eigentümlichkeit der Aussprache hört, sondern lediglich darauf, wie oft er sie hört. Dabei ist noch zu berücksichtigen, dass dasjenige, was von der gewöhnlich vernommenen Art abweicht, wieder unter sich

Drittes Kapitel. Der Lautwandel.

verschieden sein kann, und dass dadurch die von ihm ausgeübten Wirkungen sich gegenseitig stören. Ist nun aber durch Beseitigung der vermittelst des Verkehres geübten Hemmung eine definitive Verschiebung des Bewegungsgefühles eingetreten, so ist bei Fortwirken der Tendenz eine weitere kleine Abweichung nach der gleichen Seite ermöglicht. Mittlerweile wird aber auch die Minorität von der Bewegung mit fortgerissen. Genau dieselben Gründe, welche der Minderheit nicht gestatten in fortschrittlicher Bewegung sich zu weit vom allgemeinen Usus zu entfernen, gestatten ihr auch nicht hinter dem Fortschritt der Mehrheit erheblich zurückzubleiben. Denn die überwiegende Häufigkeit einer Aussprache ist der einzige Massstab für ihre Korrektheit und Mustergültigkeit. Die Bewegung geht also in der Weise vor sich, dass immer ein Teil etwas vor dem Durchschnitt voraus, ein anderer etwas hinter demselben zurück ist, alles aber in so geringem Abstande von einander, dass niemals zwischen Individuen, die in gleich engem Verkehr unter einander stehn, ein klaffender Gegensatz hervortritt.[1])

§ 43. Innerhalb der nämlichen Generation werden auf diese Weise immer nur sehr geringfügige Verschiebungen zu stande kommen. Merk-

---

[1]) Wundt muss wohl meine oben gegebenen Auseinandersetzungen schlecht in der Erinnerung gehabt haben, wenn er (Sprachgesch. und Sprachpsychologie S. 59) es als eine vornehmlich von mir zur Geltung gebrachte Anschauung bezeichnet, dass eine Neuerung in der Lautgebung bei einem Einzelnen beginne und sich von ihm aus in weitere und weitere Kreise fortsetzte, während ich doch ausdrücklich das Zusammentreffen einer überwiegenden Menge von Einzelnen in ihrer Tendenz als Bedingung für das Zustandekommen des normalen Lautwandels hingestellt habe. Was soll man nun vollends dazu sagen, wenn weiterhin (S. 62. 3) meine allgemeinen Anschauungen über das Wesen der sprachlichen Veränderungen durch die Worte charakterisiert werden: „dieser besonders von H. Paul so stark betonte Gedanke, in der Sprache könne nur das usuell werden, was ursprünglich individuell gewesen, also von einem Einzelnen ausgegangen sei". Einen nur einigermassen ähnlich gefassten Gedanken wird man vergebens in meinem Buche suchen. Freilich vertrete ich die Ansicht, dass jede Veränderung des Sprachgebrauches sich nirgends anders als an den einzelnen Individuen vollziehen kann, und dass dabei immer nur ein Teil derselben spontan aktiv zu sein braucht, während der andere sich nur aufnehmend verhält; aber wo habe ich denn behauptet, dass die Spontaneität und Aktivität immer oder auch nur in der Regel auf der Seite eines Einzelnen sei? Das Gegenteil ist überall zu finden. Es ist also eine Karrikatur meiner Auffassung, die Wundt bekämpft, was ihm dann unschwer gelingen muss. Es ist das übrigens kein vereinzelter Fall. Auch sonst sind die Anschauungen derjenigen, gegen die Wundt polemisiert, von vornherein unrichtig gefasst, und es werden öfters aus Äusserungen eines Einzelnen, die vielleicht nicht sehr sorgfältig überlegt sind, Schlüsse auf die Anschauungen einer Gruppe von Forschern gezogen, zu der Wundt diesen Einzelnen rechnet. Eine nicht unwichtige Rolle spielen dabei Charakterisierungen solcher angenommenen Gruppen durch ein nicht ganz zutreffendes Schlagwort. Ein Beispiel dafür ist die Charakterisierung der früheren Lehren vom Bedeutungswandel. Vgl. darüber Marty, Grundlegung S. 544 ff.

Wirkung des Verkehrs. Übertragung auf die jüngere Generation. 63

lichere Verschiebungen erfolgen erst, wenn eine ältere Generation durch
eine neu heranwachsende verdrängt ist. Zunächst, wenn eine Verschiebung
schon bei der Majorität durchgedrungen ist, während ihr eine Minorität
noch widersteht, so wird sich das heranwachsende Geschlecht naturgemäss
nach der Majorität richten, zumal wenn die Aussprache derselben die
bequemere ist. Mag nun die Minorität auch bei der älteren Gewohnheit
verharren, sie stirbt allmählich aus. Weiterhin aber kann es sein, dass
sich das Bewegungsgefühl der jüngeren Generation von Anfang an nach
einer bestimmten Richtung hin abweichend von dem der älteren gestaltet.
Die selben Gründe, welche bei der älteren Generation zu einer bestimmten
Art der Abweichung von dem schon ausgebildeten Bewegungsgefühl
treiben, müssen bei der jüngeren auf die anfängliche Gestaltung desselben wirken. Man wird also wohl sagen können, dass die Hauptveranlassung zum Lautwandel in der Übertragung der Laute
auf neue Individuen liegt. Für diesen Vorgang ist also der Ausdruck Wandel, wenn man sich an das wirklich Tatsächliche hält, gar
nicht zutreffend, es ist vielmehr eine abweichende Neuerzeugung.

§ 44. Bei der Erlernung der Sprache werden nur die Laute überliefert, nicht die Bewegungsgefühle. Die Übereinstimmung der selbst-
erzeugten mit den von anderen gehörten Lauten gibt dem Einzelnen
die Gewähr dafür, dass er richtig spricht. Dass dann auch das Bewegungsgefühl sich in annähernd gleicher Weise gebildet hat, kann
nur unter der Voraussetzung angenommen werden, dass annähernd gleiche
Laute nur durch annähernd gleiche Bewegungen der Sprechorgane
erzeugt werden können Ist es möglich, durch verschiedene Bewegungen
einen annähernd gleichen Laut zu erzeugen, so muss es auch möglich
sein, dass sich das Bewegungsgefühl desjenigen, der die Sprache erlernt,
anders gestaltet als dasjenige der Personen, von denen er sie lernt.
Für einige wenige Fälle wird wohl eine solche abweichende Gestaltung
des Bewegungsgefühles als möglich zugegeben werden müssen. So
sind z. B. die dorsalen t- und s-Laute im Klange nicht sehr von den
alveolaren verschieden, trotzdem die Artikulation wesentlich verschieden
ist. Linguales und uvulares r sind zwar noch ziemlich leicht zu unterscheiden, und es pflegt auch, soviel mir bekannt ist, in den verschiedenen
Mundarten entweder das eine oder das andere durchzugehen; aber der
Übergang des einen in das andere ist doch wohl kaum anders zu erklären, als dass abweichende Hervorbringungen nicht korrigiert wurden,
weil die Abweichungen des Klanges nicht genug auffielen.

§ 45. Es gibt nun noch andere lautliche Veränderungen, die nicht
auf einer Verschiebung oder abweichenden Gestaltung des Bewegungsgefühls beruhen, die man also von dem bisher geschilderten Lautwandel
im engeren Sinne zu scheiden hat, die aber das mit ihm gemein haben,

dass sie ohne Rücksicht auf die Funktion des Wortes vor sich gehen. Es handelt sich hierbei nicht um eine Veränderung der Elemente, aus denen sich die Rede zusammensetzt, durch Unterschiebung, sondern nur um eine Vertauschung dieser Elemente in bestimmten einzelnen Fällen.[1]) Es gehört hierher zunächst die Erscheinung der Metathesis. Es sind folgende Hauptarten zu unterscheiden. Erstens: zwei unmittelbar auf einander folgende Laute werden umgestellt, vgl. angelsächsisch *fix* neben *fisc, ácsian (áhsian)* neben *áscian* = ahd. *eiscôn* (forschen), lat. *ascia* gegenüber griech. ἀξίνη, got. *aqizi* (Axt), dialektisch-franz. *fisque* = *fixe, sesque* = *sexe*, lat. *vespa* aus **vepsa* wie deutsch *Wespe* gegen oberd. *Wefse*, vulgärlat. *ispe* = *ipse*, span. *escarbar* aus *scabrare, olvidar* = franz. *oublier*; ags. *fierst* = *frist, irnan* = *rinnan*, nhd. (ursprünglich nd.) *bersten* = mhd. *bresten, Born* neben *Brunnen, Bernstein,* zu *brennen, Kersten, Karsten* aus *Christian*, mnd., auch md. *nâlde*, ndl. *naald* aus *nâdel*[2]). Zweitens: zwei nicht aufeinander folgende, in der Regel irgendwie verwandte Laute

---

[1]) Vgl. Brugmann, Zum heutigen Stand der Sprachwissenschaft S. 50. Ders., Kurze vgl. Grammatik der idg. Sprachen S. 39 ff. 235 ff. Delbrück, Die neueste Sprachforschung S. 18. Behrens, Über reziproke Metathese im Romanischen, Greifswald 1888. Nigra, Metathesi (Zschr. f. rom. Philol. 28, 1). H. Schröder, Beitr. z. Gesch. d. deutschen Sprache und Lit. 29, 355 und Zschr. f. deutsche Philol. 37, 256. Bechtel, Über gegenseitige Assimilation und Dissimilation der beiden Zitterlaute, Göttingen 1876. Grammont, La dissimulation consonantique dans les langues indoeuropéennes et dans les langues romanes, Dijon 1895. Hoffmann-Krayer, Ferndissimilation von r und l im Deutschen (Festschrift zur 49. Versammlung deutscher Philologen, Basel 1907, S. 491 ff.). Edw. Schröder, Pfennig (Zschr. f. deutsches Altert. 37, 124) und Blachfeld (Nachr. der Gesellsch. der Wissensch. zu Göttingen, philol.-histor. Kl. 1908, 15). Meringer und Mayer, Versprechen und Verlesen, Stuttgart 1895. Meringer, Aus dem Leben der Sprache, Versprechen, Kindersprache. Nachahmungstrieb. Berlin 1906. K. Brugmann, Das Wesen der lautlichen Dissimilationen (Abh. d. sächs. Gesch. d. W. 57, 139–178). Behaghel, Gesch. d. deutsch. Sprache § 232 ff.

[2]) Wo Metathesis zwischen sonorem Konsonanten und Vokal in unbetonter Silbe vorzuliegen scheint, ist die Erscheinung allerdings wohl meist als das Ergebnis einer anders gearteten Entwickelung aufzufassen. Es kann zunächst der Vokal der Silbe geschwunden sein, wodurch dann der konsonantische Sonorlaut sonantisch geworden ist, und daraus kann sich dann ein neuer Vokal, nun in anderer Stellung entwickelt haben. So sind wahrscheinlich viele scheinbarer Metathesen in den romanischen Sprachen aufzufassen, z. B. dialektisch-franz. *vous pernez* = *prenez*, franz. *fromage* aus *formaticum*; vgl. Behrens a. a. O. So wird auch die mhd. Negationspartikel *en-* aus ahd. *ni* zu erklären sein. Eine etwas andere Entwickelung, die gleichfalls zu scheinbarer Metathesis führt, ist die, dass ohne Vokalausstossung aus folgendem Sonorlaut ein sogenannter Svarabhakti-Vokal entsteht, der weiterhin bewahrt bleibt, während der ursprüngliche Vokal ausgestossen wird. Ein sicheres Beispiel ist unser *-brecht* in Personennamen gegenüber got. *bairhts* (glänzend); ahd. erscheint es noch als selbständiges Wort in der Form *beraht*, daneben aber steht z. B. der Eigenname *Werinbraht* (Otfried), und wir haben uns die Entwickelung so zu denken, dass in **Wérinbèraht* zunächst eine Verschiebung des Nebenakzentes eingetreten ist (*Wérinberàht*), wodurch dann die Ausstossung des Wurzelvokales veranlasst ist.

Lautveränderungen ohne Verschiebung des Bewegungsgefühls. 65

vertauschen ihre Stellen; am häufigsten ist die Vertauschung zwischen *r* und *l*, vgl. ahd. *erila* neben *elira* = nhd. *erle* — *eller*, ags. *weleras* Lippen gegen got. *wairilos*, it. dialektisch *grolioso* = *glorioso*, toskanisch *balire* = it. *barile* (Fass), span. *milagro* aus *miraculum*, span.-port. *palabra* aus *parabola*; aber auch andere Konsonanten werden vertauscht: ahd. *ezzih*, welches vor der Lautverschiebung **etik* gelautet haben muss, = lat. *acetum*, franz. *étincelle* aus **stincilla* = *scintilla*, sizilianisch *vispicu* aus *episcopus*, nordd. mundartl. *Schersant* = *Sergeant*, span. *ajuagas* (Beulenkrankheit der Pferde) neben *aguaja* (zu lat. *aqua*), mailändisch *valmasia* = it. *malvasia*, it. *padule* neben *palude*, it. *cofaccia* (Kuchen) neben *focaccia* (zu *focus*), dialektisch-it. *telefrago* = *telegrafo*. Drittens: seltener ist es, dass ein Konsonant in eine andere Silbe tritt, ohne dass ein anderer seine frühere Stelle einnimmt. Am häufigsten erfährt *r* diese Versetzung, vgl. dialektisch-it. *crompare* = *comprare*, it. *strupo* neben *stupro* und span. *estrupo* neben *estupro* (*stuprum*), mlat. *lampreda* neben *lampetra*, franz. *abreuver* aus **adbibrare*, mlat. *cocodrillus* (aus *crocodilus*), woraus it. *coccodrillo*, mhd. *kokodrille*. Schuchardt hat in Bezug auf diese Fälle die Ansicht vertreten, dass zunächst Assimilation, dann Dissimilation eingetreten sei (also z. B. *stupro* — **strupro* — *strupo*), eine Erklärung, die mindestens teilweise zutreffen mag.

Ferner gehören hierher Assimilationen zwischen zwei nichtbenachbarten Lauten wie lat. *lilium* aus griech. λείριον, lat. *quinque* aus **pinque*, urgermanisch **finfi* (fünf) = **finhwi;* sanskr. *śváśuras* statt **svaśuras* (= lat. *socer*), lat. *bibo* gegen aind. *pibāmi*, lat. *barba* statt des nach deutsch *Bart* zu erwartenden **farba* (wobei freilich auch Zusammensetzungen wie *imberbis*, in denen *b* lautgesetzlich entwickelt war, mitgewirkt haben können), griech. Μεχαχλῆς aus Μεγαχλῆς, lat. *forfex* aus *forpex.*[1])

Häufiger sind Dissimilationen zwischen zwei nicht aneinander angrenzenden gleichen Lauten, wobei für den einen ein nur ähnlicher Laut eintritt. Am gewöhnlichsten ist dabei die Ersetzung von *r* durch *l* und demnächst die umgekehrte, vgl. ahd. *turtiltûba* aus lat. *turtur*, *murmulôn* aus lat. *murmurare*, *marmul* aus lat. *marmor*, mhd. *martel* neben *marter* aus *martyrium*, *priol* neben *prior*, nhd. *Mörtel* = mhd. *mörtel* neben *mörter* aus lat. *mortarium*, mhd. u. anhd. *körpel* neben *körper*, anhd. *erkel* neben *Erker*, *Christoffel* aus *Christophorus*, *Herbolzheim* aus *Herbortsheim*, it. *mercoledi* aus *Mercurii dies*, vulgär *balbieren* = *barbieren*, mlat. *almaria* (woraus mhd. *almer*) aus *armarium*, mlat.

---

[1]) Nur scheinbar gehören hierher viele vokalische Assimilationen wie z. B. der Umlaut in den germanischen Sprachen. Diese sind durch eine Modifikation der dazwischenstehenden Konsonanten vermittelt, also in Wahrheit keine Fernassimilationen.

Paul, Prinzipien.

pelegrinus neben *peregrinus*, ahd. *fluobra* (Trost) gegen asächs. *frôfra* und ags. *frófor*, vulgärlat. *meletrix* = *meretrix*, *Maulbeere*, mhd. *mûlbere* aus ahd. *mûrberi* (lat. *morum*); mhd. *pheller* neben *phellel* aus lat. *palliolum*, lat. *consularis, militaris* gegen *aequalis* etc., *lucrum, simulacrum* gegen *piac(u)lum, caeruleus* zu *caelum*, griech. κεφαλαργής aus κεφαλαλγής. Andere Veränderungen: *Knäuel* aus älterem *Kläuel* (mhd. *kliuwel*), *Knoblauch* aus älterem *Kloblauch* (zu *Kloben*), *Knüppel* aus *Klüppel* (= Klöppel), it. *calonaco* neben *canonico*, *Bologna* (franz. *Boulogne*) aus *Bononia*, *Palermo* aus *Panormus*, *Girolamo* aus *Hieronymus*, anhd. *Nollhard, Nollbruder* aus *Lollhard, Lollbruder*, franz. *niveau* zu *libella*, vulgärlat. *conuclus* (Grundlage für die romanischen Sprachen) aus *coluclus (zu *colus*), anhd. *Marbel* aus *marmel* (Marmor), *murbeln* aus *murmeln*; *Kartoffel* aus *Tartuffel*, lat. *meridies* aus *medidies*, *Fibel* aus *Bibel*, *Blachfeld* = *flach Feld*. Meistens, aber nicht immer ist es der Konsonant in der unbetonten Silbe, der ausweicht.

Als Dissimilation kann auch der Ausfall eines Lautes betrachtet werden, wenn er dadurch veranlasst ist, dass der gleiche Laut in der Nähe steht, vgl. *Köder* aus *Körder* (ahd. *querdar*), *fodern* neben *fordern*, mhd. und anhd. *mader* = *Marder*, *Polier* (*Palier*) aus mhd. *parlier*, *Hatschier* neben *Hartschier* (aus it. *arciere*), *maschieren* in vielen deutschen Mundarten für *marschieren*, lat. *fragare* neben *fragrare*, *praestigia* zu *praestringere*, it. *frate*, *prete*, griech. φατρία neben φρατρία, δρύφακτος (hölzerner Verschlag) zu φράσσω, ἔκπαγλος zu πλήσσω, lat. *laterna* neben *lanterna*, vulgärlat. *cinque, cinquaginta* (Grundlage für die romanischen Sprachen) aus *quinque, quinquaginta*, griech. πτνίζω zu πτύω, mhd. *pherit* (Pferd) aus älterem *pherfrit*; lateinische Perfekta wie *steti, spopondi* werden zunächst auf *stesti, *spospondi zurückgehen. In den meisten Fällen schwindet der Konsonant in der unbetonten Silbe. Das Zusammenwirken mit geringer Tonintensität zeigt sich besonders bei dem Ausfall eines Nasals vor Konsonant im Deutschen. Auf der schwächsten Tonstufe kann der Ausfall zwar in jeder Umgebung eintreten (vgl. mhd. *helde* = *helende*, *gebe wir* = *geben wir*), doch ist er besonders in den Fällen verallgemeinert, in denen ein anderer Nasal in der Nachbarschaft stand, vgl. mhd. *künec* = ahd. *kuning*, *honec* = ahd. *honang*, *senede* zu *senen*, nhd. *Pfennig* aus *phenninc*, *Wernigerode* gegen *Elbingerode*, *Leineweber* zu *Leinen*, *Schöneberg*, *Schönebeck* gegen *Schwarzenberg* (alte Dative). Auch eine ganze Silbe kann neben einer ähnlichen, mit dem gleichen Konsonanten anlautenden ausfallen, vgl. lat. *semestris* statt *semimestris, *nutrix* statt *nutritrix, *stipendium* statt *stipipendium, griech. ἡμέδιμνον neben ἡμιμέδιμνον, ἀμφορεύς neben ἀμφιφορεύς, κελαινεφής statt *κελαινονεφής; hierher gehören auch *tragikomisch* statt *tragikokomisch* und *Mineralogie* statt *Mineralologie.

Alle diese Vorgänge fliessen jedenfalls aus der nämlichen Ursache, die so häufig Veranlassung zum Versprechen wird.[1]) Dass sich beim Sprechen häufig die Reihenfolge der Wörter, Silben oder Einzellaute verschiebt, indem ein Element sich zu früh ins Bewusstsein drängt, ist eine bekannte Tatsache. Es ist ferner bekannt, dass es besondere Schwierigkeiten macht ähnliche und doch verschiedene Laute rasch hintereinander korrekt auszusprechen. Hierauf beruht ja der Scherz mit Sprechkunststücken wie *der Kutscher putzt den Postkutschkasten* u. dgl.[2]) Desgleichen ist es schwierig, dasselbe Element mehrmals kurz hintereinander in verschiedenen Kombinationen auszusprechen, vgl. das Sprechkunststück *Fischers Fritz isst frische Fische; frische Fische isst Fischers Fritz*. Dass es für gewisse Versprechungen begünstigende Bedingungen gibt, dass sie daher bei verschiedenen Personen und wiederholt auftreten, wird also nicht zu leugnen sein. Zur normalen Form können dann die Versprechungen durch die Überlieferung auf die jüngere Generation werden. Dass diese auch von sich aus bei der Nachbildung des richtig Vorgesprochenen Umbildungen in entsprechender Richtung vornimmt, dürfte sich durch Beobachtungen an der Kindersprache bestätigen. Als Beispiele von Assimilation im Kindermunde kann ich anführen *Plampe* für *Lampe*, *Plappen* für *Lappen*. Am leichtesten begreifen sich die besprochenen Vorgänge, wenn sie Fremdwörter betreffen, die dem eigenen Idiom nicht geläufige Lautfolgen enthalten. Bei diesen kommt ungenaue Perzeption und mangelhafte Einprägung hinzu. Die Erscheinungen sind daher auch nicht immer leicht von denjenigen zu trennen, die wir in Kapitel 22 als Lautsubstitution kennen lernen werden. Ebenso bedarf es in manchen Fällen der Erwägung, ob nicht Volksetymologie im Spiele ist. Neben den Fremdwörtern sind es besonders Ortsnamen, an denen diese Vorgänge häufig sind, einerseits wohl deshalb, weil die Namen von unbedeutenden Orten gewöhnlich nur innerhalb einer kleinen Verkehrsgruppe zur Anwendung kommen, bei der sich Neuerungen leichter durchsetzen als auf einem grösseren Gebiete, anderseits weil bei den Ortsnamen der Zusammenhang mit den zugrundeliegenden Appellativen geschwächt oder ganz verloren ist, weshalb analogische Wiederherstellung der alten Formen unterbleibt, vgl. Kapitel 10.

§ 46. Es bleibt uns jetzt noch die wichtige Frage zu beantworten, um die so viel gestritten ist: wie steht es um die Konsequenz

---

[1]) Von dem reichen Materiale, das in dem angeführten Werke von Meringer und Mayer gesammelt ist, kommt wenigstens ein grosser Teil für unsere Frage in Betracht.

[2]) Weitere Beispiele bei Meringer und Mayer S. 87.

der Lautgesetze?[1]) Zunächst müssen wir uns klar machen, was wir denn überhaupt unter einem Lautgesetze verstehen. Das Wort 'Gesetz' wird in sehr verschiedenem Sinne angewendet, wodurch leicht Verwirrung entsteht. In dem Sinne, wie wir in der Physik oder Chemie von Gesetzen reden, in dem Sinne, den ich im Auge gehabt habe, als ich die Gesetzeswissenschaften den Geschichtswissenschaften gegenüber stellte, ist der Begriff 'Lautgesetz' nicht zu verstehen. Das Lautgesetz sagt nicht aus, was unter gewissen allgemeinen Bedingungen immer wieder eintreten muss, sondern es konstatiert nur die Gleichmässigkeit innerhalb einer Gruppe bestimmter historischer Erscheinungen.

Bei der Aufstellung von Lautgesetzen ist man immer von einer Vergleichung ausgegangen. Man hat die Verhältnisse eines Dialektes mit denen eines andern, einer älteren Entwickelungsstufe mit denen einer jüngeren verglichen. Man hat auch aus der Vergleichung der verschiedenen Verhältnisse innerhalb desselben Dialektes und derselben Zeit Lautgesetze abstrahiert. Von der letzteren Art sind die Regeln, die man auch in die praktische Grammatik aufzunehmen pflegt. So ein Satz, den ich wörtlich Krügers griechischer Grammatik entlehne: ein t-Laut vor einem andern geht regelmässig in σ über; Beispiele: $ἀνυσθῆναι$ von $ἀνύτω$, $ἐρεισθῆναι$ von $ἐρείδω$, $πεισθῆναι$ von $πείθω$. Ich habe schon § 39 hervorgehoben, dass man sich durch derartige Regeln nicht zu der Anschauung verführen lassen darf, dass die betreffenden Lautübergänge sich immer von neuem vollziehen, indem man die eine Form aus der andern bildet. Die betreffenden Formen, die in einem derartigen Verhältnis zu einander stehen, sind entweder beide gedächtnismässig aufgenommen, oder die eine ist aus der andern nach Analogie gebildet, worüber in Kapitel V. Ich bezeichne dies Verhältnis im Folgenden auch nicht als Lautwandel, sondern als Lautwechsel. Der Lautwechsel ist nicht mit dem Lautwandel identisch, sondern er ist nur eine Nachwirkung desselben. Demgemäss dürfen wir auch den Ausdruck Lautgesetz nie auf den Lautwechsel beziehen, sondern nur auf den Lautwandel. Ein Lautgesetz kann sich zwar durch die hinterlassenen Wirkungen in den neben einander bestehenden Verhältnissen

---

[1]) Vgl. L. Tobler, Über die Anwendung des Begriffs von Gesetzen auf die Sprache (Vierteljahrschrift f. wissenschaftl. Philosophie III, S. 32 ff.). Misteli, Lautgesetz und Analogie (Zschr. f. Völkerps. II, 365. 12, 1). Wundt, Über den Begriff des Gesetzes, mit Rücksicht auf die Frage der Ausnahmslosigkeit der Lautgesetze (Philosophische Studien III). Schuchardt, Über die Lautgesetze. Gegen die Junggrammatiker, Berlin 1886. Jespersen, Zur Lautgesetzfrage (Techmer III, 188). E. Wechssler, Gibt es Lautgesetze, Halle 1900 (auch in Forschungen zur romanischen Philologie. Festgabe für H. Suchier [im Anhang reichliche Literaturangaben]). E. Herzog, Streitfragen zur romanischen Philologie. Erstes Bändchen: Die Lautgesetzfrage. Halle 1904.

einer Sprache reflektieren, aber als Lautgesetz bezieht es sich niemals auf diese, sondern immer nur auf eine in einer ganz bestimmten Periode vollzogene historische Entwickelung. Wenn wir daher von konsequenter Wirkung der Lautgesetze reden, so kann das nur heissen, dass bei dem Lautwandel innerhalb desselben Dialektes alle einzelnen Fälle, in denen die gleichen lautlichen Bedingungen vorliegen, gleichmässig behandelt werden. Entweder muss also, wo früher einmal der gleiche Laut bestand, auch auf den späteren Entwickelungsstufen immer der gleiche Laut bleiben, oder, wo eine Spaltung in verschiedene Laute eingetreten ist, da muss eine bestimmte Ursache und zwar eine Ursache rein lautlicher Natur wie Einwirkung umgebender Laute, Akzent, Silbenstellung u. dgl. anzugeben sein, warum in dem einen Falle dieser, in dem andern jener Laut entstanden ist. Man muss dabei natürlich sämtliche Momente der Lauterzeugung in Betracht ziehen. Namentlich muss man auch das Wort nicht isoliert, sondern nach seiner Stellung innerhalb des Satzgefüges betrachten. Erst dann ist es möglich die Konsequenz in den Lautveränderungen zu erkennen.

§ 47. Es ist nach den vorangegangenen Erörterungen nicht schwer, die Notwendigkeit dieser Konsequenz darzutun, soweit es sich um den eigentlichen Lautwandel handelt, der auf einer allmählichen Verschiebung des Bewegungsgefühles beruht; genauer genommen, müssten wir allerdings sagen die Einschränkung der Abweichungen von solcher Konsequenz auf so enge Grenzen, dass unser Unterscheidungsvermögen nicht mehr ausreicht.

Dass zunächst an dem einzelnen Individuum die Entwickelung sich konsequent vollzieht, muss für jeden selbstverständlich sein, der überhaupt das Walten allgemeiner Gesetze in allem Geschehen anerkennt. Das Bewegungsgefühl bildet sich ja nicht für jedes einzelne Wort besonders, sondern überall, wo in der Rede die gleichen Elemente wiederkehren, wird ihre Erzeugung auch durch das gleiche Bewegungsgefühl geregelt. Verschiebt sich daher das Bewegungsgefühl durch das Aussprechen eines Elementes in irgend einem Worte, so ist diese Verschiebung auch massgebend für das nämliche Element in einem anderen Worte. Die Aussprache dieses Elementes in den verschiedenen Wörtern schwankt daher gerade nur so wie die in dem nämlichen Worte innerhalb derselben engen Grenzen. Schwankungen der Aussprache, die durch schnelleres oder langsameres, lauteres oder leiseres, sorgfältigeres oder nachlässigeres Sprechen veranlasst sind, werden immer dasselbe Element in gleicher Weise treffen, in was für einem Worte es auch vorkommen mag, und sie müssen sich immer in entsprechenden Abständen vom Normalen bewegen.

Drittes Kapitel. Der Lautwandel.

Soweit es sich um die Entwickelung an dem einzelnen Individuum handelt, ist es hauptsächlich ein Einwand, der immer gegen die Konsequenz der Lautgesetze vorgebracht wird. Man behauptet, dass das etymologische Bewusstsein, die Rücksicht auf die verwandten Formen die Wirkung eines Lautgesetzes verhindere. Wer das behauptet, muss sich zunächst klar machen, dass damit die Wirksamkeit desjenigen Faktors, der zum Lautwandel treibt, nicht verneint werden kann, nur dass ein Faktor ganz anderer Natur gesetzt wird, der diesem entgegenwirkt. Es ist durchaus nicht gleichgültig, ob man annimmt, dass ein Faktor bald wirkt, bald nicht wirkt, oder ob man annimmt, dass er unter allen Umständen wirksam ist und seine Wirkung nur durch einen andern Faktor paralysiert wird. Wie lässt sich nun aber das chronologische Verhältnis in der Wirkung dieser Faktoren denken? Wirken sie beide gleichzeitig, so dass es zu gar keiner Veränderung kommt, oder wirkt der eine nach dem andern, so dass die Wirkung des letzteren immer wieder aufgehoben wird? Das erstere wäre nur unter der Voraussetzung denkbar, dass der Sprechende etwas von der drohenden Veränderung wüsste und sich im voraus davor zu hüten suchte. Dass davon keine Rede sein kann, glaube ich zur Genüge auseinandergesetzt zu haben. Gesteht man aber zu, dass die Wirkung des lautlichen Faktors zuerst sich geltend macht, dann aber durch den andern Faktor wieder aufgehoben wird, den wir als Analogie im Folgenden noch näher zu charakterisieren haben werden, so ist damit eben die Konsequenz der Lautgesetze zugegeben. Man kann vernünftigerweise höchstens noch darüber streiten, ob es die Regel ist, dass sich die Analogie schon nach dem Eintritt einer ganz geringen Differenz zwischen den etymologisch zusammenhängenden Formen geltend macht, oder ob sie sich erst wirksam zu zeigen pflegt, wenn der Riss schon klaffend geworden ist. Im Prinzip ist das kein Unterschied. Dass jedenfalls das letztere sehr häufig ist, lässt sich aus der Erfahrung erweisen, worüber weiter unten. Es liegt aber auch in der Natur der Sache, dass Differenzen, die noch nicht als solche empfunden werden, auch das Gefühl für die Etymologie nicht beeinträchtigen und von diesem nicht beeinträchtigt werden.[1]

---

[1] Die Ansicht, dass etymologische Verwandtschaft den Eintritt des Lautwandels verhindern könne, wird unter anderm vertreten durch H. Pipping, Zur Theorie der Analogiebildung (Mémoires de la société néophilologique à Helsingfors IV), Helsingfors 1906. Die Abhandlung ist aber durchaus nicht geeignet seine Anschauung von den sogenannten „erhaltenden Analogiebildungen" zu erweisen. Wie kann es derselben zur Stütze dienen, dass sie die notwendige Voraussetzung für missliche Hypothesen des Verfassers über schwierige Probleme der altnordischen Lautverhältnisse ist? Will man die Frage aus der Erfahrung entscheiden, so muss

Ebenso zurückzuweisen ist die Annahme, dass Rücksichten auf die Klarheit und Verständlichkeit einer Form einen Lautübergang verhinderten. Man stösst zuweilen auf Verhältnisse, die eine solche Rücksicht zu beweisen scheinen. So ist z. B. im Nhd. das mittlere *e* der schwachen Praeterita und Partizipia nach *t* und *d* erhalten (*redete, rettete*), während es sonst ausgestossen ist. Geht man aber in das sechzehnte Jahrhundert zurück, so findet man, dass bei allen Verben Doppelformigkeit besteht, einerseits *zeigete* neben *zeigte*, anderseits *redte* neben *redete*. Der Lautwandel ist also ohne Rücksicht auf Zweckmässigkeit eingetreten, und nur für die Erhaltung der Formen ist ihre grössere Zweckmässigkeit massgebend gewesen.

§ 48. Somit kann also nur noch die Frage sein, ob der Verkehr der verschiedenen Individuen unter einander die Veranlassung zu Inkonsequenzen geben kann. Denkbar wäre das nur so, dass der Einzelne gleichzeitig unter dem Einflusse von mehreren Gruppen von Personen stünde, die sich durch verschiedene Lautentwickelung deutlich von einander gesondert hätten, und dass er nun einige Wörter von dieser, andere von jener Gruppe erlernte. Das setzt aber ein durchaus exzeptionelles Verhältnis voraus. Normaler Weise gibt es innerhalb derjenigen Verkehrsgenossenschaft, innerhalb deren der Einzelne aufwächst, mit der er in sehr viel innigerem Verbande steht als mit der weiteren Umgebung, keine derartige Differenzen. Wo nicht in Folge besonderer geschichtlicher Veranlassungen grössere Gruppen von ihrem ursprünglichen Wohnsitze losgelöst und mit andern zusammengewürfelt werden, wo die Bevölkerung höchstens durch geringe Ab- und Zuzüge modifiziert, aber der Hauptmasse nach konstant bleibt, da können sich ja keine Differenzen entwickeln, die als solche perzipiert werden. Spricht A auch einen etwas anderen Laut als B an der entsprechenden Stelle, so verschmilzt doch die Perzeption des einen Lautes ebensowohl wie die des anderen mit dem Lautbilde, welches der Hörende schon in seiner Seele trägt, und es kann demselben daher auch nur das gleiche Bewegungsgefühl korrespondieren. Es ist gar nicht möglich, dass sich für zwei so geringe Differenzen zwei verschiedene Bewegungsgefühle bei dem gleichen Individuum herausbilden. Es würde in der Regel selbst dann nicht möglich sein, wenn die äussersten Extreme, die innerhalb eines kleinen Verkehrsgebietes vorkommen, das einzig Existierende wären. Würde aber auch der Hörende im stande sein den Unterschied zwischen diesen beiden zu erfassen, so würde doch die Reihe von feinen

---

man sich doch an die Fälle halten, wo man die Entwickelung in Folge reichlicher Überlieferung Schritt vor Schritt verfolgen und zweifellos deuten kann. Diese aber sprechen durchaus für die Richtigkeit der entgegengesetzten Anschauung, vgl. Kapitel X.

Drittes Kapitel. Der Lautwandel.

Vermittelungsstufen, die er immerfort daneben hört, es ihm unmöglich machen eine Grenzlinie aufrecht zu erhalten. Mag er also auch immerhin das eine Wort häufiger und früher von Leuten hören, die nach diesem Extreme zu neigen, das andere häufiger und früher von solchen, die nach jenem Extreme zu neigen, so kann das niemals für ihn die Veranlassung werden, dass sich ihm beim Nachsprechen die Erzeugung eines Lautes in dem einen Worte nach einem andern Bewegungsgefühl regelt, als die Erzeugung eines Lautes in dem andern Worte, wenn das gleiche Individuum an beiden Stellen einen identischen Laut setzen würde.

Innerhalb des gleichen Dialekts entwickeln sich also keine Inkonsequenzen, sondern nur in Folge einer Dialektmischung oder wie wir genauer zu sagen haben werden, in Folge der Entlehnung eines Wortes aus einem fremden Dialekte. In welcher Ausdehnung und unter welchen Bedingungen eine solche eintritt, werden wir später zu untersuchen haben. Bei der Aufstellung der Lautgesetze haben wir natürlich mit dergleichen scheinbaren Inkonsequenzen nicht zu rechnen.

Kaum der Erwähnung wert sind die Versuche, die man gemacht hat, den Lautwandel aus willkürlichen Launen oder aus einem Verhören zu erklären. Ein vereinzeltes Verhören kann unmöglich bleibende Folgen für die Sprachgeschichte haben. Wenn ich ein Wort von jemand, der den gleichen Dialekt spricht wie ich, oder einen andern, der mir vollständig geläufig ist, nicht deutlich perzipiere, aber aus dem sonstigen Zusammenhange errate, was er sagen will, so ergänze ich mir das betreffende Wort nach dem Erinnerungsbilde, das ich davon in meiner Seele habe. Ist der Zusammenhang nicht ausreichend aufklärend, so werde ich vielleicht ein falsches ergänzen, oder ich werde nichts ergänzen und mich beim Nichtverstehen begnügen oder noch einmal fragen. Aber wie ich dazu kommen sollte zu meinen ein Wort von abweichendem Klange gehört zu haben und mir doch dieses Wort an Stelle des wohlbekannten unterschieben zu lassen, ist mir gänzlich unerfindlich. Einem Kinde allerdings, welches ein Wort noch niemals gehört hat, wird es leichter begegnen, dass es dasselbe mangelhaft auffasst und dann auch mangelhaft wiedergibt. Es wird aber auch das richtiger aufgefasste vielfach mangelhaft wiedergeben, weil das Bewegungsgefühl noch nicht gehörig ausgebildet ist. Seine Auffassung wie seine Wiedergabe wird sich rektifizieren, wenn es das Wort immer wieder von neuem hört, wo nicht, so wird es dasselbe vergessen. Das Verhören hat sonst mit einer gewissen Regelmässigkeit nur da statt, wo sich Leute mit einander unterhalten, die verschiedenen Dialektgebieten oder verschiedenen Sprachen angehören, und die Gestalt, in welcher Fremdwörter aufgenommen werden, ist allerdings vielfach

Konsequenz der Lautgesetze. 73

dadurch beeinflusst, mehr aber gewiss durch den Mangel eines Bewegungsgefühls für die dem eigenen Dialekte fehlenden Laute. Abgesehen ist hierbei von den oben besprochenen geringfügigen Differenzen zwischen den einzelnen Individuen, die allerdings nie fehlen, aber im allgemeinen unbemerkt bleiben. Am ehesten kann sich ein Gegensatz zwischen älterer und jüngerer Generation bemerklich machen. Es ist vielfach behauptet worden, dass dieser Gegensatz in manchen Mundarten ein ganz schroffer sei. Doch, soweit die Beobachtung richtig ist, handelt es sich, so viel ich sehe, wieder um einen Fall von Sprachmischung. In der Regel verhält es sich so, dass die jüngere Generation stärker von der Schule beeinflusst ist und sich daher der Schriftsprache nähert. Wer den Satz vertreten will, dass eine starke Differenzierung der jüngeren Generation von der älteren durch die mundartliche Entwickelung entstehen kann, der darf dafür nur solche Abweichungen anführen, die nicht in einer Annäherung an die Schriftsprache bestehen.

§ 49. Es bleiben nun allerdings einige Arten von lautlichen Veränderungen übrig, für die sich konsequente Durchführung theoretisch nicht als notwendig erweisen lässt. Diese bilden aber einen verhältnismässig geringen Teil der gesamten Lautveränderungen, und sie lassen sich genau abgrenzen. Einerseits also gehören hierher die Fälle, in denen ein Laut vermittelst einer abweichenden Artikulation nachgeahmt wird, anderseits die § 45 besprochenen Metathesen, Assimilationen und Dissimilationen. Übrigens hat tatsächlich auch hier zum Teil vollständige Konsequenz statt, so namentlich bei der Metathesis unmittelbar auf einander folgender Laute, ferner z. B. bei der Dissimilation der Aspiraten im Griechischen ($\varkappa \acute{\varepsilon} \chi v \varkappa a$, $\pi \acute{\varepsilon} \varphi \varepsilon v \gamma a$) und der entsprechenden im Sanskrit und sonst.

§ 50. Aus dem vorliegenden Sprachmaterial lässt sich die Frage, wieweit die Lautgesetze als ausnahmslos zu betrachten sind, nicht unmittelbar entscheiden, weil es Sprachveränderungen gibt, die, wiewohl ihrer Natur nach vom Lautwandel gänzlich verschieden, doch entsprechende Resultate hervorbringen wie dieser. Daher ist unsere Frage aufs engste verknüpft mit der zweiten Frage: wieweit geht die Wirksamkeit dieser andern Veränderungen und wie sind sie vom Lautwandel zu sondern? Darüber weiter unten.

Viertes Kapitel.
Wandel der Wortbedeutung.[1]

§ 51. Während der Lautwandel durch eine wiederholte Unterschiebung von etwas unmerklich Verschiedenem zu Stande kommt, wobei also das Alte untergeht zugleich mit der Entstehung des Neuen, ist beim Bedeutungswandel die Erhaltung des Alten durch die Entstehung des Neuen nicht ausgeschlossen. In der Regel tritt zunächst das letztere dem ersteren zur Seite, und wenn dann weiterhin, wie es allerdings oft geschieht, dieses vor jenem zurückweicht, so ist das erst ein zweiter, durch den ersten nicht notwendig gegebener Prozess.

[1] Zu diesem Kap. vgl. Reisig, Vorlesungen über lateinische Sprachwissenschaft, (1839, wieder abgedruckt bei Heerdegen, Semasiologie). F. Haase, Vorlesungen zur lateinischen Sprachwissenschaft (1874). Pott, Etymologische Forschungen, Bd. 5. L. Tobler, Versuch eines Systems der Etymologie (Zschr. f. Völkerps. I, 349). Heerdegen, Untersuchungen zur lateinischen Semasiologie, Erlangen 1875. 78. 81. Ders., Lateinische Semasiologie, Berlin 1890. Wölfflin, Über Bedeutungswandel (Verh. der Züricher Philologenversammlung 1887 S. 61—70). O. Hey, Semasiologische Studien (Jahrb. f. klass. Phil., Supplementbd. XVIII, S. 83—212). Ders., Die Semasiologie (Archiv f. lat. Lexikogr. 9, 193). Ein Kapitel aus der lat. Bedeutungsgeschichte (ib. 13, 201). M. Hecht, die griechische Bedeutungslehre, eine Aufgabe der klassischen Philologie, Leipzig 1888. F. Schröder, Zur griechischen Bedeutungslehre, Progr. d. Gymn. Gebweiler 1893. Littré, Comment les mots changent de sens (Mémoires et documents publiés par le musée pédagogique, fasc. 45). Ders., Pathologie verbale (in Etudes et glanures 1880). A. Darmesteter, La vie des mots étudiée dans leurs significations, 4 éd. Paris 1893; dazu Bréal, L'histoire des mots (1887, wieder abgedruckt in La Sémantique). Lehmann, Der Bedeutungswandel im Französischen, Erlangen 1884. G. Franz, Über den Bedeutungswandel lateinischer Wörter im Französischen, Prog. d. Gym. Wettin 1890. Morgenroth, Zum Bedeutungswandel im Französischen (Zs. f. französische Sprache u. Lit. XV, 1—23. XXII, 33—55). Mühlefeld, Abriss der französischen Rhetorik und Bedeutungslehre, Leipzig. 1887. Ders., Die Lehre von der Vorstellungsverwandtschaft und ihre Anwendung auf den Sprachunterricht, Leipzig. 1894. Rosenstein, Die psychologischen Bedingungen des Bedeutungswandels der Wörter, Leipz. Diss. 1884. K. Schmidt, Die Gründe des Bedeutungswandels, Progr. des kgl. Realgymn. Berlin 1894. Van Helten, Over de factoren van de begripswijsigingen der woorden, Groningen 1894. Engelbert Schneider, Semasiologische Beiträge I, Progr. des Gymn. Mainz 1892. Stöcklein, Untersuchungen

Darin aber verhält sich der Bedeutungswandel genau wie der Lautwandel, dass er zu Stande kommt durch eine Abweichung in der individuellen Anwendung von dem Usuellen, die allmählich usuell wird. Die Möglichkeit, wir müssen auch sagen die Notwendigkeit des Bedeutungswandels hat ihren Grund darin, dass die Bedeutung, welche ein Wort bei der jedesmaligen Anwendung hat, sich mit derjenigen nicht zu decken braucht, die ihm an und für sich dem Usus nach zukommt. Da es wünschenswert ist für diese Diskrepanz bestimmte Bezeichnungen zu haben, so wollen wir uns der Ausdrücke usuelle und okkasionelle Bedeutung bedienen. Wir verstehen also unter usueller Bedeutung den gesamten Vorstellungsinhalt, der sich für den Angehörigen einer Sprachgenossenschaft mit einem Worte verbindet, unter okkasioneller Bedeutung denjenigen Vorstellungsinhalt, welchen der Redende, indem er das Wort ausspricht, damit verbindet und von welchem er erwartet, dass ihn auch der Hörende damit verbinde.[1])

§ 52. Die okkasionelle Bedeutung ist sehr gewöhnlich an Inhalt reicher, an Umfang enger als die usuelle. Zunächst ist hervorzuheben, dass das Wort okkasionell etwas Konkretes bezeichnen kann, während es usuell nur etwas Abstraktes bezeichnet, einen allgemeinen Begriff, unter welchen sich verschiedene Konkreta unterbringen lassen. Ich verstehe hier und im Folgenden unter einem Konkretum immer etwas, was als real existierend gesetzt wird, an bestimmte Schranken des Raumes und der Zeit gebunden; unter einem Abstraktum einen allgemeinen Begriff, blossen Vorstellungsinhalt an sich, losgelöst von räumlicher und zeitlicher Begrenzung. Diese Unterscheidung hat demnach gar nichts zu schaffen mit der beliebten Einteilung der Substantiva in

---

zur Bedeutungslehre, Progr. des Gymn. Dillingen 1895. Ders., Bedeutungswandel der Wörter, München 1898. Thomas, Über die Möglichkeiten des Bedeutungswandels (Blätter f. d. Gymnasial-Schulwesen, Bd. XXX, 705—32. XXXII, 193—219. XXXV, 539—602). Bréal, Essai de Sémantique, Paris 1897.[3] 1904. E. Martinak, Psychologische Untersuchungen zur Bedeutungslehre, Leipzig 1901. Jaberg, Pejorative Bedeutungsentwickelung im Französischen (Zschr. f. rom. Philol. 25, 561. 27, 25. 29, 57). Biese, Die Philosophie des Metaphorischen, Hamb. u. Leipz. 1893. K. Nyrop, Ordenes liv, Kopenhagen 1901 (deutsch von R. Vogt, Das Leben der Wörter, Leipzig 1903). A. Waag, Bedeutungsentwickelung unseres Wortschatzes, Lahr 1901.[2] 1908. K. Müller-Fraureuth, Aus der Welt der Wörter, Halle 1904. Noreen, Vårt Språk, Bd. 5, 5 ff. K. O. Erdmann, Die Bedeutung des Wortes, 2. Aufl. Leipz. 1910. Erik Wellander, Studium zum Bedeutungswandel im Deutschen. I. Teil. Upsala Universitets Årskrift 1917 (sehr beachtenswert). Vgl. auch meine Abhandlung „Über die Aufgaben der wissenschaftlichen Lexikographie" in den Sitzungsber. der philos.-philol. Klasse der bayer. Akad. d. Wiss. 1894, S. 90.

[1]) Die Einwendungen von K. Marbe (Vierteljahrsschrift für wissenschaftliche Philosophie und Soziologie S. 493 ff.) sind hinfällig, sobald man nur die Worte Vorstellung und okkasionell in dem Sinne nimmt, wie ich sie genommen wissen will.

Konkreta und Abstrakta. Die Substanzbezeichnungen, denen man den Namen Konkreta beilegt, bezeichnen an sich gerade so einen allgemeinen Begriff wie die sogenannten Abstrakta, und umgekehrt können die letzteren bei okkasionellem Gebrauche in dem eben angegebenen Sinne konkret werden, indem sie eine einzelne räumlich und zeitlich bestimmte Eigenschaft oder Tätigkeit ausdrücken. Bei weitem die meisten Wörter können in okkasioneller Verwendung sowohl abstrakte wie konkrete Bedeutung haben. Einige gibt es, die ihrem Wesen nach dazu bestimmt sind etwas Konkretes zu bezeichnen, denen aber nichtsdestoweniger die Beziehung auf etwas bestimmtes Konkretes an sich noch nicht anhaftet, sondern erst durch die individuelle Verwendung gegeben werden muss. Hierher gehören die Pronomina Personalia, Possessiva, Demonstrativa und die Adverbia Demonstrativa, auch Wörter wie *jetzt, heute, gestern*. Ein *ich,* ein *dieser,* ein *hier* dienen von Hause aus zu keinem andern Zwecke als zur Orientierung in der konkreten Welt,[1]) aber an sich sind sie ohne bestimmten Inhalt, und es müssen erst individualisierende Momente hinzukommen ihnen einen solchen zu geben. Ferner die Eigennamen. Diese bezeichnen zwar ein Einzelwesen, indem aber der gleiche Name verschiedenen Personen oder Örtlichkeiten anhaften kann, bleibt doch noch eine Verschiedenheit zwischen okkasioneller und usueller Bedeutung. Endlich kommt eine kleine Zahl von Wörtern in Betracht, bei denen das, was sie ausdrücken, als nur einmal existierend gedacht wird, wie *Gott, Teufel, Welt, Erde, Sonne*. Diese sind zugleich Gattungs- und Eigennamen, aber nur in gewissem Verstande und von bestimmter, nicht allgemeiner Anschauung aus. Umgekehrt gibt es Wörter, die ihrer Natur nach nur auf das Allgemeine, nicht auf das Konkrete gehen, wie die Adverbia und Pronomina *je, irgend*; mhd. *ieman, dehein*; lat. *quisquam, ullus, unquam, uspiam*; aber auch deren Allgemeinheit erleidet in der okkasionellen Anwendung gewisse Beschränkungen; vgl. z. B. *wenn er es je getan hat — wenn er es je tun wird*.

§ 53. Ein weiterer wichtiger Unterschied zwischen usueller und okkasioneller Bedeutung ist der folgende. Usuell kann die Bedeutung eines Wortes **mehrfach** sein, okkasionell ist sie immer **einfach**, abgesehen von den Fällen, wo eine Zweideutigkeit beabsichtigt ist, sei es um zu täuschen, sei es des Witzes wegen. Zwar hat Steinthal, Zschr. f. Völkerps. I, 426 die Ansicht verfochten, dass es überhaupt keine Wörter mit mehrfacher Bedeutung gäbe, jedoch, wie ich glaube

---

[1]) Allerdings können unsere Demonstrativpronomina (auch das pron. *er*) jetzt auch auf abstrakte Begriffe bezogen werden, vgl. *der Walfisch gehört unter die Klasse der Säugetiere; er bringt lebendige Junge zur Welt;* oder *es ist ein Unterschied zwischen einem Staatenbund und einem Bundesstaat; dieser — jener*.

mit Unrecht. Zunächst gehören hierher alle die Fälle, in denen die lautliche Übereinstimmung bei Verschiedenheit der Bedeutung nur auf Zufall beruht, wie bei nhd. *Acht* = *diligentia* — *proscriptio* — *octo*. Diese Fälle schliesst natürlich Steinthal aus, indem er voraussetzt, dass man hier nicht das gleiche Wort, sondern mehrere Wörter anerkenne. Aber lautlich besteht doch Identität, und derjenige, welcher einen solchen Lautkomplex ausser Zusammenhang aussprechen hört, hat kein Mittel zu erkennen, welche von den verschiedenen damit verknüpften Bedeutungen der Sprechende im Sinne hat. Wir haben also, wenn wir uns an den wirklichen Tatbestand halten und nichts ungehöriger Weise hinzutun, ein Wort, dem usuell mehrfache Bedeutung zukommt. Wirkliche Mehrheit der Bedeutungen muss man aber auch in sehr vielen Fällen anerkennen, wo nicht bloss lautliche, sondern auch etymologische Identität besteht. Man vergleiche z. B. nhd. *Fuchs* vulpes — Pferd von fuchsiger Farbe — rothaariger Mensch — schlauer Mensch — Goldstück — Student im ersten Semester, *boc* hircus — Bock der Kutsche — Fehler, *Futter* pabulum — Überzug oder Unterzug, *Mal* Fleck — Zeichen — Zeitpunkt, *Messe* kirchlicher Akt — Jahrmarkt, *Ort* locus — Schuhmacherwerkzeug, *Stein* lapis — bestimmtes Gewicht — Krankheit, *Geschick* fatum — sollertia, *geschickt* missus — sollers, *steuern* ein Schiff lenken — Abgaben zahlen — Einhalt tun; mhd. *beizen* beizen — mit dem Falken jagen — *erbeizen* vom Pferde steigen, *weide* Weide — Jagd — Fischerei — Mal (*anderweide* zum zweiten Mal); lat. *examen* Schwarm — Prüfung. Steinthal will immer nur die Grundbedeutung als die einzige anerkennen, während er den geschichtlich daraus abgeleiteten die Selbständigkeit abspricht. Seine Ansicht passt aber nur auf den Zustand, der zu der Zeit besteht, wo die abgeleitete Bedeutung zuerst aus der Grundbedeutung entspringt. Dieser Zustand dauert nicht fort. In den meisten der angeführten Fälle ist es ohne geschichtliche Studien überhaupt nicht möglich, den ursprünglichen Zusammenhang zwischen den einzelnen Bedeutungen zu erkennen, und dieselben verhalten sich dann gar nicht anders zu einander, als wenn die lautliche Identität nur zufällig wäre. Das ist namentlich dann der Fall, wenn die Grundbedeutung untergegangen ist. Aber auch in vielen solchen Fällen, wo die Beziehung der abgeleiteten zur Grundbedeutung noch erkennbar ist, werden wir die Selbständigkeit der ersteren anerkennen müssen, nämlich überall da, wo sie wirklich usuell geworden ist. Dafür gibt es ein sicheres Kriterium, nämlich dass ein Wort okkasionell gebraucht in dem betreffenden abgeleiteten Sinne verstanden werden kann ohne Zuhilfenahme der Grundbedeutung, d. h. ohne dass dem Sprechenden oder Hörenden dabei die Grundbedeutung zum Bewusstsein kommt. Es lassen sich ferner zwei negative Kriterien aufstellen, woran man erkennt, dass ein Wort nicht einfache, sondern mehrfache Bedeutung hat, nämlich erstens, dass sich keine einfache Definition aufstellen lässt, wodurch der ganze Umfang der Bedeutung, nicht mehr und nicht weniger, eingeschlossen ist, und zweitens, dass das Wort okkasionell nicht in dem ganzen Umfange der Bedeutung gebraucht werden kann. Man mache die Probe mit den angeführten Beispielen.

Auch da, wo sich die usuelle Bedeutung als eine einfache betrachten lässt, kann die individuelle ohne konkret zu werden, davon abweichen, indem sie nur auf eine von den verschiedenen Arten geht, die in dem generellen Begriffe enthalten sind. Das einfache Wort *Nadel* z. B. kann im einzelnen Falle als Stecknadel, Nähnadel, Stopfnadel, Stricknadel, Häkelnadel etc. verstanden werden.[1)]

§ 54. Alles Verständnis zwischen verschiedenen Individuen beruht auf der Übereinstimmung in deren psychischem Verhalten.[2)] Zum Verständnis der usuellen Bedeutung ist nicht mehr Übereinstimmung erforderlich, als zwischen allen Angehörigen der gleichen Sprachgenossenschaft besteht, soweit sie bereits der Sprache völlig mächtig sind. Wenn aber im okkasionellen Gebrauch die Bedeutung spezialisiert ist und doch verstanden werden soll, so ist das nur auf Grund einer noch engeren Übereinstimmung zwischen den sich Unterhaltenden möglich. Es können die gleichen Worte entweder vollkommen verständlich sein oder unverständlich, respektive Missverständnissen ausgesetzt je nach der Disposition der angeredeten Personen und der Beschaffenheit der sonstigen Umstände, je nachdem gewisse zum Verständnis mitwirkende Momente vorhanden sind oder nicht. Diese Momente brauchen an sich gar nicht sprachlicher Natur zu sein. Wir müssen uns dieselben im einzelnen vergegenwärtigen.

§ 55. Um Wörtern, die an sich eine abstrakte Bedeutung haben, Beziehung auf etwas Konkretes zu geben, dient die Verknüpfung mit den § 52 bezeichneten Wortarten, deren Funktion es ist das Konkrete auszudrücken, insbesondere die mit dem Artikel, wo ein solcher ausgebildet ist. Indessen hat sich gerade der Gebrauch des letzteren meist so entwickelt, dass er nicht auf die Funktion des Individualisierens beschränkt ist, sondern dem Nomen auch da beigesetzt wird, wo es den Gattungsbegriff ausdrückt. Sprachen, die keinen Artikel entwickelt

---

[1)] Treffliche Bemerkungen über die Vieldeutigkeit des sprachlichen Ausdrucks gibt K. O. Erdmann, a. a. O. S. 1 ff.
[2)] Die folgenden Auseinandersetzungen berühren sich sehr nahe mit den Ausführungen Wegeners in seinem Buche Aus dem Leben der Sprache, nach einer bestimmten Richtung hin auch mit Bréal, Les idées latentes du language, Paris 1868

haben, verwenden die abstrakten Wörter auch ohne besonderes sprachliches Kennzeichen zur Bezeichnung von etwas Konkretem.

Mag nun die Beziehung auf das Konkrete an sich ausgedrückt sein oder nicht, zur näheren Bestimmung desselben müssen andere Mittel hinzukommen. Ein solches bildet erstens die dem Sprechenden und Hörenden gemeinsame Anschauung. Der Letztere erkennt, dass der Erstere mit dem Worte *Baum* oder *Turm* einen bestimmten einzelnen Baum oder Turm meint, wenn sie den betreffenden Gegenstand eben beide vor Augen haben. Die Anschauung kann unterstützt und näher bestimmt werden durch Deuten mit den Augen oder Händen und sonstige Gebärden. Hierdurch kann auch auf solche Gegenstände hingewiesen werden, die man nicht unmittelbar sinnlich wahrnimmt, von denen man aber weiss, nach welcher Richtung hin sie sich befinden.

Ein zweites Mittel, wodurch das Wort Beziehung auf etwas bestimmtes Konkretes erhält, bildet das im Gespräch, respektive in der einseitigen Auseinandersetzung des Redenden Vorangegangene. Ist der Sinn eines Wortes einmal konkret bestimmt, so kann diese Bestimmung im weiteren Verlaufe der Unterhaltung andauern; die Erinnerung an das vorher Ausgesprochene vertritt die Stelle der unmittelbaren Anschauung. Diese Rückbeziehung kann wieder unterstützt werden durch die Demonstrativ-Pronomina und -Adverbia. Mit der Übertragung derselben von der Anschauung, wofür sie ursprünglich allein verwendet worden sind, auf das in der Rede Vorangegangene, ist daher ein treffliches Mittel gewonnen, die von dem Sprechenden beabsichtigte Individualisierung der Bedeutung dem Hörenden verständlich zu machen.

Drittens kommt in Betracht die besondere Macht, welche die Vorstellung von etwas Konkretem auch ohne die Hülfe der Anschauung oder vorangegangener Erwähnung übereinstimmend in der Seele der sich Unterredenden haben kann. Die Übereinstimmung in dieser Hinsicht wird erzeugt durch Gemeinsamkeit des Aufenthaltsortes, der Lebenszeit, der Stellung und Beschäftigung, überhaupt mannigfacher Erfahrungen. Hierher gehört, was man gewöhnlich den Gebrauch κατ᾽ ἐξοχήν nennt. So wird das Wort *Stadt* ohne nähere Bestimmung von den Landleuten einer bestimmten Gegend auf die ihnen zunächstliegende Stadt bezogen, Wörter wie *Rathaus, Markt* von den Einwohnern des gleichen Ortes auf Rathaus, Markt eben dieses Ortes, Wörter wie *Küche, Speisezimmer* von den Hausgenossen auf Küche, Speisezimmer des von ihnen bewohnten Hauses etc. So verstehen wir unter *Sonntag* den uns zunächst liegenden Sonntag, und es braucht dann nur noch angedeutet zu sein, ob von Zukunft oder Vergangenheit die Rede ist, um zu wissen, welcher Sonntag gemeint ist. Wörter, welche das Verhältnis einer Person zu einer anderen bezeichnen, werden ohne weiteres auf Personen bezogen, welche sowohl zum Hörenden wie zum Sprechenden in dem betreffenden Verhältnisse stehn, und zwar ist auch der Singular vollkommen deutlich, sobald es nur eine Person der Art gibt. So ist für den Verkehr von Geschwistern untereinander die konkrete Beziehung der Wörter *Vater* und *Mutter*, für den Verkehr von Angehörigen des gleichen Landes die von *Kaiser*, *König* etc. selbstverständlich. Auch wo das Verhältnis nur einseitig entweder zu dem Sprechenden oder zu dem Hörenden besteht, kann doch, durch Nebenumstände unterstützt, die Beziehung zweifellos werden, so dass z. B. *der Vater* ebenso viel besagt wie *mein Vater* oder *dein, euer Vater*. Ist ein konkreter Gegenstand früher einmal gleichzeitig dem Sprechenden und dem Hörenden irgendwie bedeutsam geworden, so kann er durch das auf ihn passende Wort in das Bewusstsein gerufen werden, besonders wenn die Erinnerung daran noch frisch ist, oder wenn man sich wieder in einer ähnlichen Situation befindet wie diejenige, in welcher er früher die Aufmerksamkeit an sich gezogen hat. Es sind z. B. zwei Freunde mehrmals auf einem bestimmten Spaziergange einer ihnen sonst unbekannten Dame begegnet, über die sie einige Worte gewechselt haben, und sie machen nun wieder den gleichen Gang: so wird die Frage des einen „wird uns heute wieder die Dame begegnen?" von dem andern richtig bezogen werden.

Viertens kann eine nähere Bestimmung zu Hülfe genommen werden. Eine solche Bestimmung bringt aber in der Regel an sich keinen konkreten Sinn hervor, sondern nur durch Zusammenwirken mit den andern schon besprochenen Faktoren. Es muss durch diese entweder dem Worte, welchem die Bestimmung beigefügt wird, schon eine Beziehung auf eine Gruppe konkreter Dinge gegeben sein, aus denen durch die Bestimmung eine weitere Aussonderung gemacht wird; oder es muss durch sie dem bestimmenden Worte schon konkrete Beziehung gegeben sein. Beides kann zusammentreffen. So erhält das Wort *Graf* durch das Epitheton *alt* an sich keinen konkreten Sinn. Ist aber durch die Situation bereits die Beziehung auf eine bestimmte gräfliche Familie gegeben, so wird damit die Persönlichkeit genau bestimmt. Das Wort *Schloss* erhält durch das Epitheton *königlich* oder den Gen. (*des*) *Königs* nur dann einen konkreten Sinn, wenn dem Worte *König* schon durch die Situation eine konkrete Beziehung gegeben ist. Eindeutig aber ist die Bezeichnung *das Schloss des Königs* erst dann, wenn entweder vorausgesetzt werden kann, dass überhaupt nur ein Schloss des betreffenden Königs existiert, oder wenn in der Situation noch sonst etwas Individualisierendes liegt, wenn man z. B. schon auf einen bestimmten Ort hingewiesen ist, in dem man sich das in Frage stehende Schloss liegend denken muss.

Der konkrete Sinn überträgt sich endlich von einem Worte auf andere dazu in Beziehung gesetzte. In Sätzen wie *Karl zog den Rock aus, ich berührte ihn mit der Hand, ich fasste ihn beim Kopfe, du klopftest mir auf die Schulter* enthalten die Wörter *Rock* und *Hand* eine konkrete Beziehung durch das Subjekt, das Wort *Kopf* durch das Objekt, *Schulter* durch den Dat. *mir.*

Auf dieselbe Weise, wie Gattungsnamen eine bestimmte konkrete Beziehung erhalten, werden auch Eigennamen, die verschiedenen Individuen zukommen, eindeutig. Der blosse Name *Karl* genügt, wenn der, den wir meinen, vor uns steht, wenn wir eben von ihm gesprochen haben, auch ohne das innerhalb einer Familie oder eines engeren Bekanntenkreises, dem dieser Karl und zwar nur dieser angehört. Sonst bestimmen wir ihn näher, z. B. *König Karl VI. von Frankreich*. Ebenso genügt ein Ortsname, der in verschiedenen Gegenden vorkommt, ohne weiteres für die nähere Umgebung, auch für weitere Kreise, wenn der gemeinte bei weitem der bedeutendste unter den gleichnamigen Orten ist (vgl. *Strassburg*); sonst hilft man sich mit einer näheren Bestimmung.

§ 56. Dieselben Momente, durch welche ein Wort konkrete Beziehung erhält, dienen auch zur Spezialisierung der Bedeutung. Ohne Mitwirkung besonderer Umstände wird man, wenn man ein Wort hört, zunächst an die gewöhnlichste unter den verschiedenen Bedeutungen desselben oder an die Grundbedeutung denken. Beides fällt häufig zusammen. Wo aber mehrere ungefähr gleich häufige Bedeutungen neben einander stehen, da wird nach einem allgemeinen psychologischen Gesetze die Grundbedeutung eher in das Bewusstsein treten als eine abgeleitete, ja dies wird selbst oft der Fall sein, wo eine abgeleitete gewöhnlicher ist. Anders dagegen stellt sich die Sache, sobald in der Seele des Hörenden gewisse Vorstellungsmassen schon vor dem Aussprechen des Wortes erregt sind oder gleichzeitig mit demselben erregt werden, die eine nähere Verwandtschaft mit einer abgeleiteten oder selteneren Bedeutung haben. Es macht einen grossen Unterschied, ob ich das Wort *Blatt* bei einem Spaziergang im Walde höre oder in einer Kunsthandlung, wo ich mir Stiche oder Photographien besehe, oder in einem Caféhause, wo über Zeitungen gesprochen wird; ebenso ob ich das Wort *Band* in einem Posamentiergeschäft höre oder in einer Böttcherei oder in einer Bibliothek. Unterhalten sich Tischler, Jäger, Ärzte oder sonst Leute von einerlei Beruf untereinander, so sind sie dazu disponiert alle Wörter von derjenigen Seite her aufzufassen, die ihnen dieser Beruf nahe legt. Von grosser Bedeutung ist die Verbindung, in der ein Wort auftritt. Durch sie können die verschiedenen Möglichkeiten der Auffassung eines Wortes auf eine einzige beschränkt werden. Vgl. *ein schwarzes Mal — ein zweites Mal — ein reichliches Mahl, ein wohlgemeinter Rat — ein neu ernannter Rat; Gericht der Geschwornen — Gericht Fische, Fuss des Tisches — des Berges* etc.; *Zunge der Wage; Sturm auf der Nordsee — Sturm auf eine Festung — Sturm in meinem Herzen; ein Ball, zu dem hundert Personen geladen sind; ein Kränzchen, welches sich wöchentlich versammelt; Land und Leute — Wasser und Land — Stadt und Land, Feder und Tinte, ein Fuchs und ein Schimmel; er reitet einen Fuchs, er schraubt den Hahn auf, er spielt den König aus, es kostet zwei Kronen, drei Adler wurden erbeutet, der Zug setzt sich in Bewegung — es kommt ein unangenehmer Zug durch das Fenster; eine helle Stimme — heller Sonnenschein, reine Wäsche — reines Herz, Fritz ist ein Esel; der Mann geht — die Mühle geht — es geht ihm gut — das geht nicht, Karl steht auf einem Beine — es steht in der Zeitung — die Uhr steht — es steht dir frei* etc.

§ 57. In den bisher besprochenen Fällen bestand die Abweichung der okkasionellen Bedeutung von der usuellen darin, dass die erstere alle Elemente der letzteren in sich enthielt, aber zugleich noch etwas mehr. Es gibt aber auch eine Abweichung von der Art, dass **die okkasionelle Bedeutung nicht alle Elemente der usuellen einschliesst**, wobei sie aber doch zugleich wieder etwas zu der letzteren nicht Gehöriges enthalten kann. Die allgemeine Grundbedingung für die Möglichkeit einer solchen bloss partiellen Benutzung der usuellen Bedeutung eines Wortes ist dadurch gegeben, dass sich diese bei weitem in den meisten Fällen aus mehreren Elementen zusammensetzt, die sich von einander sondern lassen. Jede Vorstellung von einer Substanz enthält notwendigerweise die Vorstellung mehrerer Eigenschaften. Aber auch viele Vorstellungen von Eigenschaften und Tätigkeiten, die wir mit einem einzigen Worte bezeichnen können, sind zusammengesetzt. Ganz einfache Qualitäten (natürlich vom psychologischen Standpunkte aus) bezeichnen z. B. die Benennungen der Farben: blau, rot, gelb, weiss, schwarz. Und selbst bei diesen ist es möglich, dass sie für Qualitäten verwendet werden, die ihrer eigentlichen Bedeutung nach nicht vollkommen adäquat sind. Da nämlich jede Farbe mit jeder anderen in beliebigem Verhältnis gemischt werden kann, so gibt es unendlich viele Übergangsstufen, die unmöglich jede ihre besondere Bezeichnung haben können. Und so ergibt es sich, dass man bei der Bezeichnung Beimischungen in geringerem Grade unberücksichtigt lässt, so dass die Grenze, innerhalb deren eine Farbenbenennung anwendbar ist, unsicher und verschiebbar wird. Einen viel weiteren Spielraum aber für nicht adäquate Verwendung bieten die Wörter, deren Bedeutung ein Vorstellungskomplex ist.

Hierher gehört alles, was man als bildlichen Ausdruck bezeichnet. Man pflegt zu sagen, zur Vergleichung gehöre ausser den beiden mit einander verglichenen Gegenständen ein tertium comparationis. Dieses tertium ist aber nicht etwas Neues, was noch dazu käme, sondern es ist derjenige Teil von dem Inhalt der beiden mit einander verglichenen Vorstellungskomplexe, den sie mit einander gemein haben. Sagen wir von einem Menschen, *er ist einem Schweine gleich* oder *er ist einem Schweine zu vergleichen*, so ist das keine Identifizierung wie bei einer mathematischen Vergleichung, sondern es soll damit nur gesagt sein, dass eine von den charakteristischen Eigenschaften, aus denen sich der Begriff *Schwein* zusammensetzt, auch in der Vorstellung inbegriffen ist, die wir uns von diesem Menschen machen, d. h. in der Regel die Unflätigkeit. Wir können daher genauer sagen, indem auch das tertium zum Ausdruck kommt: *er ist unflätig wie ein Schwein*. Anderseits aber kann man noch einfacher sagen *er ist schweinisch*, wobei das Adj. wiederum nicht den vollen Inbegriff aller Eigenschaften eines Schweines bezeichnet, sondern nur eine Auswahl daraus, und endlich am einfachsten *er ist ein Schwein*.

§ 58. Noch eine andere Möglichkeit gibt es, wodurch ein Wort über die Schranken seiner eigentlichen Bedeutung hinausgreifen kann, wiederum natürlich zunächst nur okkasionell. Diese besteht darin, dass etwas, was mit dem usuellen Bedeutungsinhalt nach allgemeiner Erfahrung räumlich oder zeitlich oder kausal verknüpft ist, unter dem Worte mitverstanden oder auch allein darunter verstanden wird. Hierher gehört die aus der lateinischen Stilistik als pars pro toto bekannte Figur, sowie manches andere, was noch im Folgenden zu behandeln sein wird.

§ 59. Bei jedem Hinausgreifen des Wortes über die Schranken seiner usuellen Bedeutung muss noch ein bestimmendes Moment hinzukommen, wenn die Beziehung richtig verstanden werden soll. Ein solches ist hier noch viel notwendiger als da, wo es sich nur darum handelt zu erkennen, welche von mehreren schon usuellen Bedeutungen gemeint ist, vgl. § 56. Wir fühlen uns überhaupt nie veranlasst ein Wort in einem Sinne zu verstehen, welcher nicht alle Elemente der usuellen Bedeutung in sich schliesst, so lange wir nicht durch irgend etwas darauf hingewiesen werden, dass das unmöglich ist, und zum wirklichen Erfassen des wahren Sinnes gehört dann noch, dass dieser Hinweis unseren Gedanken auch eine positive Richtung gibt. In dem Sprichworte *Eigenlob stinkt, Freundes Lob hinkt* würden wir die Prädikate nicht in bildlichem Sinne verstehen, wenn sie in eigentlichem mit den Subjekten vereinbar wären. Ähnlich verhält es sich mit Verbindungen wie *das Feuer der Leidenschaft, der Durst nach Rache, der kalte Gruss*.

Wenn Schiller sagt *zu Aachen sass König Rudolfs heilige Macht* oder Wolfram von Eschenbach *dar nâch sîn snelheit verre spranc* erkennen wir an den Prädikaten, dass die Subjekte Umschreibungen für die Personen sein sollen.

§ 60. Der Unterschied zwischen usueller und okkasioneller Bedeutung macht sich besonders fühlbar beim Übersetzen aus einer Sprache (oder Sprachstufe) in eine andere. Das Ziel, welches dabei angestrebt werden kann, ist möglichste Entsprechung der okkasionellen Bedeutung der Wörter und Wortverbindungen. Dagegen ist es unvermeidlich, dass das Verhältnis dieser okkasionellen Bedeutung zu der usuellen der betreffenden Wörter in den beiden Sprachen oft ein sehr verschiedenes ist. Wenn wir z. B. lat. *altus* bald durch *hoch*, bald durch *tief* wiedergeben, so decken sich im Deutschen okkasionelle und usuelle Bedeutung, während im Lateinischen nur eine okkasionelle Beschränkung der usuellen Bedeutung vorliegt, nach welcher das Wort sich auf jede Erstreckung in vertikaler Richtung bezieht. Analog verhält es sich, wenn wir lat. *hospes* bald durch *Wirt*, bald durch *Gast* übersetzen oder für das mhd. *varn*, welches jede Art von Bewegung ausdrückt, entweder *fahren* oder *reiten* oder *gehen* oder noch andere Verba einsetzen.

§ 61. In allen besprochenen Abweichungen der okkasionellen Bedeutung von der usuellen liegen Ansätze zu wirklichem Bedeutungswandel. Sobald sie sich mit einer gewissen Regelmässigkeit wiederholen, wird das Individuelle und Momentane allmählich generell und usuell. Die Grenzlinie zwischen dem, was bloss zur okkasionellen, und dem, was auch zur usuellen Bedeutung eines Wortes gehört, ist eine fliessende. Für das Individuum ist der Anfang zum Übergang einer okkasionellen Bedeutung in das Usuelle gemacht, wenn bei dem Anwenden oder Verstehen derselben die Erinnerung an ein früheres Anwenden oder Verstehen mitwirkend wird; der vollständige Abschluss des Überganges ist erreicht, wenn nur diese Erinnerung wirkt, wenn Anwendung und Verständnis ohne jede Beziehung auf die sonstige usuelle Bedeutung des Wortes erfolgt. Dazwischen ist eine mannigfache Abstufung möglich. Innerhalb der engeren oder weiteren Verkehrsgenossenschaften können sich dann wieder die verschiedenen Individuen auf verschiedenen Stufen des Übergangsprozesses befinden. Es ist aber gar nicht möglich, dass der Prozess sich an einem Individuum vollziehen könnte, während dessen Verkehrsgenossen vollständig unberührt davon blieben. Denn zum Wesen des Prozesses gehört es ja eben, dass er durch wiederholte gleichmässige Anwendung der anfänglich nur okkasionellen Bedeutung zu Stande kommt und dieser muss ein Verstehen wenigstens von Seiten eines Teiles der Verkehrsgenossen entsprechen, und das Verstehen ist für diese wiederum mindestens ein

Anfang des Prozesses. Es wird aber auch nicht leicht an einem einzelnen Individuum der Prozess vollkommen durchgeführt werden, wenn die Beeinflussung, welche es auf die Verkehrsgenossen ausübt, nicht von diesen zurückgegeben wird. Ein solches Zurückgeben wird natürlich da am leichtesten sich einstellen, wo nicht bloss Beeinflussung von aussen wirkt, sondern ein spontaner innerer Trieb zu der nämlichen okkasionellen Verwendung des Wortes, wie er sich naturgemäss aus der Übereinstimmung ergibt, die zwischen den Individuen rücksichtlich ihrer Verhältnisse besteht.

Ganz besonders wirksam aber für die Verwandlung der okkasionellen Bedeutung in eine usuelle ist die erste Überlieferung an die nachwachsende Generation. Die Erlernung der Wortbedeutung[1]) erfolgt im allgemeinen nicht mit Hilfe einer Definition, durch welche die usuelle Bedeutung nach Inhalt und Umfang bestimmt würde. Eine solche wird überhaupt erst für eine schon ziemlich fortgeschrittene Stufe der Sprachkenntnis möglich und bleibt auch auf dieser Ausnahme. Das Kind lernt nur okkasionelle Verwendungsweisen des Wortes kennen, und zwar zunächst nur Beziehungen desselben auf ein durch die Anschauung gegebenes Konkretes. Nichtsdestoweniger verallgemeinert es diese Beziehung sofort, wenn es dieselbe überhaupt erfasst hat. Ganz natürlich. Die Beziehung auf das einzelne Konkretum kann überhaupt nicht festgehalten werden. Denn in dem Erinnerungsbilde, welches dasselbe hinterlässt, liegt an sich gar nichts, woran bei einer neuen Anschauung die reale Identität oder Nichtidentität mit dem früher Angeschauten erkannt werden könnte. Die richtige Erkenntnis davon beruht immer erst auf einer Schlusskette und ist sehr häufig überhaupt nicht zu gewinnen. Für das naive Bewusstsein genügt Übereinstimmung des Vorstellungsinhalts um die Identifikation vorzunehmen, mag reale Identität bestehen oder nicht. Es genügt auch eine partielle, unter Umständen eine sehr geringfügige Übereinstimmung, solange das Erinnerungsbild noch sehr unbestimmt und verworren ist. Es kommt dabei in Betracht, dass die Aufmerksamkeit des Kindes zunächst an bestimmten Seiten eines Gegenstandes oder Vorganges haftet, solchen, die zu seinen Gefühlen und Begierden in Beziehung stehen, und dass das Erinnerungsbild sich also auf diese beschränkt. So bildet sich vom Beginn der Spracherlernung an die Gewohnheit nicht bloss einen sondern mehrere Gegenstände oder Vorgänge, nicht bloss gleiche,

---

[1]) Vgl. Meumann, Die Entstehung der ersten Wortbedeutungen beim Kinde (Philosophische Studien 20, 152) und Die Sprache des Kindes, Zürich 1903. Dort sind die wichtigsten Arbeiten über Kindersprache aufgezählt, die auch für andere Teile der Prinzipienlehre in Betracht kommen. Ich füge dazu noch Axel Kock, Om barnspråk (Nordisk tidskrift, Årg. 1901). Vgl. auch Marty 1, 701.

sondern auch nur irgendwie ähnliche Gegenstände oder Vorgänge mit dem gleichen Worte zu bezeichnen, und diese Gewohnheit bleibt, auch wenn anfangs übersehene Unterschiede später bemerkt werden, da sie fortwährend durch den Vorgang der Erwachsenen unterstützt wird. Es ist aber gar nicht anders möglich, als dass zunächst keine klare Vorstellung über Inhalt und Umfang der usuellen Wortbedeutung besteht. Das Kind macht eine Menge Fehler, indem es mit dem Worte bald einen zu reichen, bald einen zu armen Begriff verbindet und ihm demgemäss bald eine zu enge, bald eine zu weite Verwendung erteilt. Das letztere ist bei weitem das häufigere, um so häufiger, je geringer noch der zu Gebote stehende Wortvorrat ist. So begreift etwa ein kleines Kind unter Stuhl ein Sofa mit ein, unter Stock einen Regenschirm, unter Hut eine Haube und andere Kopfbedeckungen. Eine andere Veranlassung zu ungenauer Auffassung der Bedeutung ergibt sich dadurch, dass die bezeichneten Gegenstände vielfach Teile eines grösseren Ganzen sind oder mit anderen Gegenständen in der Anschauung unzertrennlich verbunden. Hier wird das Kind vielfach unsicher sein, wie der Ausschnitt aus der ganzen Anschauung, den das Wort bezeichnen soll, zu begrenzen ist. Es wird die Grenzen bald weiter, bald enger ziehen, als es der Usus verlangt, mitunter zugleich etwas Hineingehöriges herauslassen und etwas nicht Hineingehöriges einbegreifen. Übrigens ist das Erlernen neuer Wörter und neuer Verwendungsweisen der alten keineswegs auf die frühe Kindheit eingeschränkt. Ausdrücke, die seltener vorkommen, kompliziertere Vorstellungskomplexe bezeichnen, eine höhere Bildung oder spezifische Kenntnis voraussetzen, hat auch der Erwachsene noch immer zu erlernen, und erlernt er sie nur auf Grund der okkasionellen Verwendung, so ist er ähnlichen Fehlgriffen ausgesetzt wie das Kind. Alle diese Ungenauigkeiten in Erfassung der usuellen Bedeutung sind vereinzelt von keinem Belang und werden in der Regel mit der Zeit korrigiert. Doch kann es nicht ausbleiben, dass in einzelnen Fällen das Zusammentreffen einer grösseren Anzahl von Individuen in dem gleichen Missverständnisse dauernde Spuren hinterlässt. Wir werden also eine Art des Bedeutungswandels anzuerkennen haben, die darauf beruht, dass der für die ältere Generation usuellen Bedeutung von der jüngeren eine nur partiell damit übereinstimmende untergeschoben wird. Das Gebiet dieser Art des Wandels werden wir aber auf die selteneren und nicht leicht klar zu fixierenden Begriffe einzuschränken haben, da bei anderen die allmähliche Korrektur nach dem bestehenden Usus nicht ausbleiben kann.

Gewöhnlich geht der Anstoss zur Bedeutungsveränderung von der älteren Generation aus, die den Usus schon vollkommen beherrscht; die jüngere hat aber an der Weiterentwickelung einen besonderen Anteil.

Übergang zum Usuellen. Bedeutungswandel durch Spezialisierung. 87

Dieser besteht darin, dass sich die verschiedenen Verwendungsweisen eines Wortes von Anfang an etwas anders gruppieren als bei der älteren Generation. Jede Anwendungsweise kann, weil sie zunächst am einzelnen Falle erfasst wird, für sich ohne Rücksicht auf die übrigen erlernt werden und daher eine grössere Selbständigkeit erhalten als sie in den Seelen der älteren Generation hatte. Für die Verselbständigung der abgeleiteten gegenüber der Grundbedeutung kommt noch besonders in Betracht, dass die letztere nicht selten früher erlernt wird als die erstere. So wird es sich z. B. leicht treffen, dass ein Kind mit *Fuchs* zuerst ein Pferd, mit *Kamel* zuerst einen einfältigen Menschen bezeichnen hört. Dann wird die Grundbedeutung von Anfang an nicht als Vermittlerin herbeigezogen. So lange ein Individuum den Usus noch nicht vollständig beherrscht, vermag es auch vielfach nicht zu unterscheiden, ob eine Verwendungsweise, die ihm vorkommt, bereits usuell oder nur rein okkasionell ist, und es kann daher die okkasionelle, wenn sie sich ihm nur in Folge begünstigender Umstände stark eingeprägt hat, eben so unbefangen nachahmen wie die usuelle.

Bei weitem in den meisten Fällen entspringt also der Wandel der usuellen Bedeutung aus den Modifikationen in der okkasionellen Anwendung, ohne dass dabei eine auf Veränderung des Usus gerichtete Absicht mitwirkt. Doch ist es daneben nicht ausgeschlossen, dass Einzelne mit Bewusstsein einen bestimmten Sinn an ein Wort anzuknüpfen suchen, und dass solche Bemühungen zum Teil Erfolg haben. Dies bewusste Eingreifen spielt namentlich eine Rolle bei der Ausbildung der Terminologie in Gewerbe, Kunst und Wissenschaft (vgl. § 16).

§ 62. Aus unseren Ausführungen erhellt, dass die Veränderungen der usuellen Bedeutung den verschiedenen Möglichkeiten der okkasionellen Modifikationen entsprechen müssen.[1]) Die erste Hauptart ist demnach Spezialisierung der Bedeutung durch Verengung des Umfangs und Bereicherung des Inhalts. Als ein instruktives Beispiel für den Unterschied zwischen bloss okkasioneller und usueller Spezialisierung kann das Wort *Schirm* dienen. Wir können das Wort für jeden schirmenden Gegenstand gebrauchen. Im okkasionellen Gebrauche kann damit ein

---

[1]) Eine ganz andere Klassifikation der Arten des Bedeutungswandels gibt Wundt. Ich vermag darin keinen Fortschritt zu erkennen und verweise auf die eingehende kritische Beurteilung von Marty (Grundlegung I, 543 ff.); vgl. auch Rozwadowski in der S. 90, Anm. 2 angeführten Schrift. Die Einteilung, an die ich mich angeschlossen habe, wird von Wundt als eine bloss logische abgefertigt, bei der die psychischen Motive ganz im Dunkeln bleiben (II, 471 ff.). Ich muss es dem unbefangenen Leser überlassen zu beurteilen ob meine in diesem Kapitel gegebenen Auseinandersetzungen gar nichts zum psychologischen Verständnis der Vorgänge beitragen.

Ofenschirm, Lampenschirm, Augenschirm, Regenschirm, Sonnenschirm u. a. gemeint sein. Aber während wir das Wort als Ofenschirm oder Lampenschirm zu verstehen nur durch eine ganz bestimmte Situation veranlasst werden, liegt es uns auch ohne solche nahe es als Regen- oder Sonnenschirm zu fassen, und wir denken dann kaum mehr so sehr an die allgemeine Funktion des Schirmens wie an einen Gegenstand von bestimmter Gestalt und Konstruktion. Wir müssen daher anerkennen, dass sich diese Bedeutung als eine eigene, selbständige von der allgemeineren abgezweigt hat, gleichviel ob sie sich noch logisch unter dieselbe unterordnen lässt. Denn diese logische Unterordnung ist nur möglich, wenn man von Momenten absieht, die für die Bedeutung mindestens ebenso wesentlich sind als dasjenige, was man allein berücksichtigt. Weitere Beispiele sind: *Frucht* im süddeutschen Gebrauche = „Getreide", *Früchte* auf Speisekarten = „Obst"; *Kraut* süddeutsch speziell = „Kohl"; *Korn*, welches einerseits allgemeine Bezeichnung für Getreide überhaupt ist, anderseits spezielle für die gewöhnlichste, hauptsächlich zur Brotbereitung verwendete Getreideart, in Norddeutschland für Roggen, in einigen Landschaften für Dinkel oder Weizen oder Hafer. Eine besondere hierher gehörige Art ist die Verwendung von Stoffbezeichnungen für Produkte aus dem Stoff, vgl. *Glas, Feder, Gold — Silber — Kupfer — Papier* (als Geldsorten) etc. Der Lexikograph muss sich bemühen bei der Aufzählung der speziellen Verwendungen eines Wortes zu scheiden zwischen solchen, die usuell geworden, und solchen, die rein okkasionell sind, eine Scheidung, die ganz gewöhnlich versäumt wird.

Die angeführten Beispiele zeigen, dass die ältere allgemeinere Bedeutung neben der jüngeren spezielleren ungestört fortbestehen kann. In anderen Fällen ist die erstere untergegangen. Unser *Fass* hat ursprünglich jede Art von Gefäss bezeichnet (vgl. noch Zusammensetzungen wie *Salzfass, Tintenfass* etc.); *Miete* ist ursprünglich überhaupt „Lohn", „Vergeltung"; *List* ist noch im Mhd. = „Klugheit" ohne üblen Nebensinn, *Reue* = „Seelenschmerz" überhaupt, *Hochzeit* = „Festlichkeit"; *Brunnen* ist früher = „Quell", ohne dass eine künstliche Einfassung dabei zu sein braucht (vgl. noch *Sauerbrunnen* u. dgl.); *Lehen* ist ursprünglich überhaupt „etwas Geliehenes" (vgl. *Darlehen*); *genesen* bedeutet ursprünglich überhaupt „am Leben bleiben", „mit dem Leben davon kommen", z. B. auch in einem Kampfe, einer Hungersnot; *nähren* ist eigentlich das Kausativum dazu, bedeutet also ursprünglich „am Leben erhalten", z. B. auch mit Bezug auf die Tätigkeit des Arztes oder den Schirm im Kampfe.

Spezialisierung der Bedeutung stellt sich namentlich in der Sprache der verschiedenen Standes- und Berufsklassen ein, indem einer jeden gewisse Vorstellungen besonders nahe liegen. Eines der gewöhnlichsten Mittel zur Schaffung technischer Ausdrücke besteht einfach darin, dass gewissen Wörtern und Wortverbindungen der allgemeinen Sprache ein bestimmterer Sinn untergelegt wird. Manche von diesen gehen dann mit dem zunächst in der Klassensprache angenommenen engeren Sinne in die allgemeine Sprache über, in der dann die ältere weitere Bedeutung teils noch daneben bestehen, teils schon untergegangen sein kann. Vgl. z. B. *Druck*, genauer *Buchdruck*; *Stich*, genauer *Stahlstich*, *Kupferstich*; ags. *wrîtan* (= nhd. *reissen*) im Sinne von „schreiben"; *gerben* = mhd. *gerwen* mit dem allgemeinen Sinne „fertig, bereit machen" (zu *gar*); griech. ὅπλα und lat. *arma*, ursprünglich mit dem allgemeinen Sinne „Gerät". Man erkennt die Bedeutung, welche die verschiedenen Berufsklassen für das Volksleben im Ganzen haben, an der Zahl der Spezialisierungen, die sie in die allgemeine Sprache eingeführt haben.

Durch Verwandlung der okkasionellen konkreten Bedeutung gewisser Wörter in usuelle entspringen die Eigennamen. Alle Personen- und Ortsnamen sind erst aus Gattungsbezeichnungen entstanden, und den Ausgangspunkt dafür bildet der Gebrauch κατ' ἐξοχήν. Wir können den Prozess deutlich verfolgen bei sehr vielen Ortsnamen. In dieser Beziehung sind besonders so allgemeine überall wiederkehrende Bezeichnungen lehrreich wie *Aue, Berg, Bruck, Brühl, Brunn, Burg, Haag, Hof, Kappel, Gmünd, Münster, Ried, Stein, Weiler, Zell, Altstadt, Neustadt (Villeneuve, Newtown), Neuburg (Neuchâtel, Newcastle), Hochburg, Neukirch, Mühlberg* etc. Dergleichen haben ursprünglich nur den nächsten Umwohnern der betreffenden Örtlichkeit gedient, für welche sie ausreichten, um diese von andern in der Nähe gelegenen Örtlichkeiten zu unterscheiden. Zu zweifellosen Eigennamen wurden sie in dem Augenblicke, wo sie auch von Fernerstehenden mit diesem konkreten Sinne übernommen, oder wo sie durch den Zutritt weiterer isolierender Momente schärfer von den ursprünglich identischen Gattungsbezeichnungen gesondert wurden. Daneben gibt es freilich eine grosse Klasse von Ortsnamen, die von Anfang an der Natur wahrer Eigennamen sehr nahe kommen, weil sie aus Personennamen abgeleitet oder durch Personennamen bestimmt sind.

Unter die Spezialisierung können wir auch einen Vorgang einreihen, der gewöhnlich nicht als ein Bedeutungswandel gefasst wird, nämlich dass sich zu dem, was allein als die Bedeutung des Wortes angesehen zu werden pflegt, ein gewisser Empfindungston gesellt, in Folge dessen es entweder nur in edler oder nur in gemeiner Sprache, nur in dieser oder in jener Stilgattung gebraucht werden kann. Man vgl. z. B. Wörter wie *Weib, Pfaffe, Mähre, Mahl, Gemahl, Gatte, Lenz, Maid*. An diesen lässt sich geschichtlich nachweisen, dass der heute damit verbundene Gefühlston erst auf Ideenassoziationen beruht, die sich innerhalb bestimmter Gebrauchssphären an sie angeschlossen haben.[1)]

§ 63. Es gibt auch eine Art von Spezialisierung, die gleich ihren Anfang nimmt, sobald das Wort überhaupt gebraucht wird. Diese findet sich bei Wörtern, die aus anderen üblichen Wörtern nach den Bildungsgesetzen der Sprache beliebig abgeleitet werden können, aber doch nur dann wirklich zur Verwendung kommen, wenn ein besonderes Bedürfnis dazu treibt. Solche Wörter sind vielfach von Anfang an nur mit einer spezielleren Beziehung zum Grundwort nachzuweisen, als sie die Ableitung an sich ausdrückt. Die von Substantiven abgeleiteten Bildungen auf *-er*, mhd. *-ære* bezeichnen an sich eine Person, die zu dem Begriff des Grundwortes in irgend einer Beziehung steht, welcher Art diese Beziehung auch sein mag, aber an den einzelnen Wörtern zeigen sich die verschiedenartigsten Spezialisierungen. Mhd. *æhtære* von *áhte* (Acht, Verfolgung) bedeutet sowohl Verfolger wie Verfolgter; bei der individuellen Anwendung kann jedenfalls niemals beides zugleich darunter verstanden sein. Unter *Schüler* hätte an sich auch der Schulmeister begriffen sein können, es liegt aber keine Spur davon vor, dass es jemals anders als im neuhochdeutschen Sinne gebraucht wäre. So ist ferner *Schreiner* nie anders als für den Verfertiger von Schreinen gebraucht, *Schäfer* nie anders als für den Hüter von Schafen, *Bürger* nie anders als für den Bewohner einer Burg oder Stadt, *Falkner* nie anders als für einen, der mit Falken jagt; *Vogeler* ist Vogelsteller, daneben Geflügelhändler. Lateinische Wörter wie *praetor*, *tribunus* sind wohl kaum vorher gebraucht, bevor sie zu Bezeichnungen bestimmter Beamten gemacht wurden. Ähnlich verhält es sich mit Verben wie *bechern*, *buttern*, *haaren*, *hausen*, *herzen*, *kernen*, *karren*, *köpfen*, *mauern*, *stunden*, *tafeln* u. a. Bei vielen Wörtern sind wir ausser Stande zu entscheiden, ob eine Verwendung in einem allgemeineren Sinne vorangegangen ist oder nicht. Auch viele Zusammensetzungen sind erst zur Anwendung gelangt, indem man mit ihnen, durch das Bedürfnis veranlasst, einen spezielleren Sinn verband, als er durch die Bestandteile an sich gegeben ist, vgl. *Eisenbahn*, *Pferdebahn*, *Drahtbericht*, *Fernsprecher*, *Radfahrer*, *Zweirad*, *Standesamt* etc.[2)] Die Schöpfung solcher Ableitungen und Zusammensetzungen mit spezialisiertem Sinne ist das sich am bequemsten dar-

---

[1)] Vgl. K. O. Erdmann, Die Bedeutung des Wortes, S. 78 ff. (Nebensinn und Gefühlswert der Worte). Jaberg, Pejorative Bedeutungsentwicklung (s. oben).

[2)] Hierüber vgl. man die lehrreichen Ausführungen bei Jan v. Rozwadowski, Wortbildung und Wortbedeutung, Heidelberg 1904. Wellander a. a. O. will nicht mit Unrecht die Spezialisierung, die gleich mit der Bildung eines Wortes vorgenommen wird, scharf von dem eigentlichen Bedeutungswandel trennen.

bietende und am häufigsten angewendete Mittel, um das Bedürfnis nach Bezeichnung neu auftretender Begriffe zu befriedigen. Auf diesem Gebiete spielt auch bewusste Absicht eine nicht geringe Rolle, eine grössere vielleicht als auf irgend einem andern der Sprachentwickelung. Die Etymologie lehrt, dass auch in den älteren Perioden die Benennung von Gegenständen sehr gewöhnlich nach bestimmten Merkmalen erfolgt ist, wodurch sie an sich in ihrer Totalität nicht ausgedrückt sind. Doch ist darum gewiss der Schluss nicht berechtigt, dass alle Substanzbezeichnungen auf diese Weise entstanden sein müssten.

§ 64. Eine zweite, der ersten entgegengesetzte Hauptart des Bedeutungswandels ist die Beschränkung auf einen Teil des Vorstellungsinhalts, die also eine Erweiterung des Umfanges bedingt. Dieser Vorgang kann seinen Ausgang nehmen von solchen Fällen, auf die das betreffende Wort zwar noch in der älteren Bedeutung nach allen ihren Momenten anwendbar ist, so jedoch, dass davon nur ein Teil für den Sprechenden und Hörenden relevant, der andere irrelevant ist. Als Beispiel kann *fertig* dienen. Es bedeutet eigentlich, wie die Etymologie zeigt, „in einem zu einer Fahrt (d. h. auch einem Ritt, einem Gange) geeigneten Zustande", „zu einer Fahrt gerüstet, bereit". Wenn z. B. jemand, von einem andern zu einem Gange aufgefordert, erwidert *ich werde mich sogleich fertig machen*, so könnte man das Wort an sich noch in dem ursprünglichen Sinne nehmen. Indessen schon zu einer Zeit, wo dieser noch lebendig war, musste die Beziehung auf die Beendigung der Vorbereitungen in den Vordergrund treten, während die Vorstellung von dem zu unternehmenden Gange als etwas bereits Gegebenes und Selbstverständliches im Hintergrunde blieb. Indem nun bloss das erstere Moment deutlich in das Bewusstsein trat, konnte sich das Gefühl bilden, als ob damit die ganze Bedeutung erschöpft sei. So konnte man dazu gelangen, *fertig* auch auf den Abschluss der Vorbereitungen zu andern Dingen als einer Fahrt (im mhd. Sinne) zu beziehen. Die mittelhochdeutsche Wendung *niht ein brôt umbe* (für) *ein dinc geben* konnte nach dem ursprünglichen Sinne nur in Bezug auf etwas gebraucht werden, wovon sich annehmen liess, dass man Wert darauf legte es zu haben. Sie wird aber auch in Bezug auf etwas gebraucht, von dem vermutet werden könnte, dass man Wert darauf legt, es nicht zu haben, es los zu werden, vgl. *sine gœben für die selben nôt ze drîzec jâren niht ein brôt* (Wolfram). Wir ersehen daraus, dass der Bedeutungsinhalt auf die Vorstellung beschränkt ist, dass einem etwas gleichgültig ist, nichts ausmacht.

Welche Momente des Bedeutungsinhalts relevant sind oder nicht, hängt häufig von dem Gegensatz ab, den man im Sinne hat. Unser *gehen* bezeichnet ursprünglich das Schreiten mit den Füssen; es kann einen Gegensatz zu anderen Fortbewegungsarten wie *fahren, reiten* etc. bilden, aber auch den Gegensatz zu dem ruhigen Verharren an einem Orte; Fälle der letzteren Art sind die Veranlassung gewesen, dass die Fortbewegung als der wesentliche und weiterhin als der alleinige Inhalt der Bedeutung empfunden ist, so dass man auch sagt (schon frühzeitig) *das Schiff, das Mühlrad, die Uhr geht* etc. Bei *stehen* kann einerseits der Gegensatz zu einer anderen Ruhelage wie *liegen, sitzen* in Betracht kommen, anderseits der Gegensatz zu einer Bewegung; indem nur noch der letztere als wesentlich für die Bedeutung empfunden wurde, ist man dazu gelangt, es mit Subjekten wie *der Stern, die Wolke, das Wasser, die Uhr* zu verbinden. Ähnlich wird noch bei manchen anderen Verben ein Teil des ursprünglichen Bedeutungsinhaltes ausgeschieden; so bei *sitzen*, vgl. *der Hut sitzt auf dem Kopfe, die Frucht sitzt am Baume, der Rock sitzt gut*; bei *setzen*, vgl. *Fische in einen Teich, den Hut auf den Kopf, Spitzen auf ein Kleid, einem das Messer an die Kehle setzen*; bei *fliegen*, welches ursprünglich die Bewegung durch Flügel bezeichnet, dann von jeder Bewegung durch die Luft, ferner auch von eiligem Laufen und Fahren gebraucht wird.

§ 65. Ein Wort kann auch dadurch einen Teil seines Bedeutungsinhaltes einbüssen, dass derselbe in einem syntaktisch angeknüpften Worte noch einmal ausgedrückt ist. Unser *ungefähr* ist aus älterem *ohngefähr* hervorgegangen = mhd. *âne gevære*, d. h. eigentlich „ohne feindselige Absicht". So könnten wir es noch fassen, wenn es z. B. bei Luther heisst *wenn er ihn ohngefähr stösst ohne Feindschaft.* Indem aber in einem solchen Falle schon durch das Verb. eine Schädigung ausgedrückt war, trat in *ohngefähr* nur noch die Vorstellung der Absicht hervor, nicht die Absicht des Schädigens, und es wurde dann weiterhin in dem Sinne „ohne Absicht", „zufällig" auch in solchen Fällen verwendet, wo es sich gar nicht um ein Schädigen handelt, so schon bei Luther *es begab sich ohngefähr, dass ein Priester dieselbige Strasse hinabzog.* Unser *arg* ist früher = „schlimm". Wie dieses tritt es verstärkend zu Wörtern, die an sich etwas Böses, Unangenehmes bezeichnen, vgl. *ein arges Unwetter, eine arge Bosheit, ein arger Sünder, er hat sich arg vergangen.* Eben, weil die Vorstellung von etwas Schlimmem schon in den Wörtern, denen es beigefügt wird, liegt, erscheint *arg* wesentlich nur als Verstärkung. Ein weiterer Schritt war dann, dass *arg* in süddeutscher Umgangssprache auch neben etwas Gutem, Angenehmem als Verstärkung verwendet wurde: *sie ist arg schön, es hat mich arg gefreut.* Auf ähnliche Weise sind eine ganze Anzahl von Wörtern zu blossen Verstärkungen geworden, vgl. *furchtbar, schrecklich, entsetzlich, ungeheuer* (eigentlich

„unlieblich"), *schmählich, höllisch, verdammt*; auch *sehr* gehört hierher, denn es bedeutet ursprünglich „schmerzlich". In entsprechender Weise kann ein Glied einer Zusammensetzung durch das andere Glied eines Teiles seines Bedeutungsinhaltes beraubt werden. Die Partikel *ver-* drückt, soweit sie auf got. *fra-* zurückgeht, ursprünglich ein Zugrundegehen oder Zugrunderichten, ein Verderben aus (vgl. *verdampfen, -klingen, -salzen, -urteilen*). In der Zusammensetzung mit Verben, die an sich einen zum Schlimmen führenden Vorgang bezeichnen (vgl. z. B. *verschwinden, -faulen, -welken, -tilgen, -zehren, -fehlen*), war diese Vorstellung eigentlich doppelt ausgedrückt, konnte aber nur einfach empfunden werden. Daraus ergab sich die Folge, dass *ver-* nur noch als Ausdruck dafür empfunden wurde, dass der Vorgang zum Abschluss gebracht ist. Nunmehr wurde es als Resultatsbezeichnung auch mit Wörtern verbunden, die keine üble Bedeutung haben, vgl. *verheilen, -mischen, -binden, -spüren, -zieren* etc. Die Partikel *er-* bedeutet zunächst „heraus aus etwas", woran sich dann weiter die Vorstellung von einer Bewegung aus der Tiefe in die Höhe angeknüpft hat. Von Zusammensetzungen aus wie etwa *erstehen* (jünger *auferstehen*), *-wachsen, -heben* ist es wie *ver-* zu einer allgemeinen Resultatbezeichnung geworden. Schon im Urgerm. hatte *ga-* (= nhd *ge-*) diese Funktion, die sich entsprechend aus der Bedeutung „zusammen" entwickelt haben wird, etwa von Verben aus wie got. *gabindan, gahaftjan, galukan, ganagljan, gawidan*.

§ 66. In den bisher besprochenen Fällen handelt es sich um einen allmählich ohne Bewusstsein sich vollziehenden Prozess. Es kann aber ein Wort auch mit Bewusstsein gebraucht werden, wo nur ein Teil seines Bedeutungsinhaltes anwendbar ist, während der andere unberücksichtigt bleibt. Dies ist häufig innerhalb einer Zusammensetzung, vgl. *Erdapfel, Gallapfel, Klatschrose, Apfelwein, Eichelkaffee, Kamillentee, Kaffeebohne, Rehbock, Rehgeiss, Handschuh, Fingerhut, Tischbein, Seehund*. Die Möglichkeit der Entstehung dieser Benennungen ist gegeben durch die partielle Übereinstimmung zwischen dem durch die Zusammensetzung und dem durch den zweiten Bestandteil ausgedrückten Vorstellungsinhalt. Die durch das erste Glied gegebene Bestimmung nötigt dazu, das zweite nicht nach seinem vollen Inhalt zu fassen. Neben einfachen Wörtern kann eine syntaktische Bestimmung den gleichen Erfolg haben, vgl. *der Hals der Flasche, das Haupt der Verschwörung, ein Zweig des Geschlechtes*. Endlich genügt dazu auch ohne eine direkte Bestimmung der Zusammenhang der Rede oder die Situation.

Der oben besprochenen Entstehung der Eigennamen aus Appellativen steht der umgekehrte Übergang von Eigennamen in Appellativa gegenüber. Zwei Fälle sind dabei zu unterscheiden. Einerseits werden bekannte Personen der Geschichte oder der Dichtung als Repräsentanten der für sie charakteristischen Eigenschaften gefasst, vgl. *ein Cicero* (Redner wie Cicero), *ein Krösus, Nestor, Adonis, Don Juan, eine Xantippe*; noch weiter ist die Entwickelung gegangen in *Mäcen*, da die zugrundeliegende Person nicht so, sondern *Mäcenas* genannt wird. Anderseits werden besonders häufige, darum nichts Individuelles enthaltende Personennamen für Typen verwendet, zunächst dann mit Bestimmungen, vgl. *eine dumme Lise, Trine, ein langweiliger Peter, Hans in allen Gassen, ein Prahlhans, Wühlhuber, Angstmeier*. Auch diese können zu reinen Appellativen werden, vgl. *Rüpel* (= *Ruprecht*), *Metze* (= *Mechtild*).[1])

§ 67. Die zuletzt besprochene Art des Bedeutungswandels verbindet sich leicht, wie sich schon aus den angeführten Beispielen ergibt, mit der ersten Hauptart. Indem ein Teil des Bedeutungsinhaltes schwindet, wird ein neues Moment darin aufgenommen. Sagen wir *er ist ein Esel*, so nähert sich *ein Esel* als Prädikat adjektivischer Natur und wir sind daher wohl berechtigt zu sagen, dass damit nur die für den Esel charakteristische Eigenschaft ausgedrückt ist. Etwas anders liegt die Sache schon, wenn wir mit Bezug auf eine bestimmte Person sagen *der Esel* oder in Bezug auf eine Art von Personen allgemein *ein Esel*; hier ist die Vorstellung „Mensch" mit in den Inhalt aufgenommen. Noch entschiedener zeigt sich die Aufnahme einer neuen Vorstellung, wenn der Übergang der okkasionellen Bedeutung in die usuelle weitere Fortschritte gemacht hat, z. B. in *Fuchs* = „Pferd von der Farbe des Fuchses". Vollends, wenn dann die Grundbedeutung untergegangen ist, vgl. *Rappe*, welches in der Bedeutung „Rabe" nicht mehr bekannt ist. Bei den meisten usuell gewordenen Metaphern liegt Verbindung der beiden ersten Hauptarten des Bedeutungswandels vor.

§ 68. Die Metapher ist eines der wichtigsten Mittel zur Schöpfung von Benennungen für Vorstellungskomplexe, für die noch keine adäquaten Bezeichnungen existieren. Ihre Anwendung beschränkt sich aber nicht auf die Fälle, in denen eine solche äussere Nötigung vorliegt. Auch da, wo eine schon bestehende Benennung zur Verfügung steht, treibt oft ein innerer Drang zur Bevorzugung eines metaphorischen Ausdrucks. Die Metapher ist eben etwas, was mit Notwendigkeit aus der menschlichen Natur fliesst und sich geltend macht nicht bloss in der Dichtersprache, sondern vor allem auch in der volkstümlichen Umgangssprache, die immer zu Anschaulichkeit und drastischer

---

[1]) Reiches Material bei J. Reinius, On transferred appellations of human beings chiefly in English and German I (Göteborg 1903) 12 ff.

Charakterisierung neigt. Auch hiervon wird vieles usuell, wenn auch nicht so leicht wie in den Fällen, wo der Mangel an einer andern Bezeichnung mitwirkt.

Es ist selbstverständlich, dass zur Erzeugung der Metapher, soweit sie natürlich und volkstümlich ist, in der Regel diejenigen Vorstellungskreise herangezogen werden, die in der Seele am mächtigsten sind. Das dem Verständnis und Interesse ferner liegende wird dabei durch etwas Näherliegendes anschaulicher und vertrauter gemacht. In der Wahl des metaphorischen Ausdruckes prägt sich daher die individuelle Verschiedenheit des Interesses aus, und an der Gesamtheit der in einer Sprache usuell gewordenen Metaphern erkennt man, welche Interessen in dem Volke besonders mächtig gewesen sind.

§ 69. Eine erschöpfende Übersicht über alle möglichen Arten der Metapher zu geben ist eine kaum zu lösende Aufgabe. Ich begnüge mich damit, einige besonders gewöhnliche kurz zu besprechen.

Häufig ist die Ähnlichkeit in der äusseren Gestalt das Massgebende, vgl. *Kopf* (von Kohl oder Salat), *Auge*, (*Pfauenauge*, *Fettauge*, *A.* = „Keim an einer Kartoffel oder dergl.", = „Punkt auf dem Würfel"), *Nase* (eines Berges), *Ohr* (Eselsohr = „umgeknickte Ecke eines Blattes"), *Ader* (in Pflanzen, im Gestein), *Horn* (als Bezeichnung einer Bergspitze, eines Gebäckes, wofür noch üblicher *Hörnchen*), *Kelch* (einer Blume), *Kessel* (in *Talkessel*), *Würfel* (ursprünglich, wie die Etymologie zeigt, nur den zum Würfeln gebrauchten Körper bezeichnend), *Kamm* (des Hahnes, der Traube); Pflanzenbezeichnungen wie *Löwenmaul*, *Löwenzahn*, *Rittersporn*, *Hahnenfuss*. Zu der Ähnlichkeit der Gestalt kann noch der Umstand kommen, dass etwas als Teil eines grösseren Ganzen in seiner Lage dem Teile eines anderen Ganzen entspricht, und dies Verhältnis kann die Hauptveranlassung zur Metapher abgeben, während von einer Ähnlichkeit der Gestalt kaum noch die Rede sein kann, vgl. *Kopf* (*Kehlkopf*, *Mohnk.*, *Säulenk.*, *Brückenk.*, *Nadelk.*, *Nagelk.*, vgl. auch lat. *caput montis*), *Hals* (einer Flasche, einer Säule, eines Saiteninstrumentes), *Bauch* (einer Flasche), *Rücken* (eines Buches, eines Messers, eines Berges), *Arm* (eines Wegweisers, eines Flusses), *Saum* (des Waldes, der Wolken). Mit der Ähnlichkeit der Gestalt kann sich Gleichheit der Funktion verbinden, vgl. *Feder* = *Stahlfeder*, *Horn* (als Blasinstrument, wenn auch aus Metall verfertigt). Hierbei kommt noch als begünstigender Umstand hinzu, dass der Gegenstand auf den die Bezeichnung übergegangen ist, denjenigen, von dem sie entnommen ist, in der Funktion abgelöst hat. Ähnlichkeit der Lage innerhalb eines Ganzen verbindet sich mit Ähnlichkeit der Funktion bei *Fuss* (eines Tisches, Stuhles, u. dergl., eines Berges). Die Funktion kann auch allein massgebend sein, vgl. *Haupt* (einer Familie, eines

Stammes, einer Verschwörung u. dergl., vgl. auch die Verwendung in Zusammensetzungen wie *Hauptsache, -bau, -grund), Hand* (in Wendungen wie *er ist seine rechte Hand)* etc. Die Analogie zwischen räumlicher und zeitlicher Erstreckung macht die Übertragung der für die räumliche Anschauung geschaffenen Ausdrücke, soweit dabei nur eine Dimension in Betracht kommt, auf zeitliche Verhältnisse möglich; vgl. *lang, kurz, gross, klein, Mass, Teil, Hälfte* etc., *Ende, Grenze, Zeitraum, Zeitpunkt, Zeitabschnitt, Mal* (ursprünglich „sich abhebender Fleck"); die Präp. *in, an, zu, bis, durch, über, um, von, ausser, ausserhalb, innerhalb* etc.: *bisher, hinfort, fortan.* Demgemäss können auch die Ausdrücke für Bewegungen auf die Zeit übertragen werden, vgl. *die Zeit geht dahin, vergeht, kommt, im Laufe der Zeit, Zeitläufte:* ferner *folgen, reichen, sich ausdehnen, sich erstrecken* etc. Die Raumverhältnisse liefern ferner Bezeichnungen für die Intensität, vgl. *grosse Hitze, Kälte* etc., *ein hoher Grad, die Hitze, die Begeisterung steigt;* für Wertschätzung, vgl. *die Preise steigen, fallen, sinken, er steigt, sinkt in meiner Achtung* u. dergl., *hoch, niedrig, über, unter;* auf die Tonabstufung, vgl. *hoch, tief, steigen, fallen, sinken.*

Die Verhältnisse und Vorgänge im Raume werden auf das Gebiet des Unräumlichen übertragen. So wird alles Seelische als in unserem Innern ruhend oder sich bewegend vorgestellt, entweder in bestimmte Teile des Körpers verlegt oder in die Seele hinein, der dann Attribute des Raumes beigelegt werden, vgl. *ein Gedanke geht mir im Kopfe herum, fährt mir durch den Kopf, das will mir nicht in den Kopf, das liegt mir am Herzen, einem etwas ans Herz legen, sich etwas zu Herzen nehmen, das fährt mir durch den Sinn, das kommt mir nicht in den Sinn, aus dem Sinn.* Dem entspricht auch der unsinnliche Gebrauch von Wörtern wie *fassen, erfassen, auffassen, begreifen, sich einbilden, es fällt mir ein, fähig* (eigentlich „im Stande zu fassen"). Das Verhältnis der Vorstellungen zu einander wird als ein räumliches gedacht: *Vorstellungen verbinden, verknüpfen sich, Empfindungen streiten mit einander.* Desgleichen das Verhältnis der inneren Vorgänge zu den Aussendingen, vgl. *sein Herz woran hängen, seine Gedanken, seinen Sinn, seine Aufmerksamkeit* etc. *worauf richten, auf etwas verfallen, sich vornehmen, vorstellen.* Die Bezeichnungen für körperliche Wirkung werden auf geistige übertragen, vgl. *treiben, ziehen* (anz., abz.), *abstossen, Anstoss, drängen, rühren, regen, bewegen, erwägen, leiten, führen.* Charakteristisch ist besonders der lateinische Ausdruck für „denken" *cogitare.* Die Bezeichnungen für Rechtsverhältnisse knüpfen an sinnliche Verhältnisse in der räumlichen Welt an, vgl. *haben* (eigentlich „halten"), *geben, nehmen, übertragen, besitzen, recht* (eigentlich „gerade"), *richten.* Auch die Zustände werden als etwas räumlich Ausgedehntes gefasst,

Metapher. Übertragung auf das räumlich Verknüpfte. 97

vgl. *in Gedanken (versunken, vertieft, verloren), im Rausch, im Zorn, aus Rache, aus Bosheit, durch Besonnenheit* etc. Eine Zustandsveränderung wird als eine Bewegung aufgefasst, vgl. *vom Schlaf zum Wachen, vom Hass zur Liebe übergehen, die Krankheit wendet sich zum Besseren.* Die Verwandtschaft zwischen den durch verschiedene Sinne hervorgerufenen Empfindungen ermöglicht die Übertragung von dem Eindrucke eines Sinnes auf einen anderen, vgl. *süss* (auch von Geruch und Ton), *schön* (vom Gesicht auf Gehör und Geschmack übertragen), *hell* (ursprünglich nur auf Gehör bezüglich), lat. *clarus* (umgekehrt ursprünglich nur auf Gesicht bezüglich), *hart, weich, scharf, rauh* (vom Gefühl auf das Gehör übertragen), *schreiende Farben, knallrot*; man spricht von *Farbenton* und *Klangfarbe*. Die Bezeichnungen für die Sinneseindrücke werden auf die innere Empfindung übertragen, vgl. *süss, bitter, sauer, schön, heiter, trübe, finster, hart, scharf, rauh, sanft, gelind, satt, schwer, leicht, gross, erhaben, niedrig, hungern, dürsten, drücken, beissen, reizen, rühren, verwunden, Geschmack*. Desgleichen werden geistige Wahrnehmungen durch Ausdrücke für sinnliche bezeichnet, vgl. *fühlen, sehen (einsehen, ans., abs., vors., übers., vers.), spüren, wittern,* lat. *sapere*.

Die Gewohnheit des Menschen die Vorgänge an den leblosen Dingen nach Analogie der eigenen Tätigkeit aufzufassen hat in der Sprache viele Spuren hinterlassen, vgl. Wendungen wie *der Baum treibt Knospen, die Sonne zieht Wasser, die Erde trinkt die Feuchtigkeit, der Baum will umfallen, das Seil will nicht mehr halten*. Fast alle Verba, die ursprünglich die Tätigkeit eines lebenden Wesens bezeichnen, werden metaphorisch von leblosen Dingen gebraucht, vgl. *atmen, saugen, schlingen, schlucken, speien, sagen* (z. B. *was will das sagen?*), *besagen, zusagen* (= „gefallen"), *versagen (das Gewehr versagt* u. dergl.), *sprechen (das spricht dafür, dagegen), versprechen, ansprechen, fordern, verlangen, (ein)laden, gebieten, verbieten, rufen, schreien (das ist himmelschreiend, schreiende Farben), deuten, bedeuten, zeigen, (be)weisen, gehorchen, kämpfen, streiten, stehen, sitzen, gehen, laufen, tun, machen, helfen* etc. In der Verwendung des Verb. überhaupt liegt schon ein gewisser Grad von Personifikation des Subj.

§ 70. Wir kommen zu der dritten Hauptart des Bedeutungswandels, der Übertragung auf das räumlich, zeitlich oder kausal mit dem Grundbegriff Verknüpfte.

Für ein Ganzes wird stellvertretend ein Teil gesetzt, der ein charakteristisches Merkmal bildet. Wir können uns die Möglichkeit einer solchen Ausdrucksweise an einem Beispiele wie das folgende klar machen. Wenn jemand auf ein Gewässer hinausschauend ausruft *ein Segel taucht auf,* so ist es selbstverständlich, dass dieses Segel sich an einem Schiffe befindet, und das Vorhandensein des ersteren setzt das des letzteren voraus. So erklären sich Verwendungen wie *rant* in der mhd. epischen Sprache = „Schild", *Bogen* = „Armbrust", *Klinge* = „Schwert". Besonders gewöhnlich sind Bezeichnungen von Personen oder Tieren nach charakteristischen Teilen des Körpers und Geistes, vgl. *bemoostes Haupt*; *Lockenkopf, Graukopf, Kahlkopf, Krauskopf, Dummkopf, Dickkopf, Trotzkopf, Fettwanst, Linkhand, Hasenherz, Lügenmaul, Grossmaul, Gelbschnabel, Graubart*; *Rotkehlchen, Rotschwanz, Stumpfschwanz, Blaufuss*; *starker Geist, schöne Seele;* franz. *blanc-bec, grosse-tête, rouge-gorge, rouge-queue, pied-plat, gorge-blanche, mille-pieds; esprit fort, bel esprit*. Hier können wir auch die Verwendung von Blumenbezeichnungen wie *Rose* für die ganze Pflanze einreihen; desgl. die von *Dorn* (Weissdorn, Rotdorn) = *Dornstrauch*. Im Grunde der gleiche Vorgang ist es, wenn von zwei Gegenständen, die gewöhnlich mit einander verbunden werden, die Benennung des einen wesentlicheren auf das Ganze übergeht. So war *Fahne* ursprünglich der Zeugstreifen, der an die Stange angebunden wurde, jetzt wird die letztere mit einbegriffen. *Speer* ist ursprünglich die Speerspitze, jetzt wird der Schaft mit verstanden. *Tisch* und *Tafel* bezeichnen ursprünglich die Tischplatte, die für den Gebrauch auf ein Gestell gelegt wurde.

Psychologisch auf dieselbe Weise zu erklären ist es, wenn nicht das Ganze, sondern der mit einem anderen verbundene Gegenstand vermittelst des letzteren bezeichnet wird. Vielleicht noch nicht hierher zu stellen sind Bezeichnungen nach der Kleidung wie *Schwarzrock, Rundhut, Blaustrumpf, Rotkäppchen, grüner Domino, Maske, Perücke*. Bei diesen ist wohl eher das Kleidungsstück als ein integrierender Bestandteil der Person gefasst, so dass sie mit den Bezeichnungen nach Körperteilen auf gleiche Linie zu stellen sind. Anders steht es, wenn ein Teil der Kleidung zur Bezeichnung des davon bedeckten Körperteils wird. So bezeichnet *Schoss* ursprünglich nur den Zipfel des Rockes, *Sohle* nur die Sandale oder Schuhsohle. Umgekehrt wird ein Körperteil zur Bezeichnung des ihn bedeckenden Gewandstückes, vgl. *Leibchen*, (*Schnür*)*leib*, (*Schnür*)*brust*, *Ärmel* (eigentlich Ärmchen), *Däumling, Kragen* (ursprünglich „Hals"), woran man auch mhd. *vingerlin* = „Fingerring" anschliessen kann. Häufig ist es, dass ein Raum für die Bewohner desselben, für die darin Beschäftigten gebraucht wird, vgl. *Stadt* (*die ganze Stadt weiss es schon*), *Land, Haus, Kammer, Kabinett, Hof, Kirche, Frauenzimmer*. Anderseits werden *Ministerium, Amt, Gericht, Universität* etc. zu Bezeichnungen der Gebäude, in denen sie ihren Sitz haben. Hier anzuführen sind auch *Tafelrunde, Liedertafel,* mhd. *spiz* = „Spiessbraten".

Gemütsbewegungen werden nach den sie begleitenden Reflexbewegungen bezeichnet, vgl. z. B. *beben, zittern, schauern, erröten, aufatmen, das Maul aufsperren, die Nase rümpfen, die Ohren spitzen, mit den Zähnen knirschen, die Faust ballen, das Herz schlägt ihm, das versetzt ihm den Atem, die Galle läuft ihm über.* Mit Verdunkelung des ursprünglichen Sinnes werden solche Ausdrücke zu Bezeichnungen der Gemütsbewegung selbst, vgl. *sich sträuben, scheuen, staunen* (noch im 18. Jahrh. = „starr auf etwas hinsehen"), *erschrecken* (eigentlich „aufspringen"), *sich entsetzen, scheel* (im ursprünglichen Sinne „schielend" nicht mehr üblich), *hochfahrend, aufgeblasen,* lat. *horrere, despicere, suspicere, invidere, spernere,* griech. φόβος (ursprünglich „Flucht"), franz. *craindre* (aus *tremere*).

Vorgänge, die von einer symbolischen Handlung begleitet sind, werden oft bloss durch die letztere angedeutet, und eine solche Ausdrucksweise kann sich dann erhalten, wenn die Symbole selbst ausser Gebrauch gekommen sind, vgl. *auf den Thron setzen, vom Throne stürzen, unter die Haube bringen, auf den Händen tragen, die Hände in den Schoss legen.*

Gegenstände, durch die etwas hervorgebracht wird, treten stellvertretend für das Hervorgebrachte ein, vgl. griech. γλῶσσα, lat. *lingua,* deutsch *Zunge* = „Sprache", *Hand* = „Handschrift", lat. *stilus* = „Schreibweise".

Sehr gewöhnlich in den verschiedensten Sprachen geht eine Eigenschaftsbezeichnung über in die Bezeichnung dessen, dem die Eigenschaft anhaftet; vgl. *Alter, Jugend; Menge, Fülle, Enge, Fläche, Ebene, Wüste, Säure; Mannschaft, Knappschaft, Gesellschaft, Bürgerschaft, Verwandtschaft, Gesandtschaft* und viele andere auf *-schaft,* welches ursprünglich Beschaffenheit bedeutet; ebenso viele auf *-heit* (-*keit*), welches ursprünglich Eigenschaft, Zustand bedeutet, wie *Christenheit, Vielheit, Mehrheit, Gottheit, Schönheit, Vergangenheit, Gelegenheit, Eigenheit, Kleinigkeit, Süssigkeit, Neuigkeit, Sonderbarkeit, Gefälligkeit.* Auf einer Übergangsstufe stehen noch Titel wie *Majestät, Hoheit, Exzellenz* etc.; sie standen zunächst parallel mit solchen, wie *deine Güte wird mir verzeihen, ich wende mich an deine Grossmut.* Wie die Beispiele zeigen, entstehen auf diese Weise sowohl Kollektivbenennungen als Benennungen für einzelne Personen und Dinge, nicht immer aber werden die betreffenden Wörter zu Substanzbezeichnungen. Dasselbe wie von den Eigenschaftsbezeichnungen gilt von den sogenannten Nomina actionis, den Vorgangs- und Zustandsbezeichnungen, die aus Verben abgeleitet sind, vgl. *Rat, Fluss, Zug, Abhang, Vorhang, Umhang, Vortrab, Zukunft, Einkommen, Regierung, Vorsehung.* In diesen Fällen ist die Bezeichnung der Handlung auf ihr Subjekt

Viertes Kapitel. Wandel der Wortbedeutung.

übergegangen, sie kann aber auch auf das Objekt übergehen, Objekt im allerweitesten Sinne genommen; so auf das innere Objekt, wodurch eine Bezeichnung des Resultates entsteht: *Druck, Stich, Holzschnitt, Riss, Bruch, Sprung, Wuchs, Zuwachs, Ertrag, Erhöhung, Vertiefung, Abhandlung, Versammlung, Vereinigung, Bildung*; auf das äussere Objekt, welches irgendwie von der Tätigkeit berührt wird: *Saat, Ernte, Spruch, Sprache, Gang, Durchgang, Übergang, Einfahrt, Tritt, Abtritt, Zuflucht, Ausflucht, Auszug, Durchschlag, Wohnung, Kleidung*; so entstehen also auch Bezeichnungen für den Ort, wo etwas geschieht, für das Mittel, wodurch etwas bewerkstelligt wird, u. dergl. Die Möglichkeit des Überganges kann man sich etwa an Verbindungen wie die folgenden veranschaulichen: *Im Rat der Ältesten wurde beschlossen; Er übernahm die Leitung des Zuges; Er vollendete die Arbeit* (Tätigkeit oder Resultat) *in drei Tagen; Er nahm eine Abschrift davon; Er brachte allerhand Verzierungen an; Die Leinwand ist auf der Bleiche; Er befindet sich im Gefängnis* (ursprünglich = in Gefangenschaft); vgl. auch *Eingang, Ausgang* als Aufschrift an Türen. Viel seltener ist der umgekehrte Vorgang, dass eine Dingbezeichnung sich zu einer Vorgangsbezeichnung entwickelt, vgl. griechische Bildungen auf -μα wie χάρμα, θαῦμα. Aus dem Deutschen könnten wir hierher ziehen *Wucher* (ursprünglich nur den Ertrag bezeichnend) und *Wette* (ursprünglich = „Pfand"); doch kommt dabei in Betracht, dass diese Wörter, auch wenn sie nicht von alters her bestanden hätten, leicht zu den betreffenden Verben mit dem Sinne von Vorgangsbezeichnungen hätten gebildet werden können. Kein solches Verhältnis zu einem Verb. besteht bei *Kirche, Schule* in Verbindungen wie *Kirche, Schule halten, nach (vor) der Kirche, Schule*. Ein Ansatz zu einer derartigen Übertragung liegt auch schon in *vor (nach) Tische (der Tafel)*.[1]

Hierher gehört es auch, wenn man Wirtshäuser durch das Schild bezeichnet (*Adler, Hirsch, Krone* etc.), Schriften durch den Namen des Verfassers (*ein Goethe, Schiller*), oder Werke der bildenden Kunst durch den Namen des Künstlers (*ein Raphael*); ferner wenn man jemandem eine Lieblingswendung, die er zu gebrauchen pflegt, als Spitznamen beilegt, vgl. *Heinrich Jasomirgott*; oder wenn der Hund in der Ammensprache *Wauwau* genannt wird u. dergl.; entsprechend sind auch Pflanzennamen wie *Nolimetangere, Vergissmeinnicht* zu beurteilen.

§ 71. Wir haben noch einige Modifikationen der Bedeutung zu besprechen, die sich nicht einfach unter eine der drei Hauptklassen

---

[1] Zu diesem Absatz vgl. C. Collin, Semasiologiska studier över abstrakter och konkreter (Från filologiska föreningen i Lund. Språkliga uppsatser III, 225 ff.).

unterordnen lassen. Es handelt sich dabei um Ausdrucksformen, für die meistens schon in der Rhetorik der Alten technische Bezeichnungen gefunden sind. Hier sind dieselben deshalb zu erwähnen, weil sie durch häufige traditionelle Anwendung usuell werden können, wobei sie mehr oder weniger von ihrer eigentümlichen Färbung einbüssen und sich den einfachen normalen Bezeichnungen nähern.

Besonders die volkstümliche Rede ist voll von **Übertreibungen** sowohl nach der positiven als nach der negativen Seite, häufig mit Metaphern verknüpft. Sehr vieles davon ist traditionell und wird von dem Hörenden ohne weiteres auf das richtige Mass herabgesetzt, vgl. *tausend mal, ein Schock mal, ein paar Leute* etc. (jetzt vollkommen = „einige wenige"), *Berge von Leichen, ein Strom von Tränen, in Tränen schwimmen, zerfliessen, eine Flut von Schimpfwörtern, das dauert eine Ewigkeit, endlos, eine Hand voll Leute, federleicht, sich krank, tot lachen, im Blute baden, das ist zum Rasendwerden, ich möchte aus der Haut fahren, ich sterbe vor Langerweile.* Verstärkungen können geradezu zu Abschwächungen werden, Versicherungen zum Ausdruck des Mangels völliger Sicherheit, vgl. *ganz, recht, ziemlich, fast, gewiss, wohl.*

Eine verwandte Erscheinung sind **Derbheiten**, die darin bestehen, dass den Dingen eine schlimmere Bezeichnung beigelegt wird, als ihnen eigentlich zukommt. So wird *Dreck*, ursprünglich = „Exkrement", für jede Art von Unreinlichkeit gebraucht, und jetzt meist nicht mehr in dem ursprünglichen Sinne empfunden. Der eigentliche Sinn von Schimpfwörtern ist häufig vergessen, vgl. *Racker*, ursprünglich = „Schinder", *Luder, Schelm*, beide ursprünglich = „Aas". Daran schliesst sich dann leicht eine Abmilderung des Sinnes, die soweit gehen kann, dass etwas Lobendes, Schmeichelndes beigemischt wird, vgl. *Schelm, Schalk* (ursprünglich „Knecht", dann „gemeiner Mensch"), *Luder* in landschaftlichem Gebrauch (besonders obersächsisch).

Auch das Gegenteil der Übertreibung, die Litotes, hat oft das Schicksal, dass sie kaum noch als solche empfunden wird, vgl. *nicht übel, nicht sehr entzückt, ich mag ihn wohl leiden.* Im Mhd. werden Wörter, die etwas Unbedeutendes, Wertloses bezeichnen, geradezu = „nichts" gebraucht, vgl. *ich sage iu ein bast, darumbe gâben sie ein ei.* Ferner gebraucht man *lützel, wênec, kleine* = „nichts", *lützel ieman* (wenig jemand) = „niemand", *selten* = „nie". Wie sehr der Sinn dieser Wörter direkt verneinend geworden ist, zeigt sich darin, dass neben ihnen zuweilen wie neben *niht, nieman, nie* die Negation entsteht, vgl. *sôn weiz doch lützel ieman, den entar der hagel slahen selten* (den wagt der Hagel nie zu schlagen).

Der volkstümlichen Derbheit gegenüber steht der **Euphemismus**,[1]) insoweit er darin besteht, dass aus Schamgefühl der eigentliche Ausdruck vermieden und durch einen andeutenden ersetzt wird. Sehr leicht wird dann auch dieser wieder anstössig. Vgl. Ausdrücke wie *der Hintere, die Scham, sein Wasser abschlagen, Abtritt,* lat. *coitus* etc. Ähnlich wie das Schamgefühl ist religiöse oder abergläubische Scheu die Veranlassung zu umschreibenden Ausdrücken, vgl. *Gottseibeiuns*.

Höflichkeit und Unterwürfigkeit auf der einen, Eitelkeit auf der andern Seite wird die Veranlassung zur **Entwertung** ehrender Bezeichnungen. Die Bezeichnung *Herr*, die man ursprünglich nur demjenigen beilegte, zu dem man in einem Abhängigkeitsverhältnis stand, wurde im Laufe des Mittelalters zur allgemeinen Anrede innerhalb der ritterlichen Gesellschaft und verbreitete sich in der neueren Zeit auf immer weitere Kreise. Noch weiter ist die Entwertung des ursprünglich entsprechenden *Frau* gegangen. So ist die Geschichte der Titulaturen überhaupt nichts anderes als eine Geschichte ihrer allmählichen Herabdrückung. Die gleiche Tendenz macht Wörter, die ursprünglich eine wirkliche Funktion bezeichnen, zu blossen Titeln, vgl. *Herzog, Fürst, Graf* etc., *Rat, Amtmann, Professor* etc. Sie veranlasst und entwertet auch die Anreden mit *Ihr, Sie* etc.

Auch die **Ironie** wird in manchen Wendungen stabil. Hierher gehört der Gebrauch gewisser Adjektiva wie *schön* (*das ist eine schöne Geschichte* u. dergl.), *nett* (*ein nettes Pflänzchen*), *sauber* (*ein sauberer Patron*), *erbaulich, reizend, recht* (*so recht, das ist die rechte Höhe*). Vgl. ferner *ich frage viel danach, ich kümmere mich viel darum.* Wie eine ironische Bejahung geradezu als einer Verneinung gleichwertig gefasst werden kann, zeigt eine Stelle bei Chr. F. Weisse: *es ist dem Junker viel um seinen Kammerdiener zu tun, sondern um sich.*

§ 72. Die verschiedenen Arten des Bedeutungswandels können natürlich auf einander folgen und so sich kombinieren, was die Folge haben kann, dass von der ursprünglichen Bedeutung gar nichts übrig bleibt. So hat *Abendmahl* einerseits an Bedeutungsinhalt gewonnen, indem es auf das bestimmte Abendmahl Christi und die in Nachahmung desselben stattfindende Feier beschränkt ist, es hat aber anderseits auch etwas von dem, was eigentlich in dem Worte liegt, eingebüsst, indem es auch von einer nicht am Abend stattfindenden Feierlichkeit gebraucht wird. *Rosenkranz* wird κατ' ἐξοχήν von einem

---

[1]) O. Hey, Euphemismus und Verwandtes (Archiv für lat. Lexikographie 11, 515). Nyrop, Eufemisme (Dania 6, 195). Bökemann, Französischer Euphemismus, Berlin 1899.

Kranze gebraucht, der einem bestimmten Zwecke dient, aber auch von einem Kranze, der gar nicht aus Rosen besteht. *Horn* ist ein aus einem Horne verfertigtes Blasinstrument, dann aber auch ein solches von ähnlicher Form aus anderem Stoffe. *Feder* bedeutet eine zum Schreiben zugeschnittene Feder, dann aber auch ein Werkzeug von der nämlichen Funktion aus anderem Stoffe. Es ist überhaupt sehr häufig, dass etwas, was eigentlich nicht zur Bedeutung eines Wortes gehört, sondern nur akzidentiell damit verknüpft sein kann, allmählich in die Bedeutung mit aufgenommen wird und dann auch selbständig als die wahre Bedeutung empfunden wird, ohne dass an die Grundbedeutung noch gedacht wird. So werden namentlich Bezeichnungen für räumliche und zeitliche Verhältnisse zu Bezeichnungen für Kausalverhältnisse, vgl. *Folge, Zweck, Ende* (in *zu dem Ende*), *Grund, Mittel, Weg*. Man vgl. auch Zusammensetzungen wie *Fensterscheibe, Papiergulden, Goldplombe*.

§ 73. Besonders hervorgehoben werden muss, dass der Bedeutungswandel sich nicht bloss an einzelnen Wörtern vollzieht, sondern, wofür schon manche Beispiele angeführt sind, auch an Wortgruppen als solchen und ganzen Sätzen. So gibt es z. B. eine Menge Verbindungen mit *Hand*, bei denen wir an die eigentliche Bedeutung dieses Wortes nicht mehr denken, ausser wenn unsere Aufmerksamkeit ausdrücklich darauf gelenkt wird, wenn wir etwa über den Ursprung einer solchen Wendung reflektieren, vgl. *auf der Hand (flacher, platter Hand) liegen, an die Hand geben, gehen, an der Hand haben, an der Hand des Buches* etc., *bei der Hand sein, haben, zur Hand nehmen, unter der Hand, unter Händen haben, von der Hand weisen, vor der Hand*. Man kann nicht sagen, dass hier eigentümliche Bedeutungen des einzelnen Wortes *Hand* entwickelt sind, vielmehr ist die Verdunkelung der Grundbedeutung erst innerhalb der betreffenden Verbindungen eingetreten. Unsere Sprache ist voll von derartigen Wendungen. Bei manchen kann der Sinn nur mit Hilfe historischer Sprachkenntnis aus der Bedeutung der einzelnen Wörter abgeleitet werden, vgl. z. B. *das Bad austragen, einem ein Bad zurichten, einem das Bad gesegnen, einen Bären anbinden, einem einen Bart machen, einen Bock schiessen, einen ins Bockshorn jagen, er hat Bohnen gegessen, einen Fleischergang tun, weder Hand noch Fuss haben, auf dem Holzwege sein, einem einen Korb geben, Maulaffen feil halten, einem etwas auf die Nase binden, einem den Pelz waschen, einem ein X für ein U machen* etc.

§ 74. Die ganze Masse von Vorstellungen, die in der Seele des Menschen vorhanden ist, sucht sich nach Möglichkeit an den Wortschatz der Sprache anzuheften. Da nun die Vorstellungskreise der einzelnen Individuen in der gleichen Sprachgenossenschaft stark untereinander abweichen und auch der Vorstellungskreis der Einzelnen immerfort bedeutenden Veränderungen unterliegt, so müssen sich notwendigerweise in den an den Wortschatz angehefteten Vorstellungen eine Menge von individuellen Besonderheiten finden, die bei der gewöhnlichen Bestimmung der Bedeutung für die einzelnen Wörter und Wortgruppen gar keine Berücksichtigung finden. Es ist z. B. die Bedeutung des Wortes *Pferd* insofern für alle Individuen gleich, als sie es alle auf den nämlichen Gegenstand beziehen; aber es ist doch nicht zu leugnen, dass ein Reiter, ein Kutscher, ein Zoologe, jeder in seiner Art, einen reicheren Vorstellungsinhalt damit verbinden als jeder beliebige andere, der nichts Besonderes mit Pferden zu schaffen hat. Die Vorstellung von dem Verhalten eines Vaters zu seinem Kinde setzt sich aus einer Reihe von Momenten zusammen, die nicht immer beisammen sind, wo das Wort *Vater* angewendet wird. Man kann eine Definition des Wortes aufstellen, die physisch und juristisch vollkommen ausreicht, aber gerade das, was nach dieser Definition das Wesen der Vaterschaft ausmacht, ist in dem Vorstellungskomplexe, den ein kleines Kind damit verbindet, gar nicht enthalten. Am merkbarsten sind die Unterschiede auf dem Gebiete der Empfindung und des ethischen Urteils. Was die Einzelnen unter *schön* und *hässlich*, unter *gut* und *schlecht*, unter *Tugend* und *Laster* verstehen, lässt sich nicht so ohne weiteres auf einen allgemeingültigen Begriff bringen, über den niemand mit dem andern streiten könnte.

Indem der Vorstellungskreis eines jeden Einzelnen sich an die zu Gebote stehenden Wörter anheftet, so muss sich auch die Bedeutung des gesamten Wortschatzes einer Sprache nach der Gesamtheit der in dem Volke vorhandenen Vorstellungen richten und sich mit diesen verschieben. Die Wortbedeutung bequemt sich immer der jeweiligen Kulturstufe an. Dies geschieht nicht bloss so, dass für neue Gegenstände und Verhältnisse neue Wörter geschaffen oder dass auf sie alte Wörter von nur ähnlichen, aber doch deutlich verschiedenen Gegenständen und Verhältnissen übertragen werden, wie z. B. (*Stahl*)*feder*, sondern es gibt hier eine Menge unmerklicher Verschiebungen, die zunächst gar nicht als Bedeutungswandel beachtet zu werden pflegen und die eine unmittelbare Folge des Wandels in den Kulturverhältnissen sind. So kann z. B. eine Bezeichnung für Schiff entstanden sein zu einer Zeit, wo es nur erst die allerprimitivste Art von Schiffen gab, und dann geblieben sein, auch nachdem man bis zu den grössten und kompliziertesten Fahrzeugen fortgeschritten war. Wir setzen in einem solchen Falle keinen Bedeutungswandel an, aber doch ist es keine

Frage, dass die an das Wort *Schiff* angeknüpften Vorstellungen andere geworden sind. Und so verhält es sich überhaupt mit den Bezeichnungen von Geräten, Kleidungsstücken, Gebäuden etc. Man vgl. ferner die Bezeichnungen von Ämtern wie *aedilis, quaestor, Herzog, Graf, Bischof*; oder von Instituten wie *Lyceum, Akademie*. Und vollends in beständiger Umwandlung begriffen ist der Bedeutungsinhalt, wo es sich um ethische, ästhetische, religiöse, philosophische Vorstellungen handelt.

Fünftes Kapitel.

Analogie.[1]

§ 75. Wie schon in Kapitel 1 hervorgehoben worden ist, attrahieren sich die einzelnen Wörter in der Seele, und es entstehen dadurch eine Menge grösserer oder kleinerer Gruppen. Die gegenseitige Attraktion beruht immer auf einer partiellen Übereinstimmung des Lautes oder der Bedeutung oder des Lautes und der Bedeutung zugleich. Die einzelnen Gruppen laufen nicht alle gesondert neben einander her, sondern es gibt grössere Gruppen, die mehrere kleinere in sich schliessen, und es findet eine gegenseitige Durchkreuzung der Gruppen statt. Wir unterscheiden zwei Hauptarten, die wir als **stoffliche und formale Gruppen** bezeichnen wollen.

Eine stoffliche Gruppe bilden z. B. die verschiedenen Kasus eines Substantivums. Diese Gruppe lässt sich dann noch wieder nach zwei verschiedenen Prinzipien in kleinere Gruppen zerlegen: entweder Kasus des Sing. — des Plur. (— des Du.), oder Nominativformen (des Sing., Pl., Du.) — Genitivformen etc.; und diese beiden Gruppierungen durchkreuzen einander. Ein viel mannigfaltigeres System von einander über- und untergeordneten und sich durchkreuzenden Gruppen geben die Formen eines Verbums, zumal eines griechischen. Grössere stoffliche Gruppen mit loseren Zusammenhängen entstehen dann aus der Verbindung aller Wörter, die einander in ihrer Bedeutung korrespondieren. In der Regel steht der partiellen Übereinstimmung in der Bedeutung eine partielle Übereinstimmung in der Lautgestaltung zur Seite, welche ihrerseits auf etymologischem Zusammenhang zu beruhen pflegt. Doch gibt es auch stoffliche Gruppen, die lediglich auf die Bedeutung und nicht auf den Laut basiert sind, vgl. *Ochse (Stier)* —

---

[1] Vgl. Misteli, Lautgesetz und Analogie (vgl. S. 68). V. Henry, Étude sur l'analogie en général et sur les formations analogiques de la langue grecque. Paris 1883. Wheeler, Analogy, and the scope of its application in language. Ithaca 1887.

Stoffliche und formale Gruppen. Proportionsgruppen.

Kuh, Mann — Weib, Knabe — Mädchen, Vater — Mutter, Sohn — Tochter, Bruder — Schwester, Mönch — Nonne; *alt — neu* oder *jung, dünn — dick* oder *dicht, hier — da* und überhaupt alle Gegensätze; *sein — werden, werden — machen; sterben — Tod; gut — besser; bin — ist — war, ὁράω — εἶδον — ὄψομαι*.

Als formale Gruppen bezeichne ich z. B. die Summe aller Nomina actionis, aller Komparative, aller Nominative, aller ersten Personen des Verbums etc. Es gibt auch hier grössere Gruppen, die kleinere in sich schliessen; so enthält z. B. die letztgenannte 1. Sg. Ind. Praes., 1. Sg. Konj. Praes. etc. Mithin ist auch eine festere oder lockerere Verbindung zu unterscheiden. Die Verbindung der funktionellen Übereinstimmung mit einer lautlichen ist bei den formalen Gruppen bei weitem nicht so Regel wie bei den stofflichen. Gewöhnlich zerfallen die formalen Gruppen in mehrere kleinere, von denen jede einzelne auch durch lautliche Übereinstimmung zusammengehalten wird, während sie unter sich differieren, vgl. die Dative *libro, anno — mensae, rosae — paci, luci* etc. Nach dem grösseren oder geringeren Grade der lautlichen Übereinstimmung entsteht dann wieder eine Unterordnung kleinerer Gruppen unter grössere, vgl. *gab, nahm — bot, log — briet, riet* etc., unter einander immer noch übereinstimmend gegen *sagte, liebte* etc.

Die stofflichen Gruppen werden von den formalen durchgängig durchkreuzt.

§ 76. Nicht bloss einzelne Wörter schliessen sich zu Gruppen zusammen, sondern auch analoge Proportionen zwischen verschiedenen Wörtern. Veranlassung zur Entstehung solcher **Proportionengruppen**, die zu gleicher Zeit eine **Proportionengleichung** bilden, gibt zunächst die eben berührte Durchkreuzung zwischen stofflichen und formalen Gruppen. Die Basis für die Gleichung ist dabei die Übereinstimmung in der Bedeutung des stofflichen Elements nach der einen und des formalen Elements nach der andern Richtung, weshalb wir diese Art als **stofflich-formale Proportionengruppen** bezeichnen wollen. Es kann dazu auch eine lautliche Übereinstimmung nach beiden Richtungen treten, vgl. *Tag : Tages : Tage = Arm : Armes : Arme = Fisch : Fisches : Fische; führen : Führer : Führung = erziehen : Erzieher : Erziehung* etc.; oder mit der bei allen Proportionen möglichen Vertauschung der Zwischenglieder *Tag : Arm : Fisch = Tages : Armes : Fisches* etc. Die lautliche Übereinstimmung kann sich aber auch auf das stoffliche Element beschränken, vgl. *gebe : gab = sage : sagte = kann : konnte*; lat. *mensa : mensam : mensae = hortus : hortum : horti = nox : noctem : noctis* etc.; *rauben : Raub = ernten : Ernte = säen : Saat = gewinnen : Gewinst*; respektive *gebe : sage : kann = gab : sagte :*

konnte etc. Von viel geringerer Bedeutung sind Gleichungen, bei denen die lautliche Übereinstimmung auf das formale Element eingeschränkt ist, wie *gut* : *besser* = *schön* : *schöner*, oder bei denen überhaupt gar keine lautliche Übereinstimmung stattfindet, wie *bin* : *war* = *lebe* : *lebte*, ὁράω : εἶδον = τύπτω : ἔτυψα.

Auch innerhalb der zu einer stofflichen Gruppe gehörigen Formen können sich Proportionsgruppen bilden, sobald eine Gliederung derselben nach verschiedenen Gesichtspunkten möglich ist. So können beim Nomen die Kasus des Sg. mit denen des Pl. in Proportion gesetzt werden: *hortus* : *horti* : *horto* = *horti* : *hortorum* : *hortis*. Viel mannigfaltigere Proportionen ergibt ein Verbalsystem. Man kann z. B. Gleichungen aufstellen wie *amo* : *amas* = *amavi* : *amavisti* = *amabam* : *amabas* etc. Es besteht hier also keine Verschiedenheit des stofflichen Elementes in den korrespondierenden Gliedern wie bei den stofflich-formalen Proportionsgruppen, sondern an deren Stelle eine teilweise Verschiedenheit in der Funktion des formalen Elementes neben der teilweisen Übereinstimmung. Zu der Übereinstimmung in der Funktion kann auch hier eine lautliche treten, vgl. *amabam* : *amabas* = *amaveram* : *amaveras*.

Eine andere Art von Proportionengleichungen beruht auf dem Lautwechsel, vgl. *Klanges* (phonetisch *klañnes*) : *Klang* (phon. *klañk*) = *singe* : *sang* = *hänge* : *hängte* etc. oder *Spruch* : *Sprüche* = *Tuch* : *Tücher* = *Buch* : *Büchlein* etc. (Wechsel zwischen gutturalem und palatalem *ch*). Die Glieder einer jeden Proportion bestehen hier aus Wörtern, die in etymologischem Zusammenhange stehen, die daher in ihrem stofflichen Elemente Übereinstimmung hinsichtlich der Bedeutung und Lautgestaltung zeigen, daneben aber eine lautliche Verschiedenheit, die sich in allen übrigen Proportionen entsprechend wiederholt. Die Bedeutung der formalen Elemente bleibt dabei ganz aus dem Spiel. So lange wir nur Fälle in Betracht ziehen wie *Klanges* : *Klang* = *Sanges* : *Sang* = *Dranges* : *Drang*, lässt sich nicht entscheiden, ob wir es nicht vielmehr mit einer stofflich-formalen Proportionengleichung zu tun haben. Der Lautwechsel muss, wenn er hierher gezogen werden soll, sich in Fällen zeigen, die hinsichtlich des Funktionsverhältnisses nichts mit einander zu tun haben, und sich dadurch als unabhängig von der Bedeutung erweisen. Wir bezeichnen diese Art von Proportionengruppen als die stofflich-lautlichen oder etymologisch-lautlichen.

Eine weitere Art entsteht aus den syntaktischen Verbindungen. Diese unterscheidet sich von den bisher besprochenen dadurch, dass die Verbindung der Glieder, aus denen sich die einzelnen Proportionen zusammensetzen, schon von aussen her in die Seele eingeführt wird. Die Verbindung der analogen Proportionen unter einander muss gleichfalls erst durch Attraktion im Innern der Seele geschaffen werden. Es assoziieren sich z. B. Sätze wie *spricht Karl, schreibt Fritz* etc. (mit Voranstellung des Prädikats) oder Verbindungen wie *pater mortuus, filia pulchra, caput magnum* (mit Kongruenz in Genus, Numerus, Kasus), und es werden dabei die Gleichungen gebildet *spricht: Karl = schreibt: Fritz* und *pater: mortuus = filia: pulchra = caput: magnum*. Mit der äusseren Form der syntaktischen Zusammenfügung assoziiert sich das Gefühl für eine bestimmte Funktion, und diese Funktion bildet dann in Gemeinschaft mit der äusseren Form das Band, welches die Proportionen zusammenhält. Alle syntaktischen Funktionen lassen sich nur aus solchen Proportionen abstrahieren. Daher sind die syntaktischen Proportionengruppen zum Teil auch die notwendige Vorbedingung für die Entstehung der formalen Gruppen und der stofflich-formalen Verhältnisgruppen. Es können sich z. B. die Genitive nicht zusammengruppieren, wenn es nicht Verbindungen wie *das Haus des Vaters, der Bruder Karls* etc. tun.

§ 77. Es gibt kaum ein Wort in irgend einer Sprache, welches völlig ausserhalb der geschilderten Gruppen stünde. Es finden sich immer andere in irgend einer Hinsicht gleichartige, an die es sich anlehnen kann. Aber in Bezug auf die grössere oder geringere Mannigfaltigkeit der Verbindungen, die ein Wort eingeht, und in Bezug auf die Innigkeit des Verbandes bestehen bedeutende Unterschiede. Die Gruppierung vollzieht sich um so leichter und wird um so fester einerseits, je grösser die Übereinstimmung in Bedeutung und Lautgestaltung ist, anderseits, je intensiver die Elemente eingeprägt sind, die zur Gruppenbildung befähigt sind. In letzterer Hinsicht kommt für die Proportionengruppen einerseits die Häufigkeit der einzelnen Wörter, anderseits die Anzahl der möglichen analogen Proportionen in Betracht. Wo die einzelnen Elemente zu wenig intensiv sind oder ihre Übereinstimmung unter einander zu schwach, da verbinden sie sich entweder gar nicht oder der Verband bleibt ein lockerer. Es sind dabei wieder mannigfache Abstufungen möglich.

§ 78. Diejenigen Proportionengruppen, welche einen gewissen Grad von Festigkeit gewonnen haben, sind für alle Sprechtätigkeit und für alle Entwickelung der Sprache von eminenter Bedeutung. Man wird diesem Faktor des Sprachlebens nicht gerecht, wenn man ihn erst da zu beachten anfängt, wo er eine Veränderung im Sprachusus hervorruft. Es war ein Grundirrtum der älteren Sprachwissenschaft, dass sie alles Gesprochene, so lange es von dem bestehenden Usus nicht abweicht, als etwas bloss gedächtnismässig Reproduziertes behandelt hat, und die Folge davon ist gewesen, dass man sich auch von dem Anteil der Proportionengruppen an der Umgestaltung der Sprache keine rechte Vorstellung hat machen können. Zwar hat schon W. v. Humboldt nachdrücklich

Fünftes Kapitel. Analogie.

betont, dass das Sprechen ein immerwährendes Schaffen ist. Aber noch heute stösst man auf lebhaften und oft recht unverständigen Widerspruch, wenn man die Konsequenzen dieser Anschauungsweise zu ziehen sucht. Die Wörter und Wortgruppen, die wir in der Rede verwenden, erzeugen sich nur zum Teil durch blosse gedächtnismässige Reproduktion des früher Aufgenommenen. Ungefähr eben so viel Anteil daran hat eine kombinatorische Tätigkeit, welche auf der Existenz der Proportionengruppen basiert ist. Die Kombination besteht dabei gewissermassen in der Auflösung einer Proportionengleichung, indem nach dem Muster von schon geläufig gewordenen analogen Proportionen zu einem gleichfalls geläufigen Worte ein zweites Proportionsglied frei geschaffen wird. Diesen Vorgang nennen wir Analogiebildung. Es ist eine nicht zu bezweifelnde Tatsache, dass eine Menge Wortformen und syntaktische Verbindungen, die niemals von aussen in die Seele eingeführt sind, mit Hilfe der Proportionengruppen nicht bloss erzeugt werden können, sondern auch immerfort zuversichtlich erzeugt werden, ohne dass der Sprechende ein Gefühl dafür hat, dass er den festen Boden des Erlernten verlässt. Es ist für die Natur dieses Vorganges ganz gleichgültig, ob dabei etwas herauskommt, was schon früher in der Sprache üblich gewesen ist, oder etwas vorher nicht Dagewesenes. Es macht auch an und für sich nichts aus, ob das Neue mit dem bisher Üblichen in Widerspruch steht; es genügt, dass das betreffende Individuum keinen Widerspruch mit dem bisher Erlernten empfindet. In andern Fällen hat zwar eine Aufnahme von aussen stattgefunden, die Nachwirkung derselben würde aber zu schwach sein, als dass das Aufgenommene wieder in das Bewusstsein gerufen werden könnte, wenn ihm nicht die Proportionengruppe, in die es eingereiht ist, zu Hilfe käme.

§ 79. Ohne weiteres wird zugegeben werden müssen, dass die wenigsten Sätze, die wir aussprechen, als solche auswendig gelernt sind, dass vielmehr die meisten erst im Augenblicke zusammengesetzt werden. Wenn wir eine fremde Sprache methodisch erlernen, so werden uns Regeln gegeben, nach denen wir die einzelnen Wörter zu Sätzen zusammenfügen. Kein Lehrer aber, der nicht ganz unpädagogisch verfährt, wird es versäumen zugleich Beispiele für die Regel, d. h. mit Rücksicht auf die selbständig zu bildenden Sätze Muster zu geben. Regel und Muster ergänzen sich gegenseitig in ihrer Wirksamkeit; und man sieht aus diesem pädagogischen Verfahren, dass dem konkreten Muster gewisse Vorzüge zukommen müssen, die der abstrakten Regel abgehen. Bei dem natürlichen Erlernen der Muttersprache wird die Regel a¹s solche nicht gegeben, sondern nur eine Anzahl von Mustern.

Wir hören nach und nach eine Anzahl von Sätzen, die auf dieselbe Art zusammengefügt sind und sich deshalb zu einer Gruppe zusammenschliessen. Die Erinnerung an den speziellen Inhalt der einzelnen Sätze mag dabei immer mehr verblassen, das gemeinsame Element wird durch die Wiederholung immer von neuem verstärkt, und so wird die Regel unbewusst aus den Mustern abstrahiert. Eben, weil keine Regel von aussen gegeben wird, genügt nicht ein einzelnes Muster, sondern nur eine Gruppe von Mustern, deren spezieller Inhalt gleichgültig erscheint. Denn nur dadurch entwickelt sich die Vorstellung einer Allgemeingültigkeit der Muster, welche dem Einzelnen das Gefühl der Berechtigung zu eigenen Zusammenfügungen gibt. Wenn man eine auswendig gelernte Regel häufig genug angewendet hat, so erreicht man es, dass dieselbe auch unbewusst wirken kann. Man braucht sich weder die Regel noch ein bestimmtes Muster ins Bewusstsein zu rufen, und man wird doch ganz korrekte Sätze bilden. Man ist somit, wenigstens was das gewöhnliche Verfahren bei der praktischen Ausübung betrifft, auf einem abweichenden Wege eben dahin gelangt, wo derjenige sich befindet, der keinen grammatischen Unterricht genossen hat.

Ein Hauptnachteil desjenigen, dem bloss Muster überliefert sind, gegenüber demjenigen, der Regel und Muster zugleich überliefert bekommen hat, besteht darin, dass er nicht wie dieser von vornherein über den Umfang der Gültigkeit seiner Muster unterrichtet ist. Wer z. B. die Präposition *in* zunächst wiederholt mit dem Akk. verbunden hört, wird dies leicht als die allgemeine Verbindungsweise von *in* auffassen, und wer es auch bald mit dem Akk., bald mit dem Dat. verbunden hört, wird mindestens einige Zeit brauchen, bis er den Unterschied richtig herausgefunden hat, und mittlerweile vielleicht beides promiscue gebrauchen. Hier kommt man mit Hilfe der Regel viel schneller zum Ziele. Eine solche Zusammenwerfung zweier Gruppen, die nach dem Usus auseinandergehalten werden sollen, ist um so eher möglich, je feiner die logische Unterscheidung ist, die dazu erfordert wird, und je grösserer Spielraum dabei der subjektiven Auffassung gelassen ist. Vor allem aber ist eine Gruppe dann leicht im Stande ihr Muster über das Gebiet einer verwandten Gruppe auszudehnen, wenn sie diese in Bezug auf die Häufigkeit der vorkommenden Fälle bedeutend überragt. Und nun gibt es vollends vieles im Sprachgebrauch, was überhaupt vereinzelt dasteht, was sich weder unter eine mit Bewusstsein abstrahierte Regel noch unter eine unbewusst entstandene Gruppe einfügt. Alles dasjenige aber, was die Stütze durch eine Gruppe entbehrt oder nur in geringem Masse geniesst, ist, wenn es nicht durch häufige Wiederholung besonders intensiv dem Gedächtnisse eingeprägt wird, nicht widerstandsfähig genug gegen die Macht der grösseren

Gruppen. So, um ein Beispiel anzuführen, ist es im Deutschen wie in andern indogermanischen Sprachen die Regel, dass, wo zwei Objekte von einem Verbum abhängen, das eine im Akk., das andere im Dat. steht. Es gibt aber daneben einige Fälle, und gab früher noch mehr, in denen ein doppelter Akk. steht. Diese Fälle müssen und mussten besonders erlernt werden. In Folge des Widerspruchs mit der allgemeinen Regel wird das Sprachgefühl unsicher, und das kann schliesslich zum Untergang der vereinzelten Konstruktionen führen. Man hört heutzutage fast eben so häufig *er lehrt mir die Kunst* als *er lehrt mich die Kunst*, und niemand sagt mehr *ich verhehle dich die Sache* nach mittelhochdeutscher Weise, sondern nur *ich verhehle dir*.

§ 80. Sehr bedeutend ist die schöpferische Tätigkeit des Individuums aber auch auf dem Gebiete der Wortbildung und noch mehr auf dem der Flexion. Bei den wenigsten Nominal- und Verbalformen, die wir aussprechen, findet eine rein gedächtnismässige Reproduktion statt, manche haben wir nie vorher gesprochen oder gehört, andere so selten, dass wir sie ohne Hilfe der Gruppen, an die sie sich angeschlossen haben, niemals wieder in das Bewusstsein würden zurückrufen können. Das Gewöhnliche ist jedenfalls, dass Produktion und Reproduktion zusammenwirken, und zwar in sehr verschiedenem Verhältnis zu einander.

Besonders klar sehen wir die Wirkungen der Analogie bei der grammatischen Aneignung der Flexionsformen einer fremden Sprache. Man lernt eine Anzahl von Paradigmen auswendig und prägt sich dann von den einzelnen Wörtern nur soviel Formen ein, als erforderlich sind, um die Zugehörigkeit zu diesem oder jenem Paradigma zu erkennen. Mitunter genügt dazu eine einzige. Die übrigen Formen bildet man in dem Augenblicke, wo man ihrer bedarf, nach dem Paradigma, d. h. nach Analogie. Im Anfang wird man dabei immer das erlernte Paradigma vor Augen haben. Nachdem man aber erst eine grössere Anzahl von Formen danach gebildet hat und auch diese Spuren in der Seele hinterlassen haben, erfolgt die Bildung, auch ohne dass das Wort, welches als Paradigma gedient hat, in das Bewusstsein tritt. Die aus andern Wörtern früher gebildeten Formen wirken jetzt mit, und die Folge davon ist, dass nur das allen gemeinsame formelle Element zum Bewusstsein kommt, während die verschiedenen stofflichen sich gegenseitig hemmen. Nunmehr ist das Verhältnis des Sprechenden zu den Flexionsformen im Augenblicke der Anwendung ungefähr das nämliche wie dasjenige, welches bei der natürlichen Erlernung der Muttersprache gewonnen wird. Diese natürliche Erlernung führt auf einem weniger direkten, schliesslich aber eben so sicheren Wege zu dem gleichen Ziele. Hierbei findet von Anfang an kein vorzugsweises Haften der formalen

Wirksamkeit der Proportionengruppen in Flexion und Wortbildung. 113

Elemente an ein bestimmtes einzelnes stoffliche statt, und die Gesamtheit der möglichen Formen ordnet sich niemals in bestimmter Folge zu einer Reihe zusammen. Es wird nicht gelehrt, dass sich dieses Wort nach jenem zu richten habe. Der Umstand, dass eine Anzahl von Formen verschiedener Wörter sich gleichmässig verhalten, genügt das Gefühl zu erzeugen, dass man berechtigt ist diese Gleichmässigkeit weiter durchzuführen. Nachdem einmal von einer Anzahl von Wörtern die sämtlichen Formen eingeprägt sind und sich zu Gruppen zusammengeschlossen haben, wird es vom Sprachgefühl als selbstverständlich betrachtet, dass auch die Formen anderer Wörter solchen Gruppen angehören, dass also z. B. zu dem Nom. oder Gen. eines Substantivums die übrigen Kasus als notwendiges Komplement gehören. Daher kommt es ja auch, dass wir nicht jeden Kasus und jede Verbalform als ein besonderes Wort auffassen, sondern unter die übliche Nennform eines Substantivums oder Verbums (Nom., Inf.) gleich den ganzen Formenkomplex einbegreifen.

Auf dem Gebiete der Wortbildung sind die Verhältnisse nur zum Teil ähnlich wie auf dem der Flexion. Manche Bildungsweisen allerdings erzeugen sich analogisch ebenso leicht und unbefangen wie die Flexionsformen, vergleiche namentlich Komparativ und Superlativ aus Positiv. Bei andern rufen die überlieferten Wörter nur in beschränktem Masse Analogiebildungen hervor, wieder bei andern gar keine. Dieses verschiedene Verhalten ist einfach bedingt durch die verschiedene Fähigkeit des überlieferten Stoffes zur Gruppenbildung.[1]

§ 81. Da die meisten der in der Sprache üblichen Formen sich in Verhältnisgruppen unterbringen lassen, so ist es ganz natürlich, dass mit Hilfe der Proportionen häufig Formen geschaffen werden müssen, die schon vorher in der Sprache üblich waren. Wenn das aber immer der Fall sein sollte, so müssten einerseits alle nach Proportion bildbaren Formen schon einmal gebildet sein, anderseits müsste eine so vollkommene Harmonie des Formensystems bestehen, wie sie nirgends anzutreffen ist, oder es dürften wenigstens, wo verschiedene Bildungsweisen neben einander bestehen, verschiedene Deklinations- oder Konjugationsklassen, verschiedene Arten ein nomen agentis aus einem Verbum zu bilden etc., niemals die entsprechenden Formen aus verschiedenen Klassen eine analoge Gestalt haben; es müsste aus jeder einzelnen Form zweifellos hervorgehen, in welche der vorhandenen Klassen das betreffende Wort gehört. Sobald eine Form ihrer Gestalt nach mehreren Klassen angehören kann, so ist es auch möglich von ihr aus die andern

---

[1] Vgl. dazu meine Abhandlung „Über die Aufgaben der Wortbildungslehre" in den Sitzungsber. der philos.- phil. Klasse der bayer. Akad. d. W. 1896. S. 692 ff.

Paul, Prinzipien.

zugehörigen Formen nach verschiedenen Proportionen zu bilden. Welche von den verschiedenen anwendbaren Proportionen dann sich geltend macht, hängt durchaus nur von dem Machtverhältnis ab, in welchem sie zu einander stehen. Eine Proportionsbildung findet gar keine Hemmung in der Seele, wenn für die Funktion, für welche sie geschaffen wird, bisher überhaupt noch kein Ausdruck vorhanden gewesen ist. Aber auch dann nicht, wenn zwar ein abweichender Ausdruck bereits üblich, aber dem betreffenden Individuum niemals überliefert worden ist, was bei etwas selteneren Wörtern häufig genug der Fall ist. Ist aber die übliche Form einmal gedächtnismässig aufgenommen, so ist es eine Machtfrage, ob in dem Augenblick, wo eine bestimmte Funktion ausgeübt werden soll, zu diesem Zwecke eine Form durch einfache Reproduktion ins Bewusstsein gehoben wird, oder mit Hilfe einer Proportion. Es kann dabei der Fall eintreten, dass die Proportion sich zunächst geltend macht, dass aber die früher geknüpfte Verbindung mit dem Erinnerungsbilde der üblichen Form noch stark genug ist, um hinterher den Widerspruch der Neubildung mit diesem Erinnerungsbilde bemerklich zu machen. Man besinnt sich dann, dass man etwas Falsches hat sagen wollen oder schon gesagt hat. Es ist das also eine von den verschiedenen Arten, wie man sich versprechen kann. Wir werden auch da noch ein Versprechen anerkennen müssen, wo der Sprechende auch hinterher den Widerspruch mit dem Erinnerungsbilde nicht von selbst gewahr wird, aber denselben sofort erkennt, wenn er durch eine leise Hindeutung darauf aufmerksam gemacht wird. Die Macht des Erinnerungsbildes kann aber auch so gering sein, dass es gar nicht gegen die Proportionsbildung aufzukommen vermag und diese ungestört zur Geltung gelangt.

Durch die Wirksamkeit der Gruppen ist also jedem Einzelnen die Möglichkeit und die Veranlassung über das bereits in der Sprache Übliche hinauszugehen in reichlichem Masse gegeben. Man muss nun beachten, dass alles, was auf diese Weise geschaffen wird, eine bleibende Wirkung hinterlässt. Wenn diese auch nicht von Anfang an stark und nachhaltig genug ist, um eine unmittelbare Reproduktion zu ermöglichen, so erleichtert sie doch eine künftige Wiederholung des nämlichen Schöpfungsprozesses, und trägt dazu bei die etwa entgegenstehenden Hemmungen noch mehr zurückzudrängen. Durch solche Wiederholungen kann dann hinzugefügt werden, was dem Neugeschaffenen etwa noch an Macht fehlte, um unmittelbar reproduziert zu werden.

§ 82. Aber jede solche Überschreitung des Usus erscheint, auf ein Individuum beschränkt, wo sie zu dem Üblichen ein Mehr hinzu-

Analogische Neubildung.

fügt, ohne sich mit demselben in Widerspruch zu setzen, als eine gewisse Kühnheit, wo sie aber das letztere tut, geradezu als Fehler. Ein solcher Fehler kann vereinzelt bleiben, ohne zur Gewohnheit zu werden, kann auch, wenn er zur Gewohnheit geworden ist, wieder abgelegt werden, indem man sich durch den Verkehr das Übliche aneignet, sei es zum ersten Male, oder sei es von neuem. Wenn er aber auch nicht wieder abgelegt wird, so geht er in der Regel mit dem Individuum zu Grunde, wird nicht leicht auf ein anderes übertragen. Viel leichter überträgt sich eine Schöpfung, die mit keiner früher bestehenden in Konflikt kommt, hier kann viel eher ein Einzelner den Anstoss geben. Dagegen mit der Ersetzung des bisher Üblichen durch etwas Neues verhält es sich gerade wie mit dem Laut- und Bedeutungswandel. Nur wenn sich innerhalb eines engeren Verkehrskreises an einer grösseren Anzahl von Individuen spontan die gleiche Neuschöpfung vollzieht, kann sich eine Veränderung des Usus herausbilden. Die Möglichkeit eines solchen spontanen Zusammentreffens vieler Individuen beruht auf der überwiegenden Übereinstimmung in der Organisation der auf die Sprache bezüglichen Vorstellungsgruppen. Je grösser die Zahl derjenigen, bei denen die Neubildung auftritt, um so leichter wird die Übertragung auf andere, je mehr gewinnt das, was anfangs als Fehler erschien, an Autorität.

Wie hinsichtlich der Lautverhältnisse und hinsichtlich der Bedeutung, die den Wörtern beigelegt wird, so zeigen sich auch hinsichtlich der analogischen Neubildung die stärksten Abweichungen vom Usus in der Kindersprache. Je unvollständiger und je schwächer noch die Einprägung der einzelnen Wörter und Formen ist, um so weniger Hemmung findet die Neubildung, um so freieren Spielraum hat sie. So haben alle Kinder die Neigung anstatt der unregelmässigen und seltenen Bildungsweisen, die noch nicht in ihrem Gedächtnis haften, die regelmässigen und gewöhnlichen zu gebrauchen, im Nhd. z. B. alle Verba schwach zu bilden. Wenn bei zunehmender Entwickelung des Individuums die Neubildung mehr und mehr abnimmt, so ist das natürlich nicht die Folge davon, dass ein anfangs vorhandenes Vermögen schwindet, sondern davon, dass das Bedürfnis abnimmt, indem sich für den Zweck, für den früher die Neubildungen geschaffen wurden, immer mehr gedächtnismässig aufgenommene Formen zur Verfügung stellen. Im allgemeinen lassen auch auf diesem Gebiete die Abweichungen der Kindersprache keine Konsequenzen für die allgemeine Weiterentwickelung der Sprache zurück; aber hie und da bleiben doch Spuren. Insbesondere wird in solchen Fällen, wo schon die Erwachsenen zu Neubildungen neigen, die entsprechende Neigung bei den Kindern noch stärker hervortreten, und sie werden sich dieser Neigung frei überlassen, sobald die nötige Hemmung durch die Sprache der Erwachsenen fehlt.

Durch eine analogische Neubildung wird eine früher bestehende gleichbedeutende Form nicht mit einem Schlage verdrängt. Es ist nicht wohl denkbar, dass das Bild der letzteren gleichzeitig bei allen Individuen so verblassen sollte, dass die Analogiebildung ohne Hemmung vor sich gehen könnte. Vielmehr bewahren immer einige Individuen die alte Form, während andere sich schon der Neubildung bedienen. So lange aber zwischen diesen und jenen ein ununterbrochener Verkehr unterhalten wird, muss auch eine Ausgleichung stattfinden. Es müssen daher einer kleineren oder grösseren Anzahl von Individuen beide Formen geläufig werden. Erst nach einem längeren Kampfe zwischen beiden Formen kann die Neubildung zur Alleinherrschaft gelangen.[1]).

§ 83. Da die analogische Neuschöpfung die Auflösung einer Proportionsgleichung ist, so müssen natürlich schon mindestens drei Glieder vorhanden sein, die sich zum Ansatz einer solchen Gleichung eignen. Es muss jedes mit dem andern irgendwie vergleichbar sein,

---

[1]) Wundt behandelt einen Teil der Analogiebildungen auf morphologischem Gebiete (die übrigen bleiben von ihm überhaupt unberücksichtigt) unter dem Abschnitt „Lautwandel" als „assoziative Fernwirkungen der Laute" (I, 431 ff.). Er stellt dieselben in Parallele zu den assoziativen Kontaktwirkungen (Assimilation etc.), eine Parallelisierung, die nur irre führen kann, da die betreffenden Erscheinungen völlig verschiedener Natur sind. Zu den Konsequenzen, die sich daraus ergeben, gehört Folgendes. Wenn im Nhd. *starben* an Stelle des Mhd. *sturben* getreten ist, so soll nach Wundt das *u* des letzteren in analoger Weise durch das *a* von *starb*, wie er sich ausdrückt, induziert sein, wie etwa bei der Verwandlung von lat. *octo* in it. *otto* des *c* durch das nachfolgende *t*. Das ist offenbar falsch. Denjenigen, die zuerst die Form *starben* gebildet haben, ist die Form *sturben* nicht ins Bewusstsein getreten, denn sonst hätten sie sich eben ihrer bedient. Die Neubildung konnte nur von Individuen ausgehen, denen die Form *sturben* nicht genügend eingeprägt war. Wenn Wundt für einen derartigen Vorgang die Bezeichnung Angleichung für zutreffender erklärt als Analogiebildung, so ist gerade das umgekehrte richtig. Niemand kann doch bezweifeln, dass, wenn ein Kind nach *ich darf* auch *wir darfen* bildet, dies dadurch bedingt ist, dass es die Form *dürfen* noch nicht erlernt hat. Niemand kann auch leugnen, dass, wenn ein Schüler ähnliche Fehler in einer Übersetzungsarbeit macht (etwa *tutundi* statt *tutudi*), dies nur daher kommt, weil er sich die richtige Form nicht eingeprägt hat. Wie kann man sich aber dagegen sträuben, anzuerkennen, dass die in Frage stehenden Veränderungen des Sprachgebrauchs auf die nämliche psychologische Grundlage zurückzuführen sind? - Die Auffassung der Analogiebildungen als assoziative Fernewirkungen der Laute hat es übrigens mit sich gebracht, dass Dissimilationen wie $\tau\varrho\acute{\epsilon}\varphi\omega$ für *$\vartheta\varrho\acute{\epsilon}\varphi\omega$ unter der Rubrik Kontaktwirkungen behandelt sind, wohin sie doch offenbar nicht gehören. Für sie wäre ein Ausdruck, der den Gegensatz zu Kontakt bildete, angemessen, wenn auch nicht gerade Ferne-, und Brugmann hat wirklich die Ausdrücke **Fernassimilation** und **Ferndissimilation** dafür verwendet.

d. h. in diesem Falle, es muss mit dem einen im stofflichen, mit dem andern im formalen Elemente eine Übereinstimmung zeigen. So lässt sich z. B. im Lat. eine Gleichung ansetzen *animus : animi = senatus* : x, aber nicht *animus : animi = mensa* : x. Es kann daher ein Wort in seiner Flexion von anderen nur dann analogische Beeinflussung erfahren, wenn es mit diesen in der Bildung einer oder mehrerer Formen übereinstimmt. Es kommt allerdings zuweilen eine Beeinflussung ohne solche Übereinstimmung vor, die man dann aber nicht mit Recht als Analogiebildung bezeichnet. Es kann eine Flexionsendung wegen ihrer besonderen Häufigkeit als die eigentliche Normalendung für eine Flexionsform empfunden werden. Dann überträgt sie sich wohl auf andere Wörter auch ohne die Unterstützung gleichgebildeter Wörter. Von dieser Art ist z. B. im Attischen die Übertragung der Genitivendung ου aus der zweiten Deklination auf die Maskulina der ersten: πολίτου statt πολίτεω, wie es Homerischem -αο, dorischem ᾱ entsprechen müsste; die Übereinstimmung beider Klassen im Geschlecht hat hier genügt die Beeinflussung zu bewirken. Der Gen. Du. der griechischen dritten Deklination hat seine Endung von der zweiten entlehnt: ποδοῖν nach ἵπποιν. Im Deutschen ist die Genitivendung s auf die weiblichen Eigennamen mit der Endung a übertragen: *Bertas, Klaras*. Im Engl., Schwed. und Dän. hat sich -s zu einem allgemeinen Genitivsuffix entwickelt, sogar für den Pl.

Neuschöpfungen finden natürlich auch auf Grundlage der oben § 76 besprochenen Proportionsgruppen statt, die sich aus Formen der gleichen stofflichen Gruppe zusammensetzen. Im Mhd. lauten die dritten Personen Pl.: Ind. Präs. *gebent*, Konj. *geben*, Ind. Prät. *gâben*, Konj. *gæben*. Im Nhd. ist nach Analogie der drei anderen Formen auch im Ind. Präs. *geben* eingetreten; im Spätmhd. ist auch umgekehrt *ent* in die übrigen Formen eingedrungen. Die 2. Sg. Ind. Prät. des starken Verbums, die im Mhd. eigentümlich gebildet war (*du gæbe, wære*), ist nach der Analogie der andern zweiten Personen umgestaltet.

§ 84. Dass eine schöpferische Wirkung der Analogie auch auf dem Gebiete des Lautwechsels statt hat, ist, soviel ich sehe, bis jetzt noch wenig beachtet. Der Lautwechsel ist zunächst, wie wir gesehen haben, eine Wirkung des Lautwandels, die dann eintritt, wenn der gleiche Laut oder die gleiche Lautgruppe sich in Folge verschiedener lautlicher Bedingungen in mehrere gespalten hat. So lange diese Bedingungen fortdauern und ausserdem keine Störung der Wirkungen des Lautwandels durch andere Einflüsse eintritt, ist es möglich, dass die durch den Lautwandel entstandenen Formen sich zu Proportionsgruppen ordnen, vgl. die Beispiele in § 76. Wir können dann den Lautwechsel als einen lebendigen bezeichnen. Fallen dagegen die Bedingungen fort, welche die Ursache der verschiedenen Behandlung des Lautes gebildet haben, so lassen sich keine etymologisch-lautlichen Proportionen mehr bilden, der Lautwechsel ist erstarrt. So ist z. B. der Wechsel zwischen *h* und *g* in *ziehen — Zug, gedeihen — gediegen* nicht mehr durch Verhältnisse in der gegenwärtigen Sprache bedingt; die Ursache, durch welche dieser Lautwechsel ursprünglich hervorgerufen ist, der wechselnde indogermanische Akzent, ist längst beseitigt. Der Wechsel zwischen *hoher — hoch, sehen — Gesicht, geschehen — Geschichte* trifft zwar zusammen mit einem Wechsel der Stellung innerhalb der Silbe; da aber in den meisten Fällen bei ganz analogem Stellungswechsel kein Lautwechsel mehr statt hat (vgl. *rauher — rauh, sehen — sah* und *sieht, geschehen — geschah* und *geschieht*), so ist auch dieser Wechsel ein toter. Anders im Mhd., wo es eine durchgreifende Regel ist, dass einem *h* im Silbenanlaut in der Stellung nach dem Sonanten der Silbe der Laut unseres *ch* entspricht, also *rûher — rûch, sehen — sach, geschehen — geschach,* vor *s* und *t* im älteren Mhd. allerdings auch *h* geschrieben (*sihst, siht*), im späteren aber gleichfalls durch *ch* bezeichnet (*sichst, sicht*).

Die stofflich-lautlichen Proportionsgruppen sind nun in entsprechender Weise produktiv wie die stofflich-formalen. Es ist z. B. nicht wohl denkbar, dass die beiden verschiedenen Aussprachen unseres *ch* von jedermann für jeden einzelnen Fall besonders erlernt sind, vielmehr wirken auch hier gedächtnismässige Einprägung und Analogieschöpfung zusammen, und ohne Mitwirkung der letzteren könnte nicht die Sicherheit in dem Wechsel zwischen beiden gewonnen werden, wie sie wirklich vorhanden ist. Besonders zweifellos ist die Mitwirkung der Analogie bei den Sandhi-Erscheinungen. Wie sollte man es sich z. B. sonst erklären, dass im Franz. die auslautenden Konsonanten *s, z, t, n* konsequent verschieden behandelt werden, je nachdem das sich anschliessende Wort mit Konsonant oder mit Vokal beginnt? Es ist zwar möglich, dass sich eine Anzahl solcher Verbindungen wie *nous vendons — nous aimons, un fils — un ami* seit der Zeit, wo sie durch den Lautwandel entstanden sind, von Generation zu Generation gedächtnismässig fortgepflanzt haben, aber sicher sind es bei weitem nicht alle, die jetzt zur Anwendung kommen und früher gekommen sind. Nichtsdestoweniger wird der Wechsel genau beobachtet, auch von dem grammatisch- Ungeschulten und bei jeder beliebigen neuen Kombination.

Durch die Wirksamkeit der etymologisch-lautlichen Verhältnisgruppen werden im allgemeinen solche Formen erzeugt, wie sie auch durch den zu Grunde liegenden Lautwandel hervorgebracht sein würden. Doch geschieht es auch zuweilen, dass neue Formen erzeugt werden, die lautgesetzlich nicht möglich wären. Ursache ist entweder eine eigentlich nicht berechtigte Umkehrung der Proportionen oder eine Verschiebung der Verhältnisse durch jüngeren Lautwandel.

Für viele ober- und mitteldeutsche Mundarten gilt das Lautgesetz, dass *n* im Silbenauslaut geschwunden ist, sich aber auch im Wortende gehalten hat, wenn es bei vokalischem Anlaut des folgenden Wortes zu diesem hinübergezogen ist, also z. B. im Alemannischen *ę ros* (ein Ross) — *ę-n ôbet* (ein Abend), *i dug* = mhd. *ich tuon* — *duę-n-i*. Man ist also daran gewöhnt, dass in vielen Fällen zwischen vokalischem Auslaut und vokalischem Anlaut sich ein *n* scheinbar einschiebt, und in Folge davon überträgt sich das *n* auf Fälle, wo in der älteren Zeit kein *n* bestanden hat. So finden sich in der Schweiz[1]) Verbindungen wie *wo-n-i* wo ich, *sę-n-išš* so ist es, *wię-n-ę* wie ein, *so-n-ę* so ein, *bî-n-ęm* bei ihm, *tsüę-n-ęm* zu ihm. Die selbe Erscheinung findet sich im Badischen[2]) in Schwaben, z. B. in der Mundart der Gegend von Horb:[3]) *bei-n-ęm* bei ihnen, *zuę-n-enę* zu ihnen, *di mâ-n-i* dich mag ich, *lô-n-ęms* lass es ihm, *gei-n-ems* gib es ihm, entsprechend im bairischen Schwaben und in einem angrenzenden Teile des eigentlich bairischen Gebietes:[4]) *si-n-ist* sie ist, *wie-n-i* wie ich etc. Auch im Kärntischen heisst es *bâ-n-enk* bei euch.[5]) Im Altprovenzalischen ist die Nebenform *fon* zu *fo (fuit)* nach Analogie von *bon* — *bo* etc. gebildet.[6]) Hierher gehört auch das *ν ἐφελκυστικόν*, soweit es nicht etymologisch berechtigt ist.

In bairischen Mundarten wird nach Vokal zur gleichen Silbe gehöriges *r* zu schwachem *e (a)*. Im Auslaut vor vokalischem Anlaut des folgenden Wortes erhält sich *r*, weil es hinübergezogen wird. Es heisst daher *der arm*, aber *dę jung*, *ęr is*, aber *ę hât, meî bruędęr odęr i*, aber *i odę meî bruedę*.[7]) In Folge davon entstehen auch Verbindungen wie *wię-r-i* wie ich, *gê-r-ę* gehe er, *dâ się-r-i* da sehe ich, *kâę-r-i* kann ich, *aę-r-i* abhin = hinab.[8]) Gleichfalls durch das Verstummen des auslautenden *r* hervorgerufen sind im Südengl. Verbindungen wie *America-r-and England, idea-r-of*. Entsprechend wird mhd. *jârâ, nûrâ* aus *jâ, nû + â* zu erklären sein nach Analogie des Verhältnisses *dâ* (aus älterem *dâr*) zu *dârane, wâ* zu *wârane, hie* zu *hierane, sâ* zu *sârie*.

---

[1]) Vgl. Winteler, Kerenzer Mundart S. 73. 140.
[2]) Vgl. Heimburger, Beiträge z. Gesch. d. deutschen Spr. u. Lit. 13, 242.
[3]) Vgl. Kauffmann, Geschichte der schwäbischen Mundart § 190.
[4]) Vgl. Schmeller, Mundarten Bayerns S. 134.
[5]) Vgl. Lexer, Kärntisches Wörterbuch S. XIII.
[6]) Vgl. Neumann, Zschr. f. rom. Phil. VIII, 257.
[7]) Vgl. Schmeller, S. 141. Schwäbl, Die altbayerische Mundart § 34.
[8]) Vgl. ib. S. 142 und Lexer a. a. O. S. XII.

Die satzphonetische Doppelformigkeit ist wohl dasjenige Gebiet, auf dem diese Art von Analogiebildung am häufigsten erscheint. Doch ist sie nicht darauf beschränkt. Wenn im Spätmittelhochdeutschen nach Abwerfung des auslautenden *e* aus *zœhe, geschœhe, hœhe* etc. *zœch, geschœch, hœch* entsteht, so liegt wohl schwerlich ein lautlicher Übergang des *h* in *ch* vor; die Formen haben sich vielmehr der Analogie des bereits vorher bestehenden Wechsels *hôch — hôhes, geschehen — geschach* etc. gefügt. Ebenso wird es sich verhalten bei *sicht, geschicht* (in älterer Zeit noch *siht, geschiht* geschrieben) aus *sihet, geschihet.*

Sechstes Kapitel.
Die syntaktischen Grundverhältnisse.[1]

§ 85. Alle Sprechtätigkeit besteht in der Bildung von Sätzen. Freilich besteht keine Einigkeit darüber, was man unter einem Satze zu verstehen hat. Sehr verschiedene Definitionen sind aufgestellt. Es ist auch nicht zu leugnen, dass sich dem Versuche, eine vollkommen befriedigende Begriffsbestimmung zu finden, eigentümliche Schwierigkeiten in den Weg stellen. Die von mir früher gegebene Definition lautete: der Satz ist der sprachliche Ausdruck, das Symbol dafür, dass sich die Verbindung mehrerer Vorstellungen oder Vorstellungsgruppen in der Seele des Sprechenden vollzogen hat, und das Mittel dazu, die nämliche Verbindung der nämlichen Vorstellungen in der Seele des Hörenden zu erzeugen. Ich wählte eine so allgemeine Fassung, um alle verschiedenen Satzarten darunter begreifen zu können und manchen engeren Fassungen entgegenzutreten, z. B. dem verbreiteten Irrtum, dass der Satz ein Verb. fin. enthalten müsse. Verbindungen wie *Omnia praeclara rara, Summum jus summa injuria, Träume Schäume, Ich ein Lügner? Ich dir danken?* erkläre ich gerade so gut für Sätze wie *Der Mann lebt, Er ist tot.*[2]

Meine Definition ist von verschiedenen Seiten angefochten worden. Wundt wendet sich besonders dagegen, dass der Satz Ausdruck einer

---

[1] Zu diesem Kapitel und den folgenden auf Syntax bezüglichen vgl. Reckendorf, Zur allgemeinen Syntax (Idg. Forschungen 10, 167). R. bespricht in dieser Abhandlung für die allgemeine Sprachwissenschaft wichtige Eigenheiten des Arabischen, die er eingehend in seinem Werke „Die syntaktischen Verhältnisse des Arabischen (Leiden 1895—98)" behandelt hat. Die Forschungen Reckendorfs zeigen, wie die aus den indogermanischen Sprachen gewonnenen allgemeinen Grundsätze auch auf dem Gebiete der semitischen Sprachen anwendbar sind.

[2] In nichtindogermanischen Sprachen, auch wenn sie deutlich ausgeprägte Verbalformen haben, sind Sätze ohne Verb. noch viel häufiger. Vgl. über das Arabische Reckendorf S. 169.

Verbindung von Vorstellungen sein soll. Nach ihm beruht er vielmehr auf der Zerlegung eines im Bewusstsein vorhandenen Ganzen in seine Teile (II. 241), ist Ausdruck für die willkürliche Gliederung einer Gesamtvorstellung in ihre in logische Beziehungen zu einander gesetzten Bestandteile (245). Hierauf möchte ich zunächst erwidern, dass, wenn wirklich die Zerlegung eines Ganzen in der Seele des Sprechenden vorangegangen ist, dann doch wieder eine Verbindung vorgenommen ist, dass daher von dieser Seite meine Definition nicht zu beanstanden ist. Ferner trifft diese vom Standpunkte des Hörenden zu, auf den Wundt hier so wenig wie anderwärts Rücksicht nimmt.[1]) In ihm werden zunächst durch die einzelnen Wörter Einzelvorstellungen hervorgerufen, und durch die Verknüpfung der einzelnen Wörter wird er veranlasst, die Einzelvorstellungen in Beziehung zu einander zu setzen. Es ist aber auch nicht wahr, dass der Bildung eines jeden Satzes die Zerlegung eines im Bewusstsein vorhandenen Ganzen vorangegangen sein müsse. Wundt scheint bei seiner Definition allgemeine Sätze im Auge gehabt zu haben, wie sie als Beispiele in der Logik gebraucht werden (er selbst führt an „das Gras ist grün"), aber im wirklichen Leben keine Rolle spielen. Bei den meisten sonstigen Sätzen verhält es sich anders. Nehmen wir zunächst Sätze, die eine sinnliche Wahrnehmung aussprechen. Wenn jemand sagt „Karl lacht", so kann es sein, dass seine Augen erst auf den Betreffenden gefallen sind, als er sich schon im Zustande des Lachens befand, und dann träfe Wundts Auffassung zu. Es kann aber auch sein, dass seine Aufmerksamkeit schon vorher auf den Karl gerichtet war und er nun eine mit demselben vorgehende Veränderung gewahr geworden ist; dann ist Wundts Auffassung nicht anwendbar. Einleuchtender noch ist folgendes Beispiel: jemand weiss, dass sich in der Nähe ein Löwe befindet, den er aber im Augenblick nicht sieht, und an den er auch nicht denkt; da hört er ein Gebrüll; dieser zunächst für sich gegebene Gehörseindruck ruft die Vorstellung des Löwen wach; er kommt zu dem Satz *der Löwe brüllt*; hier ist doch nicht erst eine Gesamtvorstellung „der brüllende Löwe" in ihre Teile zerlegt. Und so werden eine Menge Sätze gebildet, bei denen die Vorstellungen, die den einzelnen Wörtern entsprechen, erst nach einander ins Bewusstsein getreten sind. Besonders deutlich ist das u. a. bei Antworten. Wenn A fragt *wer hat gesiegt?* und B antwortet *Fritz hat gesiegt*, so ist in B zunächst durch das Gehörte die Vorstellung des Gesiegthabens erzeugt, die dann ihrerseits die Vorstellung

---

[1]) Eine Berücksichtigung desselben verlangt auch Dittrich (Die sprachwissenschaftliche Definition der Begriffe „Satz" und „Syntax" in Philos. Studien 19, 93) und versucht eine solche in einer Modifikation der Wundtschen Definition.

Fritz hervorgerufen hat. Vollends versagt Wundts Definition bei negativen Behauptungssätzen, bei Aufforderungs- und Fragesätzen. Für kompliziertere Satzgebilde gibt Wundt nachträglich selbst die Ansicht auf, dass die einzelnen Teile schon in einer Gesamtvorstellung enthalten gewesen sein müssten.[1])

Mit mehr Recht ist gegen meine Definition eingewendet, dass dieselbe auch auf zusammengesetzte Satzglieder wie *der gute Mann* passe. Man hat daher verlangt, es müsse noch die Bestimmung aufgenommen werden, dass der Satz etwas Selbständiges, in sich Abgeschlossenes sei. Geschieht dies aber, so ergibt sich daraus die Konsequenz, dass dasjenige, was nach allgemeinem Sprachgebrauch Nebensatz genannt wird, nicht als ein Satz anerkannt werden kann. In Wirklichkeit verhält sich auch der Nebensatz nicht anders als wie ein Satzglied oder unter Umständen nur wie ein Teil eines solchen. Aber die Möglichkeit ihn gerade auszugestalten wie einen selbständigen Satz hat die Veranlassung gegeben, ihm die Bezeichnung Satz beizulegen, wobei das Vorhandensein eines verb. fin. als ausschlaggebend betrachtet ist. Es kommt dazu, dass, wie wir noch sehen werden, die Grenze zwischen abhängigem und selbständigem Satze eine fliessende ist. Jedenfalls sieht man daran das Schwankende des Satzbegriffs.[2]) Für die ursprüngliche Satzbildung, bei der es noch keine zusammengesetzten Glieder gab, könnte unsere obige Definition genügen, und, wie wir noch sehen werden, haben sich die zusammengesetzten Glieder zum Teil aus Sätzen entwickelt.

§ 86. Zum sprachlichen Ausdruck der Verbindung von Vorstellungen gibt es folgende Mittel: 1. die Nebeneinanderstellung der den Vorstellungen entsprechenden Wörter an sich; 2. die Reihenfolge dieser Wörter; 3. die Abstufung zwischen denselben in Bezug auf die Energie der Hervorbringung, die stärkere oder schwächere Betonung (vgl. *Karl kommt nicht* — *Karl kommt nicht*); 4. die Modulation der Tonhöhe (vgl. *Karl kommt* als Behauptungssatz und *Karl kommt?* als Fragesatz); 5. das Tempo, welches mit der Energie und der Tonhöhe in engem Zusammenhange zu stehen pflegt;[3]) 6. Verbindungswörter wie Präpositionen, Konjunktionen, Hilfszeitwörter; 7. die flexivische Abwandlung

---

[1]) Vgl. den Abschnitt „Geschlossene und offene Wortverbindungen" S. 316ff.

[2]) Noreen (vgl. Vårt Språk 51) sucht der Schwierigkeit aus dem Wege zu gehen, indem er für den abgeschlossenen Satz die Bezeichnung „mening" einführt, um dann die Bezeichnung „sats" noch für den Nebensatz verwenden zu können. Ähnlich will Wechsler (Gibt es Lautgesetze? S. 17) den Ausdruck Satz durch „Äusserung" ersetzen.

[3]) Hierunter kann man auch die eventuellen Pausen zwischen den einzelnen Wörtern mit einbegreifen, durch welche die engere oder weniger enge Zusammenfassung markiert wird.

der Wörter, und zwar a) indem durch die Flexionsformen an sich die Art der Verbindung genauer bestimmt wird (*patri librum dat*), b) indem durch die formelle Übereinstimmung (Kongruenz) die Zusammengehörigkeit angedeutet wird (*anima candida*). Es ist selbstverständlich, dass die beiden letztgenannten Mittel sich erst allmählich durch längere geschichtliche Entwickelung haben bilden können, während die fünf erstgenannten von Anfang an dem Sprechenden zur Verfügung stehen. Aber auch 2—5 bestimmen sich nicht immer bloss unmittelbar nach dem natürlichen Ablauf der Vorstellungen und Empfindungen, sondern sind einer traditionellen Ausbildung fähig.

Je nach der Menge und Bestimmtheit der angewendeten Mittel ist die Art und Weise, wie die Vorstellungen mit einander zu verbinden sind, genauer oder ungenauer bezeichnet. Es verhält sich in Bezug auf die Verbindungsweise gerade so wie in Bezug auf die einzelne Vorstellung. Der sprachliche Ausdruck dafür braucht durchaus nicht dem psychischen Verhältnisse, wie es in der Seele des Sprechenden besteht und in der Seele des Hörenden erzeugt werden soll, adäquat zu sein. Er kann viel unbestimmter sein.

§ 87. Jeder Satz besteht demnach aus mindestens zwei Elementen. Diese Elemente verhalten sich zu einander nicht gleich, sondern sind ihrer Funktion nach differenziert. Man bezeichnet sie als Subjekt und Prädikat. Diese grammatischen Kategorien beruhen auf einem psychologischen Verhältnis. Zwar müssen wir unterscheiden zwischen psychologischem und grammatischem Subjekt, respektive Prädikat,[1]) da beides nicht immer zusammenfällt, wie wir noch im Einzelnen sehen werden. Aber darum ist doch das grammatische Verhältnis nur auf Grundlage des psychologischen auferbaut.

Das psychologische Subjekt ist die zuerst in dem Bewusstsein des Sprechenden, Denkenden vorhandene Vorstellungsmasse, an die sich eine zweite, das psychologische Prädikat anschliesst. Das Subjekt ist,

---

[1]) Widerspruch gegen eine derartige Bestimmung hat Marty erhoben in einer im Archiv f. systematische Philos. III, S. 174 ff. veröffentlichten Abhandlung, die den Titel führt „Über die Scheidung von grammatischem, logischem und psychologischem Subjekt, resp. Prädikat". Seine Polemik hat mich nicht veranlassen können, meine Auseinandersetzungen zu ändern. Seine Bestimmung der Begriffe, die auf die antike Logik zurückgreift, und die Entwickelung, welche dieselben in der Grammatik erfahren haben, unberücksichtigt lässt, ist für den Sprachforscher gänzlich unbrauchbar. Dieser hat doch gewiss nicht nur das Recht, sondern auch die Pflicht, sich seine Terminologie so zu gestalten, wie es der Natur seines Gegenstandes angemessen ist, und die Brauchbarkeit derselben in der Anwendung ist der beste Prüfstein ihrer Berechtigung. Dasselbe muss ich der ablehnenden Haltung Wundts gegenüber erklären. Der von ihm angewendete Ausdruck dominierende Vorstellung bietet keinen Ersatz. Soll man so das Subj. oder das Präd. bezeichnen?

mit Steinthal zu reden, das Apperzipierende, das Prädikat das Apperzipierte. Richtig bezeichnet v. d. Gabelentz (Zschr. f. Völkerpsychologie 6, 378) die beiden Elemente vom Standpunkte des Hörenden aus. Das psychologische Subjekt ist nach ihm das, worüber der Sprechende den Hörenden denken lassen, worauf er seine Aufmerksamkeit hinleiten will, das psychologische Prädikat dasjenige, was er darüber denken soll. Doch kann diese Art der Bestimmung des Prädikats leicht zu einer so beschränkten Auffassung verführen, wie sie in unseren Grammatiken gang und gäbe ist. Wir müssen daran festhalten, dass es nur darauf ankommt, dass eine Vorstellung im Bewusstsein an die andere angeknüpft wird.

Wir sind jetzt gewohnt dem Verhältnis des Subjekts zum Prädikat einen engern Sinn unterzulegen. Ist das Prädikat ein Nomen, so verlangen wir für die normale Satzbildung, dass dasselbe entweder mit dem Subjekt identifiziert werde, oder dass es den weiteren Begriff bezeichne, welchem der engere des Subjekts untergeordnet wird, oder dass es eine Eigenschaft angebe, welche dem Begriffe des Subjekts inhäriert. Aber in Sprichwörtern werden auch Beziehungen ganz anderer Art durch die grammatische Form der Nebeneinanderstellung von Subjekt und Prädikat ausgedrückt, vgl. *ein Mann ein Wort, gleiche Brüder gleiche Kappen, viel Feind' viel Ehr', viele Köpfe viele Sinne, viel Geschrei wenig Wolle, alter Fuchs alte List, klein Geld kleine Arbeit, neuer Arzt neuer Kirchhof, heisse Bitte kalter Dank, kurz Gebet tiefe Andacht, roter Bart untreue Art, Gevatter übern Zaun Gevatter wieder herüber, Glück im Spiel Unglück in der Liebe, mit gefangen mit gehangen, früh gesattelt spät geritten, allein getan allein gebüsst*; entsprechend in anderen indogermanischen Sprachen, vgl. franz. *bon capitaine bon soldat, bonne terre mauvais chemin, longue langue courte main, brune matinée belle journée, froides mains chaudes amours, fèves fleuries temps de folies, soleil à la vue bataille perdue, point d'argent point de Suisse*; engl. *like master like man, one man one vote, small pains small gains, first come first served.*[1]) Zwar pflegt man solche Sätze als verkürzte hypothetische Perioden aufzufassen und demgemäss ein Komma zwischen die beiden Bestandteile zu setzen, aber dass man sie durch eine hypothetische Periode umschreiben kann (*wo viel Geschrei ist, da ist wenig Wolle* etc.), geht uns hier gar nichts an, ihre grammatische Form ist keine andere als die von Sätzen wie *Ehestand Wehestand, die Gelehrten*

---

[1]) Im Arabischen ist das Verhältnis zweier Substantiva, von denen das eine Subj., das andere Präd. ist, ein wesentlich freieres als normaler Weise in den indogermanischen Sprachen, vgl. Reckendorf, Idg. F. S. 169, Synt. Verh. § 7. Beispiele: *der Marsch zwischen uns* (dauert) *drei Nächte; zwei Gruben, deren eine Blut* (mit Blut gefüllt ist).

die Verkehrten, Bittkauf teurer Kauf etc. Bei den ersten Sätzen, welche Kinder bilden, dient die blosse Aneinanderreihung von Wörtern zum Ausdruck aller möglichen Beziehungen. Aus der Erfahrung gesammelte Beispiele werden von Steinthal, Einl. S. S. 534—6 beigebracht, vgl. *Papa Hut* (= der Papa hat einen Hut auf), *Mama baba* (= ich will bei der Mama schlafen).[1]) Wo man sich einer fremden Sprache zu bedienen genötigt ist, deren man nicht mächtig ist, greift man in der Not zu demselben primitiven Auskunftsmittel und wird von der Situation unterstützt verstanden. Man bedeutet z. B. jemandem durch die Worte *Wein Tisch*, dass er den Wein auf den Tisch stellen soll u. dergl. Die Bedingungen, welche dazu veranlassen dergleichen Sätze zu erzeugen und es dem Hörenden ermöglichen die nicht ausgedrückte Beziehung der Begriffe zu erraten, sind natürlich nicht bloss in den Anfängen der Sprechtätigkeit der Einzelnen oder der Menschheit vorhanden, sondern zu allen Zeiten. Wenn sie auf den höher entwickelten Stufen nur in beschränktem Masse zur Anwendung kommen, so liegt dies bloss daran, dass vollkommenere Ausdrucksmittel zu Gebote stehen.

§ 88. Zur Unterscheidung von Subjekt und Prädikat gab es ursprünglich nur ein Mittel, die Tonstärke. Im isolierten Satze ist das psychologische Prädikat als das bedeutsamere, das neu hinzutretende stets das stärker betonte Element. Dies dürfen wir wohl als ein durch alle Völker und Zeiten durchgehendes Gesetz betrachten. Ein zweites Unterscheidungsmittel könnte die Wortstellung abgegeben haben. V. d. Gabelentz in dem oben erwähnten Aufsatze meint (S. 376), dass die Anordnung Subjekt-Prädikat (beides als psychologische Kategorien betrachtet) ausnahmslos gelte.[2]) Diese Ansicht scheint mir nicht ganz richtig; wir müssen bei Beurteilung dieser Frage die Sprachen und die Fälle ganz bei Seite lassen, in denen für die Stellung des grammatischen Subjekts und Prädikats durch die Tradition eine feste Regel herausgebildet ist. Wir dürfen nur solche Fälle heranziehen, in denen beide den Platz vertauschen können, in denen also die Stellung nicht durch grammatische, sondern lediglich durch psychologische Normen bedingt ist. Die Ansicht, welche v. d. Gabelentz hegt, dass ein vorangestelltes grammatisches Präd. immer psychologisches Subj. sei, trifft allerdings in vielen Fällen zu, z. B. in dem Goetheschen *Weg ist alles, was du liebtest, Weg, warum du dich betrübtest, Weg dein Glück und deine Ruh'*; sagen wir aber z. B. *ein Windstoss ergriff das Blatt und weg*

---

[1]) Vgl. auch die von Wundt II, 312. 3 angeführten Sätze.
[2]) Umgekehrt betrachtet Wegener, S. 31 ff. die Voranstellung des Prädikats als das eigentlich Normale, eine Anschauung, der ich auch nicht beitreten kann.

Subjekt und Prädikat. 127

war es, so kann *weg* unmöglich als psychologisches Subj. gefasst werden. Ebenso besteht Übereinstimmung zwischen psychologischem und grammatischem Subjekt, wenn auf die Bemerkung *Müller scheint ein verständiger Mann zu sein* ein anderer entgegnet *ein Esel ist er*; und so in vielen Fällen. Der Subjektsbegriff ist zwar immer früher im Bewusstsein des Sprechenden,[1]) aber indem er anfängt zu sprechen, kann sich der bedeutsamere Prädikatsbegriff schon so in den Vordergrund drängen, dass er zuerst ausgesprochen und das Subjekt erst nachträglich angefügt wird. Dies kommt häufig vor wenn der Subjektsbegriff schon vorher im Gespräche da gewesen ist, vgl. die angeführten Beispiele. Dann hat auch der Angeredete in der Regel, während er das Prädikat hört, schon das dazu gehörige Subj. im Sinne, welches daher auch manchmal eben so gut wegbleiben kann, vgl. *„was ist Maier?"* *„Kaufmann (ist er)"*. Aber auch wenn der Angeredete auf das Subj. nicht vorbereitet ist, kann lebhafter Affekt die Veranlassung werden, dass sich das Präd. an die Spitze drängt. Der Sprechende verabsäumt dann zunächst über dem Interesse an der Hauptvorstellung die für den Angeredeten notwendige Orientierung, und es fällt ihm erst hinterher ein, dass eine solche erforderlich ist. Es ist ein analoger psychologischer Vorgang, wenn das Subj. zuerst durch ein Pron., dessen Beziehung für den Angeredeten nicht selbstverständlich ist, und erst hinterher bestimmter ausgedrückt wird, vgl. *ist sie blind, meine Liebe?* (Lessing); *sie hindert nicht allein nicht, diese Binde* (id.); *was für ein Bild hinterlässt er, dieser Schwall von Worten?* (id.); mhd. *wie jämerlich ez stât, daz hêre lant* (Walth. v. d. Vogelw.), *si ist iemer ungeschriben, diu fröude die sie hâten* (Hartm. v. Aue); franz. *elle approche, cette mort inexorable.*[2]) Aus den gegebenen Ausführungen erhellt, dass die Sätze mit vorangestelltem psychologischen Prädikat eine Verwandtschaft haben mit den bald weiter unten zu besprechenden Sätzen, in denen überhaupt nur das Präd. ausgedrückt wird. Sie sind eine Anomalie gegenüber der bei ruhiger Erzählung oder Erörterung vorwaltenden Voranstellung des Subjekts, aber doch eine nicht wegzuleugnende und nicht gar seltene Anomalie. Die Wortstellung kann daher nicht als ein mit den Anfängen der Satzbildung gegebenes Unterscheidungsmittel von Subj. und Präd. betrachtet werden.[3])

---

[1]) Ich meine hier Subj. in dem oben bestimmten psychologischen Sinne. Das grammatische Subj. tritt nicht selten später ins Bewusstsein als das grammatische Präd., indem z. B. ein Vorgang wahrgenommen wird, bevor man über den Gegenstand, an dem er sich vollzieht, ins Klare kommt, vgl. Sigwart, Die Impersonalien, S. 18.

[2]) Vgl. andere Beispiele bei Wegener, S. 41.

[3]) Nach Wundt soll die Betonung schlechterdings massgebend für die Wortstellung sein. Er stellt (S. 359) den Satz auf: wo die Wortstellung frei, nicht durch

§ 89. Wie die einzelnen Wörter konkrete und abstrakte Bedeutung haben können, so auch die Sätze. Konkret ist ein Satz, sobald eines von den beiden Hauptgliedern, das psychologische Subjekt oder das psychologische Prädikat konkret ist. Normaler Weise ist es das Subjekt, welches dem Satze konkrete Natur gibt. Konkrete und abstrakte Sätze brauchen der Ausdrucksform nach nicht verschieden zu sein. Wir können in Bezug auf die menschliche Natur überhaupt sagen *der Mensch ist sterblich*, wie wir in Bezug auf einen Einzelnen sagen *der Mensch ist unausstehlich*, und nur aus dem Zusammenhange und der Situation lässt sich die verschiedene Natur der Sätze erkennen. In dem ersteren Satze könnte man auch pluralische Ausdrucksweise einsetzen: *die Menschen* oder *alle Menschen sind sterblich*. Er bleibt dann aber nicht eigentlich abstrakt; denn *alle Menschen* fasst man wohl richtiger als einen konkreten Ausdruck = alle Menschen, die existieren. Ist das Subjekt konkret, so kann der Satz nicht abstrakt sein. Es bleibt allerdings immer noch die verschiedene Möglichkeit, dass das Prädikat als etwas dem Subjekt schlechthin Zukommendes, als etwas Bleibendes oder sich Wiederholendes gedacht werden kann oder als etwas demselben nur zu bestimmter Zeit Anhaftendes. Im ersteren Falle besteht gewissermassen eine Mittelstufe zwischen einem abstrakten und einem konkreten Satze, und es sei daher erlaubt für diese Art von Sätzen in Ermangelung einer besseren Bezeichnung den Ausdruck abstrakt-konkret zu gebrauchen. Auch dieser Verschiedenheit braucht keine Verschiedenheit der Ausdrucksform zu entsprechen. *Er spricht schnell* kann bedeuten „er spricht in diesem Augenblicke schnell" und „er pflegt schnell zu sprechen"; *er ist saumselig* kann ein Benehmen in einem einzelnen Falle oder eine bleibende Charaktereigenschaft bezeichnen.

---

eine überlieferte feste Norm oder durch andere Bedingungen gebunden ist, da folgen sich die Wörter nach dem Grade der Betonung der Begriffe. Dies würde zu der S. 113, Anm. 2 besprochenen Ansicht stimmen, dass die natürliche Ordnung Voranstellung des psychologischen Prädikates sei. Wundts Satz ist offenbar unrichtig. Man mag jedes beliebige Buch aufschlagen, jedes beliebige Gespräch anhören, und man wird zahlreiche Sätze finden, in denen das bedeutsamste und stärkstbetonte Wort nicht am Anfang steht, wiewohl es die Wortstellungsgesetze an sich gestatteten. Veranlassung zur Voranstellung eines Satzgliedes ist vielmehr in vielen, wir dürfen wohl sagen in den meisten Fällen der Umstand, dass es psychologisches Subj. ist, und dieses hat keinen starken Ton, ausser wenn ein Parallelsatz daneben steht, zu dessen Subj. es im Gegensatz steht. Beispiele dafür, wie dasjenige Glied vorangestellt wird, das an den Inhalt des vorhergehenden Satzes anknüpft, also eben das psychologische Subjekt, gebe ich § 198. Zu meiner Auffassung stimmt auch, was Reckendorf S. 170 über Stellung von Subj. und Präd. im Arabischen bemerkt.

Scheinbare Eingliedrigkeit.

§ 90. Unserer Behauptung, dass zum Satze mindestens zwei Glieder gehören, scheint es zu widersprechen, dass wir Sätze finden, die nur aus einem Worte oder einer eine Einheit bildenden Gruppe bestehen. Der Widerspruch löst sich so, dass in diesem Falle das eine Glied, in der Regel das psychologische Subjekt, als selbstverständlich keinen sprachlichen Ausdruck gefunden hat. Es kann aus dem vorher Besprochenen ergänzt werden. Insbesondere ist zu beachten, dass es in der Wechselrede sehr häufig den Worten des Anderen zu entnehmen ist. Die Antwort pflegt nur aus einem Prädikate zu bestehen, das Subjekt ist entweder in der Frage enthalten, oder die ganze Frage ist das psychologische Subjekt: 1. „*wer hat dich geschlagen?*" „*Max.*" — 2. „*bist du das gewesen?*" „*ja*" (*nein, gewiss, freilich, doch*). Ebenso dienen als Prädikat zu einem von dem Andern ausgesprochenen Satze Bemerkungen wie *zugestanden, einerlei, ganz gleich, wohl möglich, nicht möglich,* (*wie*) *seltsam, getroffen, genug, kein Wunder, Geschwätz, Possen, Lügen, Unsinn*. In andern Fällen ist die Anschauung, die vor dem Sprechenden und Hörenden steht, die Situation das psychologische Subjekt, auf welches die Aufmerksamkeit noch durch Gebärden hingelenkt werden kann. Diese Anschauung kann die redende oder die angeredete Person sein, vgl. *Ihr Diener, gehorsamer Diener, zu Befehl — willkommen, so traurig? warum so traurig?* Ferner gehören hierher namentlich viele Ausrufungen des Erstaunens und Entsetzens und Hilfsschreie wie *Feuer, Diebe, Mörder,* sowie viele Aufforderungen, auch Fragen wie *gerade oder ungerade? rechts oder links?* Wenn der Prinz in Lessings Emilia beginnt: *Klagen, nichts als Klagen, Bittschriften, nichts als Bittschriften!*, so sind das nur Prädikate, das Subjekt wird durch die Briefe gebildet, die er in die Hand nimmt. Bei solchen dem sprachlichen Ausdruck nach eingliedrigen Sätzen ist es möglich, dass dasjenige, was für den Sprechenden psychologisches Prädikat ist, für den Hörenden vielmehr Subjekt wird. Für denjenigen, der beim Anblick eines Brandes ausruft *Feuer,* ist die Situation Subjekt und der allgemeine Begriff *Feuer* Prädikat; dagegen für denjenigen, der *Feuer* rufen hört, ehe er selbst einen Brand gewahr wird, ist der Begriff *Feuer* Subjekt und die Situation Prädikat. Es kann auch Sätze geben, in denen für beide Teile das Ausgesprochene Subjekt, die Situation Prädikat ist. Es sieht z. B. jemand, dass ein Kind in Gefahr kommt, so ruft er wohl der Person, welcher die Bewachung desselben anvertraut ist, nur zu *das Kind*. Hiermit ist nur der Gegenstand angezeigt, auf den die Aufmerksamkeit hingelenkt werden soll, also das psychologische Subj., das Präd. ergibt sich für die angeredete Person aus dem, was sie sieht, wenn sie dieser Lenkung der Aufmerksamkeit Folge leistet. Oder, wenn von zwei Reisegefährten der eine bemerkt, dass der andere seinen

Schirm hat stehen lassen, so genügt der blosse Ausruf *dein Schirm*, um diesen das Prädikat dazu ergänzen zu lassen.¹) Der Vokativ, für sich ausgesprochen, um jemand herbeizurufen, ihn zu warnen, zu bitten, ihm zu drohen, ihm bemerklich zu machen, dass er unter mehreren jetzt an der Reihe ist etwas zu tun, ist ein solcher sprachlich, aber nicht psychologisch prädikatloser Satz. Dagegen neben einem Verbum in der zweiten Person ohne Subjektspron. kann der Vok. als Subj. zu diesem gefasst werden. Man interpungiert gewöhnlich *Karl, komm* und *komm, Karl*, dagegen *du komm* und *komm du*, ohne dass ein Unterschied des Verhältnisses besteht.

§ 91. Hier ist auch festzustellen, wie es sich mit den sogenannten **verba impersonalia** verhält. Es ist eine vielfach erörterte Streitfrage, ob dieselben als subjektlos zu betrachten sind oder nicht. Eine kritische Erörterung der darüber geäusserten Ansichten findet sich in der Schrift von Miklosich „Subjektlose Sätze" (Zweite Auflage. Wien 1883). Im wesentlichen auf das von Miklosich beigebrachte Material stützt sich ein Aufsatz von Marty in der Vierteljahrsschr. f. wissenschaftliche Philos. VIII, 56 ff.²) Um die Frage richtig zu beantworten,

---

¹) Wundt (II, 238 ff.) sträubt sich dagegen, den hier besprochenen Ausdrucksformen Satznatur zuzuerkennen. Er bezeichnet sie als Satzäquivalente. Sein Grund ist, dass man zur Bestimmung des Begriffes Satz nichts hinzunehmen dürfe, was ausserhalb des Gebietes der Sprache läge, also nicht wirklich durch Worte ausgedrückt sei. Dagegen möchte ich bemerken, dass es eben im Wesen der sprachlichen Mitteilung begründet ist, dass nicht etwa nur ausnahmsweise, sondern meistens etwas hinzugedacht werden muss, was mit den Worten an sich nicht gegeben ist, wie ich dies § 51—60 auseinandergesetzt habe (vgl. auch § 21). Dies ist auch auf die Satzbildung anzuwenden. Auch zu Satzäquivalenten, wenn wir diesen Terminus annehmen, können die betreffenden Ausdrucksformen doch nur werden, indem etwas Aussersprachliches hinzugedacht wird. Solange wir bei *Feuer* nichts denken als die Bedeutung des Wortes an sich, ist es ebensowenig ein Satzäquivalent wie ein Satz. Wundt unterscheidet übrigens dabei nicht die Fälle, in denen Ergänzung aus der Situation notwendig ist, von denen, in welcher Rückbeziehung auf sprachliche Äusserungen stattfindet, in denen man also innerhalb des Gebietes der Sprache bleibt. Merkwürdigerweise betrachtet dann Wundt einen Ausruf wie *welch ein Mann* nicht als Satzäquivalent, sondern als wirklichen Satz (vgl. S. 256 ff.), und zwar als einen attributiven Satz. Attributiv ist allerdings dabei *welch*, aber attributiv in dem ganz gewöhnlichen Sinne, genau so wie in dem vollständigen Satze *welch ein Mann ist das*. Das einfachere *welch ein Mann* ist, wenn es auch aus mehreren Worten besteht, doch nur *ein* Satzglied, und zwar ein Prädikat, zu dem das Subj. aus der Situation zu entnehmen ist. Wundt hätte sich also nicht auf derartige Ausrufe stützen sollen, um seine Unterscheidung zwischen attributiven und prädikativen Sätzen zu begründen. Diese Terminologie kann nur verwirrend wirken. Ausserdem sind bei dieser Einteilung nur die normalen Satzformen der indogermanischen Sprachen berücksichtigt, nicht die sonst möglichen (vgl. § 87).

²) Vgl. ferner über die Frage Schuppe, Subjektlose Sätze (Zschr. f. Völkerps. 16, 249); Sigwart, Die Impersonalien, Freiburg i. B. 1888; Puls, Über das Wesen

Scheinbar eingliedrige Sätze. Impersonalia.

muss man streng scheiden zwischen der grammatischen Form und dem dadurch bezeichneten logischen Verhältnis. Sehen wir nur auf die erstere, so kann es natürlich nicht zweifelhaft sein, dass Sätze wie *es rauscht*, franz. *il gèle*, niederserbisch *vono se blyska* (es blitzt) ein Subjekt haben. Aber alle Bemühungen dies *es*, *il*, *vono* auch als psychologisches Subjekt zu fassen und ihm eine bestimmte Ausdeutung zu geben haben sich als vergeblich erwiesen.[1]) Auch von Sätzen wie lat. *pluit*, griech. ὔει, sanskr. *varšati* (es regnet), lit. *sninga* (es schneit) kann man annehmen, dass ihnen das formelle Subj. nicht fehlt; denn es kann in der Verbalendung enthalten sein, unter der sich ja auch ein persönliches *er* oder *sie* verstehen lässt. Man könnte sich für die entgegengesetzte Ansicht allerdings darauf stützen, dass in den betreffenden Sprachen die dritte Person auch neben einem ausgesprochenen Subjekte stehen kann. Aber es lässt sich durch kein Mittel beweisen, dass das Impersonale erst aus dieser Verwendungsweise abgeleitet sei. Es ist am natürlichsten auch hier ein formelles Subj. anzuerkennen. Es verhält sich mit der Personalendung nicht anders als mit dem selbständigen Pron. Indem der Satz auf die normale Form gebracht ist, hat er ein formelles Subj. erhalten, welches mit dem psychologischen nichts zu schaffen hat.[2]) Wir müssen eine ältere Stufe voraussetzen, auf welcher der einfache Verbalstamm gesetzt wurde, eine Stufe, die im Magyarischen wirklich noch vorliegt, wo die 3. Sg. kein Suffix hat (vgl. Miklosich, S. 15). Und von dieser Stufe können wir uns eine lebendige Vorstellung bilden nach Analogie der eben besprochenen aus einem nicht verbalen Worte bestehenden Sätze. Diese sind wirklich, was den sprachlichen Ausdruck betrifft, subjektslos.

Das psychologische Subj. ist also in dem Satze *es brennt* ebenso wenig ausgedrückt als in dem Satze *Feuer*. Aber man darf sich dadurch nicht zu der Ansicht verleiten lassen, dass überhaupt keins vorhanden ist. Auch hier findet eine Verknüpfung zweier Vorstellungen statt. Auf der einen Seite steht die Wahrnehmung einer konkreten Erscheinung, auf der andern die schon in der Seele ruhende Vorstellung

---

der subjektlosen Sätze, Progr. Gymn. Flensburg 1888/89; Schröder, Die subjektlosen Sätze, Progr. Gebweiler 1889; Goebel, Transactions of the American Philological Association 19, 20; Siebs, Die sogenannten subjektlosen Sätze (Zschr. f. vergl. Sprachforschung 43, 253); Erdmann, Logik², 1, 435.

[1]) Ich spreche hier von dem uns vorliegenden Sprachzustande. Dagegen ist es nicht ausgeschlossen, dass den Ausgangspunkt für die Entstehung der Impersonalia Sätze gebildet haben, in denen das *es* eine wirkliche Beziehung hatte. Vgl. darüber die feinen Ausführungen Sigwarts.

[2]) Wirklich fehlen kann dagegen das grammatische Subj. im Deutschen vielfach, wenn von dem unpersönlichen Verb. ein Kasus abhängig ist, der dann das psychologische Subj. bildet, vgl. *mich hungert, mir graut*.

von Brennen oder Feuer, unter welche sich die betreffende Wahrnehmung unterordnen lässt. Nur als unvollständiger Ausdruck für die Verbindung dieser beiden Elemente kann das Wort *Feuer* ein Satz sein. Man könnte sich denken, dass beim Verb. in entsprechender Verwendung statt des Impersonale der Inf. üblich geworden wäre. Und wirklich wird dieser gebraucht, wo es sich um eine Aufforderung handelt. Als Kommandowort steht z. B. *aufsitzen* auf gleicher Linie mit *marsch*, und es kann psychologisch als Imperativ zu dem unpersönlichen *es wird aufgesessen* betrachtet werden.

Miklosich und Marty verkennen die Existenz eines psychologischen Subjekts für die unpersönlichen Sätze. Sie halten dieselben wirklich für eingliedrig mit Berufung auf Brentanos Psychologie und sehen in ihnen einen Beweis für die Theorie, dass das logische Urteil nicht notwendig zweigliedrig zu sein braucht. Mitbestimmend für diese Ansicht scheint bei Marty die Beobachtung gewesen zu sein, dass zum Aussprechen einer Wahrnehmung in einem konkreten, auch sprachlich zweigliedrigen Satze noch etwas anderes erforderlich ist als die Zusammenfügung der beiden Glieder. Sagen wir z. B. *diese Birne ist hart*, so müssen wir erst den Gegenstand, von dem wir etwas aussagen wollen, unter die allgemeine Kategorie *Birne*, die Eigenschaft, die wir an ihm bemerkt haben, unter die allgemeine Kategorie *hart* gebracht haben. Wir müssen also um unser Urteil auszusprechen noch zwei Hilfsurteile gebildet haben. Vergleichen wir damit den Vorgang beim Aussprechen eines unpersönlichen oder dem sprachlichen Ausdrucke nach eingliedrigen Satzes wie *es brennt* oder *Feuer*, so entspricht hier das Urteil nur dem, was in dem Satze *diese Birne ist hart* Nebenurteil war. Man könnte also von diesem Gesichtspunkte aus meinen, dass der unpersönliche Satz wirklich nicht mehr enthält als das Prädikat eines normalen Satzes, und da der letztere als zweigliedrig bezeichnet wird, scheint es dann nur konsequent, den ersteren als eingliedrig zu bezeichnen. Dabei übersieht man aber, dass dasjenige, was in dem einen Falle nur Hilfsurteil war, in dem andern Selbstzweck geworden ist. Man könnte mit dem gleichen Rechte den Unterschied vernachlässigen, der zwischen dem Satzgliede *der sterbliche Mensch* und dem Satze *der Mensch ist sterblich* besteht. Unter allen Umständen aber ist ein Satz wie *Feuer, es brennt* zweigliedrig; denn auch die entsprechenden Hilfsurteile sind zweigliedrig. Von eingliedrigen Urteilen kann ich mir überhaupt gar keine Vorstellung machen, und die Logiker sollten die Sprache nicht zum Beweise für die Existenz derselben heranziehen; sonst zeigen sie, dass auch ihr Denken noch sehr von dem sprachlichen Ausdruck abhängig ist, von dem sich zu emanzipieren doch ihre Aufgabe sein sollte.

Nach unseren bisherigen Erörterungen ist es klar, dass dem sprachlichen Ausdruck nach eingliedrige Sätze immer konkret, nie abstrakt sind. Denn ihre Aufgabe besteht darin, eine konkrete Anschauung mit einem allgemeinen Begriffe zu vermitteln. Dasselbe gilt von den unpersönlichen Sätzen, in denen das Verb. nicht noch eine Bestimmung neben sich hat. Mit einer solchen dagegen können sie auch abstraktkonkret sein, vgl. *es regnet hier viel.*

§ 92. Wenn wir den Satz als Ausdruck für die Verbindung zweier Vorstellungen definiert haben, so scheinen dem die negativen Sätze zu widersprechen, die vielmehr eine Trennung bezeichnen. Indessen kommt eine solche Trennung nicht zum Ausdruck, wenn nicht die betreffenden Vorstellungen im Bewusstsein des Sprechenden aneinander geraten sind. Wir können den negativen Behauptungssatz als Ausdruck dafür bezeichnen, dass der Versuch eine Beziehung zwischen zwei Vorstellungen herzustellen missglückt ist. Der negative Satz ist jedenfalls jünger als der positive. So viel mir bekannt ist, findet die Negation überall einen besonderen sprachlichen Ausdruck. Es liesse sich aber sehr wohl denken, dass auf einer primitiven Stufe der Sprachentwickelung negative Sätze gebildet wären, in denen der negative Sinn an nichts anderem zu erkennen gewesen wäre als an dem Tonfall und den begleitenden Gebärden.

§ 93. Was in Bezug auf den Unterschied zwischen positiven und negativen Sätzen nur als möglich hingestellt werden kann, das gilt jedenfalls von dem Unterschiede zwischen Aussage- und Aufforderungssätzen.[1]) Ich wähle die Bezeichnung Aufforderungssätze als die

---

[1]) Wundt teilt die Sätze ein in Aussage-, Ausrufungs- und Fragesätze. Die Ausrufungssätze scheidet er in Wunschsätze und Gefühlssätze und versteht unter letzteren das, was man gewöhnlich allein als Ausrufungssätze bezeichnet. Wie er selbst sagt, will er unter Gefühlssätzen solche verstehen, die irgend einer Gemütsstimmung Ausdruck geben, ohne dass sich damit eine Willensregung verbindet (II, 256). Er betrachtet dieselben als die ursprünglichste Satzart. Die Beispiele aber, die er anführt, sind ihrer Form nach nichts weniger als primitiv; denn sie haben die Form von Fragesätzen, und zwar von solchen mit Fragepron. oder -adv. Den primitiven Sätzen näher stehen jedenfalls solche wie *der ist gross* oder *der schreit*, wenn sie mit dem Ausdruck des Staunens gesprochen werden. Diese müsste man aber doch wohl unter die Aussagesätze unterordnen. Der Anteil des Gefühles kann keinen Einteilungsgrund für die Satzarten abgeben. Er kann bei jeder Satzart stark oder schwächer oder gar nicht vorhanden sein. Bei den primitivsten Sätzen war er gewiss immer stark. Wenn man sie deshalb als Ausrufungssätze bezeichnen will, so mag man das immerhin tun. Aber damit ist nichts über das logische Verhältnis der Teile des Satzes zu einander ausgesagt, wonach wir jetzt mit Recht die Satzarten scheiden. Diese Ausrufungssätze müssen gerade so wie die ohne Affekt gesprochenen in Aussage- und Aufforderungssätze eingeteilt werden. Denn, dass die letzteren immer Ausdruck eines Affektes sein müssten, ist gleichfalls eine irrige Annahme.

indifferenteste. In der Aufforderung ist natürlich Bitte, Gebot und Verbot, Rat und Warnung, Aufmunterung, auch Konzession und Ablehnung oder Verbitten enthalten. Es bedarf keiner Beispiele dafür, dass für alles dies der gleiche sprachliche Ausdruck angewendet werden kann, und dass die verschiedenen Nuancen dann nur an dem verschiedenen Gefühlstone erkannt werden. Wir müssen daran aber auch noch die Wunschsätze anknüpfen. Man kann einen Wunsch aussprechen in der Erwartung, dass das Aussprechen einen Einfluss auf seine Realisierung hat, dann ist er eben eine Aufforderung; man kann ihn aber auch ohne eine solche Erwartung aussprechen. Das ist ein Unterschied, der von dem naiven Bewusstsein des Kindes und des Naturmenschen noch nicht oder wenigstens nicht immer beachtet wird. Der Dichtersprache und selbst der naturwüchsigen Umgangssprache ist es noch heute geläufig blosse Wünsche zu Aufforderungen zu steigern und durch den Imperativ auszudrücken. Noch mehr berühren sich Wunsch und Aufforderung in konjunktivischen oder optativischen Ausdrucksformen.

Wir sind jetzt gewohnt den Aussagesatz als den eigentlich normalen Satz zu fassen. Der Aufforderungssatz ist aber ebenso ursprünglich, wo nicht gar älter. Die frühesten Sätze, die von Kindern gesprochen werden (die allerfrühesten bestehen natürlich aus einem einzigen Worte), haben eine Beziehung zu ihren Begierden, sind entweder Forderungen oder Aussagen, die gemacht werden, um ein Bedürfnis anzudeuten, das Befriedigung verlangt. Es darf angenommen werden, dass es sich auf der frühesten Stufe der Sprachentwickelung eben so verhalten hat. Es bedurfte daher ursprünglich auch zur Charakterisierung des Aufforderungssatzes keines besonderen sprachlichen Mittels, die einfache Nebeneinanderstellung von Subjekt und Prädikat genügte hier eben so gut wie für den Aussagesatz, nur der Empfindungston liess den Unterschied erkennen. Noch heute bedienen wir uns ja solcher Aufforderungssätze in Masse, in denen die Aufforderung nicht als solche charakterisiert ist. Es sind dies die Sätze ohne Verb., vgl. *Augen rechts, Gewehr auf, Hut ab, hierher, alle Mann an Bord, Scherz bei Seite, aller Anfang mit Gott, Auge um Auge, die Alten zum Rat, die Jungen zur Tat, Preis dir, Friede seiner Asche, dem Verdienste seine Kronen, Untergang der Lügenbrut, jedem das Seine, fort mit ihm, her damit* etc.; ferner dem sprachlichen Ausdrucke nach eingliedrige Sätze, bei denen als Subj. die 2. Pers. im Sg. oder Pl. hinzuzudenken ist, wie *still, hurtig, laut, sachte, Wein, Freiheit und Gleichheit, Schritt, Marsch, Platz, Vorsicht, her, weg, hinaus, vorwärts, auf, zu, an die Arbeit, zum Henker* etc. In dieser primitiven Form erscheinen gerade Aufforderungssätze, während sie für Aussagesätze in der Regel nicht anwendbar ist. Aus diesem negativen Umstande entspringt nun allerdings die Folge, dass diese Sätze für uns sofort als Aufforderungen zu erkennen sind. Doch gibt es immer noch Fälle, die zweideutig sind, vgl. *Feuer* als Alarmruf und *Feuer* als Kommando. Auch statt einer bestimmten charakteristischen Form der Verbums kann eine an sich unbestimmte zur Aufforderung verwendet werden. So das Part. perf., vgl. *Rosen auf den Weg gestreut, alles Harms vergessen* (Hölty); *in die Welt, in die Freiheit gezogen* (Schi.). Häufiger der Inf., vgl. *absitzen, Schritt fahren* u. dergl.; im It. ist der Inf. üblich nach Negationen: *non ti cruciare*; desgleichen im Rum., Prov. und Afranz. (vgl. Diez III, 212). Jolly (Geschichte des Inf. S. 158. 209) will diese Infinitive aus der ursprünglichen dativischen Funktion des Infinitivs erklären. Eine solche Erklärung muss allerdings für den imperativischen Inf. im Griech. als zulässig anerkannt werden. Aber der Gebrauch im Deutschen und Romanischen ist jungen Ursprungs und darf nicht an indogermanische Verhältnisse angeknüpft werden, für die das Bewusstsein dem Sprachgefühle längst abhanden gekommen war. Für die Epoche, in welcher dieser Gebrauch sich gebildet hat, ist der Inf. nichts anderes als die Bezeichnung des Verbalbegriffes an sich, und diese Infinitivsätze sind daher mit Sätzen wie *Marsch* auf eine Linie zu stellen. Bemerkenswert ist, dass auch die 2. Sg. des indogermanischen Imperativs den reinen Tempusstamm zeigt (griech. λέγε).

§ 94. Den Behauptungs- und Aufforderungssätzen stellt man als eine dritte Klasse die Fragesätze[1]) zur Seite. Es lässt sich aber für eine solche Dreiteilung der Sätze kein einheitliches Prinzip finden, und diese drei Klassen können nicht einander koordiniert werden. Vielmehr müssen wir eine zwiefache Art von Zweiteilung annehmen. Nicht bloss die Behauptungs-, sondern auch die Aufforderungssätze haben ihr Pendant in Fragesätzen, vgl. lat. *quid faciam* gegen *quid facio*. Man gebraucht dafür den Ausdruck deliberative Fragen. Wir könnten sie geradezu als Frageaufforderungssätze bezeichnen.

Von den beiden Hauptarten der Frage ist diejenige, in welcher nur ein Satzglied in Frage gestellt wird, jedenfalls jüngeren Ursprungs als diejenige, in welcher der ganze Satz in Frage gestellt wird.[2]) Denn

---

[1]) Vgl. zum Folgenden Imme, Die Fragesätze nach psychologischen Gesichtspunkten eingeteilt und erläutert, Programme des Gymn. zu Kleve 1879/81.

[2]) Es ist bisher noch nicht gelungen eine ganz passende Terminologie für diese beiden Arten zu finden. Delbrück, SF I, 75 nennt die erste Verdeutlichungsfragen, die zweite Bestätigungsfragen. Imme a. a. O. I, 15 eignet sich den zweiten Terminus an, während er den ersten durch Bestimmungsfragen ersetzt. Mir scheint aber gerade der Ausdruck Bestätigungsfragen nicht recht geeignet, weil er eigentlich die Erwartung einer bejahenden Antwort einschliesst. Suchier teilt mir mit, dass sein Lehrer Feussner die Ausdrücke Satz- und Wortfrage angewendet habe, die jedenfalls passender sind. Andere verhältnismässig passende Ausdrücke sind

Sechstes Kapitel. Die syntaktischen Grundverhältnisse.

zu der ersteren bedarf es eines besonderen Fragepronomens, respektive -adverbiums, welches die letztere nicht nötig hat. Das Interrogativum ist in den indogermanischen Sprachen zugleich Indefinitum. Es gibt meines Wissens kein Kriterium, woran sich erkennen liesse, welche von diesen beiden Funktionen die ursprüngliche ist. Sich die letztere aus der ersteren entstanden zu denken macht keine Schwierigkeit. Aber auch das Umgekehrte wäre denkbar, und dann hätten wir einen Weg aus der älteren Art des Fragesatzes in die jüngere. Auf die Frage *ist jemand da?* kann man antworten (*ja,*) *der Vater* oder (*nein,*) *niemand*. Denken wir uns nun die besondere Fragestellung hinweg, an die wir jetzt gebunden sind, also *jemand ist da?*, so liegt die Berührung mit *wer ist da?* auf der Hand. Noch näher stehen Fragen mit Interrogativum solchen mit Indefinitum da, wo eine negative Antwort als selbstverständlich erwartet wird, vgl. *wer wird das tun?* — *wird das jemand tun?*, *was kann ich antworten?* — *kann ich etwas antworten? wo ist ein solcher Mensch zu finden?* — *ist irgendwo ein solcher Mensch zu finden?*

Die Frage, auf welche man als Antwort *ja* oder *nein* erwartet, wird in manchen Sprachen durch eine besondere Partikel, in den germanischen und romanischen Sprachen durch die Wortstellung charakterisiert. Die fragende Wortstellung ist aber nicht von Anfang an auf den Fragesatz beschränkt gewesen. Wir finden sie z. B. im Ahd., Alts. und Ags. häufig im Behauptungssatz, vgl. *verit denne stuatago in lant, holoda inan truhtin* etc. Die Frage war demnach an der Stellung allein nicht zu erkennen, und erst der fragende Ton war das entscheidende Merkmal, wodurch sie sich von der Behauptung schied. Wir haben noch jetzt Fragen, bei denen dieser Ton das einzige Charakteristikum ist, nämlich diejenigen, welche kein Verbum enthalten, vgl. *niemand da? fertig? ein Glas Bier?* (als Frage des Kellners); franz. *votre désir?* Wir können uns daher leicht eine Vorstellung davon machen, dass es schon lange Fragesätze gegeben haben kann, ehe irgend ein anderes charakterisierendes Mittel dafür gefunden war als der fragende Ton. Die Frage ist daher schon auf ganz primitiver Stufe möglich, wenn auch natürlich jünger als Behauptung und Aufforderung.

Die reine Frage liegt gewissermassen in der Mitte zwischen positiver und negativer Behauptung. Sie verhält sich neutral. Es kann an und für sich keinen Unterschied machen, ob man sie in eine positive oder negative Form kleidet, nur dass eben deswegen die positive

---

Entscheidungs- und Ergänzungsfrage. A. Noreen behandelt die beiden Arten in der Abhandlung Två olika slags frågesatser (Språk och stil 1, 1). Er schlägt dafür die Ausdrücke *rogativ* und *quaesitiv* vor.

Form als das Einfachere vorgezogen wird und die negative die Funktion erhält eine Modifikation der reinen Frage auszudrücken. Es gibt nämlich verschiedene derartige Modifikationen, wodurch die Frage mehr oder weniger dem Charakter des Behauptungssatzes angenähert werden kann. So wird sie zur zweifelnden Behauptung, bei der man also schon zu einer bestimmten Annahme geneigt ist und nur noch eine letzte Bestätigung durch einen anderen erwartet. In diesem Falle tritt die negative Frageform ein bei Erwartung einer positiven Antwort: *warst du nicht auch dabei? ich glaubte dich zu sehen.* Es macht für den Sinn keinen wesentlichen Unterschied, wenn man statt dessen die Form des positiven Behauptungssatzes mit Frageton anwendet: *du warst auch dabei? du bist (doch) zufrieden?* Man kann also von beiden Seiten her zu dieser Zwischenstufe gelangen.

Ähnlich verhält es sich mit dem Ausdruck der Verwunderung. Die Verwunderung ist die subjektive Unfähigkeit eine Vorstellungsmasse durch eine andere zu apperzipieren trotz einer von aussen, sei es durch eigene Wahrnehmung, sei es durch Angabe eines andern, gegebenen Anforderung. Hierfür können wir wieder entweder die Frageform anwenden oder Behauptungsform mit Frageton: *ist Franz tot? — Franz ist tot?, bist du schon wieder da? — du bist schon wieder da?* Neutral in dieser Hinsicht sind die Sätze ohne Verbum: *du mein Bruder? mir das? schon da? so früh?*, ebenso die infinitivischen: *so ein Schelm zu sein?* Es kommen auch Ausdrücke der Verwunderung vor, bei denen das psychologische Subjekt und Prädikat durch *und* verbunden sind: *so jung und schon so verderbt? a maid and be so martial?* (Shaksp.). Abgeschwächt wird der Ausdruck der Verwunderung zu einer blossen Einleitungsformel für ein Gespräch, vgl. *ausgeschlafen? so vergnügt? noch immer bei der Arbeit?* u. dergl.

Ein spezieller Fall ist die verwunderte oder entrüstete Abweisung einer Behauptung. Hierfür ist die primitive Ausdrucksform ohne Verb. finitum besonders beliebt: *ich ein Lügner? er und bezahlen?* lat. *ego lanista?* (Cic.), franz. *moi vous abandonner?* it. *io dir bugie?* engl. *she ask my pardon? how? not know the friend that served you?* Auch die entrüstete Abweisung einer Zumutung kommt vor, vgl. *ich dich ehren?* (Goe.), *what? I love! I sue! I seek a wife* (Shak.) Solche Sätze müssten wohl den Frageaufforderungen zugerechnet werden.

Die Veranlassung zur Frage ist natürlich ursprünglich ein Bedürfnis des Fragenden. Es gibt aber auch Fragen (jedenfalls jüngeren Ursprungs), bei denen der Fragesteller über die Antwort, welche darauf gehört, nicht in Zweifel ist und nur den Angeredeten veranlassen will diese Antwort selbständig zu finden. Hierher gehören die pädagogischen Fragen. Tritt eine Andeutung darüber hinzu, welche Beantwortung

138 Sechstes Kapitel. Die syntaktischen Grundverhältnisse.

der Fragende erwartet, so haben wir die Art, welche man gewöhnlich mit dem unbestimmten Namen rhetorische Fragen bezeichnet. Man nötigt dadurch den Angeredeten eine Wahrheit aus eigener Überlegung heraus anzuerkennen, wodurch sie ihm energischer zu Gemüte geführt wird, als wenn sie ihm bloss von aussen mitgeteilt würde. Nichts anderes eigentlich als rhetorische Fragen sind auch die sogenannten Ausrufungssätze von der Form *wie schön ist sie!*

§ 95. Das Verhältnis von Subjekt und Prädikat in dem § 87 bezeichneten weiten Sinne ist das Verhältnis, aus dem die übrigen syntaktischen Verhältnisse entspringen mit einer einzigen Ausnahme, nämlich der kopulativen Verbindung mehrerer Elemente zu einem Satzgliede. Diese Verbindung kann in den entwickelten Sprachen durch eine Partikel bezeichnet werden, es genügt aber vielfach noch die blosse Aneinanderreihung, weshalb es uns nicht wunder nehmen kann, dass man im Anfang jeden besondern sprachlichen Ausdruck für die Kopulation entbehren konnte.

§ 96. Jede andere Art der Satzerweiterung geschieht dadurch, dass das Verhältnis von Subjekt und Prädikat mehrmals auftritt. Wir können zwei Grundformen des auf diese Weise erweiterten Satzes unterscheiden. Die erste besteht darin, dass zwei Subjekte zu einem Prädikate oder zwei Prädikate zu einem Subjekte treten. Ist dabei das Verhältnis der beiden Subjekte zu dem gemeinsamen Prädikate oder das der beiden Prädikate zu dem gemeinsamen Subjekte völlig gleich, so lässt sich ein solcher dreigliedriger Satz ohne wesentliche Veränderung des Sinnes mit einem zweigliedrigen vertauschen, dessen eines Glied eine kopulative Verbindung ist. Daraus ergeben sich Berührungspunkte und Vermischungen zwischen diesen beiden Satzarten. Am reinsten erscheint die Doppelheit eines Satzgliedes von der kopulativen Verbindung zu einem Gliede gesondert, wenn das Satzgliederpaar ein ihm gemeinsam zugehöriges Glied in die Mitte nimmt ohne Anwendung einer kopulativen Partikel, also bei der sogenannten Konstruktion ἀπὸ κοινοῦ, wie sie im Mhd. ziemlich häufig ist, vgl. *dô spranc von dem gesidele her Hagene alsô sprach.* Sagen wir dagegen *da sprang vom Sitze Hagen und sprach so,* so haben wir schon eine Übergangsstufe von doppeltem Prädikate zu einem zusammengesetzten. Dass aber noch keine wirkliche Zusammenfassung der beiden Prädikate stattfindet, beweist der bei doppeltem Subj. ausnahmslose Sing. des Prädikats (*der Mann ist tot und die Frau*). In der älteren Sprache macht sich die Zusammenfassung geltend, wenn hinterher noch ein weiteres Prädikat angefügt wird, vgl. *Petrus aber antwortete und die Apostel und sprachen* (Lu.), wo wir jetzt auch ein neues Subj. setzen müssen. Viel schwankender ist das Sprachgefühl, wenn keine Trennung durch einen Einschub stattfindet. Dann ist es ebensowohl möglich mehrere Glieder anzunehmen, die eins nach dem anderen mit den übrigen Elementen des Satzes verknüpft werden, wie ein zusammengesetztes, welches auf einmal angeknüpft wird. Die erstere Auffassung liegt weniger nahe, wenn das Satzgliederpaar an die Spitze, als wenn es an das Ende gestellt wird. Das Schwanken des Sprachgefühls bekundet sich darin, dass bei einer Mehrheit von Subjekten, von denen wenigstens das zunächststehende ein Sing. ist, das Präd. sowohl im Plur. als im Sing. stehen kann. Bei Nachstellung des Prädikats müssen wir allerdings jetzt den Plur. setzen, aber im Lat. ist auch der Sing. üblich, vgl. *Speusippus et Xenocrates et Polemo et Crantor nihil ab Aristotele dissentit* (Cic.); *consules, praetores, tribuni plebis, senatus, Italia cuncta semper a vobis deprecata est* (Cic.); *filia atque unus e filiis captus est* (Caes.); selbst *et ego et Cicero meus flagitabit* (Atticus). Ebenso it.: *le ricchezze, gli honori e la virtù è stimata grande*; franz. *le fer, le bandeau, la flamme est toute prête* (Racine); so auch im älteren Nhd.: *Wolken und Dunkel ist um ihn her* (Lu.); *dass ihre Steine und Kalk zugerichtet würde* (ib.).

§ 97. Von zwei Prädikaten, die zu einem Subjekte treten, kann aber auch das eine dem andern untergeordnet werden, und dadurch verwandelt sich das erstere in eine Bestimmung des Subj., wobei aus dem dreigliedrigen Satze ein zweigliedriger wird. Jetzt dienen uns als Bestimmung des Subj. vornehmlich substantivische und adjektivische Attribute und Genitive von Substantiven, aber auch durch Präpositionen angeknüpfte Substantiva und Adverbia. Mit Hilfe dieser verschiedenen Bezeichnungsweisen ist es möglich die Verschiedenheit des logischen Verhältnisses zwischen dem Bestimmenden und dem Bestimmten bis zu einem gewissen Grade auch sprachlich auszudrücken. Eine Sprache, die noch keine Flexion und keine Verbindungswörter ausgebildet hat, ist dazu nicht im Stande. Sie hat wieder kein anderes Mittel als die blosse Nebeneinanderstellung des bestimmten und des bestimmenden Wortes.[1] Dass die dem Subj. beigegebene Bestimmung nicht Prädikat ist, kann sich dann, falls nicht etwa schon eine feste Wortstellung ausgebildet ist, nur daraus ergeben, dass noch ein drittes Wort vorhanden ist, welches durch eine stärkere Betonung und etwa durch eine kleine Pause von den beiden Wörtern, die zusammen das Subjekt bilden, abgehoben wird. Das Verhältnis des bestimmenden Elementes zu dem bestimmten ist dem des Prädikats zum Subjekt in der Weite, wie wir es oben gefasst haben, analog. Und wirklich ist die

---

[1] Noch ziemlich mannigfache logische Verhältnisse können im Arabischen durch blosse Nebeneinanderstellung von Substantiven ausgedrückt werden, vgl. Reckendorf, Die Synt. Verhältnisse des Arab. S. 93.

140   Sechstes Kapitel. Die syntaktischen Grundverhältnisse.

Bestimmung nichts anderes als ein degradiertes Prädikat, welches nicht um seiner selbst willen ausgesprochen wird, sondern nur, damit dem Subj. (Obj.) nun ein weiteres Präd. beigelegt werden kann. Die Bestimmung des Subjekts hat also ihren Ursprung in Sätzen mit Doppelprädikat.

Die Herabdrückung des Prädikats zu einer blossen Bestimmung können wir uns am besten an denjenigen Fällen klar machen, in denen ein Verbum finitum davon betroffen ist. Wir haben es dabei mit einem Prozess zu tun, der sich spontan in verschiedenen Sprachen und Epochen vollzogen hat und zum Teil noch geschichtlich verfolgbar ist. Den Ausgang bildet die oben § 96 besprochene Konstruktion *ἀπὸ κοινοῦ*. Dabei kann es geschehen, dass das eine der beiden Prädikate sich logisch dem andern unterordnet, so dass es durch einen Relativsatz ersetzbar wird.[1]) So zuweilen im Ahd. und Mhd., vgl. *mit zühten si ze hûse bat ein frouwe saz darinne* (= eine Dame, die darin ihren Wohnsitz hatte), *wer was ein man lac vorme Grâl?* (= der vor dem Grale lag), *die worhte ein smit hiez Volcân* (mit Namen Vulcan); *nist man, thoh er uuolle, thaz gumisgi al irzelle* (es gibt keinen Menschen, der, wenn er auch wollte, die Menschenmenge ganz zählen könnte). Es kann auch ein vom Hauptverbum abhängiger Kasus zugleich als Subjekt des Nebenverbums dienen: *von einem slangen was gebunden* (Überschrift einer Fabel von Boner); *ich hab ein sünt ist wider euch* (H. Sachs); *dar inne sach er glitzen von kolen rot ein glut wart auf sein fallen* (die auf sein Fallen wartete, id.). Die Konstruktion wird gegen den Ausgang des Mittelalters häufiger als früher. Eine viel grössere Ausdehnung hat der entsprechende Gebrauch im Englischen, Schwedischen und Dänischen gewonnen. Beispiele aus Shakespeare: *there is a devil haunts thee, it is thy*

---

[1]) Über diese Erscheinung gibt es eine beträchtliche Literatur, vgl. besonders J. Grimm, Über einige Fälle der Attraktion (Kl. Schr. 3, 312 ff.); Steinthal, Assimilation und Attraktion (Zschr. f. Völkerps. I, 93 ff. = Kl. Schr. 107 ff.), vgl. besonders S. 173 ff.; Tobler, Über Auslassung und Vertretung des Pronomen Relativum (Germ. XVII, 257 ff.; Jolly, Über die einfachste Form der Hypotaxis im Idg. (Curtius, Studien VI, 217); Kölbing, Untersuchungen über den Ausfall des Relativpronomens in den germanischen Sprachen, Strassburg 1872; Erdmann, Syntax Otfrids II, S. 124 ff.; Behaghel, Asyndetische Parataxe (Germ. XXIV, 167 ff.); Lohmann, Über die Auslassung des englischen Relativpronomens (Anglia III, 115 ff.); G. Neckel, Über die altgermanischen Relativsätze, Berlin 1900. In diesen Schriften findet sich zum Teil eine von der oben gegebenen stark abweichende Auffassung. Dagegen zu polemisieren habe ich für überflüssig gehalten, da es mir scheint, dass die Richtigkeit desjenigen Standpunktes, dem ich mich angeschlossen habe, des Standpunktes von Jolly und Behaghel, einem jeden einleuchten muss, der nicht in den Banden des eigenen Sprachgefühles und der traditionellen Grammatik befangen ist.

sovereign speaks to thee, here are some will thank you, I have a mind presages me, it is not you I call for. In den bisher angeführten Beispielen stand das gemeinsame Glied in der Mitte. Es kommen im Ahd. auch Fälle vor, in denen es an der Spitze steht oder zwischen das erste Prädikat und seine Bestimmungen eingeschoben ist. Es kann dabei als Subjekt oder Objekt oder als sonstige adverbiale Bestimmung dienen; es braucht auch nicht zu beiden Prädikaten das gleiche Verhältnis zu haben. Hierher gehören aus Otfrid mit Unterordnung des zweiten Prädikats Fälle wie *uuer ist thes hiar thenke* (wer ist, der das hier denken sollte); *nist man nihein in uuorolti thaz saman al irsageti* (es gibt keinen Menschen in der Welt, der das alles zusammen sagen könnte). Das erste Prädikat ist untergeordnet in folgendem Falle: *in selben uuorton er then man thô then êriston giuuan sô uuard er hiar fon thesemo firdamnot* (mit denselben Worten, mit denen er den ersten Mann überwand, ward er hier von diesem verdammt). Dabei nimmt *sô* das *in selben uuorton* noch einmal auf, wie es jeden beliebigen Satzteil aufnehmen kann. In einem anderen Falle ist der gemeinsame Satzteil durch ein Pron. aufgenommen: *allo uuihi in uuorolti thir gotes boto sageti, sie quement sô gimeinit ubar thin houbit.*

Am häufigsten ist im Ahd. das ἀπὸ κοινοῦ im allgemeinen, namentlich negierten Satze mit konjunktivischem Nebenverbum. Diese Art kennen auch die romanischen Sprachen,[1]) vgl. ait. *non vi rimasse un sol non lacrimassi* (es blieb da niemand zurück der nicht geweint hätte); prov. *una non sai vas vos non si' aclina* (ich weiss keine, die nicht euch geneigt ist), *anc non vi dona tan mi plagues* (niemals habe ich eine Dame gesehen, die mir so gefallen hätte); afranz. *or n'a baron ne li envoit son fil* (es gibt keinen Baron, der ihm nicht seinen Sohn schickte).

Überblickt man unbefangen die Überlieferung, so wird man die Ansicht nicht aufrecht erhalten können, dass diese Konstruktion überall, wo sie vorkommt, auf Tradition von der indogermanischen Grundsprache her beruhe, es ist vielmehr wahrscheinlich, dass sie sich auch in späteren Epochen spontan erzeugt hat, wiewohl schon andere vollkommenere Ausdrucksformen ausgebildet waren. Ausserhalb des Idg. findet sie sich z. B. im Arabischen, wo man sich so ausdrückt: *ich ging vorüber bei einem Manne schlief*, vgl. Steinthal, Haupttyp. 267; ähnlich in andern nichtindogermanischen Sprachen.[2])

Wenn so das Verb. finitum zur Geltung einer attributiven Bestimmung herabgedrückt werden konnte, wie viel mehr ein Prädikat,

---

[1]) Vgl. Diez III, 381.
[2]) Vgl. Jacobi, Kompositum und Nebensatz, S. 30 ff.

welches noch keinerlei Kennzeichen verbalen Charakters an sich hatte. Der Ursprung des attributiven Verhältnisses liegt somit klar zu Tage. In Bezug auf die Funktion der Bestimmung müssen gewisse Unterschiede hervorgehoben werden, die gewöhnlich keinen sprachlichen Ausdruck finden, die aber nichtsdestoweniger logisch sehr bedeutsam sind. Die Bestimmung braucht den Bedeutungsumfang, welchen das als Subj. fungierende Wort an sich oder nach einer anderweitig bereits gegebenen Begrenzung hat, nicht zu alterieren, indem sie diesem ganzen Umfange zukommt: vgl. *der sterbliche Mensch, der allmächtige Gott, das starre Eis*; es kann aber auch, indem sie nur einem Teile von dem zukommt, was in der usuellen oder bereits durch andere Mittel spezialisierten Bedeutung des betreffenden Wortes enthalten ist, dieselbe individuell verengern: vgl. *alte Häuser, ein altes Haus, ein (der) Sohn des Königs, die Fahrt nach Paris, Karl der Grosse*; ebenso *das alte Haus*, insofern es in Gegensatz zu einem neuen gestellt wird, wogegen diese Verbindung nicht hierher gehört, wenn schon ohne das Beiwort feststeht, welches Haus gemeint ist. In den Fällen, welche unter die zweite Kategorie gehören, ist die Bestimmung unentbehrlich, weil ohne sie das Prädikat nicht gültig ist. In der ersten Kategorie sind noch folgende Unterscheidungen von Belang. Erstens: die Bestimmung kann als eine dem Begriffe, welchem sie beigefügt wird, zukommende schon bekannt sein, wie dies bei der Wiederholung der stehenden Beiwörter in der epischen Sprache der Fall ist, oder es kann durch die Bestimmung etwas Neues mitgeteilt werden. Im letzteren Falle hat die Bestimmung eine grössere Selbständigkeit, nähert sich dem Werte eines wahren Prädikates. Wir ziehen in diesem Falle häufig Umschreibung durch einen Relativsatz vor: *Karl, welcher arm war, Ludwig, der ein geschickter Maler war*. Zweitens: die Bestimmung braucht gar keine Beziehung zum Prädikat zu haben, sie kann aber auch in Kausalbeziehung zu demselben stehen, z. B. *der grausame Mann achtete nicht auf das Flehen des Unglücklichen*.

Wir haben die Bestimmung als ein abgeschwächtes Präd. aufgefasst. Es gibt nun eine Zwischenstufe, auf welcher die Bestimmung noch eine grössere Selbständigkeit hat, noch nicht so eng mit dem Subj. verbunden ist, weshalb es angemessener ist sie als ein besonderes Satzglied anzuerkennen. Hierher gehört, was man gewöhnlich prädikatives Attribut nennt, z. B. *er kam gesund an*. Aber auch präpositionelle Bestimmungen können in dem nämlichen logischen Verhältnisse stehen, z. B. *er bat mich auf den Knieen*, wofür man ein *knieend* einsetzen könnte. Loser ist das Verhältnis des prädikativen Attributes zum Subj. deshalb, weil es nicht eine demselben notwendig und dauernd anhaftende Eigenschaft, sondern einen zufälligen und vorübergehenden Zustand bezeichnet. Es kann daher als ein selbständiges Glied neben Subj. und Präd. betrachtet werden. Die Selbständigkeit bekundet sich in den meisten Sprachen durch die freiere Wortstellung gegenüber der gebundenen des reinen Attributs. Im Nhd. hat die nähere Verwandtschaft mit dem Prädikate noch darin ihren Ausdruck gefunden, dass wie für dieses die unflektierte Form des Adj. gebraucht wird. Nachdem einmal die Kategorie der Bestimmung sich für das Subj. aus dem Präd. entwickelt hatte, wurde es möglich nach dieser Analogie auch dem Präd. und weiterhin, nachdem sich die Kategorie des Obj. entwickelt hatte, auch diesem eine Bestimmung beizugeben. So wurzelt die spätere adnominale Bestimmung durchaus in der Subjektsbestimmung.

§ 98. Eine zweite Grundform des erweiterten Satzes ist dadurch entstanden, dass sich ein drittes Glied angeschlossen hat, das im Prädikatsverhältnis steht nicht zum Subj. des einfachen Satzes wie in den behandelten Fällen, sondern zum Prädikat desselben, welches also ihm gegenüber im Subjektsverhältnis steht. Wir nehmen natürlich auch hier wieder Subj. und Präd. in dem oben bestimmten weiten psychologischen Sinne. Aus diesem dritten Gliede sind die verschiedenen adverbialen Bestimmungen entsprungen, also auch das Objekt im engeren und weiteren Sinne. Es erklärt sich aus diesem Ursprunge, dass auf die adverbialen Bestimmungen gewöhnlich als auf das eigentliche Hauptprädikat im psychologischen Sinne der stärkste Ton fällt, und dass sie im allgemeinen in einem loseren Verhältnis zum Verb. stehen als die adnominalen zu ihrem Nomen. Allerdings kann auch bei den ersteren nach Analogie der letzteren der Anschluss ein engerer werden.

§ 99. Nachdem einmal die adverbialen und adnominalen Bestimmungen sich als besondere Kategorieen aus ursprünglichen Prädikaten herausgebildet haben, ist eine weitere Komplizierung des Satzes möglich, indem eine schon aus einem bestimmten und einem bestimmenden Elemente bestehende Verbindung wieder durch ein neues Element bestimmt werden oder ihrerseits als Bestimmung dienen kann, und indem ferner mehrere bestimmende Elemente zu einem bestimmten oder mehrere bestimmte zu einem bestimmenden treten können, gerade so wie mehrere Subjekte zu einem Prädikate oder mehrere Prädikate zu einem Subjekte. Beispiele: 1. *alle guten Geister, Müllers älteste Tochter, er gerät leicht in Zorn* (zu konstruieren *gerät in Zorn + leicht*); — 2. *sehr gute Kinder, alles opfernde Liebe, er spricht sehr gut;* — 3. *trübes, regnerisches* (*trübes und regnerisches*) *Wetter, er tanzt leicht und zierlich;* — 4. *Karls Hut und Stock, er schilt und schlägt sein Weib.*

Die zuerst aufgeführte Verbindungsweise pflegt man als das Verhältnis der Einschliessung zu bezeichnen. Sie ist nicht immer von der dritten scharf zu sondern. Sage ich z. B. *grosse runde Hüte,* so macht es keinen wesentlichen Unterschied, ob wir diese Verbindung als 1 oder 3 konstruieren. Im Nhd. bietet da, wo zwei Adjektiva zusammentreffen, der Gebrauch der starken oder schwachen Form ein Mittel das Verhältnis der Beiordnung und das der Einschliessung von einander zu scheiden, ein Mittel, welches freilich da im Stiche lässt, wo beide Formen lautlich zusammengefallen sind. Aber die Schwierigkeit einer korrekten Aufrechterhaltung der Unterscheidung zeigt sich in vielen Verstössen der Schriftsteller gegen die Regel der Grammatik, vgl. die Beispiele bei Andr. Sprachg. S. 38 ff.

Konstruktion 3 und 4 lassen im Grunde eine doppelte Auffassung zu. Sie können entweder, wie oben zunächst angegeben ist, als $ἀπὸ$ $κοινοῦ$ gefasst werden oder als Zusammenfügung eines Elementes mit zwei zu einer Einheit kopulativ verbundenen Elementen. Daher zeigt sich bei 4 in den Sprachen, welche grammatische Kongruenz entwickelt haben, das nämliche Schwanken in der Form des Attributs, wie wir es § 96 in der Form des Prädikats gefunden haben. Vgl. einerseits franz. *le bonheur et le courage constants, la langue et la littérature françaises*; lat. *Gai et Appii Claudiorum*; anderseits franz. *la fille et la mère offensée* (Racine); lat. *Tiberius et Gajus Gracchus, et tribunis et plebe incitata in patres* (Livius). Aber nicht alle Fälle von derselben grammatischen Form sind in dieser Weise zweideutig. In den angeführten Fällen bezeichnet jedes von den beiden Substantiven eine selbständige Substanz. Es kann aber auch sein, dass durch die Verknüpfung nur zwei verschiedene Seiten desselben Gegenstandes bezeichnet werden, z. B. *mein Oheim und Pflegevater*. Hier dürfen wir, wo die Verbindung als Subj. oder Obj. erscheint, nur konstruieren *mein + Oheim und Pflegevater*. Wo jedes Wort einen besonderen Gegenstand bezeichnet, zieht man es jetzt im Deutschen, wenigstens bei Singularen vor auch jedem sein besonderes Attribut zu geben. *Mein Oheim und mein Pflegevater* bedeutet somit etwas anderes als *mein Oheim und Pflegevater*. Nur dann können wir die erste Verbindung auf eine Person beziehen, wenn sie ausdrücklich in Beziehung auf eine solche gesetzt ist als Prädikat oder als Attribut oder endlich als Anrede. Es erscheint jedoch auch umgekehrt, wiewohl von den Grammatikern verpönt, häufig die einfache Setzung des Attributs neben mehreren Substantiven, die jedes einen besonderen Gegenstand bezeichnen, vgl. die massenhaften Beispiele bei Andr. Sprachg. S. 125 ff., dazu auch meine Deutsche Grammatik IV, § 180. So hat Lessing geschrieben *über die Grenzen der Malerei und Poesie*, Goethe in einem Briefe *das Unverhältnis Ihres jetzigen und vorigen Zustandes*.

§ 100. Wir haben im Vorhergehenden schon die Grenzen des sogenannten einfachen Satzes überschritten und in das Gebiet des zusammengesetzten hinübergegriffen. Es zeigt sich eben bei wirklich historischer und psychologischer Betrachtung, dass diese Scheidung gar nicht aufrecht erhalten werden kann. Sie beruht auf der Voraussetzung, dass das Vorhandensein eines Verb. fin. das eigentliche Charakteristikum des Satzes sei, einer Ansicht, die auf viele Sprachen und Epochen gar nicht anwendbar ist, für keine ganz zutrifft. Wo die deutliche Ausprägung eines Verb. fin. fehlt, fällt auch die Scheidung zwischen einfachem und zusammengesetztem Satze in dem gewöhnlichen Sinne fort. Der sogenannte zusammengesetzte und der sogenannte erweiterte Satz sind daher ihrem Grundwesen nach vollkommen das nämliche. Es ist deshalb auch eine irrige Ansicht, dass die Herabdrückung eines Satzes zum Satzgliede, die sogenannte Hypotaxe, sich erst auf einer späten Sprachstufe entwickelt habe. Das Bestehen des erweiterten Satzes, das auch den primitivsten Sprachen nicht fehlt, setzt ja diese Herabdrückung als vollzogen voraus. Irrtümlich ist ferner die gewöhnliche Ansicht, dass die Hypotaxe durchgängig aus der Parataxe entstanden sei. Man könnte mit demselben Rechte behaupten, dass die Gliederung eines Satzes in Subj. und Präd. aus der kopulativen Verbindung zweier Wörter entstanden sei. Diese Ansicht hat sich deshalb bilden können, weil die älteste Art der Hypotaxe allerdings einer besonderen grammatischen Bezeichnung entbehrt und bloss eine logisch-psychologische ist. Eine solche logische Unterordnung aber als Beiordnung zu bezeichnen ist durchaus inkorrekt.

Ein wichtiger Schritt zur Erzeugung komplizierterer Gebilde war, dass das Objektsverhältnis auf einen Satz übertragen wurde. Sehr häufig werden noch jetzt im Deutschen und ebenso in anderen Sprachen, die schon einen reich entwickelten Satzbau haben, Verbindungen, welche sich in der Form nicht vom Hauptsatze unterscheiden, als Objekte gebraucht. Hierher gehört die oratio directa. Hierher gehören ferner Sätze wie *ich behaupte, er ist ein Lügner*; *ich glaube, du rasest*; *ich sehe, du zitterst*; *bedenke, es ist gefährlich*. Auch Aufforderungen und Fragen werden in das nämliche Abhängigkeitsverhältnis gestellt: *ich bitte dich (bitte), gib es mir*; vgl. lat. *quaeso cogita ac delibera*; *sage, hast du ihn gesehen*; *sprich, was bekümmert dich*; vgl. lat. *videte, quantae res his testimoniis sunt confectae* (Cic.); *quaero de te, qui possunt esse beati* (Cic.); *responde, quis me vendit* (Plaut.). Seltener ausser neben dem Passivum begegnen derartige Subjekte: *besser ist, du lässt es bleiben*; *das macht, sie ist sehr mannigfaltig* (Le.).

In allen diesen Fällen haben allerdings die Subjekts- und Objektssätze zugleich eine gewisse Selbständigkeit, und ohne dass ihnen eine selbständige Geltung beigelegt wird, können sie abgesehen von der oratio directa nicht gebraucht werden. Wir können z. B. nicht sagen *ich glaubte, du bist krank* und eben so wenig *ich glaubte, du warst krank*. Es folgt aber aus dieser beschränkten Selbständigkeit nicht, dass das Verhältnis zum Hauptverbum ursprünglich parataktisch ist, sondern in Bezug auf das Hauptverbum besteht entschiedene Hypotaxe und Selbständigkeit nur, insofern von dem Vorhandensein desselben abgesehen wird. Die Selbständigkeit ist eine grössere, wenn der regierende Satz nachgestellt oder eingeschoben wird, da dann die Abhängigkeit erst nachträglich bemerkt wird; vgl. *er ist ein Lügner, glaube ich* oder *er ist, glaube ich, ein Lügner*; lat. *quid illi locuti inter se? dic mihi* (Plaut.); *signi, dic, quid est?* (Plaut.). Im Falle der Einschiebung sind unsere Grammatiker sogar geneigt, vielmehr den eingeschobenen Satz für den untergeordneten zu halten, und sie könnten sich darauf berufen, dass ein *glaube ich* ungefähr so viel ist wie ein *wie ich glaube* oder *meiner Meinung nach* oder *meines Bedünkens*. Im älteren Nhd. ist es ganz üblich einen Satz zunächst selbständig hinzustellen und ihn dann doch zugleich zum Subj. oder Obj. eines nachfolgenden Satzes zu machen. Vgl. folgende Beispiele aus Hans Sachs: *ein evolk dreissig jar fritlich lebet, verdross den teufel gar; der frauen wart sein hab vnd gut, geschach nach Christi geburt zware vierhundert vnd auch funfzig jare; des wirt ein böse letz der lon, deut der schwanz von dem scorpion; das betrübt weib sich selbst erstach vnd nam ein kleglich end, beschreibt Boccatius; darum jm jedermann wol sprach, tut Plutarchus beweisen*. Hier die Ellipse eines *das* anzunehmen, wäre durchaus ungerechtfertigt.

Aus der Vereinigung von Selbständigkeit und Abhängigkeit erklärt sich auch der Personengebrauch in derartigen Sätzen, z. B. *er denkt, er hat was Rechtes getan* statt *ich habe*, also nach dem Standpunkte des Sprechenden, nicht nach dem Standpunkte dessen, dem man den Gedanken zuschreibt; ebenso *glaube mir, du bist im Irrtume; er meint, er kann dich betrügen*.

Es kommt auch vor, dass man trotz der logischen Abhängigkeit die ausgeprägte Form der Parataxe wählt. So allgemein in der Verbindung *sei so gut und tue das*. Vgl. bei H. Sachs *ir seidt gewonet alle zwen vnd tragt mit euch was nit wil gehn*. Andere Beispiele Andr. Sprachg. S. 140, Behaghel ZfdWf. VI, 366 und DWb. unter *gedenken* II 4 f β; englische bei Storm, Engl. Phil. I, 218.

Die indirekte Rede im Deutschen muss jetzt als etwas grammatisch Abhängiges betrachtet werden, und das Kennzeichen der Abhängigkeit dabei ist der Konjunktiv. Sehen wir aber auf den Ursprung der Konstruktion, so ist es klar, dass hier gleichfalls ein Zwitterding zwischen logischer Abhängigkeit und logischer Selbständigkeit zu Grunde liegt. Eine Konstruktion wie *er meint, er könne dich betrügen* verhielt sich ursprünglich nicht anders als das oben angeführte *er meint er kann dich betrügen*, nur dass die Behauptung mit geringerer Sicherheit hingestellt und deshalb der Konj. (Opt.) in potentialem Sinne gesetzt ist. Dass sonst der Gebrauch des Potentialis in Hauptsätzen untergegangen ist, hat die Auffassung des Verhältnisses als wirklicher grammatischer Abhängigkeit gefördert.

Auch das Verhältnis der Bestimmung zum Bestimmten konnte auf Sätze übertragen werden. Auf diese Weise wurde ein Satz zur Apposition eines Nomens. Vgl. *er sprach die Worte: das tue ich niemals*; *eins weiss ich: es geschieht nicht wieder*; *Folgendes ist mir begegnet: ich traf einen Mann*; *ein sonderbarer Zufall hat sich gestern zugetragen: es begegneten sich zwei Freunde* etc.; *er hat die Gewohnheit: er erwidert nie einen Brief*; *ich habe die Überzeugung: du wirst dich noch bekehren*. Besonders häufig ist so ein Pron., dem der Satz als Apposition dient, vgl. *das ist sicher, er wird es nicht wagen*; *es ist besser, du gehst*; lat. *hoc relicuomst: si infitias ibit, testis mecum est anulus* (Ter.); *hoc capio commodi: neque agri, neque urbis odium me unquam percipit* (Ter.). Ebenso stehen Sätze appositionell zu einem demonstrativen Adverbium: *er ist so lieb, man kann ihm nicht böse sein*.

Ist es nur ein Pron., was durch den Satz bestimmt wird, so kann man sich dasselbe auch ohne wesentliche Veränderungen des Sinnes wegdenken. Dann hat man wieder die oben besprochene Form, in der der Satz direkt zum Subj. oder Obj. gemacht wird. Vgl. *es ist gewiss, du bleibst* mit *gewiss ist, du bleibst*. Beide Ausdrucksformen berühren sich also sehr nahe mit einander.

Umgekehrt kann ein Nomen Apposition zu einem Satze werden; vgl. *du verdrehst immer die Augen, eine schlechte Gewohnheit*. Besonders üblich ist diese Konstruktion, wenn an das Nomen noch ein Relativsatz angeknüpft wird: *er will aufbrechen, ein Entschluss, der ihm sehr schwer geworden ist*. Hier erkennt man wieder deutlich die Apposition als eine Degradierung des Prädikates. Eben durch diese Degradierung ist der vorausstehende Satz vor der Degradierung zu einem blossen Subjekte bewahrt worden.

§ 101. Wir haben so die Entwickelung des Satzes von seiner einfachsten Form zu kompliziertester Gestaltung verfolgt. Wir wenden uns jetzt zu der parataktischen Aneinanderfügung mehrerer Sätze. Dieselbe steht in Parallelismus zu der kopulativen Aneinanderreihung koordinierter Satzglieder, weshalb sich auch die ausgebildeten Sprachen der gleichen Hilfsmittel zur Bezeichnung beider Arten von Verknüpfung bedienen. Im Anfang musste auch hier die blosse Nebeneinanderstellung genügen. Wenn wir nun gesehen haben, dass bei der Hypotaxe eine gewisse Selbständigkeit des einen Gliedes bestehen kann, so zeigt sich auf der anderen Seite, dass eine Parataxe mit voller Selbständigkeit der unter einander verbundenen Sätze gar nicht vorkommt, dass es gar nicht möglich ist Sätze untereinander zu verknüpfen ohne eine gewisse Art von Hypotaxe. Als selbständig, als einen Hauptsatz im strengsten Sinne können wir einen Satz nur dann bezeichnen, wenn er nur um seiner selbst willen ausgesprochen wird, nicht um einem andern Satze eine Bestimmung zu geben. Demgegenüber müssten wir den Nebensatz definieren als einen Satz, der nur ausgesprochen wird, um einen andern zu bestimmen. Es liegt nun auf der Hand, dass ein Satz zu gleicher Zeit um seiner selbst willen ausgesprochen werden und doch auch einem andern als Bestimmung dienen kann, dass es demnach zwischen den beiden Extremen eine Reihe von Zwischenstufen geben muss. Es liegt ferner auf der Hand, dass gar kein vernünftiger Grund vorhanden sein könnte Sätze parataktisch an einander zu reihen, wenn nicht zwischen ihnen ein innerer Zusammenhang bestünde, d. h. wenn nicht einer den andern irgendwie bestimmte. Ein rein parataktisches Verhältnis zwischen zwei Sätzen in dem Sinne, dass keiner den andern bestimmt, gibt es also nicht; es ist kein anderer Begriff von Parataxe möglich als der, dass nicht einseitig ein Satz den andern, sondern beide sich gegenseitig bestimmen.

Reine Parataxe in diesem Sinne besteht zwischen Parallelsätzen, sei es, dass Analoges oder dass Entgegengesetztes verknüpft wird, *er ist krumm, sie ist schief*; *er lacht, sie weint.* Anders aber steht es schon mit der Erzählung. Wenn jemand berichtet *um zwölf Uhr kam ich in N. an; ich ging in das nächste Hôtel; man sagte mir, es sei alles besetzt; ich ging weiter*, so gibt immer der vorhergehende Satz dem folgenden eine zeitliche und auch kausale Bestimmung. Dies ist aber eine Funktion, an welche in dem Augenblicke, wo er ausgesprochen wird, noch nicht gedacht wird. Wir haben demnach wieder eine Vereinigung von Selbständigkeit und Abhängigkeit. Wir könnten uns eine umständlichere Ausdrucksweise denken, in welcher der Satz immer zweimal, einmal als selbständig, einmal als abhängig gesetzt würde. Statt einer solchen Wiederholung, die wenigstens nur ausnahmsweise wirklich vorkommt, bedient sich die Sprache der Substitution durch ein Pron. oder Adv. demonstrativum. Es war für die Entwickelung der Syntax ein höchst bedeutsamer Schritt, dass dem Demonstrativum, dem ursprünglich nur die Beziehung auf etwas in der Anschauung Vorliegendes zukam, die Beziehung auf etwas eben Ausgesprochenes gegeben wurde. Dadurch wurde es auch möglich dem psychologischen Verhältnis, dass ein Satz selbständig hingestellt wird und zugleich als Bestimmung für einen folgenden dient, einen grammatischen Ausdruck zu geben. Das Demonstrativum kann sich auf einen ganzen Satz oder auf ein Satzglied beziehen. Auch in dem letzteren Falle ist vielfach der ganze Satz, welcher dieses Glied enthält, bestimmend für den folgenden. Sage ich z. B. *ich begegnete einem Knaben; der fragte mich,* so bezieht sich *der* auf *einem Knaben;* der Bedeutungsinhalt von *der* ist aber durch den allgemeinen Begriff *Knabe* nicht erschöpft, sondern erst unter Hinzuziehung der übrigen Teile des Satzes; es ist der Knabe, welchem ich begegnete. So wird also gewissermassen durch das Demonstrativum der vorangehende selbständige Satz in ein zusammengesetztes Satzglied verwandelt, indem sich die übrigen Teile des Satzes dem Worte, auf welches das Demonstrativum hinweist, als attributive Bestimmung unterordnen.

§ 102. Gehört es nun zum Wesen aller Satzverknüpfung, dass auch die selbständig hingestellten Sätze eine Beimischung von Unterordnung erhalten, so ist es ganz natürlich, dass von hier aus eine stufenweise Annäherung an gänzliche Unterordnung möglich ist, indem der selbständige Wert eines Satzes mehr und mehr gegen die Funktion einem andern als Bestimmung zu dienen zurücktritt. Bei der Erzählung dokumentiert sich die logische Unterordnung in den indogermanischen Sprachen durch Verwendung der relativen Tempora (Imperf. und Plusqu.). Vgl. *Cincta premebantur trucibus Capitolia Gallis; Fecerat obsidio jam diuturna famem: Juppiter ad solium superis regale vocatis 'Incipe!' ait Marti* Ov. Fast. VI, 351. Ähnlich sehr häufig bei Ovid zur Einführung in die Situation, von der die Erzählung ausgeht. Besonders häufig in den verschiedensten Sprachen ist die Form des Hauptsatzes mit entschiedener logischer Unterordnung, wenn ein *eben, gerade, kaum, schon, noch* u. dergl. beigefügt ist, oder bei Wendungen wie *es dauerte nicht lange* u. dgl.; vgl. *kaum seh' ich mich auf ebnem Plan, flugs schlagen meine Doggen an* (Schiller); lat. *vix bene desierat, currus rogat ille paternos* (Ov.); im Lat. auch mit Verbindung durch eine kopulative Partikel: *vix ea fatus erat senior, subitoque fragore intonuit laevum* (Virg.); *nec longum tempus et ingens exiit ad caelum* (id.); am häufigsten und auch in unserer jetzigen Sprache allgemein üblich, erscheint diese Konstruktion mit einem Demonstrativum im Nachsatz: *ich war noch nicht eingeschlafen, da hörte ich einen Lärm*; *es dauerte nicht lange, so kam er wieder* etc.

Im Mhd. ist es nicht selten, dass von zwei asyndetisch neben einander gestellten Sätzen, der erste nur zur Bestimmung eines Satzgliedes im zweiten dient,[1]) vgl. *ein marcgrâve der heiz Herman: mit deme er iz reden began* (Rother); *Josephus hiez ein wîser man: alse schiere er den rât vernam, mit michelen listen muose er sich vristen* (Kaiserchronik); *ein wazzer heizet In: dâ vâhten die Beiere mit in* (ib.).

---

[1]) Vgl. Behaghel in der Einleitung zu Veldekes Eneide S. XXVIII.

150 Sechstes Kapitel. Die syntaktischen Grundverhältnisse.

Bei Sätzen, die durch ein *entweder — oder* eingeleitet sind, kann der erste derartig logisch untergeordnet sein, dass er einem Satze gleich kommt, der durch ein *wofern nicht* eingeleitet ist, vgl. mhd. *die ir christenlichen anthäiz mit andern gehäizzen habent gemêret, ... eintweder diu schrift ist gelogen oder si choment in ein vil michel nôt* (Heinrich v. Melk); franz. *ou mon amour me trompe, ou Zaïre aujourd'hui pour l'élever à soi descendrait jusqu'à lui* (Voltaire).

Bei umgekehrter Satzfolge lässt sich logische Selbständigkeit und Abhängigkeit nicht in der gleichen Weise vereinigen. Dient ein Satz einem vorhergehenden als Bestimmung, so ist es von vornherein klar, dass er nur um dessentwillen ausgesprochen wird, vgl. *ich kam nach Hause, es schlug gerade 12 Uhr. Ich musste ihm alles sagen; er war so neugierig.* Am deutlichsten tritt die Abhängigkeit hervor, wenn der bestimmende Satz in den bestimmten eingeschoben wird. Solche eingeschobenen Sätze (Parenthesen) sind ja in allen, auch noch so entwickelten Sprachen reichlich im Gebrauch, und zwar unterschiedslos bei den verschiedensten logischen Beziehungen zum regierenden Satze.

Indem auch Sätze, die eine Aufforderung oder Frage ausdrücken, in logische Abhängigkeit treten, werden sie zu Bezeichnungen der Bedingung oder des Zugeständnisses. Vgl. *geh hin, du wirst sehen* oder *so (dann) wirst du sehen*; lat. *cras petito: dabitur* (Plaut); *sint Maecenates, non deerunt, Flacce, Marones* (Mart.); auch bei Verbindung durch Kopulativpartikel: *sage mir, mit wem du umgehst, und ich will dir sagen, wer du bist*; mhd. *der gebe mir niur eine bône und hab gewandelt* (gebüsst) *schône* (Seifrid Helbling); lat. *impinge lapidem et dignum accipies praemium* (Phaedrus), *quodvis opta et veniet* (Petron); nlat. *divide et impera*. Aus solcher Anwendung der Aufforderungssätze sind in verschiedenen Sprachen Satzformen entsprungen, die als abhängig empfunden werden, indem das, was anfangs nur okkasionell mögliche Auffassung war, usuellen Wert erhalten hat. Vgl. z. B. *ich bin dir nah, du seist auch noch so ferne*; oder die englischen Imperative *suppose, say* (*say you can swim, 'tis but a while* Shak.), die gewissermassen zu Konjunktionen geworden sind. Hierher gehören auch die lateinischen Bedingungssätze mit *modo* (vgl. *ego ista studia non improbo, moderata modo sint*), welches nicht als regierende Konjunktion gefasst werden darf und ja auch noch neben *dum* stehen kann. Ebenso ist bekanntlich aus der Frage eine im Deutschen und Englischen sehr übliche und auch den romanischen Sprachen nicht fremde Form der Bedingungssätze entstanden (*willst du es tun, so beeile dich*).

Siebentes Kapitel.

Bedeutungswandel auf syntaktischem Gebiet.

§ 103. Von dem, was in Kap. 4 über die Wortbedeutung und ihre Wandelungen gesagt ist, lässt sich das Allgemeinste auch auf die Bedeutung der syntaktischen Verhältnisse anwenden. Auch bei diesen muss man unterscheiden zwischen usueller und okkasioneller Bedeutung; die usuelle Bedeutung kann eine mehrfache sein, ihre Wandelungen entspringen aus den Abweichungen der okkasionellen Bedeutung und sie bestehen entweder in Bereicherung oder in Verarmung des Inhalts mit entsprechender Verengung oder Ausdehnung des Umfangs. Eigentümliche Verhältnisse aber entstehen dadurch, dass wir es hier mit Beziehungen mehrerer Elemente auf einander zu tun haben (z. B. *amo patrem*, *amor patris*), und dass diese Beziehungen zu engeren und weiteren Gruppen zusammentreten (z. B. Verbum — Objektsakkusativ, Substantivum — Genitiv eines anderen Substantivums). Demzufolge müssen wir ausser dem Unterschiede zwischen usueller und okkasioneller Bedeutung noch eine andere gleichfalls sehr wichtige Unterscheidung machen, nämlich zwischen der Bedeutung einer **allgemeinen Beziehung** schlechthin und derjenigen der **Beziehung zu einem bestimmten Worte**. Von der allgemeinen Bedeutung, die der Akk. an sich in seiner Beziehung zu jedem beliebigen Worte hat, und auch von derjenigen, die er in seiner Beziehung zu jedem beliebigen transitiven Verbum hat, ist diejenige zu unterscheiden, die er in der Beziehung auf ein bestimmtes einzelnes Verbum hat. Die letztere kann spezieller sein und der allgemeinen Bedeutung gegenüber mehr oder weniger isoliert. Man hat in neuerer Zeit vielfach die Anschauung der älteren Grammatiker bekämpft, dass ein Kasus von einem Verbum oder einer Präposition, ein Modus von einer Konjunktion u. s. f. regiert werde, und statt dessen die Setzung des Kasus oder des Modus aus seiner allgemeinen Bedeutung herzuleiten gesucht. Es muss aber doch in gewissem Sinne und in gewisser Begrenzung an der alten Lehre festgehalten werden. Diese allgemeinen Sätze sollen im folgenden durch Beispiele belegt werden.

§ 104. Für den Genitiv lässt sich keine einfache Bedeutung aufstellen, aus welcher sich die Funktionen, die derselbe bereits im Urindogermanischen hat, von selbst ergeben.[1]) Man muss z. B. den von Verben und den von Substantiven abhängigen Gen. von Anfang an als gesonderte Kategorien ansehen. Betrachten wir die letztere, so können wir wohl für das Indogermanische behaupten, dass der Gen., wie es im allgemeinen noch im Altgriechischen der Fall ist, zum Ausdruck jeder beliebigen Beziehung zwischen zwei Substantiven verwendet werden konnte; wir können daher für diese Kategorie eine einfache Bedeutung von sehr armem Inhalt und sehr weitem Umfang aufstellen, die nur okkasionell spezialisiert wird. Im Nhd. dagegen ist die Funktion des Gen. neben Substantiven erheblich eingeschränkt. Manche Gebrauchsweisen, die noch im Mhd. möglich waren, z. B. *goldes zein* (Stab aus Gold), *langes lebens wân* (Hoffnung auf langes Leben) sind jetzt unmöglich geworden. Man muss jetzt nach spezielleren Bestimmungen suchen, wenn man die Gebrauchsweise des Genitivs angeben will, und dabei wird man genötigt mehrere Kategorieen zu scheiden, mehrere selbständige Bedeutungen neben einander zu stellen. Diese würden

---

[1]) Auf die Theorieen von der Entstehung der Kasus gehe ich hier nicht ein, da auf diesem Gebiete alles zu wenig sicher ist, als dass es für die Erkenntnis der allgemeinen Entwickelungsbedingungen verwertet werden könnte. Ungewiss bleibt es dabei z. B., wieweit die Grundbedeutung der indogermanischen Kasus durch die Bedeutung bedingt ist, welche die Kasussuffixe vor ihrer Verschmelzung mit dem Stamme als selbständige Wörter gehabt haben, und wieweit die Kasusbedeutung erst durch Anpassung in Folge der Verwendung im Satzgefüge entstanden ist. Dass das eine wie das andere für die Entstehung des indogermanischen Kasussystems in Betracht kommt, kann allerdings wohl kaum zweifelhaft sein. Dass die Anpassung eine Rolle gespielt hat, ergibt sich ja schon aus dem Mangel einer Unterscheidung zwischen Nom. und Akk. beim Neutrum, wobei teilweise gar kein Kasussuffix vorhanden ist. Wundt unterscheidet Kasus der inneren und Kasus der äusseren Determination. Zu den ersteren rechnet er Nom., Akk., Dat., Gen. Von ihnen nimmt er an, dass sie gewissermassen notwendige Kasus wären, die in keiner Sprache fehlten, auch wenn sie nicht durch Suffixe gekennzeichnet wären. Richtig ist an dieser Auffassung, dass die syntaktischen Beziehungen, die in den indogermanischen Sprachen durch diese Kasus ausgedrückt werden, schon vorher bestanden haben, ehe besondere Zeichen dafür vorhanden waren. Aber es muss einmal eine Periode gegeben haben, in der auch für die Beziehungen, die später durch die „Kasus der äusseren Determination" ausgedrückt werden konnten, die blosse Aneinanderreihung von Wörtern, die aller Deklinationsformen entbehrten, genügen musste. Wie wenig sich die Wundtsche Unterscheidung wirklich durchführen lässt, zeigt besonders der Gebrauch des Akk. zur Bezeichnung des Zieles einer Bewegung (*Athenas proficisci*), der doch dem Gebrauch des Lokativs und Ablativs parallel ist, die Wundt zu den Kasus der äusseren Determination rechnet.

wohl am einfachsten so angegeben werden: Gen. possessivus — Gen. partitivus — Gen., der anzeigt, dass das regierende Subst. das, was es ist, in Beziehung auf das abhängige ist (z. B. *der Bruder des Mannes, der Gott des Weines, der Dichter des Werkes, die Tat des Helden*); die letzte Kategorie kann sich neben nomina actionis in zwei Unterabteilungen scheiden, Gen. subjectivus und objectivus: *die Regierung des Fürsten — des Landes*. Die Aufstellung derartiger Kategorieen hat man neuerdings wohl als eine rein logische Sonderung betrachtet, die von der Grammatik fern zu halten sei. Das ist aber doch nicht ganz richtig, vorausgesetzt, dass die Aufstellung in der gehörigen Weise vorgenommen ist. Die betreffenden Kategorieen haben der ursprünglichen allgemeinen Bedeutung gegenüber Selbständigkeit gewonnen, und erst dadurch ist es möglich geworden, dass sie allein sich erhalten haben, während die andern Verwendungsweisen, die sich gleichfalls der ursprünglichen Bedeutung unterordnen würden, untergegangen sind.

§ 105. Analog dem Verhältnisse des Gen. zu dem regierenden Substantivum ist das des Akkusativs zu dem regierenden Verbum. Wollen wir eine allgemeine Bedeutung des Akk. aufstellen, unter welche sich alle einzelnen Verwendungsweisen desselben unterordnen lassen, so müssen wir sagen: er bezeichnet überhaupt jede Art von Beziehung eines Substantivums zu einem Verbum, die sich ausser der des Subjekts zu seinem Prädikate denken lässt. Dennoch aber können wir ihn nicht in jedem einzelnen Falle, in dem eine solche allgemeine Beziehung stattfindet, anwenden, und schon in der indogermanischen Grundsprache war das unstatthaft, wenn auch die Verwendung noch eine viel freiere und ausgedehntere war, wie sich z. B. am Griechischen erkennen lässt. Die Angabe einer einzigen, alles umfassenden Bedeutung genügt daher nicht; wir müssen verschiedene allmählich selbständig gewordene Verwendungsweisen neben einander stellen. Hier kommt nun aber hinzu, dass auch in der Beziehung auf einzelne Verba ein fester Usus in Bezug auf Gebrauch oder Nichtgebrauch des Akk. und eine Spezialisierung der Bedeutung eingetreten ist. Wir müssen daher unterscheiden zwischen dem freien Akk., der von der Natur des Verbums, dem er beigegeben wird, unabhängig ist, und dem gebundenen, der nur zu einer beschränkten Anzahl von Verben und zu jedem einzelnen in beschränkter Bedeutung gesetzt wird.

Zu den von alters her üblichen freien Verwendungen des Akkusativs gehört die zur Bezeichnung der Erstreckung über Raum und Zeit (nicht bloss neben Verben gebraucht); ferner der Akk. des Inhalts von Substantiven, die mit dem Verbum etymologisch verwandt sind (*einen schweren Kampf kämpfen*); im Lat. der Akk. von Städtenamen auf die Frage wohin? Eine erst in neuerer Zeit ausgebildete Verwendung ist die neben sonst intransitiven oder als Transitiva eine andere Art von Objekt regierenden Verben in Verbindung mit einem prädikativen Adjektivum, vgl. *ein Glas voll giessen, die Augen rot weinen, das Bett nass schwitzen, die Füsse wund laufen*; *sich satt essen, voll saufen, krank arbeiten, heiser schreien* etc. Hier hätten wir also eine Bedeutungserweiterung. Jedoch ist zu berücksichtigen, dass zur Entstehung dieser Konstruktion noch besondere Faktoren mitgewirkt haben; einerseits wohl das noch nicht völlig erloschene Gefühl für die ganz allgemeine Bedeutung des Akkusativs, anderseits die Analogie von Fällen wie *einen tot schiessen, los kaufen, krumm und lahm schlagen*. Ähnlich verhält es sich mit Konstruktionen wie *er schwatzt das Blaue vom Himmel herunter, er hat sich in mein Vertrauen gestohlen, denke dich in meine Lage hinein, sich einschmeicheln, sich herausreden, sich durchfressen* u. dergl.

Eine gewisse Mittelstellung zwischen dem ganz freien und dem gebundenen nimmt der Akk. neben Kompositis ein, zu denen die Simplicia entweder intransitiv sind oder eine ganz andere Art von Akk. regieren; eine Mittelstellung insofern, als doch wenigstens eine grössere Anzahl solcher Verba sich zu einer Gruppe zusammenschliessen und sich in der Bildung und transitiven Verwendung derselben dem Usus gegenüber eine gewisse Freiheit der Bewegung geltend macht. Insbesondere haben die Komposita mit *be-* die ganz allgemeine Funktion ein intransitives Verbum transitiv zu machen oder ein transitives Verbum zu befähigen eine andere Art von Objekt zu sich zu nehmen, vgl. *befallen, beschreiben, bestreiten*; *besetzen, bewerfen, bezahlen*.

Der an ein bestimmtes einzelnes Verbum gebundene Akk. hat in der Regel nur eine, durch den Usus begrenzte Bedeutung. Doch ist auch Mehrfältigkeit der Bedeutung nicht ganz selten, und diese ist dann teils alt, vielleicht unmittelbar aus der ursprünglichen allgemeinen Bedeutung des Akkusativs abzuleiten, teils lässt sich zeigen, dass ursprünglich nur eine Bedeutung üblich gewesen ist, während die andere sich erst allmählich durch okkasionelle Überschreitung des Usus herausgebildet hat; vgl. *Wunden schlagen — den Feind schl. — das Schwert schl., einen mit Steinen werfen — Steine auf einen w., einen mit dem Messer stechen — ihm das Messer durch das Herz st., ein Zimmer räumen — einen aus dem Wege r., Blumen zum Kranze winden — einen Kranz w., das Haar flechten — einen Zopf f., einen zum Narren machen — einen Narren aus jemand m., Worte sprechen — einen Menschen sprechen* etc.; lat. *defendere aliquem ab ardore solis — ardorem solis ab aliquo, prohibere calamitatem a provincia — provinciam a calamitate*. Sicher jüngere Entwickelung, zum Teil nur okkasionelle

Akkusativ. Rektion der Präpp. Partitive Apposition. 155

namentlich dichterische Freiheit liegt in folgenden Konstruktionen vor: *ein Kind schenken* (= säugen), *Blumen giessen, Heu füttern, Wasser in einen Eimer füllen*, lat. *vina cadis onerare* (Virg. statt *cados vinis*), *liberare obsidionem* (Liv. statt *urbem obsidione*), griech. δάκρυα τέργειν („Tränen netzen" statt „mit Tränen benetzen" oder „Tränen fliessen lassen", Pind.), αἷμα δεύειν („Blut benetzen" statt „mit Blut b.", Soph.). Weitere Beispiele bei Madvig, Kl. Schr. 371¹. Weil die Beziehung, die der Akk. ausdrückt, an und für sich eine mehrfache sein kann, ist auch die Verbindung eines Verbums mit mehreren Akkusativen etwas, was sich ganz natürlich ergibt.

§ 106. Von den indogermanischen Präpositionen würde es nicht richtig sein, wenn man sagen wollte, dass sie den und den Kasus regiert hätten. Vielmehr war der betreffende Kasus direkt auf das Verbum zu beziehen, seine allgemeine Bedeutung wurde noch empfunden und erhielt durch die Präposition nur eine Spezialisierung, weshalb denn auch verschiedene Kasus neben der selben Präposition stehen konnten jeder in seiner eigentümlichen Bedeutung. Diesem ursprünglichen Zustande steht das Griechische noch einigermassen nahe. Mehr und mehr aber hat der Kasus seine Selbständigkeit gegenüber der Präposition eingebüsst, die Verbindung der Präposition mit dem Kasus ist gewohnheitsmässig geworden, wobei das Gefühl für die Bedeutung des letzteren verblasst. Bei unseren neuhochdeutschen Präpositionen, die nur einen Kasus regieren wie *zu, um* oder mehrere ohne Verschiedenheit des Sinnes wie *trotz*, kann von keiner Bedeutung des Kasus mehr die Rede sein; die Anwendung eines bestimmten Kasus ist nur noch eine traditionelle Gewohnheit, der kein wahrer Wert zukommt. Zwischen dieser Erstarrung und Gebundenheit und der ursprünglichen Lebendigkeit und Freiheit der Kasus mitten inne steht die Verbindung des Dat. und Akk. in verschiedenem Sinne nach *in, auf, über, unter*.

§ 107. Appositionelle Konstruktion tritt vielfach ein, wo bei genauerem Ausdruck ein Gen. part. anzuwenden wäre. Nicht bloss so, dass die Apposition aus mehreren Gliedern besteht, die zusammen dem Substantivum, wozu sie gesetzt sind, gleichkommen: *sie gingen, der eine hierhin, der andere dorthin*; lat. *classes populi Romani, alteram naufragio alteram a Pœnis depressam interire* (Cic.), *capti ab Jugurtha pars in crucem acti pars bestiis objecti sunt* (Sall.). Sondern auch, wo die ganze Apposition nur einen Teil des zugehörigen Subst. repräsentiert: lat. *Volsci maxima pars caesi* (Liv.); *cetera multitudo decimus quisque ad supplicium lecti* (Liv.); *nostri ceciderunt tres* (Caes.); entsprechend da, wo das Subj. nur durch die Personalendung des Verb. ausgedrückt ist: *plerique meminimus* (die meisten von uns, Liv.); *Simoni adesse me quis nuntiate* (einer von euch, Plaut.). Mhd.: *si weinten sumelîche* (manche

156 Siebentes Kapitel. Bedeutungswandel auf syntaktischem Gebiet.

von ihnen); *jâ sint iu doch genuogen diu mære wol bekant* (vielen von euch). Bei Stoffbezeichnungen, die normaler Weise durch den Gen. part. ausgedrückt werden, tritt daneben das ungenauere appositionelle Verhältnis ein. Vgl. lat.: *aliquid id genus* statt *ejus generis* (Cic.), *coronamenta omne genus* (Cato), *arma magnus numerus* (Liv.). Eine besondere Ausdehnung hat diese einfachere Konstruktionsweise im Nhd. gegenüber dem Mhd. gewonnen, vgl. *ein Stück Brot* (mhd. *stücke brôtes*), *ein Pfund Mehl, ein Scheffel Weizen, ein Glas Wasser, eine Menge Obst, eine Art Tisch* etc. Die kollektiven Stoffbezeichnungen sind in diesem Falle durchaus indeklinabel. Wir dürfen, wenn wir das Sprachgefühl richtig analysieren, hier keinen Nom. oder Akk. mehr anerkennen, sondern nur den Stamm schlechthin ohne Kasusbezeichnung. Die Sprache ist zu der primitiven Konstruktionsweise zurückgekehrt, wie sie vor der Entstehung der Kasus allein möglich war und wie sie uns in den alten Kompositis vorliegt.

§ 108. Wie das Objekt so kann sich sogar das Subjekt eines Verbums zur Bezeichnung einer von dem bisherigen Usus abweichenden Beziehung herausbilden. Vgl. neuhochdeutsche Wendungen wie *die Bank sitzt voller Menschen, ihm hängt der Himmel voller Geigen, der Eimer läuft voll Wasser* — *läuft leer*; viel freier ist die Anwendung solcher Verbindungen mit *vol* im Mhd., z. B. *das hûs saz edeler vrouwen vol, ouch gienc der walt wildes vol, daz gevilde was vollez pavelûne geslagen* (vgl. Haupt zum Erec 2038), noch bei Hans Sachs *den* (Wald) *sach er springen vol der wilden tiere, all specerey voll würme loffen*; ebenso im Dänischen. Vgl. ferner *der Narren Herz ist wie ein Topf, der da rinnt* (Lu., auch jetzt noch wird *rinnen, laufen* so gebraucht); *dass unsere Augen mit Tränen rinnen, und unsere Augenlider mit Wasser fliessen* (Lu.); *das Gefäss fliesst über; sich vergôz dâ selten mit dem mete der zuber oder diu kanne* (Wolfram); *daz von sînen wunden der schilt mit bluote swebete* (ders.); it. *le vie correvano sangue* (Malespini); span. *corrieron sangre los rios* (Calderon, vgl. Diez III, 114); lat. *culter sanguine manat, membra sudore fluunt, quae multo pisce natentur aquae* (Ovid); engl. *the hall thick swarming now with complicated monsters* (Milton); nhd. *der Wald erklingt von Gesang; das Fenster schliesst schlecht*, ebenso franz. *la fenêtre ne clôt pas bien*. Neben einander stehen *die Blume riecht* — *ich rieche die Blume, der Wein schmeckt* — *ich schmecke den Wein*; entsprechend mhd. *stinken*, lat. *sapere*, franz. *sentir*; ferner *ich koche die Suppe* — *die Suppe kocht, ich leihe (borge) ihm ein Buch* — *ich leihe von ihm ein Buch, ich breche den Stab* — *der Stab bricht, ich reisse das Kleid entzwei* — *das Kleid reisst.* Stellt man sich auf den Standpunkt, dass das Verhältnis zwischen Subjekt und Prädikat ein für alle mal fixiert sein soll, so kommt man

Subjekt und Prädikat. Apposition.

dazu, für die angeführten Fälle eine doppelte Bedeutung des Verbums anzusetzen.

Die entsprechende Überschreitung des Usus findet bei der Zusammenfügung eines Substantivums mit einem adjektivischen Prädikate statt und in noch ausgedehnterem Masse bei attributiver Verbindung. Während das Adjektivum eigentlich nur für eine dem zugehörigen Substantivum inhärierende Eigenschaft gebraucht werden sollte, finden wir es auch angewendet, wo nur eine indirekte Beziehung stattfindet. Vgl. *auf schuldigen Wegen* (Schi.) = Wegen, auf denen man schuldig wird, *einige gelassene Augenblicke* (Goe.) = Augenblicke, in denen man gelassen ist; *der hoffnungsvollen Gabe* (Goe.); *eine Eroberung; wenn sie nicht von selbst überdrüssig wird* (Gemmingen); *bei ihrem unbekannten Besuche* (Le.) = wobei sie unbekannt bleibt; *des Thrones, ungewiss, ob ihn mehr Vorsicht schützt, als Liebe stützt* (Le.) = bei dem es ungewiss ist. Viele solche Freiheiten sind ganz usuell geworden. Wir sagen allgemein *ein trauriges* oder *fröhliches Ereignis, eine freudige Überraschung, lustige* oder *vergnügte Stunden, in jungen Jahren, in gesunden Tagen, eine gelehrte Abhandlung, in trunkenem Zustande, törichter Weise* u. dergl.; *er macht einen kränklichen Eindruck, eine karge Gabe*. Sicher geht einerseits auf eine Person, die nicht nötig hat, besorgt zu sein, anderseits auf eine Sache oder Person, um die man nicht nötig hat besorgt zu sein; *ekel* einerseits auf eine Person, die leicht Ekel empfindet, anderseits auf einen Gegenstand, vor dem man sich ekelt. Werden solche freieren Verknüpfungen nach Analogie des normalen Verhältnisses zwischen Subst. und kongruierendem Adj. aufgefasst, so gelangt man dazu einen Wandel der Wortbedeutung zu statuieren.

Besonders häufig gestattet man sich solche Freiheit bei Partizipien. Vgl. *einer reuenden Träne* (Le.), *lächelnde Antwort* (Goe.), *in der schaudernden Stille der Nacht* (Le.), *zum schaudernden Konzert* (Schi.), *der König betrachtet ihn mit nachdenkender Stille* (id.), *in seiner windenden Todesnot* (Goe.), *nach dem kostenden Preise* (Nicolai), *das schuldende Kostgeld* (G. Keller), *bedürfenden Falls* (Goe.). Allgemein üblich sind *sitzende, liegende Stellung, fallende Sucht, schwindelnde Höhe, im wachenden Traume* u. a., jetzt verpönt *bei nachtschlafender Zeit*. Sehr gewöhnlich sind im Engl. Verbindungen wie *dying day* Sterbetag, *parting glass* Scheidetrunk, *writing materials, dining room, sleeping apartment, falling sickness*; vgl. auch franz. *thé dansant, café chantant*. Tacitus gebraucht *haec plebi volentia fuere* statt *volenti* u. a. dergl. (Draeg. § 193, 3). Beispiele für das Part. Perf. sind *ein längst entwohnter Schauer* (Goe.), *in diesen letzten zerstreuten Tagen* (id.), *der beschuldigten Heuchelung* (Schi.) = deren ich beschuldigt werde; engl. *the ravish'd hours* (Parnell)

= die Stunden voller Entzücken. Allgemein üblich *ein eingebildeter Mensch, ein Bedienter.*[1]) Häufig werden Zustands- und Vorgangsbezeichnungen als Präd. oder Apposition zu Personenbezeichnungen gesetzt, vgl. *das Kind ist seine ganze Freude, der Stolz, der Trost seines Alters.* Es wäre jedenfalls nicht gerechtfertigt in einem solchen Falle eine Bedeutungsveränderung der betreffenden Wörter anzunehmen, etwa zu sagen, dass *Trost* hier Tröster bedeute. Indessen sieht man doch, wie von solcher Verwendung aus Übergang von nomen actionis zu nomen agentis möglich ist.

Auf gleiche Linie zu stellen ist wohl die freie Anknüpfung eines prädikativen Attributes, die zwar als Nachlässigkeit verpönt ist, aber doch ziemlich häufig vorkommt, in Fällen wie *seltene Taten werden durch Jahrhunderte nachahmend zum Gesetze geheiligt* (Goe.); *lustig davonfahrend wurden die Eindrücke des Abends noch einmal ausgetauscht* (Riehl); *zurückgekehrt wurde des Ermordeten Kleidung untersucht* (Brachvogel). Weitere Beispiele, meist aus Zeitungen bei Andr. Spr. 113. Hier fühlt man sich veranlasst zu dem prädikativen Attribut ein Subj. zu ergänzen; aber ebenso könnte man das oben angeführte Beispiel *mit nachdenkender Stille* ergänzen zu 'mit Stille, während welcher er nachdenkt', ohne dass doch in dem Ausdruck etwas davon liegt.

§ 109. Bei Partizipialkonstruktionen ist nur das zeitliche Verhältnis ausgedrückt, in dem der Zustand oder das Geschehen, welches durch das Part. bezeichnet ist, zu dem Verb. fin. steht. Es können aber dabei noch mannigfache Beziehungen bestehen, so dass man bei Auflösung der Partizipialkonstruktion durch einen ganzen Satz, bald diese, bald jene Konjunktion anwenden muss. Man kann aber darum doch nicht sagen, dass die Partizipialkonstruktion an sich verschiedene Bedeutungen haben könne, bald die Ursache, bald die Bedingung, bald einen Gegensatz etc. bezeichne. Diese Verhältnisse bleiben immer nur okkasionell und accidentiell. Anders dagegen verhält es sich mit Nebensätzen, die durch eine temporale Konjunktion eingeleitet sind. Hier kann das accidentielle Verhältnis zum regierenden Satze sich an die Konjunktion anheften und zu einem Bestandteile von deren usueller Bedeutung werden. So muss z. B. die Verwendung von unserem *während* zur Bezeichnung eines Gegensatzes als eine besondere usuelle Funktion neben der Grundbedeutung anerkannt werden. Es ergibt sich das abgesehen von unserem Sprachgefühl daraus, dass diese Funktion

---

[1]) Weitere Beispiele aus dem Deutschen bei Andr. Spr. S. 827 und in meiner Deutschen Grammatik IV, §§ 44, 319, 326.

Apposition. Konjunktionen.

auch statt hat, wo gar keine Gleichzeitigkeit des Geschehens zwischen abhängigem und regierendem Satze besteht, vgl. z. B. *du belügst mich, während ich dir immer die Wahrheit gesagt habe.* Ebenso müssen wir dem mittelhochdeutschen *sît* neben seiner temporalen Bedeutung die unseres jetzigen kausalen *da* als etwas Selbständiges zuerkennen; denn es kann im Widerspruch mit der Grundbedeutung bei Gleichzeitigkeit zwischen abhängigem und regierendem Satze gebraucht werden, vgl. *sît ich âne einen vrumen man mîn lant niht bevriden kan, sô gewinne ich gerne einen.* Die Entwickelung kann dann noch weiter gehen, indem die ursprüngliche temporale Bedeutung ganz verloren geht wie bei nhd. *weil.* Auf ganz entsprechende Weise gehen Präpositionen von lokaler oder temporaler Bedeutung zu kausaler über.

Achtes Kapitel.

Kontamination.

§ 110. Unter Kontamination[1]) verstehe ich den Vorgang, dass zwei synonyme oder irgendwie verwandte Ausdrucksformen sich neben einander ins Bewusstsein drängen, so dass keine von beiden rein zur Geltung kommt, sondern eine neue Form entsteht, in der sich Elemente der einen mit Elementen der andern mischen. Auch dieser Vorgang ist natürlich zunächst individuell und momentan. Aber durch Wiederholung und durch das Zusammentreffen verschiedener Individuen kann auch hier wie auf allen übrigen Gebieten das Individuelle allmählich usuell werden.

Die Kontamination zeigt sich teils in der **Lautgestaltung** einzelner Wörter, teils in der **syntaktischen Verknüpfung**.

§ 111. Verhältnismässig selten ist wohl Mischung aus gleichbedeutenden, aber **etymologisch nicht zusammenhängenden Wörtern**. Auf ein charakteristisches Beispiel hat Schuchardt hingewiesen. Im ämilischen Dialekt gibt es ein Wort *cminzipià* anfangen,

---

[1]) Vgl. Wheeler, Analogy S. 8 ff., 19 ff. Nyrop, Adjektivernes Könsböjning i de Romanske Sprog S. 35 ff. Jespersen bei Techmer 3, S. 195. Brugmann, Grundriss II, S. 453, Kurze vgl. Gramm. § 947—49 und Jdg. Forschungen 12, 150. Bréal S. 76 ff. Johansson, Zeitschr. f. deutsche Philol. 31, 300 (mit reichen Literaturangaben). A. Thumb und K. Marbe, Experimentelle Untersuchungen über die psychologischen Grundlagen der sprachlichen Analogiebildung, Leipzig 1901. Gust. Cederschiöld, Om kontamination i nutidssvenskam, Göteborg 1909. Oertel, Über grammatische Perseverationserscheinungen (JF. 31, 49). Paul, Über Kontamination auf syntaktischem Gebiete (Sitzungsber. der Bayr. Ak. d. Wissensch. Philos.-philol. u. hist. Klasse, Jhrg. 1919, 2. Abteil.). Es ist von verschiedenen Seiten die Behauptung aufgestellt, dass sich die Kontamination nicht wesentlich von der Analogiebildung unterscheide, so auch zum Teil in den zitierten Abhandlungen. Richtig kennzeichnet dagegen E. Herzog den Unterschied, soweit das morphologische Gebiet in Betracht kommt, in einer Anzeige der Schrift von Thumb und Marbe (Zschr. f. franz. Sprache 25², 124) mit den Worten: „Wir werden also die Analogiebildung definieren als die Neuschöpfung einer Form nach einer bestimmten Proportion, wobei die ursprüngliche Form vollständig aus dem Bewusstsein ausgeschaltet ist". — „Kontamination ist die Neuschöpfung einer Form durch Verschmelzung von Bestandteilen zweier Formen, die gleichzeitig ins Bewusstsein kommen."

Formen aus verschiedenen Wurzeln.

Kontamination aus den Wörtern *cominciare* und *principiare* der italienischen Schriftsprache. Weitere Beispiele sind spätmhd. und anhd. *krûsp, krausp*, aus *krûs, kraus* und *krisp* (aus lat. *crispus*); landschaftl. (nordd.) *flispern* aus *flistern* (*flüstern*) und *fispern* (letzteres anhd. und noch landschaftlich); landschaftl. (vgl. Zschr. f. deutsche Wortforschung 7, 139) *Erdtoffel* aus *Kartoffel* und *Erdapfel*; ahd. *antluzzi* (Antlitz) aus *antlutti* und **antliz* (= anord. *andlit*); mhd. *traher* aus *trahen* (Träne) und *zaher* (Zähre); landschaftl. *Grachel* aus *Granne* und *Achel*, schwed. *pryl* (Pfriem) aus *pryn* und *syl*; *Gemäldnis* (15. 16. Jahrh.) aus *Gemälde* und *Bildnis*; afranz. *oreste* aus *oraye* und *tempeste*. Es ist dies übrigens ein Gebiet, auf dem begreiflicherweise der Vermutung ein weiter Spielraum gewährt ist, während sichere Feststellungen schwierig sind.

§ 112. Leichter ergibt sich die Mischung bei etymologischer Verwandtschaft der Synonyma. Vgl. *gewohnt* aus dem Adj. mhd. *gewon* (noch in *Gewohnheit, gewöhnlich*) und dem Part. mhd. *gewent* von *wenen* (gewöhnen); *doppelt* aus dem Adj. *doppel* (= franz. *double*) und dem noch im vorigen Jahrh. ganz üblichen Part. *gedoppelt*; nordd. *das Fohlen* aus *der Fohle* (= mhd. *vole*) und dem Dim. dazu *das Füllen*; neben *seit* bestand früher gleichbedeutendes *sint*, erhalten in *sintemal* (= *sint dem mâle*), woneben die Mischform *seintemal* vorkommt; eine andere Nebenform zu *seit* war mhd. *sider*, woraus eine Kontaminationsbildung *seider* entsprungen ist; anhd. erscheint zuweilen *Gefrürste* als Mischung aus dem häufigeren *Gefrüste*, Kollektivbildung zu *Frost*, und gleichbedeutendem *Gefrüre*; ferner *Gelübdnis, Gelöbdnis* aus *Gelübde* und *Gelöbnis*; anhd. und noch landschaftlich ist *seind* aus schriftsprachlichem *sind* (ursprünglich 3. Pl.) und mundartlichem *sein* (ursprünglich 1. Pl.) In die Syntax greift über *gewahrnehmen* bei Schiller aus *wahrnehmen* und *gewahr werden*.

§ 113. Formen aus verschiedenen Wurzeln, die sich zu einem Paradigma ergänzen, beeinflussen sich leicht gegenseitig. Älteres *wis* (sei) aus ahd. *wesan* wird im Mhd. allmählich durch *bis* verdrängt unter dem Einflusse von *bist*. Ahd. *bim* (bin) ist wahrscheinlich eine Kontamination aus *im* (got.) und **bium* (= ags. *béom*); desgl. nach umgekehrter Richtung hin ags. *éom*; ahd. *birum, birut* (wir sind, ihr seid) sind wahrscheinlich aus **irum, *irut* (= anord. *erom, eroð*) entstanden mit Herübernahme des *b* aus der 1. 2 Sg. Griech. ἦμαι hat den ihm eigentlich nicht zukommenden Spiritus asper erhalten, nachdem es als Perf. zu ἕζομαι empfunden wurde. Das ε von ἐμοῦ stammt vielleicht von ἐγώ.

§ 114. Wörter, die in ihrer Bedeutung untereinander verwandt sind, wozu insbesondere auch die Gegensätze[1]) zu rechnen sind, und

---
[1]) Vgl. Brugmann, IF 15, 99.

die in Folge davon meist auch häufig miteinander verbunden werden. beeinflussen sich gegenseitig, besonders, wenn schon vorher zwischen ihnen eine gewisse lautliche Ähnlichkeit besteht, sei es, dass diese auf Übereinstimmung der Bildungsweise beruht oder nur zufällig ist. Vgl. alemannisch *hara* statt *hera* (her) nach *dara* (dahin); umgekehrt spätmhd. (elsässisch) *der* für *dar* nach *her*; ags. *þider* (dorthin) statt **þäder* nach *hider* (hierhin); engl. *neither* statt des zu erwartenden **nother* (ags. *náwðer, nó[w]ðer*) nach *either*; vulgärlat. *voster*, als Substrat für die romanischen Sprachen vorauszusetzen, statt *vester* nach *noster*; griech. μηκέτι mit Entlehnung des κ von οὐκέτι; vulgärlat. *grevis* (it. *greve*) für *gravis* nach *levis*; spätlat. *senexter* aus *sinister* und *dexter*; franz. *anormal* aus *normal* und *anomal*; lat. *noctu* nach *diu*, *nocturnus* nach *diurnus*; spätlat. *meridionalis* statt *meridianus* nach *septentrionalis*; vulgärlat. *octember* nach *september, november*; span. *lunes* (Montag), *miercoles* (Mittwoch) nach *martes, juéves, viérnes* (aus *Martis, Jovis, Veneris*, sc. *dies*). Über die gegenseitige Beeinflussung von aufeinander folgenden Zahlwörtern handelt Osthoff, Morphologische Untersuchungen I, 92ff.

§ 115. Nicht bloss zwei einzelne Formen kontaminieren sich unter einander, sondern auch eine Form mit einer formalen Gruppe oder zwei formale Gruppen untereinander. Auf diese Weise entsteht häufig ein Pleonasmus von Bildungselementen. Neben der gebräuchlichsten Kollektivbildung, wie wir sie in *Gebirge, Gebüsch* etc. haben, bestand früher eine mit Suffix ahd. -*ahi* = mhd. -*ech*, nhd. -*ich* (-*ig*) oder -*icht* mit sekundärem *t*, wovon wir Reste in *Reisig, Dickicht* haben; anhd. findet sich die letztere mit Vorsetzung des *ge-* der ersteren entnommenen *ge-*, vgl. z. B. im DWb *Gekräuticht, Geröhricht, Gespülich(t), Gestäudig, Gesteinicht, Gestockicht, Gesträuchich(t), Gesträussich(t), Gestrüppig, Gestrüttich(t)*. Adjektiva auf -*icht* (= ahd. -*aht*, -*oht*), wie *töricht* waren im älteren Nhd. noch viel zahlreicher als jetzt; sie berührten sich in der Funktion mit Partizipialbildungen wie *gehörnt, gestirnt*; das ergab Bildungen wie *gehörnicht, gestirnicht, geknöpflecht, gespreckicht, gesprenklicht, gesteinicht* (vgl. die Belege im DWb). Durch Kontamination des erwähnten -*icht* mit -*lich* entsteht -*licht*, vgl. im DWb *rundlicht, schärfflicht*; durch Kontamination mit -*ig* entsteht -*echtig*, wofür Laurentius Albertus in seiner Grammatik (Fa) als Beispiel *ðrechtig auritus* anführt, vgl. auch *dornechtig* im DWb. Besonders häufig im Anhd. ist die Verbindung von -*haft* und -*ig* zu -*haftig*, das sich in der jetzigen Sprache nur in einer beschränkten Zahl von Wörtern erhalten hat wie *leibhaftig, wahrhaftig*, aber in allgemeinem Gebrauch fortlebt in den abgeleiteten Substantiven *Lebhaftigkeit, Standhaftigkeit* etc.; vgl. die niederländischen Bildungen auf -*achtig*. Nhd. *Fritzens, Mariens* etc. sind aus älterem *Fritzen, Marien* entstanden, indem daran noch die verbreitetste Genitivendung angetreten ist; in den ostnordischen Sprachen ist aus der Verbindung der alten Endung des Gen. Pl. -a mit der geläufigsten Singularendung -s zunächst -as entstanden. Besonders häufig erweitern sich Formen, die auf eine weniger gewöhnliche Weise gebildet sind, durch das Suffix der normalen Bildungsweise.[1]) So sind *ihrer*, *ihnen*, *derer*, *denen* aus *ir*, *in*, *der*, *den* durch Hinzutritt des Suffixes der Adjektiva gebildet; so schon ahd. *inan* (ihn) gegen got. *ina*. In alemannischen und fränkischen Mundarten tritt an einsilbige Infinitive und starke Partizipia noch die Endung -e (= -en der Schriftsprache), z. B. *sêne* (sehen), *gsêne* (gesehen), in der Mundart von Tauberbischofsheim *šdêne* (stehen), *gêne* (gehen), *dûne* (tun), *gedûne* (getan) etc.; in dieser Mundart werden *šdêne*, *gêne*, *dûne* auch als 1. 3. Pl. Ind. Präs. gebraucht; dieselbe Mundart kennt auch Antritt der Endung des starken Part. an ein einsilbiges schwaches: *kode* (gehabt); Entsprechendes findet sich schon in mhd. Zeit:[2]) *volbrahten*, *erdahten*. Vgl. ferner lat. *jactitare*, *cantitare*, *ventitare* statt *jactare* etc. unter Einfluss von *volitare* etc.; spanische Adjektiva wie *celestial*, *divinal*, *humanal* (vgl. Michaelis S. 38). Besonders gewöhnlich ist eine Häufung der Suffixe des Komparativs und Superlativs, vgl. nhd. *öftrer* (häufig bei Le.); *letzteste* (Goe.); ahd. *mêriro* gegen got. *maiza*; got. *aftumists*, *auhumists*, *frumists* neben *aftuma*, *auhuma*, *fruma*, dazu *hindumists*, *spedumists*; spätlat. *pluriores*, *minimissimus*, *pessimissimus*, *extremissimus*, *postremissimus*; griech. ἀρειότερος, χερειότερος, πρώτιστος u. a.; auch die gewöhnlichsten Superlativbildungen der verschiedenen indogermanischen Sprachen sind meistens schon durch Zusammenschluss mehrerer Suffixe entstanden. Ebenso spielt bei den Diminutiven diese Art Häufung eine grosse Rolle; sie liegt im Deutschen nicht bloss vor in Bildungen wie *Ringelchen*, *Sächelchen*, sondern auch schon -*chen* und -*lein* sind aus der Verschmelzung zweier Suffixe entstanden; ähnlich verhält es sich in anderen Sprachen. Auf entsprechende Weise zu erklären ist das doppelte Präfix in *gegessen* (mhd. *gezzen*) und in süd- und ostfränk. *gekȏrt* statt *kȏrt* aus *gehœret*.

§ 116. Eine noch bedeutendere Rolle spielt die Kontamination auf syntaktischem Gebiete. Nicht bloss die nachlässigere Umgangssprache ist voll davon, sondern selbst hervorragende Schriftsteller bieten nicht wenige Beispiele. Manches ist in den allgemeinen Gebrauch eingegangen.

Beispiele von momentanen Anomalieen, wie sie nicht selten begegnen. Lessing: *um deines Lebens wegen*, Mischung aus *um .. willen* und *wegen*; entsprechend in der Kölnischen Zeitung: *um .. halber*

---
[1]) Vgl. Brugmann, Morph. Unt. III, 67 ff., Zimmer, Streifz. 146.
[2]) Vgl. Bruder Hermanns Jolande, hrsg. v. Meier, S. XVIII.

(nach Andr. Spr. 194); Ahnliches häufig. Goethe: *Freitags als dem ruhigsten Tage*, als ob *am Freitage* gesagt wäre. Lessing: *ich habe nur leugnen wollen, dass ihr alsdann der Name Malerei weniger zukomme*, Mischung aus *leugnen .. dass .. zukomme* und *behaupten .. dass .. weniger zukomme*. Stalder (Schweiz. Idioticon): *es ist eine pure Unmöglichkeit, all die mannigfachen Dialekte .. in Regeln einzuklammern oder in Schriftzeichen zu bringen, und noch weniger die Nuancen derselben*; dabei schwebt der Gedanke vor *und noch weniger ist es möglich* etc. Ähnlich Herder: *wo haben sich diese je darauf eingeschränkt, mit einem Beweise aus dem A. T. ihre Lehre zu unterstützen, und noch minder ihre moralischen Vorschriften?* Görres: *eine Privatsammlung, die vollständiger gesammelt hatte, als wenige öffentliche wohl mögen*; es sollte in diesem Zusammenhange heissen *viele*, aber der Gesamtsinn ist *wenige haben so vollständig gesammelt*. Hans Sachs: *Ein jedes tut, als es dann wolt als jhm von jem geschehen solt*; dabei mischen sich die beiden Gedanken „wie es wollte dass ihm von jenem geschehen sollte" und „wie ihm geschehen sollte". Hartmann von Aue: *er bereite sich dar zuo als er ze velde wolde komen* (aus *dar zuo daz er ze velde kœme* und *als er ze velde wolde komen*). Id.: *des weinens tet in michel nôt* aus *daz weinen tet in* und *des weinens was in*. Goethe: *Im Betragen unterschied sich auch hier der Gesandte von Plotho wieder vor allen andern*, Mischung mit „zeichnete sich aus vor" oder dergl. Goe.: *die Schicksale meiner Wanderschaft werden dich mehr davon überzeugen, als die wärmsten Versicherungen kaum tun können*; hier deutet das *kaum* eigentlich auf eine ganz andere Ausdrucksweise.

§ 117. Nicht selten ist bei Rückbeziehung die Ungenauigkeit, dass sich statt des wirklich gesetzten Wortes die Vorstellung eines etymologisch verwandten unterschiebt, dessen sich der Redende gleichfalls hätte bedienen können. So schiebt sich z. B. die Vorstellung der Einwohner an die Stelle der Stadt oder des Landes, vgl. griech. Θεμιστοκλῆς φεύγει ἐς Κέρκυραν ὢν αὐτῶν εὐεργέτης (Thuc.); lat. *Domitius navibus Massiliam pervenit atque ab iis receptus urbi præficitur* (Caes.); *Sutrium, socios populi Romani* (Liv.); nhd. *so waren wir denn an der Grenze von Frankreich alles französischen Wesens auf einmal bar und ledig. Ihre Lebensweise fanden wir zu bestimmt und zu vornehm, ihre Dichtung kalt* etc. (Goe.). Nach Ableitungen aus einem Grundworte wird öfters fortgefahren, als ob das Grundwort selbst gesetzt wäre, vgl. *innere Stärke kann man der Bodmerischen und Breitingerischen Kritik nicht absprechen, und man muss den ersten als einen Patriarchen ansehn* (Herder); *het ich mich nicht jung tun verweiben, die er mir jetzt drey jar anhengen thet* (H. Sachs);[1] mhd. *in dem palas der wol gekerzet*

---

[1] Weitere Beispiele bei Andr. Spr. 252 ff. und in meiner Abh. über Kontamination.

was, die (welche Kerzen) *harte liehte brunnen* (Wolfram); *entwápent wart der tôte man und an den lebenden gelegt* (als Subjekt zu ergänzen *diu wâpen,* id.); lat. *servili tumultu, quos* (als ob *servorum* da stünde, Caes.). Am häufigsten ist der Fall, dass das Relativum auf ein Possessivpron. bezogen wird, als wenn das Personalpron. da stünde, vgl. lat. *laudare fortunas meas, qui gnatum haberem tali ingenio praeditum* (Terenz); griech. τῆς ἐμῆς ἐπεισόδου, ὃν μήτ' ὀκνεῖτε (Soph.); mhd. allgemein.

§ 118. Häufig sind Konstruktionsmischungen wie *mich freut deines Mutes* (Klinger) aus *ich freue mich deines Mutes* und *mich freut dein Mut*; *ich konnte mich nicht mehr auf den lieben Namen erinnern* (Heine) unter Einfluss von *besinnen; du musst meiner gar nicht in Acht nehmen* aus *mich in Acht nehmen* und *meiner achten* (Pestalozzi); *nötig haben* mit Gen. wie *Not haben*, vgl. *du hast des Schlafs und der Ruhe nötig* (Miller), *in dem andern leichten haben wir seiner gar nicht nötig* (J. Grimm), *wenn nicht das Buch eines Schildes unnötig gehabt hätte* (ders.); *das gibt mich Wunder* aus *nimmt mich* und *gibt mir* (vgl. DWb 4a 1670); *das lohnt sich der Mühe* aus *das lohnt sich* und *lohnt der Mühe*; *das gehört mein* (vgl. DWb 4a 2508) aus *gehört mir* und *ist mein*. Französisch ist *se rappeler de quelque chose* neben *se r. quelque chose* nach *se souvenir de*. Im Engl. sagt man allgemein *I am friends with him* aus *I am friend with him* und *we are friends;* entsprechend in der dänischen Volkssprache *han er gode venner med ham* (er ist gute Freunde mit ihm). In der französischen Volkssprache sind Konstruktionen üblich wie *nous chantions avec lui* durch Vermischung aus *nous chantions, moi et lui* und *je chantais avec lui;* Ähnliches findet sich auch in anderen romanischen Sprachen und in der Umgangssprache mancher deutschen Landschaften.[1]) Der dänischen Volkssprache angehörig ist die Wendung *jeg følges med ham* (eigentlich „ich folge mir mit ihm") aus *jeg følger med ham* und *ve følges ad.*[2]) Im Griech. kommt vor ὁ ἥμισυς τοῦ χρόνου, τὴν πλείστην τῆς στρατιᾶς aus ὁ ἥμισυς χρόνος und τὸ ἥμισυ τοῦ χρόνου etc.; entsprechend im Span. *muchas de virgenes* statt *muchas virgenes* oder *mucho de virgenes, á pocos de dias, una poca de miel, tantas de yerbas, la mas de la gente;* it. *in poca d' ora, la piu della gente;* ähnliche Mischungen auch im Portug., Prov. und Altfranz.[3]) Ähnlich ist eine Kontamination bei dem lateinischen Gerundium; *poenarum solvendi tempus* (Lucrez) aus *poenarum solvendarum* und *poenas solvendi, exemplorum elegendi potestas* (Cic.). Cicero sagt *eorum partim in pompa, partim in acie illustres esse voluerunt,*

---
[1]) Vgl. Ebeling, Archiv für neuere Sprachen 104, 129, wo die ältere Literatur über den Gegenstand verzeichnet ist.
[2]) Vgl. Madvig, Kl. Schr. 193².
[3]) Vgl. Diez III, 152.

wobei sich *eorum pars* und *ii partim* mischen; der entsprechende Vorgang ist im älteren Nhd. gewöhnlich, vgl. *teils Leute nennen ihn zum Spott den Unverstand* (Cronegk).

Aus der Vermengung komparativischer und superlativischer Ausdrucksweise entstehen im Lat. Verbindungen wie *hi ceterorum Britannorum fugacissimi* (Tac.); *omnium ante se genitorum diligentissimus* (Plinius), vgl. Ziem. Comp. 55 ff. Umgekehrt kommt auch der Superl. nach der Weise des Komparativs konstruiert vor, vgl. *omni vero verissimum certoque certissimum* (Arnobius). Damit vgl. man anord. *hœstr borinn hverjum jǫfri* (Grípisspá, „der Höchste" statt „höher als jeglicher Fürst"). Eine etwas andere Art von Vermischung zeigen folgende englische Beispiele: *The climate of Pau is perhaps the most genial and the best suited to invalids of any other spot in France* (Murray); *Adam the goodliest man of men since born His sons: the fairest of her daughters Eve* (Milton); oder folgendes mittelhochdeutsche: *und kuste den wirst getânen* (hässlichsten) *munt, der im vordes ie wart kunt* (Lanzelet). Ein Verb., das einen Vergleich bezeichnet, erscheint nach Analogie des Komp. konstruiert: *ich ziehe es vor mich mit den Verfassern als mit ihren Büchern zu beschäftigen* (Wilbrandt).

Im Lat. steht öfters neben dem Imp. ein *jam dudum*, z. B. *jam dudum sumite poenas*, eine Mischung der Gedanken „nehmt doch" und „ihr hättet schon längst nehmen sollen".

Nicht selten ist im Mhd. nach *wizzen* die Verbindung eines Fragewortes mit dem Inf., z. B. *dô enweste er wie gebâren*; man erwartet ein Verb. finitum, und die Konstruktion lässt sich wohl nur so erklären, dass man eine Einwirkung der Fälle annimmt, in denen der Inf. ohne Fragewort direkt vom Verb. abhing. Dasselbe gilt natürlich von den entsprechenden romanischen Konstruktionen, vgl. franz. *je ne sais quel parti prendre*, it. *non so che fare* etc. (Diez III, 230). Ähnlich verhalten sich it. *non ho che dire*, span. *non tengo con quien hablar*, franz. *il trouva à qui parler, la terre fournit de quoi nourrir ses habitants*, schon spätl. *non habent quid respondere* (vgl. Diez a. a. O.), engl. *how have I then with whom to hold converse* (Milton), *then sought where to lie hid* (id.) u. dergl.

Als eine Kontamination wird es auch zu betrachten sein, wenn von einem Verbum ein Fragesatz abhängig gemacht wird und zugleich noch das Subjekt dieses Fragesatzes als nominales Objekt, vgl. lat. *nosti Marcellum quam tardus sit* (Caelius); *viden scelestum ut aucupatur* (Plaut.), *observatote eum quam blande palpatur mulieri* (Terenz); *dic modo hominem qui sit* (Plaut.), *patriam te rogo quae sit* (Plaut.), it. *tu 'l saprai bene chi è* (Boccaccio), Ähnliches häufig in den älteren romanischen Sprachen (vgl. Diez III, 391). Ebenso steht nominales Objekt neben einem Objektssatz, vgl. mhd. *swenne er sin sêle sœhe das si in tôtsünden wære, die liset man si wîlen wæren des wunderlichen Alexandres man, dô hiez in got daz er dar in gienge, die wil ich daz siz merken*; nhd. *da ihn sahen alle, die ihn vorhin gekannt hatten, dass er mit den Propheten weissagete* (Lu.); analog auch *welchen ihr sprecht, er sei euer Gott* (Lu.). Das Objekt des regierenden Satzes kann auch im abhängigen Objekt sein, vgl. *vierhundert Taler, die sie nicht wüsste, wie sie sie bezahlen sollte* (Le.). So kann auch neben einem Subjektssatz mit *dass* als Subjekt noch das Subjekt oder Objekt desselben als Subjekt des regierenden Satzes treten, vgl. *mich will Antonio von hinnen treiben und will nicht scheinen, dass er mich vertreibt* (Goe.); *nichts, was ihn gereuen könnte, dass ers gab* (id.).

Statt *der selbe der* oder *der gleiche wie* sagt man auch *der selbe wie* und *der gleiche der*; ebenso im lat. *idem ut*, z. B. *in eadem sunt injustitia, ut si in suam rem aliena convertant* (Cic.). Häufig begegnet man Wendungen folgender Art: *dass sie nichts spricht kommt daher, weil sie nichts denkt* (Le.); *das kommt daher, wenn man sich ganze Tage nicht sieht* (Goe.); *woher sind so viel Verwirrungen entstanden, als weil man den spätern Zustand einer Sache vergass* (Herder); *der Gedanke wurde dadurch notwendig, weil man voraussah* (Wieland); *wie du mir die nachsichtsvolle Behandlung eines Generals gegen sein Regiment* (Mischung mit *Verfahren gegen* oder dergl.) *dadurch begreiflich machtest, weil er in seinen ersten Dienstjahren selbst Spiessruten gelaufen sei* (Thümmel); *dem Gefühl, welches dadurch beleidigt wurde, wenn jemand zu viel ass* (Moritz); *Wortstreit, der daraus entsteht, weil ich die Sachen unter andern Kombinationen sentiere* (Goe.); *das schliesse ich daraus, weil es mich ärgert* (Schi.); *die grösste Feinheit eines dramatischen Richters zeiget sich darin, wenn er in jedem Falle zu unterscheiden weiss* (Le.); *da der allergrösste Verdruss darinne besteht, wenn man jede Kraft besser und lebhafter ausbildet* (Goe.); *nun wartete man darauf, bis die ordentlichen Schauspieler wieder wegreisen würden* (Moritz); *im Falle, wenn man auf ihn noch zu reflektieren gedächte* (Goe.); *die Hauptsache davon ist, weil Sie durch Ihre eigene sehr starke Empfindung Criticus sind* (Klopstock); *aus der ganz natürlichen Ursache, weil das Wissen unendlich ist* (Goe.); *aus dem ganz einfachen Grunde: weil der kluge König schon seine Massregeln genommen* (Heine); *das macht weil ich Dir nichts zu schreiben hatte* (Tieck); *Marianel benützt diese Gelegenheit schon deshalb, damit sie jedes hingeworfene Wörtlein aufhaschen möge* (Holtei); *in dem Augenblicke, wenn wir ihn auch seines Bogens beraubt sehen* (Le.); *bis auf den Punkt, wenn wir seine Verstandesdeduktionen nicht wollen gelten lassen* (Goe.). Allgemein üblich, zum Teil sogar notwendig sind Verbindungen wie *jedesmal wenn* oder *wo* (statt *dass*), *in dem Augenblicke wo* (Goe. sagt noch *in dem Augenblick, dass er Amen sagte*) u. dergl.; entsprechend im franz. *au temps où*, früher *au temps que*; *zu dem Zwecke, in der Absicht damit*; *deshalb, deswegen, darum, aus dem Grunde weil* (vgl. für den älteren Gebrauch noch: *deshalb, dass ich selten an den lauten Gesellschaften Teil nahm* Tieck, *ihr Mann verbannte sie darum, dass sie nur tote Kinder hatte* Mörike); *desto besser weil* (mhd. *daz*), engl. *the rather because* neben *that*.

Eine verwandte Erscheinung ist es, wenn, wie häufig, anstatt eines *dass* in Sätzen, deren Inhalt als nicht der Wirklichkeit entsprechend gedacht wird, ein *als* mit folgendem Bedingungssatz steht, vgl. *glaubt nicht, als ob der Zweck nur die Vergnügung wäre* (Lichtwer); *Sie dürfen aber nicht meinen, als wenn diese kindischen Vorurteile mit unseren Vorfahren alle wären begraben worden* (Le.); *liess ich den Verdacht entstehen, als lebt' ich wirklich nicht mehr* (Gutzkow); *der Argwohn, als wenn Andreas das Haupt einer geheimen Gesellschaft sei* (Tieck); *so will ich mir einbilden, als ob ich die Fragmente zufällig fände* (Schi.); *indem er sich vorstellt, als ob drei zumal im Bette lägen* (G. Keller); *dass Sie mir zutrauen werden, als hätte ich mein Studiren am Nagel gehangen* (Le.); *du musst hieraus nicht schliessen, als wenn ich jetzo schon gewiss wäre* (Klopstock); *manchmal kam es ihm in den Sinn, als müsse er herrliche Gemälde ausführen* (E. T. A. Hoffmann); *ihm träumte, als ob die goldne Kette ihm selbst immer enger sich um den Fuss wickelte* (Arnim); *es hat verlauten wollen, als ob mehrgedachter Romann dem Peter Kappe die Nase im Gesicht habe verlädieren wollen* (Iffland); *es sei Nachricht hier, als wenn Kammerrat Rühlemann unterwegs krank geworden* (Goe.); *mit dem Namen, der den Vorwurf enthielt, als ob sie die Sache Gottes bloss weltlichen Rücksichten aufopferten* (Schi.); *welchen seine Gegner anklagten, als habe er Geld von den Juden empfangen* (Heine); *er hat meinen Vater überreden wollen, als ob ich ihn selbst liebte* (Gellert). Umgekehrt findet sich da, wo *als ob* am Platze wäre, ein Konjunktivsatz ohne Konjunktion, vgl. *es war dem Fräulein, sie höre den blauen Bart erzählen* (Wieland); *mir ist, ich sei das Wild* (Tieck); *mir war, ich sei ein Nichts* (Storm); *wenn man sich stelle, man wolle fort* (Jer. Gotthelf).

Wenn Cicero sagt *cum accusatus esset, quod contra rempublicam sensisse eum dicerent*, so ist das eine Mischung aus *quod . . sensisse eum dicebant* und *quod . . sensisset*. Weitere Beispiele bei Draeg.

§ 537. Plato gebraucht sogar Konstruktionen wie τόδε, ὡς οἶμαι, ἀναγκαιότατον εἶναι (vgl. Ziem. 105).

Eine im Mhd. gewöhnliche Konstruktion wäre *in gesehe vil schiere min liep* (es sei denn, dass ich bald meine Geliebte sehe), *ich bin* oder *só bin ich tôt.* Ungefähr denselben Sinn würde die paratakische Verbindung geben *ich gesihe vil schiere mîn liep oder ich bin tôt.* Statt dessen sagt der Minnesinger Steinmar *in gesehe vil schiere mîn lieb alder* (= oder) *ich bin tôt.* Noch auffallender ist eine andere Art der Mischung, bei der *oder* vor den Satz mit *ne* tritt: *ich gelige tôt under mînen van, oder ich nebeherte mîn êre* (Kaiserchronik). Noch weitere Beispiele bei Dittmar in Zeitschr. f. d. Philol., Ergänzungsb. S. 211.

§ 119. Ein prädikatives Attribut kann dieselbe Funktion haben wie ein durch eine Konjunktion eingeleiteter Nebensatz. In Folge davon können manche Konjunktionen auch dem blossen Adj. vorgesetzt werden, wodurch eine genauere Bezeichnung des Verhältnisses erreicht wird. So besonders im Englischen, vgl. *talents angel-bright, if wanting worth, are shining instruments* (Young); *nor ever did I love thee less, though mourning o'er thy wickedness* (Shelley); *Mac Jan, while putting on his clothes, was shot through the head* (Macaulay).[1]) Auch im Deutschen können wir sagen: *ich tat es, obschon gezwungen* u. dergl. Entsprechend werden im Lat. manche Konjunktionen dem Abl. absol. vorgesetzt, vgl. *quamvis iniqua pace honeste tamen viverent* (Cic.); *etsi aliquo accepto detrimento* (Caes.); *etsi magno aestu* (Cic.).[2]) Die Konjunktionen *quasi* und *sive*, die ursprünglich nur satzeinleitend gewesen sein können, werden ganz allgemein blossen Satzgliedern beigefügt.

Umgekehrt führt die Übereinstimmung in der Funktion zwischen Nebensätzen und präpositionellen Bestimmungen dazu, Präpositionen zur Einleitung von Nebensätzen anzuwenden. So besonders im Englischen, vgl. *for I cannot flatter thee in pride* (Sh.)., *after he had begotten Seth* (Genesis), *without they were ordered* (Marryat); besonders allgemein sind so *til, until* üblich. Es muss jedoch berücksichtigt werden, dass hier die Konstruktionen mit *for that, after that* etc. daneben stehen. Im Deutschen sind solche Konstruktionen nicht üblich geworden, doch vgl. die folgenden Beispiele aus Pamphilus Gengenbach: *vmb er nit folget Jorams rot ward er schantlich erschlagen dot; mit grosser andacht er anfing bätten Maria das jm geling vff er die grosse schand möcht retten; wie ers solt gryffen an vff das vbel nit blib also verschwigen.* Auch vor indirekten Fragen steht eine Präp.: *at the idea of how sorry she would be* (Marryat), *any suspicion of where he had been* (id.), *all depends upon whether they manage affairs well* (id.), *the daily quarrels about who shall squander most* (Gay);[3]) vgl. span. *este*

---

[1]) Vgl. Mätzner III, S. 72.
[2]) Vgl. Draeger § 592.
[3]) Vgl. Mätzner III, S. 445.

capitulo habla de como el rey non deba consentir; entsprechend im Portug. und Altit.[1])

§ 120. Eine in allen Sprachen häufige Erscheinung ist es, dass eine Negation gesetzt wird, die an die betreffende Stelle eigentlich nicht gehört, aber dadurch veranlasst wird, dass der Gesamtsinn der Phrase negativ ist. So steht noch im 18. Jahrh. häufig nach Ausdrücken, die einen negativen Sinn haben, im abhängigen durch *dass* eingeleiteten Satze eine uns jetzt unlogisch erscheinende Negation, vgl. *es kann nicht fehlen, dass die meisten Stimmen izt nicht gegen mich sein sollten* (Le.); *wird das hindern können, dass man sie nicht schlachtet?* (Schi.); *er suchte daher Xavern so viel als möglich abzuhalten, dass er nicht viel in Grünbachs Haus oder Garten ging* (Miller); *der Verfasser verbittet sich, dass man seine Schrift nicht zu den elenden Spöttereien rechne* (Claudius); *dir abzuraten, dass du sie nicht brächtest* (Schi.); *nun will ich zwar nicht leugnen, dass an diesen Büchern nicht manches zu verbessern sein sollte* (Le.); *ich zweifle nicht, dass sie sich nicht beide über diese Kränkung hinwegsetzen werden* (Le.); *der Lord Shaftesbury erklärte sich dawider, dass man nicht zu viel Wahrheit sagen sollte* (Übersetzung des Tom Jones 1771). Entsprechend heisst es schon im Mhd. *dar umbe liez er daz, daz er niht wolte minnen* (Kudrun); *ich wil des haben rât, daz der küene Hartmuot bî mir niht enstât* (ib.); weitere Beispiele bringt Dittmar, Zeitschr. f. d. Philol., Ergänzungsband 299 ff. Notwendig ist die Negation schon im Mhd. nicht. Ist der regierende Satz negiert, so pflegt im Mhd. der abhängige Satz nicht durch eine Konjunktion eingeleitet zu werden; man braucht statt dessen bloss die Negation *en* mit dem Konjunktiv, vgl. *mîn vrouwe sol iuch niht erlân irn saget iuwer mære*. Die Entstehung dieser Konstruktionen werden wir uns so zu denken haben, dass der Gedanke des abhängigen Satzes sich einerseits als abhängig von dem regierenden Satze, andererseits als etwas Selbständiges in das Bewusstsein drängte. Wenn es z. B. in der Kudrun heisst *daz wil ich widerrâten, daz ir mich mit besemen gestrâfet nimmer mêr*, so ist das eigentlich eine Mischung aus den beiden Gedanken „davon will ich abraten, dass ihr mich jemals wieder straft" und „straft mich niemals wieder". Diese Erklärung ist allerdings nur auf diejenigen Fälle anwendbar, in denen der regierende Satz positiv ist. Erst nachdem die Verwendung der Negation usuell geworden ist, kann sie auf die Fälle mit negativem regierenden Satze übertragen sein. Es ist möglich, ja wahrscheinlich, dass die Setzung der Negation Tradition aus einer Zeit her ist, in welcher eine eigentliche grammatische Subordination des einen Satzes unter den andern über-

---

[1]) Vgl. Diez VII, S. 388.

haupt noch nicht stattfand. Immerhin haben wir es auch dann mit einer Kontamination zu tun. Verwandte Erscheinungen liegen im Lat., in den romanischen Sprachen und anderwärts vor.

In entsprechender Weise erscheint die Negation auch neben dem Inf., wo die Herleitung aus ursprünglicher Selbständigkeit nicht möglich ist, vgl.: *freilich hüten wir uns sie nicht an den gnädigen Herrn zu erinnern* (Goe.); *ihn zurückzuhalten, nicht wieder vors Krankenbette zu kommen* (Miller); *ich habe verschworen, nicht mehr an sie zu denken* (Goe.); *ich habe es verredet, in meiner gegenwärtigen Lage niemals wieder eine Nacht in Braunschweig zu bleiben* (Le.); *der habe ihm verboten, den Ring weder der Königin zu geben, noch dem Grafen zurückzusenden* (Le.). Auch nach einem an sich nicht negativen, aber negierten Ausdrucke lässt sich Negation nachweisen, vgl. *vnd gentzlich kein hoffnung mehr handt zu samb zu kummen nimmer meh* (H. Sachs). Ähnlich wie die Setzung der Negation neben dem Inf. ist die Verwendung von *wenig* zu beurteilen in einem Satze wie *ich hüte mich, so wenig als möglich daran zu ändern* (Goe.).

In verschiedenen Sprachen findet sich eine Negation nach *ohne* (vgl. Mätzner, Franz. § 268), z. B. franz. *sans nul égard pour nos scrupules* (Béranger); span. *sin fuerza ninguna* (Calderon); it. *senza dir niente*, span. *sin hablar palabra ninguna*; franz. *sans que son visage n'exprimât la peine* (Saint-Pierre); span. *sin que nadie le viese* (Cervantes); nhd. *euch sprach ich nie aus, ohne dass mein Herz nicht innigst gerührt ward* (Le.); *ohne dass wir bei seiner Beurteilung weder auf irgend ein Gesetz noch auf irgend einen Zweck Rücksicht nehmen* (Schi.); *ohne dass ich weder von dem Vorhergehenden noch von dem Nachfolgenden irgend unterrichtet gewesen wäre* (Goe.); *wir können ihn jedoch nicht dahin begleiten, ohne nicht vorher eine seiner interessantesten Jugenderinnerungen erwähnt zu haben* (Nerrlich); *ohne auszufahren noch einzulaufen* (G. Keller). Ebenso nach *ausser*: *ihr findet Widersprüche überall, ausser da nicht, wo sie wirklich sind* (Le., vgl. Andr. Spr. 145). Nach *als*, welches auf ein vorhergehendes *nichts* bezogen ist, vgl. *es mangelt ihm nichts, als dass es nicht gekläret ist* (Schoch); *es fehlt nichts, als dass du nicht da bist* (Goe.).

Im Nhd. findet sich ein negatives Wort zuweilen neben *kaum*: *nichts mag kaum sein so ungelegen* = kaum kann etwas so schwierig sein (Fischart), vgl. DWb 5, 355; nach *schwerlich*: *er hätte schwerlich mir die Ehre nicht erzeiget* (Herder), *schwerlich niemals* (Le.), vgl. Sanders 2b, 1048b. Ähnlich ist Setzung von *kaum* nach *ohne*, vgl. *Jahre gingen vorüber, ohne dass man es kaum merkte* (Herder). Hierher könnte auch der § 71 erwähnte Gebrauch von mhd. *lützel*, *selten* etc. gezogen werden.

Noch andere Beispiele eigentlich ungehöriger Negation sind: *als er hörte, dass der Prinz dich jüngst nicht ohne Missfallen gesehen* (Le.) statt *nicht ohne Wohlgefallen* oder *ohne Missfallen*; *zu edel schon, nicht müssig zu empfangen* (Schi.). Mehrere negative Ausdrücke statt eines schliessen sich zuweilen auch zu einem Kompositum zusammen. So kommt vor *vergesslos* = „vergesslich" (s. DWb 12, 424), z. B. *so vergesslos ging sie mit allem um* (Pestalozzi); vgl. ferner *entunehren, entungnossen, entungnossamen* (DWb 3, 641. 2).

§ 121. In vielen der angeführten Beispiele ist durch die Kontamination eine Art Pleonasmus entstanden. Noch deutlicher zeigt sich ein solcher in den folgenden. Im Lat. findet sich eine Häufung von Vergleichungspartikeln (vgl. Draeg. § 516, 14), wie *pariter hoc fit atque ut alia facta sunt* (Plaut.); damit vgl. man unser volkstümliches *als wie*. Ähnliche Häufungen sind lat. *quasi si* (Draeg. § 518, 1b), *nisi si* (ib. § 557 f. ζ). Im Engl. ist es bekanntlich in vielen Fällen möglich eine Präposition entweder zum Subst. oder zum regierenden Verbum zu stellen; es kommt aber auch beides kombiniert vor, vgl. z. B. *that fair for which love groan'd for* (Shakesp.). Besonders kühn sind Fügungen wie engl. *of our generals* (Shakesp.) statt *of our general* oder *our generals*. Nicht selten wird zu Ortsadverbien, die an sich schon die Richtung woher bezeichnen, noch eine die nämliche Richtung bezeichnende Präp. gesetzt, die eigentlich mit einem die Ruhe an einem Orte bezeichnenden Adv. verbunden werden sollte, vgl. lat. *deinde, exinde, dehinc, abhinc*; nhd. *von hinnen, von dannen, von wannen*. Im Lat. findet sich beim Pass. öfters eine pleonastische Bezeichnung des Plusqu.: *censa fuerunt civium capita* (Liv.); *sicuti praeceptum fuerat* (Sall.); vgl. Draeg. § 134. Häufig begegnet man Wendungen wie *der sich für uns die Erlaubnis erbat, sogleich Abschied nehmen zu dürfen* (Goe.); *erlauben Sie, dass ich mich dabei beteiligen darf*, vgl. die Beispiele bei Andr. Spr. 136. 7. Weitere Beispiele für Pleonasmus im Lat. s. bei Schmalz, Lateinische Stilistik § 63—66.

Viele Beispiele bieten auch hier die Steigerungsformen des Adj. und Adv. Im Mhd. wird dem Komparativ öfters noch ein *baz* hinzugefügt, also *græzer baz* etc.; ebenso im Lat. (hauptsächlich bei den Komikern) *magis* oder *potius*, im Griech. $\mu\tilde{\alpha}\lambda\lambda o\nu$ (vgl. Ziem. Comp. 154. 5); so auch got. *mais wulprizans*. Ähnliches kommt auch beim Superl. vor, vgl. *thia suásostun mêst* (Heliand), $\mu\acute{\alpha}\lambda\iota\sigma\tau\alpha\ \mu\acute{\epsilon}\gamma\iota\sigma\tau o\nu$ (Xen.), *die zunächststehendsten* (Frankf. Zeit nach Andr.). Damit zu vergleichen sind Verbindungen wie *magis (potius) malle, prius praecipere*, $\pi\lambda\acute{\epsilon}o\nu\ \pi\rho o\tau\iota\mu\tilde{\alpha}\nu$ (Xen.), $\pi\rho\acute{o}\tau\epsilon\rho o\nu\ \pi\rho o\lambda\alpha\mu\beta\acute{\alpha}\nu\epsilon\iota\nu$ (Dem.). Lessing sagt im Laok. *niemand hatte mehr Recht, wegen eines solchen Geschwieres bekannter zu sein.*

Syntaktische Verhältnisse.

Der Komparativ wird mit einer den Vorzug bezeichnenden Präp. verbunden, die eigentlich nur neben dem Positiv stehen sollte, οἷσιν ἡ τυραννὶς πρὸ ἐλευθερίης ἦν ἀσπαστότερον (Herodot), αἱρετώτερον εἶναι τὸν καλὸν θάνατον ἀντὶ τοῦ αἰσχροῦ βίου (Xen.), *prae illo plenius* (Gellius), *ante alios immanior omnis* (Virg.), vgl. Ziem. Comp. 95 ff. Auch im Deutschen ist diese Erscheinung häufig, vgl. *ich hân ze friunde mir erkorn den nidern baz der êren gert für einen hôhen sunder tugent* (Winsbeke), *mit kunst vnd heylickeit solt er grosser sein für andern* (Lu.), *so viel der Morgen für der Nacht uns angenehmer ist* (Opitz), *doch eine ward herrlicher vor allen andern* (Klopstock), *wie interessanter denn doch die Reinheit der Form und ihre Bestimmtheit vor jener markigen Rohheit und schwebenden Geistigkeit ist und bleibt* (Goe.). Laurentius Albertus gibt in seiner Grammatik geradezu als regelmässig an: *er ist gelerter für vilen andern*. Wolfram v. Eschenbach stellt die beiden möglichen Wendungen vollständig nebeneinander: *diu prüevet manegen für in baz dan des mæres herren Parzivâl* (in bezieht sich auf Parzival). Der Superl. erscheint so gebraucht bei H. Sachs: *der aller liebst für alle gest*. Eine andere Art von Pleonasmus besteht darin, dass Wörter, die an und für sich schon etwas Komparativisches haben, noch mit einem Komparativsuffix versehen werden, vgl. *der überwiegendere Teil des Publikums* (Grabbe); asächs. *ôðarlîcaron* zu *ôðarlîc* „anders beschaffen".

Auch manche Erscheinungen, die äusserlich angesehen als Ellipsen bezeichnet werden können, beruhen im Grunde auf einer Mischung verschiedener Ausdrucksformen. Wenn Schiller sagt *ich kann nicht eher ruhig sein, bis ich Deine Meinung über sie gehört habe,* so ist blosses *bis* statt des korrekten *als bis* gesetzt, als ob in dem regierenden Satze kein *eher* stünde. Diese Konstruktionsweise ist so verbreitet, dass man wohl behaupten darf, dass blosses *bis* nach *nicht eher* häufiger ist als *als bis*. Ebenso nach *nicht früher*, vgl. *ich dringe in ihr Arbeitszimmer und verlasse es nicht früher, bis wir besitzen, was mein ist* (Gutzkow). Die Richtigkeit unserer Auffassung erhellt, wenn wir zum Vergleiche Sätze heranziehen wie *ich habe so lange keine Ruhe, bis ich mich von der Seite gereinigt habe* (Schi.), Mischung aus *ich habe so lange keine Ruhe, als ich mich nicht gereinigt habe* und *ich habe keine Ruhe, bis ich mich gereinigt habe.* So erklärt sich auch die einfache Setzung von *als* nach *nicht anders*, wo nach strenger Logik doppeltes *als* stehen sollte, vgl. z. B. *dass er sich nicht anders benimmt, als ob er das einzige Wesen in der Welt wäre* (Wieland); *nun war es nicht anders, als wenn alle Teufel aus der Hölle zusamt losgelassen wären* (Tieck); *so war es nicht anders, als hüpften mir meine Farben entgegen* (Stifter). Einfaches *als* steht hier, als ob kein *nicht anders* vorhergegangen wäre.

Neuntes Kapitel.
Urschöpfung.

§ 122. Wir haben es uns bisher zum Gesetz gemacht uns unsere Anschauungen über die sprachlichen Vorgänge aus solchen Beobachtungen zu bilden, die wir an der historisch deutlich zu verfolgenden Entwickelung machen konnten, und erst von diesen aus Rückschlüsse auf die Urgeschichte der Sprache zu machen. Wir müssen versuchen diesem Prinzipe auch bei der Beurteilung der Urschöpfung möglichst treu zu bleiben, wenn sich hier auch grössere Schwierigkeiten in den Weg stellen. Sie unmittelbar zu beobachten bietet sich uns nicht leicht die Gelegenheit. Denn solche singulären Fälle, von denen uns wohl einmal berichtet wird, wie etwa die willkürliche Erfindung des Wortes *Gas* können nicht gerade viel Aufschluss über die natürliche Sprachentwickelung geben. So schwebt denn über dem Vorgange ein gewisses mystisches Dunkel, und es tauchen immer wieder Ansichten auf, die ihn auf ein eigentümliches Vermögen der ursprünglichen Menschheit zurückführen, welches jetzt verloren gegangen sein soll. Solche Anschauungen müssen entschieden zurückgewiesen werden. Auch in der gegenwärtig bestehenden leiblichen und geistigen Natur des Menschen müssen alle Bedingungen liegen, die zu primitiver Sprachschöpfung erforderlich sind. Ja, wenn die geistigen Anlagen sich zu höherer Vollkommenheit entwickelt haben, so werden wir daraus sogar die Konsequenz ziehen müssen, dass auch diese Bedingungen jetzt in noch vollkommenerer Weise vorhanden sind als zur Zeit der ersten Anfänge menschlicher Sprache. Wenn wir im allgemeinen keinen neuen Sprachstoff mehr schaffen, so liegt das einfach daran, dass das Bedürfnis dazu nicht mehr vorhanden ist. Es kann kaum eine Vorstellung oder Empfindung in uns auftauchen, von welcher nicht eine Assoziationsleitung zu dem überlieferten Sprachstoff hinüberführte. Dies massenhafte Material, auf das wir einmal eingeübt sind, lässt nichts Neues neben sich aufkommen, zumal da es sich durch mannigfache Zusammenfügung und durch.

Bedeutungsübertragung bequem erweitern lässt. Würde man aber das Experiment machen eine Anzahl von Kindern ohne Bekanntschaft mit irgend einer Sprache aufwachsen zu lassen, sie sorgfältig abzuschliessen und nur auf den Verkehr unter sich einzuschränken, so brauchen wir kaum zweifelhaft zu sein, was der Erfolg sein würde: sie würden sich, indem sie heranwüchsen, eine eigene Sprache aus selbstgeschaffenen Wörtern bilden. Etwas einem solchen Experimente wenigstens annähernd Gleichkommendes soll wirklich vorliegen. Bekannt ist durch Max Müllers Vorlesungen der Bericht des Robert Moffat über die sprachlichen Zustände in vereinzelten Wüstendörfern Südafrikas. Danach sollten sich dort die Kinder während häufiger langer Abwesenheit ihrer Eltern selbst eine Sprache erfinden. Doch möchte ich ohne die Mitteilung genauerer Beobachtungen nicht zu viel Wert auf solche Angaben legen.[1]

§ 123. Aber wir brauchen gar nicht so weit zu gehen. Wir sind, glaube ich, zu der Behauptung berechtigt, dass selbst in den Sprachen der europäischen Kulturvölker die Schöpfung neuen Stoffes niemals ganz aufgehört hat. Nach allen Fortschritten, welche die indogermanische Etymologie in den letzten Dezennien gemacht hat, bleibt immer noch ein sehr beträchtlicher Rest von Wörtern, die weder auf Wurzeln der Grundsprache zurückgeführt, noch als Entlehnung aus fremden Sprachen nachgewiesen werden können. Ja, wenn wir den Wortvorrat der lebenden deutschen Mundarten durchmustern, so finden wir darin sehr vieles, was wir ausserstande sind zu dem mittelhochdeutschen Wortvorrat in Beziehung zu setzen. Gewiss müssen wir die Ursache dieses Umstandes zu einem grossen Teile darin sehen, dass unsere Überlieferung vielfach lückenhaft, unsere wissenschaftlichen Kombinationen noch unvollkommen sind. Immerhin aber bleibt eine beträchtliche Anzahl von Fällen, in denen schwer abzusehen ist, wie vermittelst der Lautentwickelung und Analogiebildung eine Anknüpfung an älteren Sprachstoff je möglich werden soll. Wir werden daher den jüngeren und jüngsten Sprachperioden nicht bloss die Fähigkeit zur Urschöpfung zuzuschreiben haben, sondern auch die wirkliche Ausübung dieser Fähigkeit. Wir dürfen auch hier die Ansicht nicht gelten lassen, es seien in der Entwickelung der Sprache zwei Perioden zu unterscheiden, die eine, in welcher der ursprüngliche Sprachstoff, die sogenannten Wurzeln, geschaffen würde, und eine zweite, in welcher man sich begnügt hätte aus dem vorhandenen Stoffe Kombinationen zu gestalten. In der Entwickelung der Volkssprache gibt es keinen Zeit-

---
[1] Vgl. jetzt über angebliche Worterfindung des Kindes Wundt 1, 277 ff.; O. Jespersen, Origin of Linguistic Species (Scientia Vol. VI).

punkt, in welchem die Urschöpfung abgeschlossen wäre. Anderseits haben sich gewiss kurz nach den ersten Urschöpfungen dieselben Arten der Weiterentwickelung des ursprünglich Geschaffenen geltend gemacht, wie wir sie in den späteren Perioden beobachtet haben. Es besteht in dieser Hinsicht zwischen den verschiedenen Entwickelungsphasen kein Unterschied der Art, sondern nur des Grades. Es ändert sich nur das Verhältnis der Urschöpfung zu der traditionellen Fortpflanzung des Geschaffenen und zu den anderweitigen Mitteln der Sprachbereicherung, der Bedeutungserweiterung durch Apperzeption, der Kombination einfacher Elemente, der Analogiebildung etc.

§ 124. Das Wesen der Urschöpfung besteht, wie wir schon gesehen haben, darin, dass eine Lautgruppe in Beziehung zu einer Vorstellungsgruppe gesetzt wird, welche dann ihre Bedeutung ausmacht, und zwar ohne Vermittelung einer verwandten Vorstellungsgruppe, die schon mit der Lautgruppe verknüpft ist. Eine solche Urschöpfung ist zunächst ein Werk des Moments, welches untergehen kann, ohne bleibende Spuren zu hinterlassen. Damit dadurch eine wirkliche Sprache entstehe, müssen derartige Hervorbringungen auch eine bleibende psychische Nachwirkung hinterlassen, infolge derer späterhin der Laut vermittelst der Bedeutung, die Bedeutung vermittelst des Lautes gedächtnismässig reproduziert werden kann. Das Wort muss ferner auch von andern Individuen verstanden und dann gleichfalls reproduziert werden.

Die Erfahrungen, die wir über die Entstehung neuer Wörter durch Analogiebildung und die Erfassung neuer Anschauungen mit Hilfe des vorhandenen Wortvorrats gemacht haben, dürfen wir auch für die Beurteilung der Urschöpfung verwerten. Wir haben bisher immer gesehen, dass die Benennnung des Neuen durch eine Apperzeption mit dem schon Benannten erfolgt, sei es, dass man einfach die schon vorhandene Benennung auf das Neue überträgt, oder dass man aus derselben ein Kompositum oder eine Ableitung bildet; d. h. also: es besteht ein Kausalzusammenhang zwischen dem neubenannten Objekte und seiner Benennung, vermittelt durch ein früher benanntes Objekt. Dieser Kausalzusammenhang ist zunächst notwendig, damit die Benennung bei dem, der sie zuerst anwendet, hervorgerufen wird, und damit sie von andern verstanden werden kann. Erst durch mehrfache Wiederholung wird eine solche Kausalbeziehung überflüssig, indem die bloss äusserliche Assoziation allmählich fest genug geknüpft wird. Die Folgerung, dass auch die Urschöpfung, um überhaupt geschaffen und verstanden zu werden, eines solchen Kausalzusammenhanges bedarf, ist gewiss nicht abzuweisen. Da es nun ein vermittelndes Glied nicht gibt, so muss man einen direkten Zusammenhang zwischen Objekt und Benennung erwarten. Ausserdem aber wird das Verständnis ursprünglich ermöglicht gerade so wie bei der Anknüpfung neuen Vorstellungsinhaltes an ein schon bestehendes Wort mit Hilfe der durch die Situation gegebenen Anschauung und der Gebärdensprache.

Wir haben gesehen, dass in der Regel nichts in der Sprache usuell werden kann, was nicht spontan von verschiedenen Individuen geschaffen wird. Auch gehört dazu, dass es von dem gleichen Individuum zu verschiedenen Zeiten spontan, ohne Mitwirkung des Gedächtnisses geschaffen werden kann. Wenn aber der gleiche Lautkomplex sich zu verschiedenen Malen und bei verschiedenen Individuen an die gleiche Bedeutung anschliesst, so muss dieser Anschluss überall durch eine gleichmässige Ursache veranlasst sein, die ihren Sitz in der Natur des Lautes und der Bedeutung hat, nicht in einem zufällig begleitenden Umstande. Es kann zugegeben werden, dass gelegentlich auch eine von einem Einzelnen einmal geschaffene Verbindung allgemeine Verbreitung findet. Aber die Möglichkeit dieses Vorganges ist in bestimmte Grenzen eingeschlossen. Ist etwa derjenige, welcher zuerst eine Bezeichnung für ein Objekt findet, der Entdecker, Erfinder des betreffenden Objekts, so dass alle übrigen von ihm darüber unterrichtet werden, so ist damit auch der von ihm gefundenen Bezeichnung eine Autorität verliehen. Bei den wenigsten Objekten ist ein solches Verhältnis denkbar. In der Regel kann es nur die Angemessenheit der Bezeichnung sein, was ihr allgemeinen Eingang verschafft, d. h. also wieder die innere Beziehung zwischen Laut und Bedeutung, die, wo eine Vermittelung fehlt, auf nichts anderem beruhen kann als auf dem sinnlichen Eindruck des Lautes auf den Hörenden und auf der Befriedigung, welche die zur Erzeugung des Lautes erforderliche Tätigkeit der motorischen Nerven dem Sprechenden gewährt.

§ 125. Fassen wir nun die Wörter, bei denen ein begründeter Verdacht vorliegt, dass sie verhältnismässig junge Neuschöpfungen sind, näher ins Auge, so zeigt sich, dass es vorzugsweise solche sind, welche verschiedene Arten von Geräuschen und Bewegungen bezeichnen.[1]) Man vgl. z. B. nhd. *bambeln, bammeln, bummeln, bimmeln, batzen* (nd. schallend auffallen), *bauzen* (= *batzen* — bellen), *belfen, belfern, blaffen, blarren, blerren, blatzen, platzen, pletzen, bletschen, pletschen, platschern, planschen, panschen, plätschern, blodern, plaudern, blubbern, plappern, blauzen, Böller, bollern, bullern, ballern, boldern, poldern, bompern, bumpern, Buff, buffen, Puff, puffen, burren, bubbeln, puppeln, puppern, dudeln,*

---

[1]) Eine Übersicht über die Theorien der Schallnachahmung gibt Rubinyi, Das Problem der Lautnachahmung Germ - Rom. Monatsschr. V, 497. Reiches Material bietet Leskien, Schallnachahmung und Schallverba im Litauischen IF 13, 165.

Paul, Prinzipien

Neuntes Kapitel. Urschöpfung.

fimmeln, fummeln, flattern, Flinder, flindern, Flinderling, flandern, flink, flinken, flinkern, flirren, flarren, flarzen, flartschen, flismen, flispern, Flitter, flodern, flunkern, flüstern, gackeln, gackern, Gautsche, gautschen, glucken, glucksen, grackeln, hampeln, humpen, humpeln, hätscheln, holpern, hurren, huschen, kabbeln, kichern, kirren, kischen (zischen), klabastern, Klachel oder Klächel (bayrisch = Glockenschwengel oder anderes baumelndes Ding), klatschen, kletzen, kleschen (= klatschen), klimpern, klirren, Klunker, knabbeln, knabbern, knacken, Knacks, knarpeln, knarren, knarzen, knarschen, knirren, knirschen, knurren, knascheln, knaspeln, knastern, knisten, knistern, Knaster(-bart), knatschen, knetschen, knitschen, knutschen, knattern, knittern, knuffen, knüffeln, knüllen, knuppern, knuspern, kollern, kullern, krabbeln, kribbeln, krakeln, kräkeln, kreischen, kuckern (cucurire), lodern, lullen, mucken, mucksen, munkeln, murren, nutschen, pfuschen, pimpeln, pimpelig, pinken, pladdern, plumpen, plumpsen, prasseln, prusten, quabbeln, quabbelig, quackeln, quaken, quäken, quieken, quieschen, rappeln, rapsen, rascheln, rasseln, räuspern, rempeln, Rummel, rumpeln, rüppeln, schlabbern, schlampen, schlampampen, schluckern, schlottern, schlürfen, schmettern, schnack, schnacken, schrill, schummeln, schwabeln, schwappen, stöhnen, stolpern, strullen, summen, surren, tatschen, tätschen, tätscheln, ticken, torkeln, turzeln (hessisch = torkeln), tuten, wabbeln, wibbeln, watscheln, wimmeln, wimmern, wudeln, ziepen, zirpen, zischen, zischeln, zullen und zulpen (saugen), züsseln (schütteln), zwitschern. Einige Wörter bezeichnen zugleich Schall und Zerplatzen wie *Klack*, *Klaff*; andere Schall und Schmutzfleck wie *Klacks*, *Klecks*, *Klatsch*. Ich habe mich absichtlich auf solche Wörter eingeschränkt, die frühestens im Spätmittelhochdeutschen nachweisbar sind. Man könnte ebenso eine reichliche Liste derartiger Wörter aus den älteren germanischen Dialekten zusammentragen, die nichts Vergleichbares in den übrigen indogermanischen Sprachen haben, desgleichen aus dem Griechischen und Lateinischen. Man wird sich dem Schlusse nicht entziehen können, dass, wenigstens so weit unsere Beobachtungen zurückreichen, hier das eigentliche Gebiet der sprachlichen Urschöpfung liegt.

Dass wir bei dieser Art von Wörtern eine innere Beziehung von Klang und Bedeutung empfinden, ist allerdings im einzelnen Falle kein Beweis dafür, dass sie wirklich einer solchen Beziehung ihren Ursprung verdanken. Denn es gibt nachweislich eine Anzahl von Wörtern, die erst durch sekundäre Entwickelung eine solche Lautgestaltung oder eine solche Bedeutung erlangt haben, dass sie den Eindruck onomatopoetischer Bildungen machen. Aber ein Überblick der Wörter in ihrer Gesamtheit schliesst doch die Annahme durchgehenden Zufalls aus. Es fällt dabei noch ein Umstand schwer ins Gewicht, nämlich die Häufigkeit ähnlicher, namentlich nur durch den Vokal verschiedener

Wörter von gleicher oder sehr ähnlicher Bedeutung, die doch nicht lautgesetzlich aus einer Grundform abgeleitet werden können. So finden sich auch vielfach in verschiedenen Sprachen ähnlich klingende Wörter dieser Art, die doch nach den Lautgesetzen nicht verwandt sein können. Eine besondere Gruppe von onomatopoetischen Wörtern bilden die Nachahmungen von Tierstimmen, die vielfach zu Benennungen der betreffenden Tiere geführt haben.[1])
Nur aus dem onomatopoetischen Triebe erklären sich auch gewisse **Umgestaltungen schon fertiger Wörter**. Eines der charakteristischsten Beispiele ist mhd. *gouch* = nhd. *Kuckuck* mit den Zwischenformen *guckauch, guckuch* und ähnlichen. Auch diese Bildungen bezeichnen zum Teil Geräusche, zum Teil unruhige Bewegungen. Dergleichen Umwandlungen sind von dem Lautwandel gänzlich zu trennen und als **partielle Neuschöpfungen** zu betrachten. Auch die weiter oben angeführten Wörter können nicht als totale Neuschöpfungen betrachtet werden, wie noch später zu erörtern sein wird.

§ 126. In diesem Zusammenhange müssen wir auch auf das Wesen der Interjektionen eingehen. Uns muss vor allem die Frage interessieren, ob man in ihnen mit Recht die primitivsten Äusserungen der Sprechtätigkeit zu sehen hat, wie von verschiedenen Seiten angenommen, von andern bestritten ist. Wir verstehen unter Interjektionen unwillkürlich ausgestossene Laute, die durch den Affekt hervorgetrieben werden, auch ohne jede Absicht der Mitteilung. Man darf aber darum nicht die Vorstellung damit verknüpfen, als wären sie wirkliche Naturlaute, die mit ursprünglicher Notwendigkeit aus dem Affekte entsprängen wie Lachen und Weinen. Vielmehr sind die Interjektionen deren wir uns gewöhnlich bedienen, gerade so gut durch die Tradition erlernt wie die übrigen Elemente der Sprache. Nur vermöge der Assoziation werden sie zu unwillkürlichen Äusserungen, weshalb denn auch die Ausdrücke für die gleiche Empfindung in verschiedenen Sprachen und Mundarten und auch bei den verschiedenen Individuen der gleichen Mundart je nach der Gewöhnung sehr verschieden sein können.

Wir müssen zwei Arten von Interjektionen unterscheiden. Die einen sind lediglich Ausdruck der inneren Empfindung, z. B. *o, ach, pfui*. Von diesen beziehen sich einige auf eine ganz bestimmte Empfindung, z. B. *pfui* auf die des Abscheus. Andere, wie *o* und *ach* können bei sehr verschiedenen Empfindungen ausgestossen werden, es sind also artikulierte Substrate, die an und für sich ziemlich indifferent sind

---

[1]) Vgl. Wackernagel, Voces variae aminantium, 2. Ausg., Basel 1862. J. Winteler, Naturlaute und Sprache, Programm der Aargauischen Kantonschule, 1892. O. Hauschild, Naturlaute der Tiere in Schriftsprache und Mundart, ZfdWf. 12, 1.

und erst durch den begleitenden Gefühlston einen bestimmteren Inhalt bekommen. Ihre Unbestimmtheit wird allerdings wohl nichts Ursprüngliches sein. Von Hause aus scheint *ach* nur Interjektion des Schmerzes gewesen zu sein. Eine andere Interjektion des Schmerzes *ouwê* (nhd. *auweh*) hatte im Mhd. eine fast ebenso ausgedehnte Anwendung erlangt wie nhd. *ach*, durch welches es jetzt wieder zurückgedrängt ist. Das Traditionelle in der Natur dieser Interjektionen zeigt sich auch darin, dass sie unter besonders begünstigenden Umständen sogar wie andere Wörter aus einer fremden Sprache entlehnt werden können. So stammt unser *o* aus dem Lat. Es ist ferner eine in den verschiedensten Sprachen zu machende Beobachtung, dass Interjektionen aus andern Wörtern und Wortgruppen entstehen, vgl. z. B. *ach Gott, alle Wetter, Gott sei Dank, leider*. Durch Lautveränderungen kann der Ursprung so sehr verdunkelt werden, dass er selbst bei angestellter Reflexion nicht mehr zu erkennen ist, vgl. *herrje* (*Herr Jesus*), *jemine* (*Jesu domine*). Wir sind daher auch bei den in keiner Weise analysierbaren und scheinbar ganz einfachen Interjektionen nicht von vornherein sicher, ob sie nicht auf ähnliche Weise entstanden sind. Immerhin aber wird wenigstens ein Teil dieser Interjektionen nicht aus andern Wortklassen entstanden, sondern unmittelbar auf Empfindungslaute zurückzuführen sein. Aus ihnen können Verba abgeleitet werden wie deutsch *ächzen*, griech. φεύζειν. Dies sind junge Bildungen, es ist aber auch denkbar, dass auf einer frühen, noch formlosen Entwickelungsstufe der Sprache Empfindungsinterjektionen unmittelbar verbale Funktion angenommen haben. Über sonstige Annäherung der Interjektion an andere Redeteile vgl. Kap. XX. Es ist somit die Möglichkeit gegeben, dass auch ein Teil des nichtinterjektionellen Wortmateriales auf Gefühlsausrufe zurückgeht, die durch Urschöpfung entstanden sind.

Eine zweite Art von Interjektionen steht in nächster Beziehung zu den besprochenen onomatopoetischen Bildungen. Sie haben nicht bloss Beziehung zu inneren Gefühlen, sondern auch zu äusseren Vorgängen. Sie sind Reaktionen gegen plötzliche Erregungen des Gehörs- oder Gesichtssinnes. So müssen wir wohl wenigstens ihr ursprüngliches Wesen auffassen. Sie werden dann auch bei der Erinnerung und Erzählung der solche plötzliche Erregung wirkenden Vorgänge gebraucht. Ich meine Wörter wie nhd. *paff, patsch, bardautz, perdauz, bauz, blauz, blaff, buff, puff, bums, futsch, hurre, husch, hussa, klacks, klaps, kladderadatsch, knacks, plump, plumps, ratsch, rutsch, schrumm, schwapp, wupp* etc.[1] Manche dieser Wörter sind auch Substantiva oder haben

---

[1] Diesen stehen auch die imperativischen Interjektionen näher wie *pst* und die Fuhrmannszurufe.

Interjektionen. Ablautsbildungen.

Verba zur Seite, und es ist dann zum Teil schwer zu sagen, was eigentlich das Ursprüngliche ist. Es ist das aber auch nicht von Belang, sobald die Wörter als Reaktionen gegen die Sinneserregung anerkannt sind. Der onomatopoetische Charakter solcher Interjektionen tritt noch stärker hervor bei der häufig angewendeten Verdoppelung und Verdreifachung,[1]) ganz besonders wenn dabei die mehrfach gesetzten Elemente durch Ablaut differenziert werden,[2]) vgl. *fickfack, gickgack, kliffklaff, klippklapp, klitschklatsch, klimperklamper, kribbeskrabbes, krimskrams, mickmack, pinkepanke, ripsraps, ritschratsch, schnickschnack, schnippschnapp(schnurr), stripstrap(strull), schwippschwapp, ticktack, lirumlarum, bimbambum, piffpaffpuff*; engl. *criddle-craddle, widdle-waddle*; franz. *clic-clac, cric-crac, drelin-drelon*. Diese Wörter werden zum Teil auch als Substantiva gebraucht, und es werden direkt Substantiva so gebildet, vgl. *Kringelkrangel, Tingeltangel*, lat. *murmur, turtur*; auch werden weitere Ableitungen aus solchen Bildungen gemacht wie *fickfacken, Fickfacker, wibbelwabbelig*. Übrigens wird dabei mehrfach alter Sprachstoff benutzt, der sonst gar keinen interjektionellen Charakter hat, vgl. *Klingklang, Singsang, hickhack, Mischmasch, Wirrwarr, wischiwaschi, Zickzack*. Vgl. auch onomatopoetische Ausgestaltungen wie *klinglingling* (vielleicht aus *klingklingkling* entstanden), *hoppsasa*. Aus dem selben Triebe entsprungen, aber in den Grenzen der normalen Sprache sich haltend sind Verbindungen mehrerer nur durch den Vokalismus verschiedener malender Wörter, wie *flimmen und flammen, flimmern und flammern, kickezen und kackezen, klippen und klappen, klippern und klappern, klistern und klastern, klitschern und klatschern, knistern und knastern, knirren und knarren, knittern und knattern, kribbeln und krabbeln, krimmen und krammen, kritzen und kratzen, Gekritz und Gekratz, rischeln und rascheln* (alle durch Beispiele aus Schriftstellern belegt). Auch der Reim spielt bei onomatopoetischen Ausdrücken eine Rolle, vgl. *krimmeln und wimmeln, holterdepolter, Hackemack, Kuddelmuddel, Schurlemurle, Schlampampe*; engl. *hotch-potch, hum-drum, hurlyburly, helter-skelter*.[3])

§ 127. Onomatopoetisch sind ferner die meisten Wörter der Ammensprache, und auch in ihnen spielt die Reduplikation eine grosse Rolle, vgl. *Wauwau, Putput, Papa, Mama* etc. Diese Sprache

---

[1]) Vgl. O. Weise, Die Wortdoppelung im Deutschen (Zschr. f. deutsche Wortf. 2, 8).
[2]) Vgl. auch DWb 4² 2008. 9.
[3]) Vgl. die von Simonyi S. 266 aus dem Ungarischen und Finnischen angeführten Zusammensetzungen.

ist nicht eine Erfindung der Kinder.[1]) Sie wird ihnen so gut wie jede andere Sprache überliefert. Ihr Wert besteht darin, dass sie einem leicht erkennbaren pädagogischen Zwecke dient. Die innere Beziehung des Lautes zur Bedeutung, welche in ihr noch besteht und jedenfalls immer neu geschaffen wird, erleichtert die Verknüpfung beider sehr erheblich. Das geht sogar soweit, dass auch die Wörter der ausgebildeten Sprache teilweise zuerst in einer Komposition mit Wörtern der Ammensprache erlernt werden, vgl. *Wauwauhund, Bähschaf, Puthuhn, Mukuh* u. dergl.

§ 128. Wundt will die onomatopoetischen Wörter nicht als Lautnachahmungen fassen. Nach ihm[2]) ist die Ähnlichkeit der Sprachlaute mit den Gehörseindrücken, durch die sie hervorgerufen sind, keine im voraus gewollte, sondern nur eine nachträglich entstandene: sie ist durch das Gefühl vermittelt, das den Eindruck mit dem durch ihn ausgelösten Laute verbindet. Für die in jüngerer Zeit entstandenen Wörter dürfte das kaum richtig sein, gewiss nicht für die Wörter der Ammensprache. Wieweit Wundts Auffassung für die Anfänge der Sprache zutrifft, darüber möchte ich mir kein Urteil erlauben. Als einen Beweis für die Richtigkeit seiner Auffassung macht Wundt geltend, dass unter den als onomatopoetisch in Anspruch genommenen Wörtern sich auch solche befänden, die eine Bewegung ohne Geräusch bezeichneten. Es fragt sich aber, ob dieses etwas Ursprüngliches ist und ob nicht zunächst die Vorstellung eines Geräusches mit in die Bedeutung eingeschlossen war.

Eine andere Art von Urschöpfung, wie sie früher schon mehrfach vermutet ist, soll nach Wundt[3]) darin bestehen, dass Organe und Tätigkeiten, die zur Bildung der Sprachlaute in Beziehung stehen, mit Wörtern benannt werden, bei deren Artikulation die gleichen Organe und Tätigkeiten mitwirken. Auf diese Weise sollen z. B. Bezeichnungen für essen, blasen, Mund, Zunge entstanden sein. Eine gewisse Wahrscheinlichkeit ist dieser Hypothese nicht abzusprechen, wenn sich auch inbezug auf die einzelnen zum Beweise beigebrachten Fälle eine Sicherheit kaum gewinnen lässt.

Misslicher steht es mit dem, was man gewöhnlich als Lautsymbolik bezeichnet, wofür Wundt jetzt den Ausdruck Lautmetapher verwendet.[4]) Eine Verwandtschaft zwischen dem Klange von Wörtern und ihrer Bedeutung glaubt man vielfach herauszuhören in der eigenen oder sonst

---

[1]) Vgl. Wundt 1, 277 ff.
[2]) 1, 331. 329.
[3]) 1, 333 ff.
[4]) 1, 336 ff.

vertrauten Sprache, aber wohl meistens erst in Folge einer sekundären Assoziation. Abgesehen davon ist bei der Beurteilung der subjektiven Auffassung ein weiter Spielraum eröffnet, und man wird günstigstenfalls kaum über eine gewisse Wahrscheinlichkeit hinausgelangen. Viele auf den ersten Blick plausibel scheinende Annahmen lassen sich durch die geschichtliche Forschung als unzutreffend erweisen.

§ 129. Zwischen den Urschöpfungen, durch welche eine schon ausgebildete Sprache bereichert wird, und denjenigen, mit welchen die Sprachschöpfung überhaupt begonnen hat, ist noch ein bedeutender Unterschied. Jene fügen sich, soweit sie nicht reine Interjektionen sind, in das schon bestehende Formensystem ein. Sie erscheinen mit den zu der Zeit, wo sie geschaffen werden, üblichen Ableitungs- und Flexionssilben. In *poltern* z. B., wenn es hierher gehört, ist nur *polt-* durch Urschöpfung, *-ern* nach Analogie gebildet. Wir können daher in einem solchen Worte eigentlich nur eine partielle Urschöpfung anerkennen. Wir sehen übrigens aus diesem Beispiele, dass das, was man gewöhnlich als Wurzel aus einem Worte abstrahiert, durchaus nicht immer einmal als selbständiges Element existiert zu haben braucht, auch nicht in einer älteren Lautgestalt, sondern sogleich bei seinem Entstehen mit einem oder mehreren Suffixen versehen sein kann und versehen sein muss, sobald es der dermalige Sprachzustand erfordert.

Nicht bloss die Suffixe werden nach Analogie des vorhandenen Sprachmaterials geschaffen, sondern auch die Funktion als Subst., Verb. etc., und es wird also auch damit etwas in die neuen Wörter hineingetragen, was nicht auf Urschöpfung beruht.

Bei den ersten Schöpfungen, mit denen die Sprache begonnen hat, kann natürlich von einem solchen Mitwirken der Analogie keine Rede sein. An ihnen kann noch keine Spur einer grammatischen Kategorie haften. Sie entsprechen ganzen Anschauungen. Sie sind primitive Sätze, von denen wir uns noch eine Vorstellung machen können auf Grundlage der § 90 besprochenen aus einem Worte bestehenden Sätze wie *Diebe*, *Feuer*. Sie sind also auch wie diese eigentlich Prädikate, zu denen ein sinnlicher Eindruck das Subj. bildet. Damit der Mensch zum Aussprechen eines solchen Satzes gelangt, muss aus der Fülle dessen, was gleichzeitig in seine Wahrnehmung fällt, etwas Bestimmtes ausgesondert werden. Da nun diese Aussonderung noch nicht durch eine logische Operation bewerkstelligt werden kann, so muss sie durch die Aussenwelt veranlasst werden. Es muss etwas vorgehen, wodurch die Aufmerksamkeit nach einer bestimmten Richtung hin fixiert wird. Nicht die ruhende und schweigende Welt, sondern die bewegte und tönende ist es, deren sich der Mensch zuerst bewusst wird, und für die er die ersten Sprachlaute schafft. An Stelle einer Bewegung der Umgebung kann auch eine Bewegung des eigenen Leibes dienen, wodurch die Augen plötzlich auf einen unerwarteten Anblick gelenkt werden. Der Eindruck wird natürlich um so intensiver sein, wenn dadurch Freude oder Schmerz, Begierde oder Furcht erregt werden. Es ist also das die Aufmerksamkeit erregende Objekt zugleich mit dem, was an dem Objekt vorgeht, was durch den Sprachlaut bezeichnet wird. Wir nähern uns dieser primitiven Sprechweise noch jetzt in Ausrufungen der Überraschung und im Affekt. Wir können also von den ältesten Wörtern sagen, dass sie den unvollkommenen Ausdruck einer Anschauung, wie sie später durch einen Satz wiedergegeben wird, mit interjektionellem Charakter verbinden.

§ 130. Noch in anderer Hinsicht muss es sich mit den ersten Urschöpfungen anders verhalten als mit den später nachfolgenden. Bei den letzteren kann von Anfang an die Absicht der Mitteilung mitwirken, bei den ersteren nicht. Zu absichtlicher Ausübung einer Tätigkeit behufs eines bestimmten Zweckes gelangen wir erst, nachdem wir die Erfahrung gemacht haben, dass dieser Zweck dadurch erreichbar ist, und diese Erfahrung machen wir, indem wir sehen, dass die unabsichtlich oder in anderer Absicht angestellte Tätigkeit den betreffenden Erfolg gehabt hat. Vor Schöpfung der Sprache weiss der Mensch nichts davon, dass er einem andern mit Hilfe der Sprachlaute etwas mitteilen kann. Dieser Grund allein würde genügen, um jede Annahme einer absichtlichen Erfindung zurückweisen. Wir müssen in Bezug auf die ersten Sprachlaute durchaus bei der Ansicht stehen bleiben, dass sie lediglich ein Bedürfnis des einzelnen Individuums befriedigen ohne Rücksicht auf sein Zusammenleben mit den andern. Sobald aber solche Laute von andern Individuen perzipiert werden zugleich mit der sinnlichen Wahrnehmung, die sie hervorgerufen hat, so kann beides in Beziehung zu einander gesetzt werden. Dass ein anderes Individuum diese Beziehung empfindet, kann auf dem wirklichen Kausalzusammenhange beruhen, der zwischen der Wahrnehmung und dem Laute durch Vermittelung der Nervenerregung besteht. Sind die verschiedenen Individuen im wesentlichen gleich organisiert, so wird der gleiche sinnliche Eindruck in ihnen ungefähr den gleichen Ausdruckslaut erzeugen, und sie müssen sich, wenn sie denselben von andern hören, sympathetisch berührt fühlen. Gewiss aber ist die Zahl der so erzeugten Laute eine verhältnissmässig geringe gewesen. Erheblich von einander abweichende Anschauungen werden den gleichen Laut hervorgerufen haben. Es ist daher auch zunächst noch durchaus nicht daran zu denken, dass ein solcher Laut, auch wenn er wiederholt von verschiedenen Individuen in der gleichen Weise hervorgebracht wäre, das Erinnerungsbild einer bestimmten Anschauung wach rufen könnte. Alles, was er vermag, besteht nur darin, dass er die Aufmerksamkeit erregt. Spezielleren Inhalt gibt erst die Anschauung selbst. Dass die Aufmerksamkeit der übrigen Individuen sich auf denselben Gegenstand lenkt, welcher in dem einen oder in mehreren den Laut hervorgerufen hat, kann zum Teil durch die begleitenden Gebärden veranlasst sein. Wir werden uns überhaupt zu denken haben, dass die Lautsprache sich in ihren Anfängen an der Hand der Gebärdensprache[1]) entwickelt hat, dass ihr die Unterstützung durch dieselbe erst nach und nach entbehrlich geworden ist, je weiter sie sich vervollkommnet hat. Die Gebärdensprache muss natürlich gleichfalls von unwillkürlichen Triebbewegungen ihren Ausgang genommen haben. Bei ihr ist dieser Ursprung noch viel leichter erkennbar, weil wir sie auf einer primitiveren Stufe der Entwickelung beobachten können. Ist es einem Individuum wiederholt gelungen durch eine Triebbewegung die Aufmerksamkeit zu erregen, mag sie nun in den Augen, den Gesichtszügen, den Händen oder in den Sprechorganen ihr Endziel finden, so wird es allmählich dazu geführt, dass es mit Hilfe der betreffenden Bewegung auch absichtlich die Aufmerksamkeit zu erregen sucht, sobald es durch das Bedürfnis dazu gedrängt wird.

Ist einmal die Möglichkeit der absichtlichen Mitteilung erkannt, so hindert nichts mehr, dass zu den durch unwillkürliche Triebbewegung erzeugten Lauten auch solche hinzutreten, zu deren Erzeugung von Anfang an die Absicht der Mitteilung mitgewirkt hat. Wir müssen aber betonen die Absicht der Mitteilung, nicht etwa die Absicht, ein bleibendes Werkzeug der Mitteilung zu schaffen. Eine solche Absicht bleibt wie überall in der natürlichen Sprachentwicklung, so auch bei der Urschöpfung ausgeschlossen. Es ist das Bedürfnis des Augenblicks, welches eine neue Lautgruppe hervorbringt. Ob aber eine solche Lautgruppe mit der ersten Hervorbringung zu Grunde geht, oder ob sie eine bleibende Wirkung hinterlässt, das hängt von ihrer Beschaffenheit und von vielen zufälligen Umständen ab.

§ 131. Noch von einer Schwierigkeit müssen wir sprechen, die erst überwunden werden muss, bevor auch nur die ersten Anfänge einer Sprache sich herausbilden können, einer Schwierigkeit, die, soviel ich sehe, bis jetzt noch nirgends gewürdigt ist. Der Urmensch, der noch nicht gesprochen hat, kann so wenig wie ein neugeborenes Kind irgend einen Sprachlaut willkürlich erzeugen. Auch er muss das erst lernen, auch bei ihm kann sich erst allmählich durch mannigfache Tätigkeit

---

[1]) Die Gebärdensprache ist jetzt eingehend von Wundt 1, 136—247 behandelt.

der Sprechorgane ein mit einem Lautbilde assoziiertes Bewegungsgefühl herausbilden, welches dann einen Regulator für sein Sprechen abgeben kann. Man darf sich daher nicht einbilden, dass eine Lautgruppe, wie sie einmal von einem Individuum hervorgebracht wurde, nun sofort von den andern hätte nachgeahmt werden können. Nicht einmal dasselbe Individuum konnte sie absichtlich wiederholen. Die Sache liegt für den Urmenschen noch viel schwieriger als für ein Kind unserer Zeit. Das letztere ist in der Regel von einer Anzahl von Menschen umgeben, bei denen sich schon wesentlich übereinstimmende Bewegungsgefühle ausgebildet haben. Es hört daher aus der Menge der möglichen Laute eine bestimmte abgegrenzte Anzahl immer wieder von neuem. Damit ist von vornherein eine bestimmte Richtung gegeben, nach welcher sich seine eigenen Bewegungsgefühle entwickeln, der sich seine Sprechversuche immer mehr annähern. Für den Menschen vor der Sprachschöpfung gibt es keine Norm, keine Autorität. Es scheint demnach, dass das Sprechen mit einem Durcheinander der verschiedenartigsten Artikulationen, wie sie jetzt nirgends in einer Sprache beisammen zu finden sind, begonnen haben müsse.[1]) Wie konnte aber aus einem solchen Gewirr sich eine Gleichmässigkeit des Bewegungsgefühles herausbilden?

Wir werden auch von dieser Seite her wieder zu der Annahme gedrängt, dass gewisse Lautgruppen besonders häufig nicht nur von dem gleichen, sondern auch von verschiedenen Individuen spontan, d. h. ohne Mitwirkung irgend welcher Nachahmung im wesentlichen gleichmässig erzeugt sein müssen. Nur für solche den natürlichen Bedingungen nach bevorzugte Lautgruppen kann sich in Ermangelung einer schon bestehenden Norm ein Bewegungsgefühl herausbilden. In einer solchen bevorzugten Lage befinden sich am ehesten die reinen Trieblaute, und an ihnen werden sich die ersten Bewegungsgefühle entwickelt haben. Wir können es uns auch nicht wohl anders vorstellen, als dass die Bewegungsgefühle für die einzelnen Laute sich sehr langsam eins nach dem andern entwickelt haben, und dass die traditionelle Sprache in ihren Anfängen sich mit einem Minimum von

---

[1]) Auch die onomatopoetischen Bildungen müssen ursprünglich von einer so bunten Beschaffenheit gewesen sein. Die noch wirklich vorliegenden, von uns oben besprochenen sind also auch insofern keine reinen Urschöpfungen, als sie sich aus dem Lautmateriale einer schon ausgebildeten Sprache zusammensetzen. Indem dieses Material bei der Nachahmung von Tierstimmen und anderen Geräuschen verwendet wird, geschieht etwas Ähnliches, wie wenn bei musikalischen Nachahmungen derselben die Abstände der Tonhöhe modifiziert werden, um sie auf die sonst in der Musik üblichen Intervalle zu bringen. Ein weiterer Schritt ist dann, dass zur Nachahmung auch sinnvolle Wörter und Sätze verwendet werden. Vgl. das reiche Material bei Wackernagel und Winteler, a. a. O.

Lautzeichen begnügt haben wird, wenn auch daneben von den verschiedenen Individuen bald dieser, bald jener Laut gelegentlich hervorgebracht wurde. Lernen doch auch die Kinder nur langsam einen nach dem andern von den Lauten der ihnen vorgesprochenen Sprache willkürlich hervorbringen. Und noch in einer anderen Beziehung wird es erlaubt sein, einen Analogieschluss aus der Kindersprache zu ziehen. Das Kind vermag zunächst nur éinen Konsonanten mit éinem Vokale zu kombinieren, welche Kombination dann in der Regel verdoppelt wird. Von solcher Form sind die am frühesten erlernten Wörter der Ammensprache (*Papa, Mama* etc.), und auf diese Form werden zunächst kompliziertere Wörter reduziert, die das Kind nachzusprechen versucht. Dies gilt insbesondere auch von Eigennamen, deren so entstandene Umbildungen dann als Koseformen auch in die Sprache der Erwachsenen übergehen, vgl. *Lili, Lulu, Mimi.* Auf einer etwas fortgeschritteneren Stufe tritt noch eine Vereinfachung der Lautkombinationen ein, die dadurch hergestellt wird, dass einzelne Laute fortgelassen, andere einander angeglichen werden. Man vgl. z. B. aus dem Wortschatze eines zweijährigen Mädchens *tata = Martha, tate = Tante, babel = Gabel, popf = Knopf, dette = Decke, pom = komm, paffe = Kaffee, ottel = Onkel, ottotte = Onkel Otto, tetz = Cakes, hottärt = Hottepferd, apfûf = Apfelmus, tutaus = Kukauge, autis = ausgiessen, autaz = auskratzen, aufis = aufschliessen.*[1]) Man kann sich danach eine Vorstellung von der Wortgestaltung der primitivsten Sprachen machen. Man versteht danach auch die Rolle, welche die Reduplikation ursprünglich gespielt haben wird. Es wird danach ferner die Vermutung wahrscheinlich, dass sich Konsonantenkombinationen vielfach erst in Folge von Vokalausstossungen ergeben haben werden. Dass es sich wirklich so verhält, ist jetzt für die indogermanischen Sprachen durch die neueren Untersuchungen über den Vokalismus der Ursprache erwiesen.

Aus unseren Erörterungen geht hervor, dass eine längere Ausübung der Sprechtätigkeit vorangegangen sein muss, bis etwas entsteht, was wir allenfalls eine Sprache nennen können in dem Sinne, wie wir von deutscher und französischer Sprache reden, sollte es auch nur eine aus ein paar Wörtern bestehende Sprache sein. Das, was wir Urschöpfung genannt haben, ist an sich nicht ausreichend eine Sprache zu schaffen. Es muss gedächtnismässige Bewahrung des Geschaffenen durch die zu einer Genossenschaft gehörigen Individuen hinzutreten. **Erst wo Sprechen und Verstehen auf Reproduktion beruht, ist Sprache da.**

---

[1]) Andere solche Vereinfachungen führt Wundt 1, 306 auf. Mit Unrecht werden dieselben aber von ihm mit dem assimilatorischen Lautwandel in Parallele gesetzt.

Betrachten wir dies als ausreichend für die Anerkennung des Vorhandenseins einer Sprache, so müssen wir auch vielen Tieren Sprache zuschreiben. Man wird schwerlich bestreiten können, dass die Lock- und Warnrufe derselben schon etwas Traditionelles, nicht mehr etwas bloss Spontanes sind. Sie repräsentieren ein Entwickelungsstadium, welches auch die menschliche Sprache durchlaufen haben muss, eben dasjenige, welches wir zu schildern versucht haben. Damit aber diejenige Art von Sprache entstehe, die wir jetzt bei dem ganzen Menschengeschlechte finden, gehört noch ein weiterer Schritt dazu. Es ist gewiss von grosser Bedeutung, dass die Zahl der traditionellen Wörter und damit die Zahl der unterschiedenen Anschauungen bei dem Menschen weit über das Mass irgend einer Tiergattung hinausgewachsen ist, aber der eigentliche charakteristische Unterschied der Menschensprache von der Tiersprache oder der jetzt bestehenden Sprache von der früheren Entwickelungsstufe liegt in ganz etwas anderem. In der Zusammenfügung mehrerer Wörter zu einem Satze besteht der entscheidende Schritt vorwärts. Erst dadurch wird dem Menschen auch die Möglichkeit gegeben sich von der unmittelbaren Anschauung loszulösen und über etwas nicht Gegenwärtiges zu berichten.[1]

---

[1] Zu diesem Kap. vgl. jetzt auch meinen Vortrag „Der Ursprung der Sprache" (Beilage zur allgemeinen Zeitung, Jahrg. 1907, Nr. 13. 14).

Zehntes Kapitel.

Isolierung und Reaktion dagegen.[1)]

§ 132. Der Zusammenschluss der Sprachelemente zu Gruppen muss, wie wir gesehen haben, von jedem Individuum einer Sprachgenossenschaft besonders vollzogen werden. Die Gruppen sind also durchaus subjektiver Natur. Da aber die Elemente, aus denen sie sich zusammensetzen, innerhalb einer bestimmten Verkehrsgemeinschaft im grossen und ganzen die nämlichen sind, so muss auch die Gruppenbildung bei allen der Verkehrsgemeinschaft angehörenden Individuen vermöge der wesentlichen Übereinstimmung ihrer psychischen Organisation eine analoge sein. Wie wir daher überhaupt nach einem gewissen Durchschnitt das in einer bestimmten Periode allgemein Übliche darstellen, so sind wir auch im stande für jede Entwickelungsperiode einer Sprache ein im wesentlichen allgemeingültiges System der Gruppierung aufzustellen. Gerade nur dieses Allgemeine, im Wesen der Elemente, aus denen sich die Gruppen zusammensetzen, Begründete ist es, woran sich die wissenschaftliche Betrachtung halten kann, während die individuellen Besonderheiten, von einzelnen, in der grossen Masse verschwindenden Ausnahmen abgesehen, sich der Beobachtung entziehen.

Vergleichen wir nun unsere Abstraktionen über die Gruppierungen aus verschiedenen Zeiten mit einander, so gewahren wir beträchtliche Verschiedenheiten, und zwar nicht bloss insofern, als eine Anzahl Elemente verloren gegangen, andere neu entstanden sind; sondern auch da, wo sich die alten Elemente erhalten haben,[2)] gruppieren sie sich doch anders in Folge einer Veränderung, welche die Lautform oder die Bedeutung oder beides durchgemacht hat. Was sich früher fest

---

[1)] Mit diesem Kap. vgl. Kruszewski V, 133—144. 339—348.
[2)] Ich meine erhalten natürlich in dem uneigentlichen Sinne, wie man gewöhnlich von Erhaltung in der Sprachgeschichte spricht. Wie der Vorgang seinem eigentlichen Wesen nach aufzufassen ist, habe ich genugsam dargelegt.

aneinander schloss, hängt jetzt nur noch lose oder gar nicht mehr zusammen. Was früher keinen Zusammenhang hatte, hat sich jetzt zusammengefunden. Den ersteren Vorgang können wir passend als Isolierung bezeichnen, da auch die Lockerung des Verbandes wenigstens eine partielle Isolierung ist. Natürlich ist auch dieser Ausdruck auf dem unvermeidlichen Operieren mit Abstraktionen basiert. Streng genommen dürfte man nicht sagen, dass das früher Zusammengeschlossene sich isoliert habe, sondern nur, dass das in den Seelen einer früheren Generation Zusammengeschlossene sich nicht auch in den Seelen einer späteren Generation zusammengeschlossen hat.

Die Gruppenbildung beruht auf Gleichheit oder Ähnlichkeit der Lautform und der Bedeutung. Diese Gleichheit oder Ähnlichkeit beruht bei weitem in den meisten Fällen im letzten Grunde auf etymologischem Zusammenhange. Aber nicht der etymologische Zusammenhang an sich ist massgebend für den Zusammenschluss, sondern auf jeder Sprachstufe immer nur, soweit er sich zur Zeit in totaler oder partieller Gleichheit von Laut oder Bedeutung zu erkennen gibt; und umgekehrt hat jede zufällig entstandene Gleichheit ganz denselben Erfolg. Aus der Verkennung dieser unleugbaren Tatsache fliessen so viele Fehler der älteren Sprachwissenschaft.

§ 133. Wir betrachten in diesem Kapitel zunächst die Lockerung und Auseinanderreissung der Gruppen. Veranlasst wird dieselbe durch Laut- und Bedeutungswandel, zuweilen auch durch die Analogiebildung. Zwar wirkt die letztere, wie wir noch sehen werden, vorzugsweise zur Herstellung des gestörten Zusammenhanges; indem aber verschiedene Analogieprinzipe sich gegenseitig stören, kann sie auch die entgegengesetzte Wirkung haben.

Dass die verschiedenen Bedeutungen eines Wortes sich mehr und mehr gegen einander isolieren können, haben wir schon in Kap. 4 gesehen. Wir haben ferner ib. § 73 gesehen, dass ein Wort als Element einer festen syntaktischen Verbindung sich isolieren kann gegenüber seiner sonstigen Verwendungsweise. Ebenso können die in Kap. 5 besprochenen Gruppen von Worten und Wortformen auseinandergerissen werden.

§ 134. Die etymologisch-lautlichen Gruppen werden zerstört, wenn aus irgend welcher Ursache die Bedingungen wegfallen, die den Lautwechsel veranlasst haben und auf Grund deren er sich dann weiter analogisch geregelt hat. Durch das Vernersche Gesetz ist im Urgermanischen ein durchgreifender Wechsel zwischen hartem und weichem Reibelaut entstanden ($h—\textit{z}$, $\textit{þ}—\textit{ð}$, $f—\textit{ƀ}$, $s—z$), bedingt durch die Stellung des Akzentes nach der ursprünglichen (indogermanischen) Betonungsweise. Nachdem diese Betonungsweise durch die jüngere, spezifisch

Grundlagen der Gruppenbildung. Lockerung der Gruppen. 191

germanische ersetzt war, gab es keinen ersichtlichen lautlichen Grund mehr für den Wechsel, derselbe musste daher als ganz willkürlich erscheinen. Es konnte sich zwar ein allgemeines Gefühl dafür bilden, dass die betreffenden Laute mit einander zu wechseln pflegten, aber man konnte sich den Sprachgebrauch nicht mehr anders aneignen, als indem man jede einzelne Form besonders erlernte. Der Lautwechsel hatte aufgehört ein lebendiger zu sein, er war erstarrt, tot. Zweitens kann ein jüngerer Lautwandel zerstörend auf diese Art von Gruppen einwirken. Als Beispiel kann hier wieder der Wechsel nach dem Vernerschen Gesetz dienen. Statt des urgermanischen Wechsels zwischen hartem und weichem Reibelaut haben wir im Hochdeutschen den Wechsel *h—g* (daneben *ck*), *d—t*, *f—b* (daneben *pp*), *s—r*. Der einartige Wechsel hat sich also in mehrere ganz verschiedenartige gespalten, und eine solche Spaltung ist immer eine Schwächung. Aber der eigentliche Hauptfeind der etymologisch-lautlichen Gruppen ist die ausgleichende Wirkung der stofflich-formalen Proportionengruppen, die weiter unten zu besprechen ist.

§ 135. Die Isolierungen, welche auf syntaktischem Gebiete eintreten können, sind zum Teil schon in Kapitel 7 besprochen. Wir haben hier zunächst die Isolierungen der verschiedenen Bedeutungen eines syntaktischen Verhältnisses gegen einander. Hierdurch werden die syntaktischen Proportionengruppen nicht gestört, so lange jede einzelne Funktion des Verhältnisses vollkommen lebendig bleibt. Aber jede Erstarrung durch gewohnheitsmässige Verbindung mit einem bestimmten Worte ist eine Loslösung aus dem allgemeinen Proportionenverbande. So kann man z. B. kaum sagen, dass die Verbindung *zu dir* noch in einem analogen Verhältnis zu der Verbindung irgend einer andern Präposition mit dem Dativ stünde, geschweige denn, dass eine allgemeinere Funktion des Dativs damit vom Sprachgefühl in eine analogische Beziehung gesetzt würde. Innerhalb einer engeren Proportionengruppe bleibt aber auch diese Verbindung noch stehen und zwar einer solchen, in welcher durch alle einzelnen Proportionen dasselbe Glied hindurchgeht: *zu : dir = zu : dem Vater = zu : allen* etc.

Hier kann dasjenige Wort beliebig wechseln, an welchem das syntaktische Verhältnis eine besondere formelle Ausprägung hat. Es gibt noch eine andere Art der Isolierung, bei der gerade dieses Wort fixiert ist, während das andere, an welchem das Verhältnis keinen Ausdruck findet, beliebig wechseln kann. Diese Isolierung entsteht dadurch, dass Konstruktionsweisen im allgemeinen untergehen, sich aber in einzelnen Resten erhalten, die wegen ihres häufigen Gebrauches sich besonders stark eingeprägt haben, so dass sie der Unterstützung

Zehntes Kapitel. Isolierung und Reaktion dagegen.

durch die analogen Proportionen nicht bedürfen und deshalb auch nach dem Untergange der letzteren dauern können.
So gibt es im Nhd. mehrere Funktionen des Genitivs, die früher vollkommen lebendig waren, jetzt aber auf die Genitive einiger weniger Wörter beschränkt sind, die nun ganz für sich stehen oder sich zu ganz kleinen Gruppen zusammenschliessen, welche nur einer sehr geringen oder gar keiner analogischen Ausbreitung fähig sind. Zur Zeitbestimmung kann abgesehen von den isolierten Formeln *derzeit, jederzeit, dieser Tage, nächster Tage* nur der Gen. sing. männlicher und neutraler Substantiva verwendet werden. Wir können sagen *des Morgens, eines Morgens, Abends, Tages, Jahres*, aber nicht *der Stunde, einer Stunde* etc., übrigens auch nicht *des Monats*. Die betreffenden Genitive können auch kein beliebiges Adj. zu sich nehmen, sondern es gibt nur stehende Formeln wie *eines schönen Tages, Morgens*. Die Funktion der Zeitbestimmung haftet hier nicht mehr an dem Gen. als solchem, sondern an dem Suffix (*e*)*s*, dessen ursprüngliche Identität mit dem Genitivsuffix kaum noch empfunden wird. Man bemerkt dies noch deutlicher an den Formen ohne Artikel *abends, morgens, tags*, namentlich aber an der altertümlichen Form (*des*) *Nachts*, die von der Form, die jetzt als eigentlicher Gen. funktioniert, auch lautlich getrennt ist. Noch mehr isoliert als diese Zeitbestimmungen sind einige Genitive, die ein räumliches Verhältnis bezeichnen: *des Weges, gerades Weges, rechter Hand, linker Hand, allerorten, allerwegen*. Ferner einige kausale Genitive: *Hungers sterben, Todes verblichen*; auch *der Hoffnung, des Glaubens leben*, wenn diese Formeln nicht anders aufzufassen sind. Zahlreicher, aber eben so isoliert sind die, welche ein modales Verhältnis ausdrücken. Es sind dabei verschiedene Verwendungen zu unterscheiden. Eine Gruppe verwandter Genitive wird prädikativ gebraucht. Man sagt: *ich bin der Ansicht, Meinung, Hoffnung, Zuversicht, des Sinnes, des Glaubens*, nur ohne Artikel *willens*, auch *anderer Ansicht, guter Hoffnung*, auch etwa *er ging fort, der Meinung, dass* etc. Etwas anderer Art sind *guten Mutes, guter Dinge*. Schon altertümlich erscheinen *reinen Sinnes, göttlicher Natur* u. dergl. Unmittelbar wie ein Adj. zum Subst. gesetzt und gar nicht mehr als Genitive empfunden erscheinen *allerhand, mancherhand, einerhand, keinerhand, allerlei, aller Art* etc. Ausserdem sagt man *es ist einerlei*. Wieder andere Formeln werden adverbial zum Verbum gesetzt, wie *meines Bedünkens, meines Erachtens, alles Ernstes, stehenden Fusses, eilenden Schrittes, kurzer Hand, leichten Kaufes, unverrichteter Sache, vorsichtigerweise, törichterweise, vernünftigerweise* etc., *vorkommendenfalls, bestenfalls, keinesfalls* etc. *keineswegs, einigermassen, gewisserm.* etc., *dergestalt, solchergestalt*. Einige von diesen Formeln werden, wie schon die jetzt übliche Schreibung

zeigt, geradezu als Adverbia angesehen. Dasselbe gilt von *flugs, spornstreichs, augenblicks, teils, grösstenteils* etc. und den aus Adjektiven abgeleiteten *anders, rechts, links, stets, stracks, bereits, besonders, blindlings* etc. Die Formel *es sei denn dass* ist ein Rest einer im älteren Nhd. noch lebendigen Konstruktionsweise, vgl. 1. Mos. 32, 26 *ich lasse dich nicht, du segnest mich denn*; noch allgemeiner war dieselbe im Mhd. mit der Negation *en* und auch ohne *denne*. Von dieser älteren Weise haben wir einen gar nicht mehr erkennbaren Rest in dem Adverbium *nur* = *enwære*.

Die Isolierung kann nun endlich noch weiter gehen, indem keines der mit einander verbundenen Glieder mehr frei wechseln kann, so dass dann also jede einzelne Formel nur noch gedächtnismässig fortgepflanzt wird, ohne irgend eine neue Verbindung zu erzeugen. Es ist im Nhd. nicht mehr möglich Präpositionen mit einem beliebigen Subst. im Sing. zu verbinden ohne Beifügung des Artikels. Man kann z. B. nicht sagen *an Hause, vor Tür, zu See* etc., sondern nur *am Hause, vor der Tür, zur See*. In gewissen beschränkteren Umkreisen aber ist es noch möglich Verbindungen ohne Artikel frei zu schaffen, z. B. *vor Liebe, Besorgnis, Kummer* etc. (zur Bezeichnung des Hindernisses); *auf Ehre, Gewinn, Weisheit, Geld gerichtet* (so kann *auf* mit jeder Zustands- oder Stoffbezeichnung verbunden werden, um das Ziel des Strebens zu bezeichnen); *zu Gelde, Weine, Wasser werden, machen,* und so bei jeder Stoffbezeichnung, aber *die Arbeit wird ihm zur Erholung, zum Genuss, der Knabe wird zum Mann, das Mädchen zur Frau*. Andere Verbindungen dagegen gehören gar keiner schöpferischen Gruppe mehr an, und es lässt sich nichts ihnen noch so vollkommen Analoges mehr neu schaffen. Am zahlreichsten sind wohl die Formeln mit *zu*: *zu Hause*[1]) (aber nicht *zu Dorfe, zu Stadt*), *zu Wasser, zu Lande* (das letztere im Gegensatz zum ersteren, aber nicht mehr wie mhd. *ze lande,* analog dem *zu Hause*), *zu Schiffe, Wagen, Fusse, Pferde, zu Anfang, Ende, zu Tische, Bette, Markte, zu Leide, Liebe, Gute, zurück, zurecht, zunichte*; anderes ist jetzt auf die Verbindung mit bestimmten Verben beschränkt, während im älteren Nhd. vielfach noch eine freiere Gebrauchsweise herrscht: *zu Grunde gehen, zu Rande sein mit etwas, zu Berge stehen, zu Kopfe steigen, mir ist zu Mute, zu Sinne, einem zu Gemüte führen, zu Schaden kommen* (aber *zum Schaden gereichen*), *zu Tode kommen, quälen, zu Statten kommen, zu Wege bringen, zu Gesichte kommen, einem etwas zu Danke machen, einem zu Willen

---

[1]) Man beachte, dass in mehreren dieser Formeln *zu* noch zur Bezeichnung der Ruhe an einem Orte gebraucht wird, was nur in ganz bestimmten Verbindungen möglich ist.

sein, zu Rate gehen, halten, zu Abend, zu Nacht, zu Mittag speisen, zu Tage bringen, fördern, aber nicht *zu Tage* = am Tage oder an diesem Tage, wohl aber *heutzutage*. Bemerkenswert sind auch die Parallelverbindungen *zu Nutz und Frommen*, aber *zum Frommen, zum Nutzen*, abgesehen von der Wendung *sich etwas zu Nutze machen*; *zu Spiel und Tanz*, aber *zum Spiel, zum Tanz*; *in Freud und Leid*, aber *in der Freude, im Leide*; *in Krieg und Frieden*, aber *im Kriege, im Frieden* (*in Frieden* hat abweichende Bedeutung); *in (durch) Feld und Wald*, aber *im Felde, im Walde, durch das Feld, durch den Wald*; *in Dorf und Stadt*, aber *im Dorfe, in der Stadt* etc.

Ein anderes hierher gehöriges Beispiel ist folgendes. Im Mhd. kann das Adj. in attributiver Stellung, namentlich nach dem unbestimmten Artikel im Nom. Sg. aller Geschlechter und im Akk. Sg. Neutr. noch in der sogenannten unflektierten Form gebraucht werden, also *ein guot (schœne) man, frouwe, kint*. Dagegen im Nhd. kann nur die flektierte Form gebraucht werden: *ein guter Mann, eine gute Frau, ein gutes Kind*. Zahlreiche Spuren aber hat die ältere Konstruktionsweise hinterlassen in den uneigentlichen Kompositis, die durch Zusammenwachsen eines Adj. mit einem Subst. entstanden sind wie *Altmeister, Junggesell, Bösewicht, Kurzweil, Neumann* etc. Und ferner erscheint die unflektierte Form noch in einigen stehenden Verbindungen: *gut Wetter, schlecht W., ander W., ein gut Stück, ein gut Teil, ein ander Mal, manch Mal, ein ander Bild* (noch im achzehnten Jahrh. ist *ander* auch sonst häufig), *gut Ding will Weile haben*.

Ganz vereinzelte Reste sind: *zweifelsohne* (im Mhd. kann nachgestelltes *âne* mit jedem beliebigen Genitiv verbunden werden), *mutterseelenallein* (im Mhd. ist *alleine* mit dem Gen. im Sinne von „getrennt von" in allgemeinem Gebrauch), *Vergissmeinnicht* (*vergessen* früher allgemein mit dem Gen. konstruiert), *dass es Gott erbarme* (mhd. *mich erbarmet ein dinc* mir tut etwas leid).

§ 136. Die syntaktischen Isolierungen sind zum Teil auch Isolierungen auf dem Gebiete der formalen Gruppierung, da ja diese zum guten Teile auf der syntaktischen Funktion beruht; vgl. namentlich die oben angeführten Genitive. Die formale Isolierung aber steht wieder in engem Zusammenhange mit der Isolierung des stofflichen Elementes, soweit dieselbe eine Folge des Bedeutungswandels ist. Eine Trennung der etymologisch zusammenhängenden Formen wird so lange vermieden, als die Bedeutungsentwickelung der einzelnen sich in parallelen Linien bewegt. Dies wird um so mehr der Fall sein, je mehr sie immer von neuem auf einander bezogen werden. Am lebendigsten aber ist die Beziehung, wenn sie nicht bloss jede für sich gedächtnismässig überliefert, sondern auch fortwährend die eine zur andern nach sonstigen Analogieen hinzugeschaffen werden. Da, wie wir gesehen haben, bei jeder Neuschöpfung einer Form eine stoffliche und eine formale Gruppe zusammenwirken, so bedingen sich beide gegenseitig in Bezug auf ihre schöpferische Kraft. Eine formale Isolierung ist fast immer zugleich eine stoffliche. Wenn *rechts* nicht mehr als Gen. empfunden wird, so steht es auch nicht mehr in so innigem Zusammenhange mit dem Nom. *recht*. *Kunst* steht in keinem so engen Zusammenhange mit *können* als *Führung* mit *führen*; denn *-ung* ist ein noch lebendiges Suffix, mit Hilfe dessen wir jederzeit im stande sind neue Substantiva aus Verben zu bilden, nicht so *-st*. Ja wir dürfen weiter behaupten, dass *Regierung* im Sinne von 'regierendes Kollegium', *Mischung* = Gemischtes, *Kleidung* = Mittel zum Kleiden u. dgl. nicht in so engem Zusammenhange mit den betreffenden Verben stehen als *Regierung* = das Regieren etc. Denn nur die Bezeichnung einer Tätigkeit ist die vollständig lebende Funktion des Suffixes *-ung*, in welcher sich wenigstens den meisten transitiven Verben ein Subst. zur Seite stellen lässt.

Die auf die Flexion bezüglichen Gruppen haben natürlich einen festeren Zusammenhang als die auf die Wortbildung bezüglichen. Einerseits ist das Mass des gemeinsamen Elementes ein grösseres, anderseits ist das Gefühl für die Bildungsweise am lebendigsten. Charakteristisch ist in dieser Hinsicht das Verhalten der Nominalformen des Verbums. Sobald sie als wirkliche Nomina gebraucht werden, der Inf. mit dem Artikel versehen, das Part. zur Bezeichnung einer bleibenden Eigenschaft verwendet wird, ist der Zusammenhang mit den übrigen Verbalformen gelockert, und damit die Möglichkeit zu einer abweichenden Weiterentwickelung der Bedeutung geschaffen.

Eine Bedeutungserweiterung des Grundwortes oder des dem Sprachgefühl als solches erscheinenden Wortes teilt sich leichter der Ableitung mit, als umgekehrt eine Bedeutungserweiterung der Ableitung dem Grundwort. Weil man sich nämlich bei der Ableitung leichter an das Grundwort erinnert als umgekehrt, so knüpft man auch die Ableitung leichter an alle Bedeutungen des Grundwortes an, als das Grundwort an alle Bedeutungen der Ableitung. Deshalb geht der Anstoss zur Isolierung gewöhnlich von einer Bedeutungsveränderung der Ableitung aus. Wie das Grundwort zur Ableitung verhält sich das Simplex zum Kompositum.

Die Ursache zu ungleichmässiger Bedeutungsentwickelung etymologisch verwandter Wörter liegt, soweit sie nicht erst die Folge anderweitiger Isolierung ist, in der von Anfang an bestehenden Verschiedenheit der Funktion. Ein Nomen kann sich nach Richtungen hin entwickeln, nach denen ihm das Verbum nicht nachfolgen kann. In wirklicher Korrespondenz mit dem Verbum stehen nur die eigentlichen nomina agentis und nomina actionis. Sobald das Nomen agentis zur Bezeichnung einer bleibenden Eigenschaft oder des Trägers einer bleibenden Eigenschaft, das Nomen actionis zur Bezeichnung eines bleibenden Zustandes oder eines Produkts, eines Werkzeugs geworden ist, so kann sich dann ein weiterer Bedeutungsinhalt anheften, wie er sich zu einem Verbum nicht fügt. So ist nhd. *Ritter* Nomen agentis zu *reiten*, wird dann zur Bezeichnung eines Mannes, der das Reiten gewohnheitsmässig, berufsmässig treibt. Dabei bleibt es zunächst noch mit dem Verbum innig verbunden. Indem dann aber das Wort vorzugsweise von berittenen Kriegern gebraucht wird und aus diesen berittenen Kriegern sich ein privilegierter Stand entwickelt, ein Orden, in den man feierlich aufgenommen wird, ist es bei einer Bedeutung angelangt, der überhaupt keine verbale Bedeutung entsprechen kann. Und so hat es denn noch weiter einen Sinn bekommen, der mit dem ursprünglichen gar nichts mehr zu schaffen hat. Auch für das Adv. sind manche Bedeutungsentwickelungen möglich, die dem Adj. unmöglich sind. Man denke z. B. an die allgemein verstärkenden oder beschränkenden Adverbien, wie nhd. *sehr* = mhd. *sêre* von einem Adj. *sêr* verwundet, ahd. *harto* und *drâto* valde von den Adjektiven *herti* hart und *drâti* schnell, nhd. in der Umgangssprache *schrecklich*, *furchtbar*, *entsetzlich*, *fast* zu *fest*, auch an solche wie *schon* zu *schön*.

§ 137. Die etymologischen Gruppen und die Formen mit lautlicher Übereinstimmung und somit auch die aus beiden sich zusammensetzenden Proportionengruppen erfahren auch durch den Lautwandel Einwirkungen, die den Zusammenhalt stark beeinträchtigen oder gänzlich zerstören. Es werden durch denselben eine Menge zwecklose Unterschiede erzeugt. Denn es ist in den allgemeinen Ursachen des Lautwandels begründet, dass in den seltensten Fällen sich ein Laut überall da, wo er in der Sprache erscheint, auf die gleiche Art verändert. Selbst ein so spontaner Lautwandel, wie die urgermanische Lautverschiebung hat doch gewisse hemmende Schranken gefunden, die sich einer gleichmässigen Durchführung widersetzt haben, indem z. B. in den Verbindungen *sk*, *st*, *sp* die Verschiebung unterblieben ist. Noch viel mehr Veranlassung zu Differenzierung ursprünglich gleicher Laute liegt da vor, wo die Veränderung durch die umgebenden Laute oder durch die Akzentuation bedingt ist. So entstehen fast bei jedem Lautwandel zwecklose Unterschiede zwischen den verschiedenen Ableitungen aus derselben Wurzel, zwischen den verschiedenen Flexionsformen desselben Wortes (vgl. z. B. gr. στίζω — στίξω — στικτός — στίγμα, nhd. *sitze* — *sass*, *heiss* — *heize* — *Hitze*; *schneide* — *schnitt*;

friere — Frost etc.); die gleichen Ableitungs- und Flexionssuffixe spalten sich in verschiedene Formen (vgl. z. B. die verschiedenen Gestaltungen des indogermanischen Suffixes *-tei-* in lat. *hostis, messis, pars,* in got. *ansts — gabaurþs — qiss,* die verschiedene Behandlung der Nominativendung *-r* in altn. *sonr — steinn* [aus **steinr*] *— heill — iss — fugl* [aus **fuglr*] etc.); ja das gleiche Wort nimmt je nach der Stellung im Satze verschiedene Form an (vgl. die mehrfachen Formen griechischer Präpositionen wie ἐν — ἐμ — ἐγ; σνν — σνμ — σργ). Daraus entspringt für die folgenden Generationen eine unnütze Belastung des Gedächtnisses. Zugleich aber ist auch die unvermeidliche Folge die, dass die einzelnen Formen wegen des verringerten Masses der lautlichen Übereinstimmung sich jetzt weniger leicht und weniger fest zu Gruppen zusammenschliessen. Die Folge davon ist, dass sich ein Bedeutungswandel weniger leicht von einem verwandten Worte auf das andere überträgt. Die Zerstörung der Übereinstimmung in der Lautgestaltung begünstigt daher die Zerstörung der Übereinstimmung in der Bedeutung.

Das Absterben der lebendigen Bildungsweisen nimmt meist seinen Ausgang von einer lautlichen Isolierung, die häufig sowohl stofflich als formal ist, die Bedeutungsisolierung kommt erst hinterher. Wir können z. B. im Germanischen eine Periode voraussetzen, in welcher vielleicht aus jedem intransitiven starken Verbum ein schwaches Kausativum gebildet werden konnte. Dasselbe unterschied sich schon von der indogermanischen Zeit her im Wurzelvokal vom Präs. des Grundwortes, indem es aber mit dem Sg. Ind. Prät. übereinstimmte (*brinna — brann — brannjan* etc.), war doch eine nahe lautliche Beziehung gewahrt. Aber ein Riss trat schon im Urgerm. ein durch die Wirkung des Vernerschen Gesetzes, infolge dessen in vielen Fällen eine konsonantische Abweichung des Kausativums nicht bloss vom Präs., sondern auch vom Sg. Prät. des Grundwortes entstand. Diese Abweichung hat weiterhin im Ahd. mitunter vokalische Abweichungen im Gefolge. Das Kausativum nimmt dann abweichend vom Sg. Prät., wo es möglich ist, den Umlaut an. So entstehen im Mhd. Verhältnisse wie *springen — spranc — sprengen, varen — vuor — vüeren, sîhen — sêch — seigen, ziehen — zôch — zöugen, genesen — genas — neren.* Unter solchen Umständen war es natürlich, dass Grundwort und Kausativum nun ihre eigenen Wege in der Bedeutungsentwickelung gingen, so dass z. B. in nhd. *genesen — nähren* niemand mehr einen Zusammenhang fühlt. Durch die erwähnten Lautveränderungen wird aber auch die Gleichmässigkeit der Bildungsweise angegriffen, und darunter leidet der Zusammenhang der Kausativa unter einander auch nach der Seite der Bedeutung und wird schliesslich ganz zerstört.

Zehntes Kapitel. Isolierung und Reaktion dagegen.

Das Absterben der indogermanischen Ableitungssuffixe im Germanischen hat seinen ersten Anlass meist in einer Lautveränderung. So erscheint z. B. das *t* der Suffixe *-tei*, *-teu*, *-to* etc. nach der Lautverschiebung in fünffacher Gestalt: *t* (got. þaurfts „Bedürfnis" zu þaurban, gaskafts „Schöpfung" zu skapjan, mahts „Macht" zu magan, frawaurhts „Vergehen" zu waurkjan), þ (gaqumþs „Zusammenkunft" zu qiman, gabaurþs „Geburt" zu bairan), d (-deds „Tat" zu alts. dôn, gamunds „Gedächtnis" zu munan), st (ansts „Gnade" zu unnan, alabrunsts „Brandopfer" zu brinnan), s (-qiss „Rede" zu qiþan, -stass „Tritt" zu standan, gawiss „Verbindung" zu gawidan). Ein Bewusstsein für die ursprüngliche Identität dieser verschiedenen Lautgestaltungen kann es natürlich nicht geben. Die grosse Gruppe zerteilt sich in fünf kleinere. Keinem von den fünf Suffixen kommt Allgemeingültigkeit zu. Dazu ist der Zusammenhang mit dem Grundwort vielfach gelockert durch Veränderungen des Wurzelauslauts, wofür die Beispiele schon gegeben sind. Daher ist die unausbleibliche Folge gewesen, dass die alten Suffixe die Fähigkeit verlieren mussten noch zur Bildung neuer Wörter zu dienen, dass fortan nur noch die alten Bildungen gedächtnismässig weiter überliefert wurden, und zwar nur so weit, als sie wegen häufigen Gebrauches einer Stütze durch das Grundwort nicht bedurften. So ist ferner Suffix *-no* abgestorben, weil es in vielen Fällen in Folge der Assimilation des *n* an den vorhergehenden Konsonanten unkenntlich geworden war, vgl. *fulls* = indog. *plnos* etc.

§ 138. Der Symmetrie des Formensystems ist also im Lautwandel ein unaufhaltsam arbeitender Feind und Zerstörer gegenüber gestellt. Man kann sich schwer eine Vorstellung davon machen, bis zu welchem Grade der Zusammenhangslosigkeit, Verworrenheit und Unverständlichkeit die Sprache allmählich gelangen würde, wenn sie alle Verheerungen des Lautwandels geduldig ertragen müsste, wenn keine Reaktion dagegen möglich wäre. Ein Mittel zu solcher Reaktion ist nun aber in der Analogiebildung gegeben. Mit Hilfe derselben arbeitet sich die Sprache allmählich immer wieder zu angemesseneren Verhältnissen durch, zu festerem Zusammenhalt und zweckmässiger Gruppierung in Flexion und Wortbildung. So sehen wir denn in der Sprachgeschichte ein ewiges Hin- und Herwogen zweier entgegengesetzter Strömungen. Auf jede Desorganisation folgt eine Reorganisation. Je stärker die Gruppen durch den Lautwandel angegriffen werden, um so lebendiger ist die Tätigkeit der Neuschöpfung.

Wo durch den Lautwandel eine unnötige und unzweckmässige Differenz entstanden ist, da kann dieselbe mit Hilfe der Analogie beseitigt werden, indem nämlich eine so differenzierte Form allmählich durch eine Neubildung verdrängt wird, welche die betreffende Differenz nicht enthält. Wir können diesen Prozess als **Ausgleichung** bezeichnen, nur müssen wir uns klar darüber sein, dass mit diesem Ausdruck nicht das eigentliche Wesen des Vorgangs bezeichnet ist, dass derselbe sich vielmehr aus einer komplizierten Reihe von Einzelvorgängen zusammensetzt, wie sie in Kap. 5 analysiert sind.

Gehemmt wird die Ausgleichung durch die stofflich-lautlichen Proportionen. Ein noch lebendiger, durch solche Proportionen gestützter Lautwandel entzieht sich öfters der Ausgleichung lange Zeit, jedoch ohne dass er derselben ein unüberwindliches Hinderniss in den Weg stellte. Sind einmal die stofflich-lautlichen Proportionen durchbrochen, so verliert der Lautwechsel sehr an Widerstandskraft.

§ 139. Wir gehen jetzt dazu über, die verschiedenen Arten der Ausgleichung näher zu betrachten. Wo ein und dieselbe Form unter dem Einflusse **verschiedener Stellung innerhalb des Satzgefüges** sich in mehrere verschiedene Formen gespalten hat, geht der anfängliche Unterschied in der Verwendung dieser Formen verloren, indem die eine Form auch an solcher Satzstelle gebraucht wird, an welcher die lautliche Entwickelung zur Erzeugung der andern geführt hat.

G. Curtius in seinen Studien 10, 205 ff. hat gezeigt, dass sich der Auslaut der griechischen Präpositionen sowie der des Akk. Sing. des Artikels in der älteren Zeit nach dem Anlaut des folgenden Wortes richtet, z. B. κὰδ δὲ — κὰκ κεφαλήν — κὰγ γόνυ — κὰπ πεδίον — κὰν νόμον — κὰμ μὲν — κὰρ ῥόον — κὰλ λαπάρην, τὸμ βέλτιστον — τὸγ κράτιστον — τὸν θρασύτατον — τὸλ λᾷστον etc., während in späterer Zeit eine von diesen mannigfaltigen Formen oder die davon noch verschiedene Adverbialform [1]) zur allgemeinen Normalform wurde. [2])

In den germanischen Sprachen wiederholt sich mehrmals in verschiedenen Perioden der Prozess, dass die gleichzeitig als Adverbien und als Präpositionen gebrauchten Wörter, je nachdem sie im Satze vollbetont sind oder enklitisch, und je nachdem sie als Enklitika noch einen Nebenton tragen oder ganz unbetont sind, sich in zwei oder mehr verschiedene Formen spalten, deren anfänglicher Funktionsunterschied aber nicht festgehalten wird, indem sich die eine Form an Stelle der andern eindrängt, vgl. darüber Beitr. z. Gesch. d. deutschen Spr. VI, 144. 191 ff. 199 ff. 207 ff. 248 ff. 137 [2]. Um nur ein Beispiel

---

[1]) Dafür muss man wohl z. B. ἀνά, κατά, παρά ansehen im Gegensatze zu ἀν, κατ, παρ mit ihren verschiedenen Nebenformen; ebenso ἐνί, περί, ποτί, προτί gegen ἐν, περ, ποτ oder πος, προτ oder πρός.

[2]) Wieweit in der wirklichen Aussprache, wieweit bloss in der Schrift, bleibt in einigen Fällen noch zweifelhaft.

anzuführen, urgerm. *tô (zu) ist, wo es vollbetont war, also in adverbialem Gebrauche ungeschwächt geblieben, als Proklitikum dagegen zu *to verkürzt. Aus dem letzteren entstehen unter verschiedenen Akzentbedingungen im Ahd. *za* — *ze* — *zi*. Diese werden in einigen der ältesten Denkmäler unterschiedslos neben einander gebraucht, in jüngerer Zeit setzt sich in jedem Dialekt eins davon fest. Alle drei werden im Mhd. zu *ze*. Neben diesem tritt dann aber die aus *tô regelrecht entwickelte Form *zuo* auch als Präp. auf und gelangt in der nhd. Schriftsprache zur Alleinherrschaft. Ähnlich verhält es sich mit den Formen der Pronomina und des Artikels, vgl. Beitr. 137[2]. 144 ff.

In der Übergangszeit vom Ahd. zum Mhd. fällt auslautendes *r* nach langem Vokal ab in *dâ* aus *dâr*, *hie* aus *hier* etc., bleibt aber erhalten in enger Verbindung mit einem folgenden Worte, weil es dann zur folgenden Silbe hinübergezogen wird, also *daran*, *hieran* etc. Im Nhd. tritt *hier* auch sonst an Stelle von *hie* und verdrängt letzteres in der Schriftsprache allmählich ganz, abgesehen von der Verbindung *hie und da*. Umgekehrt finden sich im Mhd. auch die Verbindungen *hie inne*, *hie ûze* und zusammengezogen *hinne*, *hûze*, noch jetzt oberdeutsch.

Der Prozess der Differenzierung und Ausgleichung kann sich mehrmals hinter einander wiederholen. Im Ahd. hat sich *ana* in *ana* (Adv.) und *an* (Präp.) gespalten; die erstere Form hat dann die letztere verdrängt. Im Mhd. spaltet sich *ana* wieder in *ane* und *an*, und die erste Form wird durch die letztere verdrängt. Eine ähnliche Entwickelung hat *aba* (ab) durchgemacht.

Die Einwirkung des Satzgefüges auf die Lautentwickelung begreift sich, wie wir gesehen haben, dadurch, dass eine Wortgruppe ebenso wie das einzelne Wort als eine Einheit erfasst wird, welche von dem Hörenden nicht erst in ihre Elemente zerlegt, von dem Sprechenden nicht erst aus ihren Elementen zusammengesetzt wird. Das Verhältnis ist also dasselbe wie bei einem Kompositum, wie es denn überhaupt, was noch weiterhin zu erörtern sein wird, gar keine scharfe Grenze zwischen Kompositum und Wortgruppe gibt. Namentlich ist ursprünglich zwischen der Verbindung der Präposition mit einem Nomen und der mit einem Verbum kaum ein Unterschied zu machen. In unserem Falle tritt demnach an die Stelle der traditionellen Gestalt der Gruppe eine neugeschaffene Zusammensetzung.

Es sind dabei zwei verschiedene Wege der Entwickelung möglich. Entweder es greift nur die eine Form in die Funktion der andern über, oder der Übergriff ist ein wechselseitiger. Letzteres wird natürlich dann eintreten, wenn die verschiedenen Formen in Bezug auf Häufigkeit des Vorkommens einander ungefähr die Wage halten, ersteres, wenn die Häufigkeit der einen die der andern bedeutend überwiegt. In beiden Fällen ist der Erfolg der, dass zunächst eine zeitlang Doppelformen (respektive Tripelformen etc.) neben einander herlaufen, aber in dem einen Falle nur auf einem beschränkten Gebiete, während sonst Einformigkeit bleibt, in dem andern Falle mit unbeschränkter Geltung Eine allgemeine Einformigkeit ergibt sich dann erst wieder im Laufe der weiteren Entwickelung durch den Untergang der einen Form. Da, wo der Mehrformigkeit auf dem einen noch Einformigkeit auf dem andern Gebiete gegenübersteht, kann es natürlich nicht zweifelhaft sein, welche Form den Sieg davontragen muss. Wo aber die Mehrformigkeit einmal allgemein geworden ist, da ist auch das Kräfteverhältnis kein so ungleiches, der Kampf nicht so leicht zu entscheiden, der Ausgang von zufälligen Umständen abhängig, die für uns nicht immer zu erkennen sind. Je ungleicher das Verhältnis ist, um so kürzer ist auch der Kampf, um so früher beginnt auch der Angriff.

Die Spaltung einer Form in mehrere verschiedene kann so vor sich gehen, dass unter allen Umständen eine Veränderung eintritt, aber auch so, dass dabei die Grundform neben einer oder mehreren veränderten Formen bewahrt bleibt. Im letzteren Falle hat bei der weiteren Entwickelung die Grundform an sich keinen Vorzug vor der abgeleiteten; denn sie wird nicht als solche anerkannt. Wohl aber hat diejenige Form einen Vorzug vor den übrigen, in welcher das Wort erscheint, wenn es von einer Beeinflussung durch das Satzgefüge unabhängig ist, mag sie die Grundform sein oder nicht. Der Franzose, der sich nicht wissenschaftlich mit seiner Muttersprache beschäftigt hat, weiss nichts davon, dass in *un ami* das *n* eine ursprünglichere Aussprache hat als in *un fils*. Er wird, wenn er überhaupt darüber reflektiert, viel eher geneigt sein die Aussprache des *n* in *un ami* für eine Abänderung der normalen zu halten.

Diese Bemerkungen lassen sich mutatis mutandis auf jede andere Art der Ausgleichung durch Analogiebildung anwenden.

§ 140. Wesentlich derselbe Vorgang ist die Ausgleichung zwischen lautlich differenzierten Formen, die aus dem gleichen Stamme, oder Wörtern, die aus der gleichen Wurzel gebildet sind. Wir können diese Ausgleichung die stoffliche nennen im Gegensatz zu der formalen, die sich zwischen den entsprechenden Formen verschiedener Wörter, den entsprechenden Bildungen aus verschiedenen Wurzeln, zwischen verschiedenen Flexions- oder Wortbildungssystemen vollzieht. Häufig ist übrigens die stoffliche Ausgleichung zugleich eine formale.

Beispiele liessen sich zu grossen Massen anhäufen. Besonders lehrreich sind gewisse durchgreifende Differenzierungen, die in einer sehr frühen Periode eingetreten sind. Mit der Reaktion gegen dieselben haben die nachfolgenden Geschlechter oft viele Jahrhunderte zu tun, während deren immer ein Fall nach dem andern der Ausgleichung zum Opfer fällt, und schliesslich doch nicht selten noch einige Residua der Differenzierung übrig bleiben. Um so mannigfaltiger und zugleich um so lehrreicher wird die Entwickelung, wenn nach dem Eintritt der lautlichen Differenzierung die Sprache sich mannigfach dialektisch gespalten hat. Das grossartigste Beispiel der Art, das mir bekannt ist, liefert die Vokalabstufung der indogermanischen Ursprache, deren Reste zu beseitigen sich noch jetzt die lebendigen Dialekte bemühen. Auf germanischem Gebiete stehen obenan die Wirkungen des Vernerschen Gesetzes, wonach im Urgerm. die harten Reibelaute h, $þ$, f, s sich nach ursprünglich betonter Silbe erhalten haben, nach ursprünglich unbetonter zu den entsprechenden weichen (got. g, d, b, z) geworden sind. Die Bewegung, welche dadurch hervorgerufen ist, empfiehlt sich ganz besonders zum methodologischen Studium, zumal da man sich dabei auf einem sicheren, allgemein anerkannten Boden befindet. Der Sprachforscher, der sich einmal die Mühe gegeben hat die Reaktionen gegen ein solches Lautgesetz bis in alle Einzelheiten zu verfolgen, der kann unmöglich solche verkehrten Behauptungen und Einwendungen betreffs der Analogiebildung vorbringen, wie sie sich leider so vielfach breit machen. Und wie mit einem Lautgesetze, so ist es mit allen übrigen. Es gibt überhaupt kein Lautgesetz, das nicht, sobald es einmal in einer Anzahl von Fällen das etymologisch eng Zusammenhängende lautlich differenziert hat, auch eine Reaktion gegen diese Differenzierung hervorriefe, es sei denn, dass der hinterlassene Lautwechsel bleibend durch die Analogie gestützt wird (vgl. § 84). Das muss als ein Fundamentalsatz der historischen Sprachforschung anerkannt werden. Man durchsuche alle Sprachen, deren Entwickelung sich kontinuierlich verfolgen lässt, nach einem derartigen Lautgesetze, das einige Jahrhunderte, nachdem es gewirkt, noch keinerlei Reaktion im Gefolge gehabt hat. Ich bin überzeugt, es darf getrost für den ehrlichen Finder eine königliche Belohnung ausgesetzt werden, niemand wird sie verdienen.

§ 141. Wer eine solche Entwickelung im Zusammenhange verfolgt hat, der wird auch nicht, wie dies neuerdings mehrfach geschehen ist, an eine Formenerklärung, die auf die Annahme von Ausgleichungen basiert ist, den Anspruch stellen, dass die Ausgleichung in allen von dem Lautgesetze betroffenen Formen gleichmässig und nach derselben Richtung hin eingetreten sein müsse. Das heisst eine Entwickelung fordern, wie sie der Erfahrung, die wir aus den wirklich zu beobachtenden Tatsachen abstrahieren können, schnurstracks widerspricht. Solche

Forderung beruht auch auf einer offenbaren Begriffsverwechselung. Für den Lautwandel allerdings muss man verlangen, dass er überall, wo die gleichen lautlichen Bedingungen vorhanden sind, gleichmässig eintritt. Aber für die Ausgleichung kommt Gleichmässigkeit oder Nichtgleichmässigkeit der lautlichen Verhältnisse gar nicht in Betracht. Entweder entwickelt sich dabei jede durch stoffliche Verwandtschaft verbundene Gruppe für sich, oder, wenn mehrere solche Gruppen auf einander einwirken, so geschieht dies dadurch, dass gleichzeitig formale Ausgleichung im Spiele ist; aber das Betroffensein von dem gleichen Lautgesetze gibt an sich gar keinen Grund ab zu einer gegenseitigen Beeinflussung bei der Ausgleichung. Dagegen wirken gar manche fördernde und hemmende Umstände darauf hin, dass der Prozess in den verschiedenen Fällen sehr ungleichmässig verläuft.

§ 142. Zu diesen gehört auch ein lautliches Moment. Solche Formen, welche durch die Wirkung mehrerer Lautgesetze differenziert sind, sind der Ausgleichung weniger günstig, als solche, in denen nur eins davon differenzierend gewirkt hat.

Die bekannte neuhochdeutsche Vokaldehnung tritt abgesehen von ganz bestimmten Verbindungen niemals vor Doppelkonsonanten ein, wovor im Gegenteil sogar ursprüngliche Länge gekürzt wird (vgl. *brachte* = mhd. *brâhte*, *Acht* = mhd. *âhte* etc.). Demnach kommt auch der 2. 3. Sg. und der 2. Plur. Ind. Präs., falls der Endungsvokal synkopiert ist, Kürze zu, auch da, wo die übrigen Formen des Präs. Dehnung haben eintreten lassen. Bei weitem in den meisten Fällen aber ist Ausgleichung eingetreten, so stets im schwachen Verbum (z. B. *lebe — lebst, lebt*), wo die Vokalqualität durch alle Formen hindurch von jeher die gleiche war; ferner in den starken Verben mit wurzelhaftem *a*: *trage — trägst, trägt* (niederdeutsch mit Kürze *dröchst, dröcht*). Dagegen hat sich die Kürze der 2. 3. Sing. erhalten bei den Verben, in denen der Wurzelvokal von Alters her zwischen *e* und *i* wechselt, allgemein in *nehme — nimmst, nimmt, trete — trittst, tritt*, wenigstens nach der in Niederdeutschland üblichen Aussprache auch in *lese — list, gebe — gibst, gibt*. Die Ursache, warum diese Verba der die Quantität betreffenden Ausgleichung besser Widerstand geleistet haben als die andern, haben wir gewiss in der gleichzeitigen Verschiedenheit der Qualität zu suchen. Das bestätigt sich noch dadurch, dass sie sich in der 2. Pl. der Ausgleichung nicht entzogen haben. Die Differenz zwischen *a* und *ä* ist nicht so empfunden, weil der Umlaut etwas dem Sprachgefühl sehr Geläufiges ist.

Im Ahd. hätten die Partizipia der Verba *lesan, ginesan, uuesan* nach dem Vernerschen Gesetze *gileran, gineran, giuueran* zu lauten, aber abgesehen von wenigen Resten in den ältesten Denkmälern ist mit Anlehnung an das Präs. *gilesan, ginesan, giuuesan* eingetreten. Dagegen noch im Mhd. lauten die Partizipia von *kiesen, friesen, verliesen* mit Beibehaltung des Wechsels *gekoren, gefroren, verloren*. Die Gleichheit des Vokalismus im ersteren, die Verschiedenheit im letzteren Falle ist für den Konsonantismus massgebend gewesen.

Die starken Verba, die im Sg. und Pl. des Prät. gleichen Vokal haben, haben auch den durch das Vernersche Gesetz entstandenen konsonantischen Unterschied schon frühzeitig aufgehoben, vgl. ahd. *sluog — sluogun, hieng — hiengun, huob — huobun, hluod — hluodun* gegen *zôh — zugun, meid — mitun*. Man sieht, wie auf diese Weise selbst Formen, die nicht bloss von dem gleichen Lautgesetze betroffen, sondern auch nach Funktion und sonstiger Bildungsweise verwandt sind, in verschiedene Disposition gesetzt werden.

Diese Erscheinung verlangt eine psychologische Erklärung. Man sollte zunächst meinen, da das, was wir Ausgleichung nennen, von einer Neuschöpfung nach Analogie ausgeht, dass die lautliche Gestalt der durch die Neuschöpfung zurückgedrängten Form dabei gar nicht in Betracht käme. Tritt das Bild der traditionellen lautlich differenzierten Form ins Bewusstsein, so ist keine Neuschöpfung möglich, tritt es nicht in das Bewusstsein, so ist die Neuschöpfung freigegeben. Nun ist aber kein Grund abzusehen, warum eine Form deshalb leichter ins Bewusstsein treten sollte, weil sie sich lautlich stärker von einer verwandten unterscheidet als eine andere. Die Schwierigkeit ist nur zu lösen, wenn wir das Zusammenwirken rein gedächtnismässiger Reproduktion und schöpferischer Kombination, wie wir es für die tägliche Hervorbringung der schon in der Sprache üblichen Formen anerkennen mussten, auch bei der Schöpfung von neuen Formen annehmen. Es gibt einen Zustand, in welchem das Bild der traditionellen Form nicht mächtig genug ist, um unter allen Umständen leichter ins Bewusstsein zu treten als eine durch Analogie veranlasste Neubildung, aber doch nicht so schwach, um vor einer solchen widerstandslos zurückzuweichen. Es liegen also zwei Vorstellungen im Kampfe mit einander darüber, welche von ihnen zuerst in das Bewusstsein treten und damit die andere zurückdrängen soll. Nur wo ein solches Verhältnis besteht, kommt die Grösse des Abstandes zwischen der traditionellen Form und der eventuellen Neuschöpfung in Betracht. Ist nämlich die letztere in Begriff sich zuerst vorzudrängen, so kann ihr doch die erstere, auch ohne deutlich bewusst zu werden, eine Kontrolle entgegenstellen, welche das Sprachgefühl in Bezug auf jene nicht zu der nötigen unbefangenen Sicherheit gelangen lässt und so zum Besinnen auf diese treibt. Die Vorstellung der traditionellen Form wirkt aber um so stärker hemmend, je weiter sie ihrem Inhalte nach von der neuen Kombination verschieden ist. Ähnlich wie dem Sprechenden ergeht es dem Hörenden. Eine Neubildung wirkt um so befremdender auf ihn, wird um so schwerer gut geheissen und nachgeahmt, je mehrseitiger sie der überlieferten Form widerspricht, sofern überhaupt die Erinnerung an dieselbe in seiner Seele noch einigermassen wirkungskräftig ist.

§ 143. Eine viel wichtigere Rolle als der lautliche Abstand spielen zwei andere Momente bei der Förderung und Hemmung der Ausgleichung, die grössere oder geringere Festigkeit des Zusammenhangs der etymologischen Gruppen und die grössere oder geringere Intensität, mit der die einzelnen Formen dem Gedächtnisse eingeprägt sind.

Die erstere hängt ab von dem Grade der Übereinstimmung in der Bedeutung und von dem Grade lebendiger Bildsamkeit der einzelnen Formen. Beides steht, wie wir schon gesehen haben, in Wechselbeziehung zu einander. Die grössere oder geringere Innigkeit des Zusammenhangs kann schon mit der Funktion der Formen an sich gegeben sein, wie z. B. die Formen des Präs. unter einander enger zusammenhängen als mit denen des Prät., die Formen desselben Wortes enger unter einander als mit den Formen der aus der gleichen Wurzel abgeleiteten Wörter. Es kann aber auch durch sekundäre Entwickelung der Verband gelockert werden. Jede Art von Isolierung, welche die Funktion trifft, erschwert auch die Reaktion gegen die Isolierung, von der die Lautgestalt betroffen ist, und macht sie, sobald sie selbst einen bestimmten Grad erreicht hat, unmöglich.

Einige Beispiele mögen diese Sätze erläutern. Die durch Wirkung des Vernerschen Gesetzes entstandenen zahlreichen Differenzierungen des Konsonantismus sind innerhalb der Flexion der Nomina schon in den ältesten auf uns gekommenen Denkmälern ganz getilgt. Wir sehen ihre Spuren aber noch in manchen unterschiedslos neben einander bestehenden Doppelformen. Im Verbum dagegen hat sich die Differenzierung besser bewahrt, offenbar unterstützt durch die damit zusammentreffende Vokaldifferenzierung (den Ablaut), vgl. mhd. *ziuhe — zôch — zugen — gezogen*. Wir können nun mehrfach deutlich beobachten, wie der später eintretende Ausgleichungsprozess damit beginnt, dass der Unterschied zwischen Sing. und Plur. des Prät. aufgehoben wird, und zwar auch so, dass der Sing. dadurch erst vom Präs. verschieden gemacht wird. Dies ist in den westgermanischen Dialekten fast in allen denjenigen Fällen geschehen, in denen keine Verschiedenheit des Vokalismus hemmend im Wege stand, also ahd. *slahu — sluog — sluogun* statt **sluoh — sluogun*, *fâhu — fiang — fiangun* statt **fiah — fiangun* etc. Ein Beispiel, in dem auch durch die Verschiedenheit des Vokalismus

Zehntes Kapitel. Isolierung und Reaktion dagegen.

diese Entwickelung nicht verhindert ist, sehen wir in alts. *fîthan*. Dieses sollte bei rein lautlicher Entwickelung des Prät. *fôth — fundun* bilden. Es heisst aber nur *fand — fundun*, während im Präs. zwar auch schon *findan*, aber doch erst neben *fîthan* auftritt. Die wenigen nhd. Reste dieses alten Wechsels zeigen sämtlich die Abweichung von den älteren, noch im Mhd. bestehenden Verhältnissen, dass der Sing. des Prät. an den Plur. angeglichen ist: *ziehe — zog* (ahd. *zôh) — zogen, leide — litt* (ahd. *leid) — litten, schneide — schnitt* (ahd. *sneid) — schnitten, siede — sott* (ahd. *sôd) — sotten, erkiese — erkor* (ahd. *irkôs) — erkoren*. Ebenso hat sich der Ablaut zwar im allgemeinen im Nhd. erhalten, aber zwischen Sg. und Pl. des Prät. ist Übereinstimmung hergestellt.

Vielfach können wir beobachten, dass lautliche Differenzierungen, die innerhalb der verschiedenen Flexionsformen eines Wortes entweder durchaus oder bis auf geringe Reste beseitigt werden, zwischen etymologisch verwandten Wörtern bestehen bleiben oder nur da getilgt werden, wo ihre Beziehung zu einander eine sehr enge ist. In den germanischen Sprachen besteht von altersher ein Wechsel zwischen dem Laute unseres *h* und unseres *ch* in der Art, dass ersteres im Silbenanlaute, letzteres im Silbenauslaute und vor Konsonant steht, vgl. mhd. *rûch* (rauh) — Gen. *rûhes, ich sihe — er siht* (gesprochen wie unser *sicht) — er sach — wir sâhen*. In der jetzigen Schriftsprache ist dieser Wechsel in der Flexion beseitigt ausser in *hoch*, ausserdem ist auch der Komparativ und Superlativ dem Positiv angeglichen, abgesehen von *höher — höchste —* und *näher — nächste*. Sonst aber ist er beibehalten, vgl. *sehen — Gesicht, geschehen — Geschichte, fliehen — Flucht, ziehen — Zucht, schmähen — Schmach*. Ein über viele Fälle sich erstreckender Wechsel auf vokalischem Gebiete war in den altgermanischen Dialekten unter dem Einflusse des Vokals der folgenden Silbe entstanden, nämlich zwischen *e* und *i* und zwischen *u* und *o*. Dieser Wechsel ist innerhalb der Nominalflexion grösstenteils schon vor dem Beginne unserer Überlieferung beseitigt. Innerhalb der etymologisch zusammenhängenden Wortgruppen ist er im Mhd. noch durchaus bewahrt, abgesehen von den Femininbildungen aus Bezeichnungen lebender Wesen (vgl. *got — gotinne* [ahd. *gutinna*], doch auch noch *birin* neben *berinne* und *wolf — wülpinne*) und den Deminutiven (vgl. *vogel — vögelin* [ahd. *fugilî*]). Im Nhd. tritt dann die Ausgleichung nur bei ganz besonders enger Beziehung ein. So regelmässig zwischen Subst. und Adj. bei Stoffbezeichnungen, z. B. *Leder — ledern* (mhd. *liderin), Gold — golden* (mhd. *guldin), Holz — hölzern* (*hulzin*), ausserdem z. B. in *Wort — Antwort, antworten* (mhd. *antwürte, antwürten); Gold — vergolden* (altertümlich noch *vergülden*). Dagegen heisst es noch *Recht — richten*, *richtig, Gericht*; *Berg — Gebirge*; *Feld — Gefilde*; *Herde — Hirt*; *hold — Huld*; *voll — füllen*; *Koch — Küche* etc.

Selbstverständlich tritt da keine Ausgleichung ein, wo durch divergierende Bedeutungsentwickelung das Gefühl für den etymologischen Zusammenhang ganz geschwunden ist, auch da nicht, wo es so wenig rege mehr ist, dass es nicht ohne ein gewisses Nachdenken zum Bewusstsein kommt. Das ist z. B. die Ursache, warum die eben besprochenen Lautdifferenzen in folgenden Fällen bewahrt sind: *rauh — Rauchwerk, Rauchware, Rauchhandel*; *nach* (mhd. *nâch*) *— nahe*; *Erde — irden, irdisch*; *Gold — Gulden* (substantiviertes Adjektivum). Im Mhd. existieren von *tragen* die zusammengezogenen Formen *du treist, er treit*; diese sind im Nhd. wieder durch *trägst, trägt* ersetzt, aber in der Ableitung *Getreide* ist die Kontraktion bewahrt. Mhd. *gar* hat in den flektierten Formen ein *w* (*garwe* etc.), welches sich im Nhd. lautgesetzlich zu *b* entwickeln musste; aber eine Flexion *gar — garber* konnte auf die Dauer nicht beibehalten werden, und die flektierten Formen richteten sich nach dem Muster der unflektierten; dagegen in dem Verb. *gerben* blieb das *b* wegen der abweichenden Bedeutungsentwickelung. Jede Sprache auf jeder beliebigen Entwickelungsstufe bietet reichliche Belege für diese Erscheinung.

§ 144. Die Intensität der gedächtnismässigen Einprägung ist zunächst massgebend für das Kraftverhältnis der einander gegenüber stehenden Faktoren, in welcher Beziehung die in § 139 gemachten Bemerkungen auch hier zutreffen. Wenn z. B. im Altnordischen die 1. Sg. Konj. im Präs. wie im Prät. auf *a* ausgeht (*gefa, gœfa*), während in allen übrigen Formen ein *i* erscheint (*gefir, gefi, gefim, gefið, gefi* und *gœfir, gœfi* etc.), so sind natürlich die Chancen für die erstere sehr ungünstig, und so erscheint denn auch in den jüngeren Quellen *gefi, gœfi*. Natürlich kann aber unter Umständen eine vereinzelte gegen mehrere zusammenstimmende Formen den Sieg behaupten, wenn sie für sich häufiger gebraucht wird als die übrigen zusammen. Wenn z. B. in nhd. *ziemen* das *i* durch das ganze Präs. verallgemeinert ist, wovon dann auch statt des alten starken ein neues schwaches Prät. gebildet ist, während doch im Mhd. die meisten Formen *e* haben, so liegt dies daran, dass die 3. Sg. *es ziemt* wie noch jetzt so schon früher an Häufigkeit alle andern überwog.

Die meisten Ungleichmässigkeiten aber in der Behandlung von etymologischen Gruppen, die sonst in vollständigem Parallelismus zu einander stehen, gehen daraus hervor, dass die einzelnen Gruppen sich in Bezug auf die **Häufigkeit des Vorkommens** und damit in Bezug auf die Leichtigkeit, mit der die einzelnen Formen mit ihren traditionellen Unterschieden gedächtnismässig reproduziert werden können, sehr weit von einander unterscheiden. Die seltensten Wörter unterliegen bei sonst gleichen Verhältnissen der Ausgleichung am frühesten, die häufigsten am spätesten oder gar nicht. Dieser Satz lässt sich nicht bloss deduktiv, sondern auch induktiv beweisen.

Ausserdem aber wird der Gang der Bewegung durch eine Menge zufälliger Vorgänge in der Seelentätigkeit der einzelnen Individuen und ihrer Einwirkung auf einander beeinflusst, Vorgänge, die sich unserer Berechnung wie unserer Beobachtung entziehen. Namentlich spielen solche unserer Erkenntnis verschlossenen Faktoren eine grosse Rolle in dem Kampfe, den die durch Ausgleichung entstandenen Doppelformen mit einander zu bestehen haben. Wir müssten eben allwissend sein, sollten wir im stande sein überall die Ursache anzugeben, warum in diesem Falle so, in jenem anders entschieden ist. Und die Tatsache lässt sich nicht wegleugnen, dass sehr häufig ganz analoge Fälle in demselben Dialekte, ein und derselbe Fall in verschiedenen Dialekten abweichenden Ausgang haben. So, um nur ein ganz sicheres Beispiel anzuführen, während das Gotische den sogenannten grammatischen Wechsel sonst dadurch ausgeglichen hat, dass der Konsonant des Präs. und des Sg. Prät. verallgemeinert ist, sind die Verba *hairban, swairban, skaidan* den umgekehrten Weg gegangen und haben den Konsonanten des Pl. Prät. und des Part. verallgemeinert, und gerade in dem letzten Verbum ist im Hochdeutschen, welches sonst viel öfter als das Gotische den Konsonanten des Pl. Prät. durchführt, der Konsonant des Präs. zum Siege gelangt.

§ 145. Natürlich aber ist die Entwickelung in den einzelnen stofflichen Gruppen nicht ganz unabhängig von der formalen Gruppierung. Namentlich sobald eine lautliche Differenzierung sämtliche zu einer formalen Gruppe gehörigen etymologischen Parallelgruppen trifft, so ist dadurch ein Zusammenwirken der stofflichen und der formalen Gruppierung bedingt. Dies Zusammenwirken ist häufig entscheidend für die Richtung der Ausgleichung. Im Urgermanischen bestand in den zahlreichen Nominalbildungen mit Suffix -no ein Wechsel des dem *n* vorangehenden Vokals zwischen *u* (später weiter zu *o-a* entwickelt) und *e* (*i*), so dass sich beide nach einer bestimmten Regel auf die verschiedenen Kasus verteilen.[1]) Späterhin wird dann bald *u* (*a*), bald *e* (*i*) durch alle Kasus eines Wortes gleichmässig durchgeführt. So stehen im Got. Formen wie *þiudans* (König) solchen wie *maurgins* (morgen) gegenüber, im Altn. Formen wie *Jǫrmunn* solchen wie *Oðinn*, und neben einander *morgunn* und *morginn*. Aber die hierhergehörigen Partizipia haben der regellosen Willkür in den sonstigen Formen

---

[1]) Vgl. Beitr. VI, 238 ff.

gegenüber im Got. stets *-an*, im Altn. stets *-in*. Wie entscheidend dabei die formale Gruppierung gewesen ist, zeigt sich besonders daran, dass solche Partizipia, die zu reinen Adjektiven oder zu Substantiven geworden sind, teilweise einen andern Weg eingeschlagen haben, vgl. got. *fulgins* (verborgen) gegen *fulhans*, echtes Part. zu *filhan* verbergen; *aigin* (Eigentum), substantiviertes Part. zu *aigan* (haben); ferner altn. *jǫtunn* (Riese), altes Part. zu *eta* (essen) mit aktiver Bedeutung.

Aber nicht bloss für die Richtung der Ausgleichung, sondern auch für das Eintreten oder Nichteintreten kann die formale Gruppierung entscheidend sein. Je weniger die lautliche Differenzierung den formellen Parallelismus der einzelnen Gruppen unter einander stört, desto widerstandsfähiger sind sie gegen die Tendenzen zur Ausgleichung. So wäre z. B. die lange Erhaltung der Ablautsreihen im Germanischen nicht möglich gewesen, wenn etwa jedes Verbum seine eigene Art Ablaut gehabt, wenn es nicht grössere Gruppen von Verben mit dem gleichen Schema gegeben hätte. So lässt sich denn auch der Nachweis führen, dass die uns erhaltenen Schemata nur eine Auslese aus den vor Beginn unserer Überlieferung vorhandenen darstellen, indem alle diejenigen, die nur in wenigen Exemplaren oder nur in einem einzelnen vertreten waren, bis auf geringe Reste untergegangen sind. An andern lässt sich der Untergang noch historisch verfolgen, z. B. got. *truda — trap — tredum — trudans*. Ähnlich verhält es sich mit dem Umlaut in der 2. 3. Sg. Ind. Präs. der starken Verba: ahd. *faru — ferist — ferit*, und so noch nhd. *fahre — fährst — fährt*.

§ 146. Ein anderer Umstand, der zur Konservierung einer lautlichen Differenz beiträgt, ist das zufällige Zusammentreffen derselben mit einem Funktionsunterschiede. Wenn z. B. sämtliche Kasus des Sg. sich übereinstimmend sämtlichen Kasus des Pl. gegenüber stellen, so prägt sich dieses Verhältnis leichter und fester dem Gedächtnisse ein, als wenn einige Formen des Sg. mit einigen Formen des Pl. sich zusammen andern Formen des Sg. und Pl. gegenüberstellen. Und so ist es auch natürlich, dass, wo in der Mehrzahl der Fälle die lautliche Differenzierung mit dem Funktionsunterschiede zusammenfällt, die Ausgleichung sich zunächst auf die näher zusammengehörigen Gruppen beschränkt und damit die Übereinstimmung zwischen Laut- und Funktionsunterschied vollständig macht. Im Altdänischen lautet der Pl. von *barn* (Kind) einem gemeinskandinavischen Lautgesetze zu Folge *børn, barna, børnum, børn*, während im Sg. *a* durchgeht. Das Neudänische hat auch für *barna børna* eintreten lassen. Bei einem andern Worte *lagh* (Gesetz) ist *o* schon im Altdänischen durch den ganzen Pl. durchgeführt. Die Ausgleichung innerhalb der engern Gruppen ist häufig nur die Vorstufe zu der weiteren Ausgleichung. So dringt auch bei *lagh* schon im

210　Zehntes Kapitel. Isolierung und Reaktion dagegen.

Altdänischen das *o* bisweilen in den Sg., und Neudänisch ist *lov* durchgeführt. Das Zusammenfallen mit einem Funktionsunterschiede kann aber auch die Ursache zu dauernder Bewahrung eines lautlichen Unterschiedes sein, und dies vor allem dann, wenn er zugleich in der eben besprochenen Weise durch die formale Analogie widerstandsfähig gemacht wird. Bei dem Zusammentreffen dieser beiden Umstände kann sich die Vorstellung von dem lautlichen Unterschiede so fest mit der von dem Funktionsunterschiede verbinden, dass dem Sprachgefühl beides unzertrennbar erscheint. Auf diese Weise wird allmählich der zufällig entstandene bedeutungslose Unterschied zu einem bedeutungsvollen. Er wird es um so mehr, je weniger die Bedeutungsverschiedenheit durch sonstige Unterschiede in der Lautgestaltung deutlich gekennzeichnet ist. So vermag sich die Sprache einen Ersatz zu schaffen für den in Folge des lautlichen Verfalls eintretenden Verlust der charakteristischen Merkmale des Funktionsunterschiedes.

Der Ablaut im germanischen Verbum beruht auf einer Vokaldifferenzierung, die schon in der indogermanischen Ursprache eingetreten ist. Diese ist eine mechanische Folge des wechselnden Akzentes und hat mit dem Funktionsunterschiede der einzelnen Formen ursprünglich nichts zu schaffen. Sie war auch für die Ursprache etwas durchaus Überflüssiges, abgesehen von der Scheidung zwischen Präs.-Impf. und Aorist (vgl. griech. $\lambda\varepsilon i\pi\omega$, $\ddot{\varepsilon}\lambda\varepsilon\iota\pi ov$, $\lambda\varepsilon i\pi o\iota\mu\iota$ — $\ddot{\varepsilon}\lambda\iota\pi ov$, $\lambda i\pi o\iota\mu\iota$). Namentlich war der Perfektstamm durch die Reduplikation schon deutlich von dem Präsensstamm geschieden. Daher sehen wir denn auch im Griech. den Vokalwechsel zwischen Präs. und Perf. in entschiedenem Verfall begriffen; es heisst zwar noch $\lambda\varepsilon i\pi\omega$ — $\lambda\acute{\varepsilon}\lambda o\iota\pi a$, aber $\pi\lambda\acute{\varepsilon}\varkappa\omega$ — $\pi\acute{\varepsilon}\pi\lambda\varepsilon\chi a$, nicht *$\pi\acute{\varepsilon}\pi\lambda o\chi a$. Und von dem ursprünglichen Wechsel zwischen Sg. und Pl. des Perf. sind nur noch wenige Überreste vorhanden ($o\tilde{\iota}\delta a$ — $\check{\iota}\sigma\mu\varepsilon v$). Dieser Verfall des Ablauts ist die Folge seiner Überflüssigkeit, und überflüssig war er, weil das alte charakteristische Kennzeichen des Perfektstammes, die Reduplikation, fort und fort getreu bewahrt blieb, ausserdem auch der Präsensstamm vielfach noch besonders charakterisiert war. Im Germ. sind umgekehrt der Verfall der Reduplikation und die Befestigung des Ablautes Hand in Hand gegangen. Man kann zwar nicht sagen, dass das eine die Ursache des andern gewesen ist. Vielmehr ist der erste Anstoss zum Verfall der Reduplikation durch die lautliche Entwickelung gegeben, infolge deren gewisse Formen nicht mehr als reduplizierte zu erkennen waren (vgl. den Typus *berum*), und die Konservierung des Ablauts ist in erster Linie durch den Reihenparallelismus bedingt. Aber im weiteren Verlaufe der Entwickelung hat sich ein wechselseitiges

Kausalverhältnis herausgestellt. So ist es z. B. charakteristisch, dass im Got. hauptsächlich noch diejenigen Verba die Reduplikation bewahrt haben, bei denen die indogermanische Vokaldifferenz zwischen Präs. und Perf. (Prät.) geschwunden ist, und zwar diese sämtlich, vgl. *halda — haihald, skaida — skaiskaid, stauta — staistaut*. Immerhin ist auch für das Ahd. ein zwingendes Bedürfnis zur Unterscheidung der Wurzelsilbe des Präs. und Prät. deshalb noch nicht vorhanden, weil bei jeder einzelnen Person des Ind. sowohl wie des Konj. auch in der Endung der Unterschied ausgedrückt war. Anders im Mhd., wo in der 1. 2. Pl. des Ind. und im ganzen Konj. der Unterschied zwischen Präs. und Prät. lediglich auf der Gestalt der Wurzelsilbe beruht, vgl. *geben = gâben, gebet = gâbet, gebe = gœbe* etc. Im Nhd. ist dazu auch die 2. Sg. und 3. Pl. Ind. gekommen. Der Ablaut ist also ein immer notwendigeres Charakteristikum geworden. Aber nur die Unterscheidung zwischen Präs. und Prät., nicht die Unterscheidung zwischen dem Sg. Ind. Prät. oder nur der 1. und 3. Sg. Ind. Prät. einerseits und den übrigen Formen des Präteritums anderseits hat einen Wert. Diese letztere, wie sie gleichfalls aus der Ursprache überkommen war. wurde lediglich durch die Häufigkeit gewisser Verba und den Reihenparallelismus gestützt. So ist sie denn auch in einigen Klassen schon frühzeitig beseitigt (got. *for — forum, faifâh — faifâhum*, ahd. *fiang — fiangum*). In andern hat sie sich bis ins Nhd. fortgeschleppt, ist endlich aber doch bis auf wenige Reste beseitigt. Sicher ist es ein Fortschritt in Bezug auf Zweckmässigkeit der Lautgestaltung, wenn wir jetzt nicht mehr wie im Mhd. *spranc — sprungen, flouc — flugen* sagen, sondern *sprang — sprangen, flog — flogen*. Erst im Nhd. hat daher der Ablaut wahrhaft funktionelle Geltung erlangt. Dabei verdient noch eine Erscheinung Beachtung. Der Unterschied zwischen Sg. und Pl. ist (von den Präterito-Präsentia abgesehen) in der jetzigen Schriftsprache nur in dem häufigen Verbum *werden* erhalten, und auch hier überwiegen bereits Nebenformen mit Beseitigung des Unterschiedes. Dagegen gibt es noch eine Anzahl von Verben, in denen zwar der Vokal des Sg. in den Pl. gedrungen ist, der Konj. aber seinen eigentümlichen Vokalismus bewahrt hat: *starb — stürbe, schwamm — schwömme* (daneben aber *schwämme*) etc. Da ist schon innerhalb engerer Grenzen ein lautlicher Gegensatz festgehalten, aber wieder vermöge des Zusammenfalles mit einem funktionellen. Da aber zum Ausdruck des letzteren der Umlaut allein genügen würde (*schwammen — schwämmen*), so wäre das Festhalten des alten Vokals dennoch etwas Überflüssiges. Aber gerade bei denjenigen Verben, in denen derselbe am festesten haftet (*verdürbe, stürbe, würbe, würfe, hülfe*), kommt etwas anderes hinzu, die Unterscheidbarkeit vom Konj.

Präs.: *helfe* und *hälfe*, welche Form allerdings neben *hülfe* vorkommt, sind zwar graphisch, aber nicht lautlich von einander geschieden. Anderseits bildet kein Verbum mit durchgehendem *i* im Präs. noch einen Konj. Prät. mit *ü* (vgl. *singe* — *sünge*), weil hier gerade die alte Form nach der in den meisten Mundarten üblichen Aussprache mit dem Konj. Präs. zusammenfallen würde. Und so erklärt es sich, warum gerade die Verba mit *mm* und *nn* noch Doppelformen aufweisen (*schwämme* — *schwömme, sänne* — *sönne,* vgl. *geschwommen, gesonnen* gegen *gesungen*).

Eine ähnliche Rolle wie der Ablaut hat der durch ein *i* oder *j* der folgenden Silbe hervorgerufene Umlaut gespielt. In der männlichen *i*-Deklination hatte sich im Ahd. zufällig das Verhältnis herausgebildet, dass der ganze Sg. unumgelautet bleibt, der ganze Pl. umgelautet wird (*gast* — *gesti* etc.), und aus diesem Grunde beharrt die Differenz. Das Verhältnis wird am besten erläutert, wenn wir damit die Geschichte des gleichfalls durch den folgenden Vokal bedingten Wechsels zwischen *e* und *i, u* und *o* vergleichen. Die *u*-Deklination musste im Urgerm. etwa folgendermassen aussehen.[1])

	Sg.	Pl.	Sg.	Pl.
N.	*meduz*	*midiwiz*	*sunuz*	*suniwiz*
G.	*medauz*	*medewó*	*sonauz*	*sonewó*
D.	*midiu*	*medumiz*	*suniu*	*sunum*
A.	*medu*	*medunz*	*sunu*	*sununz*

Ein so unzweckmässiger Wechsel konnte sich nicht lange behaupten. Wir finden daher nur noch im Altnordischen Reste davon. Das Althochdeutsche hat schon in der ältesten Zeit in *sunu* das *u* durchgeführt, in *metu, ehu, eru* das *e*, in *situ, quirn* das *i.*[2]) Notwendig zur Unterscheidung ist der Umlaut in der *i*-Deklination im Ahd. noch nicht, da die Kasus des Pl. auch sonst von denen des Sg. noch deutlich geschieden sind; auch im Mhd. noch nicht, so lange das *e* der Flexionsendungen gewahrt wird, denn der Nom. Akk. Gen. Pl. *geste* würden wohl, auch wenn sie des Umlauts entbehrten, mit dem Dat. Sg. *gaste* nicht leicht verwechselt werden. Sobald aber das *e* schwindet, wie dies namentlich in den oberdeutschen Dialekten geschehen ist, bleibt der Umlaut im Nom. und Akk. das einzige Unterscheidungszeichen zwischen Sg. und Pl. Auf diesem Standpunkte der Entwickelung hat die *i*-Deklination einen erheblichen Vorzug vor der *a*-Deklination, und

---

[1]) Es kommt natürlich für unsern Zweck nicht in Betracht, ob die Endungen genau zutreffend bestimmt sind.

[2]) Es kommt dabei noch in Betracht, dass für das Ahd. ein lautlicher Übergang des *e* in *i* vor *u* anzunehmen ist.

die rein dynamische Geltung des Umlauts ist vollendet. Das zeigt sich namentlich daran, dass er weit über sein ursprüngliches Gebiet hinausgreift. Dies Hinausgreifen steht mit dem Fehlen oder Vorhandensein eines unterscheidenden *e* im engsten Zusammenhange. So hat gerade im Oberdeutschen der Umlaut fast alle umlautsfähigen Substantiva der alten *a*-Deklination ergriffen, vgl. Schmeller, Mundarten Bayerns § 796, Winteler, Kerenzer Mundart S. 170 ff. Man sagt also *tag — täg, arm — ärm* etc. Die mittel- und niederdeutschen Mundarten und die Schriftsprache haben diese Tendenz in viel geringerem Grade, und vorwiegend nur bei den mehrsilbigen Wörter wie *sattel, wagen*, in denen auch sie das *e* des Pl. abwerfen. Schon frühzeitig durchgedrungen ist der Umlaut bei den ursprünglich konsonantisch flektierenden und daher einer Endung im Nom. Akk. Pl. entbehrenden Verwandtschaftswörtern: mhd. *vater — veter, muoter — müeter* etc.

§ 147. Auch die formale Ausgleichung, die wir schon mehrfach mit in die Betrachtung hineinziehen mussten, ist häufig Reaktion gegen eine zwecklose Lautdifferenzierung. Der Hergang ist dann folgender. Es sind innerhalb einer bis dahin gleichförmigen Bildungsklasse lautliche Diskrepanzen in einer oder mehreren Formen entstanden; so hat sich z. B. der Gen. bei einigen Wörtern so, bei andern anders gestaltet, während in den übrigen Kasus die Gleichmässigkeit nicht zerstört ist. Dann macht sich die Tendenz geltend auch in der einen oder den wenigen differenzierten Formen die nämliche Gleichmässigkeit wieder herzustellen, die partielle Übereinstimmung der Bildungsweise wieder in eine totale zu verwandeln. Diese Art von Ausgleichung findet sich besonders in Verbindung mit den stofflichen, wie die angeführten Beispiele zeigen. Sie ist aber auch ausserdem häufig genug. So gehört z. B. hierher die Ausgleichung zwischen hartem und weichem Reibelaut in den Kasus- und Personalendungen der altgermanischen Dialekte.[1]) Nach dem Vernerschen Gesetze war *þ* = idg. *t* in *þ* und *ð* (*d*), *s* in *s* (hart) und *z* (weich) gespalten. Es hiess demnach im urgerm. **tŗdési* (du trittst), **tŗdéþi* (er tritt), **tŗdéþe* (ihr tretet), **tŗdónþi* (sie treten) gegen **bérezi* (du trägst), **béreði*, **bérede*, **bérondi*, während in der 1. Sg. und Pl. keine Differenzierung eingetreten war; ferner in der *o*-Deklination Nom. sg. **stigós* (Steg), aber **éhwoz* (Pferd), Nom. pl. **stigôs*, aber **éhwôz*, Akk. pl. **stigóns*, aber **éhwonz*, während die übrigen Kasusendungen gleich geblieben waren; und ähnlich in andern Flexionsklassen. Die darauf eingetretene Ausgleichung hat fast überall zu Gunsten des weichen Lautes entschieden, wobei zu bemerken ist, dass *z* im Altn. und in den westgerm. Dialekten als *r* erscheint, im

---

[1]) Vgl. Beiträge VI, 548 ff.

ursprünglichen Auslaut in den letzteren abfällt. Doch hat in einigen Fällen auch das harte *s* gesiegt. So steht im Nom. pl. der *o*-Deklination ags. und altfries. *dagas* neben altn. *dagar*; im Alts. zeigt der Heliand *-os*, nur vereinzelt *o* oder *a* (*grurio*, *slutila*), während in der Freckenhorster Rolle *a* häufiger ist als *os* und *as*; das Ahd. kennt nur *a*.

Ein Beispiel aus jüngerer Zeit ist die Wiederherstellung des Flexions-*e* im Nhd. in Fällen, wo es schon im Mhd. geschwunden war. Besonders lehrreich sind die Ableitungen mit *-en*, *-er*, *-el*. Bei den Substantiven bleibt die mittelhochdeutsche Ausstossung des *e* bestehen, vgl. *des Morgens*, *dem Wagen*, *die Wagen*, *der Wagen*, *den Wagen* gegen *Tages*, *Tage*, *Tagen*, ebenso *Schüssel*, *Schüsseln* gegen *Schule*, *Schulen*. Dagegen in den Adjektiven, die wegen der sonstigen durchgängigen Gleichförmigkeit fester zusammengehalten wurden, ist das *e* nach Analogie der einsilbigen wieder hergestellt: *gefangenes* wie *langes*, *gefangene*, *gefangenen* (mhd. *gevangen*), *andere*, *anderes*, *andere* (= mhd. *ander*, *anders*, *ander*). Die neuhochdeutschen Formen kommen übrigens schon im Mhd. neben den synkopierten vor. Wir können dabei wieder Beobachtungen über Isolierung machen. Es heisst ausnahmslos *die*, *den Eltern* gegenüber *die*, *den älteren*; *der Jünger*, *den Jüngern* (Subst.) gegen *der jüngere*, *den jüngeren* (Adj.); *einzeln*, Dat. Pl. des mhd. Adj. *einzel*; *anderseits*, *unserseits* gegen *andere Seite*, *unsere Seite*; *Vorderseite*, *Hinterseite*, *Oberarm*, *Unterarm*, *Edelmann*, *innerhalb*, *ausserhalb*, *oberhalb*, *unterhalb* (unechte Komposita, durch Zusammenwachsen von Adj. und Subst. entstanden) gegen *die vordere Seite* etc.; *anders* gegen *anderes*.

Ausser in dem § 146 besprochenen Falle ist der Umlaut dynamisch geworden im Konj. der starken und der ohne Zwischenvokal gebildeten schwachen Präterita, mhd. *fuor* — *füere*, *sang*, Pl. *sungen* — *süngen*, *mohte* — *möhte*, *brâhte* — *brœhte* etc. Hier ist der Umlaut entweder durchgängig oder wenigstens für den Pl. einziges Unterscheidungsmittel. Die dynamische Auffassung im Sprachgefühl bekundet sich darin, dass im Nhd. bei der sonstigen Ausgleichung des Vokalismus doch der Umlaut bleibt (*sang*, *sangen* — *sänge*, für *sungen*, *sünge*); ferner noch entschiedener im Mitteldeutschen in der Übertragung des Umlauts von den ursprünglich vokallosen auf die synkopierten Präterita (*brante* — *brente* statt *brante* nach Analogie von *brâhte* — *brœhte*).[1]

Ein dritter Fall ist der Umlaut im Präs. gegenüber dem Unterbleiben des Umlauts im Prät. und Part.: ahd. *brennu* — *branta* — *gibrantêr*. Im Part. hat sich auf lautlichem Wege ein Wechsel entwickelt: *gibrennit* — *gibrant-*. Das nächste Resultat der Ausgleichung

---

[1] Vgl. Bech, Germania 15, S. 129 ff.

ist aber unter diesen Umständen, dass die unflektierte Form *gibrennit* gegen *gibrant* zurückgedrängt wird. Dann aber erhält sich der Gegensatz in der Wurzelsilbe zwischen Präs. und Prät.-Part. Jahrhunderte hindurch konstant, wiewohl er zur Charakterisierung der Formen nicht notwendig ist. Auf diese Weise können auch Elemente des Wortstammes in Flexionsendungen verwandelt werden. Dies ist der Fall in unserer schwachen Deklination. In dieser gehört das *n* (vgl. *Namen, Frauen, Herzen*) zu dem ursprünglichen Stamme. Indem aber jede Spur der ursprünglichen Flexionsendung durch den lautlichen Verfall getilgt ist, und indem anderseits das *n* im Nom. (beim Neutrum auch Akk.) Sg. geschwunden ist (*Name, Frau, Herz*), so ist es zum Charakteristikum der obliquen Kasus im Gegensatz zum Nom. Sg. geworden. Ein anderes auf solche Weise entsprungenes Kasussuffix ist das pluralbildende *-er* (*Rad — Räder, Mann — Männer*). Die Bildungsweise ist von einigen neutralen *s*-Stämmen ausgegangen (vgl. lat. *genus — generis*), in denen das *s* lautgesetzlich zu *r* geworden war. Im Nom. Sg. musste dasselbe nebst dem vorhergehenden Vokal lautgesetzlich schwinden. Unter der Einwirkung der vokalischen Deklination entstand dann zunächst im Ahd. folgendes Schema.

	Sg.	Pl.
N.	kalb	kalbir
G.	kalbir-es	kalbir-o
D.	kalbir-e	kalbir-um
A.	kalb	kalbir.

Im Gen. und Dat. Sg. war das *-ir-* jedenfalls unnötig und störend. Daher sind die betreffenden Formen schon in der Zeit, aus der unsere ältesten Quellen stammen, bis auf vereinzelte Reste verschwunden und durch *kalbes, kalbe* ersetzt, die nach dem Muster der Normalflexion aus dem Nom.-Akk. gebildet sind. Nun musste das *-ir* als Charakteristikum des Pl. erscheinen, um so mehr, weil es im Nom.-Akk. gar kein anderes unterscheidendes Merkmal gab. Der funktionelle Charakter des *-ir* = mhd., nhd. *-er* dokumentiert sich dann dadurch, dass es allmählich auf eine Menge von Wörtern übertragen wird, denen es ursprünglich nicht zukommt.

Diese Beispiele werden genügen um anschaulich zu machen, wie eine ohne Rücksicht auf einen Zweck entstandene lautliche Differenzierung, durch zufälliges Zusammentreffen verschiedener Umstände begünstigt, ungewollt und unvermerkt in den Dienst eines Zweckes gezogen wird, wodurch dann der Schein entsteht, als sei die Differenz absichtlich zu diesem Zwecke gemacht. Dieser Schein wird um so

Zehntes Kapitel. Isolierung und Reaktion dagegen.

stärker, je mehr die gleichzeitig entstandenen zweckwidrigen Differenzen getilgt werden. Wir dürfen unsere aus der verfolgbaren historischen Entwickelung zu schöpfende Erfahrung zu dem Satze verallgemeinern, dass es in der Sprache überhaupt keine absichtliche zur Bezeichnung eines Funktionsunterschiedes gemachte Lautdifferenzierung gibt, dass der erstere immer erst durch sekundäre Entwickelung zur letzteren hinzutritt, und zwar durch eine unbeabsichtigte, den sprechenden Individuen unbewusste Entwickelung vermittelst natürlich sich ergebender Ideenassoziation.

Elftes Kapitel.

Bildung neuer Gruppen.

§ 148. Wenn im allgemeinen der Lautwandel die Wirkung hat Unterschiede zu erzeugen, wo früher keine vorhanden waren, so dient er doch auch nicht ganz selten dazu, vorhandene Unterschiede zu tilgen. Das ist unter Umständen ganz heilsam, meistens aber schädlich, indem auch Unterschiede, welche für die Kennzeichnung der Funktion wesentlich sind, verloren gehen und ausserdem die reinliche Sonderung der einzelnen Gruppen von einander unmöglich gemacht wird. Daher pflegt auch diese Wirkung des Lautwandels weitere Folgen zu haben und namentlich viele analogische Neubildungen hervorzurufen.

§ 149. Der einfachste hierher gehörige Vorgang ist, dass Wörter, die etymologisch gar nicht zusammenhängen und auch in ihrer Bedeutung nichts mit einander zu schaffen haben, durch sekundäre Entwickelung lautlich zusammenfallen, z. B. *Enkel* (talus) = mhd. *enkel* — *Enkel* (nepos) = mhd. *enenkel*, *Garbe* (manipulus) = mhd. *garbe* — *Garbe* (Schafgarbe) = mhd. *garwe*, *Kiel* (carina) = mhd. *kiel* — *Kiel* (caulis pennae) = mhd. *kil*, *Märe* (narratio) = mhd. *mære* — *Mähre* (equa) = mhd. *merhe*, *Tor* (porta) = mhd. *tor* — *Tor* (stultus) = mhd. *tôre*, *los* (solutus) = mhd. *lôs* — *Los* (sors) = mhd. *lôz*, *Ohm* (amphora) = mhd. *âme* — *Ohm* (avunculus) = *Oheim*, *Schnur* (linea) = mhd *snuor* — *Schnur* (nurus) = mhd. *snur*. Massenhafte Beispiele liessen sich namentlich aus dem Englischen anführen.

Mitunter verschmelzen zwei solche Wörter trotz der Verschiedenheit ihrer Bedeutung für das Sprachgefühl in eins. Niemand wird ohne sprachgeschichtliche Kenntnisse vermuten, dass in unserem *unter* zwei ganz verschiedene Wörter zusammengefallen sind, das eine = lat. *inter*, das andere verwandt mit lat. *infra*. *Schlingen* (devorare) ist mitteldeutsche Form für älteres *slinden* (vgl. *schlund*) und hat sich vielleicht deshalb in der Schriftsprache festgesetzt, weil es mit *schlingen* = mhd. *slingen* verschmolzen ist. Bei der Wendung *in die Schanze schlagen* denkt man kaum daran, dass man es mit einem andern Worte als dem gewöhnlichen *Schanze* zu tun hat; es ist = franz. *chance*. Über die Mischung von mhd. *stat* und *state* in nhd. *Statt* vgl. mein Wörterbuch. Noch beweisender sind einige Fälle, in denen formale Beeinflussung stattgefunden hat. Zwar dass der Übertritt von *mahlen* (mhd. *maln*) aus der starken in die schwache Konjugation sich unter dem Einfluss von *malen* (mhd. *mâlen*) vollzogen hat, kann man nur vermuten. Schon weniger fraglich ist es, dass der Übertritt von *laden* *einladen* (= ahd. *ladôn*) in die starke Konjugation durch *laden* *aufladen* (= ahd. *hladan*) veranlasst ist; umgekehrt kommen von letzterem auch schwache Formen vor, z. B. *überladete* bei Less., *ladest, ladet* auch jetzt. Sicher ist, dass ein starkes *er befährt* bei Jean Paul zu dem sonst schwachen *befahren* = mhd. *vâren* durch Verwechselung mit dem starken *befahren* (mhd. *varn*) veranlasst ist. In Österreich verwechselt man *kennen* und *können*, man sagt z. B.: *der Schauspieler hat seine Rolle nicht gekannt*. In dem letzten Falle sind zwar etymologisch verwandte, aber doch wesentlich verschiedene Wörter konfundiert. Im Mhd. existieren zwei etymologisch verschiedene Partikeln *wan*, die eine adversativ, die andere begründend = nhd. denn. Die letztere hat eine vollere Nebenform *wande* zur Seite. Diese wird nun zuweilen auch in adversativem Sinne angewendet, wo sie von Hause aus nicht berechtigt ist (vgl. Mhd. Wb. III, 479[b]). Im Ahd. sind die Präpositionen *int-* und *in* in der Komposition mit einem Verbum vielfach in die Form *in-* zusammengeflossen, indem das *t* durch Assimilation in den folgenden Konsonanten aufgegangen ist. Die Doppelheit *int-* — *in-* ist dann auch auf solche Fälle übergegangen, in denen *in* zu Grunde liegt, vgl. nhd. *entbrennen, entzünden* etc. Unser *zer-* hatte früher eine Nebenform *ze-* (*zer-* vor Vokal, *ze-* vor Konsonant entwickelt). Diese war lautideutisch mit der ihrem Ursprunge nach ganz verschiedenen Präposition *ze* zu. Neben diese tratt im Mhd. die Adverbialform *zuo*, nhd. *zu*, welche allmählich die Form *ze* ganz verdrängt hat. Dies *zu* finden wir nun auch für *ze-* = *zer-*, z. B. bei Luther. Entsprechend ist ags. *tô-* in der Bedeutung von *zer-* zu erklären. Lat. *præstare* ist in dem Sinne „leisten" eine Ableitung aus *præstus (erhalten nur in dem Adv. *præsto*) und sollte daher regelmässig flektiert werden; das Perf. *præstiti* beweisst die Vermischung mit *præ-stare* „voranstehen".

§ 150. Durch zufälliges partielles Gleichwerden der Lautgestaltung treten unverwandte Wörter zu stofflichen Gruppen zusammen. Es ist dies die einfachste Art der sogenannten Volksetymologie,[1]) die

---

[1]) Vgl. Förstemann, Zschr. f. vgl. Sprachwissenschaft 1, 1. Andresen, Über deutsche Volksetymologie, 6. Aufl., Heilbronn 1899. Palmer, Folk Etymology,

sich lediglich auf eine Umdeutung durch das Sprachgefühl beschränkt, ohne dass dadurch die Lautform eine Veränderung erleidet. Vorbedingung dafür ist, dass die wahre Etymologie des einen Wortes verdunkelt ist, so dass es keine andere, berechtigtere Anknüpfung hat. Solchen Umdeutungen unterliegen am häufigsten die Glieder eines Kompositums. So wird *erwähnen* als eine Zusammensetzung mit *wähnen* = mhd. *wænen* gefasst, während es vielmehr das mittelhochdeutsche *(ge)wehenen* enthält; bei *Freitag* denkt man an das Adj. *frei.* Am meisten sind Eigennamen der Umdeutung ausgesetzt, vgl. *Reinwald, Bärwald, Braunwald,* in denen der zweite Bestandteil ursprünglich nicht = *silva* ist, sondern nomen agentis zu *walten*; *Glaub-recht, Lieb-recht,* die ursprünglich vielmehr Komposita mit *brecht* = ahd. *beraht* sind; *Sauerlant,* verhochdeutscht aus *Sûerland* = *Süderland.* Hier ist die Umdeutung erfolgt, ohne dass sie von Anfang an durch eine Verwandtschaft der Bedeutung unterstützt worden wäre. Es wirkt bloss die natürliche Erwartung, in einem Worte, welches seiner Lautgestalt nach den Eindruck eines Kompositums macht, auch bekannte Elemente zu finden.

Eigennamen widerstreben einer solchen lediglich an den Laut sich haltenden sekundären Beziehung am wenigsten, weil bei ihnen zwar keine Übereinstimmung, aber auch kein Widerspruch der Bedeutungen möglich ist. Es gibt aber auch Fälle, in denen es möglich wird zwischen den Bedeutungen der betreffenden Wörter eine Beziehung herzustellen; vgl. mhd. *endekrist,* lautlich entwickelt aus *antikrist;* nhd. *Lanzknecht* aus *Landes Knecht; Wahnwitz, Wahnsinn, wahnschaffen* an *Wahn* (= mhd. *wân*) angelehnt, während mhd. *wan* leer, nichtig zu Grunde liegt; *Friedhof* aus mhd. *frîthof; Vormund* zu *Mund* Schutz; *verweisen,* nicht zu weisen (= mhd. *wîsen*) gehörig, sondern aus mhd. *verwîzen. Umringen* ist, wie noch die schwache Flexion zeigt, seinem Ursprunge nach kein Kompositum von *ringen,* sondern eine Ableitung aus dem untergegangenen mhd. *úmberinc.* Aber die Betonung *umríngen* beweist, dass es zu einem Kompositum aus *um* und *ringen* umgedeutet ist. Eine weitere Konsequenz der Umdeutung ist dann gewesen, dass man ein Part. *umrungen* und selbst ein Prät. *umrang* gebildet hat, vgl. meine Deutsche Gramm. III 183, Anm. 4. Auch Wörter, die keine

---

a Dictionary of Verbal Corruptions of Words Perverted in Form or Meaning by False Derivation or Mistaken Analogy, London 1882. K. Nyrop, Sprogets vilde skud, Kopenhagen 1882. A. Noreen, Nordisk tidskrift 1882, S. 612. 1887, S. 554 und Spridda Studier, Stockholm 1895. Nyrop und Gaidoz, L'étymologie populaire et le folk-lore (Melusine IV, 505, dazu mehrere kleinere Nachträge in Bd. V) Wundt I, 459. Kjederqvist, Lautlich-begriffliche Wortassimilationen (Beitr. z. Gesch. der deutschen Sprache 27, 409). Thurneysen IF 31, 279.

Elftes Kapitel. Bildung neuer Gruppen.

Komposita sind, aber wegen ihrer volleren Lautgestalt den Eindruck von solchen machen, werden auf diese Weise zu wirklichen Kompositis gestempelt; vgl. *Leumund* als *Leutemund* gefasst, aber Ableitung aus got. *hliuma* (Ohr); *weissagen*, schon mhd. *wissagen* = ahd. *wîzagôn*, Ableitung aus *wîzago* der Wissende, Prophet; *trübselig*, *armselig* etc., Ableitungen aus *Trübsal* etc., *-sal* Ableitungssuffix.

Seltener ist es, dass ein Wort als Ableitung von einem andern gefasst wird, mit dem es ursprünglich nichts zu schaffen hat. Nhd. *Sucht* wird vom Sprachgefühl als zu *suchen* gehörig empfunden, ist aber hervorgegangen aus mhd. *suht* (= got. *sauhts*), das mit mhd. *suochen* (got. *sôkjan*) nichts zu schaffen hat. Die neuhochdeutsche Anlehnung an *suchen* ist ausgegangen von Kompositis wie *Wassersucht, Mondsucht, Gelbsucht, Schwindsucht, Eifersucht, Sehnsucht, Ehrsucht* etc., die man als Begierde nach dem Wasser, nach dem Monde, gelb zu werden, zu eifern etc. auffasste. H. Sachs fasst *-sucht* noch als Krankheit, wenn er sagt *wann er hat auch die Eifersucht*. Vgl. dagegen den bekannten Spruch *Eifersucht ist eine Leidenschaft, die mit Eifer sucht, was Leiden schafft*. *Laube* hat mit *Laub*, wozu es jetzt gezogen wird, nichts zu schaffen, da die Grundbedeutung „gedeckter Gang" ist. *Laute* wird als zu *Laut* gehörig empfunden, ist aber ein aus dem Arabischen stammendes Lehnwort. Bei *hantieren* aus franz. *hanter* denkt man an *Hand*, bei *fallieren* aus franz. *faillir* an *fallen*, bei *beschwichtigen*, niederdeutscher Form zu mhd. *swiften*, an *schweigen*, bei *schmälen* (eigentlich schmal, klein machen) an *schmähen*. *Herrschaft, herrlich, herrschen* sind aus *hehr* abgeleitet (daher mhd. *hêrschaft* etc.), werden aber jetzt auf *Herr* bezogen, womit sie ursprünglich nur indirekt verwandt sind.

§ 151. Von den besprochenen Erscheinungen zu sondern ist die kompliziertere Art der Volksetymologie. Diese besteht in einer lautlichen Umformung, wodurch ein Wort, welches durch zufällige Klangähnlichkeit an ein anderes erinnert, diesem weiter angeglichen wird. Eine solche Umformung kann absichtlich gemacht werden mit dem Bewusstsein, dass man sich eine Veränderung der richtigen Form gestattet. Derartiger Verdrehungen bedienen sich manche humoristische Schriftsteller, in ausgedehntestem Masse Fischart. Manche pflanzen sich als traditionelle Witze fort, besonders in der Studentensprache. Diese absichtlich witzige Umformung bietet dem Sprachforscher kein Problem. Sie geht ihn nur insofern an, als sie von dem naiven Sinne der Kinder und der Ungebildeten nicht als Verdrehung erkannt, sondern als die eigentliche Form aufgenommen und weiter verbreitet wird. Es gibt aber zweifellos auch eine absichtslose und unbewusste Umformung, die sich als solche durch die Abwesenheit jedes Witzes zu

Volksetymologie. 221

erkennen gibt.¹) Derselben unterliegen Fremdwörter, Eigennamen und andere Wörter, deren Etymologie verdunkelt ist, und zwar fast nur Komposita oder solche Wörter, die vermöge ihrer volleren Lautgestalt den Eindruck von Kompositis machen. Hierbei unterliegt entweder nur das erste Element einer Veränderung, vgl. *Jubeljahr* (ebräisch *jobel*), *Dienstag*, *Huldreich* aus mhd. *Uolrîch*, *Maulwurf* aus mhd. *moltwurf*, lat. *aurichalcum* aus griech. ὀρείχαλκος; oder nur das zweite, vgl. *hagestolz*, *Reinhold*, *Gotthold*, *Weinhold* etc. aus *-olt* = *walt*,²) *abspannen* aus mhd. *spanen* (locken), *abstreifen* aus mhd. *ströufen*,³) *Einöde* aus mhd. *einœte* (*-œte* Suffix); oder beide, vgl. *Armbrust* aus lat. *arcubalista*, *Liebstöckel* aus lat. *ligusticum*, *Felleisen* aus franz. *valise*, *Ehrenhold* aus *Herolt*, *Pultbrett* (von 16. bis 18. Jahrh. üblich) aus *Pulpet* (lat. *pulpitum*), griech. συνέδριον aus ebräisch *sanhedrin*. Der eine Bestandteil ist umgeformt, der andere nur umgedeutet in *Abseite*, früher *apside* aus griech. ἁψίς; *Küssnacht* aus *Cussiniacum*; wahrscheinlich auch in *Mailand* aus mhd. *Milân*. Wie schon aus diesen wenigen Beispielen ersichtlich ist, kann die Angleichung dadurch unterstützt sein, dass sich die Bedeutung des umgeformten Wortes zu der seines Musters in Beziehung bringen liess, aber sie bedarf solcher Unterstützung nicht notwendig. Für die Erklärung des Vorganges werden wir zunächst zu berücksichtigen haben, dass man ganz gewöhnlich die Worte und Sätze, die man hört, ihren Lautbestandteilen nach nicht vollkommen exakt perzipiert, sondern teilweise errät, gewöhnlich durch den nach dem Zusammenhange erwarteten Sinn unterstützt. Dabei rät man natürlich auf Lautkomplexe, die einem schon geläufig sind, und so kann sich gleich beim ersten Hören statt eines für sich sinnlosen Teiles eines grösseren Wortes ein ähnlich klingendes übliches Wort unterschieben. Ferner aber haftet ein Wortteil, der sonst gar keinen Anhalt in der Sprache hat, auch wenn er richtig perzipiert ist, schlecht im Gedächtnis, und es kann sich daher doch bei dem Versuche der Reproduktion ein als selbständiges Wort geläufiges Element unterschieben. Und wenn erst einmal, sei es beim Hören oder beim Sprechen, eine solche Unterschiebung stattgefunden hat, so hat das Untergeschobene vor dem Echten den Vorteil, dass es sich besser dem Gedächtnis einprägt. Es ist ganz natürlich, dass sich dieser Vorgang im allgemeinen auf längere Worte beschränkt. Denn kürzere sind

---

¹) Noch ist darauf aufmerksam zu machen, dass dieselbe nicht mit der in Kap. 22 zu besprechenden Lautsubstitution verwechselt werden darf. Die Wirkungen beider Vorgänge sind nicht immer scharf auseinanderzuhalten.

²) Das *h* ist allerdings wohl kaum je gesprochen worden, und dann liegt nur Umdeutung vor, die in der Orthographie ihren Ausdruck gefunden hat.

³) Dabei kommt aber auch der mundartliche Übergang von *eu* in *ei* in Betracht.

Elftes Kapitel. Bildung neuer Gruppen.

leichter zu perzipieren und leichter zu behalten. Ausserdem aber ist man es gewohnt, dass eine Anzahl einfacher Wörter isoliert da stehen, wenigstens nur mit den allgemein geläufigen und beliebig bildbaren Ableitungen gruppiert, während man von einem Worte, welches den Eindruck eines Kompositums macht, auch erwartet, dass die einzelnen Elemente an einfache Wörter anknüpfbar sind.

§ 152. Die Tendenz, isoliert stehende und darum fremdartige Wörter an geläufige Sprachelemente anzuknüpfen zeigt sich auch darin, dass dieselben häufig gestützt werden durch Zusammensetzung mit einer allgemeinen Gattungsbezeichnung, worauf sie dann in selbständigem Gebrauche untergehen, vgl. *Maultier* (einfaches *Maul* aus lat. *mulus* veraltet), *Elentier* (bis ins 17. Jahrh. noch einfaches *Elend*), *Renntier* (aus schwed. *ren*), *Tigertier*, *Pantertier* (beide früher häufig), *Walfisch* (mhd. *wal*), *Dambock*, *-hirsch* (mhd. *tâme*), *Windhund* (mhd. *wint*), *Auerochse* (mhd. *ûr*), *Schermaus* (mhd. *scher*), *Bilchmaus* (mhd. *bilch*), *Turteltaube* (aus lat. *turtur*), *Lindwurm* (mhd. auch *linttrache*, wofür ahd. noch einfaches *lint* belegt ist), *Mohrrübe* (neben *Möhre*), *Kichererbse* (mhd. *kicher*), *Weichselkirsche* (mhd. *wîhsel*, auch nhd. noch *Weichsel*), *Salweide* (mhd. *salhe*), *Farnkraut* (mhd. *farn*), *Pfriemkraut* (ahd. *phrimma*)' *Bilsenkraut* (neben *Bilse*, ahd. *bilisa*) *Lorbaum*, *-beer* (aus lat. *laurus*), *Buchsbaum* (landschaftl. noch *Buchs*), *Mastbaum* (neben *Mast*), *Kometstern* (im 17. Jahrh. gewöhnlich, noch bei Hebel), *Pöbelvolk* (bei Lu. u. a.), *Kebsweib* (mhd. *kebese*), *Schwiegermutter* (mhd. *swiger*), *Schwähervater* (landschaftl., anhd. *Schwäher*), *Wittfrau* (landschaftl.), *Waisenkind*, *Waisenknabe* (volkstümlich), *Quaderstein*, *Tuffstein*, *Bimsstein* (bis ins 17. Jahrh. *Bims* = mhd. *bümez* aus lat. *pumex*), *Marmorstein* (s. DWb). Bei vielen ist dabei volksetymologische Umdeutung des ersten Bestandteils eingetreten. Man vergl. dazu auch die Adjektiva *quittfrei*, *-ledig*, *-los*, *purlauter* (Belege DWb).

Solche Zusammensetzungen können unter Umständen auch den Vorteil gewähren, dass nach ihrem Muster andere gebildet werden können, die dann ev. wieder einfache, isoliert dastehende Wörter verdrängen. So sind nach *Schwiegermutter* gebildet *Schwiegervater*, *-sohn*, *-tochter* an Stelle der jetzt veralteten *Schwäher*, *Eidam*, *Schnur*. Ähnlich wird schon in einer früheren Periode die Reihe *Stiefvater*, *-mutter*, *-sohn*, *-tochter*, *-kind* entstanden sein; im Anord. besteht noch einfaches *stjúpr* = Stiefsohn.

§ 153. Viel durchgreifender als auf dem stofflichen wirkt der lautliche Zusammenfall auf dem formalen Gebiete. Wir scheiden die hierher gehörigen Vorgänge zunächst in zwei Hauptgruppen, nämlich je nachdem Formen zusammenfallen, die funktionell gleich, oder solche, die funktionell verschieden sind.

Die Aufhebung lautlicher Verschiedenheiten bei funktioneller Gleichheit kann sehr wohltätig wirken, weil sie die Bildung der formalen Gruppen vereinfacht. Mitunter wird dadurch nur die im vorigen Kapitel besprochene lautliche Differenzierung wieder aufgehoben. So fallen z. B. die auf gleicher Grundlage beruhenden althochdeutschen Bildungssilben *-ul, -al, -il* im Mhd. in *-el* zusammen, ebenso *-un, -an, -in* in *-en* etc. Zwecklos sind aber auch solche Unterschiede wie die doppelte Bildung des Komparativs und Superlativs im Ahd. *-iro, -ist — -ôro, -ôst* oder die beiden synonymen Weisen der Adjektivbildung auf *-ag* und *-ig*,[1]) und es ist daher nur ein Vorteil, wenn wir jetzt nur *-er, -[e]st* und *-ig* haben. Auch der Zusammenfall zweier ganzer Flexionsklassen wie der althochdeutschen Verba auf *-ôn* und *-ên* in mhd. *-en* ist nur eine zweckmässige Vereinfachung.

Aber nicht immer geht lautlicher Zusammenfall so gleichmässig durch ganze Systeme von stofflich-formalen Proportionen hindurch. Meistens trifft er nur einen Teil der unter einander zusammenhängenden Formen. Dann trägt er nicht zur Vereinfachung, häufig aber zur Verwirrung der Verhältnisse bei.

a) Der lautliche Zusammenfall geht zwar durch sämtliche Formen eines Flexionssystemes hindurch, er trifft aber in der einen Flexionsklasse oder in mehreren nur einen Teil der Wörter, die ursprünglich dazu gehören. Während, wie wir eben gesehen haben, von den drei althochdeutschen Klassen der schwachen Verba im Mhd. zwei ganz zusammengefallen sind, haben sich ihnen von der dritten Klasse (got. auf *-jan*) nur die kurzsilbigen vollständig angeschlossen, die langsilbigen bleiben noch unterschieden durch die alte Synkope des Mittelvokals im Prät. und Part. Perf. und eventuell durch den Rückumlaut, vgl. *manete, lebete, wenete* aus *manôta, lebêta, wenita* zu *manen, leben, wenen* neben *neicte, brante* zu *neigen, brennen*. Die althochdeutsche *i*-Deklination ist mit der *o*-Deklination in Bezug auf die Endungen vollständig zusammengefallen, in Bezug auf die Gestalt des Stammes im Plur. aber nur, wenn der Wurzelvokal nicht umlautsfähig ist. Es ist also hier mit dem Zusammenfall immer eine Spaltung verbunden, respektive eine Spaltung dem Zusammenfall vorangegangen.

b) Der Zusammenfall geht zwar durch alle Wörter mehrerer Flexionsklassen hindurch, aber nicht durch alle Formen des Flexionssystems. Dieser Fall ist sehr häufig. So ist die zweite lateinische Deklination mit der vierten nur im Nom. und Akk. Sing. zusammengefallen; ebenso die *o*- und *i*-Deklination im Gotischen (*fisks, fisk — gasts, gast*).

---

[1]) Abzusehen ist von dem vereinzelten Falle *einag — einîg*, wo eine Verschiedenheit der Bedeutung vorliegt.

c) Der Zusammenfall trifft nur einen Teil der Wörter mehrerer Flexionsklassen und nur einen Teil der Formen des Flexionssystems. So ist im Ahd. der Nom. und Akk. der langsilbigen und mehrsilbigen *i*-, *u*- und *o*-Stämme zusammengefallen, während diese Kasus bei den kurzsilbigen verschieden geblieben sind, vgl. *gast, wald, arm* aus *gasti(*z*), *waldu(*z*), *armo(*z*) gegen *wini, sunu* und wenigstens vorauszusetzendes *goto oder *gota.

§ 154. Wo der Fall a eingetreten ist, da ist der Zusammenfall wie die Trennung der Flexionsklassen eine definitive, wogegen keine Reaktion möglich ist. Die bleibende Folge ist eine Verschiebung in den Machtverhältnissen der betreffenden Gruppen, indem ja die eine einen Zuwachs auf Kosten der andern erhält. Fall b und c dagegen erzeugen eine Verwirrung in den Gruppierungsverhältnissen. Wo einmal verschiedene lautliche Modifikationen für die nämliche Funktion angewendet werden, da ist es am zweckmässigsten, wenn die lautliche Verschiedenheit durch alle Formen eines Systems hindurchgeht, so dass sich die einzelnen Flexionsklassen reinlich voneinander sondern lassen, dass man es jeder einzelnen Form ansieht, welcher Klasse sie angehört. Sind nun in zwei Klassen einige Formen übereinstimmend, einige abweichend, so wird ein Wort auf Grund der übereinstimmenden Formen leicht falsch eingeordnet und es treten an Stelle der traditionellen Formen der einen Klasse Analogiebildungen, die der andern angehören. Aus dem Schwanken und der Verwirrung, die dadurch entsteht, kann sich dann die Sprache allmählich wieder zu einfacheren und festeren Verhältnissen durcharbeiten.

Beispiele stehen massenhaft zur Verfügung. Ich verweise insbesondere auf die gegenseitige Beeinflussung der verschiedenen Deklinationsklassen des Indogermanischen in den Einzelsprachen, die fast immer die Folge des lautlichen Zusammenfalls in mehreren Kasus, namentlich im Nom. und Akk. Sg. gewesen ist. Meistens haben die so zusammenfallenden Klassen schon früher einmal eine völlig oder überwiegend identische Bildungsweise gehabt, und diese ursprüngliche Identität ist erst durch sekundäre Lautentwickelung verdunkelt worden, gegen die eine sofortige Reaktion desbalb nicht möglich gewesen ist, weil die Differenzierung eine zu sehr durchgehende war. So ist z. B. die Einheit der indogermanischen Deklination hauptsächlich vernichtet durch die unter dem Einflusse des Akzentes eingetretene Vokalspaltung und die Kontraktion des Stammauslauts mit der eigentlichen Flexionsendung. Dies waren so durchgreifende Wandlungen, dass es erst vieler weiterer Veränderungen und namentlich Abschwächungen bedurfte, um das Getrennte auf einer ganz andern Grundlage teilweise wieder zu vereinigen.

Das Resultat bei dieser Art Ausgleichung ist in der Regel, dass Wörter aus der einen Bildungsklasse in die andere übertreten, und zwar entweder alle oder nur einige, entweder in allen Formen oder nur in einigen. Für das letztere mag Folgendes als Beispiel dienen. Im Gotischen sind die Maskulina der *i*-Deklination im Sg. in die *a*-Deklination übergetreten wegen des lautlichen Zusammenfalls im Nom. und Akk., ähnlich im Ahd. Der Plur. bleibt aber in beiden Dialekten noch verschieden flektiert. Dass die Ausgleichung zunächst bei diesem Punkte stehen bleibt, ist eine Folge des nie fehlenden Mitwirkens der etymologischen Gruppierung, und es bestätigt sich in sofern dadurch wieder der Satz: je enger der Verband, je leichter die Beeinflussung.

Es ist entweder nur die eine Gruppe aktiv, während die andere sich mit einer passiven Rolle begnügt, oder es sind beide Gruppen zugleich aktiv und passiv. Im Nhd. sind eine Menge schwacher Maskulina in die Flexion der starken auf *-en* übergetreten, von denen sie sich schon im Mhd. nur durch den Nom. und Gen. Sg. unterschieden, vgl. *Bogen* (= mhd. *boge*), *Garten*, *Kragen*, *Schaden* etc. Es gibt aber auch einige Fälle, in denen umgekehrt ein Maskulinum auf *n* in die schwache Flexion übergetreten ist: *Heide* (= mhd. *heiden*), *Krist(e)* (= mhd. *kristen*), *Rabe* (= mhd. *raben*).

Tritt eine solche gegenseitige Beeinflussung zweier Gruppen an den nämlichen Wörtern hervor, so kann es geschehen, dass nach längeren Schwankungen sich eine ganz neue Flexionsweise herausbildet. So ist durch Kontamination der beiden eben besprochenen Klassen eine Mischklasse erwachsen: *der Glaube — des Glaubens, der Gedanke — des Gedankens* etc. Die Entstehung dieser Mischklasse erklärt sich einfach, wenn wir bemerken, dass einmal im Nom. wie im Gen. Doppelformen bestanden haben: *der Glaube — der Glauben, des Glauben — des Glaubens*. Es hat sich dann in der Schriftsprache der Nom. der einen, der Gen. der andern Klasse festgesetzt. So ist ferner aus der gegenseitigen Beeinflussung der schwachen Maskulina mit abgeworfenem Endvokal und der starken eine Mischklasse entstanden, die den Sing. stark und den Plur. schwach flektiert: *Schmerz, -es, -e — Schmerzen*. Entsprechend bei den Neutris: *Bett, -es, -e — Betten*. Das am weitesten greifende Beispiel der Art im Nhd. ist die regelmässige Flexion der Feminina auf *-e*, die zusammengeschmolzen ist aus der alten *a*-Deklination und der *n*-Deklination (der schwachen). Im Mhd. flektiert man noch:

Sg. N.	vröude	zunge
G.	vröude	zungen
D.	vröude	zungen
A.	vröude	zungen

Pl. N.	vröude	zungen
G.	vröuden	zungen
D.	vröuden	zungen
A.	vröude	zungen.

Im Nhd. heisst es durch den ganzen Sg. hindurch *Freude, Zunge*, durch den ganzen Pl. hindurch *Freuden, Zungen*. Wieder ein charakteristisches Beispiel einer zweckmässigen Umgestaltung, die ohne Bewusstsein eines Zweckes erfolgt ist. Die grössere Zweckmässigkeit der neuhochdeutschen Verhältnisse beruht nicht bloss darauf, dass das Gedächtnis ganz erheblich entlastet ist; es sind auch die beiden allein vorhandenen Endungen in der angemessensten Weise verteilt. Die Unterscheidung der Numeri ist deshalb viel wichtiger als die Unterscheidung der Kasus, weil die letzteren noch durch den in den meisten Fällen beigefügten Artikel charakterisiert werden. Im Mhd. kann *die vröude* und *die zungen* Akk. Sg. und Nom. Akk. Pl. sein, *der zungen* Gen. Sg. und Pl. Diese Unsicherheiten sind jetzt nicht mehr möglich, dagegen ist nur die Unterscheidung zwischen Nom. und Akk. Sg. bei *Zunge* aufgehoben. Sehen wir aber, wie sich die Verhältnisse entwickelt haben, so finden wir als Vorstufe ein allgemeines Übergreifen jeder von beiden Klassen in das Gebiet der andern, welches sich ganz natürlich ergeben musste, nachdem einmal in drei Formen (Nom. Sg., Gen. und Dat. Pl.) lautlicher Zusammenfall eingetreten war. So hatte sich ein Zustand ergeben, dass die meisten Formen sowohl auf -*e* als auf -*en* auslauten konnten. Es ist dabei keine einzige Form mit Rücksicht auf einen Zweck gebildet, sondern nur für Erhaltung oder Untergang der einzelnen Formen ist ihre Zweckmässigkeit entscheidend gewesen.

Gegenseitige Beeinflussung zweier Gruppen setzt immer voraus, dass das Kräfteverhältnis kein zu ungleiches ist. Denn andernfalls wird die Beeinflussung einseitig werden, auch durchgreifender und rascher zum Ziele führend. Es sind natürlich immer diejenigen Klassen besonders gefährdet, die nicht durch zahlreiche Exemplare vertreten sind, falls diese nicht durch besondere Häufigkeit geschützt sind. Der geringe Umfang gewisser Klassen andern gegenüber kann von Anfang an vorhanden gewesen sein, indem überhaupt nicht mehr Wörter in der betreffenden Weise gebildet sind, meistens aber ist er erst eine Folge der sekundären Entwickelung. Entweder sterben viele ursprünglich in die Klasse gehörigen Wörter aus, wobei namentlich der Fall in Betracht kommt, dass eine ursprünglich lebende Bildungsweise abstirbt und nur in einigen häufig gebrauchten Exemplaren sich usuell weiter vererbt. Oder die Klasse spaltet sich durch lautliche Differenzierung in mehrere Unterabteilungen, die, indem nicht sogleich dagegen reagiert wird, den Zusammenhalt verlieren. Möglichste Zerstückelung der einen ist daher mitunter das beste Mittel um zwei verschiedene Bildungsweisen schliesslich miteinander zu vereinigen. Beobachtungen nach dieser Seite hin lassen sich z. B. an der Geschichte des allmählichen Untergangs der konsonantischen und der u-Deklination im Deutschen machen.

Hat einmal eine Klasse eine entschiedene Überlegenheit über eine oder mehrere andere gewonnen, mit welchen sie einige Berührungspunkte hat, so sind die letzteren unfehlbar dem Untergange geweiht. Nur besondere Häufigkeit kann einigen Wörtern Kraft genug verleihen sich dem sonst übergewaltigen Einflusse auf lange Zeit zu entziehen. Diese existieren dann in ihrer Vereinzelung als Anomala weiter.

§ 155. Jede Sprache ist unaufhörlich damit beschäftigt alle unnützen Ungleichmässigkeiten zu beseitigen, für das funktionell Gleiche auch den gleichen lautlichen Ausdruck zu schaffen. Nicht allen gelingt es damit gleich gut. Wir finden die einzelnen Sprachen und die einzelnen Entwickelungsstufen dieser Sprachen in sehr verschiedenem Abstande von diesem Ziele. Aber auch diejenige darunter, die sich ihm am meisten nähert, bleibt noch weit genug davon. Trotz allen Umgestaltungen, die auf dieses Ziel losarbeiten, bleibt es ewig unerreichbar.

Die Ursachen dieser Unerreichbarkeit ergeben sich leicht aus den vorangegangenen Erörterungen. Erstens bleiben die auf irgend welche Weise isolierten Formen und Wörter von der Normalisierung unberührt. Es bleibt z. B. ein nach älterer Weise gebildeter Kasus als Adverbium oder als Glied eines Kompositums, oder ein nach älterer Weise gebildetes Partizipium als reine Nominalform. Das tut allerdings der Gleichmässigkeit der wirklich lebendigen Bildungsweisen keinen Abbruch. Zweitens aber ist es ganz vom Zufall abhängig, ob eine teilweise Tilgung der Klassenunterschiede auf lautlichem Wege, die so vielfach die Vorbedingung für die gänzliche Ausgleichung ist, eintritt oder nicht. Drittens ist die Widerstandsfähigkeit der einzelnen gleicher Bildungsweise folgenden Wörter eine sehr verschiedene nach dem Grade der Stärke, mit dem sie dem Gedächtnisse eingeprägt sind, weshalb denn in der Regel gerade die notwendigsten Elemente der täglichen Rede als Anomalieen übrig bleiben. Viertens ist auch die unentbehrliche Übergewalt einer einzelnen Klasse immer erst Resultat zufällig zusammentreffender Umstände. So lange sie nicht besteht, können die einzelnen Wörter bald nach dieser, bald nach jener Seite gerissen werden, und so kann gerade durch das Wirken der Analogie erst recht eine chaotische Verwirrung hervorgerufen werden, bis eben das Übermass derselben zur Heilung der Übelstände führt. Bei so vielen

Elftes Kapitel. Bildung neuer Gruppen.

erschwerenden Umständen ist es natürlich, dass der Prozess auch im günstigsten Falle so langsam geht, dass, bevor er nur annähernd zum Abschluss gekommen ist, schon wieder neu entstandene Lautdifferenzen der Ausgleichung harren. Dieselbe ewige Wandelbarkeit der Laute, welche als Anstoss zum Ausgleichungswerke unentbehrlich ist, wird auch die Zerstörerin des von ihr angeregten Werkes, bevor es vollendet ist.

Wir können uns das an den Deklinationsverhältnissen der neuhochdeutschen Schriftsprache veranschaulichen. Im Fem. sind die drei Hauptklassen des Mhd., die alte *i*-, *a*- und *n*-Deklination auf zwei reduziert, vgl. § 154. Da nun auch die Reste der konsonantischen und der *u*-Deklination (vgl. z. B. mhd. *hant*, Pl. *hende, hande, handen, hende*) sich allmählich in die *i*-Klasse eingefügt haben, so hätten wir zwei einfache und leicht von einander zu sondernde Schemata: 1. Sg. ohne -*e*, Pl. mit -*e* und eventuell mit Umlaut (*Bank — Bänke, Finsternis — Finsternisse*), 2. Sg. mit -*e*, Pl. -*en* (*Zunge — Zungen*). In diese Schemata aber fügen sich zunächst nicht ganz die mehrsilbigen Stämme auf -*er* und -*el* (*Mutter — Mütter, Achsel — Achseln*), die nach allgemeiner schon mittelhochdeutscher Regel durchgängig das *e* eingebüsst haben (wo es überhaupt vorhanden war). Diese würden noch wenig störend sein. Aber es haben auch sonst viele Feminina das auslautende -*e* im Sg. eingebüsst, sämtliche mehrsilbige Stämme auf -*inn* und -*ung* und viele einsilbige, wie *Frau, Huld, Kost* etc. = mhd. *frouwe, hulde, koste* etc. Der Gang der Entwickelung bei den letzteren ist wahrscheinlich der gewesen, dass ursprünglich bei allen zweisilbigen Femininis auf -*e* Doppelformen entstanden sind je nach der verschiedenen Stellung im Satzgefüge, und dass dann die darauf eingetretene Ausgleichung verschiedenes Resultat gehabt hat. Ausserdem kommt dabei der Kampf des Oberdeutschen und des Mitteldeutschen um die Herrschaft in der Schriftsprache in Betracht. Wie dem auch sei, jedenfalls ist eine neue Spaltung da: *Zunge — Zungen*, aber *Frau — Frauen*. Und gleichzeitig ist es wieder vorbei mit der klaren Unterscheidbarkeit der beiden Hauptklassen: *Frau* stimmt im Sg. zu *Bank*, im Pl. zu *Zunge*. Diese neue Verwirrung war nun allerdings förderlich für die weitere Ausgleichung. Die Berührung zwischen der Formation *Frau* mit der Formation *Bank* hat zur Folge gehabt, dass eine grosse Menge von Wörtern, ja die Mehrzahl aus der ersteren in die letztere hinübergezogen sind, vgl. *Burg* (Pl. *Burgen* = mhd. *bürge*), *Flut, Welt, Tugend* etc., sämtliche Wörter auf -*heit*, -*keit*, -*schaft*. Auf diesem Wege hätte sich eine einheitliche Pluralbildung erlangen lassen, auf -*en* (*n*), und nur im Sg. wäre noch die Verschiedenheit von Wörtern mit und ohne *e* geblieben. Aber die Bewegung ist eben nicht zu Ende gediehen, und erhebliche Reste der alten *i*-Deklination stehen störend im Wege. Ganz ähnliche Beobachtungen lassen sich am Maskulinum und Neutrum machen, nur dass bei diesen noch mehr verwirrende Umstände zusammentreffen. Auch hier wären die Verhältnisse darauf angelegt gewesen, eine reinliche Scheidung in der Flexion zwischen den Substantiven ohne -*e* und denen mit -*e* im Nom. Sg. herauszubilden (*Arm — Arme, Wort — Worte,* aber *Funke — Funken, Auge — Augen*), wenn nicht wieder die Abwerfung des -*e* in einem Teile der Wörter dazwischen gekommen wäre (*Mensch — Menschen, Herz — Herzen*).

§ 156. Der lautliche Zusammenfall funktionell verschiedener Formen vollzieht sich innerhalb der etymologischen Gruppen. So wird im Ahd. der Übergang von auslautendem unbetonten *m* zu *n* die Veranlassung zum Zusammenfall der sekundären Endung für die 1. und 3. Pl.: in den älteren Quellen *gâbum — gâbun, gâbîm — gâbîn,* in den jüngeren für beide Personen *gâbun, gâbîn*. In ausgedehntestem Masse ist solcher Zusammenfall veranlasst durch die Abschwächung der vollen Endvokale des Ahd. zu gleichförmigem *e*. So steht mhd. *tage* = ahd. *tage* (Dat. Sg.) — *taga* (Nom. Pl.) — *tago* (Gen. Pl.); mhd. *hanen* = ahd. *hanin* (Gen. Dat. Sg.) — *hanun* (Akk. Sg., Nom. und Akk. Pl.) — *hanôno* (Gen. Pl.) — *hanôm* (Dat. Pl.), und in den althochdeutschen Formen liegt zum Teil bereits ein Zusammenfall früher verschiedener Formen vor. Der Zusammenfall geht nicht immer durch eine ganze Flexionsklasse hindurch, er braucht nur einen Teil der ursprünglich hineingehörigen Wörter zu treffen; vgl. z. B. *Tag — Tage — Tagen* mit *Sessel — Sessel — Sesseln, Winter — Winter — Wintern* und *Wagen — Wagen — Wagen*. Seltener als bei Flexionsformen ist der Zusammenfall bei Ableitungen aus der gleichen Grundlage. Da solche Ableitungen schon für sich ein ganzes System von Formen bilden können, so kann der Zusammenfall nach zwiefacher Richtung hin ein partieller sein. Es kann einerseits aus mehreren ursprünglich lautlich verschiedenen Wortklassen nur ein Teil der Wörter zusammenfallen. So können im Ahd. aus jedem Adj. zwei schwache Verba abgeleitet werden, ein intransitives auf -*ên* und ein transitivis auf -*en* (= got. -*jan*). Im Mhd. fallen beide Klassen in den Endungen alle zusammen, in der Gestalt der Wurzelsilbe aber nur zum Teil, weil die meisten durch das Vorhandensein oder Fehlen des Umlautes geschieden bleiben, vgl. einerseits *leiden* aus *leidên* = unangenehm werden und *leiden* aus *leiden* = unangenehm machen, *rîchen* reich werden und reich machen, *niuwen* neu werden und neu machen; anderseits *armen* arm werden — *ermen* arm machen, *swâren* schwer werden — *swæren* schwer machen. Es braucht anderseits der lautliche Zusammenfall sich nicht auf sämtliche Formen zweier verwandter Wörter zu erstrecken. In nhd. *schmelzen* sind zwei im Mhd. durchaus verschiedene Wörter zusammengefallen, *smëlzen* (mit offenem *e*), stark und intransitiv, und *smelzen* (mit geschlossenem *e*), schwach und transitiv. Der Zusammenfall erstreckt sich aber nur auf die Formen des Präs., und auch von diesen sind die 2. 3. Sing. Ind. und 2. Sg. Imp. ausgeschlossen: *schmilzt, schmilz — schmelzt, schmelze.*

§ 157. Der lautliche Zusammenfall funktionell verschiedener Formen hat nun öfters weitere Konsequenzen. Eine solche Konsequenz ist die, dass man sich an die lautliche Gleichheit so sehr gewöhnt, dass man sie auch auf Fälle überträgt, in denen sie durch die Lautentwickelung noch nicht herbeigeführt ist. Im ahd. Verbum ist durch Übergang des auslautenden *m* in *n* die 1. Plur. der 3. Plur. gleich geworden (*gâbun* aus *gâbum — gâbun*) mit Ausnahme des Ind. Präs., wo die Verschiedenheit noch in die mittelhochdeutsche Zeit hinübergenommen wird: *geben — gebent.* Diese Verschiedenheit wird zuerst im Md., dann auch im Oberd., wie schon oben bemerkt ist, durch Angleichung der 3. Pl. an die 3. Pl. des Prät. und des Konj. beseitigt. Es kann sein, dass dabei auch die Gewöhnung an die Übereinstimmung der 1. und 3. Pl. mitgewirkt hat. Sicher Wirkung dieser Gewöhnung ist es, wenn im Alemannischen seit dem 14. Jahrhundert Formen auf *-ent* auch für die 1. Pl. gebraucht werden. Die Ausgleichung zwischen 1. und 3. Pl. liegt auch in der jetzigen Schriftsprache vor in *sind* = mhd. *sin — sint*; im Obersächsischen lautet umgekehrt auch die 3. Pl. *sein.* Ein anderes Beispiel liefert uns die Ausgleichung zwischen Nom. und Akk. im Deutschen. Im Urgermanischen waren beide Kasus beim Mask. und Fem. meistens noch verschieden. Gleichheit bestand wahrscheinlich nur im Plur. der weiblichen *a*-Stämme (got. *gibôs*, anord. *gjafar*). Im Ahd. ist wie in den übrigen westgermanischen Dialekten der Nom. Sg. der *o*-, *i*- und *u*-Stämme und der konsonantischen mit Ausnahme der sogenannten schwachen Deklination durch Abfall des auslautenden *s* dem Akk. gleich geworden (*fisc, balg, sunu, man* = got. *fisks — fisk, balgs — balg, sunus — sunu* und anord. *fiskr — fisk, belgr — belg, sonr — son, maðr — mann*); ferner ist lautlicher Zusammenfall eingetreten im Nom. Akk. Pl. der schwachen Deklination (*hanun, zungûn*, urgerm. wahrscheinlich **hanoniz — *hanonz*). Dadurch ist die Veranlassung zu einer weiteren Ausgleichung gegeben. Die Form des Nom. Pl. der *o*-, *i*- und *u*-Stämme und der konsonantischen ist in den Akk. gedrungen und so dieselbe Übereinstimmung wie im Sg. hergestellt: *taga, balgi (belgi), suni* = got. *dagôs — dagans, balgeis — balgins, sunjus — sununs,* und anord. *dagar — daga, belgir — belgi,* *synir* — *sunu* (*sonu*). Die nach den Lautgesetzen im Ahd. zu erwartenden Formen des Akk. wären **tagun*, **balgin*, **sunun*. Bei den konsonantischen Stämmen ist auch im Got. und Anord. Ausgleichung eingetreten; urgerm. wäre anzusetzen **manniz* — **mannunz* = ahd. *man* — **mannun*, welche letztere Form durch die erstere verdrängt ist. Auch bei dem Adj. und dem geschlechtlichen Pron. ist die Nominativform in den Akk. gedrungen: *blinte* (*a*), *die* (*dia*) = got. *blindai* — *blindans*, *þai* — *þans*. Bei den weiblichen *a*-Stämmen hat umgekehrt die lautliche Gleichheit beider Kasus im Pl. eine Ausgleichung im Sg. herbeigezogen. Es wurden zunächst beide Formen, die des Nom. und die des Akk. promiscue gebraucht, dann setzte sich im allgemeinen die Akkusativform fest, während die Nominativform auf bestimmte Fälle beschränkt wurde und mehr und mehr ganz verschwand. Während das Angelsächsische unterscheidet *ʒiefu* — *ʒiefe*, *âr* — *âre*, haben wir im Ahd. nur die Akkusativformen *geba* und *êra* und nebeneinander als Nom. und Akk. *halba* und *halb*, *wisa* und *wis* etc. Im Nhd. ist weiter im Fem. des schwachen Adjektivums die Akkusativform durch die Nominativform verdrängt: *lange* = mhd. *lange* — *langen*; ferner die weibliche Nominativform des Artikels durch die Akkusativform: *die* = mhd. *diu* — *die*; schon im mhd. Nom. *siu* durch Akk. *sie*. Im Rheinfränkischen und Alemanischen findet man endlich auch die Nominativform des Artikels *der* akkusativisch verwendet.

Tritt in einer Sprache Zusammenfall der ursprünglich lautlich verschiedenen Kasusformen in sehr ausgedehntem Masse ein, so kann das Veranlassung dazu werden, dass die vom Zusammenfall verschonten Reste ganz oder grösstenteils getilgt werden, wie dies im Englischen und in den romanischen Sprachen geschehen ist. Es entstehen so wieder reine Stammformen, wie sie vor der Kasusbildung bestanden, die man mit Unrecht als Nominativ oder Akkusativ bezeichnet.

§ 158. Durch partiellen Zusammenfall der Formen verwandter Wörter wird das Gefühl für die Verschiedenheit dieser Wörter abgestumpft, und es mischen sich daher leicht auch die nicht zusammengefallenen Formen untereinander. Der oben berührte partielle Zusammenfall von mhd. *smëlzen* und *smelzen* hat die Folge gehabt, dass die starken Formen *schmilzt*, *schmolz*, *geschmolzen* auch transitiv verwendet sind; die schwachen sind jetzt fast ganz ausser Gebrauch gekommen. Ebenso sind die schwachen Formen von *verderben*, denen ursprünglich allein transitive Bedeutung zukam, durch die ursprünglich nur intransitiven starken zurückgedrängt und können jetzt nur noch im moralischen Sinne gebraucht werden. Bei *quellen*, *schwellen*, *löschen* ist in der gegenwärtig als korrekt geltenden Sprache der Unterschied gewährt; aber von *löschen* kommen zuweilen schwache Formen in intransitiver Bedeutung vor, z. B. *es löscht das Licht der Sterne* (Schi.); bei *quellen* und *schwellen* findet sich Vermischung nach beiden Richtungen, z. B. *dem das frischeste Leben entquellt* (Goe.) — *gleichwie ein Born sein Wasser quillt* (Lu); *schwelle, Brust* (Goe.); *die Haare schwellten* (Tieck) — *die Ehrsucht schwillt die Brust* (Günther), *was ist, das mit Sehnsucht den Busen dir schwillt* (Z. Werner), *Seifenblasen, die mein Hauch geschwollen* (Chamisso).

Zwölftes Kapitel.
Einfluss der Funktionsveränderung auf die Analogiebildung.

§ 159. Die Einordnung der einzelnen Wörter und Formen und der syntaktischen Verbindungen unter die sprachlichen Gruppen ist immer durch ihre Funktion bedingt. Eine Veränderung der Funktion kann daher Veranlassung zum Eintritt in eine andere Gruppe werden. Die Zugehörigkeit zu dieser Gruppe bedingt dann aber auch eine Teilnahme an deren schöpferischer Kraft. So entstehen analoge Neuschöpfungen, die sich in einer anderen Richtung bewegen, als der Ursprung der betreffenden Wortform oder Konstruktionsweise erwarten lässt. Die folgenden Beispiele mögen dies im einzelnen veranschaulichen.

§ 160. Verwandlung eines Appellativums in einen Eigennamen veranlasst eine entsprechende Veränderung der Deklination, vgl. die Akkusative und Dative *Müllern, Schneidern, Beckern* etc. Eine Folge des christlichen Monotheismus war es, dass von *got* im Ahd. nach Analogie der Eigennamen ein Akk. *gotan* gebildet wurde. Damit zu vergleichen sind die Dat.-Akkusative *Vatern, Muttern,* wie sie z. B. in Berlin üblich sind.

Nach Ausbildung der Familiennamen werden Vor- und Zuname als eine Einheit gefasst, und man bildet daher z. B. den Gen. *Friedrich Müllers,* während man, solange *Müller* noch als ein Beiname nach der Beschäftigung gefasst wurde, *Friedrichs Müllers* sagen musste. Nachdem sich das ursprünglich zur Angabe der Herkunft gebrauchte *von* zur Bezeichnung des Adels entwickelt hatte, wurde es gleichfalls in den Namen mit einbezogen, und man bildete z. B. den Gen. *(Karl) von Rottecks* (nicht mehr *Karls von Rotteck*). In der Schweiz, wo Familiennamen wie *Von der Mühl, Auf der Mauer* nicht selten sind, fällt jetzt der Hauptton auf die Präp., eine Folge davon, dass das Ganze als ein Wort gefasst wird. Entsprechend verhält es sich mit Ortsnamen wie *Amsteg, Ímhof*.

§ 161. Im Lat. war *decemviri* ursprünglich nichts anderes als „die zehn Männer." Nachdem man sich aber gewöhnt hatte, den Ausdruck als Bezeichnung eines bestimmten Kollegiums zu fassen, gelangte man dazu als Amtsbezeichnung für einen einzelnen den Sg. *decemvir* zu bilden. Entsprechend gebildet ist *der Siebenschläfer* aus *die sieben Schläfer* (nach der Legende), mhd. *der zwelfbote* (Apostel) aus *die zwelf boten*. Wenn ein Kompositum nicht mehr als solches empfunden wird, folgt es der Analogie der Simplizia. Vgl. die Partizipia *gefressen* (mhd. noch *frezzen*, weil das Verbum eine Zusammensetzung aus **fr-* = got. *fra-* und *ezzen* ist), *geblieben* (mhd. *beliben*), *gegönnt* (*gan* „ich gönne" aus **ga-an*), süd.- und ostfränk. *gepalde* zu *palde* = *behalten*. Entsprechend erklärt sich im Griech. ἐκάθευδον neben καθηῦδον daraus, dass einfaches εὕδω aus dem gewöhnlichen Gebrauche verschwunden war.

§ 162. Ein völlig substantiviertes Adj. kann der Analogie der alten Substantiva folgen. So konnten *Greis* und *Jünger*, die ursprünglich regelrecht substantivierte schwache Adjektiva waren, in die starke Deklination übertreten. Aus denselben werden die Feminina *Greisin*, *Jüngerin* abgeleitet, ebenso aus anderen Substantivierungen *Fürstin*, *Obristin*, *Gesandtin* (Frau des Obersten, Gesandten); auch *Bekanntin*, *Verwandtin* u. a. kommen vor statt *die Bekannte*, *Verwandte*.

Die griechischen Adverbia auf -ως sind ursprünglich Kasus der o-Deklination. Nachdem sie sich aber einmal aus dem Flexionssysteme herausgelöst haben und -ως als ein Wortbildungssuffix empfunden ist, hat es sich auch auf andere Stämme übertragen können, die in ihrer Flexion keinen Einfluss von den o-Stämmen her erfahren haben, vgl. ἡδέως, σωφρόνως etc. Entsprechend verhält es sich mit dem Adverbialsuffix -*o* im Ahd., welches gleichfalls von den o-Stämmen auf die alten i- und u-Stämme übertragen ist: *kleino*, *harto* nach *liobo* etc.

Es gibt im Nhd. eine beträchtliche Zahl von Adverbien, die ihrem Ursprunge nach Genitive Sg. aus Nominibus sind, wie *falls*, *rings*, *rechts*, *stracks*, *blindlings*. In dem *s* empfindet man aber schon lange nicht mehr das Genitivszeichen, es muss jetzt als ein Adverbialsuffix erscheinen. In Folge davon wird es im Neuhochdeutschen auf andere Adverbia übertragen, die ihrem Ursprunge nach gleichfalls Kasus von Nominibus oder Verbindungen einer Präposition mit einem Kasus sind, aber ebensowenig als solche empfunden werden, sondern unter die allgemeine Kategorie der Adverbien getreten sind, vgl. *allerdings* (aus *aller Dinge* Gen. Pl.), *schlechterdings*, *jenseits*, *diesseits* (mhd. *jensît* Akk. Sg.), *abseits* (aus *ab Seite*), *hinterrücks*, im 17. Jahrhundert auch *hinterrückens* (aus älterem *hinterrück*, *hinterrücken*), *unterwegs*, *unterwegens* (aus *unter Wege*, *unter Wegen*), *vollends* (älter *vollen*, *vollend*) etc. Die Verwandlung des *s* aus einem Kasussuffix in ein

Wortbildungselement hat es auch ermöglicht, dass dasselbe in Ableitungen hinübergenommen ist: *desfallsig, allenfallsig*. Hans Sachs bildet einen Komparativ *flüchser* zu *flugs*. Es ist das eine Folge davon, dass der Substantivkasus auf eine Linie mit den adjektivischen Adverbien getreten ist, denen ursprünglich allein Komparation zukommt.

§ 163. Wenn eine syntaktische Verbindung zu einer Worteinheit verschmolzen ist, so wird diese neue Einheit nach Analogie des einfachen Wortes behandelt und dasjenige auf sie übertragen, was in Bezug auf dieses möglich ist. Es kommt in verschiedenen Sprachen vor, dass eine Partikel sich untrennbar an ein Pron. anlehnt. Die Folge davon kann sein, dass die Flexion nach dem Muster der einfachen Wörter von der Mitte an das Ende verlegt wird. Plautus gebraucht von *i-pse* noch den Akk. *eumpse, eampse*, den Abl. *eopse, eapse*, die später durch *ipsum* etc. ersetzt sind. Eine ähnliche Entwickelung, wie sich besonders an den altnordischen Runenformen nachweisen lässt, hat unser Pron. *dieser* durchgemacht, ein Kompositum aus dem Artikel und der Partikel *se*. Eine grosse Bereicherung erwächst der Sprache dadurch, dass aus solchen durch sekundäre Verschmelzung entstandenen Kompositis die nämlichen Ableitungen gebildet werden, wie aus den einfachen Wörtern, und dass sie ebenso wie diese wieder als Glied eines Kompositums dienen können; vgl. *Überwinder, Überwindung, ergiebig, befahrbar, gedeihlich, Betrübnis, Gefangenschaft, Befangenheit; edelmännisch, hochmütig, jungfräulich, landesherrlich, Landsmannschaft, Grossherzogtum, Bärenhäuter, Kindergärtnerin; sofortig, bisherig, jenseitig; Rotweinflasche, Gänseleberpastete; Überhandnahme, Vorwegnahme, Zurücknahme.*

§ 164. Nicht selten **erstarrt** eine Flexionsform, indem sie auf Fälle übertragen wird, denen sie eigentlich nicht zukommt.[1]) Unser *selber* ist der Nom. Sg. M. und zugleich der Gen. und Dat. Sg. Fem. und Gen. Pl. eines älteren Adj. *selb*, welches als Adj. jetzt nur noch in *der selbe* erhalten ist. Das gleichbedeutende *selbst* = älterem *selbes* ist der Nom. und Akk. Sg. N. und zugleich Gen. Sg. M. und N. desselben Wortes. Im Mhd. wird das Adj. teils stark, teils schwach flektiert und richtet sich im Genus, Numerus und Kasus nach dem Nomen, auf das es sich bezieht, also *im selben, ir selber, sin selbes* etc. Wenn nun die im Mhd. erhaltenen Formen sich an Stellen eingedrängt haben, wo andere am Platze gewesen wären, so kann das erst eine Folge davon gewesen sein, dass das Wort nicht mehr als ein Adj. empfunden wurde. Indem man in *selber* nur noch die Funktion einer energischen

---

[1]) Vgl. zum Folgenden Brugmann, Ein Problem der homerischen Textkritik, S. 119 ff.

Indentifizierung empfand, wendete man die Form überall an, wo eine solche Identifizierung auszusprechen war. Entsprechend verhält es sich mit dem mundartlichen *halber*: *die Nacht ist halber hin, es ist halber eins*; mit *einander*, statt dessen man im Ahd. regelrechte Flexion hat: *ein anderan, ein andermo* etc. Im Mhd. kann man noch sagen *beider des vater und des sunes*, wobei *des vater und des sunes* eigentlich in appositionellem Verhältnis zu *beider* steht. Gewöhnlicher aber ist *beide des vater und des sunes*. Es ist also die Nominativform *beide* erstarrt, indem der Ursprung der Konstruktion nicht mehr zum Bewusstsein kommt und die Funktion von *beide* — und sich unserm *sowohl* — *als auch* annähert. Im Lat. hat der Nom. *quisque* neben dem Reflexivpron. und dem dazu gehörigen Possessivum sein Gebiet überschritten, z. B. *multis sibi quisque imperium petentibus*. Bei Plautus findet sich *praesente testibus* statt *praesentibus*, bei Afranius *absente nobis*; daraus erkennt man, dass die betreffenden Partizipialformen sich dem Charakter von Präpositionen genähert hatten. Verbindungen wie *agedum conferte, agedum creemus* sind die Folge davon, dass man *age* nicht mehr als 2. Sg. Imp. empfunden hat, sondern nur als einen allgemeinen ermunternden Zuruf. Entsprechend steht im Griech ἄγε vor einem Plural, ebenso εἰπέ, φέρε, ἰδού;[1] ferner im Lat. *cave dirumpatis* (Plaut.) u. dergl.; in unserer Umgangssprache zuweilen *warte mal*, auch wo die Anrede an mehrere Personen gerichtet ist oder an eine, die man sonst mit *Sie* anredet. Im älteren Nhd. wird *siehe* auch bei der Anrede an eine Mehrheit gebraucht; vollständig erstarrt sind franz. *voici, voilà*. Im Spätgriechischen werden ὤφελον und ὤφελε ohne Rücksicht auf Person oder Numerus wie Konjunktionen gebraucht. Unser *nur* ist aus *enwære* (es wäre denn) entstanden. Dieses *enwære* hat sich also auch an Stelle von *enwærest, enwæren, ensî, ensîn* etc. eingedrängt.

Ein ähnlicher Vorgang ist es, wenn im Spätmhd. *sich*, abhängig von einer Präp., auch in Sätze dringt, in denen das Subj. die erste oder zweite Person ist.[2] Es ist das die Folge davon, dass ein *über sich* oder *unter sich* nicht mehr analysiert, sondern = in die Höhe, in die Tiefe aufgefasst wird; vgl. unser jetziges *vor sich gehen* und *an und für sich*. Daher gebraucht man diese Verbindungen auch, wo sie gar nicht auf das Subjekt, sondern nur auf einen obliquen Kasus bezogen werden können; z. B. *heb hinten über sich das Glas* (hebe das Glas in die Höhe, Uhl. Volkslieder). Dieselbe Erstarrung findet sich bei *seiner Zeit*, vgl. z. B. *die Jugend ist unternehmend, wir sind es seiner Zeit auch gewesen* (Hackländer). Entsprechend bei lat. *suo loco, sua sponte*,

---

[1] Vgl. Brugmann a. a. O. S. 124.
[2] Vgl. Brugmann a. a. O.

suo nomine. Bei römischen Juristen finden sich Verbindungen wie *si sui juris sumus*. Im Anord. hat sich mit Hilfe des Reflexivums ein Medium und Passivum herausgebildet. Dabei ist das auf *sik* zurückgehende *-sk*, jünger *z*, welches ursprünglich nur der dritten Person zukommen konnte, zuerst auf die zweite, dann auch auf die erste Person übertragen, z. B. *lúkomz* statt älterem *lúkomk* (= **lúko-mik*); das *z* wurde nicht mehr in seiner ursprünglichen Bedeutung, sondern als Zeichen des Mediums oder Passivums gefasst. In sehr vielen ober- und mitteldeutschen Mundarten wird *sich* auch als Reflexivum für die 1. Plur. gebraucht, hie und da auch für die 2. Person. Die gewöhnliche Beschränkung auf die 1. Plur. ist wohl daraus zu erklären, dass bei dieser die Übertragung durch die formelle Übereinstimmung der Verbalform mit der 3. Plur. erleichtert wurde.[1] In bairischen Mundarten wird das Possessivpron. *sein* auch auf das Fem. und auf den Plur. bezogen, vgl. Schmeller S. 198.

§ 165. Plautus verbindet die Wörter *perire, deperire, demori* im Sinne von „sterblich verliebt sein" mit dem Akk.; desgleichen Virg., Hor. und andere *ardere* = „in Liebe zu jemand entbrannt sein". Offenbar ist die Konstruktion dieser Wörter durch die von *amare* beeinflusst, weil sie in ihrer metaphorischen Verwendung dem eigentlichen Sinne desselben nahe kommen. Es lässt sich daraus wohl der Schluss ziehen, dass sie in dieser Verwendung wenigstens in der Dichtersprache schon etwas verbraucht waren. Denn wäre ihre eigentliche Bedeutung noch voll lebendig empfunden, so würde eine solche Vertauschung der Konstruktion wohl nicht eingetreten sein. Indessen muss hier doch in Betracht gezogen werden, wie viel etwa auf Rechnung einer absichtlichen poetischen Kühnheit zu setzen ist. Anders verhält es sich in Bezug auf die gewöhnliche prosaische Rede. Auch in dieser kommt es häufig vor, dass ein Wort die ihm seiner Grundbedeutung nach zukommende Konstruktionsweise mit einer andern vertauscht, die dazu nicht passt, indem es entweder durch ein bestimmtes einzelnes Wort oder durch eine Gruppe von Wörtern beeinflusst wird, denen es sich mit der Zeit in seiner Bedeutung angenähert hat. Hier ist der **Konstruktionswechsel ein untrügliches Kriterium für das Verblassen der Grundbedeutung**. Namentlich bekundet sich darin häufig die Loslösung von der ursprünglich zu Grunde liegenden sinnlichen Anschauung.

---

[1] Die von Brugmann a. a. O. S. 123 ausgesprochene Ansicht, das dieses *sich* aus *unsich* entstanden sei, kann ich nicht teilen, weil die Form *unsich* bereits untergegangen ist, bevor diese Verwendung von *sich* auftaucht. Mit Weinhold, Bair. Gram. § 359 und Schuchardt, Slawodeutsches S. 107 slawischen Einfluss anzunehmen verbietet das Verbreitungsgebiet der Erscheinung.

238 Zwölftes Kapitel. Einfluss d. Funktionsveränderung auf d. Analogiebildung.

Für diese Loslösung sind besonders instruktiv manche Komposita mit Ortsadverbien. Zu *einwirken* und *Einwirkung* gehört ursprünglich die Präp. *in* und diese ist im 18. Jahrhundert üblich, vgl. *sobald Kunst und Wissenschaft in das Leben einwirkt* (Goe.); *durch die Einwirkung in gewisse Werkzeuge* (Garve). Wir setzen jetzt wie beim Simplex *wirken* ein *auf*, und dies beweist, dass uns das Gefühl für die sinnliche Anschauung, auf die das *ein* hinweist, verloren gegangen ist. Die nämliche Vertauschung hat stattgefunden bei *Einfluss*, vgl. *Folgen, die in ihre Glückseligkeit einen notwendigen Einfluss haben sollen* (Le.), *Gesundheit ist ein Gut, welches in alles Einfluss hat* (Garve), und so allgemein im 18. Jahrhundert (auch bei *einfliessen* = „Einfluss haben" steht früher *in* und *auf*); *einschränken*, vgl. *es hat längst aufgehört in die engen Grenzen eingeschränkt zu sein* (Le.) etc.; *Eindruck*, vgl. *die Nähe des schönen Kindes musste wohl in die Seele des jungen Mannes einen so lebhaften Eindruck machen* (Goe.); *welchen tiefen Eindruck er, auf mein ganzes Leben, in mein Herz gemacht hat* (Miller); noch sinnlicher: *um durch das Grosse dieses Todes einen unauslöschlichen Eindruck seiner selbst in das Herz seiner Spartaner zu graben* (Schi.); doch erscheint es mit *auf* schon bei Lessing; *eingehen*, vgl. *da ich in alles einging* (*auf* schon im 18. Jahrh. gewöhnlich). *Abgeneigt, Abneigung gegen* oder, wie ältere Schriftsteller auch sagen, *vor* kann nicht ursprünglich sein, sondern nur *von*, vgl. *abgeneigt von der bessren Meinung* (Le.), *Abneigung von den Erdentöchtern* (Wieland), *Abneigung von allen literarischen Händeln* (Goe.). Für *nachdenken über* finde ich im DWb den ältesten Beleg aus Schillers Don Karlos; sonst ist im 18. Jahrhundert und selbst bis in das 19. hinein der blosse Dat. (eigentlich von *nach* abhängig) üblich, z. B. *um ihren Briefen nachzudenken* (Nicolai), *ich dachte der Ursache nach* (Goe.), *und dachte manchen Dingen nach* (Frenssen); entsprechend verhält es sich mit *nachsinnen*, vgl. *als wenn sie einem grossen Streich nachsänne* (Goe.), *oft sinn' ich meinen eignen Worten nach* (Grillparzer).

Wenn man jetzt sagt *sei mir willkommen in meinem Hause*, so ist klar, dass der zweite Bestandteil des Wortes nicht mehr als Part. von *kommen* gefasst wird. So lange das geschah, verstand sich auch die Angabe einer Richtung, z. B. *willekomen her in Guntheres lant* (Nibelungenlied).

Die Konstruktion *vergnügt über etwas* steht in Analogie zu *froh über etwas* u. dergl.; sie zeigt, dass *vergnügt* nicht mehr als Part. des Verb. *vergnügen* „zufrieden stellen" empfunden ist, an welches das Mittel durch *mit* anzuknüpfen wäre und so lange angeknüpft wurde, als *vergnügt* die Bedeutung von „zufrieden" hatte; vgl. noch den Wechsel bei Wieland: *Tag meines Lebens hab ich niemand über das Werk eines andern so vergnügt gesehen, als er es mit dem Oberon war.* Ähnlich ist neben *sich bekümmern, bekümmert* jetzt um das allein Gebräuchliche, während im 16. und 17. Jahrh. daneben noch *mit* üblich war, vgl. aus dem Simplizissimus: *mit Schulpossen sich nicht viel zu bekümmern; weil Mercurius mit allerhand Staatsgeschäften bekümmert war.* Murner sagt noch *vnd hindern jn von synem glück* der sinnlichen Grundbedeutung von *hindern* „nach hinten drängen" entsprechend, während die Verbindung mit *an* ein Zeichen für das Eintreten des abstrakten Sinnes ist. Eine radikalere Umgestaltung hat die Konstruktion von *verehren* erfahren; man sagt ursprünglich der Grundbedeutung gemäss *einen womit verehren*; nachdem dies aber den Sinn „beschenken" angenommen hatte, machte sich der Einfluss von *schenken* u. dergl. geltend.

Ein *quin conscendimus equos* ist eigentlich „warum besteigen wir nicht die Pferde", dem Sinne nach aber = „lasst uns die Pferde besteigen"; daher kann man nun auch nach *quin* einen Imp. oder adhortativen Konj. setzen, z. B. *quin age istud, quin experiamur*. Entsprechend ist mhd. *wan fürchtet si den stap* eigentlich „warum fürchten sie nicht den Stab", nähert sich aber dem Sinne „mögen sie den Stab fürchten"; in Folge davon wird nach *wan* auch der in Wunschsätzen ohne einleitende Konjunktion übliche Konj. Prät. gesetzt, z. B. *wan hæte ich iuwer kunst.* Auf die nämliche Weise erklärt sich wahrscheinlich im Afranz. die Verbindung von *car* (= *quare*) mit dem Konditionel und dem Imp. (vgl. Diez III, 214).

Griech. οὐκοῦν ist ursprünglich = „also nicht" und dient zur Einleitung einer Frage, auf die man eine bejahende Antwort erwartet. Die mit οὐκοῦν eingeleiteten Sätze sind aber allmählich als direkte positive Behauptungen aufgefasst. Daher ist der Partikel nur die Funktion des Folgerns verblieben und sie wird in Sätzen verwendet, die gar nicht mehr als Fragesätze aufgefasst werden können, z. B. neben dem Imperativ, vgl. ο᾿κοῦν ἀπάγαγέ με αὖθις ἐς τὸν βίον (Lucian).[1] Ganz die gleiche Entwickelung zeigt im Sanskrit *na-nu*.[2] Es dient zunächst wie *nonne* zur Einleitung von Fragesätzen, dann aber, indem solche Fragesätze zu Behauptungssätzen umgedeutet sind, lässt es sich durch „doch wohl" übersetzen, und kommt dann auch in Aufforderungssätzen vor, vgl. *nanu ucyatām* = es soll doch gesagt werden.

Der Acc. c. Inf. konnte ursprünglich jedenfalls nur neben einem transitiven Verbum stehen, so lange der Subjektsakk. noch als direkt von dem Verb. fin. abhängig empfunden wurde, vgl. darüber Kap. 16. Nachdem aber die Auffassung sich so verschoben hatte, dass der Acc.

---

[1] Vgl. Kühner, Griech. Gram. II, 1, S. 717.
[2] Auf diesen Parallelismus hat mich Brugmann aufmerksam gemacht.

c. Inf. als ein abhängiger Satz und der Akk. als Subj. desselben gefasst wurde, war es möglich, die Konstruktion weit über ihre ursprünglichen Grenzen auszudehnen. So werden im Lat. auch Verba mit dem Acc. c. Inf. konstruiert, die keinen Objektsakk. bei sich haben können, wie *gaudere, dolere*, ferner Verbindungen wie *magna in spe sum, spem habeo* etc. In sehr vielen Fällen wird dann der Acc. c. Inf. als Subjekt verwendet, so nach *licet, accidit, constat* etc., nach *fas, jus est* etc., bei Passiven neben dem Nom. c. Inf., vgl. *non mihi videtur ad beate vivendum satis posse virtutem* (Cic.); *Volcos et Aequos extra fines exisse affertur* (Liv.). Weiterhin dringt dann der Acc. c. Inf. auch in Sätze ein, die von einem andern Acc. c. Inf. abhängen. So zunächst in lose angeknüpfte Relativsätze, z. B. *mundum censent regi numine deorum, ex quo illud natura consequi* (Cic.), vgl. Draeger § 447, 1. Ferner in Vergleichungssätze, z. B. *ut feras quasdam nulla mitescere arte, sic immitem ejus viri animum esse* (Liv.); *addit etiam se prius occisum iri ab eo quam me violatum iri* (Cic.), vgl. ib. 448, 1. 453, 2. In die indirekte Frage, z. B. *quid sese inter pacatos facere, cur in Italiam non revehi* (Liv.), vgl. ib. 450. Sogar in Temporal- und Kausalsätze, z. B. *crimina vitanda esse, quia vitari metus non posse* (Seneca), vgl. ib. 448, 2. 3. Die entsprechende Ausdehnung findet sich im Griechischen. Die Gewohnheit ;das Subj. zum Inf. in der Form des Akk. zu haben, führt hier auch zur Verwendung dieses Kasus neben dem durch den Art. substantivierten Inf., in welchem Kasus derselbe auch stehen mag, vgl. αἴτιος τοῦ νικηθῆναι τοὺς Λακεδαιμονίους, διὰ τὸ τὴν πόλιν ᾑρῆσθαι ὑπὲρ τοῦ ταῦτα μὴ γίγνεσθαι.

§ 166. Wenn zwei Konstruktionsweisen sich in ihrer Funktion teilweise decken, so kann bei manchen überlieferten syntaktischen Verbindungen eine Unsicherheit darüber entstehen, welche von den beiden zu Grunde liegt. So entsteht eine Umdeutung der Verbindung, und diese Umdeutung lenkt die Wirksamkeit der Analogie in eine neue Bahn.

Der von einem Subst. abhängige Gen. hat eine ähnliche Funktion wie das attributive Adj. In Verbindungen nun wie *Hamburger Rauchfleisch, Kieler Sprotten* liegt als erstes Glied der Gen. der Einwohnerbezeichnung zu Grunde, dem Sprachgefühl aber liegt es näher dasselbe als ein aus dem Ortsnamen abgeleitetes Adj. zu fassen; jedenfalls beziehen wir es direkt auf den Ort, und nicht auf die Einwohner. Zwar lehrt noch die Flexionslosigkeit, dass kein wirkliches Adj. vorliegt. Anderseits aber zeigt die Art, wie der Artikel bei der Verbindung verwendet wird (*das Hamburger Rauchfleisch*), dass der Gen. nicht mehr als solcher empfunden wird; denn die Stellung des Gen. zwischen Art. und Subst. ist jetzt unmöglich geworden. Dem Ahd. ging ein Possessivpron. zu dem Fem. und dem Plur. *sie* ab. Man verwendete statt dessen den Gen. dieses Pron. *ira, iro*. Auch im Mhd. bleibt der Gen. *ir*, aber sporadisch fängt man an denselben als Adj. zu fassen und adjektivisch zu deklinieren. Dieser Gebrauch ist im Nhd. allgemein geworden, und so ist unser Possessivpron. *ihr* entstanden. Die Berührung des Genitivs mit dem attributiven Adj. ist wahrscheinlich auch die Veranlassung gewesen, ihn nach den Muster des Adj. prädikativ zu verwenden, vgl. *er ist des Todes, reines Herzens, so sind wir des Herrn* (Lu.) etc. Diese Verwendung gehört allerdings wohl schon der indogermanischen Grundsprache an.

Dreizehntes Kapitel.

Verschiebungen in der Gruppierung der etymologisch zusammenhängenden Wörter.

§ 167. Wenn man sämtliche die gleiche Wurzel enthaltenden Wörter und Formen nach den ursprünglichen Bildungsgesetzen, wie sie durch die zergliedernde Methode der älteren vergleichenden Grammatik gefunden sind, zusammenordnet, so erhält man ein mannigfach gegliedertes System oder ein grösseres System von kleineren Systemen, die ihrerseits wieder aus Systemen bestehen können. Schon ein einziges indogermanisches Verbum für sich stellt ein sehr kompliziertes System dar. Aus dem Verbalstamme haben sich verschiedene Tempusstämme, aus jedem Tempusstamme verschiedene Modi, erst daraus die verschiedenen Personen in den beiden Genera entwickelt. Die analytische Grammatik ist bemüht immer das dem Ursprunge nach nächst Verwandte von dem erst in einem entfernteren Grade Verwandten zu sondern, immer zwischen Grundwort und Ableitung zu scheiden, alle Sprünge zu vermeiden und nicht etwas als direkte Ableitung zu fassen, was erst Ableitung aus einer Ableitung ist. Was aber von ihrem Gesichtspunkte aus ein Fehler in der Beurteilung der Wort- und Formenbildung ist, das ist etwas, dem das Sprachbewusstsein unendlich oft ausgesetzt ist. Es ist ganz unvermeidlich, dass die Art, wie sich die etymologisch zusammengehörigen Formen in der Seele der Sprachangehörigen unter einander gruppieren, in einer späteren Periode vielfach etwas anders ausfallen muss als in der Zeit, wo die Formen zuerst gebildet wurden. Und die Folge davon ist, dass auch die auf solcher abweichenden Gruppierung beruhende Analogiebildung aus dem Gleise der ursprünglichen Bildungsgesetze heraustritt. Sekundärer Zusammenfall von Laut und Bedeutung ist dabei vielfach im Spiel. Welche wichtige Rolle dieser Vorgang in der Sprachgeschichte spielt, mag eine Reihe von Beispielen lehren.

§ 168. Wir haben im Nhd. eine Anzahl von Alters her überlieferter Nomina actionis männlichen Geschlechts neben entsprechenden

Verben, vgl. *Fall — fallen, Fang — fangen, Schlag — schlagen, Streit — streiten, Lauf — laufen, Sang — singen.* Wenn wir auf das ursprüngliche Bildungsprinzip zurückgehen, so werden wir sagen müssen, dass weder das Nomen aus dem Verbum, noch das Verbum aus dem Nomen abgeleitet ist, sondern beide direkt aus der Wurzel. Wir haben ferner einige Fälle, in denen neben einem Nomen actionis ein daraus abgeleitetes schwaches Verbum steht, vgl. *Hass — hassen, Krach — krachen, Schall — schallen, Rauch — rauchen, Ziel — zielen, Mord — morden, Hunger — hungern.* Im Nhd. sind diese beiden Klassen nicht auseinander zu halten, namentlich deshalb, weil die Verschiedenheit der Verbalendungen im Präs. ganz verschwunden ist. Es erscheinen jetzt *Schlag — schlagen* und *Hass — hassen* einander vollkommen proportional, und man bildet nun weiter auch zu anderen Verben, gleichviel welcher Konjugationsklasse sie angehören, Nomina einfach durch Weglassung der Endung, vgl. *Betrag, Ertrag, Vortrag, Betreff, Verbleib, Begehr, Erfolg, Verfolg, Belang, Betracht, Brauch, Gebrauch, Verbrauch, Besuch, Versuch, Verkehr, Vergleich, Bereich, Schick, Bericht, Verein, Ärger* etc. Im Mhd. steht neben dem Subst. *gît* ein daraus abgeleitetes Verbum *gîtesen*. Letzteres entwickelt sich im Spätmhd. regelrecht zu *geitzen, geizen*, und daraus bildet sich das Subst. *Geiz*, welches das ältere *geit* verdrängt. Entsprechend ist *Blitz* gebildet zu *blitzen* aus *blickezen*, einer Ableitung aus *Blick*, das ursprünglich auch die Bedeutung „Blitz" hatte.[1]).

§ 169. Wo ein Nomen und ein Verbum von entsprechender Bedeutung nebeneinander stehen, da ist es unausbleiblich, dass die aus dem einen gebildete Ableitung sich auch zu dem andern in Beziehung setzt, so dass sie dem Sprachgefühl eben sowohl aus dem letzteren wie aus dem ersteren gebildet erscheinen kann, und diese von dem ursprünglichen Verhältnis abgehende Beziehung kann dann die Veranlassung zu Neubildungen werden. Unser Suffix *-ig* (ahd. *-ag* und *-îg*) dient ursprünglich nur zu Ableitungen aus Nominibus. Aber es stehen ihrer Form und Bedeutung nach Wörter wie *gläubig, streitig, geläufig* in eben so naher Beziehung zu *glauben, streiten, laufen* wie zu *Glaube, Streit, Lauf*, andere wie *irrig* sogar in näherer Beziehung zu dem betreffenden Verbum, weil das Subst. *Irre* in seiner Bedeutungsentwickelung dem Adj. nicht parallel gegangen ist; bei andern wie *gehörig, abwendig* ist das zu Grunde liegende Subst. (mhd. *hôre*) verloren gegangen oder wenigstens nicht mehr allgemein gebräuchlich. So werden denn eine Anzahl von Adjektiven geradezu aus Verben gebildet, vgl. *erbietig* (gegenüber dem nominalen *erbötig*), *ehrerbietig, freigebig.*

---

[1]) Über ähnliche „Rückbildungen" im Ungarischen vgl. Simonyi S. 282.

ergiebig, ausfindig (doch wohl mit Anlehnung an mhd. *fündec*), *zulässig, rührig, wackelig, dämmerig, stotterig*; auch *abhängig* kann seiner Bedeutung nach nicht zu *Hang, Abhang*, sondern nur zu *abhangen* gestellt werden. Ebenso verhält es sich mit den Adjektiven auf *-isch*, von denen wenigstens *neckisch, mürrisch, wetterwendisch* als Ableitungen aus Verben aufgefasst werden müssen, nach dem Muster solcher wie *neidisch, spöttisch, argwöhnisch* etc. gebildet. Unser Suffix *-er* (ahd. *-âri, -eri*, mhd. *-ære, -er*), welches jetzt als allgemeines Mittel zur Bildung von Nomina agentis aus Verben dient, wurde ursprünglich nur zu solchen Bildungen verwendet, wie wir sie noch in *Bürger, Müller, Schüler* und vielen andern Wörtern haben. Im Got. sind sicher nominalen Ursprungs *bokareis* (Schriftgelehrter) von *boka* (im Pl. Buch), *daimonareis* (Besessener) von δαίμων, *motareis* (Zöllner) von *mota* (Zoll), *wullareis* (Tuchwalker) von *wulla* (Wolle), *liupareis* (Sänger) von einem vorauszusetzenden **liup* = ahd. *leod*, nhd. *lied*. Demgemäss werden wir wohl auch *laisareis* (Lehrer) und *sokareis* (Forscher) nicht von den Verben *laisjan* (lehren) und *sokjan* (suchen) abzuleiten haben, sondern von vorauszusetzenden Substantiven **laisa* = ahd. *lêra*, nhd. *lehre* und **soka* = mhd. *suoche*. Diese beiden letzten Wörter zeigen aber bereits die Möglichkeit die Bildung in Beziehung zu einem Verbum zu setzen. Auch neben *liupareis* steht *liupon* (singen). An solche Muster angeschlossen beginnen dann schon im Ahd. die Ableitungen aus Verben. Dass die nominale Ableitung das Ursprüngliche ist, sieht man namentlich noch an solchen Fällen wie *zuhtâri* (Erzieher), aus *zuht*, nicht aus *ziohan* abgeleitet, *nôtnumftâri* (Räuber); vgl. noch nhd. *Wächter, Lügner* (aus ahd. *lugina*), *Redner* (aus ahd. *redina*). In den Fällen, wo der Wurzelvokal der nominalen Ableitung nicht zum Präs. des Verbums stimmt, tritt mehrfach eine verbale Neubildung daneben, und mitunter haben sich beide Bildungen bis ins Neuhochdeutsche gehalten, vgl. *Ritter — Reiter, Schnitter — Schneider, Näther — Näher, Mähder — Mäher, Sänger — Singer* (ahd. nur *sangâri*), *Schilter* (als Eigenname) = mhd. *schiltære* (Mahler) — *Schilderer*. Die Substantiva auf ahd. *-ida* (got. *ipa*) scheinen ursprünglich nur aus Adjektiven gebildet zu sein und erst in Folge sekundärer Beziehung aus Verben: *kisuohhida* zu *kisuohhen*, *pihaltida* zu *pihaltan* nach *chundida — chunden — chund* etc.

Wie in der Ableitung verhält es sich auch in der Komposition. Die allmähliche Umdeutung eines nominalen ersten Kompositionsgliedes in ein verbales und die dadurch hervorgerufenen Neubildungen hat Osthoff[1]) ausführlich behandelt. So treten z. B. ahd. *waltpoto* (procu-

---

[1]) Das Verbum in der Nominalkomposition im Deutschen, Griechischen, Slavischen und Romanischen. Jena 1878.

rator), *sceltwort, betohus, spiloman, fastatag, wartman, spurihunt, erbireht*, welche doch die Nomina *walt (giwalt), scelta, beta, spil, fasta, warta, spuri, erbi* enthalten, in direkte Beziehung zu den Verben *waltan, sceltan, betôn, spilôn, fastên, wartên, spurien, erben*, und von diesen und ähnlichen Bildungen aus entspringt die im Nhd. so zahlreich gewordene Klasse von Kompositis mit verbalem ersten Gliede wie *Esslust, Trinksucht, Schreibfeder, schreibfaul* etc. Hierher gehören namentlich viele Komposita mit *-bar, -lich, -sam, -haft*,[1]) die aber vom Standpunkte des Sprachgefühls aus vielmehr als Ableitungen zu betrachten und mit den oben angeführten Bildungen auf *-ig* und *-isch* gleichzustellen sind, vgl. Wörter wie *wählbar, unvertilgbar, unbeschreiblich, empfindlich, empfindsam, naschhaft*. Der Übergang zeigt sich besonders deutlich bei solchen Wörtern wie *streitbar, wandelbar, vereinbar*. *Streitbar* kann noch eben so gut auf *Streit* wie auf *streiten* bezogen werden, aber *unbestreitbar* nur auf *bestreiten*. Im Mhd. wird *wandelbære* durchaus auf *Wandel* bezogen, und da dieses gewöhnlich „Makel" bedeutet, so bedeutet es auch gewöhnlich „mit einem Makel behaftet"; im Nhd. dagegen ist *wandelbar, unwandelbar* ganz an die Bedeutung des Verb. *wandeln* angelehnt. Im Mhd. gibt es ein Adj. *einbære* „einträchtig", ganz ohne Beziehung auf das Verb. denkbar.

§ 170. Sehr häufig ist der Fall, dass eine Ableitung aus einer Ableitung in direkte Beziehung zum Grundworte gesetzt wird, wodurch dann auch wirkliche direkte Ableitungen veranlasst werden mit Verschmelzung von zwei Suffixen zu einem. So erklärt sich z. B. die Entstehung unserer neuhochdeutschen Suffixe *-nis, -ner, -ling*. Im Got. liegt noch ganz klar ein Suffix *-assus* vor (*ufar-assus* Überfluss). Dasselbe wird aber am häufigsten verwendet zu Bildungen aus Verbis auf *-inon*, z. B. *gudjinassus* (Priesteramt) zu *gudjinon* (Priesterdienst verrichten). Sobald man dieses direkt auf *gudja* (Priester) bezog, musste man *-nassus* als Suffix empfinden. Ein *n* fand sich ferner in solchen Bildungen wie *ibnassus* aus *ibns* (eben) und in Ableitungen aus Partizipien wie ahd. *farloran-issa*. So ist es gekommen, dass in den westgermanischen Dialekten, von wenigen altertümlichen Resten abgesehen, ein *n* mit dem Suffix verwachsen ist. Die Bildungen auf *-ner* gehen aus von Nominalstämmen, die ein *n* enthalten, vgl. *Gärtner* (mhd. *gartenære*), *Lügner* (mhd. *lügenære* von *lügene* neben *lüge*), *Hafner* (mhd. *havenære*), *Wagner, Redner* (ahd. *redinâri* aus *redina*), oder von Verben auf ahd. *-inôn*, vgl. *Gleissner* (mhd. *gelichsenære* von *gelichsenen*). Indem nun z. B. *Lügner* zu *Lüge, Redner* zu *Rede, reden* in Beziehung gesetzt

---
[1]) Vgl. Osthoff a. a. O S 116.

wird, entsteht Suffix *-ner*, das wir z. B. finden in *Bildner* (schon im 14. Jahrh. *bildenære*, früher aber *bildære*), *Harfner* (mhd. *harpfære*), *Söldner* (spätmhd. *soldenære*, früher *soldier*). In *Künstler* (mhd. *kunster*) erscheint auch *-ler* als Suffix, denn wir beziehen es direkt auf *Kunst*, weil das Verbum *künsteln*, von dem es eigentlich abstammt, auf speziellere Bedeutung beschränkt ist. Suffix *-ling* (in *Pflegling*, *Zögling* etc.) geht aus von solchen Bildungen wie ahd. *ediling* (der Edele) von *edili* oder *adal*, *chumiling* (nhd. in *Abkömmling*, *Ankömmling*) zu (*uo*-)*chumilo*. So stand zwischen *jung* und *jungilinc* wohl auch einmal eine Diminutivbildung **jungilo*.

Die neuhochdeutschen Verba auf *-igen* sind ausgegangen von Ableitungen aus Adjektiven auf *-ig*. Mhd. *einegen*, *huldegen*, *leidegen*, *nôtegen*, *manecvaltegen*, *schedegen*, *schuldegen* stammen unzweifelhaft aus *einec*, *huldec*, *leidec*, *nôtec*, *schadec*, *schuldec*; aber nhd. *vereinigen*, *beleidigen*, *beschuldigen* wird man eher direkt auf *ein*, *Leid*, *Schuld* beziehen, und bei *huldigen* und *schädigen* ist gar keine andere Beziehung als auf *Huld* und *Schade* möglich, weil die vermittelnden Adjektiva verloren gegangen sind, ebenso *nötigen*, weil *nötig* nicht mehr in der Bedeutung korrespondiert. So entstehen denn andere direkt aus dem Substantivum wie *vereidigen*, *befehligen*, *befriedigen*, *einhändigen*, *beherzigen*, *sündigen*, *beschäftigen*, oder aus einfachen Adjektiven wie *beschönigen*, *sänftigen*, *genehmigen*. Die Verba auf *-ern* und *-eln* sind hervorgegangen aus einem Kerne von Ableitungen aus Nominibus auf ahd. *-ar* und *-al* (*-ul*, *-il*), indem z. B. ahd. *spurilôn* (investigare) nicht direkt auf das Verb *spurien*, sondern auf ein vorauszusetzendes Adj. **spuril* (= altn. *spurall*) zurückgeht; jetzt aber werden sie direkt aus einfacheren Verben abgeleitet, vgl. *folgern*, *räuchern* (spätmhd. *rouchern*, früher *rouchen*), *erschüttern* (mhd., noch im 16. Jahrh. *erschütten*), *zögern* (aus mhd. *zogen*), *schütteln*, *lächeln*, *schmeicheln* (aus mhd. *smeichen*) etc. Auf entsprechende Weise haben sich auch die Ableitungen aus Nominibus wie *äugeln*, *frösteln*, *näseln*, *frömmeln*, *klügeln*, *kränkeln* herausgebildet.

Im Mhd. bilden viele Adjektiva ein Adv. auf *lîche*, vgl. *frôlîche*, *grôzlîche*, *lûterlîche*, *eigenlîche*, *vermezzenlîche*, *sinneclîche*, *einvalteclîche*. Dieserart Formen sind natürlich zunächst von adjektivischen Kompositis auf *-lich* abgeleitet. Indem aber das Adv. des Simplex ausser Gebrauch kommt, stellt sich eine direkte Beziehung zwischen dem Adv. des Kompositums und dem einfachen Adj. her. Die Entwickelung geht sogar noch weiter, indem nach Analogie von *grimmeclîche*, *stæteclîche* u. dergl., die direkt auf *grim* oder *grimme*, *stæte* bezogen werden, auch *armeclîche*, *milteclîche*, *snelleclîche* etc. gebildet werden, wiewohl kein *armec* etc. existiert. Die englischen Adverbia auf *-ly* sind des nämlichen Ursprungs.

Ähnliche Vorgänge sind offenbar in Menge schon in einer Periode eingetreten, in der wir die allmähliche Entwickelung nicht verfolgen können. Wir finden in den verschiedenen indogermanischen Sprachen schon auf der ältesten uns vorliegenden Entwickelungsstufe eine reichliche Anzahl von Suffixen, deren Lautgestalt darauf hinweist, dass sie Komplikationen mehrerer einfacher Suffixe sind, und die wahrscheinlich alle so entstanden sind, dass auf die geschilderte Weise eine Ableitung zweiten Grades zu einer ersten Grades geworden ist.

§ 171. Zu vielen Verschiebungen der Beziehungen gibt ferner das Verhalten von Kompositis zu einander Anlass. Gehen zwei verwandte Wörter eine Komposition mit dem gleichen Elemente ein, so ist es kaum zu vermeiden, dass eine direkte Beziehung zwischen den beiden Kompositis entsteht, und es ergibt sich die Konsequenz, dass das eine nicht mehr als Kompositum, sondern als Ableitung aus einem Kompositum aufgefasst wird. Umgekehrt kann eine Ableitung aus einem Kompositum in direkte Beziehung zu der entsprechenden Ableitung aus dem einfachen Worte gesetzt werden, und die Folge davon ist, dass sie als ein Kompositum aufgefasst wird.

Ein reichliches Material zum Beleg für diese Vorgänge liefert die Geschichte der Komposition im Deutschen. Ursprünglich besteht ein scharfer Unterschied zwischen verbaler und nominaler Komposition. In der verbalen werden nur Präpositionen als erste Kompositionsglieder verwendet, in der nominalen Nominalstämme und Adverbien, anfangs nur die mit den Präpositionen identischen, später auch andere. In der verbalen ruht der Ton auf dem zweiten, in der nominalen auf dem ersten Bestandteile. Bei der Zusammensetzung mit Partikeln ist demnach der Akzent das unterscheidende Merkmal. Sehr häufig ist nun der Fall, dass ein Verbum und ein dazu gehöriges Nomen actionis mit derselben Partikel komponiert werden. In einer Anzahl solcher Fälle ist das alte Verhältnis bis jetzt gewahrt trotz des Bedeutungsparallelismus zwischen den beiden Kompositis,[1]) vgl. *durchbréchen — Dúrchbruch, durchschnéiden — Dúrchschnitt, durchstéchen — Dúrchstich, überblícken — Überblick, überfállen — Überfall, übergében — Übergabe, übernéhmen — Übernahme, überscháuen — Überschau, überschlágen — Überschlag, überséhen — Übersicht, überzíehen — Überzug, umgéhen — Úmgang* (eines Dinges Umgang haben), *unterhálten — Únterhalt, unterschéiden — Únterschied, unterschréiben — Únterschrift,*

---

[1]) Im allgemeinen aber neigen die nominalen Komposita dazu, sich an die uneigentlichen verbalen anzulehnen, gerade auch wegen der gleichen Betonung, während aus den eigentlichen Substantiva auf *-ung* abgeleitet werden, vgl. *dúrchfahren = Dúrchfahrt — durchfáhren = Durchfáhrung* etc.

widerspréchen — Widerspruch. In anderen Fällen hat die verschiedene Akzentuierung eine verschiedene Lautgestalt der Partikel erzeugt, wodurch sich verbales und nominales Kompositum noch schärfer von einander abheben. Hier ist im Nhd. das alte Verhältnis nur in einigen wenigen Fällen erhalten, wo die Bedeutungsentwickelung nicht parallel gewesen ist, wie *erlauben — Urlaub, erteilen — Urteil*. Im Mhd. haben wir noch *empfángen — ámpfanc, enthéizen — ántheiz, entlá'zen — ántláz, entságen — ántsage, begráben — bígraft, bespréchen — bisprâche, bevá'hen — bívanc, erhében — úrhap, erstá'n — úrstende, verbíeten — vúrbot* (gerichtliche Vorladung), *versétzen — vúrsaz* (Versetzung, Pfand), *verzíehen — vúrzoc* u. a. In allen diesen Fällen ist die Diskrepanz, wo die Wörter sich überhaupt erhalten haben, jetzt beseitigt, indem das nominale Kompositum an das Verbum angelehnt ist: *Empfang, Verzug* etc. In andern Fällen ist die Ausgleichung schon im älteren Mhd. eingetreten, und die Partikel *ga-* (nhd. *ge-*) ist mindestens schon im Ahd., wo nicht schon im Urgermanischen stets unbetont. Mitwirkend ist bei diesem Prozesse offenbar das Verhältnis der verbalen Komposita zu den daraus gebildeten nominalen Ableitungen (mhd. *erlœsen — erlœsære, erlœsunge* etc.), die ihrerseits erst Analogiebildungen nach den Ableitungen aus einfachen Verben sind. Auch Inf. und Part., die vielfach zu reinen Nominibus sich entwickeln (vgl. nhd. *Behagen, Belieben, Erbarmen, Verderben, Vergnügen; bescheiden, erfahren, verschieden* etc.) und die aus dem letzteren gebildeten Substantiva (vgl. *Gewissen, Bescheidenheit, Bekanntschaft, Verwandtschaft, Erkenntnis* etc.) wirken mit.

Auf der andern Seite ist auch das Prinzip, dass ein verbales Kompositum kein Nomen enthalten kann, für das Sprachgefühl etwas durchlöchert, indem Ableitungen wie *handhaben, lustwandeln, mutmassen, nottaufen, radebrechen* (durch die schwache Flexion als Ableitung erwiesen, vgl. mhd. *-breche*), *ratschlagen, wetteifern, argwöhnen, notzüchtigen, rechtfertigen, verwahrlosen* aus *Handhabe, Notzucht, rechtfertig* etc. sowie das durch Volksetymologie umgedeutete *weissagen* (ahd. *wîzagôn* aus dem Adj. *wîzag*, substantiviert *wîzago*, der Prophet) auch als Komposita gefasst werden können. Diese Auffassung zeigt sich an dem gelegentlichen Vorkommen von Formen wie *radebricht* (3. Sg. bei A. Gryphius und Platen), *ratschlägt* (Goe.), *ratschlug* (schon bei Lu.). Durch solche Bildungen ist vielleicht das Zusammenwachsen syntaktischer Gruppen zu Kompositis (*lobsingen, wahrsagen*) begünstigt.

Eine andere merkwürdige Verschiebung der Beziehungen in der Komposition findet sich durch zahlreiche Beispiele im Spät- und Mittellateinischen und in den romanischen Sprachen vertreten. Wir haben hier eine grosse Menge von Verben, die aus der Verbindung einer Präposition mit ihrem Kasus entweder wirklich abgeleitet sind oder wenigstens ihrer Bedeutung nach daraus abgeleitet erscheinen, vgl. *accorporare (ad corpus), incorporare, accordare, excommunicare (ex communione), extemporare (extemporalis* schon im 1. Jahrhundert p. Chr.), *emballer, déballer, embarquer, débarquer, enrager, affronter, achever (ad caput), s'endimancher* (sich in den Sonntagsstaat werfen), *s'enorgueillir*.[1]) Hiermit sind auch die Bildungen aus Adjektiven verwandt, welche bedeuten „sich in den betreffenden Zustand hineinversetzen" wie *affiner, enivrer, adoucir, affaiblir, ennoblir* etc. Die ursprüngliche Grundlage für diese Bildungen ist zweierlei gewesen. Einerseits Ableitungen aus komponierten Nominibus, vgl. *assimilis — assimilare, concors — concordare, deformis — deformare* (in der Bedeutung „verunstalten"), *degener — degenerare, depilis — depilare, exanimis — exanimare, exheres — exheredare, exossis — exossare, exsucus — exsucare, demens — dementire, insignis — insignire,* die sich verhalten wie *sanus — sanare*; ferner *dedecus — dedecorare*. Anderseits Komposita von denominativen Verben wie *accelerare* (*celerare* dichterisch), *adaequare, addensare, aggravare, aggregare, appropinquare, assiccare, attenuare, adumbrare, dearmare, decalvare, dehonorare, depopulari, despoliare, detruncare, exhonorare, exonerare, innodare, inumbrare, investire*. Beide Klassen mussten allmählich miteinander zusammengeworfen werden und zumal da, wo in der ersten das zu Grunde liegende Nomen, in der zweiten das Simplex ausser Gebrauch kam, in dem bezeichneten Sinne umgedeutet werden.

§ 172. Eine ähnliche Verschiebung wie in dem Verhältnis verwandter Wörter zu einander findet sich übrigens auch schon in Bezug auf das Verhältnis der verschiedenen Bedeutungen des gleichen Wortes. Unter diesen tritt gewöhnlich eine als die eigentliche Hauptbedeutung hervor. Es ist diejenige, die, wenn das Wort ausser Zusammenhang ausgesprochen wird und ohne eine besondere Disposition des Hörenden, zunächst in das Bewusstsein tritt. Meistens ist sie mit der Grundbedeutung identisch, jedoch keineswegs immer, indem diese öfters seltener geworden ist, mitunter sich nur in bestimmten Formeln erhalten hat. Es macht sich nun die Tendenz geltend, solche vereinzelte Reste älterer Bedeutung an die jüngere, jetzt zur Hauptbedeutung gewordene anzulehnen, so dass sie als Ableitungen aus dieser gefasst werden. *Tadel* bedeutet ursprünglich „Fehler", „Gebrechen"; in *ohne Tadel* haben wir eine direkte Fortsetzung der alten Gebrauchsweise, aber unser heutiges Sprachgefühl erklärt sich auch diese Verbindung aus der jetzigen Bedeutung. Die Grundbedeutung von *Kopf* „Napf"

---

[1]) Mehr Beispiele bei Arsène Darmesteter, Traité de la formation des mots composés dans la langue française (Bibliothèque de l'école des hautes études. Sciences philologiques et historiques 19) Paris 1875, S. 80 ff.

liegt zu Grunde den Zusammensetzungen *Tassenkopf, Schröpfkopf, Pfeifenkopf*, niemand empfindet sie aber mehr darin, man wird vielmehr an eine uneigentliche Verwendung von *Kopf* in dem uns geläufigen Sinne denken. *Rat* bezeichnet ursprünglich „was jemandem an Mitteln zur Befriedigung seiner Bedürfnisse und zur Ausführung seiner Zwecke zu Gebote steht", so noch in *Vorrat, Hausrat*, ferner aber auch in Wendungen wie *zu Rate halten, Rat schaffen, dazu kann Rat werden*, aber dem Sprachgefühl fällt es nicht ein, dass hier etwas anderes als die jetzt übliche Bedeutung zu Grunde liegt. *Knopf* bezeichnet ursprünglich eine kugelartige Anschwellung an einem Gegenstande, wie noch allgemein in *Stecknadelknopf*, und doch fühlt niemand hierin eine ursprünglichere Bedeutung als in *Hemdenknopf, Hosenknopf* u. dergl. Auch *Knoten* bezeichnet ursprünglich eine rundliche Anschwellung, für uns gehört es jetzt aber als etwas Wesentliches zum Begriffe Knoten, dass derselbe durch eine Verschlingung entstanden ist, und wir sind geneigt in *Flachsknoten* eine uneigentliche Verwendung zu sehen. Ebenso scheint uns z. B. in *Sonnenblick* eine Übertragung vorzuliegen, während darin die ursprüngliche Bedeutung von *Blick* „das Blinken" bewahrt ist. *Sache* auf einen Prozess bezogen empfinden wir als eine Spezialisierung der allgemeinen Bedeutung, während das historische Verhältnis vielmehr umgekehrt ist. Bei *halten* denkt man jetzt zunächst an das handgreifliche Festhalten und wird darin auch die Grundlage suchen für Wendungen wie *auf Ehre halten, Pferde, Dienstboten halten* etc., die doch auf die Grundbedeutung „hüten" zurückgehen. *Können* ist für uns jetzt „im Stande wozu sein", und wir ordnen unter diese allgemeine Bedeutung jetzt auch Verwendungsweisen unter wie *etwas auswendig können, französisch können, lesen können*, die doch Fortsetzungen der mittelhochdeutschen Gebrauchsweise des Wortes = „wissen", „verstehen" sind.

Vierzehntes Kapitel.

Bedeutungsdifferenzierung.

§ 173. Es ist, wie wir gesehen haben, im Wesen der Sprachentwickelung begründet, dass sich in einem fort eine Mehrheit von gleichbedeutenden Wörtern, Formen, Konstruktionen herausbildet. Als die eine Ursache dieser Erscheinung haben wir die Analogiebildung kennen gelernt, als eine zweite konvergierende Bedeutungsentwickelung von verschiedenen Seiten her; wir können als dritte hinzufügen die Aufnahme eines Fremdwortes für einen Begriff, der schon durch ein heimisches Wort vertreten ist (vgl. *Vetter — Cousin, Base — Cousine*), unter welche Kategorie natürlich auch die Entlehnung aus einem verwandten Dialekte zu stellen ist.

So unvermeidlich aber die Entstehung eines solchen Überflusses ist, so wenig ist er imstande, sich auf die Dauer zu erhalten. Die Sprache ist allem Luxus abhold. Man darf mir nicht entgegenhalten, dass sie dann auch die Entstehung des Luxus vermeiden würde. Es gibt in der Sprache überhaupt keine Präkaution gegen etwa eintretende Übelstände, sondern nur Reaktion gegen schon vorhandene. Die Individuen, welche das Neue zu dem Alten gleichbedeutenden hinzuschaffen, nehmen in dem Augenblicke, wo sie dieses tun, auf das letztere keine Rücksicht, indem es ihnen entweder unbekannt ist, oder wenigstens in dem betreffenden Augenblicke nicht ins Bewusstsein tritt. In der Regel sind es dann erst andere, die, indem sie das Neue von diesem, das Alte von jenem Sprachgenossen hören, beides untermischt gebrauchen.

Unsere Behauptung trifft wenigstens durchaus für die gewöhnliche Umgangssprache zu. Etwas anders verhält es sich mit der Literatursprache, und zwar mit der poetischen noch mehr als der prosaischen. Aber die Abweichung bestätigt nur unsere Grundanschauung, dass Bedürfnis und Mittel zur Befriedigung sich immer in das gehörige Verhältnis zu einander zu setzen suchen, wozu ebensowohl gehört, dass das Unnütze ausgestossen wird, wie dass die Lücken nach Möglichkeit ausgefüllt werden. Man darf den Begriff des Bedürfnisses nur nicht so eng fassen, als ob es sich dabei nur um Verständigung über die zum gemeinsamen Leben unumgänglich notwendigen Dinge handle. Vielmehr ist dabei auch die ganze Summe des geistigen Interesses, aller poetischen und rhetorischen Triebe zu berücksichtigen. Ein durchgebildeter Stil, zu dessen Gesetzen es gehört, nicht den gleichen Ausdruck zu häufig zu wiederholen, verlangt natürlich, dass womöglich mehrere Ausdrucksweisen für den gleichen Gedanken zu Gebote stehen. In noch viel höherem Grade verlangen Versmass, Reim, Alliteration oder ähnliche Kunstmittel die Möglichkeit einer Auswahl aus mehreren gleichbedeutenden Lautgestaltungen, wenn anders ihr Zwang nicht sehr unangenehm empfunden werden soll. Die Folge davon ist, dass die poetische Sprache sich die gleichwertigen Mehrheiten, welche sich zufällig gebildet haben, zu Nutze macht, sie beliebig wechselnd gebraucht, wo die Umgangssprache den Gebrauch einer jeden an bestimmte Bedingungen knüpft, sie beibehält, wo die Umgangssprache sich allmählich wieder auf Einfachheit einschränkt. Dies ist ja eben eins der wesentlichsten Momente in der Differenzierung des poetischen von dem prosaischen Ausdrucke. Es lässt sich leicht an der poetischen Sprache eines jeden Volkes und Zeitalters im einzelnen der Nachweis führen, wie ihr Luxus im engsten Zusammenhange mit der geltenden poetischen Technik steht, am leichtesten vielleicht an der Sprache der altgermanischen alliterierenden Dichtungen, die sich durch einen besonderen Reichtum an Synonymen für die geläufigsten Begriffe auszeichnet, z. B. für Mann, Weib, Kind, Herr, Untergebener, Kampf, Pferd, Schwert. Die Möglichkeit der Auswahl dient sehr zur Erleichterung der Alliteration.

Auch bei der volkstümlichen Rede muss als Bedürfnis mit in Anschlag gebracht werden die Neigung zu kräftiger, oft übertreibender, zu anschaulicher und bildlicher Ausdrucksweise. Wo aber etwas Derartiges nicht in Frage kommt, ist die Annahme eines viele Jahrhunderte langen Nebeneinanderbestehens von gleichbedeutenden Doppelformen oder Doppelwörtern aller Erfahrung zuwiderlaufend und muss mit Entschiedenheit als ein methodologischer Fehler bezeichnet werden, ein Fehler, der allerdings bei der Konstruktion der indogermanischen Grundformen früher häufig begangen und neuerdings wieder recht Mode geworden ist.

Bei der Beseitigung des Luxus müssen wir uns natürlich wieder jede bewusste Absicht ausgeschlossen denken. In der unnützen Überbürdung des Gedächtnisses liegt auch schon das Heilmittel dafür.

§ 174. Die einfachste Art der Beseitigung ist der Untergang der mehrfachen Formen und Ausdrucksweisen bis auf eine. Man kann leicht die Beobachtung machen, dass der Luxus der Sprache nur in beschränktem Masse auch ein Luxus des einzelnen ist. Auf einem gewissen Gleichmasse in der Auswahl aus den möglichen Ausdrucksformen beruht am meisten die charakteristische Eigentümlichkeit der individuellen Sprache. Denn ist einmal das eine aus irgend welchem Grunde geläufiger geworden als das andere, d. h. ist seine Befähigung sich unter gegebenen Umständen in das Bewusstsein zu drängen eine grössere, so ist auch die Tendenz vorhanden, dass, wo nicht besondere Einflüsse nach der entgegengesetzten Seite treiben, dies Übergewicht bei einer jeden neuen Gelegenheit eine Verstärkung erhält. Sobald nun die überwiegende Majorität einer engeren Verkehrsgemeinschaft in der Auswahl aus irgend einer Mehrheit zusammentrifft, so ist wieder die natürliche Folge, dass sich die Übereinstimmung mehr und mehr befestigt und nach dem Absterben einiger Generationen eine vollständige wird. So bilden denn die verschiedenen Möglichkeiten der Auswahl auch eine Hauptrolle für die Entstehung dialektischer Unterschiede. Natürlich kommt es auch vor, dass die Auswahl auf dem ganzen Sprachgebiete zu dem gleichen Resultate führt, namentlich da, wo besonders günstige oder besonders ungünstige Bedingungen für die eine Form vorhanden sind. So sind z. B. Wörter, die keinen bedeutenden Lautkörper haben, wenn sie durch die Sprachentwickelung noch weiter reduziert werden, im Nachteil gegen solche mit grösserer Lautmasse; vgl. z. B. in den romanischen Sprachen das Zurückweichen von *dare* gegen *donare*, *verus* gegen *veracus*, (franz. *vrai*), *dies* gegen *diurnum* (franz. *jour*), *avis* gegen *avicellus* (franz. *oiseau*), *apis* gegen *apicula* (franz. *abeille*).

§ 175. Neben dieser bloss negativen Entlastung der Sprache gibt es aber auch eine positive Nutzbarmachung des Luxus vermittelst einer Bedeutungsdifferenzierung des Gleichwertigen. Auch diesen Vorgang dürfen wir uns durchaus nicht als einen absichtlichen denken. Wir haben gesehen, dass die verschiedenen Bedeutungen eines Wortes, einer Flexionsform, einer Satzfügung etc. jede für sich und eine nach der andern erlernt werden. Wo nun eine Mehrheit von gleichwertigen Ausdrücken im Gebrauche ist, deren jeder mehrere Bedeutungen und Verwendungsarten in sich schliesst, da ergibt es sich ganz von selbst, dass nicht jedem einzelnen im Verkehre die verschiedenen Bedeutungen gleichmässig auf die verschiedenen Ausdrücke verteilt erscheinen. Vielmehr wird es sich häufig treffen, dass er diesen Ausdruck früher oder öfter mit dieser, jenen früher oder öfter mit jener Bedeutung verbunden hört. Sind ihm aber die verschiedenen Ausdrücke jeder mit einer besonderen Bedeutung geläufig geworden, so wird er auch dabei beharren, falls er nicht durch besonders starke Einflüsse nach der entgegengesetzten Seite getrieben wird. Wo die einzelnen Momente der Entwickelung nicht historisch zu verfolgen sind, sondern nur das Gesamtresultat vorliegt, da entsteht häufig der Schein, als sei eine Lautdifferenzierung zum Zwecke der Bedeutungsunterscheidung eingetreten. Und noch immer scheuen sich viele Sprachforscher nicht, etwas Derartiges anzunehmen. Schon um solche Aufstellungen definitiv zu beseitigen, ist es von Wichtigkeit, die hierher gehörigen Fälle aus den modernen Sprachen in möglichster Reichlichkeit zu sammeln.

§ 176. Zusammenstellungen von Doppelformen, die auf die gleiche Grundlage zurückgehen, sind schon in früher Zeit versucht und neuerdings reichlich veranstaltet.[1]). Dieselben beschäftigen sich allerdings nur teilweise eingehender mit der Bedeutungsentwickelung. Auch fällt das in ihnen Zusammengestellte bei weitem nicht alles unter die Kategorie, mit der wir es hier zu tun haben. Selbstverständlich müssen alle Fälle ausgeschlossen werden, in denen ein Lehnwort von Anfang an in einer andern Bedeutung aufgenommen ist als ein altheimisches oder ein in früherer Zeit oder aus anderer Quelle entlehntes Wort, gleichviel ob die Wörter, wenn man weit genug zurückgeht, auf den gleichen Ursprung führen. Französisch *chose* und *cause* stammen beide aus lat. *causa*, aber ihre Bedeutungsverschiedenheit ist nicht aus einer Differenzierung auf französischem Boden entstanden, sondern *cause* ist als gerichtlicher Terminus entlehnt zu einer Zeit, als *chose* sich schon zu der allgemeinen Bedeutung 'Sache' entwickelt hatte. So verhält es sich bei weitem mit den meisten Doppelwörtern der romanischen

---

[1]) Vgl. Nicolas Catherinot, Les Doublets de la Langue Françoise 1683. A. Brachet, Dictionnaire des Doublets de la langue française, Paris 1868, Supplément, Paris 1871. Thomsen, Bedeutungsentwickelung der Scheidewörter des Französischen, Diss. Kiel 1890. Caroline Michaelis, Romanische Wortschöpfung, Leipzig 1876 (darin vorzugsweise Beispiele aus dem Spanischen zusammengestellt, theoretische Erörterungen namentlich S. 41 ff.). Coelho, Formes divergentes de mots portugais (Romania II, 281 ff.). Canello, Gli allotropi italiani (Arch. glott. ital. III, 285). O. Behaghel, Die neuhochdeutschen Zwillingswörter (Germania 23, 257 ff.). Andresen, Wortspaltungen auf dem Gebiete der neuhochdeutschen Schrift- und Verkehrssprache (Zschr. f deutsche Phil. 23, 265). Mätzner, Englische Grammatik[2] I, 221 ff. Warnke, Die neuenglischen Scheideformen, Progr. Coburg 1882. Skeat, Principles of English Etymology, S. 417. Edw. Allen, English Doublets (Publications of the Modern Language Association of America 23, 184). Axel Erdmann, Dubbelformer i moderna engelskan (Upsala Universitets Årsskrift 1886). Noreen, Om orddubletter i nysvenskan (ib). Western, Om Norske Dobbelformer (Arkiv f. nordisk filologie IV, 1). Bréal, Les doublets latins (Mémoires de la société de linguistique de Paris I, 162 ff., 1868). Ders. La Sémantique, p. 29 ff.

Sprachen, die uns deshalb hier gar nichts angehen,[1]) so verhält es sich auch mit neuhochdeutschen Wörtern wie *legal* — *loyal*, *Pfalz* — *Palast*, *Pulver* — *Puder*, *Spital* — *Hôtel* etc. Die Zusammenstellung solcher Wörter hat eigentlich keinen wissenschaftlichen Zweck, wenn sie auch der Kuriosität halber interessieren mag. Weiter müssen wir aber auch alle diejenigen Fälle ausschliessen, in welchen die Bedeutungsdifferenzierung die Folge einer grammatischen Isolierung ist. Wenn z. B. das alte Partizipium *bescheiden* noch als Adj. in der Bedeutung modestus gebraucht wird, dagegen als eigentliches Part. *beschieden*, so sind zwar in der letzteren Verwendung eine Zeit lang *bescheiden* und *beschieden* neben einander hergegangen, aber niemals ist *beschieden* = modestus gebraucht.

Auf der andern Seite ist in den angeführten Arbeiten unsere zweite Klasse, in der die Bedeutungsgleichheit erst auf sekundärer Entwickelung beruht, gar nicht berücksichtigt. An einer gesichteten Zusammenstellung von Fällen, die als unzweifelhafte Differenzierung gleichbedeutender Ausdrücke zu betrachten sind, fehlt es also dennoch, es wird sich daher empfehlen mit Beispielen zur Erläuterung des Vorganges nicht sparsam zu sein. Ich wähle dieselben grösstenteils aus dem Neuhochdeutschen.

§ 177. Die Formen *Knabe* und *Knappe* sind im Mhd. vollständig gleichbedeutend und vereinigen beide die verschiedenen neuhochdeutschen Bedeutungen in sich. Ebenso werden *Raben* (= nhd. *Rabe*) und *Rappe* beide zur Bezeichnung des Vogels verwendet, während jetzt in der Schriftsprache *Rappe* auf die metaphorische Verwendung für ein schwarzes Pferd beschränkt ist.[2]) Eine dritte Form, *Rappen* mit einem aus den obliquen Kasus in den Nom. gedrungenen *n* hat sich für die Münze (ursprünglich mit einem schwarzen Vogelkopf) festgesetzt, die anfänglich auch *Rappe*, *Rapp* heisst und ausserdem als *Rabenheller*, *Rabenpfennig*, *Rabenbatzen*, *Rabenvierer* bezeichnet wird (vgl. Adelung). Wie *Knabe* — *Knapp*e verhalten sich im mhd. *bache* (Hinterbacken, Schinken) — *Bache* (urgerm. *bakô* — *bakkô*) zu einander, und es ist daher sehr wahrscheinlich, dass wir es hier mit einer ebenfalls sekundären, nur bedeutend älteren Bedeutungsdifferenzierung zu tun haben. Erst neuhochdeutsch ist die Unterscheidung zwischen *Reiter* (= mhd. *rîter*) und *Ritter*, *scheuen* und *scheuchen*, die verschiedene Nuancierung in der Anwendung von *Jungfrau* und *Jungfer*. *Hain* ist eine Kon-

---

[1]) C. Michaelis ist gewiss im allgemeinen im Irrtume, wenn sie (S. 42 ff) auch die dem Lateinischen näherstehende Bedeutung der dem Lateinischen näherstehenden Form als Ergebnis einer Differenzierung auffasst.

[2]) Allerdings vermag ich *Rabe* in der übertragenen Bedeutung nicht nachzuweisen.

traktion aus *Hagen* und im Mhd. sind beide gleichbedeutend (noch jetzt in Kompositis wie *Hagebuche* — *Hainbuche*, *Hagebutte* — *Hainbutte* etc.); *Hagen* in der abgeleiteten Bedeutung, die jetzt auf *Hain* beschränkt ist, erscheint bei B. Waldis. Häufig sind die Doppelformen, die durch die Mischung verschiedener Deklinationsweisen entstanden sind, differenziert, so *Franke* — *Franken*, *Tropf* — *Tropfen* (vgl. für die gleichwertige Verwendung die Beispiele bei Sanders, z. B. Haller: *du bist der Weisheit Meer, wir sind davon nur Tröpfe* und umgekehrt Wieland: *dem armen Tropfen*), *Fleck* — *Flecken*, *Fahrt* — *Fährte*, *Stadt* — *Stätte* (mhd. Nom. *vart, stat* — Gen. *verte, stete*); zugleich mit Verschiedenheit des Geschlechtes *der Lump* — *die Lumpe, der Trupp* — *die Truppe, der Karren* — *die Karre, der Possen* — *die Posse*. Verschiedenheit des Geschlechtes bei gleicher Nominativform wird verwertet in *der* — *das Band* (Beispiele für *der Band* = fascia, vinculum im Deutschen Wb.), *der* — *die Flur* (ersteres nur in der Bedeutung Hausflur, in welcher Bedeutung aber auch *die Flur* vorkommt), *der* — *die Haft* (schon im Mhd. mit ziemlich entschiedener Trennung der Bedeutungen), *der* — *das Mensch* (letzteres noch im siebzehnten Jahrhundert ohne verächtlichen Nebensinn), *der* — *das Schild* (die Scheidung noch jetzt nicht ganz durchgeführt, vgl. DWb), *der* — *das Verdienst, der* — *das Gehalt, der* — *die See, der* — *die Schwulst* (Beispiele für beide Geschlechter in eigentlicher wie uneigentlicher Bedeutung im DWb), *die* — *das Erkenntnis* (letzteres noch bei Kant sehr häufig = cognitio). Dazu kommen die Fälle, in denen verschiedene Pluralbildungen sich differenziert haben: *Bande* — *Bänder, Dinge* — *Dinger* (der jetzigen Verwendung entgegen z. B. bei Luther Luc. 21, 26 *für warten der Dinger die kommen sollen auf Erden*), *Gesichte* — *Gesichter* (Beispiele von Nichtbeobachtung des Unterschieds im DWb), *Lichte* — *Lichter* (die Unterscheidung nicht allgemein durchgeführt), *Orte* — *Örter* (desgleichen), *Tuche* — *Tücher, Worte* — *Wörter* (Beispiele, in denen ersteres noch wie letzteres verwendet wird, bei Sanders 3, 1662[b]), *Säue* — *Sauen* (vgl. für die ältere Zeit Stellen wie *von den zahmen Sauen entsprossen* oder *wilde Säue und Bären* etc. bei Sanders), *Effekte* — *Effekten*. Im älteren Nhd. kommt von *Druck* sowohl der Pl. *Drucke* als *Drücke* vor; jetzt existiert nur noch der Pl. *Drucke* im Sinne von „gedruckte Werke", wofür Goethe noch *Drücke* gebraucht, dagegen heisst es *Abdrücke, Eindrücke, Ausdrücke*. In ältere Zeit zurück geht die Differenzierung von *Tor* — *Tür* (vgl. Sievers, Beitr. z. Gesch. d. deutsch. Spr. u. Lit. 5, 111[1]) und *Buch* — *Buche* (ahd. *buoh*, noch häufig Fem., ist die alte Nominativform, *buocha* die Akkusativform); die alten Nominativformen *buoz, wis, halp* sind auf die Verwendung in bestimmten Formeln beschränkt (*mir*

Doppelformen.

wirdit buoz, managa wis, einhalb etc., noch jetzt *anderthalb, drittehalb*), während sonst die Akkusativformen *buoza, wîsa, halba* üblich geworden sind. Diese Benutzung verschiedener Flexionsformen begegnet uns beinahe in allen flektierenden Sprachen. Aus dem Englischen lassen sich eine Anzahl doppelter Pluralbildungen aufführen: *cloths* Kleiderstoffe — *clothes* fertige Kleider, während in der älteren Sprache so gut wie von den meisten übrigen Wörtern beide Bildungsweisen untermischt gebraucht werden; *pennies* Pfennige als Geldstücke — *pence* als Wertbestimmung; *brethren* gewöhnlich im übertragenen Sinne — *brothers* im eigentlichen. Im Holländischen werden die Plurale auf *-en* und *-s* von einigen Wörtern noch beliebig nebeneinander gebraucht (*vogelen — vogels*), von andern ist nur der eine üblich (*engelen*, aber *pachters*), wieder von andern aber werden beide nebeneinander mit differenzierter Bedeutung gebraucht, vgl. *hemelen* (Himmel im eigentlichen Sinne) — *hemels* (Betthimmel), *letteren* (Brief oder Literatur) — *letters* (Buchstaben), *middelen* (Mittel) — *middels* (Taillen), *tafelen* (Gesetztafeln u. dergl.) — *tafels* (Tische), *vaderen* (Voreltern) — *vaders* (Väter), *wateren* (Wasser) — *waters* (Ströme). Ähnlich stehen sich bei einigen Wörtern die Formen auf *-en* und *-eren* gegenüber: *kleeden* (Tischdecken, Teppiche) — *kleederen* (Kleider), *beenen* (Gebeine) — *beenderen* (Knochen), *bladen* (Blätter im Buch) — *bladeren* (im eigentlichen Sinne). Aus dem Dänischen gehört hierher *skatte* (Schätze) — *skatter* (Abgaben), *vaaben* (Waffen) — *vaabener* (Wappen). Wo im Altn. *a* mit *ǫ* (dem *u*-Umlaut) in der Wurzelsilbe der Nomina wechselte je nach der Beschaffenheit der Flexionsendung (z. B. *sǫk[u] — sakar* etc.), da sind im späteren Norwegisch zunächst Doppelformen entstanden, eine mit *a*, eine mit *o*, von denen dann meistens entweder die erstere oder die letztere untergegangen ist. In einigen Fällen aber haben sich beide mit Bedeutungsdifferenzierung erhalten: *gata* (Gasse) — *gota* (Fahrweg), *grav* (Grab) — *grov* (Grube), *mark* (Feld) — *mork* (Wald), *tram* (Anhöhe) — *trom* (Rand).

In der Flexion des Pron. *der* ist der gegenwärtig bestehende Unterschied im Gebrauche der kürzeren und der erweiterten Formen erst allmählich herausgebildet. Die Formen *der* im Gen. Sg. Fem. und im Gen. Pl. aller Geschlechter und *den* im Dat. Pl., die jetzt auf den adjektivischen Gebrauch beschränkt sind, kommen im siebenzehnten Jahrhundert noch häufig, vereinzelt auch noch im achtzehnten im substantivischen vor, z. B. bei Goethe *die Krone, der mein Fürst mich würdig achtet*. Dagegen werden umgekehrt *derer, denen* adjektivisch, selbst als blosser Artikel gebraucht, vgl. z. B. *derer Dinge, derer Leute* (Logau), *derer Gesetze* (Klopstock); *zu denen dingen, zu denen stunden*

(Heinrich von Wittenweiler, 15. Jahrh.); noch im achtzehnten Jahrh. ist *denen* in dieser Verwendung häufig in der Schriftsprache, und noch ist *dene* mit der üblichen Apokope des *n* die allgemein herrschende Form in alemannischen und südfränkischen Mundarten. Ferner ist der gegenwärtig bestehende Gebrauch, dass *deren* auf den Gen. beschränkt ist, dagegen im Dat. ausschliesslich *der* verwendet wird, gleichfalls erst sekundär herausgebildet, vgl. *von deren ich reden, in deren die schmeichler seind* (Gailer von Keisersberg), *o Fürstin, deren sich ein solcher Fürst verbunden* (Weckherlin). Endlich ist auch der merkwürdige Unterschied, den man jetzt in der Anwendung der Formen *derer* und *deren* macht, erst allmählich herausgebildet; vgl. *wie viel seind deren die da haben* (Pauli) und umgekehrt *mit mancher Kunst, derer sichs gar nit schemen thar* (P. Melissus).

Schaffen als st. Verb. und *schöpfen* sind aus demselben Paradigma entsprungen: got. *skapjan*, Prät. *skop*. Zum Prät. *scuof* hat sich im Ahd. neben der alten Form *scephen* ein neues regelmässiges Präs. *scaffan* gebildet; im Mhd. ist dann weiter zu *schepfen* ein Prät. *schepfete* und ein Part. *geschepfet* gebildet. Im Mhd. sind *schuof, geschaffen* und *schepfete, geschepfet* gleichbedeutend, vereinigen die Bedeutung der beiden neuhochdeutschen Wörter in sich. Dieselbe Vereinigung findet sich im Präs. *schepfen*. Das Präs. *schaffen* erscheint allerdings von vornherein auf die Bedeutung „schaffen" beschränkt.

Zücken und *zucken* sind ursprünglich gleichbedeutende Doppelformen, vgl. *der schon das Schwert zucket* (Le.) — *den Anblick eines Zückenden* (Herder). Ebenso *drücken* und *drucken*.

Die Konjunktion *als* ist durch *alse* hindurch aus *alsô* entstanden. Im Mhd. sind beide vollkommen gleichbedeutend, beide nach Belieben demonstrativ oder relativ. Ebenso wenig besteht ein Unterschied der Bedeutung zwischen *danne* und *denne, wanne* und *wenne*. Die jetzige Verschiedenheit des Gebrauches ist durch einen ganz langsamen Prozess entwickelt, und die Zufälligkeit der Entstehung zeigt sich noch an dem Mangel eines logischen Prinzipes der Differenzierung. Sekundär ist auch der jetzige Unterschied von *warum* und *worum*.

Das Partizipium des Intransitivums *verdorben* und das des entsprechenden Transitivums *verderbt* haben sich so geschieden, dass das letztere nur noch in moralischem Sinne gebraucht wird. Sekundär ist auch der Bedeutungsunterschied von *bewegt* und *bewogen*, vgl. z. B. *das Meer .. vom Winde bewogen* (Prätorius), *der hat im Tanze nicht die Beine recht bewogen* (Rachel), dagegen *dass er dadurch bewegt ward, solches in eigener Person zu erfahren* (Buch der Liebe).

Die Wörter auf *-heit, -keit, -schaft, -tum* sind früher wesentlich gleichbedeutend. Sie können sämtlich eine Eigenschaft bezeichnen, manche haben daneben eine Kollektivbedeutung entwickelt. Auch Wörter auf *-nis* und einfachere Bildungen wie *Höhe, Tiefe* berührten sich vielfach mit ihnen. So ist es auch bis jetzt im Ganzen geblieben, aber im Einzelnen haben sich da, wo mehrere dieser Bildungen nebeneinander standen, diese meistens irgendwie differenziert. Fälle, in denen die verschiedenen Gebrauchsweisen, die sich jetzt auf mehrere solcher Bildungen verteilen, einmal vollständig in jeder derselben vereinigt waren, sind allerdings nicht so häufig, doch vgl. *Gemein(d)e, Gemeinschaft*, von denen auch *Gemeinheit* ursprünglich in der Bedeutung nicht geschieden war. Bemerkenswert sind auch *Kleinheit — Kleinigkeit, Neuheit — Neuigkeit*. Beispiele für die frühere unterschiedslose Verwendung des ersten Paares sind im deutschen Wb beigebracht, vgl. *so verhält es sich auch mit gewissen Kleinheiten, die es im Haushalt nicht sind* (Goethe-Zelterscher Briefwechsel) — *die ausnehmende Kleinigkeit der Masse* (Kant). Über das zweite Paar lehrt Adelung, *Neuheit* werde gebraucht „als ein Konkretum, eine neue bisher nicht erfahrne oder erkannte Sache, wofür doch *Neuigkeit* üblicher ist", dagegen „die *Neuigkeit einer Nachricht, einer Empfindung, eines Gedankens* u. s. f., wofür jetzt in der anständigen Sprechart *Neuheit* üblicher ist".

Entsprechend verhält es sich mit den Adjektiven auf *-ig, -isch, -lich, -sam, -haft, -bar*, bei denen die jetzt bestehenden Bedeutungsverschiedenheiten nicht auf Bedeutungsverschiedenheiten der Suffixe an sich beruhen. Ein treffendes Beispiel ist *ernstlich — ernsthaft*, vgl. für den älteren Gebrauch *die stets gar ernstlich und sauer sieht* (Ayrer) — *der ernsthaft fleisz* (Fischart).

Im Mhd. sind *sô* und *als* (*alsô, alse*) ganz gleichbedeutend, beide sowohl demonstrativ als relativ. Im Nhd. sind sie differenziert, zunächst in der Weise, dass *so* im allgemeinen als Dem., *als* als Rel. gebraucht wird, vgl. z. B. *so wohl als auch* (mhd. *sô wol sô* oder *als wol als*), *so bald als*. Doch Reste des demonstrativen Gebrauchs sind *alsbald* und *alsdann*. Im Mhd. hat *lîhte* wie *vil lîhte* die Bedeutung von nhd. *leicht* und *vielleicht*. Die Beschränkung der Form *ehe* auf die Konjunktion ist sekundär. Noch Gleim schreibt *ehe als Klopstock*, Goe. *er soll eh gewonnen als verloren haben*.

Im Mhd. kann *sichern* so viel bedeuten wie nhd. *versichern* und umgekehrt *versichern* so viel wie nhd. *sichern* (z. B. *die stat mit mûren und mit graben v.*). Die Unterscheidung von *sammeln, Sammlung* und *versammeln, Versammlung* ist dem älteren Nhd. noch fremd; vgl. *Moses und Aron .. sammelten auch die ganze Gemeinde, Gott ist fast mächtig in der samlunge der heiligen* (Lu.). — *des festlichen Tages, an dem die Gegend mit Jubel Trauben lieset und tritt und den Most in die Fässer versammelt* (Goe.); *die Linsen sind gleichsam eine Versammlung unendlicher Prismen* (Goe.); *dass sie* (die Juden in ihrer Zerstreuung) *keiner Versammlung mehr hoffen dürfen* (Lu.). Das einfache *öffnen* wird früher wie jetzt *eröffnen* in dem übertragenen Sinne = „offenbaren" gebraucht, vgl. *du versprichst mir deine Gedanken zu öffnen*. Ein ähnliches Verhältnis besteht öfters zwischen Simplex und Kompositum oder zwischen verschiedenen Kompositis, die ein gemeinsames Simplex haben. Bei einem Teile dieser Fälle lassen sich die wahrscheinlichen Ursachen angeben, warum die Verteilung der Bedeutungen gerade so und nicht anders erfolgt ist. So begreift es sich z. B., wenn der Plur. auf *-er* (*Wörter* etc.) da zur Herrschaft gelangt ist, wo die Vorstellung einer Mehrheit schärfer ausgeprägt ist. Aber meistens lassen sich solche Ursachen nicht auffinden. Wir werden anerkennen müssen, dass eine innere Beziehung zwischen Lautgestalt und Bedeutung nicht vorhanden zu sein braucht,[1]) dass vielmehr die Entwickelung durch allerlei zufällige und darum für uns unerkennbare Bedingungen bestimmt ist. Manchen von den besprochenen Differenzierungen hat erst die Autorität einzelner Grammatiker zur Durchführung verholfen.

§ 178. Es müssen hier auch einige Vorgänge besprochen werden, die zwar nicht eigentlich Differenzierungen sind, die aber aus den nämlichen Grundprozessen entspringen wie diese und daher für deren Beurteilung wichtig sind. Den Ausgangspunkt bildet dabei nicht totale, sondern partielle Gleichheit der Bedeutung.

Der partiellen Gleichheit kann eine totale vorangegangen sein, die zunächst dadurch aufgehoben ist, dass das eine Wort eine Bedeutungserweiterung erfahren hat, die das andere nicht mitgemacht hat. Dann ist sehr häufig die weitere Folge, dass das erste aus seiner ursprünglichen Bedeutung von dem letzteren ganz herausgedrängt und auf die neue Bedeutung beschränkt wird. *Kristentuom* und *kristenheit* werden zwar schon von Walther v. d. Vogelweide im heutigen Sinne einander gegenübergestellt, aber das letztere wird doch mhd. auch noch in der Grundbedeutung = *Christentum* gebraucht, vgl. z. B. Tristan 1868 (von einem zu taufenden Kinde) *durch daz ez sine kristenheit in gotes namen empfienge*. Mhd. *wistuom* bedeutet dasselbe wie *wisheit*, daneben tritt aber die abgeleitete Bedeutung „Rechtsbelehrung" auf, und auf diese wird dann nhd. *Weistum* beschränkt. Mhd. *gelichnisse* kann noch in demselben Sinne wie *gelichheit* gebraucht werden, nhd. *gleichnis* hat diese ursprüngliche Bedeutung aufgegeben. *Indessen* (*indes*) hat ursprünglich rein temporale Bedeutung, vgl. *ich bin indess krank gewesen* (Le.); aus dieser ist es durch *unterdessen* verdrängt.

---

[1]) Anderer Ansicht scheint Wundt zu sein (vgl. 2, 451 ff., 463 ff.), schwerlich mit Recht.

Häufiger ist es, dass ein Wort, welches früher in seiner Bedeutung von einem anderen ganz verschieden war, irgend einen Teil von dem Gebiete des letzteren okkupiert und dann allmählich für sich allein in Beschlag nimmt. So ist *böse* auf das moralische Gebiet eingeschränkt (mhd. auch *bœsiu kleit* u. dergl.) durch das Übergreifen von *schlecht* (ursprünglich „glatt", „gerade"). Ähnliche Einschränkungen haben erfahren: *siech* (ursprünglich die allgemeine Bezeichnung für krank), *Seuche, Sucht* durch *krank, Krankheit* (ursprünglich „schwach", „Schwäche"); *arg* (mhd. auch in der Bedeutung „geizig") durch *karg* (ursprünglich „klug"); *als* durch *wie* (ursprünglich Fragewort, dann zunächst nur verallgemeinerndes Relativum), *ob* durch *wenn*.

Sehr häufig endlich ist es, dass ein neugebildetes oder aus einer fremden Sprache entlehntes Wort ein älteres aus einem Teile seines Gebietes hinausdrängt. So hat mhd. *ritterschaft* auch die Bedeutung von *Rittertum*; nachdem das letztere Wort gebildet ist, büsst es diese ein. So ist *freundlich* durch *freundschaftlich* angegriffen, *wesentlich* durch *wesenhaft, empfindlich* durch *empfindsam, einig* durch *einzig, gemein* durch *gemeinsam* und *allgemein, Lehen* durch *Darlehen, Stegreif* durch *Steigbügel, künstlich* durch *kunstvoll* und *kunstreich, Bein* durch *Knochen* (ursprünglich mitteldeutsch).

Diese verschiedenen Vorgänge können in mannigfachen Verknüpfungen untereinander und mit der eigentlichen Bedeutungsdifferenzierung erscheinen. Soll einmal die Geschichte der Bedeutungsentwickelung zu einer Wissenschaft ausgebildet werden, so wird es ein Haupterfordernis sein, auf diese Verhältnisse die sorgfältigste Rücksicht zu nehmen. Auch nach dieser Seite hin bestätigt sich unser Grundsatz, dass das Einzelne nur mit stetem Hinblick auf das Ganze des Sprachmaterials beurteilt werden darf, dass nur so Erkenntnis des Kausalzusammenhanges möglich ist. Wie schon die hier gegebenen Andeutungen erkennen lassen, ist dabei gerade der Mangel durchgehender logischer Prinzipien charakteristisch. Der Zufall, die Absichtslosigkeit liegen zu Tage.

§ 179. Wir haben oben schon mehrfach an das syntaktische Gebiet gestreift. Auch an rein syntaktischen Verhältnissen zeigen sich die besprochenen Vorgänge.

Im Ahd. waren in der starken Deklination des Adj. Doppelformen für den Nom. Sg. sowie für den Akk. Sg. N. entstanden: *guot — guotêr, guotiu, guotaz*. Im Gebrauch dieser Formen besteht zunächst kein Unterschied. Einerseits wird die sogenannte unflektierte attributiv vor dem Subst. gebraucht, noch im Mhd. allgemein, während sich jetzt bis auf wenige isolierte Reste die flektierte festgesetzt hat, anderseits wird die flektierte auch da gebraucht, wo sich später die unflektierte festgesetzt hat; so attributiv nach dem Subst., z. B. *Krist guatêr, thaz himilrîchi hôhaz* Otfrid, noch im Mhd. *der knappe guoter* Parzival, *ein wolken so trüebez* Heinr. v. Morungen neben dem üblicheren *der knappe guot* etc.; ferner als Prädikat: *ist iuuar mieta mihhilu* Tatian, *uuird thu stummêr* Otfrid, vereinzelt noch im Mhd., z. B. *daz daz wîte velt vollez frouwen wære* Parzival 671, 19; so auch *ih habetiz io giuuissaz* (hielt es immer für gewiss) Otfrid, *alsô nazzer muose ich scheiden* Walther v. d. Vogelw. Bei *ein* und beim Possessivpron. hat sich auch vor dem Subst. die unflektierte Form festgesetzt, früher standen beide nebeneinander, vgl. *sînêr sâmo, sînaz korn, einaz fisgizzi* Otfrid.

Die Doppelformen *ward* und *wurde* haben sich so geschieden, dass ersteres auf die Bedeutung des Aorists beschränkt ist, während im Sinne des Imperfektums nur das letztere gebraucht werden kann. Doch ist die Scheidung nicht durchgeführt, weil *wurde* in jedem Falle angewendet werden kann. Dass auch im Idg. zwischen dem Ind. des Impf. und dem des Aor. ursprünglich keine Bedeutungsverschiedenheit bestanden hat, dürfen wir mit ziemlicher Sicherheit annehmen. Denn die Doppelheit ist wahrscheinlich aus einem einzigen Paradigma entstanden dadurch, dass eine durch den wechselnden Akzent entstandene Diskrepanz zwischen den Formen nach zwei verschiedenen Seiten hin ausgeglichen wurde. Noch auf dem uns überlieferten Zustande des Sanskrit sind die Formen nicht in allen Klassen des Verb. geschieden. Ob man got. *wiljau* (ich will) einen Opt. Präs. oder Aor. nennen will, ist ganz gleichgültig. Überhaupt wird das Tempus- und Modussystem des Idg. durch eine Anzahl von Bedeutungsdifferenzierungen zu Stande gekommen sein, womit der entgegengesetzte Vorgang, Zusammenfall der Bedeutung verschiedenartiger Bildungen, Hand in Hand ging.

Fünfzehntes Kapitel.
Psychologische und grammatische Kategorie.

§ 180. Jede grammatische Kategorie erzeugt sich auf Grundlage einer psychologischen. Die erstere ist ursprünglich nichts als das Eintreten der letzteren in die äussere Erscheinung. Sobald die Wirksamkeit der psychologischen Kategorie in den sprachlichen Ausdrucksmitteln erkennbar wird, wird sie zur grammatischen. Die Schöpfung der grammatischen Kategorie hebt aber die Wirksamkeit der psychologischen nicht auf. Diese ist von der Sprache unabhängig. Wie sie vor jener da ist, wirkt sie auch nach deren Entstehen fort. Dadurch kann die anfänglich zwischen beiden bestehende Harmonie im Laufe der Zeit gestört werden. Die grammatische Kategorie ist gewissermassen eine Erstarrung der psychologischen. Sie bindet sich an eine feste Tradition. Die psychologische dagegen bleibt immer etwas Freies, lebendig Wirkendes, das sich nach individueller Auffassung mannigfach und wechselnd gestalten kann. Dazu kommt, dass der Bedeutungswandel vielfach darauf wirkt, dass die grammatische Kategorie der psychologischen nicht adäquat bleibt. Indem dann wieder eine Tendenz zur Ausgleichung sich geltend macht, vollzieht sich eine Verschiebung der grammatischen Kategorie, wobei auch eigentümliche Zwitterverhältnisse entstehen können, die keine einfache Einordnung in die bis dahin vorhandenen Kategorieen zulassen. Die Betrachtung dieser Vorgänge, die wir genauer beobachten können, gibt uns zugleich Belehrung über die ursprüngliche Entstehung der grammatischen Kategorieen, die sich unserer Beobachtung entzieht. Wir wenden uns demnach dazu einige der wichtigsten grammatischen Kategorieen von den angedeuteten Gesichtspunkten aus zu betrachten.

Geschlecht.[1)]

§ 181. Die Basis für die Entstehung des grammatischen Geschlechtes bildet der natürliche Geschlechtsunterschied der menschlichen

---

[1)] Vgl. zu diesem Abschnitt besonders Jellinek IF 19, 295 ff. (über Theorieen der älteren Grammatiker). Grimm Gr. III, 311—563 u. Kl. Schr. III, 349 ff Reisig, Vorlesungen über lateinische Sprachw. § 94—102. Diez III, 92—8. Meyer-Lübke, und tierischen Wesen. Wenn ausserdem noch anderen Wesen, auch Eigenschafts- und Tätigkeitsbezeichnungen ein männliches oder weibliches Geschlecht beigelegt wird, so ist das eine Wirkung der Phantasie, welche diese Wesen nach Analogie der menschlichen Persönlichkeit auffasst. Aber weder das natürliche Geschlecht noch das der Phantasie ist an und für sich etwas Grammatisches. Der Sprechende konnte sich etwas als männliche oder weibliche Persönlichkeit denken, ohne dass im sprachlichen Ausdruck das Geringste davon zu spüren war. Das sprachliche Mittel, woran wir jetzt das grammatische Geschlecht eines Substantivums erkennen, ist die Kongruenz, in welcher mit demselben einerseits Attribut und Prädikat, anderseits ein stellvertretendes Pronomen steht. Die Entstehung des grammatischen Geschlechtes steht daher im engsten Zusammenhange mit der Entstehung eines wandelbaren Adjektivums und Pronomens. Die geschlechtliche Wandelbarkeit des Adjektivums setzt voraus, dass sich der Geschlechtsunterschied an einen bestimmten Stammausgang geknüpft hat. Diese Erscheinung liesse sich daraus erklären, dass der betreffende Stammausgang ursprünglich ein selbständiges Wort gewesen wäre, etwa ein Pron., welchem schon während seiner Selbständigkeit die Beziehung auf ein männliches oder weibliches Wesen zukam. Notwendig aber ist diese Annahme nicht. Es liesse sich auch denken, dass rein zufällig sich bei diesem Stammausgange eine überwiegende Majorität für das männliche, bei jenem eine solche für das weibliche herausgestellt hätte. Der Geschlechtsunterschied beim Pron. kann sich ebenso wie beim Adj. am Stammausgange zeigen, er kann aber auch durch besondere Wurzeln ausgedrückt werden. Am stellvertretenden Pron.

Rom. Gramm. II § 19, III § 40—46. Miklosich IV, 17—37. Schroeder S. 89. Brugmann, Z. f. Spr. 24, 34 ff. u. IF 21, 315. Delbrück SF IV, 4—13 u. Syntax, Kap. I. W. Meyer, Die Schicksale des lateinischen Neutrums im Romanischen, Halle 1883. Lange, De substantivis Graecis feminini generis secundae declinationis capita tria, Lipsiae 1885 (Diss.). Armbruster, Geschlechtswandel im Französischen, Karlsruhe 1888. Michels, Zum Wechsel des Nominalgeschlechts im Deutschen I (Leipz. Diss.), Strassburg 1889. Blumer, Zum Geschlechtswechsel der Lehn- und Fremdwörter im Hochdeutschen, Progr. Oberrealschule Leitmeritz 1890—91. Polzien, Geschlechtswandel der Substantiva im Deutschen, Hildesheim 1903. Ch. B. Wilson, The Grammatical Gender of English Words in German (Americana Germanica 1899). Wilmanns, Deutsche Grammatik 3 § 341—342. Paul, Deutsche Grammatik III, § 38—40, § 54—75. Die Frage nach dem Ursprung des grammatischen Geschlechtes ist lebhaft diskutiert, vgl. Brugmann in Techmers Zschr. IV, 101. Roethe im Vorwort des 3. Bandes d. Grimm'schen Grammatik. Brugmann, Beitr. z. Gesch. d. deutschen Sprache u. Lit. 15, 523. Roethe, Anzeiger f. deutsches Altertum 17, 181. Michels, Germania 36, 121. Henning, Zschr. f. vgl. Sprachf. 33, 402. Jacobi, Kompositum und Nebensatz, S. 115 ff. Wheeler, The origin of grammatical gender (Journal of Germ. Philol. 2, 528).

hat sich wahrscheinlich das grammatische Geschlecht amfrühesten entwickelt, gerade so wie es sich an demselben da, wo es teilweise untergegangen ist, also z. B. im Engl., am längsten erhält.

§ 182. Bei der ersten Entstehung des grammatischen Geschlechtes wird dasselbe durchgängig mit dem natürlichen in Übereinstimmung gewesen sein. Allmählich konnten Abweichungen davon entstehen, namentlich durch den Wandel der Wortbedeutung, auch durch bloss okkasionelle Modifikation der Bedeutung. In Folge davon macht sich das natürliche Geschlecht wieder vollständig geltend, zunächst dadurch, dass es eine Durchbrechung der grammatischen Kongruenz veranlasst; vgl. Fälle wie *eines Frauenzimmers, die sich am artigsten gegen mich erwiesen hatte* (Goe.); *die hässlichste meiner Kammermädchen* (Wieland); lat. *duo importuna prodigia, quos egestas addixerat* (Cic.); *capita conjurationis virgis caesi ac securi percussi* (Liv.); *septem milia hominum in naves impositos* (Liv.); griech. ὦ φίλτατ', ὦ περισσὰ τιμηθεὶς τέκνον (Eur.); φίλτατ' Αἰγίσθου βία (Aesch.). Von hier aus gelangt man dann zu einem vollständigen Geschlechtswechsel. So werden im Griech. männliche Personen- und Tierbezeichnungen ohne weiteres auch zu Femininen gemacht, indem sie auf weibliche Wesen übertragen werden. Es stehen z. B. nebeneinander ὁ — ἡ ἄγγελος, διδάσκαλος, ἰατρός, τύραννος, ἔλαφος, ἵππος [1] u. a. Umgekehrt hat man in christlicher Zeit ein ὁ παρθένος [2] gemacht. Die ursprünglich neutralen Deminutiva erhalten leicht männliches oder weibliches Geschlecht, wenn die Deminutivbedeutung verdunkelt wird. So ist *die Fräulein* häufig mundartlich, auch bei älteren Schriftstellern. Wenn Kollektiva oder Eigenschaftsbezeichnungen zu Personenbezeichnungen werden, kann ein Geschlechtswechsel die Folge sein. Dem it. *la guida* entspricht franz. *le guide* (ursprünglich Führung); franz. *le garde* der Wächter ist ursprünglich identisch mit *la garde* die Wache; vgl. ferner im Span. *el cura* der Pfarrer, *el justicia* der Richter; altbulgarisch *junota* Jugend, als Masc. Jüngling, *starosta* Alter, als Masc. Dorfältester; russ. *golova* Fem. Haupt, Masc. Anführer. *Hundsfott* und *Range* (eigentlich „Mutterschwein") sind als Schimpfworte für männliche Personen Masculina geworden. Besonders häufig werden weibliche Beinamen zu männlichen Personennamen vgl. lat. *Alauda, Capella, Stella*; it. *Colonna, Rosa, Barbarossa, Malaspina* etc.

Massgebend für das Geschlecht ist öfters die Zugehörigkeit zu einer bestimmten Wortkategorie. Dies liegt mitunter daran, dass das Geschlecht der allgemeinen Gattungsbezeichnung das der spezielleren Benennung bestimmt. So erfolgt dann auch ein Geschlechtswandel

---
[1] Vgl. Lange a. a. O. S. 27 ff.
[2] Vgl. Lange S. 28.

leicht im Anschluss an begriffsverwandte Wörter, ein Vorgang, der unter die § 114 besprochene Art von Kontamination einzureihen ist. So ist *Mittwoch*, älter *mittewoche* (media hebdomas), noch jetzt mundartlich als Fem. gebraucht, zum Masc. geworden nach den übrigen Bezeichnungen der Wochentage; entsprechend franz. *dimanche*. Franz. *été* ist Masc. geworden nach *hivers* etc.; *minuit* ist Masc. geworden nach *midi*. Die fremden *Tiber* und *Rhone* haben sich der Majorität der deutschen Flussnamen angeschlossen. Im Griech. sind viele Bezeichnungen von Bäumen und Pflanzen weiblich geworden, nachdem einmal für diese Klasse in Anlehnung an die Gattungsbezeichnungen δρῦς und βοτάνη das weibliche Geschlecht das normale geworden war.[1]) Am klarsten zeigt sich dieser Prozess bei solchen Wörtern, die in ihrer eigentlichen Bedeutung noch ein anderes Geschlecht aufweisen und nur in der Übertragung auf Pflanzen Feminina sind,[2]) vgl. ὁ κύανος Stahl — ἡ κύανος die wegen der Farbenähnlichkeit danach benannte Kornblume. Ebenso neigen die Städtenamen zum Fem., vgl. ἡ Κέραμος aus ὁ κέραμος Ton, ἡ Κισσός aus ὁ κισσός Efeu, ἡ Μάραθος aus ὁ μάραθος Fenchel, ἡ Ἴπνος aus ὁ ἱπνός Ofen, ἡ Ἰαλυσός Stadt — ὁ Ἰάλυσος Personenname.[3])

In anderen Fällen sind formelle Gründe die Veranlassung zum Geschlechtswandel geworden. So war man im Lat. gewohnt, dass die Wörter auf -*a*, soweit sie nicht Bezeichnungen für männliche Personen waren, weibliches Geschlecht hatten. In Folge davon erscheinen auch die griechischen Neutra auf -μα bei vorklassischen und nachklassischen Schriftstellern, jedenfalls in Anschluss an die Volkssprache als Feminina, z. B. *schema, dogma, diadema*, und sie sind daher auch in den romanischen Sprachen häufig Feminina.[4]) Das dem Lat. *acus* entsprechende it. *ago* ist Masc. Die altgriechischen Feminina auf -ος sind im Neugriechischen grösstenteils beseitigt, zum Teil durch Übertritt ins Masc.' z. B. ὁ πλάτανος, ὁ κυπάρισσος.[5]) Selbst das natürliche Geschlecht hat zuweilen den Genuswandel nicht verhindert, vgl. prov. *papa, profeta* als Feminina.[6])

Der Widerspruch zwischen dem überlieferten Geschlechte des einzelnen Wortes und demjenigen, welches man nach seiner Endung erwartet, kann noch in einer anderen Weise ausgeglichen werden, indem nämlich nicht das Geschlecht, sondern die Endung vertauscht wird,

---

[1]) Vgl. Lange a. a. O. S. 35 ff.
[2]) Vgl. ibid. S. 11.
[3]) Vgl. Lange a. a. O. S. 42 ff.
[4]) Vgl. das Nähere bei W. Meyer S. 93 ff.
[5]) Vgl. Hatzidakis, Zschr. f. vgl. Spr. 27, 82, Lange a. a. O. S. 9.
[6]) Vgl. W. Meyer S. 9.

natürlich mit einer solchen, der das betreffende Geschlecht regelmässig anhaftet. So erscheint im Lat. *peristromum* neben *peristroma*. Lat. *socrus* ergab span. prov. *suegra*, port. *sogra*; lat. *nurus* it. *nuora*, span. *nuera*, port. prov. *nora*, afranz. *nore*. Auch dieses Mittels hat sich das Neugriechische bedient, um die Feminina auf -ος zu beseitigen, daher ἡ παρθένα, ἡ πλατάνη u. a. Schon im Altgriechischen steht ἡ μίνθη neben ἡ μίνθος, ἡ ἐβένη neben ἡ ἔβενος u. a.[1]) In einem Teile der Fälle war das überlieferte Geschlecht zugleich das natürliche, ein Grund mehr, dass es nicht der Endung nachgab, sondern diese sich unterwarf. Hierher gehört es auch, dass im Griech. die männlich gewordenen ā-Stämme das Nominativ-s angenommen haben (z. B. νεανίας).[2])

Bis hierher bewegen wir uns auf einem ziemlich sicheren Boden. Misslich aber ist es zu entscheiden, wieweit das natürliche Geschlecht der Phantasie auf den Wandel des grammatischen Geschlechtes eingewirkt hat. Die subjektive Anschauung der einzelnen Menschen kann sich dem nämlichen Objekte gegenüber sehr verschieden verhalten. Im heutigen Englisch kann sich diese Subjektivität bis zu einem gewissen Grade ungehemmt geltend machen, und wir können uns danach eine Vorstellung davon bilden, wie anfänglich die Übertragung des männlichen und weiblichen Geschlechtes auf Gegenstände, die kein natürliches Geschlecht haben, vor sich ging. In andern Sprachen ist die freie Tätigkeit der Phantasie durch das überlieferte Geschlecht eingeschränkt; so lange dieses fest im Gedächtnis haftet, kann sie nicht zur Geltung kommen. Eine gewisse Unsicherheit in Bezug auf die Tradition wird daher immer erst den Anstoss geben müssen, damit die Phantasie nach dieser Richtung hin in Tätigkeit gerät. Ist aber einmal das traditionelle Geschlecht dem Sprechenden gar nicht oder nicht genügend eingeprägt, so bedarf es keiner besonders starken Erregung der Phantasie um ihn dazu zu bringen, dem betreffenden Worte ein beliebiges Geschlecht beizulegen. Denn der Geschlechtsunterschied hat die Sprache derartig durchdrungen, dass es in vielen Fällen unmöglich ist, das Geschlecht unbestimmt zu lassen, und man sich also für irgend eins entscheiden muss. Unter diesen Umständen gibt oft bloss der Zufall den Ausschlag, d. h. irgend ein geringfügiger Umstand, der mit den Momenten, die ursprünglich die Entstehung des grammatischen Geschlechtes veranlasst haben, gar nichts zu schaffen zu haben braucht. Man denke an die Verstösse, die man in einer fremden Sprache macht.

§ 183. Was nun auch die positiven Veranlassungen für einen Wandel des Geschlechtes sein mögen, jedenfalls darf auch die negative

---

[1]) Vgl. Hatzidakis und Lange a. a. O.
[2]) Vgl. J. Grimm, Kl. Schr. S. 357.

268 Fünfzehntes Kapitel. Psychologische und grammatische Kategorie.

Veranlassung nicht übersehen werden, die oft von entscheidenderer Bedeutung ist als die positive. Welche Rolle sie spielt, lässt sich historisch daraus erweisen, dass diejenigen Wörter dem Geschlechtswandel besonders ausgesetzt gewesen sind, bei denen im Zusammenhange der Rede das Geschlecht am häufigsten eines Charakteristikums entbehrt und sich deshalb am wenigsten fest einprägt. Im Franz. sind die vokalisch anlautenden Wörter dem Geschlechtswandel besonders ausgesetzt gewesen, weil vor ihnen der bestimmte Art. unterschiedslos *l'* lautet. Im Nhd. haben wir im Plur. gar keinen Geschlechtsunterschied mehr, auch nicht am Artikel. Es ist daher natürlich, dass gerade Wörter, die am häufigsten im Plur. gebraucht werden, ihr Geschlecht verändert haben, zum Teil in Verbindung mit einer Veränderung ihrer Lautgestalt, die gleichfalls dadurch ermöglicht ist, das der Sing. weniger fest haftet als der Plur., vgl. *Wange* (mhd. N.), *Woge* (mhd. *der wâc*), *Locke* (mhd. *der loc*), *Träne* (mhd. *der trahen*), *Zähre* (mhd. *der zaher*), *Wolke* (mhd. *daz wolken*), *Waffe* (mhd. *daz wâfen*), *Ähre* (mhd. *daz äher*), *Binse* (mhd. *der binez*). Wenn ferner viele schwache Masculina weiblich geworden sind (vgl. meine Mhd. Gr. § 130, Anm. 4), so wird das damit zusammenhängen, dass die Deklination der schwachen Masculina und Feminina im Mhd. vollkommen identisch war. Überhaupt wird kein Wort ein grammatisches Genus annehmen, welches man mit den ihm anhaftenden Flexionsendungen nicht zu verbinden gewohnt ist, abgesehen von den Fällen, wo das natürliche Geschlecht einwirkt. Diese passive Bedeutung des formalen Elementes für den Geschlechtswandel ist nicht zu verwechseln mit dem oben besprochenen aktiven Einflusse desselben, wiewohl sich nicht in jedem einzelnen Falle die Grenzlinie scharf ziehen lässt.

§ 184. Das Neutrum ist ursprünglich nichts weiter als das Geschlechtslose, wie der Name richtig besagt. Während das Masc. und das Fem. als psychologische Kategorieen existiert haben, bevor sie zu grammatischen wurden, hat sich das Neutrum lediglich in Folge der formellen Abhebung der beiden natürlichen Geschlechter und in Folge der Durchführung der Kongruenz zu einem dritten grammatischen Genus konstituiert.

Das Neutrum findet naturgemässe Anwendung, wo Beziehung auf beide Geschlechter vorliegt. Dem entspricht das Geschlecht von Wörtern wie *Kind* (mhd. *barn*), *Kalb*. In den älteren germanischen Mundarten werden Pronomina und Adjektiva, die sich auf ein Masc. und ein Fem. beziehen, in neutraler Form gesetzt. Landschaftlich ist jetzt *jedes* von Personen, deren Geschlecht man unbestimmt lässt. Indessen ist dies Prinzip nicht durchgeführt, indem es durch ein anderes durchkreuzt wird. Wenn von den deutschen Grammatikern die Bezeichnung neutral durch sächlich wiedergegeben ist, so passt dieselbe insofern nicht, als viele Sachbezeichnungen das grammatische männliche oder weibliche Geschlecht angenommen haben. Indessen ist ein Ansatz, das Neutrum wirklich zur Bezeichnung des Nichtpersönlichen zu machen, von Anfang an da, und dem entspricht es dann, dass das Masc. zur Bezeichnung des Persönlichen mit Einschluss des Weiblichen gemacht wird. Dies ist der Unterschied von *wer* und *was* beim Fragepron., und zwar wohl schon in der idg. Grundsprache, während ein Fem. wohl von Hause aus nicht gebildet ist. Entsprechend sind die Unterschiede beim Pron. indef. *jemand — etwas* (mhd. *etewer — etewaz, ieman — iht*), *niemand — nichts* Auch das substantivierte Neutrum des Adj., soweit kein bestimmtes Subst. hinzuzudenken ist, dient zum Ausdruck des Nichtpersönlichen.

Numerus.[1])

§ 185. Auch der Numerus wird zu einer grammatischen Kategorie nur durch Ausbildung der Kongruenz. Auch in den flektierenden Sprachen ist der Plur. nicht durchweg erforderlich, wo es sich um Bezeichnung einer Mehrheit handelt. Jede Vielheit kann von dem Sprechenden wieder als eine Einheit zusammengefasst werden. Und so gibt es gerade Bezeichnungen für eine bestimmte Anzahl, die singularisch sind, wie *Paar, Schock, Dutzend, Mandel*, wie ursprünglich durchaus *tausend, hundert* und wahrscheinlich auch andere Zahlwörter. So sind ferner überhaupt die sogenannten Kollektiva zusammenfassende singularische Bezeichnungen für Mehrheiten. Da nun die Auffassung einer Masse als Einheit oder Vielheit so sehr vom subjektiven Belieben des Sprechenden abhängt, so kann seine Auffassung auch in Widerspruch geraten mit derjenigen, welche durch die grammatische Form des gewählten Ausdruckes angezeigt ist, und diese Abweichung der subjektiven Auffassung dokumentiert sich dadurch, dass sie statt des grammatischen Numerus die Kongruenz bestimmt was dann zum Teil auch Abweichungen im Genus zu Folge hat.

Der häufigste Fall ist, dass auf ein singularisches Kollektivum ein Plur. folgt. In unserer gegenwärtigen Schriftsprache, die ja überhaupt sehr stark von grammatisch-logischer Schulung beeinflusst ist, ist diese Erscheinung sehr eingeschränkt. Aber noch im 18. Jahrhundert ist sie häufig wie im Griech. und Lat. und noch jetzt im Engl. Vgl. *ich habe mich offenbaret deines Vaters Hause, da sie noch in Egypten waren* (Lu.); *im vollen Kreise des Volks entsprungen, unter ihnen lebend* (Herder); *civitati persuadet ut exirent* (Caes.); *ex eo numero, qui per eos annos consules fuerunt* (Cic.); *ängstlich im Schlafe liegt das betäubte*

---

[1]) Vgl. Tobler, Zschr. f. Völkerps. 14, 410. Delbrück, Syntax, Kap. II.

Fünfzehntes Kapitel. Psychologische und grammatische Kategorie.

Volk und träumt von Rettung, träumt ihres ohnmächtigen Wunsches Erfüllung (Goe.); *das junge Paar hatte sich nach ihrer Verbindung nach Engagement umgesehen* (Goe.); *alle Menge deines Hauses sollen sterben, wenn sie Männer worden sind* (Lu.); *the whole nation seems to be running out of their wits* (Smollet); *Israel aber zog aus in den Streit und lagerten sich* (Lu.); *dass der Rest von ihnen sich durch Libyen nach Cyrene retteten und von da in ihr Vaterland zurückkamen* (Le.); *the army of the queen mean to besiege us* (Sh.); *pars saxa jactant* (Plaut.); *concursus populi, mirantium quid rei esset* (Liv.); ὁ ὄχλος ἠθροίσθη, θαυμάζοντες καὶ ἰδεῖν βουλόμενοι (Xen.).

Bei manchen Wörtern wird die Verknüpfung mit dem Plur. so häufig, dass man sie selbst als pluralisch auffassen kann, falls kein formelles Element auf den Sing. deutet. Das ist z. B. der Fall bei engl. *people* Leute. Die Entwickelung kann noch weiter gehen, indem der Widerspruch zwischen grammatischem und psychologischem Numerus dadurch ausgeglichen wird, dass ersterer sich dem letzteren akkommodiert. So ist im Mhd. *liute* Leute an Stelle des Singulars *liut* Volk getreten; ganz analog sind franz. *gens* (afranz. noch *ja furent venu la gent*), it. *genti* (daneben noch *gente*), spätlat. *populi* (Apulejus, Augustinus), engl. *folks*. Im Ags. bedeutet *-waru* civitas, der Plur. *-ware* cives. Unser *die Geschwister* ist hervorgegangen aus dem Kollektivum *das Geschwister*, welches noch im 18. Jahrhundert üblich war. Im Got. gibt es ein kollektives Neutrum *fadrein* im Sinne von Eltern. Dieses verbindet man nicht nur mit dem Plur. des Prädikats, sondern setzt auch den Artikel dazu in den Plur.: *þai fadrein, þans fadrein*. Daneben erscheint es dann auch in pluralischer Form: *ni skulun barna fadreinam huzdjan, ak fadreina barnam*.

Es geschieht auch umgekehrt, dass ein pluralischer Ausdruck die Funktion eines Singulars erhält, indem die dadurch bezeichneten Teile zu einem einheitlichen Ganzen zusammengefasst werden. So sagt man *ein zehn Mark*; engl. *a two shillings*; sogar *there's not another two such women* (Warren). Anhd. ist *ein Eier in Schmalz* (Rühreier). Am leichtesten vollzieht sich dieser Übergang bei Wörtern, von denen der Sg. untergegangen ist (Pluralia tantum) oder wenigstens nicht eine vollständig entsprechende Bedeutung hat. Vgl. mhd. *ze einen pfingesten*; lat. *una, bina castra* etc.; engl. *if a gallows were on land*; *there's some good news* (Sh.); *that cristal scales* (Sh.).[1]) Schliesslich erhalten solche Pluralia auch singularische Form. Wir gebrauchen jetzt die Festbezeichnungen *Ostern, Pfingsten, Weihnachten* als Singulare (eigentlich Dative Plur.). Unser *Buch* ist im Got. pluralisch: *bokos*, eigentlich

---

[1]) Vgl. weitere Beispiele aus dem Engl. bei Storm, Englische Phil. I, S. 215.

Buchstaben; noch im Ahd. wird der Pl. für ein Buch gebraucht. Lat. *castra* wird zuweilen als singularisches Fem. gefasst und bildet einen Gen. *castrae*; entsprechend ist *festa* in den romanischen Sprachen zu einem Sing. fem. geworden. Lat. *litterae* im Sinne von ‚Brief' wird zu it. *lettera*, franz. *lettre*; *minaciae* zu it. *minaccia*, franz. *menace*; *nuptiae* zu franz. *noce* neben *noces*; *tenebrae* zu span. *tiniebla* neben *tinieblas*.

Es gibt mancherlei Gegenstände, von denen immer ein Paar zusammengehört. Ein solches Paar wurde ursprünglich in den indogermanischen Sprachen durch den Dual bezeichnet, für den dann bei Untergang des Duals der Plur. eintrat. Es fand aber bei manchen auch infolge der Zusammenfassung Vertauschung mit dem Sg. statt. *Hose* bezeichnete ursprünglich die (strumpfartige) Umhüllung eines Beines, wobei kein Zweifel darüber aufkommen konnte, daß der Mensch mit zwei Hosen bekleidet war. Nachdem aber die Umhüllungen der Beine mit der Umhüllung des Unterleibs (mhd. *bruoch*) verbunden waren, konnte neben dem Pl. *Hosen* der Sg. *Hose* aufkommen. Wir sprechen jetzt noch von den Brüsten eines weiblichen Wesens, früher wurde der Dual (Plur.) allgemein für die menschliche Brust gebraucht. Ebenso sind die Singulare *Nase*, *Tür* an die Stelle alter Duale (Nasenflügel, Türflügel) getreten.

§ 186. Abstrakt gebraucht ist das Wort eigentlich keines Unterschiedes der Numeri fähig. Da aber der äusseren Form nach ein Numerus gewählt werden muss, so ist es gleichgültig welcher. Die Sätze *der Mensch ist sterblich* und *die Menschen sind sterblich* sagen in abstrakter Geltung das Nämliche aus. Daher ist denn auch ein Wechsel der Numeri in den verschiedenen Sprachen gewöhnlich. Otfrid macht die Verbindung *engilon joh manne*. Ein Pron., welches sich auf einen abstrakten Ausdruck bezieht, steht zuweilen im Plur.: *nicht als ob in ihm kein einziges Punkt wäre, die hat er* (Herder); *ein echter deutscher Mann mag keinen Franzen leiden, doch ihre Weine trinkt er gern* (Goe.); *nobody knows what is to lose a friend, til they have lost him* (Fielding); mhd. *swer gesiht die minneclîchen, dem muoz si wol behagen, daz sie ir tugent prîsent*; *jedes triftige Beiwort, an denen er glücklich ist* (Herder); *insofern ein jeder Schriftsteller in einem besondern kleinen Artikel behandelt wird, die stilistisch mit einander verbunden sind* (Ebert, Christl. lateinische Lit.). Das Präd. kann im Plur. stehen: mhd. *daz ieslicher recke in den satel saz und ir schar schihten*; lat. *ubi quisque vident, eunt obviam* (Plaut.); *uterque sumus defessi* (id.); *uter meruistis culpam* (id.); *neuter ad me iretis* (id.); it. *come ogni uomo desinato ebbero*; engl. *neither of them are remarkable* (Blair). Die meisten indogermanischen Sprachen haben zur Bezeichnung der Allgemeinheit ein singularisches und ein pluralisches Pronomen nebeneinander (*jeder*

— *alle*). Diese können leicht eins in das andere übergehen. So findet sich schon im Lat. neben *omnes* der Sg., z. B. *militat omnis amans* (Ov.); im It. ist der Sg. *ogni* alleinherrschend geworden. Im Griech stehen ἀμφότερος und ἀμφότεροι nebeneinander. Aus *beide* haben sich singularische Formen herausgebildet. Häufig ist das Neutr. *beides*, vereinzelt schon mhd. Ebenfalls schon mhd. ist *ze beider sit*, vgl. *beiderseits*. Im älteren Nhd. kommen andere singularische Verwendungen des Wortes vor: *beider Baum* (Mathesius), *mit beidem Arm* (Lohenstein), *auf beyde Weise* (Le.). Le. sagt auch *das alles dreies auf einmal*. Der Plur. *jede* ist namentlich im 18. Jahrhundert häufig (vgl. DWb. 4², 2290), und umgekehrt findet sich der Sg. *aller* im Sinne von *jeder* (vgl. DWb. 1, 209).

§ 187. Unanwendbar ist die Kategorie des Numerus auch bei den reinen Stoffbezeichnungen. Denn erst durch die Berücksichtigung der Form entstehen Individualitäten, entsteht der Gegensatz von Einzeldingen und Mehrheiten. Die Stoffbezeichnungen werden daher meistens nur im Sing. gebraucht, welcher die nicht vorhandene numeruslose Form ersetzen muss. Aus demselben Grunde pflegen sie nicht mit dem unbestimmten Art. verbunden zu werden. Es stellt sich aber sehr leicht ein Übergang her von einer Stoffbezeichnung zur Bezeichnung für ein Einzelding und umgekehrt, indem die individualisierende Form leicht hinzu oder weggedacht werden kann, vgl. *Haar, Gras, Blüte, Frucht, Kraut, Korn, Rinde, Tuch, Gewand, Stein, Wald, Feld, Wiese, Sumpf, Heide, Erde, Land, Brot, Kuchen* etc. Hierher gehört auch *Huhn, Schwein* statt *Hühnerfleisch, Schweinefleisch,* lat. *leporem et gallinam et anserem* (Caes.); lat. *fagum atque abietem* (Caes.) = Buchen- und Tannenholz. So erklärt sich auch der Sing. in Fällen wie *der Feind zieht heran*; *der Russe* (= das russische Heer) *kommt*. Entsprechend gebraucht Livius die Singulare *Romanus, Poenus, eques, pedes* etc. und wagt sogar die Verbindung *Hispani milites et funditor Balearis*. Bei Seneca findet sich sogar *multo hoste*. Damit vergleiche man *mit willkürlicher Beliebung des ganzen Kaufmanns* (Micrälius) u. a. (vgl. DWb. 5, 337).

§ 188. Der Sing., wiederum in der Funktion einer absoluten Form, an der die Kategorie des Numerus noch nicht ausgeprägt ist, steht im Nhd. von vielen Wörtern nach Zahlen. Ihren Ausgang hat diese Konstruktionsweise allerdings von solchen Fällen genommen, in denen eine wirkliche Pluralform zugrunde liegt, die nur lautlich mit der Singularform zusammengefallen ist, so bei *Mann — Pfund, Buch*. Wenn aber die altertümlichen Formen sich gerade nach Zahlen erhalten haben, und ihrer Analogie andere Wörter wie *Fuss, Zoll, Mark* gefolgt sind, so muss das besondere Ursachen haben. Das Sprachgefühl empfindet in den altertümlichen Verbindungen so wenig wie in den analogisch nachgeschaffenen eine Pluralform. Es ist eben gerade nach einer Zahl kein Bedürfnis zu einem besonderen Ausdruck für die Mehrheit, da dieselbe schon hinlänglich durch die Zahl gekennzeichnet ist.[1]) So ist man zu einer gegen den Numerus gleichgültigen, zu einer absoluten Form gelangt, also wieder zu einem Standpunkte, wie er vor der Entstehung des grammatischen Numerus bestand.

Tempus.[2])

§ 189. Es sind verschiedene Versuche gemacht die Tempora der indogermanischen Sprachen in ein l o g i s c h e s S y s t e m zu bringen, wobei es nicht ohne Willkürlichkeit und Spitzfindelei abgegangen ist. Man muss sich auch hier davor hüten sich bei den logischen Bestimmungen von den vorliegenden grammatischen Verhältnissen und bei der Beurteilung der letzteren von rein logischen Sonderungen abhängig zu machen. Es findet keine volle Kongruenz der logischen und grammatischen Kategorieen statt. Es kommt dazu, dass an den indogermanischen Tempora noch manche Momente zum Ausdruck kommen, die mit Zeitabstufung direkt nichts zu schaffen haben, und für die man neuerdings den Ausdruck A k t i o n s a r t anzuwenden pflegt.[3])

Die Kategorie des Tempus beruht, wenn wir zunächst die Aktionsart bei Seite lassen, auf dem zeitlichen Verhältnis, in dem ein Vorgang zu einem bestimmten Zeitpunkt steht. Als solcher kann zunächst der Augenblick genommen werden, in dem sich der Sprechende befindet, und so entsteht der Unterschied zwischen Vergangenheit, Gegenwart und Zukunft, welchem die grammatischen Kategorieen Perfektum, Präsens, Futurum entsprechen. Ich setze das Perfektum als den eigentlichen Ausdruck für dieses Verhältnis, nicht den Aorist, der allerdings auch in dieser Funktion vorkommt. Die gewöhnliche Definition, dass das Perf. die vollendete, der Aor. die vergangene Handlung bezeichne, ist eine blosse Worterklärung, mit der sich kein klarer Begriff verbinden lässt. Das Charakteristische des Perf. im Gegensatz zu Aor. und Imperf. liegt darin, dass es das Verhältnis eines Vorganges zur Gegenwart ausdrückt.

Statt der Gegenwart kann nun aber ein in der Vergangenheit oder in der Zukunft liegender Punkt genommen werden, und zu diesem

---
[1]) Im Ungarischen unterbleibt neben Zahlwörtern durchgängig die Bezeichnung des Plurals.
[2]) Vgl. zu diesem Abschnitt Brugmann, Ber. der phil.-hist. Class. der sächs. Gesellsch. d. Wissenschaften 1883, S. 169 ff.; Delbrück, Syntax, Kap. XVI—XXVIII, wo man auch weitere Literatur verzeichnet findet.
[3]) Über Aktionsart im Arabischen vgl. Reckendorf S. 172—5. Sehr ausgebildet sind die Bezeichnungen der Aktionsart im Ungarischen, vgl. Simonyi S. 284 ff.

Fünfzehntes Kapitel. Psychologische und grammatische Kategorie.

ist dann wieder in entsprechender Weise ein dreifaches Verhältnis möglich. Es kann etwas gleichzeitig, vorangegangen oder bevorstehend sein. Die Gleichzeitigkeit mit einem Punkte der Vergangenheit hat ihren Ausdruck im Imperfektum gefunden, das ihm Vorausgegangene wird durch das Plusquamperf. bezeichnet, für das in der Vergangenheit Bevorstehende ist kein besonderes Tempus geschaffen, man muss sich mit Umschreibungen behelfen. Das einem Punkte der Zukunft Vorangegangene wird durch das Fut. ex. bezeichnet, das von diesem aus Bevorstehende kann nur durch Umschreibung ausgedrückt werden, das Gleichzeitige wird durch das einfache Fut. gegeben. Bei diesem Schema hat der Aor. und das, was als Ersatz für ihn in den einzelnen Sprachen eingetreten ist, noch keine Stelle gefunden. Was ihn im Gegensatz zu andern Tempora charakterisiert, ist zunächst nicht die Zeitstufe, sondern die Aktionsart. Er bezeichnet etwas Momentanes, daher den Eintritt eines Zustandes oder den Abschluss eines Vorganges. Der Ind. Aor. hat insbesondere Anwendung in der Erzählung gefunden. Dabei bezeichnet er einen in die Vergangenheit fallenden Vorgang nicht in seinem Verhältnis zur Gegenwart, sondern im Verhältnis zu einem andern, aber früheren Punkte der Vergangenheit. Hierbei aber wird der betreffende Vorgang nicht als noch bevorstehend, sondern als schon erfolgt bezeichnet. Der Zeitpunkt, auf den man sich stellt, wird immerfort gewechselt und nach vorwärts gerückt.

Was ich von dem Verhältnis der wirklich vorliegenden Tempora zu den ideal zu konstruierenden gesagt habe, gilt uneingeschränkt nur für den Indikativ. Für Infinitiv und Partizipium wird der Zeitpunkt, nach dem man sich richtet, durch das Verbum finitum, an welches sie angeknüpft sind, bestimmt. Es reicht daher dreifaches Tempus aus. Dieselben Tempora, die dazu dienen das Verhältnis zu einem gegenwärtigen Augenblicke auszudrücken, werden auch gebraucht, um das Verhältnis zu einem Punkte der Vergangenheit oder der Zukunft zu bezeichnen.[1]) Dies ist auch die Ursache, warum die Partizipia in Verbindung mit einem Verb. fin. so gut geeignet sind die einer Sprache mangelnden Tempora zu ersetzen. Der Imperativ ist seiner Natur nach immer futurisch, desgleichen der Konj. und Opt., soweit sie bezeichnen, dass etwas geschehen soll oder gewünscht wird.

§ 190. Bevor grammatische Tempora ausgebildet waren, musste an ihrer Stelle ein und dieselbe Form funktionieren und das Tempusverhältnis musste entweder durch besondere Wörter angedeutet oder aus der Situation erraten werden. Eine besondere gegen den Tempusunterschied gleichgültige Form liegt nicht mehr vor. Aber die Funktion

---

[1]) Vgl. Brugmann a. a. O. S. 174.

einer solchen versieht zum Teil das Präsens als das am wenigsten charakteristische Tempus neben der eigentlich präsentischen. Wir können uns danach eine Vorstellung von den Verhältnissen machen, wie sie vor der Ausbildung der grammatischen Tempora bestanden.

Als absolutes Tempus fungiert das Präs. zunächst in allen abstrakten Sätzen (vgl. § 89). Ein Satz wie *der Affe ist ein Säugetier* erstreckt sich auf Vergangenheit und Zukunft ebenso wie auf die Gegenwart. Ist dem abstrakten Satze ein anderer untergeordnet, so kann die Handlung desselben der des Hauptsatzes zeitlich vorangehend gedacht und daher das Perf. gesetzt werden: *wenn das Pferd gestohlen ist, bessert der Bauer den Stall*. Dem abstrakten Satze ist also zwar der Tempusunterschied überhaupt nicht fremd, wohl aber die Fixierung eines Ausgangspunktes.

Der konkret-abstrakte Satz hat das mit dem reinabstrakten gemein, dass kein bestimmter einzelner Zeitpunkt massgebend ist, dass er vielmehr für eine Anzahl verschiedener Zeitpunkte gilt, weshalb in ihm das Präsens gleichfalls Vergangenheit und Zukunft in sich schliesst. Seine Zeit ist aber doch keine absolute. Sie ist vor- und rückwärts in bestimmte Grenzen eingeschlossen, und es können innerhalb dieser Grenzen Unterbrechungen stattfinden. Es können auch sämtliche Zeitpunkte in die Vergangenheit oder Zukunft fallen, daher kann auch das Imperfektum oder Perfektum und das Futurum stehen.

Die abstrakten und konkret-abstrakten Sätze können, soweit sie Vorgänge bezeichnen, auch als iterativ angesehen werden. Wir haben im Nhd. kein Mittel, die iterative Natur des Verb. anzudeuten. Daher sind Sätze wie *er hinkt, er schläft lange, er hört schlecht, spielst du Schach?* an sich zweideutig. Andere Sprachen haben eigene Ausdrucksformen für das Iterativverhältnis. Im Griech. und Lat. dient dazu bei Beziehung auf die Vergangenheit das Imperf. im Gegensatz zum Aor. (Perf.), was aber doch wieder nicht die einzige Funktion des Imperf. ist.

Im konkreten Satze fungiert das Präs. in sehr vielen Sprachen statt des Futurums. So namentlich, wenn durch irgend ein anderes Wort genügend bezeichnet ist, dass es sich um ein zukünftiges Geschehen handelt, vgl. *ich reise morgen ab, das nächstens erscheinende Buch*; aber auch sonst, wo die Situation kein Missverständnis zulässt. Es überträgt sich ferner der futurische Charakter des Hauptsatzes auf den Nebensatz, so dass Präs. und Perf. futurischen Sinn erhalten, vgl. *wenn er kommt, werde ich dich rufen; wenn ich die Arbeit beendigt habe, werde ich es dir sagen.* Umgekehrt findet sich im Griech. Präs. des Hauptsatzes nach Fut. des Nebensatzes, vgl. εἰ αὔτη ἡ πόλις ληφϑήσεται, ἔχεται καὶ ἡ πᾶσα Σικελία (Eur.).[1]) Im Ahd. wird das Präs. auch ohne jede sonstige Unterstützung futurisch verwendet.

Eine Verwendung des Präs. statt des Prät. ist uns nicht geläufig, abgesehen vom Präs. hist., bei dem doch wohl eine wirkliche Verrückung des Standpunktes in der Phantasie anzunehmen ist. Im Sanskr. aber findet sich *purā*, im Griech. πάρος mit dem Präs. im Sinne des Prät., vgl. πάρος γε μὲν οὔ τι θαμίζεις = „früher kamst du nicht häufig" (Hom.).[2])

Es gibt ferner Fälle, in denen das Präs. sich zugleich auf Vergangenheit und Gegenwart bezieht; vgl. *ich weiss das schon lange* = ich weiss es jetzt und habe es schon lange gewusst; *er ist seit 20 Jahren verheiratet*; *so lange ich ihn kenne, habe ich das noch nie an ihm bemerkt*; *seitdem er in Rom ist, hat er mir nicht geschrieben*.

Das relative Zeitverhältnis zweier in die Vergangenheit oder in die Zukunft fallenden Vorgänge bleibt vielfach unbezeichnet. Wir sagen *als ich ihn erreichte* neben *erreicht hatte*, *wenn ich ihn finde* neben *gefunden habe*. Im Griech. steht bekanntlich in Nebensätzen der Aor. statt des lat. Plusquamp., im Lat. selbst nach *postquam* das Perf.; im Mhd. steht ganz gewöhnlich das einfache Prät., wo wir jetzt die Umschreibung anwenden, welche das Plusq. ersetzen muss. Diese ungenauere Verwendung der Tempora ist die altertümlichere. Das Plusquamp. ist erst eine sekundäre Bildung. Noch gewöhnlicher wird das relative Zeitverhältnis beim Part. vernachlässigt, wobei zum Teil der Mangel der eigentlich erforderlichen Formen mitwirkt. Vgl. *in Zug ans Land steigend, kehrten wir im Ochsen ein* (Goe., weitere Beispiele bei Andr. Sprachg. 112); *haec Maurus secum ipse diu volvens tandem promittit* (Sall., vgl. weitere Beispiele bei Draeg. § 572). Umgekehrt erscheint im Lat. das Part. Perf. mit präsentischer Bedeutung: *moritur uxore gravida relicta* (Liv., vgl. Draeg. § 582). Das Part. auf *-ndus* wird nicht nur futurisch, sondern in selteneren Fällen auch präsentisch verwendet: *volvenda dies*, *volvendis mensibus* (Virg.); *alienos fundos signis inferendis petebat* (Cic.); *nec vero superstitione tollenda religio tollitur* (Cic., vgl. Draeg. § 599). Das deutsche sogenannte Part. Perf. vereinigt präsentische und perfektische Bedeutung, oder, richtiger gesagt, es kann durativ gebraucht werden oder zur Bezeichnung des Abschlusses eines Vorganges, vgl. z. B. *der noch immer betrauerte, früh verstorbene Vater*.[3]) Daher auch in der älteren Sprache bei der Umschreibung des Pass. das Schwanken zwischen den Verben *sein* und

---

[1]) Vgl. Brugmann a. a. O. S. 170.
[2]) Vgl. ib. S. 170ff.
[3]) Vgl. meine Abhandlung „Die Umschreibung des Perfektums im Deutschen mit *haben* und *sein*" (Abh. der bayer. Akad. I. Cl. XXII Bd. I. Abt.) S. 162.

werden, das sich erst allmählich zugunsten des letzteren entschieden hat.

§ 191. Für die Bedeutung der grammatischen Tempora können noch manche Momente sekundärer Natur in Betracht kommen. Da z. B. ein stattgehabter Vorgang ein Resultat zu hinterlassen pflegt, so kann bei der Angabe, dass ein Vorgang stattgehabt hat, das nachgebliebene Resultat mitverstanden werden, und dieses eigentlich nur Akzidentielle in der Bedeutung kann zur Hauptsache werden. Indem aber das Resultat als die eigentliche Bedeutung angesehen wird, muss die Bedeutung des Perf. als präsentisch erscheinen. Es hat auch die Ansicht Vertretung gefunden, dass dies die ursprüngliche Funktion des idg. Perf. gewesen sei,[1]) so dass also die Entwickelung den umgekehrten Verlauf genommen hätte. Diese Annahme ist kaum richtig, lässt sich jedenfalls nicht erweisen. Sicher aber liegt dieser umgekehrte Verlauf vor bei dem deutschen umschriebenen Perf.[2]) Die Doppelnatur desselben zeigt sich z. B. an den verschiedenartigen Zeitbestimmungen, die es zu sich nehmen kann, vgl. *er ist gestern angekommen — jetzt ist er angekommen* (so kann man auch sagen, wenn die Ankunft schon vor einiger Zeit erfolgt ist). Untergang des eigentlichen Präs. führt dann zu dem, was man in der deutschen Grammatik Präteritopräsens nennt.

In dem nämlichen logischen Verhältnis, wie das Präs. zu dem das Resultat bezeichnenden Perf. steht, können auch verschiedene Verba zueinander stehen, vgl. *treten — stehen, fallen — liegen, verstummen — schweigen, erwachen — wachen, entbrennen — brennen, sich setzen — sitzen* etc. Während hier das Geraten in einen Zustand und das Sichbefinden in demselben durch zwei verschiedene sprachliche Ausdrücke wiedergegeben wird, gibt es auch Fälle, in denen das gleiche Verb. beides bezeichnen kann. Im Mhd. können *sitzen, stân, ligen, swigen* den Sinn von sich setzen, treten, sich legen oder fallen, verstummen haben; vgl. nhd. *aufsitzen, aufstehn, abstehn* etc. und den jetzigen oberdeutschen Gebrauch von *sitzen*. In Folge davon können mhd. *ich bin gesezzen* und *ich sitze* gleichbedeutend sein. Entsprechend ist es, wenn im griech. φεύγω bedeuten kann „ich bin verbannt", ἀδικῶ „ich bin im Unrecht". Hierher gehört es auch, wenn Vorgänge, die der Vergangenheit angehören, deshalb durch ein Präsens bezeichnet werden, weil ihre Wirkung fortdauert, vgl. *er lässt dich grüssen; der Herr schickt mich; ich höre, dass er zurückgehrt ist; er schreibt mir, dass alles gut steht* etc. So gebraucht man im Griech. ἀκούω, πυνθάνομαι,

---

[1]) z. B. durch Delbrück.
[2]) Vgl. meine Abhandlung S. 164 ff.

αἰσθάνομαι, μανθάνω u. dergl., und entsprechend verfahren andere Sprachen.

§ 192. Wir haben schon oben § 189 gesehen, dass die modalen und temporalen Verhältnisse nicht unabhängig voneinander sind. Da es für den Imperativ charakteristisch ist, dass er einen in die Zukunft fallenden Vorgang bezeichnet, so begreift es sich, dass das Fut. mit Hilfe der Situation und des Tonfalles imperativisch verstanden werden kann, vgl. *du wirst das sofort tun.* Ebenso kann das Fut. optativisch werden, vgl. *sic me di amabunt, ut me tuarum miseritumst fortunarum* (Ter.). In den Frageaufforderungssätzen (vgl. § 94) fungieren Konj. und Fut. in der gleichen Weise, vgl. lat. *quid faciamus* mit griech. τί ποιήσομεν. Sogar als Potentialis kann das Fut. gebraucht werden; vgl. *das wird sich so verhalten*; entsprechend in der lat. Volkssprache, z. B. *haec erit bono genere nata* (Plaut.), vgl. Draeg. § 136; über den nämlichen Gebrauch in den romanischen Sprachen vgl. Diez III, 282; Mätzn., Franz. S. 72, 3. 4. 75, 2. Man kann an zwei verschiedene Erklärungen für diese Erscheinung denken. Erstens: da alles in die Zukunft Fallende etwas Unsicheres ist, so könnte die Bedeutung des Fut. sich so entwickelt haben, dass nur das Moment der Unsicherheit übrig geblieben wäre. Zweitens aber könnten wir einen Satz wie *er wird zu Hause sein* auffassen als „es wird sich herausstellen, dass er zu Hause ist". Ein Prät. zu diesem potentialen Fut. ist der französische Conditionel. Derselbe bezeichnet ursprünglich den von einem Zeitpunkte der Vergangenheit aus zukünftigen Vorgang, wie z. B. noch in dem Satze *nous convînmes que nous partirions le lendemain.* Als eigentlicher Conditionel kann er futurischen Sinn haben, muss es aber nicht. Auch im Deutschen gebrauchen wir entsprechend futurische Umschreibung, die nicht notwendig futurischen Sinn hat, aber im Konj.: *ich würde zufrieden sein.* Wie das Fut. in eine modale Bedeutung übergeführt worden ist, so ist umgekehrt im Lat. der Konj. zum Fut. geworden.

Genus des Verbums.[1]

§ 193. Während die Tempora und die Modi an und für sich nichts Syntaktisches sind und nur durch die Beziehung aufeinander, also erst im zusammengesetzten Satz zum Ausdruck syntaktischer Verhältnisse werden, ist der Unterschied zwischen **Aktivum** und **Passivum** von Hause aus syntaktischer Natur, indem dadurch nichts anderes als ein verschiedenes Verhältnis des Prädikatsverbums zum Subj. ausgedrückt wird. Was neben dem Akt. Objekt ist, wird neben dem Pass. Subjekt. Die Anwendung des Passivums ermöglicht es daher ein psychologisches

---

[1] Vgl. Delbrück Syntax, Kap. XXXI.

Subjekt, welches sonst die grammatische Form des Objektes annehmen müsste, auch zum grammatischen Subj. zu machen, und dies ist ein Hauptgrund für den Gebrauch der passivischen Konstruktion. Im unpersönlichen Satze ist es an und für sich einerlei, ob man das Akt. oder das Pass. setzt. Der Sprachgebrauch hat sich so geregelt, dass diejenigen Verba, die normaler Weise persönlich konstruiert werden, wenn sie ausnahmsweise unpersönlich gebraucht werden, in das Passivum gesetzt werden (*es wird gesungen, getanzt* etc.), während bei den normaler Weise unpersönlichen Verben das einfachere Aktivum gesetzt wird (*es regnet, es taut* etc.). Es kommen aber Berührungen zwischen aktiver und passiver Konstruktion vor, vgl. *der Wald rauscht — es rauscht, das Haus brennt — es brennt.* In den altnordischen Sagas findet sich sehr häufig in den Einleitungen zu einem Abschnitte die Formel *hér segir* hier sagt es = hier wird gehandelt. Im Mittellateinischen ist *dicit* gleich einem *dicitur* der klassischen Zeit. In einer Überschrift des althochdeutschen Isidor heisst es *hear quidhit umbi dhea bauhnunga* = hier wird gehandelt von der vorbildlichen Darstellung; Ähnliches auch sonst. Entsprechend ist im Altnordischen der Gebrauch von *skal* in dem Sinne „man soll (wird)" und anderes.

§ 194. Der Gegensatz zwischen Akt. und Pass. konnte sich erst herausbilden, nachdem die Scheidung zwischen Subjekt und Objekt sich vollzogen hatte. Vorher musste jedenfalls die einfache Nebeneinanderstellung von Subj. und Präd. sowohl das passive wie das aktive Verhältnis bezeichnen. Den Wechsel zwischen aktiver und passiver Bedeutung können wir noch an den Nominalformen des Verbums beobachten, die in ihrer Bildungsweise nichts an sich haben, was auf die eine oder die andere hinweist.

Das Part. Präs. erscheint im früheren Nhd. öfters in passivem Sinne, vgl. *seine dabei hegende verräterische Absicht* (Thümmel), *dem in petto habenden Gedicht* (Schi.).[1] Besonders häufig ist *vorhabende Reise* u. dgl. Im Engl. sagt man *the horses are putting to* die Pferde werden angespannt, *the casinos are filling* etc.[2] Diese passivische Verwendung ist genau so aufzufassen wie die in § 108 besprochene freie Anknüpfung des Partizipiums.

Bei unserem sogenannten Part. perf. zeigt es sich sehr deutlich, dass der Unterschied zwischen Aktivum und Passivum nicht etwas schon der Bildung an sich Anhaftendes sein kann, da ja die Partizipia der transitiven Verba passivisch, die der intransitiven zum Teil aktivisch gebraucht werden. Auch diese Schranke bleibt nicht vollkommen

---

[1] Vgl. Grimm Gr. IV, 66. Andr. Sprg. 82.
[2] Vgl. Mätzner II, S. 56.

gewahrt. Es entstehen Wendungen wie *das den Grafen befallene Unglück* (Goe.), *des den Erwartungen nicht entsprochenen Aufenthalts* (Gutzkow); *stattgefunden, stattgehabt* sind ziemlich allgemein.[1] Namentlich aber sind eine Anzahl Partizipia transitiver Verba in aktiver Bedeutung zu reinen Adjektiven geworden, vgl. *erfahren, verdient, geschworen, gereist, gelernt, studiert* u. a.

Im Lat. haftet den Partizipien auf *-endus, -undus* der passivische Sinn ursprünglich nicht notwendig an, vgl. *oriundus*, dem sich bei älteren Schriftstellern noch andere wie *pereundus* untergehend, *placendus* gefallen etc. an die Seite stellen. Ähnliche Beobachtungen lassen sich noch weiter im Lat. wie in andern Sprachen machen.

Dem Inf. ist ursprünglich so gut wie dem Nom. actionis der verbale Genusunterschied fremd. Etwas von Genuscharakter erhält er zunächst einerseits dadurch, dass ein Objektskasus von ihm abhängig gemacht wird, anderseits dadurch, dass er auf das Subj. des regierenden Verbums mitbezogen wird (*er kann lesen*); ferner auf ein anderes in dem Satze enthaltenes Wort, zu welchem er in keinem direkten grammatischen Verhältnis steht (*befehlen steht ihm übel an, durch fliehen kann er sich retten* etc.). Eine solche Beziehung ist an sich nicht durchaus nötig. Sie findet z. B. nicht statt in einem Satze wie *er befiehlt zu schweigen* oder *Not lehrt beten*. Hier ist der Inf. im Grunde weder aktiv noch passiv, sondern genuslos. Im Gotischen steht nicht selten der einfache Inf. an Stelle des griechischen Inf. pass. in Fällen, wo auch wir jetzt den umschriebenen passivischen Inf. anwenden, z. B. *warþ þan gaswiltan þamma unledin jah briggan fram aggilum* = ἐγένετο δὲ ἀποθανεῖν τὸν πτωχὸν καὶ ἀνενεχθῆναι ὑπὸ τῶν ἀγγέλων.[2] Es wird dies unter Berücksichtigung der ursprünglich neutralen Natur des Infinitivs ganz begreiflich. Andererseits aber begreift es sich auch, wie das Bedürfnis in den einzelnen indogermanischen Sprachen allmählich zur Schöpfung eines passiven Infinitivs führen musste. Am meisten Bedürfnis zur Verwendung eines solchen war natürlich in denjenigen Sprachen, in denen sich der Akk. zum Subjektskasus des Infinitivs herausgebildet hat.

§ 195. Ein grammatisches Passivum besteht nur da, wo dasselbe aus dem gleichen Stamme wie das Aktivum gebildet und von demselben durch eine besondere Formationsweise geschieden ist. Annähernd analog dem Verhältnis von Pass. zu Akt. ist das Verhältnis eines Intransitivums zu dem entsprechenden Kausativum, vgl. *fallen — fällen, hangen — hängen* und die nicht aus der nämlichen Wurzel entsprungenen

---

[1] Vgl. Andr. Spr. S. 83 ff.
[2] Vgl. Gram. IV, 57 ff.

Paare *werden — machen, sterben — töten, (hin)fallen — (hin)werfen.*
Doch besteht der Unterschied, dass bei dem Intransitivum nicht so
normaler Weise wie beim Pass. an eine wirkende Ursache gedacht wird.
Dieser Unterschied ist aber leicht verwischbar. Man sagt im Griech.
ἀποθνήσκειν ὑπό τινος. Im Lat. wird *fio* im Präs. vollständig als
Pass. zu *facio* verwendet.
Das Passivum der indogermanischen Sprachen ist aus dem Medium
entstanden. In analoger Weise haben in einer späteren Epoche die
skandinavischen Sprachen ein neues Passivum gleichfalls aus dem
Medium gewonnen. Von diesem skandinavischen Medium steht es fest,
dass es durch Verschmelzung des Aktivums mit dem Reflexivpron.
entstanden ist. Im Deutschen haben wir keine formelle Verschmelzung
des Reflexivpron. mit dem Verb., wohl aber eine funktionelle. In einem
Satze wie *er hat sich getötet* ist das Verhältnis von Subj. und Obj. kein
anderes wie in *er hat ihn getötet.* Es bleibt dabei die Vorstellung von
einem tätigen Subjekte und die von einem Objekte, auf das die
Tätigkeit übergeht, gesondert. In anderen Fällen aber verschmelzen
beide Vorstellungen miteinander, wovon die Folge ist, dass das
Reflexivum einen an dem Subjekte sich vollziehenden Vorgang bezeichnet,
vgl. *sich regen, stellen, setzen, legen, heben, senken, drehen, wenden,
schwingen, nähern, entfernen, klären, lösen, versuchen, freuen, verwundern,
irren* und viele andere. Das Verhältnis dieser Reflexiva zu den entsprechenden Aktiven ist im wesentlichen das gleiche wie das der oben
angeführten Intransitiva zu den entsprechenden Kausativen. In ihnen
ist ein teilweiser Ersatz für das indogermanische Medium geschaffen,
dessen Funktion allerdings eine noch weitergehende war. Erhält sich
ein Verb. bloss als Reflexivum (vgl. *sich schämen*), so haben wir ein
Pendant zu den Medien des Griechischen, die kein Aktivum neben
sich haben und zu den lateinischen Deponentia. Den Übergang vom
Medium zum Passivum können wir dann wieder in Parallele stellen
mit dem oben erwähnten Gebrauch der Intransitiva *fio* und ἀποθνήσκω.
Aus dem Nhd. sind am nächsten zu vergleichen Wendungen wie *das
lässt sich hören, das hört sich gut an.*

Sechzehntes Kapitel.

Verschiebung der syntaktischen Gliederung.

§ 196. Wir haben schon in Kap. VI gesehen, dass die Gliederung eines Satzes, die Art und Weise, wie man seine Bestandteile zu engeren und weiteren Gruppen zusammenfasst, etwas leicht Verschiebbares ist. Es ist dort auch bereits angedeutet, dass geradezu ein Gegensatz zwischen dem psychologischen (logischen) Verhältnis der Satzbestandteile untereinander und ihrem rein grammatischen Verhältnis entstehen kann. Die syntaktischen Formen wie die Kasus etc. sind zunächst für bestimmte Satzteile wie Subj., Obj., Bestimmung eines Substantivums etc. geschaffen. Sie bezeichnen aber zugleich ein bestimmteres Verhältnis, als es die blosse Aneinanderreihung der Wörter vermag. Indem nun die Mittel zu einer solchen bestimmteren Bezeichnung verwertet werden, zugleich aber die alte, nie ganz zu vernichtende Freiheit in der Verknüpfung der Begriffe waltet, entsteht ein Widerspruch, aus welchem sich dann, wenn er usuell wird, neue Konstruktionsweisen entwickeln. Die Abweichung von der äusseren grammatischen Form besteht dabei teils in einer anderen Zusammenfassung und Trennung der einzelnen Elemente, teils in einer anderen psychologischen Anordnung derselben, wodurch Subj., Präd., Obj., etc. ihre Rollen tauschen.

§ 197. Zweigliedrigkeit ist, wie wir gesehen haben, die Urform des Satzes. Auch die inhaltsreichsten Sätze können zweigliedrig bleiben, indem alle Bereicherung in einer Erweiterung der beiden Glieder besteht. Es entsteht aber auch, wie wir gleichfalls schon gesehen haben, durch die Wiederholung des Verhältnisses von Subj. und Präd. eine Vielgliedrigkeit. Aus dieser nun kann sich wieder eine einfachere Gliederung herausbilden, indem mehrere Glieder zu einem zusammengefasst werden ohne Rücksicht auf diejenige Gliederung, welche die historische Entwickelung der betreffenden Satzform verlangen würde. Das Durchbrechen der ursprünglichen Gliederung kann dann sogar noch weiter gehen, indem auch Bestimmungen des Subj. von demselben losgelöst und mit anderen Elementen verbunden werden, ebenso des Objekts. Vielgliedrigkeit des Satzes infolge von annähernder Gleichwertigkeit der einzelnen Elemente findet sich besonders bei ruhiger, zusammenhängender Darstellung. Die gewöhnliche Unterhaltung neigt immer zu Zwei- und Dreigliedrigkeit. Am schärfsten von den übrigen Gliedern des Satzes sondert sich zunächst das psychologische Präd. ab als das wichtigste, dessen Mitteilung der Endzweck des Satzes ist, auf welches daher der stärkste Ton fällt. Der Satz *Karl fährt morgen nach Berlin* kann als viergliedrig aufgefasst werden, wenn er ohne irgend welche Vorbereitung des Hörers ausgesprochen wird, so dass diesem die verschiedenen Bestandteile desselben gleich neu sind. Wir können dann sagen: zum Subj. *Karl* tritt das Präd. *fährt*, zu diesem als Subj. tritt als erstes Präd. *morgen*, als zweites *nach Berlin*. Hierbei wird zwar naturgemäss die letzte Bestimmung etwas stärker hervorgehoben als die übrigen, aber doch nur um ein Geringes. Dagegen bei bestimmter, dem Sprechenden bekannter Disposition des Angeredeten kann jedes der vier Glieder scharf abgehobenes Präd. werden. Ist schon von einer Reise die Rede gewesen, die Karl morgen macht, und nur noch das Ziel unbekannt, so ist *nach Berlin* Präd. Wir könnten uns dann auch ausdrücken: das Ziel der Reise, die Karl morgen macht, ist Berlin. Ist schon von einer bevorstehenden Reise Karls nach Berlin die Rede gewesen und nur noch die Zeit unbestimmt, so ist *morgen* Präd., und wir können dann auch sagen: die Fahrt Karls nach Berlin findet morgen statt. Ist bekannt, dass Karl morgen nach Berlin reist und nur noch nicht, ob er dahin geht oder reitet oder fährt, so liegt das Präd. in *fährt*; wir können aber doch nicht eigentlich sagen, dass *fährt* psychologisches Präd. sei in Übereinstimmung mit der grammatischen Form, vielmehr ist es gewissermassen in zwei Bestandteile zu zerlegen, ein allgemeines Verb. der Bewegung und eine Bestimmung dazu, welche die Art der Bewegung bezeichnet, und nur die letztere ist Präd. Ist endlich bekannt, dass morgen jemand nach Berlin fährt und besteht nur noch ein Zweifel in bezug auf die Person, so ist das grammatische Subj. *Karl* psychologisches Präd., und wir könnten dann auch sagen: derjenige, der morgen nach Berlin fährt, ist Karl. Die hier besprochenen vier Variationen eines aus den nämlichen Wörtern gebildeten Satzes entsprechen vier verschiedenen Fragen: *wohin reist Karl morgen?* — *wann reist Karl nach Berlin?* — *wie reist Karl morgen nach Berlin?* — *wer reist morgen nach Berlin?*

284 Sechzehntes Kapitel. Verschiebung der syntaktischen Gliederung.

Neben dem psychologischen Prädikate kann sich aus den übrigen Satzgliedern eins als eigentliches psychologisches Subj. besonders herausheben, welches dann dem Prädikate an Wichtigkeit und demgemäss auch an Tonstärke am nächsten steht. Die übrigen erscheinen dann als Bindeglieder, welche die Verknüpfung von Subjekt und Präd. vermitteln und die Verknüpfungsweise näher bestimmen. So ist nach psychologischer Analyse in dem Satze *Marie hat Zahnschmerzen* nicht *hat*, sondern *Zahnschmerzen* Präd., *hat* nur Bindeglied; in dem Satze *Fritz pflegt sehr schnell zu gehen* ist *sehr schnell* Präd., *pflegt zu gehen* Bindeglied; in dem Satze *er gebärdete sich wie ein Besessener* ist *wie ein Besessener* Präd., *gebärdete sich* Bindeglied.

§ 198. Jedes Satzglied, in welcher grammatischen Form es auch erscheinen mag, kann psychologisch betrachtet Subjekt oder Prädikat oder Bindeglied sein, respektive ein Teil davon. Subjekt und Prädikat können dabei ausser durch die Betonung durch die Stellung markiert werden. Tritt im Deutschen statt der normalen Voranstellung des grammatischen Subjektes Voranstellung eines anderen Satzteiles ein, so ist dieser entweder psychologisches Subjekt oder psychologisches Prädikat, ersteres häufiger als letzteres. Im letzteren Falle ist dieser Teil des Satzes zugleich der stärkstbetonte, im ersteren nicht. Die Ansicht, der man öfter begegnet, dass die Voranstellung immer dazu diene den betreffenden Teil des Satzes über alle andern hervorzuheben, ist daher verkehrt.[1])

Regelmässig psychologisches Subj. oder ein Teil desselben ist ein an den Anfang gestelltes rückweisendes Demonstrativum. Denn eben weil es zurückweist, vertritt es diejenige Vorstellung, von der in der Seele des Sprechenden und des Angeredeten ausgegangen wird, woran das weitere als etwas neues angeknüpft wird. Vgl. *ich traf einen Knaben, den fragte ich; — dem sagte ich; — bei dem erkundigte ich mich; — darüber war ich erfreut.* Oder *ich ging nach Hause, da fand ich einen Brief; ich sah ihn am Sonntag zum letzten Male, damals sagte er mir.* Oder *Fritz war gestern bei mir; diesen Menschen möchte ich immer zum Hause hinaus werfen; aber ich muss Rücksicht auf seine Familie nehmen; aus diesem Grunde kann ich es nicht.* Ebenso ist das Relativum regelmässig psychologisches Subjekt. Das Fragepronomen dagegen ist regelmässig Prädikat oder Teil desselben. Für die unbestimmte Fassung desselben substituiert dann die Antwort eine bestimmte. Wenn daher Cic. sagt *quam utilitatem aut quem fructum petentes scire cupimus illa?* oder *tu vero quibus rebus gestis, quo hoste superato contionem convocare ausus es?*, so liegt hier das psychologische

---

[1]) Vgl. S. 127, Anm. 3.

Prädikat nicht im Verb. finitum, sondern vielmehr im Partizipium und dem, was dazu gehört. Stets psychologisches Präd. ist ferner derjenige Satzteil, dessen Verknüpfung mit den übrigen durch eine Negationspartikel zurückgewiesen wird. Vgl. *nicht ihn habe ich gerufen* = der, den ich gerufen habe, ist nicht er; *nicht ihm habe ich das Geld gegeben* = der, dem ich das Geld gegeben habe, ist nicht er; *nicht für ihn war ich besorgt* = der, für den ich besorgt war, ist nicht er. Die Negation gehört daher zwar nicht immer zum grammatischen, aber stets zum psychologischen Präd., oder richtiger sie bezieht sich immer auf die Verknüpfung des psychologischen Subjekts mit dem psychologischen Prädikate. Prädikat ist dann natürlich auch der mit dem negierten Satzteil in Parallele gestellte Gegensatz, vgl. *nicht am Morgen, sondern am Mittag will ich verreisen.* Ferner jeder durch ein *nur, allein, ausschliesslich* u. dergl. hervorgehobene Satzteil; denn dafür kann man auch ein *nicht ein anderer* (*ein anderes*), *sondern* einsetzen. Auch *besonders, vor allem, am meisten* u. dergl. kennzeichnen das Präd.

§ 199. Der Widerspruch zwischen grammatischem und psychologischem Präd. lässt sich durch eine umständlichere Ausdrucksweise vermeiden, von der in manchen Sprachen reichlicher Gebrauch gemacht wird. Vgl. *Christen sind es, die es getan haben* oder *von denen man es verlangt*; engl. *'t is thou that robbst me of my lord*; franz. *c'est moi qui* etc. — franz. *c'est à vous que je m'adresse*; engl. *it is to you, young people, that I speak* — *was ihn am meisten ärgerte, war ihre Gleichgültigkeit*; engl. *what I most prize in woman, is her affections, not her intellect* — franz. *il fut le premier à rompre le silence.*

Ein Mittel, welches im Deutschen angewendet wird, um das, was sonst grammatisches Präd. werden müsste, zum Subj. zu machen, ist die Umschreibung mit *tun*, vgl. *verbieten tut es niemand.*

In vielen Sprachen findet sich eine interessante Ausgleichung des Widerspruches zwischen grammatischem und psychologischem Subjekt, nämlich in der Weise, dass das psychologische Subj. im Nom., also in der Form des grammatischen Subjekts vorantritt und dann noch einmal durch ein Pron. wieder aufgenommen wird, dessen Form sich nach dem rein grammatischen Verhältnis bestimmt. Vgl. engl. *he that can discern the loviliness of things, we call him poet* (Carlyle);[1] franz. *cette confiance, il l'avait exprimée*; it. *gli amici vostri non gli conosco*; mhd. *rüemære unde lügenære, swâ die sin, den verbiute ich*

---

[1] Weitere Beispiele aus den verschiedenen Perioden des Engl. bei Jespersen, Progress in Language § 162.

mînen sanc; span. *claro é virtuoso principe, tanto esta sciencia le plugo*; griech. ἐκεῖνος δὲ οὐ δώσω αὐτῷ οὐδέν; mhd. *die Hiunen durch ir has der garte sich zwei tûsent*; franz. *tous ces crimes d'état qu'on fait pour la couronne, le ciel nous en absout*; it. *quelli che hanno costituita una republica, tra le cose ordinate da loro è stato* (Machiavelli); griech. τὸ μηδὲν ἄκοντά τινα ἐξαπατῆσαι μέγα μέρος εἰς τοῦτο ἡ τῶν χρημάτων κτῆσις ξυμβάλλεται (Plato); nhd. *ach, der heiligste von unsern Trieben, warum quillt aus ihm die grimme Pein?* (Goe.).[1]) Das Possessivpron. vertritt dabei die Stelle eines Genitivs: mhd. *Parzivâl der valschheitswant sin triuwe in lêrte*; engl. *'t is certain, that every man that dies ill, the ill is upon his own head* (John 4, 1); span. *la villa sin regidores, su triunfo sera breva*; franz. *les soudans, qu'à genoux cet univers contemple, leurs usages, leurs droits ne sont point mon exemple* (Voltaire). Eine ähnliche Erscheinung ist es, wenn ein Attribut zum psychologischen Subj. im Nom. erscheint, vgl. griech. διασκοπῶν καὶ διαλεγόμενος αὐτᾷ ἔδοξέ μοι οὗτος ὁ ἀνήρ (Plato); ἔδοξεν αὐτοῖς ἀποκτεῖναι τοὺς Μυτιληναίους ἐπικαλοῦντες τὴν ἀπόστασιν (Thuc.); παθοῦσα οὕτω δεινὰ πρὸς τῶν φιλτάτων οὐδεὶς ὑπὲρ μοῦ δαιμόνων μηνίεται (Aesch.); franz. *depuis deux jours, Fatime, absent de ce palais, enfin son tendre amour le rend à mes souhaits* (Voltaire).

Eine noch weitergehende Ausgleichung des Widerspruchs besteht darin, dass das psychologische Subj. geradezu die Form des grammatischen erhält, also in den Nom. tritt. Am Rhein sagt man nach Andr. Spr. 80 *es geben dies Jahr nicht viele Äpfel*. Ebenso wird der Nom. gebraucht nach Hildebrand, DWb 4, 1a, 1404 in Strassburg, im Osterlande, in Thüringen und Hessen. Aus der Literatur führt Andr. an: *es gibt nichts Lächerlicheres als ein verliebter Mann* (Börne). Schon Goethe (j. G. II, 465) sagt, *müssen es hier Menschen geben*, und Herder: *gibts aber keine andere Empfindbarkeit zu Tränen als körperlicher Schmerz?* Im letzten Falle ist also wenigstens die Vergleichung so behandelt, als gehöre sie zu einem grammatischen Subjekte.

Eine noch auffallendere Erscheinung, die hierher gehört, ist im Engl. die Umbildung einer Konstruktion wie *me was given a book* zu *I was given a book*.[2])

§ 200. Adverbiale Bestimmungen, die gewöhnlich, wie schon der Name zeigt, einfach zum Prädikatsverbum gezogen werden, spielen in Wirklickkeit sehr verschiedene Rollen im Satzgefüge. Einerseits sind sie wirklich Bestimmungen des Verbums, vgl. *Karl isst langsam, das Kind zappelt mit Händen und Füssen*. Liegt dann in der adver-

---

[1]) Sehr üblich sind solche Konstruktionen im Arabischen, vgl. Reckendorf S. 171.
[2]) Vgl. Alphonso Smith, Studies in English Syntax, S. 66 ff.

Subjekt und Prädikat. Adverbiale Bestimmungen.

bialen Bestimmung das eigentlich Wertvolle der Mitteilung, so kann es als Prädikat, das Verbum als Bindeglied zwischen ihm und dem Subj. gefasst werden. Die Gliederung kann aber auch die sein, dass das Adv. eine Bestimmung für die Verbindung der übrigen Glieder des Satzes ist. Eine scharfe Grenze zwischen dieser und der erstbezeichneten Gliederung gibt es nicht. Hierher kann man alle temporalen, lokalen und kausalen Bestimmungen ziehen. Dieselben sind dann den übrigen Bestandteilen des Satzes gegenüber gewöhnlich psychologisches Subjekt, zuweilen auch Prädikat, vgl. *morgen Abend will ich dich besuchen, auf dem Tische liegen zwei Bücher*; *die Bücher liegen nicht auf dem Tische, sondern in dem Kasten*. Doch wird hier überall das Verbum derartig untergeordnet, dass man es auch als Bindeglied fassen kann. Dagegen gibt es gewisse Fälle, in denen das Adv. nur als Präd. gefasst werden kann, welches einem sonst schon in sich geschlossenen Satze beigelegt wird. Hierher gehören alle Bezeichnungen für die Modalität der Aussage, wie *gewiss, sicherlich, wahrlich, jedenfalls, wahrscheinlich, wohl, vielleicht, schwerlich, kaum, angeblich*. *Er wird gewiss kommen* ist = *es ist gewiss, dass er kommen wird*. Hierher gehören ferner *leider, oft, selten, vorkommenden Falls, andernfalls, sonst, billig* (in Fällen wie *ich muss mich b. wundern*), *leicht* und *schwer* (in Fällen wie *das brennt, löst sich leicht*), *unter diesen Umständen, unter dieser Bedingung, bei so bewandter Sache* u. dergl.; *törichterweise* und alle übrigen Bildungen mit *-weise*, die sich eben dadurch von den einfachen Adverbien *töricht* etc. unterscheiden; diese gehen auf das Prädikat, jene auf die Beziehung zwischen Subj. und Präd. Indem das logische Verhältnis auch grammatisch deutlich ausgeprägt ist, sind Ausdrucksformen entstanden wie *kaum, dass er mich ansieht*; *vielleicht, dass eine Träne dann von seinem Auge fällt* (Matthisson und so häufig im 18. Jahrhundert); *vergebens, dass sein Oheim ihn aufmuntern will* (Goe. und ähnlich öfters); *glücklicherweise, dass die Gemälde so hoch stehen* (Goe.); *zum Glück, dass der Ring an seinem Finger ist* (Wieland); *zum Unglück, dass sie auch die Birnbaumscene sahn* (id.); *vermutlich, dass eine Rose herausgefallen ist* (Wildenbruch); *vielmehr, dass der eingepfropfte Zweig selbst ausartete* (Herder); *sogar, dass diese Ergiessung der Seele auch Nebenumstände mit sich fortreisst* (id.). Stehen Versicherungen isoliert voran, z. B. *gewiss, er wird es tun*, so sind sie deutlich Prädikate zu den nachfolgenden selbständig hingestellten Sätzen.

§ 201. In Sprachen von geringer formeller Ausbildung ist der Widerspruch zwischen psychologischem und grammatischem Subjekt oder Prädikat viel seltener; denn die Veranlassung dazu ist ja eben die Ausbildung mannigfaltiger besonderer Ausdrucksformen für die verschiedenen logischen Verhältnisse der Begriffe zueinander. Die

Sechzehntes Kapitel. Verschiebung der syntaktischen Gliederung.

eigentümlichen, uns sehr fremdartig berührenden Ausdrucksformen des Dajakischen, die Steinthal, Typen S. 172. 3 anführt, scheinen mir wesentlich darauf zu beruhen, dass das psychologische Subjekt oder Prädikat auch zum grammatischen gemacht wird, wobei entweder das erstere oder das letztere an die Spitze tritt, und dass dann auch diese beiden Hauptglieder, wenn sie selbst schon zusammengesetzt sind, wieder nach dem nämlichen Prinzipe gegliedert werden. Vgl. namentlich nach Steinthals Übersetzung *Boot dieses Boot seiner Wahl* = dieses Boot hat er auserwählt; *Zeuge zwei diese welches deine Begierde* = welches von diesen beiden Zeugen begehrst du? *du Platz meines Gebens* = dir habe ich es gegeben; *zu sehr ihr geschoben sein Bank durch dich* = du hast die Bank zu sehr geschoben (*zu sehr* psychologisches Prädikat).

§ 202. Wie das Verhältnis des Subjekts zum Prädikat im psychologischen Sinne die Umkehrung des grammatischen Verhältnisses sein kann, so kann dieselbe Umkehrung auch eintreten bei dem Verhältnis des Bestimmten zur Bestimmung. Am leichtesten kann eine Unsicherheit darüber entstehen, welches eigentlich das bestimmte, welches das bestimmende Glied ist, wenn zwei Substantiva in appositionellem Verhältnis nebeneinander stehen. Ich kann z. B. sagen *Totila, ein König der Ostgoten* oder *ein König der Ostgoten, Totila*. Ein solcher Rollentausch der beiden Glieder ist aber nur möglich, wenn ihr Verhältnis zueinander ein loseres ist, wozu Bedingung ist, dass es als etwas Neues mitgeteilt wird. Dann nähert sich das Ganze der Natur eines Satzes, und dann verhält sich immer das voranstehende Glied zu dem nachfolgenden wie das Subjekt zum Prädikat. Wird dagegen das Verhältnis als schon bekannt vorausgesetzt, so ist kein beliebiger Rollentausch möglich, und die Stellung entscheidet nichts. Ist z. B. von einem Mendelssohn die Rede und es fragt jemand „welcher Mendelssohn ist gemeint?", so ist in der Antwort „der Komponist M." zweifellos *Mendelssohn* das Bestimmte, trotzdem es nachsteht. Ebenso sind in *Herzog Bernhard, Herr Müller, Bruder Karl, Vater Gleim* die Eigennamen das Bestimmte, die Titel und sonstigen charakterisierenden Epitheta das Bestimmende. Es kommt aber auch, ohne dass das Verhältnis als bekannt vorausgesetzt werden kann, eine straffere Zusammenfassung der beiden Glieder vor mit Beifügung des bestimmten Artikels, z. B. *der Schneidermeister Schulze*. Hierbei gehört der Artikel nicht zu dem ersten Gliede, sondern zum ganzen und fasst dasselbe eben dadurch zu einer Einheit zusammen. Denn man kann dafür nicht sagen *Schulze der Schneidermeister*, sondern höchstens *Schulze, ein Schneidermeister* oder *Schulze, Schneidermeister*, wenn dazu noch eine weitere Bestimmung z. B. *in Berlin* tritt. Durch diese Veränderung aber würde der Zusammenhalt gelockert sein, also die Ausdrucksweise einen anderen Eindruck machen. Bei dieser Fügung ist nun eigentlich keines von beiden Gliedern entschieden bestimmtes oder bestimmendes. Unter die appositionellen Verhältnisse mit engerem Verbande gehört auch die Verbindung von Vor- und Zunamen. Es ist nun zweifellos, dass jetzt in *Karl Müller, Max Östreicher, Paul Mendelssohn* etc. der Vorname das Bestimmende, der Familienname das Bestimmte ist; aber ebenso zweifellos, dass das Verhältnis anfangs umgekehrt war. Es hat also eine Gliederungsverschiebung stattgefunden.

Ein attributives Verhältnis hat sich im Nhd. aus der mhd. Verbindung mit einem partitiven Gen. entwickelt in Fällen wie *ein Fuder Wein* (mhd. *ein fuoder wines*), *ein Pfund Fleisch, eine Menge Menschen, eine Art Forellen*. Hiermit verbindet sich ein Rollentausch, indem für unser Sprachgefühl das voranstehende Subst. als das Bestimmende erscheint. Zum sprachlichen Ausdruck gelangt dieser Rollentausch, wenn *ein paar* in dem Sinne „wenige" unflektiert bleibt (*mit ein paar Menschen*); vgl. dazu *in der bisschen Neige* bei Leisewitz. Noch weiter ging die Entwickelung bei *viel, wenig, mehr*, sowie den Zahlwörtern *zwanzig, dreissig* etc., *hundert, tausend*, die ursprünglich substantivisch mit Gen. gebraucht, sich in Folge des Rollentausches zu flexionslosen und teilweise weiter zu flektierten Adjektiven entwickelt haben. Eine entsprechende Verschiebung liegt auch vor in *eine Viertelstunde* statt *ein Viertel Stunde*, wobei freilich auch die Analogie von *eine halbe Stunde* in Betracht kommt.

Ein adjektivisches Attribut kann nicht so einfach die Rolle mit seinem Substantivum tauschen. Es muss hier aber einer häufig vorkommenden Fügung gedacht werden, wobei allerdings der Hauptbegriff in das Adj. gelegt wird. Wenn Grimm sagt *jenes heranzuziehen untersagt die mangelnde Lautverschiebung*, so müsste man um die grammatische Form in Übereinstimmung mit der Logik zu bringen die Gliederung umkehren, aber zugleich mit einer weiteren Veränderung der Konstruktion; *der Mangel der Lautverschiebung*. Vgl. ferner *den verfehlten Ton guter Gesellschaft* (Herder); *doch liegt das Hauptübel in der wenigen Zeit, die ich darauf verwenden können* (Goe.); weitere Beispiele bei Andr. Spr. S. 122. 3. Besonders häufig sind im 18. Jahrh. Wendungen, in denen man versucht den lateinischen Abl. abs. nachzubilden, wie *nach überwundenen so mannigfaltigen Hindernissen* (Goe.), *nach aufgelöstem Band der bürgerlichen Ordnung* (Schi.), *zwey Wochen nach aufgehobenem Theater zu Gotha* (Iffland).

Eine Verschiebung ganz anderer Art haben wir in Wendungen wie *ein sein wollendes Original* (Herder), *so viele sein wollende Kenner* (Ebert an Lessing), *sein sollende griechische Simplizität* (Iffland), *ein* sich dünkender Eigentümer (Kant), alle Torheiten eines sich dünkenden Genies (Gottw. Müller), einem sich stellenden Tauben (Le.), ein gewesener Soldat, ein geborener Franzose, eine geborene Müller, ein angeblicher Vetter, der vermeintliche Baron, mit anscheinender Gleichgültigkeit, die sogenannte Heide; franz. un nommé Richard. Hier sind die Substantiva, die eigentlich Prädikate zu nicht genannten Subjekten sind, an die Stelle dieser Subjekte getreten und haben damit auch die Form des Partizipiums bestimmt. Auch in Fällen wie sein früherer (ehemaliger) Herr, seine spätere (zukünftige) Frau sind die Substantiva eigentlich Prädikate.

§ 203. Indem die Auseinanderreissung des grammatisch eigentlich eng Zusammengehörenden usuell wird, bilden sich neue Konstruktionsweisen heraus, von denen man, wiewohl sie ihren Ursprung dem Widerspruche zwischen grammatischer und logischer Gliederung verdanken, doch nicht mehr sagen darf, dass der Widerspruch noch bestehe. Das ursprünglich nur psychologische Verhältnis hat sich dann zu einem grammatischen entwickelt.

Häufig löst sich so der Genitiv aus der unmittelbaren Verbindung mit dem Worte, von dem er zunächst abhängig war. Wo er von einem prädikativen Adj. abhängt, ist die Verbindung immer keine ganz enge, und es macht nichts aus, ob man ihn als abhängig von dem Adj. allein, oder von dem Adj. in Verbindung mit der dazu gehörigen Kopula auffasst. Er hat daher eine ähnliche Selbständigkeit wie ein von einem Verbum abhängiges Objekt und geniesst dieselbe Freiheit der Stellung. Vgl. des Erfolges bin ich sicher. Nun ist der häufig von einer solchen Verbindung abhängige Gen. es lautlich mit dem Acc. (mhd. eʒ) zusammengefallen und in Folge davon auch vom Sprachgefühl als Acc. gefasst worden, vgl. ich bin es zufrieden. Ausserdem hat sich traditionell in einigen Fällen der Gen. nichts zu mhd. niht erhalten, der nun auch als Acc. gefasst werden musste, vgl. ich bin mir nichts Böses bewusst. Durch diese Umstände ist es begünstigt, aber wohl nicht allein veranlasst, dass weiterhin in mehreren Fällen der als Objektskasus gefasste Gen. mit dem Objektskasus κατ' ἐξοχήν, dem Akk., vertauscht ist, gerade so wie das bei vielen Verben (erwähnen, vergessen etc.) geschehen ist. Vgl. was ich mir kaum noch bewusst war (Wieland); sind sie das zufrieden? (Goe. und ähnlich öfters); wir sind die Probe zufrieden (Rückert); das bin ich vollkommen überzeugt (Le.); so viel bin ich versichert (Le.); ingedenk zu sein die bescheen Fragen (Weisttümer). Häufig ist der Akk. bei habhaft werden, ganz allgemein bei gewahr werden, gewohnt, los, überdrüssig, schuldig sein oder werden. Wie das Adj. verhält sich natürlich das prädikative Adv., daher inne werden jetzt mit Akk. Begünstigt ist der Eintritt des Akk. jedenfalls dadurch, dass von solchen Verbindungen auch Sätze mit *dass* abhängen konnten (*ich bin [es] zufrieden, dass du ihn besuchst*), welche als Objekt gefasst werden konnten. Bei manchen dieser Verbindungen lässt sich nur der Akk. eines Pron. nachweisen. Daraus ersieht man die Einwirkung des *es*. Dass aber der Vorgang auch ohne eine solche Unterstützung möglich ist, ergibt sich aus analogen Fällen im Griech., vgl. ἐπιστί μονες ἦσαν τὰ προςήκοντα (Xen.), ἔξαρνός εἰμι τὰ ἐρωτώμενα (Plato).

Die an sich festere Verbindung des Genitivs mit einem Subst. erscheint gleichfalls vielfach gelockert, indem derselbe logisch nicht mehr von dem Subst. allein, sondern von der Verbindung des Subst. mit einem Verb. abhängig und dadurch zu einem selbständigen Satzgliede gemacht ist. Sehr häufig ist das im Mhd., z. B. *des wirdet mir buoz* (davon wird mir Abhilfe); *des hân ich guoten willen*; *des sît âne sorge*; *si wurden des ze râte*; *ich kume eines dinges an ein ende* (ich erfahre etwas ganz genau). Vgl. nhd. *des Lärmens ist kein Ende*; *aller guten Dinge sind drei*; *lass, Vater, genug sein des grausamen Spiels* (Schi.); *nun will ich des Briefs ein Ende machen* (Schi.); *dieses Dranges ist kein Ziel zu sehen* (Schi.); *des ich ein Diener worden bin* (Lu.); *dieses Gerechten, welches ihr nun Verräter und Mörder geworden seid* (Lu.); *ein Schiff, dessen man, so es vorüber ist, keine Spur finden kann* (Lu.); *den leichten Erwähnungen, die seiner einige alte Grammatiker tun* (Le.); *des kann ich Zeugnis geben* (Wieland). Meistens muss man jetzt an Stelle des mhd. Genitivs eine Präposition anwenden. Aber auch hier wurde das genitivische *es* umgedeutet und als Nom. oder Akk. aufgefasst und so das logische Subj. oder Obj. vollständig zum grammatischen gemacht, vgl. *es ist genug* (mhd. *genuoc* als Subst. mit dem Gen. verbunden), *es ist Not, es ist Zeit* etc., *er will es nicht Wort haben*; *er hat es Ursache*; *ich bins nicht im Stande*; *er weiss es ihm Dank*. Die Gliederungsverschiebung hat aber auch weiterhin die Folge gehabt, dass der Gen. mit dem Nom. oder Akk. vertauscht ist, wobei jedenfalls wieder die abhängigen Sätze mit *dass*, die als Subj. oder Obj. gefasst werden konnten, mitwirkten. Wir sagen jetzt *das nimmt mich Wunder* wie *das wundert mich*; mhd. heisst es *des nimet mich wunder* = mich ergreift Verwunderung darüber. Beispiele für den Akk. sind *wer wird ihm diese kleine Üppigkeit nicht vielmehr Dank wissen?* (Le.); *was er mir Schuld gibt* (Le., ähnlich auch sonst); *in Ansehung der Stärke wird niemand diese Assertion in Abrede sein* (Le., vgl. Blümners Anm. in seiner Ausgabe des Laok., 2. Aufl. S. 588). Allgemein mit dem Akk. verbunden wird das jetzt als ein einheitlicher Begriff gefasste *wahrnehmen* (mhd. *war* = Beobachtung. Vgl. lateinische Konstruktionen wie *quid tibi nos tactiost* (Plaut.), *quid tibi hanc curatiost rem* (id.), in denen der Akk. nicht als von dem Subst. allein abhängig gefasst werden kann; ferner *infitias ire, auctorem esse aliquid*. Dazu griech. ἓν μὲν πρῶτά σοι μομφὴν ἔχω (Eur.) und Ähnliches. In den Sprachen, welche als Negation oder als Verstärkung derselben ein ursprünglich substantivisches Wort verwenden, findet sich daneben ein Genitiv, der ursprünglich von diesem Substantivum abhängig war, allmählich aber zu einem selbständigen Satzgliede geworden ist und nun als Subj. oder Objekt fungiert, während das Wort, von dem er ursprünglich abhing, seine substantivische Natur eingebüsst hat. Vgl. franz. *il n'a pas (point) d'argent*, eigentlich: er hat keinen Schritt (Punkt) von Geld. Dass das Sprachgefühl nicht mehr an eine Abhängigkeit von *pas* oder *point* denkt, ergibt sich unter andern daraus, dass *de* analogisch auch in andere negative Sätze übertragen wird, die kein ursprüngliches Subst. enthalten (vgl. *il n'y a jamais de lois observées*), auch in solche, die nur dem Sinne nach negativ sind (vgl. *sans laisser d'espérance*; *doit-il avoir d'autre volonté*). Ähnlich sind die Verhältnisse im Mhd., vgl. *des enmac niht gesin*; *min vrouwe bizet iuwer niht*; danach auch *alsó grôzer krefte nie mêr recke gewan*. Vgl. noch nhd. *sie wollten meines Rates nicht* (Lu.); *sie hatten der Speise nicht* (Klopstock); *welcher Epigrammatist hat dessen nicht* (Le.); allgemein *hier ist meines Bleibens nicht*.

§ 204. Im Englischen kann sich der von einer Präp. abhängige Kasus von der direkten Verbindung mit derselben loslösen und sich näher zum Verbum stellen. Diese Loslösung ist weitaus in den meisten Fällen durch das Bestreben bedingt das psychologische Subjekt an die Spitze des Satzes zu stellen. Vgl. *and this rich fair town we make him lord of* (Sh.); *washes of all kind I had an antipathy to* (Goldsmith); weitere Beispiele bei Mätzn. II, 518. Die beiden Hauptkategorieen, die hierher gehören, sind die Relativsätze (vgl. *a place which we have long heard and read of*, vg. ib. 519) und Passivsätze (*the tailor was seldom talked of*, vgl. ib. 65 ff.), wobei die passivische Konstruktion wie in anderen Fällen den Zweck hat, das psychologische Subjekt auch zum grammatischen zu machen. Diese Art passivischer Konstruktion wird sogar bei transitiven Wörtern, die ein Objekt bei sich haben, angewendet (*they were never taken notice of* Sheridan, vgl. ib. 67). Ausserdem ist die Loslösung in Fragesätzen üblich, wo es sich also um Voranstellung des Prädikats handelt (*what humour is the prince of*, vgl. ib. 519). Schon in alter Zeit haben die indogermanischen Präpositionen Gliederungsverschiebungen durchgemacht. Ursprünglich waren sie jedenfalls Adverbia. Sie konnten neben dem Kasus eines Nomens als Bestimmungen zum Verb. treten. Von hier aus hat sich einerseits ein näheres Verhältnis zwischen ihnen und dem eigentlich vom Verb. abhängigen Kasus herausgebildet, wodurch sie zu Präpositionen geworden sind; anderseits sind sie in nähere Beziehung zum Verb. getreten, wodurch Zusammensetzungen entstanden sind.[1]

§ 205. Ein Satzglied, welches grammatisch von einem Inf. abhängt, kann psychologisch von der Verbindung dieses Infinitivs mit seinem Regens abhängig werden; vgl. *dies Buch werde ich dich nie lesen lassen*; *das Ding selbst bin ich weit entfernt zu sehen* (Le.); *mit welchem sie sich erinnern, gegen mich glücklich gewesen zu sein* (Le.). Infolge davon kann das Sprachgefühl darüber unsicher werden, ob das betreffende Glied eigentlich zu dem Inf. oder zu seinem Regens in direkte Beziehung zu setzen ist. Dazu kommt, dass diesen Fällen andere sehr ähnlich sehen, in welchen wirklich die Abhängigkeit von dem Verb. fin. das Ursprüngliche ist, vgl. *was ich zu besorgen habe*. So geschieht es, dass eine wirkliche Übertragung der Rektion vom Inf. auf das Verb. fin. stattfindet, die sich deutlich durch Umsetzung in das Pass. dokumentiert; vgl. *hier ist sie* (Minna v. Barnhelm) *auf Ansuchen des Herrn von Hecht zu spielen verboten* (Le.); *die Anklage ist fallen gelassen worden* (Allg. Zeitg.); *die Stellung des Fürsten Hohenlohe wird zu untergraben versucht* (ib.); *wo die Verdorbenheit der Klöster durch eine Reformation abzustellen gesucht ward* (Gervinus). Damit vergleiche man die griechischen Beispiele: $\chi\iota\lambda\iota\omega\nu$ $\delta\varrho\alpha\chi\mu\tilde{\omega}\nu$ $\delta\mu\omicron\lambda\omicron\gamma\eta\vartheta\epsilon\iota\sigma\tilde{\omega}\nu$ $\dot{\alpha}\pi\omicron\lambda\alpha\beta\epsilon\tilde{\iota}\nu$ („da die Übereinkunft getroffen war, dass ich 1000 Drachmen erhalten sollte" Dem.); $\tau\dot{\alpha}$ $\dot{\eta}\mu\tilde{\iota}\nu$ $\dot{\epsilon}\xi$ $\dot{\alpha}\varrho\chi\tilde{\eta}\varsigma$ $\pi\alpha\varrho\alpha\gamma\gamma\epsilon\lambda\vartheta\acute{\epsilon}\nu\tau\alpha$ $\delta\iota\epsilon\xi\epsilon\lambda\vartheta\epsilon\tilde{\iota}\nu$ (Plato); $\tau\tilde{\omega}\nu$ $\pi\varrho\omicron\epsilon\iota\varrho\eta\mu\acute{\epsilon}\nu\omega\nu$ $\dot{\eta}\mu\epsilon\varrho\tilde{\omega}\nu$ $\tau\dot{\alpha}$ $\dot{\epsilon}\pi\iota\tau\acute{\eta}\delta\epsilon\iota\alpha$ $\tilde{\epsilon}\chi\epsilon\iota\nu$ („der Tage, für welche es befohlen war Vorrat zu haben" Xen.). Auf der nämlichen Verschiebung beruht auch die Umsetzung von lat. *coepi, desino, jubeo, prohibeo* in das Pass. (*liber legi coeptus est, jubeor interfici*), nur dass hier auch der Inf. in das Pass. tritt, indem eine Doppelbeziehung des zum Subj. gemachten Gliedes stattfindet. Auch bei *possum* und *queo* kommt im älteren Lat. eine derartige Umsetzung vor, z. B. *quod tamen expleri nulla ratione potestur* (Lucrez), vgl. Draeger § 93. Ferner gehört hierher die Umdeutung eines von einem Inf. abhängigen Objekts zum Subj. des regierenden, von Hause aus unpersönlichen Verbums, vgl. $\tilde{\eta}\nu$ $\gamma\acute{\alpha}\varrho$ $\tau\iota$ $\dot{\epsilon}\nu$ $\alpha\dot{\upsilon}\tau\omicron\tilde{\iota}\varsigma$ $\pi\varrho\omicron\sigma\tilde{\eta}\varkappa\omicron\nu$ $\dot{\iota}\delta\epsilon\tilde{\iota}\nu$ („was es sich ziemte zu sehen" Plato), $\lambda\acute{\omicron}\gamma\omicron\nu$ $\tau\iota\nu\dot{\alpha}$ $\pi\varrho\omicron\varsigma\acute{\eta}\varkappa\omicron\nu\tau\alpha$ $\dot{\varrho}\eta\vartheta\tilde{\eta}\nu\alpha\iota$ (id.)[2]

§ 206. Wir haben gesehen, dass die verschiedenartigsten Satzteile, indem sich zwei andere neben ihnen als die eigentlich wesentlichen herausheben, psychologisch als blosse Bindeglieder gefasst werden können. Indem gewisse Wörter regelmässig so verwendet werden, wird

---

[1] Vgl. Delbrück, Syntax, Kap. XV.
[2] Die oben gegebene Darstellung beruht fast ganz auf Madvig Kl. Schr. S. 362.

die psychologische Kategorie zu einer grammatischen, die betreffenden Wörter werden zu Verbindungswörtern. Verbindungswort nenne ich ein Wort, welches die Funktion hat das Verhältnis zwischen zwei Begriffen anzugeben, welches daher auch nur neben zwei solchen Begriffen funktionieren kann, so dass es weder für sich noch auch bloss mit einem Begriff verbunden etwas Selbständiges darstellen kann. Verbindungswort zwischen Subj. und Präd. ist die Kopula. Man hat zwar die Berechtigung zur Aufstellung einer solchen Kategorie bestritten und behauptet, dass man die Kopula wie jedes andere Verb. fin. als Prädikat, das prädikative Subst. oder Adj. dagegen als Bestimmung des Prädikats zu fassen habe.[1]) Diese Anschauung scheint mir ein Beispiel jenes Missverständnisses der Forderung einer Scheidung zwischen Grammatik und Logik, worauf ich § 21 hingedeutet habe, ein Beispiel von einseitiger Rücksichtnahme auf die äussere grammatische Form unter Vernachlässigung des Funktionswertes. Wir dürfen doch nicht ausser acht lassen, dass Sätze wie *Träume sind Schäume, glücklich ist der Mann*, gleichwertig sind mit Sätzen ohne Kopula *Träume Schäume, glücklich der Mann*, und dass Sätze von der einfacheren Form offenbar ursprünglich reichlich gebildet worden und erst allmählich durch Sätze mit Kopula mehr und mehr zurückgedrängt sind. Wollte man dem *ist* eine Selbständigkeit gegenüber dem substantivischen oder adjektivischen Prädikate zugestehen, so würden alle hierher gehörigen Sätze Existenzialsätze sein, was sie doch offenbar dem Sprachgefühl nach nicht sind. Welcher Unsinn würde herauskommen, wenn wir den Satz *das ist unmöglich* auffassten als „das existiert als etwas Unmögliches".

Die Scheu davor die Kopula als ein Verbindungswort anzuerkennen entspringt daraus, dass sie vermöge ihrer Flexion den verbalen Charakter bewahrt. Bei erstarrten Formen, die keinem flexivischen Wandel unterliegen, scheut man sich weniger den Übergang vom selbständigen Wort zum Verbindungswort anzuerkennen. Dieser Übergang kommt immer mit Hilfe einer Gliederungsverschiebung zustande, wie noch weiterhin an einer Reihe von Beispielen gezeigt werden wird.

§ 207. Eine besondere Art von Verschiebung der Gliederung besteht darin, dass zwei Satzglieder, die eigentlich nur eine **indirekte Beziehung** zueinander haben, indem sie von demselben dritten abhängen, in **direkte Beziehung** zueinander gesetzt werden. So ist wohl die Entstehung des prädikativen Akkusativs aufzufassen. Wir können jetzt ebensogut sagen *ich mache ihn zum Narren* wie *ich mache*

---

[1]) Vgl. Kern, Die deutsche Satzlehre, Berlin 1883.

einen Narren aus ihm. Es ist also eine doppelte Art des Akkusativs bei *machen* möglich, einer, welcher den Gegenstand bezeichnet, den die Tätigkeit trifft, und einer, der das Resultat derselben angibt. Setzt man beide zugleich zum Verbum, wie das im Mhd. noch in einigen Wendungen möglich ist, z. B. *ich mache in ritter*, so muss dabei auch die Vorstellung „er wird Ritter" oder dergleichen mit ins Bewusstsein treten, und so werden die beiden Akkusative in ein Verhältnis zu einander gesetzt nach der Analogie von Subj. und Präd. Diese Erklärung ist auf alle Fälle anwendbar, wo in den verschiedenen Sprachen ein Subst. als prädikativer Akk. gebraucht wird. Die Verwendung des Adjektivums als eines prädikativen Objekts liesse sich dann als eine Analogie nach der Verwendung des Substantivums fassen. Doch ist ausserdem in Betracht zu ziehen, dass wir neben *ich mache einen Menschen glücklich* auch sagen können *ich mache einen glücklichen Menschen*. Entsprechend ist die Entstehung des Acc. c. Inf. zu erklären. Der Inf. ist ursprünglich ein zweites Objekt zum regierenden Verbum. So verhält es sich noch bei unserem *ich heisse ihn aufstehen, ich lasse ihn arbeiten* etc. Der Inf. kann ja auch ohne einen anderen Akk. als Objekt stehen (*ich lasse arbeiten*). *Er lehrt mich französisch sprechen* ist in der Konstruktion nicht wesentlich verschieden von *er lehrt mich die französische Sprache*. So kann man auch lat. neben *jubet te facere* sagen *quod te jubet*. Ebenso hat der Nom. c. Inf. seine Analogie in der passivischen Konstruktion solcher Verba, die einen doppelten Akk. bei sich haben können. *Bibulus nondum audiebatur esse in Syria* ist konstruiert wie *Cicero per legatos cuncta edoctus*; *quod jussi sunt*. Die Auffassung des substantivischen Akkusativs als eines Subjekts zu dem Inf. ergibt sich dann sehr leicht aus der realen Natur des Verhältnisses.

§ 208. Eine andere nicht ganz seltene Art der Verschiebung besteht darin, dass ein Glied, welches eigentlich zu zwei kopulativ oder adversativ verbundenen Gliedern gehört, bloss als zum ersten gehörig aufgefasst und in Relation zu einer die beiden verbindenden Partikel gesetzt wird. Unser *entweder — oder* fassen wir jetzt als zwei korrelative Partikeln. Aber *entweder* ist entstanden aus *eindeweder* und bedeutet eigentlich „eins von beiden"; daher ist *entweder das Auge oder das Herz* eigentlich „eins von beiden, das Auge oder das Herz". Folge der Gliederungsverschiebung ist die Erstarrung der Form, so dass *entweder* zu jedem beliebigen Kasus und jeder beliebigen Wortart gesetzt werden kann. Wo *entweder — oder* zur Verbindung von Sätzen dient, zeigt sich die Hineinziehung des ersteren in den ersten Satz auch an der Inversion (*entweder ist er tot* neben *er ist tot*). Genau ebenso verhält es sich mit *weder — noch*, mit mhd. *weder — oder*

= lat. *utrum — an*, mhd. *beide — und* = engl. *both — and* u. a. Wir übersetzen lat. *aeque ac* durch „ebenso wie". Aber ein *hic mihi aeque placet atque ille* ist eigentlich „dieser und jener gefallen mir in gleicher Weise." Dass jedoch eine wirkliche Verschiebung der Gliederung stattgefunden hat, und dass das vergleichende *ac* von dem kopulativen bis zu einem gewissen Grade isoliert ist, zeigt der regelmässige Sing. des Präd. in den Fällen, wo das *ac* an ein singularisches Subj. angeknüpft wird, ferner die Wortstellung und endlich solche Fälle, in denen eine Wiedergabe des *ac* durch *und* in keiner Weise mehr möglich ist, vgl. *aeque a te peto ac si mea negotia essent*. Lehrreich sind verwandte Konstruktionen, die noch nicht normal geworden sind, bei denen die Verschiebung entweder noch gar nicht eingetreten ist oder wenigstens noch nicht usuell geworden. Zuweilen steht *aeque et* = *aeque ac*: *aeque promptum est mihi et adversario meo* (Cic.), vgl. Draeg. § 311, 18. Es findet sich ferner *ac* oder *et* auch nach *par, similis, idem, alius* etc., (vgl. ib.): *pariter patribus ac plebi carus*; *pariter corpore et animo* (Ter.); *simul consul ex multis de hostium adventu cognovit et ipsi hostes aderant* (Sall.); *solet alia sentire et loqui* (Caelius); *viae pariter et pugnae* (Tac.); *omnia fuisse in Themistocle paria et Coriolano* (Cic.); *haec eodem tempore Caesari mandata referebantur et legati ab Aeduis veniebant* (Caes.). Dieselbe Verschiebung wie bei lat. *ac* ist bei anord. *ok* eingetreten.

§ 209. Die nämlichen Verschiebungen wie innerhalb des einfachen Satzes finden natürlich auch im zusammengesetzten Satze statt, da ja zwischen einfachem und zusammengesetztem Satze kein eigentlich wesentlicher und konsequent durchführbarer Unterschied besteht. Der Nebensatz hat die nämliche Funktion wie ein Satzglied, und es gilt daher auch von ihm dasselbe wie von jedem andern Gliede in Bezug auf die Gliederung der ganzen Periode. Es ist daher falsch, wenn man, wie gewöhnlich geschieht, eine jede Periode zunächst in Hauptsatz und Nebensatz (resp. mehrere Nebensätze) abteilt. Erstens ist zu berücksichtigen, dass der Nebensatz ein unentbehrliches Satzglied wie das Subj. vertreten kann (z. B. *dass er nicht kommt, ärgert mich*) und dann ist das, was man den Hauptsatz zu nennen pflegt, in Wahrheit gar kein Satz, sondern nur ein Satzglied oder ein Komplex von Satzgliedern. Enthält der Nebensatz einen entbehrlichen Bestandteil der Periode, z. B. eine Zeitbestimmung, so ist es ja allerdings möglich ihr den Hauptsatz als etwas für sich Bestehendes gegenüberzustellen, aber damit gibt man keine richtige grammatische und nicht immer eine richtige psychologische Gliederung. Die Periode *ich fragte ihn nach seinem Befinden, als ich ihm begegnete* zunächst in Haupt- und Nebensatz zu sondern hat nicht mehr Berechtigung als in dem Satze *ich fragte ihn gestern nach seinem Befinden* zu gliedern: *ich fragte ihn nach seinem Befinden + gestern*. Wir können ja auch dem Nebensatze gerade so gut wie dem Adv. *gestern* seine Stellung zwischen den übrigen Gliedern geben. Endlich enthält der Nebensatz gar nicht immer ein selbständiges Satzglied, sondern häufig nur einen Teil eines Gliedes, eine Bestimmung zu einem Gliede, so alle Relativsätze, die sich auf ein Wort des Hauptsatzes beziehen. Der Nebensatz kann nun aber so gut wie jeder andere Satzteil nach psychologischen Gesichtspunkten eine andere Eingliederung verlangen als nach rein grammatischen, und er kann ebenso gut wie jeder andere Satzteil an der Gliederungsverschiebung teilnehmen. So ist dann die Möglichkeit einer Zweiteilung in Haupt- und Nebensatz häufig erst die Folge einer Gliederungsverschiebung. Dabei ist in der Regel der Nebensatz psychologisches Subj., der Hauptsatz Präd., natürlich in dem weiten Sinne, wie wir ihn Kap. VI bestimmt haben.

Wenden wir den § 89 zwischen abstrakten, konkreten und konkret-abstrakten Sätzen gemachten Unterschied auf den zusammengesetzten Satz an, so ergibt sich, dass die hypothetischen Perioden (im weitesten Sinne) die abstrakten und abstrakt-konkreten umfassen. Abstrakt sind z. B. *wenn es regnet, wird es nass*; *wer Pech angreift, besudelt sich*; abstrakt-konkret *wenn du es noch nicht weisst, will ich es dir sagen*; *so oft er mir begegnet, fragt er mich*; *wer unter euch nicht zufrieden ist, mag es sagen*. Der Sinn eines jeden abstrakten oder abstrakt-konkreten Satzes lässt sich daher durch eine hypothetische Periode ausdrücken.

§ 210. Wie es für den grammatisch nicht als abhängig bezeichneten Satz einen stufenweisen Übergang von Selbständigkeit zu Abhängigkeit gibt, so kann sich der grammatisch als abhängig bezeichnete mehr und mehr der Selbständigkeit nähern. Bei der oben § 102 charakterisierten Zwischenstufe zwischen logischer Abhängigkeit und Selbständigkeit kann die grammatische Form bald die der Selbständigkeit, bald die der Abhängigkeit sein. Nach der Bevorzugung der einen oder der andern unterscheiden sich verschiedene Sprachen und verschiedene Stilgattungen. So ist es bekanntlich charakteristisch für die historische Periode im Lateinischen, dass die Mitteilung von Tatsachen, welche an sich neu sind und einen selbständigen Wert haben, die aber zugleich zur zeitlichen und kausalen Bestimmung einer andern Tatsache dienen, in der Form eines abhängigen Satzes oder einer Partizipialkonstruktion erfolgt, während im Deutschen die Form des selbständigen Satzes vorgezogen wird. Nicht selten ist in verschiedenen Sprachen die Anknüpfung eines Relativsatzes, welcher das Vorhergehende gar nicht bestimmt oder modifiziert, sondern eine selbständige Mitteilung enthält, also gleichen Wert mit einem kopulativ angeknüpften Hauptsatze hat. Vgl. *er begab sich nach Paris, von wo er später nach Lyon ging* (= *und von da ging er*); *ich traf gestern deinen Vater, mit dem ich mich lange unterhielt* (gegen *ich traf heute den Herrn wieder, mit dem ich mich gestern unterhalten hatte*). Besonders häufig ist diese Anknüpfung bekanntlich im Lat., und man ist es hier gewohnt längere Perioden, die durch ein Relativum eingeleitet sind, als selbständige Sätze zu betrachten. Ein solches lose angeknüpftes Relativum erscheint auch in Konjunktionssätzen, wie z. B. *quod Tiberius quum fieri animadvertit, simul pugionem eduxit* (Bell. Hisp.); *quae si dubia aut procul essent, tamen omnes bonos reipublicae subvenire decebat* (Sall.).[1]) Ein Kriterium für die Verselbständigung des Relativsatzes ist der Gebrauch des Imperativs in demselben. Diesen finde ich im griech. neuen Testament: 2. Tim. 4, 15 ὃν καὶ σὺ φυλάσσου und Ebr. 13, 7 ὧν ἀναθεωροῦντες τὴν ἔκβασιν τῆς ἀναστροφῆς μιμεῖσθε τὴν πίστιν; an beiden Stellen auch in Luthers Übersetzung: *vor welchem hüte du dich auch* und *welcher Ende schauet an und folget ihrem Glauben nach*. Entsprechend ist die Verwendung von *quamquam* und *etsi* = jedoch. Das Aufgeben des Abhängigkeitsverhältnisses tritt uns besonders entgegen in einem Falle wie *do poenas temeritatis meae; etsi quae fuit illa temeritas?* (Cic.). So kommt auch unser *wiewohl, obgleich* vor, wobei sich das Aufgeben des Abhängigkeitsverhältnisses in der Wortfolge dokumentiert, vgl. *wie darfst du dich doch meinen Augen weisen? wiewohl du kommst mir recht* (Hagedorn); *obgleich das Weissbrot schmeckt auch in dem Schloss nicht übel* (Hebel).

So tritt denn auch der Fall ein, dass das logische Abhängigkeitsverhältnis geradezu die Umkehrung des grammatischen ist. Die bekannteste hierher gehörige Kategorie, die sich in vielen Sprachen findet, bilden Zeitbestimmungen, meist mit *eben, gerade, noch, kaum* u. dergl., auf welche der logische Hauptsatz nicht bloss, wie wir § 102 gesehen haben, in der Form des Hauptsatzes, sondern auch in der des Nebensatzes folgen kann; vgl. *kaum war ich angekommen, als ich Befehl erhielt*; franz. *je n'eus pas mis pied à terre, que l'hôte vint me saluer*. Einige andere Beispiele sind: franz. *le dernier des Bourbons serait tué, que la France n'en aurait pas moins un roi* (Mignet) = wenn auch der letzte der Bourbonen getötet wäre würde Frankreich nichtsdestoweniger einen König haben; mhd. *jane gêt er nie so balde, erne benahte in dem*

---

[1]) An und für sich beweist allerdings der Gebrauch des Relativums in einem Konjunktionssatz nicht Lockerung des Abhängigkeitsverhältnisses. Vgl. Lu. Ap. 15, 29 *dass ihr euch enthaltet von Götzenopfer* etc., *von welchen so ihr euch enthaltet, tut ihr recht* (ἐξ ὧν διατηροῦντες ἑαυτοὺς εὖ πράξετε). Hier ist das Rel. gebraucht wie sonst als Teil eines Satzgliedes.

walde = mag er auch noch so schnell gehen, die Nacht wird ihn im Walde überraschen.

§ 211. Die psychologische Gliederung durchbricht auch die Grenzen zwischen Haupt- und Nebensatz. Ein häufiger Fall ist, dass eine Partikel, die eigentlich dem Hauptsatze angehört, mit einer dazu in Beziehung stehenden den Nebensatz einleitenden Partikel zu einer Einheit verschmilzt und nun vom Sprachgefühl das Ganze als Einleitung des Nebensatzes aufgefasst wird. Vgl. *sowie* (got. *swaswe*, ahd. *sôso*), *so dass, sobald als, auch wenn*; lat. *sicut, simulac, postquam, antequam, priusquam, etsi, etiamsi, tam(en)-etsi*. Noch viel wichtiger ist es, dass gewisse Wörter, namentlich Pronomina oder Partikeln, die ursprünglich dem Hauptsatze angehören, zu Verbindungsgliedern zwischen diesem und einem psychologisch untergeordneten Satze werden, der bis dahin noch von keiner Partikel eingeleitet war, ja überhaupt noch gar kein grammatisches Zeichen der Abhängigkeit hatte. Diese Wörter pflegen dann als ein Teil des Nebensatzes angesehen zu werden. Auf diese Weise sind eine Menge den Nebensatz einleitende Konjunktionen entstanden, und dieser einfache Vorgang der Gliederungsverschiebung ist eines der wesentlichsten Mittel gewesen, eine grammatische Bezeichnung für die Abhängigkeit von Sätzen zu schaffen. Meistens waren die betreffenden Wörter ursprünglich hinweisend auf den folgenden logisch abhängigen Satz (vgl. § 100). Hierher gehört die wichtigste deutsche Partikel *daz* = engl. *that*, ursprünglich Nom. Akk. des Demonstrativpronomens. *Ich sehe, dass er zufrieden ist* ist hervorgegangen aus einem *ich sehe das: er ist zufrieden*; vgl. bei Otfrid *Vuanta unser lib scal uuesan tház, uuir thionost duen io thínaz*. Nachdem die Hineinziehung in den Nebensatz und die dadurch bedingte Verwandlung in eine Konjunktion sich vollzogen hatte, konnte diese Konstruktion ebenso wie der Acc. c. Inf. (vgl. § 165) auch auf Fälle übertragen werden, für die ein Nom. oder Akk. des Pron. nicht passte, vgl. *ich bin überzeugt (davon), dass du Schuld hast; er war (so) betroffen, dass er kein Wort erwidern konnte*. Vielfach ist *daz* auch mit einer regierenden Präposition in den Nebensatz übergetreten. Vgl. mhd. *durch daz er videlen kunde*, weil er zu geigen verstand, eigentlich 'deswegen: er konnte geigen'. Ebenso *umbe daz, âne daz, für daz, úf daz* (selten), *bedaz* (während dem). Erhalten sind davon *ohne dass* und *auf dass*; *ausser dass, während dass* und *anstatt dass* müssen wohl als Analogieen nach jenen betrachtet werden, da die betreffenden Präpositionen nicht den Akk. regieren. Dagegen sind einige Präpositionen mit dem Dat. des Demonstrativpronomens erst im Nhd. durch Verschiebung zu Konjunktionen geworden: *nachdem, seitdem, indem, währenddem*. Vereinzelt erscheint so *darum: darum ich es auch nicht länger vertragen, habe ich* *ausgesandt* (Lu., 1. Thess. 3, 5). Entsprechend verhält es sich mit engl. *for that* etc., ags. *for þám, ðr þám*. Ferner gehört hierher *sô* im Ahd. und älteren Mhd. = so dass. So in Beteuerungen und Beschwörungen: *so wahr mir Gott helfe, so wahr ich hier stehe*, wofür man auch sagen kann *so wahr wie ich hier stehe*. *So* = wie sehr auch, wiewohl: *so gutmütig er (auch) ist, das wird er nicht tun*; vgl. mhd. *sô vil ze Salerne von arzenîen meister ist*, aber auch mit einem zweiten relativen *sô*: *sô manec wert leben sô liebe frumt*; vgl. dazu engl. *Nature, as green as he looks, rests everywhere on dread foundations* (Carlisle), eine Konstruktion, die in der älteren Sprache häufig ist, während die neuere meist nur das zweite relative *as* setzt; vgl. ferner afranz. *si — com*, nfranz. *si — que*. In den zuletzt besprochenen Fällen ist ausser dem *so* immer noch ein weiteres ihm eigentlich nicht angehöriges Element in den Nebensatz gerückt. Ebenso verhält es sich mit nhd. *sobald* (*als, wie*), *so lange* (*als, wie*), (*in*) *sofern*, (*in*) *soweit*. Mit Unrecht wird dies *so* vielfach als ein ursprüngliches Relativum aufgefasst. Auch Substantiva, teils mit, teils ohne Artikel, zum Teil in Abhängigkeit von einer Präposition sind in einen logisch untergeordneten Satz, der ihnen zur Erläuterung diente, (vgl. § 100) eingetreten. Vgl. mhd. *die wîle ich weiz drî hove*, nhd. *dieweil, alldieweil, derweil, weil* = engl. (*the*) *while*; nhd. *falls, im Falle, sintemal* = *sint dem mâle*; *seit der Zeit er auferstanden ist* (Lu.); engl. *on* (*upon*) *condition, in case* (beide auch mit nachfolgendem *that*), *because*.

§ 212. Auf einem ähnlichen Vorgange beruht im Deutschen mindestens zum Teil der Übergang des Demonstrativums in das Relativum. Ein solcher Übergang erfolgt auf Grund der oben § 97 besprochenen Art des ἀπὸ κοινοῦ. Das gemeinsame Glied kann durch das Demonstrativpronomen *der* oder durch ein demonstratives Adv. gebildet werden, vgl. *thô liefun sâr thie nan minnotun meist* (Otfrid); *thâr ther sîn friunt uuas iu êr lag fiardon dag bigrabanêr* (wo der, welcher früher sein Freund gewesen war, den vierten Tag begraben lag, ib.); *ni mag diufal ingegin sîn thâr ir ginennet namon mîn* (nicht kann der Teufel widerstehen da, wo ihr meinen Namen nennt, ib.); *thu giangi thara thu uuoltos* (du gingst dahin, wohin du wolltest, ib.); *der mich liebt und kennt ist in der Weite* (Goe.).[1] Wir würden hier von unserem Sprachgefühle aus das Pron. oder Adv. als relativ und zum Nebensatze gehörig auffassen, und diese Auffassung hat sich auch dadurch bekundet, dass sich an Stelle des alten Demonstrativums das andere, mit dem Fragewort übereinstimmende Relativum eingedrängt

---

[1] Auf ähnliche Weise ist im Arabischen das Relativpron. aus dem Demonstrativum entstanden, vgl. Reckendorf S. 186.

hat, welches jetzt in allgemeinen Sätzen allein noch üblich ist: *wer wagt, gewinnt*; *wo nichts ist, hat der Kaiser sein Recht verloren*- Dass aber das Pron. (und demnach auch das Adv.) ursprünglich gleich- mässig zum Haupt- und Nebensatze gehörte, ergibt sich aus folgenden Gründen. Erstens: das Pron. kann mit einem Subst. verbunden auftreten, welches notwendig auch dem Hauptsatz angehören muss: *in droume sie in zelitun then uueg sie faran scoltun* (im Traume gaben sie ihnen den Weg an, den sie fahren sollten, Otfrid), *der möhte mich ergetzen niht des mœres mir iuwer munt vergiht* (der möchte mir keinen Trost verschaffen für die Nachricht, die mir Euer Mund verkündet, Wolfram); *er sâr in thô gisagêta thia sâlida in thô gaganta* (Otfrid); *diu sich gelîchen kunde der grôzen sûl dâ zwischen stuont* (Wolfram). Zweitens: der Kasus des Pronomens richtet sich im Ahd. und Mhd., auch noch im älteren Nhd. gewöhnlich nach dem Hauptsatz, wenn dieser einen Gen. oder Dat., dagegen der Nebensatz einen Nom. oder Akk. verlangt: *uuê demo in vinstrî scal sîno virinâ stûen* (wehe dem, der in Finsterniss seine Verbrechen büssen soll, Muspilli); *ouwê des dâ nâch geschiht* (Wolfram); *mit all dem ich kan vnd vermag* (Hans Sachs). Drittens: das Pron. kann von einer Präp. abhängen und diese muss gleichfalls mit zum Haupt- und Nebensatz gezogen werden: *waz ich bœser handelunge erliten hân von den ichs wol erlâzen möhte sîn* (von denjenigen, von welchen ich wohl damit hätte verschont bleiben können, Minnesinger). Viertens: ein Fall, der hiervon zu unterscheiden ist, aber gleichwohl beweisend dafür, dass das Pron. ursprünglich auch dem Hauptsatze angehört, ist der, dass dasselbe von einer Präp. abhängig ist, die nur dem Hauptsatze angehört, vgl. *waz sol trûren für daz nieman kan erwenden* (Minnesinger); *daz ich singe ouwê von der ich iemer dienen sol* (Heinr. v. Morungen); auch so, dass der Kasus nur den Forderungen des Hauptsatzes entspricht: *der suerit bi demo temple, suerit in demo dâr inne artôt* (schwört bei dem, der darin wohnt, Fragmenta theotisca); *den vater êrit dâ zi himili der sun mid den er hât hî in erdi giwunnun* (Summa theologiae). Wird der Nebensatz vorangestellt, dann kann das gemeinsame Glied noch einmal durch ein Pron. oder Adv. aufgenommen werden, vgl. *ther man thaz giagaleizit thaz sih kuning heizit ther uuidarôt in alauuâr themo keisore sâr* (der Mann, welcher es unternimmt sich König zu nennen, der widersetzt sich fürwahr dem Kaiser, Otfrid); *daz erbe ûch ûwere vorderen an brâchten unt mit herscilte ervâchten, welt ir dâ von entrinnen* (Rolandslied); *den schaden he uns to donde plecht, dar vor kricht he nun sin recht* (Reineke vos).

Für solche Fälle wie die angeführten ist es aus den oben angegebenen Gründen klar, dass das voranstehende Glied wirklich als ursprünglich gemeinschaftlich aufgefasst werden muss, und dass die Wiederaufnahme desselben ursprünglich auf gleicher Linie steht mit solchen Fällen, wie *den schaz den hiez er füeren; beide schouwen unde grüezen swaz ich mich dâran versûmet hân* (Walther). Es steht daher auch nichts im Wege anzunehmen, dass Sätze wie *ther brût habêt, ther scal ther brûtigomo sîn* (Otfrid) auf die nämliche Art entstanden sind. Doch soll damit nicht gesagt sein, dass nicht auch Relativsätze auf Grund einer anfänglichen Doppelsetzung des Demonstrativums entstanden sind.

§ 213. Haupt- und Nebensatz können sich auch derartig in einander schlingen, dass eine Sonderung der Elemente des einen von denen des andern nicht mehr möglich ist, was sich dann auch in der Wortstellung zeigt. Nicht selten wird in vielen Sprachen der Hauptsatz logisch so untergeordnet, dass man ihn als Bindeglied fassen kann, und schiebt sich dann in den Nebensatz ein. Der voranstehende Teil desselben bildet dann das psychologische Subjekt oder Prädikat. Der Fall ist daher besonders häufig in Frage- und in Relativsätzen. Vgl. it. *mio padre e mio fratello dimmi ove sono*; lat. *tu nos fac ames* (Cic.); *verbum cave faxis* (Plaut.); *matrem jubeo requiras* (Ov.); *ducas volo hodie uxorem* (Ter.); *quid vis curem?* (Plaut.); *quid tibi vis dicam?* (id.); engl. *something, that I believe will make you smile* (Goldsmith); *whereof I gave thee charge thou shouldst not eat* (Milton); *whose fellowship therefore unmeet for thee good reason was thou freely shouldst dislike* (Milton). Mhd. *zuo Amelolt und Nêren nu hœret wie er sprach* (Alphart); *die enweiz ich war ich tuo*; nhd. *eine Sammlung, an deren Existenz ich nicht sehe warum Nik. Antonio zweifeln wollen* (Le.). Engl. *but with me I see not who partakes; which we would know whence learned* (Milton). Nhd. *auf diese veralteten Wörter haben wir geglaubt, dass wir unser Augenmerk vornehmlich richten müssten*; mhd. *tiefe mantel wît sach man daz si truogen; zuo sinem brûtloufte bat er daz si quæmen*; it. *questi mercati giudico io che fossero la cagione* (Macchiavelli); span. *los forzados del rey quiere que le dexemos* (Cervantes); prov. *cosselh m'es ops qu'ieu en prenda* (es ist nötig, dass ich einen Entschluss in bezug darauf fasse); lat. *hanc domum jam multos annos est quom possideo* (Plaut.); mhd. *swie si wil, sô wil ich daz mîn fröude stê*; it. *solo Tancredi avvien che lei connosca* (Tasso); nhd. *er hat alles, was man will dass ein Mann haben soll*; mhd. *daz ich ie wânde daz iht wære*; franz. *voilà des raisons qu'il a cru que j'approuverais*; it. *le opere che pajono che abbino in se qualche virtù* (Macchiavelli); nhd. *was wollen sie denn, dass aus mir werde?* (Le.); *wie wollt ihr, dass das geschehe? woher befehlt ihr denn dass er das Geld nehmen soll? womit wollt ihr dass ich mich beschäftige? die Mischung, mit welcher ich glaube, dass die Moral in heftigen Situationen gesprochen sein will* (Le.). Dabei entsteht in manchen Fällen eine Unsicherheit darüber, ob der voranstehende Satzteil noch von dem Verbum des grammatischen Nebensatzes oder vielmehr von dem des grammatischen Hauptsatzes abhängig zu machen ist. Wir helfen uns jetzt vielfach durch eine Doppelsetzung desselben mit verschiedener Konstruktion, wodurch das Ineinandergreifen von Haupt- und Nebensatz vermieden wird: *wovon er wusste, dass er es nie erlangen würde.*

Siebzehntes Kapitel.
Kongruenz.

§ 214. In den flektierenden Sprachen besteht die Tendenz Wörter, die in einer Beziehung zueinander stehen, für die es kein besonderes Ausdrucksmittel gibt, möglichst in formelle Übereinstimmung miteinander zu setzen. Hierher gehört die Kongruenz in Genus, Numerus, Kasus, Person, wie sie zwischen einem Subst. und einem dazu gehörigen Präd. oder Attribut oder einem dasselbe vertretenden Pron. oder Adj. besteht; als verwandte Erscheinungen können wir auch die Übereinstimmung in Tempus und Modus innerhalb einer Periode anreihen. Diese Kongruenz ist keineswegs durchgängig als etwas anzusehen, was sich selbstverständlich aus der Natur des logischen Verhältnisses ergibt. Es ist z. B. gar kein logischer Grund vorhanden, warum das Adj. an dem Geschlechte, Numerus und Kasus des Substantivums partizipieren müsste. Wir haben uns vielmehr die Sache so zu denken. Den Ausgangspunkt für die Entstehung der Kongruenz haben solche Fälle gebildet, in denen die formelle Übereinstimmung eines Wortes mit einem andern nicht durch Rücksichtnahme auf dasselbe herbeigeführt, sondern nur durch die Gleichheit der Beziehung bedingt ist. Nachdem aber die Kongruenz als solche empfunden ist, hat sie ihr Gebiet durch analogische Übertragung auf andere Fälle weiter ausgebreitet. Dass dies der Entwickelungsgang gewesen ist, werden wir am besten erkennen, wenn wir zunächst solche Fälle betrachten, an denen sich die Ausbreitung der Kongruenz noch geschichtlich verfolgen lässt.

§ 215. Die Übereinstimmung im Geschlecht und Numerus erscheint unlogisch über das ihr eigentlich zukommende Gebiet ausgedehnt in Fällen, wo durch das Subjekt auf ein noch Unbekanntes hingewiesen wird, welches erst durch das Präd. einen bestimmten Inhalt erhält. Das Pron., welches das Subj bildet, sollte dann immer im Sg. Neutr. stehen und tut es wirklich stets im Nhd.: *das ist der Mann*; *das sind die richtigen*; ebenso im franz. *ce sont mes frères*. Dagegen erscheint es mit dem Präd. in Übereinstimmung gebracht: engl. *these are thy magnific deeds* (Milton); it. *è questa la vostra figlia?* span. *esta es la espada*; griech. αὕτη τοι δίκη ἐστὶ θεῶν (Hom.); lat. *ea demum firma amicitia est* (Sall.); *haec morum vitia sunt* (Cic.); *Athenae istae sunto* (Plaut.); *quae apud alios iracundia dicitur, ea in imperio superbia atque crudelitas appellatur* (Sall.); doch auch *id tranquillitas erit* (Seneca); so gewöhnlich im negativen und bedingten Satze. Wir werden diese Erscheinung wohl am besten so auffassen, dass sich hier das Subj. nach dem Präd. gerichtet hat wie sonst das Präd. nach dem Subj.

In kopulativer Verbindung mit pluralia tantum oder Wörtern, die im Plur. eine eigene Bedeutung haben, setzen lateinische Schriftsteller öfters auch andere Wörter im Plur., die sonst nur im Sing. gebraucht zu werden pflegen: *summis opibus atque industriis* (Plaut.); *neque vigiliis neque quietibus* (Sall.); *paupertates — divitiae* (Varro); vgl. Draeg. § 7, 4.

In einem Satze wie *man nennt (heisst) ihn Friedrich* kommt dem Namen eigentlich kein Kasus zu, es sollte der blosse Stamm stehen; auch kann man *Friedrich* und andere Eigennamen, die kein Kasuszeichen enthalten, als Stamm, als absoluten Kasus auffassen. Man könnte ferner, insofern eine Beziehung auf das Nennen in der Anrede stattfindet, den Voc. erwarten, und dieser findet sich wirklich im Griech. τί με καλεῖτε κύριε? (Luk. 6, 46), in der Vulgata übersetzt *quid vocatis me domine?*[1]) In Ermangelung eines reinen Stammes muss dann der Nom. eintreten, der übrigens meistens von dem Voc. nicht zu scheiden ist. Im Got. ist die eben erwähnte Stelle übersetzt *hva mik haitid frauja?* Entsprechend übersetzt noch Luther *was heisst ihr mich aber Herr, Herr?* und so wird der Nom. (Voc.) auch sonst im Mhd. und Nhd. gebraucht: *daz man in hiez der bâruc* (Wolfram), *ich hiess ihn mein Montan* (Gellert); *den ich Herr Stolle nennen hörte* (Insel Felsenburg). Das Gewöhnliche aber ist jetzt der Akk., und schon im Got. heisst es: *þanzei jah apaustuluns namnida*. Dieser Akk. ist nur durch die Gewohnheit der Kongruenz veranlasst, die man in Fällen hatte wie got. *izei þiudan sik silban taujiþ* (der sich selbst zum König macht).

Ebenso sollte in Wendungen wie *er hat den Namen Max* der reine Stamm, respektive in Ermangelung eines solchen der Nom. stehen, und so verhält es sich im Deutschen. Im Lat. aber ist eine Konstruktion wie *lactea nomen habet* (Ov.) nur poetisch und nachklassisch. Im klassischen Lat. erscheint der Nom. neben *nomen* nur, wenn dieses

---

[1]) Vgl. Ziemer S. 71.

selbst Nom. ist, also Kongruenz stattfindet, z. B. *cui nomen Arethusa est* (Cic.). Daneben wird der Name in Kongruenz mit der Person, der er beigelegt wird, gebracht, z. B. *nomen Mercuriost mihi* (Plaut.). Das entsprechende Schwanken in Bezug auf die Kongruenz findet sich da, wo *nomen* Akk. ist: *filiis duobus Philippum et Alexandrum et filiae Apamam nomina imposuerat* (Liv.) — *cui Superbo cognomen facta indiderunt* (Liv.). Dieses Schwanken zeigt am besten, dass die Kongruenz hier nicht aus der Natur der Sache entsprungen ist, sondern vielmehr aus einer gewissen Verlegenheit der Sprechenden, die in Ermangelung einer absoluten Form einen Kasus wählen mussten und dabei irgendwo einen Anschluss suchten, gemäss dem schon die Sprache durchdringenden Prinzipe der Kongruenz.

Eine ähnliche Verlegenheit besteht bei dem prädikativen oder prädikativ-attributiven Nomen neben einem Inf. Das Neuhochdeutsche ist insofern gut daran, als es eine absolute Form des Adj. hat: *es glückte ihm unbekannt zu bleiben*. Das Subst. erscheint, wo es nicht zu vermeiden ist, dass ein bestimmter Kasus sich zu erkennen gibt, immer im Nom.: nicht nur *er strebt danach berühmt zu werden*, sondern auch *es steht dir frei als verständiger Mann zu handeln*. Im Lat. steht der Nom., wenn ein Anschluss an das Subj. des regierenden Verbums möglich ist: *pater esse disce, omitto iratus esse*; poetisch *ait fuisse navium celerrimus* (Catull); *rettulit Ajax esse Jovis pronepos* (Ov.); ebenso im Griechischen, auch beim substantivierten Inf., in welchem Kasus dieser auch stehen mag: ὀρέγονται τοῦ πρῶτος ἕκαστος γίγνεσθαι (Thuc.); ἔδοξε πάσσοφος εἶναι διὰ τὸ αὐτὸς μὴ οἱός τ' εἶναι (Plato). Im Griech. findet eine solche Anknüpfung auch an einen vom regierenden Satze abhängigen Gen. oder Dat. statt: ἅπασιν ἀνάγκη τῷ τυράννῳ πολεμίῳ εἶναι (Plato); οἱ Λακεδαιμόνιοι Κύρου ἐδέοντο ὡς προθυμοτάτου πρὸς τὸν πόλεμον γενέσθαι (Xen.). An den Dat. in beschränktem Masse auch im Lat.: *animo otioso esse impero* (Terenz); *da mihi fallere, da justo sanctoque videri* (Hor.); *nec fortibus illic profuit armentis nec equis velocibus esse* (Ov.); allgemein bei *licet*. Daneben kommt nach *licet mihi* zuweilen der Akk. vor (z. B. *si civi Romano licet esse Gladitanum*, Cic.); daraus zu erklären, dass der Akk. der gewöhnliche Subjektskasus beim Inf. ist.[1]) Angleichung an den Dat. kommt auch im Anord. vor, vgl. *leidiz mér at sitja heima sem konum* (Laxdœlasaga).

Ich führe noch einige Fälle an, in denen keine Kongruenz durchgeführt ist und zum Teil nicht hat durchgeführt werden können, bei denen man sich deshalb in Ermangelung des eigentlich einzig berechtigten reinen Stammes mit dem Nom. beholfen hat. Wir sagen z. B.

---

[1]) Vgl. Ziemer S. 96.

dem als eine schreiende Ungerechtigkeit bezeichneten Befehle, mein Beruf als Lehrer, sogar die Stellung des Königs als erster Bürger des Staates; in einer Lage wie die seinige neben der seinigen. Im Lat. finden sich Konstruktionen wie *Sempronius causa ipse pro se dicta damnatur*; *flumen Albim transcendit, longius penetrata Germania quam quisquam priorum* (Tac.). Hierbei finden *ipse* und *quisquam* zwar eine Anlehnung bei dem Subjekte des Verb. fin., gehören aber eigentlich nur zu dem Ablativus abs., in welchem sich ihnen keine Anknüpfung bietet.[1]

§ 216. Namentlich entsteht eine Verlegenheit des Sprechenden da, wo eine grammatische Kongruenz zwischen zwei Satzteilen dem Sinne nach nicht möglich ist und dazu ein dritter Satzteil tritt, von dem man gewohnt ist, dass er mit beiden kongruiert. Man muss sich für einen von den beiden entscheiden, und in dieser Beziehung kann sich der Usus in verschiedenen Sprachen verschieden fixieren, auch in ein und derselben schwanken.

Subjekt — Prädikat — Kopula. Das ursprünglich Normale ist jedenfalls, dass die Kopula sich im Numerus wie jedes andere Verb. nach dem Subj. richtet, und dementsprechend heisst es z. B. engl. *it was my orders, what is six winters*; franz. *c'est eux, c'était les petites îles*; lat. *nequa pax est induciae* (Gellius). Im Deutschen aber setzen wir zum Neutrum des Pron. als Subj. bei pluralischem Präd. die Kopula im Plur.: *das sind zwei verschiedene Dinge*. Entsprechende Konstruktion mitunter auch bei französischen Schriftstellern, z. B. *c'étaient Eponine et Azelma* (V. Hugo). In anderen Fällen würde man jetzt die Verbindung überhaupt vermeiden, vgl. *dass, was ihm der Stand gab, allweilige Hindernisse der theatralischen Würkung wurden* (Herder), *so weiss ich nit was hurnheusser heyssen* (Lu.). Damit vgl. man griech. τὸ χωρίον τοῦτο, ὅπερ πρότερον Ἐννέα ὁδοὶ ἐκαλοῦντο (Thuc.). Es kommt hierbei in Betracht, dass der Plur. sich charakteristischer geltend macht als der Sing. Doch ist in mehreren Sprachen auch das Umgekehrte möglich, dass zu pluralischem Subj. und singularischem Präd. die Kopula im Sing. gesetzt wird: griech. αἱ χορηγίαι ἱκανὸν εὐδαιμονείας σημεῖόν ἐστι (Ant.); lat. *loca, quae Numidia appellatur* (Sall.); engl. *two paces in the vilest earth is room enough* (Sh.); span. *los encamisados era gente medrosa* (Cervantes); nhd. *falsche Wege ist dem Herrn ein Greuel* (Lu.); *diese Sternen, die ich mein', ist der Liebsten Augenschein* (Opitz); *jugendliche Einkleidungen in Briefe und Gespräche; die Episoden in den Briefen und die fremden Eingänge in den Gesprächen: scheint mir ein Putz* (Herder). Entsprechend verhält es sich mit der Person des Verbums. Engl. *it was you, is that you*; franz. *c'est moi, c'est nous*,

---

[1] Vgl. hierzu Madvig Kl. Schr. 367 ff.

c'est vous, in der älteren Sprache auch c'est eux. Dagegen nhd. *das waren Sie, sind Sie das*; altfranz. *ce ne suis je pas, c'estez vous*. Antizipierendes unbestimmtes Subj. — logisches Subj. — Prädikat. Franz. *rarement il arrive des révolutions, il est des gens de bien*. Dagegen deutsch: *es geschehen Umwälzungen*. Ein Partizipium als Präd. oder Kopula kann sich im Genus und Numerus nach einem danebenstehenden prädikativen Subst. richten anstatt nach dem Subj. Vgl. griech. πάντα διήγησις οὖσα τυγχάνει (Plato); lat. *paupertas mihi onus visum* (Terenz); *nisi honos ignominia putanda est* (Cic.) (dagegen *Semiramis puer esse credita est*, Justin). Das Gleiche findet statt beim prädikativen Akk.: griech. τὴν ἡδονὴν διώκετε ὡς ἀγαθὸν ὄν (Plato); bei attributiver Verwendung: griech. τὰς θυγατέρας παιδία ὄντα (Dem.); lat. *ludi fuere, Megalesia appellata* (Liv.).

Das Präd. kann sich anstatt nach dem Subj. nach einer zu diesem gehörigen Apposition richten: griech. Θῆβαι, πόλις ἀστυγείτων, ἐκ μέσης τῆς Ἑλλάδος ἀνήρπασται (Aesch.); lat. *Corinthum totius Graeciae lumen extinctum esse voluerunt* (Cic.); *Volsinii oppidum Tuscorum concrematum est*; nhd. *die Ägypter aber, dies harte und gesetzmässige Volk, schlug gleich die Form der Regel und der Gewohnheit auf ihre Versuche* (Herder). Auch bei Umsetzung in den Abl. abs.: *omni ornatu orationis tamquam veste detracta* (Cic.). Neben distributiver Apposition steht der Sing. trotz pluralischen Subjekts: αἱ τέχναι τὸ αὑτῆς ἑκάστη ἔργον ἐργάζεται (Plato); *die sich nach des Meisters Tode sogleich entzweiten und offenbar jeder nur eine beschränkte Sinnesart für das Rechte erkannte* (Goe.); *dá die Kahedîne und die sarjande von Semblidac ieslîcher sîner künste pflac* (Wolfram); *dat etlyke eddelynge vaken eyn yegen den anderen plach to kempen* (Reinke vos); *wie die glidmass des corpers alle eyns dem andern dienet* (Lu.).

Auffallender ist die Anpassung des Präd. an ein mit dem Subj. verglichenes Nomen; im Genus: *magis pedes quam arma tuta sunt* (Sall.); im Numerus: *ein Christ, wie die meisten sind, halten unsern Staat für zu niedrig* (Herder); *me non tantum literae quantum longinquitas temporis mitigavit* (Cic.); *ei cariora semper omnia quam decus fuit* (Sall.); im Genus und Numerus: *quand on est jeunes, riches et jolies, comme vous, mesdames, on n'en est pas réduites à l'artifice* (Diderot); in der Person: *so ein stattlicher Teuffel, als ich bin, soll mich billich schämen* (Moscherosch); ὅσοι ὥσπερ ἡμεῖς ἐπιβουλευόμεθα (Thuc.); in Person und Numerus: ἡ τύχη ἀεὶ βέλτιον ἢ ἡμῶν αὐτῶν ἐπιμελούμεθα (Demosth.); einen Studenten hörte ich eine Rede folgendermassen beginnen: *wenn man wie wir dem Ende des Semesters entgegengehn*. Auffallend ist auch die Kongruenz des Präd. mit einem zweiten durch „und nicht"

Schwanken der Kongruenz.

angeknüpften Subjekte: *heaven and not we have safely fought to-day* (Shakesp.).

Im Griech. kann sich eine Apposition, wenn sie von dem Nomen zu dem sie gehört, durch einen Relativsatz getrennt ist, im Kasus nach dem Relativpron. richten: Κύκλωπος κεχόλωται, ὃν ὀφθαλμοῦ ἀλάωσεν, ἀντίθεον Πολύφημον (Odysee); οἱ παλαιοὶ ἐκεῖνοι,ὧν ὀνόματα μεγάλα λέγεται, Πιττακοῦ τε καὶ Βίαντος (Plato).

Ein Dem. oder Rel. kann sich anstatt nach dem Subst., auf welches es sich bezieht, nach einem von ihm prädizierten Nomen richten: lat. *Leucade sunt haec decreta; id caput Arcadiae erat* (Liv.); *quod si non hominis summum bonum quaereremus, sed cujusdam animantis, is autem esset nihil aliud nisi animus* (Cic.); *animal hoc, quem vocamus hominem* (Cic.); *ii sunt, quam tu nationem appellasti* (Cic.); *in pratis Flaminiis, quem nunc circum Flaminium appellant* (Liv.); griech. φόβος, ἣν αἰδῶ εἴπομεν (Plato). Nach dem Relativpron. kann sich dann auch noch das Präd. des Hauptsatzes richten: *Carmonenses, quae est longe firmissima totius provinciae civitas, per se cohortes ejecit.*

Ein Relativpron., welches sich logisch auf ein unbestimmtes Subj. bezieht, pflegt sich nach dem dazu gehörigen bestimmten Prädikat zu richten, natürlich dann auch das Präd. des Pron. So müssen wir im Deutschen sagen: *es war ein Mann, der es mir gesagt hat*; *es sind die besten Menschen, die dir das raten*. Ebenso im Franz.: *c'est eux qui ont bâti*. Im Franz. richtet sich dabei auch die Person des Verbums im Relativsatz nach dem bestimmten Präd.: *c'est moi seul qui suis coupable*. Dagegen nhd.: *du bist es, der mich gerettet hat*.

In einem Relativsatze tritt das Verb. in die erste oder zweite Person im Anschluss an das Subj. des regierenden Satzes, wiewohl das Relativpron. sich auf das Präd. bezieht und danach die dritte Person erfordert würde: lat. *non sum ego is consul, qui nefas arbitrer Gracchos laudare* (Cic.); *neque tu is es, qui nescias* (id.); franz. *je suis l'homme, qui accouchai d'un oeuf* (Voltaire); engl. *if thou beest he, who in the happy realms of light didst outshine myriads* (Milton); *I am the person, that have had* (Goldsmith); nhd. *ihr seid die beiden einzigen, die mich davor retten könnt* (H. v. Kleist). Diese Konstruktionsweise könnte allerdings auch als Kontamination aufgefasst werden; in dem Beispiel aus Goldsmith hätten sich also die Gedanken „ich bin die Person, die gehabt hat" und „ich habe gehabt" miteinander vermischt. Ebenso, wenn sich umgekehrt der Relativsatz nach dem Präd. statt nach dem Subj. richtet, vgl. franz. *ce n'est pas moi, qui en ferai l'épreuve* (Feuillet). Dasselbe gilt von einer Fügung wie *eine der penibelsten Aufgaben, die meiner Tätigkeit auferlegt werden konnte* (statt *konnten*, Goe.). Damit vgl. man *allaro barno betsta thero the io giboran wurdi* (Heliand) und *secga ænegum þára þe tírléases trode scéawode* (einem der Männer, welche des Ruhmlosen Spur schauten, Beowulf); und so allgemein im Altsächsischen und Angelsächsischen. So auch gewöhnlich im Neuengl.[1] z. B. *one of the errors which has been diligently propagated* (Irving), *this reply has always struck us as one of the finest that ever was made in Parliament* (Macaulay).

Das Präd. oder Attribut kann anstatt mit dem Subj. oder dem Worte, das es bestimmt, mit einem davon abhängigen Genitive kongruieren, vgl. *ἦλθε δ' ἐπὶ ψυχῇ Θηβαίου Τειρεσίαο χρύσεον σκῆπτρον ἔχων* (Hom.); noch auffallender engl. *there are eleven days' journey from Horeb unto Kadishbarnea* (Deut. 1, 2). Im Franz. sagt man *la plupart de ses amis l'abandonnèrent*, aber *la plupart du peuple voulait*. Wenn sonst häufig nach einem Kollektivum mit pluralischem partitiven Gen. der Plur. steht (z. B. *eine Anzahl Soldaten sind angekommen*), so braucht der Gen. allerdings nicht als die einzige Ursache für den Plur. betrachtet zu werden, da derselbe nach dem Kollektivum an sich möglich ist, vgl. § 185.

Zuweilen steht im Lat. ein auf eine angeredete Person bezügliches Attribut im Voc.: *quibus, Hector, ab oris expectate venis?* (Virg.). Ebenso im Griech.: *ὄλβιε, κῆρε, γένοιο* (Theokrit).

§ 217. An den gegebenen Beispielen lässt sich also erkennen, in welcher Weise die Kongruenz sich über das ihr ursprünglich zukommende Gebiet ausgebreitet hat. Wir können uns danach eine Vorstellung davon machen, wie dieser Prozess sich schon in einer Periode vollzogen hat, die weit über alle unsere Überlieferung zurückreicht. Freilich muss man berücksichtigen, dass für die älteste Epoche die Ausbreitung der Kongruenz nicht etwas so Unvermeidliches war, weil noch absolute Formen ohne Flexionssuffixe existierten.

Betrachten wir nun die ersten Grundlagen, von denen die Kongruenz ausgegangen ist. Eine besondere Bewandtnis hat es mit der Kongruenz des Verbums in Person und Numerus. Die Verbalformen sind ja zumeist durch Anlehnung eines Personalpronomens an den Tempusstamm entstanden. Wir müssen jedenfalls eine Epoche voraussetzen, in welcher sich Substantiva in der gleichen Weise mit dem Stamm verbanden und Pronomina auch vor den Stamm treten konnten. Man konnte daher, um es durch Formeln zu veranschaulichen, ebenso wie *gehen ich, gehen du, gehen er* etc. auch sagen *gehen Vater, Vater gehen* und *ich gehen* etc. Es gibt verschiedene nichtindogermanische Sprachen (z. B. das Ungarische), in denen die 3. Person Sg. in Gegensatz zu den übrigen Personen eines Suffixes entbehrt. In ihnen besteht also noch die ursprüngliche Art der Verknüpfung nach der Formel *gehen Vater* oder *Vater gehen*. Die Weiterentwickelung geht dann aus von

---

[1] Vgl. Alphonso Smith, Studies in English syntax, S. 25.

einer Doppelsetzung des Subjekts, wozu es auch auf modernen Sprachstufen Analogien gibt. Vgl. *der Kirchhof er liegt wie am Tage*; *die Glocke sie donnert ein mächtiges Eins*; *freilich ist er zu preisen, der Mann* (vgl. oben § 88); *je le sais, moi, il ne voulut pas, lui*; *toi, tu vivras vil et malheureux*. Hierher müssen wir auch die Vorwegnahme des Subjekts durch ein unbestimmtes *es* ziehen (*es genügt ein Wort*). Die doppelte Ausdrückung des Pronomens tritt ursprünglich nur ein, wo dasselbe besonders hervorgehoben werden soll. Wie dieselbe sich aber allmählich ausbreiten kann, besonders durch die lautliche Reduktion der Pronominalformen begünstigt, zeigen bairische Mundarten, in denen wir z. B. folgende Häufungen finden: *mir hammer* (= wir haben wir) oder *hammer mir*, *ess lebts* (ihr lebt ihr) oder *lebts ess*. Es hat sich also an den fertigen Verbalformen noch einmal der Vorgang wiederholt, der sich früher an den Tempusstämmen vollzogen hat. Die enklitisch angelehnten Pronomina sind mit dem Verbum verschmolzen und haben ihre ursprüngliche Subjektsnatur mehr und mehr eingebüsst. In der indogermanischen Grundsprache muss die Entwickelung bereits so weit gediehen sein, dass die Formel *Vater gehen* schon ganz durch die Formel *Vater gehen er* verdrängt war. Das suffigierte Pronomen behauptet aber zunächst noch eine zweifache Funktion. In einigen Fällen dient es noch als Subjekt (lat. *lego, legit*), in andern zeigt es nur durch die Kongruenz die Beziehung auf das Subj. (*pater legit, ego scribo*). In den meisten modernen indogermanischen Sprachen ist nur die zweite Funktion übrig geblieben. Die Hauptursache, welche dazu geführt hat die Setzung eines zweiten Subjektspronomens allgemein zu machen, ist die, dass die Suffixe zur Charakterisierung der Formen nicht mehr ausreichten. Die Kongruenz des verbalen Prädikates mit dem Subjekte hat übrigens an sich gar keinen Wert. Unsere Personalendungen würden daher ein ganz überflüssiger Ballast sein, wenn sie nicht einerseits dazu dienten das Verbum als solches erkennen zu lassen und anderseits in einigen Fällen den Unterschied des Modus auszudrücken, was aber beides sehr unvollkommen und in unnötig komplizierter Weise geleistet wird.

Was die nominale Kongruenz betrifft, so ist die des Genus und Numerus jedenfalls zuerst an dem rückbezüglichen Pron. ausgebildet, von welchem ja das grammatische Geschlecht seinen Ursprung genommen hat (vgl. § 181). Die Kongruenz im Kasus hat sich zuerst bei der Apposition eingestellt. Es besteht zwar auch hier an sich keine absolute Nötigung das Kasuszeichen doppelt zu setzen.[1]) Indessen liegt

---

[1]) Wir sehen das namentlich daran, dass in einer jüngeren Epoche bei besonders enger Verbindung das Prinzip der Kongruenz wieder aufgegeben und

es nahe die Apposition zu einem Satzteile als eine nochmalige Setzung dieses Satzteiles zu fassen. Eine Kongruenz im Gen. und Numerus tritt bei der Apposition auch jetzt nur ein, wo sie durch die Natur der Sache gefordert wird. Die Kongruenz des attributiven und prädikativen Adjektivums kann nur aus der Kongruenz des appositionellen und prädikativen Substantivums erwachsen sein, d. h. ihre Anfänge reichen zurück in eine Epoche, in welcher sich das Adj. noch nicht als eine besondere Kategorie von der Kategorie des Substantivums losgelöst hatte. Den Ausgangspunkt haben die Substantiva gebildet, die man in der lateinischen Grammatik Mobilia nennt, wie *coquus — coqua, rex — regina* etc. Indem solche Substantiva in Adjektiva übergingen (vgl. unten Kap. XX), behielten sie die Kongruenz bei, und dieselbe ward so etwas zum Wesen des Adjektivums Gehöriges.

Die Kongruenz im Tempus, die sogenannte consecutio temporum hat sich im allgemeinen nicht über das Gebiet hinaus ausgedehnt, welches ihr von Anfang an zukommt. Die Ausnahmen von den darüber aufgestellten Regeln zeigen, dass für das Tempus im abhängigen Satze nicht eigentlich das des regierenden massgebend ist, sondern dass es sich selbständig aus inneren Gründen bestimmt. Etwas weiter ausgedehnt ist schon die Kongruenz des Modus, die dann zuweilen auch die des Tempus nach sich zieht, vgl. lat. *tantum valuit error, ut, corpora cremata cum scirent, tamen ea fieri apud inferos fingerent, quae sine corporibus nec fieri possent nec intelligi* (statt *possunt*, Cic.); *invitus feci, ut fortissimi viri T. Flaminii fratrem e senatu ejicerem septem annis postquam consul fuisset (fuerat,* Cic.); *cum timidius ageret, quam superioribus diebus consuesset* (Caes.).[1]) Sehr ausgedehnt ist diese Angleichung des Modus im Mhd.

---

die Flexion des einen Bestandteils fortgelassen ist; vgl. mhd. *des künic Guntheres lîp, an künec Artûses hove;* nhd. *Friedrich Schillers, des Herrn Müller* (bei Goe. noch *des Herrn Carlyle's*) etc. H. Sachs sagt sogar *Herr Achilli, dem Ritter.*

[1]) Vgl. Draeger 151, 5.

Achtzehntes Kapitel.

Sparsamkeit im Ausdruck.

§ 218. Die sparsamere oder reichlichere Verwendung sprachlicher Mittel für den Ausdruck eines Gedankens hängt vom Bedürfnis ab. Es kann zwar nicht geleugnet werden, dass mit diesen Mitteln auch vielfach Luxus getrieben wird. Aber im Grossen und Ganzen geht doch ein gewisser haushälterischer Zug durch die Sprechtätigkeit. Es müssen sich überall Ausdrucksweisen herausbilden, die nur gerade so viel enthalten, als die Verständlichkeit für den Hörenden erfordert. Das Mass der angewendeten Mittel richtet sich nach der Situation, nach der vorausgehenden Unterhaltung, der grösseren oder geringeren Übereinstimmung in der geistigen Disposition der sich Unterhaltenden. Es kann unter bestimmten Voraussetzungen etwas durch ein Wort dem Angeredeten so deutlich mitgeteilt werden, als es unter anderen Umständen erst durch einen langen Satz möglich ist. Nimmt man diejenige Ausdrucksform zum Masstabe, die alles das enthält, was erforderlich ist, damit ein Gedanke unter allen Umständen für jeden verständlich werde, so erscheinen die daneben angewendeten Formen als unvollständig.

Es begreift sich daher, dass die sogenannte Ellipse bei den Grammatikern eine grosse Rolle gespielt hat. Misst man allemal den knapperen Ausdruck an dem daneben möglichen umständlicheren, so kann man mit der Annahme von Ellipsen fast ins Unbegrenzte gehen. Bekannt ist der Missbrauch, der damit im 16. und 17. Jahrhundert getrieben ist. Indessen war dieser Missbrauch doch nur die weitergehende Durchführung von Anschauungen, die auch jetzt noch in unseren Grammatiken vertreten sind. Es gilt diesen Masstab aufzugeben und jede Ausdrucksform nach ihrer Entstehung ohne Hineintragung von etwas Fremdem zu begreifen. Man wird dann die Ansetzung von Ellipsen auf ein Minimum einschränken. Oder aber man müsste den Begriff der Ellipse in viel ausgedehnterem Masse anwenden, als es jetzt üblich ist: man müsste zugeben, dass es zum Wesen des sprachlichen Ausdrucks gehört elliptisch zu sein, niemals dem vollen Inhalt des Vorgestellten adäquat, so dass also in Bezug auf Ellipse nur ein Gradunterschied zwischen den verschiedenen Ausdrucksweisen besteht.

§ 219. Wir betrachten zuerst die **Ergänzung** eines Wortes oder einer Wortgruppe aus dem **Vorhergehenden** oder **Folgenden**. Hier kann zunächst die Frage aufgeworfen werden, ob und wieweit man überhaupt berechtigt ist von einer Ergänzung zu reden. Wir haben oben § 96 gesehen, dass ein Satzteil mehrfach gesetzt werden kann. Die übrigen Elemente des Satzes haben dann gleichmässig Beziehung zu dem einen wie zu dem andern. Man wird schwerlich für alle Fälle behaupten, dass diese eigentlich doppelt gesetzt werden müssten, dass sie einmal wirklich gesetzt, ein zweites (drittes, viertes) Mal zu ergänzen seien. Am wenigsten anwendbar ist der Begriff der Ergänzung bei der Konstruktion ἀπὸ κοινοῦ. Aber auch in einem Satze wie *er sah mich und erschrak* wird man nicht nötig finden *er* bei *erschrak* noch einmal zu ergänzen; und ebenso wenig wird man in der Verbindung *mit Furcht und Hoffnung* die Präp. vor *Hoffnung* ergänzt sein lassen, weil man auch sagen kann *mit Furcht und mit Hoffnung*. Es fragt sich aber, ob man nicht den Begriff der Ergänzung ganz fallen lassen und dafür die einmalige Setzung mit mehrfacher Beziehung substituieren kann. Man muss dazu nur aufhören das, was man gewöhnlich einen Satz nennt, als eine in sich geschlossene Einheit zu betrachten, und ihn vielmehr als Glied einer fortlaufenden Reihe ansehen.

Gebräuchlich ist es eine Ergänzung anzunehmen in Fällen wie *die deutsche und französische Sprache* und noch entschiedener für die Form *die deutsche Sprache und die französische*. Das wir aber auch hier nichts anderes haben, als zwei Glieder, die in dem nämlichen Verhältnis zu einem dritten stehen, zeigt der Umstand, dass wir zwar nicht im Deutschen, wohl aber in anderen Sprachen dergleichen Sprechformen mit anderen vertauschen können, wobei die beiden Glieder zu einer Einheit zusammengefasst zu dem dritten (oder richtiger jetzt zweiten) Gliede gestellt werden. Dies bekundet sich durch die Anwendung des Plurals. Man sagt z. B. *quarta et Martia legiones* (neben *legio Martia quartaque*, beides bei Cic.), *Falernum et Capanum agros* (Var. *agrum* Liv.), it. *le lingue greca e latina* (neben *la lingua greca e latina*), franz. *les langues française et allemande, les onzième et douzième siècles*, engl. *the german and french languages*.

Ein ähnliches Verhältnis haben wir da, wo zu einem gemeinsamen Gliede eine Mehrheit von einander korrespondierenden Gliedern hinzutritt

(*Karl schreibt gut, Fritz schlecht*). Dass auch hier die übliche Annahme einer Ergänzung überflüssig, ja unzulässig ist, zeigt wieder die in manchen Sprachen vorkommende Setzung des Prädikats in den Plur., vgl. *Palatium Romulus, Remus Aventinum ad inaugurandum templa capiunt* (Liv.); dementsprechend auch beim Abl. abs.: *ille* Antiocho, *hic Mithridate pulsis* (Tac.). Selbst bei Disjunktion der Subjekte ist der Plur. des Prädikates in verschiedenen Sprachen neben dem Sing. in Gebrauch: vgl. *Sonnensäulen, die weder Zeit noch Regen fäulen* (Haller); lat. *si quid Socrates aut Aristippus contra morem consuetudinemque civilem fecerint locutive sint* (Cic.); *haec si neque ego neque. tu fecimus* (Cic.); *Roma an Carthago jura gentibus darent* (Liv.); franz *ou la honte ou l'occasion le détromperont; ni la douceur, ni la force n'y peuvent rien*; engl. *nor wood, nor tree, nor bush are there* (Scott). Dieser Plur. ist jedenfalls von solchen Fällen ausgegangen, in denen ohne wesentliche Veränderung des Sinnes Vertauschung mit kopulativer Verbindung möglich war, und hat sich dann analogisch auch auf solche ausgedehnt, die keine Vertauschung zulassen. Er ist ein Beweis dafür, dass das Sprachgefühl sich das einmal gesetzte Prädikat nicht doppelt gesetzt gedacht hat.

Ein gemeinsam zu Haupt- und Nebensatz gehöriger (respektive in dem einen zu ergänzender Satzteil) findet sich bei der § 97 besprochenen Art des ἀπὸ κοινοῦ und auch bei Relativsätzen, die auf andere Weise entstanden sind, z. B. den lateinischen (*qui tacet consentit*). Ferner im Mhd., wenn ein konjunktionsloser Nebensatz im Verhältnis des Objekts zu dem regierenden steht: *dâ wânde ich stœte fünde* (Minnesinger), *er sprach wêre intrunnin* (Rother). Seltener sind andere Fälle: *nune weiz ich wie es beginne* (Tristan); *wes er im gedâhte daz elliu diu wolde bedwingen* (j. Judith); *mitthiu ther heilant gisah thio menigi steig ûfan berg* (Fragm. theot.); *kem einer her mit dem opfer, brecht auch vil golts darvon* (H. Sachs); *da ihn die schöne fraw erblicket, winckt ihm* (id.); *was ich da träumend jauchzt und litt, muss wachend nun erfahren* (Goe.); *dass, indem er ihn gesegnete, ihm gebot und sprach* (Lu.).

Sehr gewöhnlich werden in der Wechselrede Worte des einen vom andern nicht wiederholt. Doch darf man das nicht als Argument dafür geltend machen, dass eine Ergänzung anzunehmen notwendig sei. Denn auch die Wechselrede muss als etwas kontinuierlich Zusammenhängendes betrachtet werden.

Als eine starke Anomalie erscheint es uns jetzt, wenn ein Satzglied nicht zwei sich aneinander anschliessenden Sätzen gemein ist, sondern zwei durch einen dritten getrennten, vgl. *swaz er den künic ê geschalt, des wart ir zehenstunt mêr, und* (er) *jach, si wœre gar ze hêr*

(Wolfram); *wer mit wölfen wil geulen, der muss auch mit in heulen, sunst thun sie sich bald meulen und* (er) *ist bei in unwert* (H. Sachs). Ebenso, wenn die Sätze, denen das Glied gemeinsam ist, sich zwar aneinander anschliessen, aber keine direkte Beziehung zueinander haben, vgl. *sô ist geschehen des ir dâ gert und wænent* (ihr meint), *mir sî wol geschehen* (Hartmann v. Aue).

Das gemeinsame Glied kann zwischen den nicht gemeinsamen stehen, sodass es sich zu einem jeden gleich bequem fügt (*ἀπὸ κοινοῦ*); oder es steht am Anfang oder Schluss des Ganzen: dann ist es zwar dem einen näher, aber immer noch leicht zu dem andern zu ziehen; oder endlich es ist einer von den Wortgruppen, auf die es gleichmässig zu beziehen ist, eingefügt: dann erscheint es zunächst nur zu dieser gehörig. Uns sind solche Einfügungen nur in der ersten Gruppe geläufig. Hierbei hat die Annahme einer Ergänzung in der zweiten (dritten etc.) Gruppe am meisten für sich. Im Ahd. und Mhd. ist Einfügung in die zweite nicht ganz selten: *zi hellu sint gifiarit joh thie andere gikêrit* (Otfrid); *mâge und mîne man* (meine Verwandten und meine Lehensleute); *gelücke und Sifrides heil; daz ich muoz und sterben sol*. Beispiele aus dem Nhd.: *nicht Sonne, Mond und Sternenschein, mir glänzte nur mein Kind* (Bürger); *es bell' und wüte, wie der Hund auch immer will* (Heinr. Alberts Arien); *mir sind das Reich und untertan die Lande* (Klopstock). Vgl. it. *il mar tranquillo e l'aure era soave* (Petrarca); *non pur per l'aria gemiti e sospiri, ma volan braccia e spalle* (Ariost); afranz.: *Breton l'ensaigne lor signor* (das Feldgeschrei ihres Herrn) *e li Romain crient la lor*; griech. *οὔτε βωμὸς οὔτ' Ἀπόλλωνος δόμος σώσει σε* (Eur.). Bei dieser Fügung kann wieder von einer Ergänzung eigentlich nicht die Rede sein. Vielmehr bleibt die erste Gruppe unvollständig, bis das gemeinsame Glied ausgesprochen ist, welches dann in diesem Augenblicke zugleich zur Vervollständigung der ersten und der zweiten Gruppe dient.

§ 220. Die Funktion, welche ein gemeinsames Glied hat, ist oft nicht nach den verschiedenen Seiten hin die gleiche. Hierdurch entsteht ein Missverhältnis, indem sich das Glied in seiner grammatischen Form nur nach einer Seite richten kann. Die Scheu vor diesem Missverhältnis, welches sich durch Wiederholung vermeiden lässt, ist in den verschiedenen Sprachen und Perioden eine sehr verschiedene.

Am unanstössigsten ist überall Nichtübereinstimmung in der geforderten Person (auch im Numerus) des Verbums. Vgl. *er hat mich eben so lieb wie du; du glaubst es, ich nicht; sie reisen morgen ab — ich auch*. Als Abnormität aber erscheint es uns, wenn das gemeinsame Glied sich nach dem zweiten Teile richtet, vgl. *αὐτὸς μὲν ὕδωρ, ἐγὼ δὲ οἶνον πίνω* (Dem.); *dass ich im Vater und der Vater in mir ist* (Lu.);

Ergänzung aus dem Vorhergehenden oder Folgenden. 317

non socii in fide, non exercitus in officio mansit (Liv.). Die Differenz des Tempus ist unberücksichtigt in folgenden Beispielen: ἡμεῖς ὁμοῖοι καὶ τότε καὶ νῦν ἐσμεν (Thuc.); ἄλλα μὲν πρότερον, ἄλλα δὲ νῦν πειρᾷ λέγειν (Xen.); die Differenz von Tempus und Modus zugleich in folgendem: ἐπειδῆ οὐ τότε, ἀλλὰ νῦν δεῖξον (Dem.). Eine ziemlich gewöhnliche Erscheinung ist es wieder, dass der Inf. aus einem Verb. fin. zu entnehmen ist: *er hat gehandelt, wie er musste*; noch freier im Mhd. *nâch der mîn herze ie ranc und iemer muoz*; griech. πάνυ χαλεπῶς ἔχω, οἶμαι δὲ καὶ ὑμῶν τοὺς πολλοὺς (Plato). Seltener ist so ein Part. zu entnehmen, vgl. mhd. *daz diu minne dich verleitet, als si manegen hât*. Ein und dieselbe Form fungiert im Deutschen zuweilen als Inf. und als Part.: *ich habe es nicht und werde es nicht vergessen* (Klopstock); vgl. weitere Beispiele bei Andr. Sprachg. S. 133. H. Sachs sagt *zu ehren sein wir zu euch kumen, ein histori vns für genumen* (ähnlich häufig), wiewohl von dem zweiten Verbum das Perf. hätte durch *haben* umschrieben werden müssen.

Bei den Nomina sind dergleichen Inkongruenzen in der jetzigen Sprache fast durchweg verpönt, erscheinen aber in der älteren Sprache häufig, zumal im 16. Jahrhundert, zum Teil auch noch bis ins 19. Jahrhundert, und finden sich auch in anderen Sprachen reichlich. So kongruiert das Adj. nur mit dem nächststehenden von zwei kopulativ verbundenen Substantiven: *aus meinem grossen Kummer und Traurigkeit* (Lu.), *von eurer Saat und Weinbergen* (Lu.), *sein sonstiger Ernst und Trockenheit* (Goe.), *seiner gewöhnlichen Trockenheit und Ernst* (id.), *zu Ihrem Glück und Freude* (id.), *ohne weiteres Ufer noch Küste* (id.); viele Beispiele bei Andr. Sprachg. 127ff.; franz. *un homme ou une femme noyée*; it. *in publica utilità ed onore, le cità ed i villagi magnifichi*; span. *toda sa parentela y criados, la multitud y dolor, los pensiamentos y memorias, un pabellon o tienda*; lat. *urbem ac portum validum* (Liv.). Zu mehreren Präpositionen, die verschiedene Kasus regieren, wird ein Wort nur einmal gesetzt ohne Anstand, wenn die verschiedenen Kasus lautlich übereinstimmen, z. B. *mit und ohne Kost*; aber auch bei Nichtübereinstimmung, z. B. *um und neben dem Hochaltare* (Goe.), *durch und mittelst der Sprache* (Herder); weitere Beispiele bei Andr. Sprachg. S. 128. Ebenso kann auch neben mehreren Verben die nämliche Form mehrere Kasus repräsentieren, vgl. lat. *quod tactum est et ille adjunxit* (Cic.); *quae neque ego teneo neque sunt ejus generis* (id.); nhd. *was geschieht und ich nicht hindern kann* (Le.); *eine Dose, die er mit 80 Gulden bezahlt hätte und nur 40 wert wäre* (Goe.);[1]) *womit uns für die Zukunft der Himmel schmeicheln und bedrohen kann* (Goe.); *bei dessen*

---

[1]) Vgl. Andrs. Sprachg. S. 129. 130.

Gebrauch wir einander mehr schmeicheln als verletzen (Goe.);[1] *leidlicher wer mir vnd het auch lieber das drey oder vierteglich fieber* (H. Sachs); bei Zwischenstellung *vnd wissen nit jr widervart mag offt lang haben nit mehr fug* (id.). Selbst ein von einer Präp. abhängiges Wort wird zugleich zum Subj. des folgenden Verbums gemacht: *dan leszt er uns fürtragen schon das heilig euangelion durch sein heilige junger, deuten all christlich prediger* (H. Sachs); *von ritter Cainis ich lasz het lieb fraw Gardeleye* (id.). Die Freiheit wird auch auf solche Fälle ausgedehnt, wo eigentlich Formen von verschiedener Lautgestaltung verlangt würden. Namentlich fungiert ein obliquer Kasus zugleich als Subj. zu einem folgenden Verb. So bei asyndetischer Nebeneinanderstellung: *liess der bischoff die seinen über das her laufen, erstachen der etlich* (Wiltwolt von Schaumburg, 1507); mit Zwischenstellung *ich war selb bei dieser Handlung, geschach e du warst geborn* (H. Sachs). Ebenso bei Verbindung durch *und*: sehr häufig im Mhd., vgl. *ez möhte uns wol gelingen und bræhten dir die frouwen*; aber auch noch nhd., vgl. *er setzte sich auf einen jeglichen unter ihnen und wurden alle voll des heiligen Geistes* (Lu.); *den es krenke meinethalben und meinen ohren offenbare* (Lu.); *auch dem, der sie verfolgt, und fleht und schenkt und schwöret, wird kaum ein Blick gegönnt, und wird nur halb gehöret* (Le.). Bei Verbindung durch *wan* (= denn): *thut euch bedenken, wan wisset selber je gar wol* (H. Sachs). Auch zu der oben § 219 bezeichneten Anomalie kann noch Inkongruenz hinzutreten, vgl. *belîbe ich âne man bî iu zwei jâr oder driu, sô ist mîn herre lîhte tôt und kument* (kommt ihr) *in sô grôze nôt* (Hartmann v. Aue). Beispiele bei $\dot{\alpha}\pi\dot{o}$ $\varkappa o\iota\nu o\tilde{v}$ mit logischer Unterordnung sind schon § 97 gegeben. Im Lat. kann auch ein Nom. einen Akk. mit vertreten: *qui fatetur . . et . . non timeo* (Cic.); ein Dat. einen Akk.: *cui fidem habent et bene rebus suis consulere arbitrantur* (id.). Es kann auch ein Possessivpron. das betreffende Personalpron. mitvertreten: *jâ was ez ie din site unde hâst mir dâ mite gemachet manege swære* (Hartmann v. Aue); *alsobald stunden seine Schenkel und Knöchel feste, sprang auf* (Lu.). Oder ein *dâ*, welches mit einem Adv. verbunden ist, das Demonstrativpron.: *dâ mite so müezeget der muot und* (das) *ist dem lîbe ein michel guot* (Gottfrid v. Strassburg). Endlich können zwei verschiedenartige Satzteile zusammengefasst das Subjekt zu einem folgenden Verb. bilden, vgl. *dar vuorte si in bî der hant und sâzen zuo einander nider* (Hartmann v. Aue); *dô nam daz Constantînis wîb ir tohter, die was hêrlîch, unde bâtin Dietherîche* (Rother); *wie herzog Jason wardt verbrandt von Medea also genandt; hetten doch vor viel Zeit vertrieben* (H. Sachs);

---

[1] Vgl. ib. S. 133.

Ergänzung aus dem Vorausgehenden. Fehlen von Mittelgliedern. 319

so hertzlieb von hertzlieb musz scheiden vnd gentzlich kein Hoffnuug mehr handt (id.).

§ 221. Wir haben in Kap. 16 gesehen, dass zwei Hauptbegriffe durch ein oder mehrere Mittelglieder verknüpft sein können, welche die Art der Verknüpfung genauer bestimmen, sei es dass dieses Verhältnis zugleich psychologisch und grammatisch ist, oder dass es rein psychologisch ist und sich mit der grammatischen Verknüpfungsweise nicht deckt. Da nun häufig daneben Ausdrucksweisen vorkommen, welche solcher Mittelglieder entraten, so ist man leicht geneigt diese für elliptisch zu erklären. Diese Anschauung ist für viele Fälle durchaus zurückzuweisen. Wenn man z. B. statt *Hectoris Andromache* und *Caecilia Metelli* genauer sagen könnte *Andromache uxor Hectoris* und *Caecilia filia Metelli* so folgt daraus doch nicht, dass bei den kürzeren Ausdrucksweisen die Formen *uxor* und *filia* zu ergänzen sind, sondern sie erklären sich ohne solchen Behelf aus der allgemeinen Funktion des Genitivs, und wer hier eine Ellipse annimmt, muss konsequenterweise mit den Grammatikern des 16. Jahrhunderts bei jedem Genitiv eine Ellipse annehmen. Daneben finden sich aber solche Ausdrucksformen, für welche der Bezeichnung elliptisch eine gewisse Berechtigung nicht abzusprechen ist, insofern sie auf Grund vollständigerer Ausdrucksweisen entstanden sind, bei denen aber darum doch nicht die Auslassung eines bestimmten Wortes anzunehmen ist.

Richtungsbezeichnungen sind gewiss ursprünglich nur neben Verben der Bewegung entwickelt. Man findet nun öfters eine Richtung angegeben neben Verben, die bereiten oder dergl. bedeuten, vgl. mhd. *sich bereite von dem lande vil manic ritter starc* (Nibelungenlied), *wir suln ouch uns bereiten heim in miniu lant* (ib.); *dô soumte man* (lud man auf) *den degenen von dannen wâfen und gewant* (ib. C); *die sich gegarwet hâten ze strîte ûf daz velt* (Alphart); *dô vazte sich der herzoge in des kunigs hof* (da rüstete sich der Herzog, um an den Hof des Königs zu ziehen, Kaiserchronik, und so öfters in diesem Denkmal); vgl. griech. φανερὸς ἦν οἴκαδε παρασκευαζόμενος (Xen.); ähnlich ἐκέλευσαν ἐπὶ τὰ ὅπλα (id.)[1] Ebenso bei mhd. *rûmen: heiz inz rûmen von dan* (Hartmann v. Aue), *ich rûme dir daz rîche von hinnen vlühticlîche* (Rudolf v. Ems). Vgl. ferner griech. ἐκλείπειν τὴν πόλιν εἰς χωρίον. Es ist nicht anzunehmen, dass bei solchen Wendungen dem Sprechenden etwa der

---

[1] Indem solche Verbindungen gewohnheitsmässig werden, kann sich die Auffassung von der Bedeutung des Verbums verschieben, indem die Bewegung in einer bestimmten Richtung als mit dazu gehörig angesehen und schliesslich zur Hauptsache wird. So ist nhd. *schicken* ursprünglich „zurecht machen", *Reise* ursprünglich „Aufbruch", *aufbrechen* ursprünglich das Gegenteil von *aufschlagen* (nämlich das Lager).

nicht ausgesprochene Inf. eines bestimmten Verbums wie *gehen, bringen* oder dergl. vorgeschwebt hat. Vielmehr ist der psychologische Prozess, dem z. B. die Wendung παρασκευάζεσθαι οἴκαδε ihre Entstehung verdankt, folgender. Es schweben zunächst die beiden Begriffe des sich Bereitens und des räumlichen Zieles, um dessen Willen man sich bereitet, vor und verbinden sich direkt miteinander als psychologisches Subj. und Präd. Indem man aber von Sätzen her wie πορεύονται οἴκαδε oder παρασκευάζονται οἴκαδε πορεύεσθαι die Gewohnheit hat das räumliche Ziel in einer bestimmten Form auszudrücken, wendet man diese Form auch hier an. Es wirkt also zweierlei zusammen: einerseits die schon vor der Entstehung aller formellen Elemente der Sprache vorhandene und immerdar bleibende Fähigkeit, die Beziehung, in welche zwei Begriffe im Bewusstsein zueinander getreten sind, mag dieselbe nun eine unmittelbar gegebene oder eine durch andere Begriffe vermittelte sein, durch Nebeneinanderstellung der Bezeichnungen für diese Begriffe auszudrücken; anderseits die Analogie der entwickelten Ausdrucksformen.

Das nämliche Verhältnis findet noch in sehr vielen anderen Fällen statt. Es gehören hierher viele der in Kap. VI besprochenen Ausdrucksformen wie *Scherz beiseite, wer da?* etc. Nachdem einmal die meisten Wörter formelle Elemente in sich aufgenommen hatten, konnte die eben bezeichnete und in Kap. VI näher erörterte Fähigkeit sich gar nicht anders äussern, als indem zugleich die Bedeutung dieser formalen Elemente zur Geltung kam. Wir betrachten jetzt noch einige weitere hierher gehörige Konstruktionsweisen, die gewöhnlich für elliptisch angesehen werden.

Den schon besprochenen zunächst stehen Richtungsbezeichnungen nach den Verben *können, mögen, sollen, wollen, dürfen, müssen, lassen, helfen*, z. B. *ich mag nicht nach Hause, ich lasse dich nicht fort*. Diese sind so usuell geworden, dass sie vom Standpunkte des gegenwärtigen Sprachgefühles aus in keinem Sinne als elliptisch bezeichnet werden können. Ferner Anwendungen wie *er ist weg, er ist nach Rom*, die nicht anders aufzufassen sind wie *er ist in Rom*, d. h. *weg* und *nach Rom* sind als Prädikate zu nehmen, *ist* als Kopula. Desgleichen *er ist von Rom, woher ist er?, woher hast du das?* etc. Auch *schreiben nach* oder *von, sich wohin bemühen, herbei rufen, wünschen, zaubern* sind eigentlich hierherzuziehen. Vgl. dazu weniger gewöhnliche Wendungen wie *ich freue mich nach Hause* (Goe.), *vielleicht finden Sie auf beiliegendem Blättchen etwas in Ihre Sammlungen* (Goe.). Dazu lateinische Konstruktionen wie *quando cogitas Romam?* (Cic.), *ipsest quem volui obviam* (von dem ich wollte, dass er mir entgegen gehen sollte, Ter.), *puto utrumque ad aquas* (Cic.).

Fehlen von Mittelgliedern.

Wenn wir sagen *ich möchte dich nicht anders, als du bist*, so wird man das schwerlich aus einer Ellipse von *haben* erklären wollen. Näher würde *anders sein* liegen; aber durch Einfügung von *sein* bekäme man eine undeutsche Konstruktion. So wenig aber hier ein *sein* ergänzt werden darf, so wenig muss ein *sein* hinzugedacht werden bei lat. *Strato physicum se voluit* (Cic.).

Im Lat. findet sich zuweilen zu einem Subjektsnominativ ein Akk. gesetzt ohne Verbum: *sus Minervam, fortes fortuna, manus manum, dii meliora; quae cum dixisset, Cotta finem* (Cic.); *ego si litteras tuas* (id.); *quid tu mihi testis?* Diese Konstruktionen werden dadurch nicht erklärt, dass man ein Verb. angibt, welches als Ergänzung hinzugefügt werden müsse. Vielmehr muss man sagen: es sind hier zwei Begriffe darum in der Form des Nom. und Akk. miteinander verknüpft, weil sie in demselben Verhältnis zueinander stehen, wie in einem vollständigeren Satze Subjekt und Objekt. Entsprechend aufzufassen ist die unmittelbare Verbindung eines Subjektsnominativs mit einer präpositionellen Bestimmung oder einem Adv., vgl. *itaque ad tempus ad Pisones omnes* (Cic.); *hæc hactenus* (wo *hæc* freilich auch als Akk. gefasst werden könnte), *an tu id melius?* (Cic.), *ne quid temere, ne quid crudeliter* (Cic.); ταῦτα μὲν οὖν δὴ οὕτως (Plato). Dafür gibt es auch im Deutschen Analogieen: in lebhafter Erzählung sagt man *ich rasch hinaus, ich hinterher* u. dgl.; vgl. *der Graf nun so eilig zum Tore hinaus* (Goe.); *der Sultan gleich dem Tone nach* (Wieland).

In entsprechender Weise verbindet sich ein Nebensatz mit einem regierenden Satze direkt, der bei vollständigerem Ausdruck des Gedankens durch Vermittelung eines anderen Nebensatzes oder eines Satzgliedes angeknüpft werden müsste. Diese Verknüpfungsweise kann dann auch wieder usuell werden, sodass man nichts mehr vermisst. Vgl. *wie viel wir solche Erklärer haben, mögen die herrschenden Vorurteiler zeugen* (Herder), wo wir von unserem Sprachgefühle aus ein *davon* vermissen; *wie Lavater sich hiebei benommen, sei nur ein Beispiel gegeben* (Goe.); *dass ich Sie gestern vorbei liess, sind zwei Ursachen* (Goe.); *wie oft ich bei euch bin, werdet ihr vielleicht ehestens ein Dokument zu Gesichte kriegen* (Goe.); *und fragst du mich nach diesen beiden Schätzen: der Lorbeer ist es und die Gunst der Frauen* (Goe.); *dass ichs dir gestehe, da ergriff ihn mein Gemüt* (Goe.); *besuche deine Brüder, obs ihnen wohl gehe* (Lu.). Hierher gehören auch Wendungen wie *was das anbetrifft, was ich davon weiss* u. dergl., die in den verschiedensten Sprachen Analogieen haben. Entsprechend verhalten sich infinitivische Wendungen wie *die Wahrheit zu sagen, es kurz zu sagen, um nur eins anzuführen, um von allem übrigen zu schweigen*; ferner *kurz* (ich weiss es nicht), *mit einem Worte, gerade heraus, beiläufig, à propos.*

Paul, Prinzipien

§ 222. Eine Ergänzung aus der Situation findet statt, wenn an Stelle eines Substantivums mit einer dazu gehörigen Bestimmung bloss die letztere gesetzt wird. Hierher gehört nicht etwa *der Gute* als Bezeichnung für jede beliebige gute Person oder *das Gute* als Bezeichnung für jedes beliebige gute Ding. Dabei findet keinerlei Art von Ellipse statt. Der Begriff der Person, eventuell der männlichen Person und der der Sache sind durch das Geschlecht des Artikels bezeichnet. Wir haben es hier nur mit den Fällen zu tun, in denen eine Beziehung auf einen spezielleren Begriff stattfindet; vgl. *Rechte, Linke* (Hand); *calida, frigida* (aqua); *alter, neuer, süsser, Burgunder, Champagner* etc., ἄκρατος (Wein); *agnina, caprina* (caro); *Appia* (via), *strata, chaussée*; *aestiva, hiberna* (castra); *natalis* (dies); *quarta, nona* (hora); τῇ ὑστεραίᾳ, τῇ τρίτῃ (ἡμέρᾳ); *octingentesimo post Romam conditam* (anno); *decima* (pars); Ἰόνιος (κόλπος); Μουσική etc. (τέχνη); ahd. *frenkisga* (zunga). Wenn man hier eine Ellipse annehmen will, so ist nicht viel dagegen einzuwenden. Nur muss man sich klar machen, dass eine entsprechende Ergänzung aus der Situation, wie wir in Kap. IV gesehen haben, auch in sehr vielen anderen Fällen stattfindet, wo es uns nicht einfällt eine Ellipse zu statuieren. Wenn wir unter *der Alte* alten Wein verstehen, so beruht das auf derselben Unterlage, als wenn wir darunter nicht jeden beliebigen alten Mann verstehen, sondern einen, den wir gerade vor uns haben oder von dem eben gesprochen ist. In den aufgeführten Fällen ist die besondere Verwendung des Adj. schon mehr oder weniger usuell geworden. Je fester der Usus geworden ist, um so weniger ist zum Verständnis die Unterstützung durch die Situation erforderlich. So werden die Bezeichnungen *Alter, Neuer* wohl nur im Weinhause, beim Weinhandel oder, wo sonst schon irgendwie die Aufmerksamkeit auf Wein gelenkt ist, von diesem verstanden und sind überhaupt nur in weinbauenden Gegenden üblich; dagegen *Champagner* wird ohne alle besondere Disposition viel eher auf die bestimmte Weinsorte als auf einen Einwohner der Champagne bezogen Sobald nun die Unterstützung durch die Situation für das Verständnis entbehrlich ist, so ist auch das Wort nicht mehr als ein Adj. zu betrachten, sondern als ein wirkliches Substantivum, und es kann dann von einer Ellipse in keinem Sinne mehr die Rede sein.

Eine ganz entsprechende Entwickelung begegnet uns auch bei genitivischen Bestimmungen. Vgl. lat. *ad Martis, ad Dianae* (templum); *ex Apollodori* (libro); *de Gracchi apud censores* (oratione); franz. *la saint Pierre* (fête). Im Deutschen sind die Festbezeichnungen *Michaelis, Johannis, Martini* etc. und die Ortsbezeichnungen *St. Gallen, St. Georgen St. Märgen* vollkommen selbständig geworden und werden nicht mehr als ergänzungsbedürftig und daher auch nicht mehr als Genitive empfunden.

§ 223. In den besprochenen Fällen erhält ein Satzglied Vervollständigung seines Sinnes aus der Situation. Es kann aber auch ein Satzglied, es kann das psychologische Subjekt oder Prädikat ganz und gar der Situation entnommen werden. Hierher gehören die § 90 besprochenen scheinbar eingliedrigen Sätze, wie *Feuer, Diebe* etc. Auch auf die Form dieser kann die Analogie der vollständigeren Sätze in der beschriebenen Weise einwirken. Sagt man z. B. in drohendem Tone abwehrend *keinen Schritt weiter*, so ist nur das psychologische Präd. ausgesprochen, als Subj. wird die Person verstanden, an welche die Warnung gerichtet ist. Das aber das erstere in den Akk. tritt, hat die gleiche Ursache wie bei den Sätzen von der Form *Cotta finem*. Das Gleiche gilt von Sätzen wie *guten Tag, schönen Dank, herzlichen Glückwunsch* u. dgl. In Fällen wie *glückliche Reise, keine Umstände, viel Glück* und vielen anderen gibt die Form keine Sicherheit darüber, ob der Akk. gemeint ist. In einem Satze wie *manum de tabula* lässt sich *manum* als psychologisches Subj. *de tabula* als Präd. auffassen, aber der Akk. *manum* zeigt, dass auch hierzu wieder ein Subjekt aus der Situation zu entnehmen und dass das Verhältnis zu demselben nach der Analogie des Objekts zum Subjekt gedacht ist. Ebenso verhält es sich mit *ultro istum a me* (Plaut.), *ex ungue leonem* = ἐξ ὀνύχων λέοντα, *malam illi pestem* (Cic.) etc. Aus dem Deutschen gehören hierher Sätze wie *den Kopf in die Höhe* und danach auch wohl solche wie *Gewehr auf, Scherz beiseite, davon ein ander Mal mehr*, wenn auch die Lautform den Akk. nicht erkennen lässt. Auch andere Kasus präpositionelle Bestimmungen und Adverbia können so gebraucht werden, wie schon die angeführten Beispiele zeigen; vgl. noch *sed de hoc alio loco pluribus* (Cic.), *de conjectura hactenus, nimis iracunde*.

Zuweilen ist auch das psychologische Prädikat aus der Situation zu entnehmen, wobei der Tonfall, Mienen und Gebärden die Verständlichkeit unterstützen können. So z. B. bei unterdrückten Drohungen *ich will (dich)*, vgl. das bekannte Virgilische *quos ego*. Hierher gehören Ausdrücke der Verwunderung oder Entrüstung oder des Bedauerns, die nur den Gegenstand angeben, über den man sich verwundert oder entrüstet oder den man bedauert. Das Prädikat wird dabei hauptsächlich durch den Gefühlston angedeutet. Vgl. Subjektsnominative wie *dieser Kerl, diese Fülle, der Unglückliche, ich Armer* etc. Ferner Infinitive wie *so lange zu schlafen, so ein Schuft zu sein*; lat. *tantamne rem tam negligenter agere* (Terenz), *non puduisse verberare hominem senem* (id.); Acc. c. Inf.: *te nunc sic vexari, sic jacere, idque fieri mea culpa* (Cic.); vgl. Draeg. § 154, 3.

Achtzehntes Kapitel. Sparsamkeit im Ausdruck.

§ 224. Auf die nämliche Weise erklären sich auch isolierte Sätze, die die Form des abhängigen Satzes haben. Sie sind ursprünglich entweder psychologische Subjekte oder Prädikate, wozu der korrespondierende Satzteil aus der Situation verstanden wird, können aber durch usuelle Verwendung allmählich den Charakter von selbständigen Hauptsätzen erlangen. Ursprüngliche Subjekte sind wie die oben angeführten Ausdrücke der Verwunderung und des Bedauerns auch solche, die mit der Konjunktion *dass* eingeführt werden: *dass du gar nicht müde wirst! dass mir das begegnen muss! dass dir auch so wenig zu helfen ist!* Ferner Bedingungssätze als Drohungen: *wenn er mir in den Wurf kommt —, ertappe ich ihn nur —*; lat. *verbum si adderis* (Terenz). Bedingungssätze als Wunschsätze: *wäre ich erst da! wenn er doch käme!* Bedingungssätze, für die man keinen Nachsatz zu finden weiss: *wenn du noch nicht überzeugt bist; wenn er aber nicht kommt*; lat. *si quidem istuc impune habueris* (Terenz). Bedingungssätze als Abweisungen einer Behauptung oder Zumutung, die aus Unkenntnis der wahren Verhältnisse gemacht wird: *wenn du in mein Herz sehen könntest; wenn du wüsstest, wie leid es mir tut*. Ursprüngliche Prädikate oder nach der grammatischen Form Objekte sind Wunsch- und Aufforderungssätze, mit *dass* eingeleitet: *dass ich doch dabei sein könnte*; mhd. *daz si schiere got gehœne*; franz. *que j'aille à son secours ou que je meure*; it. *che tu sia maledetto* und in allen romanischen Sprachen.

Neunzehntes Kapitel.

Entstehung der Wortbildung und Flexion.

§ 225. Wir haben uns vielfach mit der analogischen Neuschöpfung auf dem Gebiete der Wortbildung und Flexion beschäftigt. Wir müssen jetzt die ursprüngliche, nichtanalogische Schöpfung auf diesem Gebiete ins Auge fassen. Dieselbe ist nicht etwas Primäres wie die einfachsten syntaktischen Verbindungen, sondern erst etwas Sekundäres, langsam Entwickeltes. Es gibt, soviel ich sehe, nur drei Mittel, durch die aus blossen einzelnen in keiner inneren Beziehung zueinander stehenden Wörtern sich etymologische Wortgruppen herausbilden. Das eine ist Lautdifferenzierung, auf die eine Bedeutungsdifferenzierung folgt. Ein passendes Beispiel dafür wäre die Spaltung zwischen Impf. und Aor. im Idg. (vgl. § 179).[1] Ähnliche Spaltungen sind sehr wohl auch schon bei den primitiven Elementen der Sprache denkbar. Doch bilden sich in den meisten Fällen, die wir beobachten können, durch solche Differenzierung keine Gruppen, indem dabei das Gefühl der Zusammengehörigkeit verloren geht, und noch weniger Parallelgruppen, wie in dem angeführten Falle. Ein zweites Mittel ist das Zusammentreffen konvergierender Bedeutungsentwickelung mit konvergierender Lautentwickelung (vgl. *suchen — sucht*), worüber § 150 gehandelt ist. Dass ein derartiger Vorgang nur vereinzelt eintreten kann, liegt auf der Hand. Die eigentlich normale Entstehungsweise alles Formellen in der Sprache bleibt daher immer die dritte Art, die Komposition.

§ 226. Die Entstehung der Komposition zu beobachten haben wir reichliche Gelegenheit.[2] In den indogermanischen Sprachen sind

---

[1] Ein ganz anderer Vorgang ist es natürlich, wiewohl das gleiche Resultat herauskommt, wenn ein sekundärer Lautunterschied nach Verlust der übrigen unterscheidenden Merkmale zum einzigen Zeichen des Funktionsunterschiedes wird, wie in engl. *foot — feet, tooth — teeth, man — men*. Wo sich dergleichen Formen in unseren ältesten Überlieferungen finden, wird sich häufig nicht entscheiden lassen, ob sie diesem oder dem im Text besprochenen Vorgange ihre Entstehung verdanken.

[2] Vgl. L. Tobler, Über die Wortzusammenhang, Berlin 1868. H. Jacobi, Kompositum und Nebensatz, Bonn 1897. O. Dittrich, Über Wortzusammensetzung

zwei Schichten von Kompositis zu unterscheiden, eine ältere, die entweder direkt aus der Ursprache überkommen oder nach ursprachlichen Mustern gebildet ist, und eine jüngere, die unabhängig davon auf dem Boden der Einzelsprachen entwickelt ist und in den modernen Sprachen einen grossen Umfang gewonnen hat. Letztere sehen wir grossenteils vor unsern Augen entstehen, und zwar durchgängig aus der syntaktischen Aneinanderreihung ursprünglich selbständiger Elemente. Es sind dazu Verbindungen jeglicher Art tauglich. So entstehen Komposita aus der Verbindung des Genitivs mit dem regierenden Substantiv; vgl. nhd. *Hungersnot, Hasenfuss, Freudenfest, Kindergarten,* franz. *lundi (lunæ dies), Thionville (Theodonis villa), connétable (comes stabuli), Montfaucon (mons falconis), Bourg-la-Reine,* lat. *paterfamilias, legislator, plebiscitum*; aus der Verbindung des attributiven Adjektivums mit dem Substantivum, vgl. nhd. *Edelmann* (mhd. noch *edel man,* gen. *edeles mannes), Altmeister, Hochmut, Schönbrunn, Oberhand, Liebermeister, Liebeskind, Morgenrot,* franz. *demi-cercle, doublefeuille, faux-marché, haute-justice, grand-mère, petite-fille, belle-lettres, cent-gardes, bonjour, prudhomme, prin-temps, Belfort, Longueville, amourpropre, garde-nationale, ferblanc, vinaigre, Villeneuve, Rochefort, Aigues-Mortes,* lat. *respublica, jusjurandum*; ferner nhd. *einmal, jenseits* (mhd. *jensît), einigermassen, mittlerweile,* franz. *encore (hanc horam), fièrement (fera mente), autrefois, autrepart, toujours, longtemps,* lat. *hodie, magnopere, reipsa*; aus der appositionellen Verbindung zweier Substantiva, vgl. nhd. *Christkind, Gottmensch, Fürstbischof, Prinz-Regent, Herrgott, Baselland,* franz. *maître-tailleur, maître-garçon, cardinal-ministre, Dampierre (dominus Petrus), Dammarie (domina Maria),* afranz. *damedeus (dominus deus)*; aus der Koordination zweier Substantive, nhd. nur zur Bezeichnung der Vereinigung zweier Länder, wie *Schleswig-Holstein, Östreich-Ungarn*; aus appositioneller oder kopulativer Verbindung zweier Adjektiva oder der eines Adverbiums mit einem Adjektivum, was sich nicht immer deutlich unterscheiden lässt, vgl. nhd. *rotgelb, bittersüss, altenglisch, niederdeutsch, hellgrün, hochfein, gutgesinnt, wohlgesinnt,* franz. *bis-blanc, aigre-doux, sourd-muet, bienheureux, malcontent*; aus der Addierung zweier Zahlwörter, vgl. nhd. *fünfzehn,* lat. *quindecim*; aus der Verbindung des Adjektivums mit einem abhängigen Kasus, vgl. nhd. *ausdrucksvoll, sorgenfrei, rechtskräftig,* lat. *jurisconsultus, -peritus, verisimilis*; aus der Ver-

auf Grund der neufranzösischen Schriftsprache (Zschr. f. roman. Philol. 22, 305. 441. 23 288. 24, 465. 29, 129. 257; darin reichliche bibliographische Angaben). Brugmann, Über das Wesen der sogenannten Wortzusammensetzung (Ber. d. philol.-historischen Cl. d. Sächs. Gesellsch. d. Wissensch. 1900, 359). Paul, Das Wesen der Wortzusummensetzung (IF 14, 251). Brugmann, Die Wortzusammensetzung in den idg. Sprachen (ib. 18, 59. 127). Neckel, Exozentrische Komposition IF 19, 249, dazu Leskien IF 23, 204 und Pollak ib. 30, 55 und Zf. ö. G. 59, 1059.

bindung zweier Pronomina, respektive des Artikels mit einem Pronomen, vgl. nhd. *derselbe, derjene* (jetzt nur noch in der Ableitung *derjenige*), franz. *quelque (quale quid), autant (alterum tantum), lequel*; aus der Verbindung eines Adverbiums oder einer Konjunktion mit einem Pronomen, vgl. nhd. *jeder* (aus *ie-weder*) *kein* (aus *nih-ein*), franz. *celle* (*ecce illam*), *ceci* (*ecce istum hic*), lat. *quisque, quicunque, hic, nullus*; aus der Verbindung mehrerer Partikeln, vgl. nhd. *daher, darum, hintan, fortan, voraus, widerum, entgegen, immer*, franz. *jamais*, *ainsi* (aeque sic), *avant* (ab ante), *derrière* (de retro), *dont* (de unde), *ensemble* (in simul), *encontre*, lat. *desuper, perinde, sicut, unquam, etiam*; aus der Verbindung einer Präposition mit einem abhängigen Kasus, vgl. nhd. *anstatt, zunichte zufrieden, vorhanden, inzwischen, entzwei*, franz. *contremont, partout, endroit, alors* (ad illam horam), *sur-le-champ, environ, adieu, affaire, sans-culotte*, lat. *invicem, obviam, illico* (= *in loco*), *denuo* (= *de novo*), *idcirco, quamobrem*; aus der Verbindung eines Adverbiums mit einem Verbum, vgl. nhd. *auffahren, hinbringen, herstellen, heimsuchen, misslingen, vollführen*, franz. *malmener, maltraiter, méconnaître, bistourner*, lat. *benedicere, maledicere*; aus der Verbindung eines abhängigen Kasus mit seinem Verbum, vgl. nhd. *achtgeben, wahrnehmen* (ahd. *wara*, st. fem.), *wahrsagen, lobsingen, handlangen, hochachten, preisgeben*, franz. *maintenir, colporter, bouleverser*, lat. *animadvertere, venum dare — venundare — vendere, crucifigere, usuvenire, manumittere, referre*. Auch mehr als zwei Glieder können so zu einem Kompositum zusammenschiessen,[1]) vgl. nhd. *einundzwanzig, einundderselbe*, lat. *decedocto* (= *decem et octo*, vgl. Corssen, Aussprache des Lat. ²II, S. 886); franz. *tour-à-tour, tête-à-tête, vis-à-vis; aide-de-camp, trait-d'union, garde-du-corps, Languedoc, belle-à-voir, pot-au-feu, Fierabras, arc-en-ciel, Châlons-sur-Marne*, lat. *duodeviginti*, nhd. *Brautinhaaren* (Blume); lat. *plusquamperfectum*; nhd. *nichtsdestoweniger*, ital. *nondimeno*. Auch aus abhängigen Sätzen entspringen Komposita, vgl. mhd. *enwære* zusammengezogen zu *niur* etc. = nhd. *nur*, ital. *avvegna* (*adveniat*), *avvegnache, chicchessia*, lat. *quilibet quamvis, quantumvis, quamlibet, ubivis*. Ebenso aus Sätzen, die der Form nach unabhängig sind, aber doch in logischer Unterordnung, z. B. als Einschaltungen gebraucht werden, vgl. nhd. *weissgott*, mhd. *neizwaz* = ags. *nât hwæt* = lat. *nescio quid* = franz. *je ne sais quoi*, mhd. *deiswâr* (= *daz ist wâr*), franz. *peut-être, piéça, naguère*, lat. *licet, ilicet, videlicet, scilicet, forsitan*, span. *quiza* (vielleicht, eigentlich 'wer weiss'). Ferner können mit Hilfe von Metaphern Sätze zu Kompositis gewandelt werden, insbesondere Imperativsätze, vgl. nhd.

---

[1]) Ich unterscheide davon natürlich die Fälle, wo ein Kompositum mit einem andern Worte eine neue Verbindung eingeht.

Fürchtegott, Taugenichts, Störenfried, Geratewohl, Vergissmeinnicht, Gottseibeiuns, franz. *baisemain, passe-partout, rendez-vous*, neulat. *facsimile, notabene, vademecum, nolimetangere*; nhd. *Jelängerjelieber*. Schwerer wird ein wirklicher Satz, der seine Selbständigkeit bewahrt, zu einem Kompositum. Denn das Wesen des Satzes besteht ja darin, dass er den Akt der Zusammenfügung mehrerer Glieder bezeichnet, während es im Wesen des Kompositums zu liegen scheint die Zusammenfügung als ein abgeschlossenes Resultat zu bezeichnen. Demungeachtet liegen Satzkomposita in den verschiedensten Sprachen vor, so namentlich in den indogermanischen und semitischen Verbalformen.

§ 227. Der Übergang von syntaktischem Gefüge zum Kompositum ist ein so allmählicher, dass es gar keine scharfe Grenzlinie zwischen beiden gibt. Das zeigt schon die grosse Unsicherheit, die in der Orthographie der modernen Sprachen in Bezug auf Zusammenschreibung oder Trennung vieler Verbindungen besteht, eine Unsicherheit, die dann auch zu einer vermittelnden Schreibweise durch Anwendung des Bindestriches geführt hat. Das Englische unterlässt vielfach die Zusammenschreibung in Fällen, wo sie anderen Schriftsprachen unentbehrlich scheinen würde. Im Mhd. sind auch die nach indogermanischer Weise gebildeten Komposita vielfach getrennt geschrieben.

Die Relativität des Unterschiedes zwischen Kompositum und Wortgruppe kann nur darauf beruhen, dass die Ursache, welche den Unterschied hervorruft, ihre Wirksamkeit in mannigfach abgestufter Stärke zeigt. Man darf diese Ursache nicht etwa, durch die Schrift verführt, darin sehen wollen, dass sich die Glieder eines Kompositums in der Aussprache enger aneinander anschlössen, als die Glieder einer Wortgruppe. Verbindungen wie Artikel und Substantivum, Präposition und Substantivum, Substantivum und attributives Adjektivum oder abhängiger Genitiv haben genau die gleiche Kontinuität wie ein einzelnes Wort. Man hat dann wohl als Ursache den Akzent betrachtet. Dass die Einheit eines Wortes auf der abgestuften Unterordnung seiner übrigen Elemente unter das eine vom Akzent bevorzugte besteht, ist allerdings keine Frage. Aber ebenso verhält es sich mit der Einheit des Satzes und jedes aus mehreren Wörtern bestehenden Satzteiles, jeder enger zusammengehörigen Wortgruppe. Der Akzent eines vollständigen Wortes kann dabei vielfach ebenso tief herabgedrückt sein als der eines untergeordneten Kompositionsgliedes. In der Verbindung *durch Liebe* hat *durch* keinen stärkeren Ton als in *durchtrieben, zu* in *zu Bett* keinen stärkeren als in *zufrieden, Herr* in *Herr Schulze* keinen stärkeren als in *Hausherr*. Man kann nicht einmal den Unterschied überall durchführen, dass die Stellung des Akzents im Kompositum eine feste ist, während sie in der Wortgruppe wechseln kann. So gut wie ich *Hérr*

Schulze im Gegensatz zu *Fráu Schulze* sage, sage ich auch der *Haushérr* im Gegensatz zu *die Hausfráu*. Es ist auch keine bestimmte Stellung des Hauptakzentes zur Entstehung eines Kompositums erforderlich, sondern sie ist bei jeder beliebigen Stellung möglich. Nur allerdings, damit die jüngere Kompositionsweise in Parallelismus zur älteren treten kann, ist es erforderlich, dass die Akzentuation eine gleiche ist. Damit z. B. eine Bildung wie *Rindsbraten* oder *Rinderbraten* als wesentlich identisch mit einer Bildung wie *Rindfleisch* empfunden werden konnte, war es allerdings nötig, dass der Hauptakzent auf den voranstehenden abhängigen Genitiv fiel. Wo aber die Analogie der älteren Kompositionsweise nicht in Betracht kommt, da ist auch im Deutschen die stärkere Betonung des zweiten Elements kein Hinderungsgrund für die Entstehung eines nominalen Kompositums.

§ 228. Es ist überhaupt nichts Physiologisches, worin wir den Unterschied eines Kompositums von einer unter einem Hauptakzente vereinigten Wortgruppe suchen dürfen, sondern lediglich etwas Psychologisches. Eine Vorbedingung für die Entstehung eines Kompositums, die freilich auch nicht absolut erforderlich ist, mindestens nicht für die Satzkomposita, besteht darin, dass die zugrundeliegende syntaktische Verbindung als Ausdruck eines einheitlichen Begriffes gefasst werden kann, und dies ist nur möglich, wenn wenigstens das bestimmende Element in derselben in seiner allgemeinen Bedeutung zu nehmen ist und nicht in einer konkreten Individualisierung. So fasst man *haushalten* jetzt als eine Zusammensetzung, während *das Haus verwalten*, mit Bezug auf ein bestimmtes einzelnes Haus gesagt, keinerlei Eigenschaften einer Zusammensetzung hat, und es liegt dies nicht bloss daran, dass der Artikel die Verschmelzung hindert, sondern es würde sich auch in einer Sprache, die keinen Artikel kennt, nicht anders verhalten. Unser *dar* bedeutet ursprünglich *dahin* mit Hinweis auf einen einzelnen Ort; in diesem Sinne konnte es keine Verschmelzung mit dem Verb. eingehen; jetzt bezeichnet es in *darbieten, -bringen* etc., dass etwas nach einer bestimmten Stelle gerichtet wird, aber ohne dass auf diese hingewiesen wird. Ebenso kann auch ein Gen. nur im allgemeinen Sinne mit einem folgenden Subst. verschmelzen, vgl. *Mannes Mut (Mannesmut)* gegen *des (dieses) Mannes Mut*. Eine Ausnahme, eigentlich nur eine scheinbare, bilden die Eigennamen (vgl. *Karlsbad, -ruhe* etc.), zu deren Natur es gehört, ein Einzelwesen zu bezeichnen, wobei dann die Zusammensetzung wieder ein Eigenname (eine Ortsbezeichnung) ist.

§ 229. Doch bei weitem nicht alle derartige Verbindungen, die als eine Einheit gefasst werden können und häufig auch teils in der nämlichen Sprache, teils bei der Übersetzung in eine andere durch ein Wort ersetzt werden können, werden als Zusammensetzungen gefasst und geschrieben, vgl. z. B. *Verzicht leisten* (= *verzichten*), *Halt machen*, *Massregeln ergreifen*, *in Angriff nehmen*, *in Aussicht stellen*, *in die Hand nehmen*, *vor Augen haben* und viele andere. In der Regel muss etwas anderes hinzukommen, was das eigentlich Entscheidende für die Entstehung eines Kompositums ist. Es kommt darauf an, dass das Ganze den Elementen gegenüber, aus denen es zusammengefasst ist, in irgend welcher Weise isoliert wird. Welcher Grad von Isolierung dazu gehört, damit die Verschmelzung zum Kompositum vollendet erscheine, das lässt sich nicht in eine allgemeingültige Definition fassen.

Es kommen dabei alle die verschiedenen Arten von Isolierung in Betracht, die wir früher kennen gelernt haben. Entweder kann das Ganze eine Entwickelung durchmachen, welche die einzelnen Teile in ihrer selbständigen Verwendung nicht mitmachen, oder umgekehrt die einzelnen Teile eine Entwickelung, welche das Ganze nicht mitmacht, und zwar sowohl nach Seiten der Bedeutung als nach Seiten der Lautform, oder es können die einzelnen Teile in selbständiger Verwendung untergehen, während sie sich in der Verbindung erhalten, oder endlich es kann die Verbindungsweise aus dem lebendigen Gebrauche verschwinden und nur in der bestimmten Formel bewahrt bleiben.

Der Eintritt irgend eines dieser Vorgänge kann genügen, um ein syntaktisches Gefüge zu einem Kompositum zu wandeln. Man pflegt aber keineswegs jedes zusammengesetzte Satzglied als ein Kompositum zu betrachten, bei dem bereits eine solche Isolierung eingetreten ist. Gerade diesen Verbindungen müssen wir unsere besondere Aufmerksamkeit schenken, wenn wir die ersten Ansätze zur Verschmelzung beobachten wollen.

Der Anfang zur Isolierung wird gewöhnlich[1]) damit gemacht, dass das syntaktische Gefüge einen Bedeutungsinhalt erhält, der sich nicht mehr genau mit demjenigen deckt, der durch die Zusammenfügung der einzelnen Elemente gewonnen wird. Wir haben diesen Vorgang schon § 73 kennen gelernt. Die Folge ist, dass die einzelnen Elemente des Gefüges nicht mehr klar zum Bewusstsein kommen. Damit wird

---

[1]) Aber nicht immer, wie Dittrich a. a. O. angenommen hat, worin ihm Brugmann beigetreten ist. Dittrich nimmt an, dass eine syntaktische Verbindung schon dadurch zum Kompositum wird, dass mit ihr ein reicherer Bedeutungsinhalt verknüpft wird. Er betrachtet demnach z. B. franz. *épine blanche*, *chemin de fer* als Zusammensetzungen. Es ist nicht zu leugnen, dass das eine gewisse Berechtigung hat. Aber abgesehen davon, dass man sich dadurch mit dem Sprachgebrauch in Widerspruch setzt, so würde man doch wieder eines besonderen Ausdrucks bedürfen für die Verbindungen, die durch weitergehende, namentlich syntaktische Isolierungen enger verschmolzen sind. Dazu wären dann noch die Fälle zu berücksichtigen, in denen die Bedeutung gar nicht den Ausgang für die Verschmelzung bildet.

aber auch die Art ihrer Zusammenfügung verdunkelt, und damit ist der erste Ansatz zu einer syntaktischen Isolierung gemacht, womit sich auch eine formelle verbindet. Sobald aber erst einmal ein Anfang gemacht ist, so ist auch die Möglichkeit zu einem weiteren Fortschreiten der Isolierung gegeben. In Bezug auf die syntaktische Isolierung müssen wir zwei Fälle unterscheiden. Sie braucht nur das Verhältnis der Kompositionsglieder zu einander zu betreffen wie z. B. in *Hungersnot, Edelmann*, es kann aber auch die Verbindung als Ganzes gegenüber den übrigen Bestandteilen des Satzes isoliert werden. Das Resultat ist dann immer ein unflektierbares Wort, vgl. *keineswegs, gewissermassen, jederzeit, alldieweil, zurecht, abhanden, überhaupt, vorweg, allzumal*; lat. *magnopere, quare, quomodo, hodie, admodum, interea, idcirco, quapropter, quamobrem*; franz. *toujours, toutefois, encore* (= *hanc horam*), *malgré* (= *malum gratum*), *amont, environ, parmi, pourtant, cependant, tout-à-coup*. Erst durch sekundäre Entwickelung können solche Verbindungen wieder flektierbar werden, wie z. B. *zufrieden, debonnaire* (= *de bonne air*). Wo die Flektierbarkeit durch die Isolierung nicht gestört wird, da kann der Fall eintreten, dass die Verschmelzung der Glieder durch Flexion im Innern des Gefüges gehemmt wird, z. B. in einer Verbindung wie *das rote Meer, mare rubrum*, wobei man durch die Flexion *des roten Meeres, maris rubri* etc. immer an die Selbständigkeit der einzelnen Glieder erinnert wird. Es muss erst ein weiterer Prozess hinzukommen, um die volle Verschmelzung möglich zu machen, nämlich die Erstarrung einer Flexionsform (in der Regel die des Nominativs Sg.) in Folge der Verdunkelung ihrer ursprünglichen Funktion, ein Vorgang, den wir § 164 besprochen haben.

Wie wir in § 163 gesehen haben, erhält das Kompositum dieselbe Fähigkeit Ableitungen aus sich zu erzeugen, wie das einfache Wort der nämlichen Kategorie. Wir finden nun, dass aus einer syntaktischen Verbindung, die noch nicht als Kompositum betrachtet zu werden pflegt eine Ableitung nach dem Muster eines einfachen Wortes gemacht wird, oder dass diese Verbindung wie ein einfaches Wort zu einem Kompositionsgliede nach schon vorliegenden Mustern gemacht wird. Wir müssen daraus den Schluss ziehen, dass das Sprachgefühl dieselben als eine Einheit gefasst hat, dass also jedenfalls ihre Entwickelung zu einem Kompositum bereits bis zu einem gewissen Grade vollzogen ist.

§ 230. Kopulative Verbindungen lassen sich unter einen einheitlichen Begriff bringen erstens, wenn die verbundenen Elemente Synonyma sind, dieselbe Sache von verschiedenem Gesichtspunkte aus darstellen, vgl. *Art und Weise, Grund und Boden, Wind und Wetter, Weg und Steg, Sack und Pack, Handel und Wandel, Schimpf und*

Schande, *hangen und bangen*, *tun und treiben*, *leben und weben*, *schalten und walten*, *wie er leibt und lebt*, *frank und frei*, *weit und breit*, *hoch und teuer*, *angst und bange*, *ganz und gar*, *drauf und dran*, *nie und nimmer*; zweitens, wenn die verbundenen Elemente Gegensätze sind, die sich gegenseitig ergänzen, vgl. *Stadt und Land*, *Himmel und Hölle*, *Soll und Haben*, *Wohl und Wehe*, *alt und jung*, *gross und klein*, *arm und reich*, *dick und dünn*, *lieb und leid*, *Tun und Lassen*, *dieser und jener*, *einer und der andere*, *dies und das*, *ab und an*, *ab und zu*, *auf und ab*, *ein und aus*, *für und wider*, *hin und her*, *hin und wieder*, *drüber und drunter*, *hüben und drüben*, *hie und da*, *dann und wann*. Dazu kommen noch mancherlei andere Fälle wie *Haus und Hof*, *Weib und Kind*, *Kind und Kegel*, *Mann und Maus*. Die beiden Glieder können auch durch das nämliche Wort gebildet werden, vgl. *durch und durch*, *für und für*, *nach und nach*, *über und über*, *wieder und wieder*, *fort und fort*, *der und der*. In dem letzten Falle stehen die beiden Glieder trotzdem in Gegensatz zu einander. Bei einigen dieser Verbindungen ist schon eine weiter gehende Isolierung eingetreten. Ein Kriterium dafür, dass eine kopulative Verbindung als eine Einheit gefasst wird, kann man bei Substantiven darin sehen, dass ein Adj. dazu nur einfach gesetzt wird, wiewohl es entweder nur mit dem ersten Gliede kongruiert,[1]) vgl. *dieses Herz und Sinn* (Goe.); *nach meinem Kopfe und Art* (Goe.); *durch meinen Rat und Tat* (Schröder), oder, was noch beweisender ist, nur mit dem zweiten, vgl. *durch meinen trewen hilff und rat* (H. Sachs); *mit allem mobilen Hab' und Gut* (Goe.). Charakteristisch ist auch eine eigentümliche Assimilation des Geschlechtes und der Flexion, die bei Pestalozzi vorkommt: *seines Habs und (seines) Guts*. Ein anderes häufiger vorkommendes Kriterium ist die Flexionslosigkeit des ersten Gliedes. Bei den oben angeführten Verbindungen aus an und für sich flexivischen Wörtern wird meistens die Flexion gemieden, welche an die Selbständigkeit der Glieder erinnern würde, man kann z. B. nicht sagen *mit Sacke und Packe* oder *Grundes und Bodens*. Es findet sich aber auch Flexion bloss am zweiten Gliede, z. B. *des zu Abdera gehörigen Grund und Bodens* (Wieland). Vgl. ferner *mit Gefahr Leib und Lebens* (Grimmelshausen), *von Gott und Rechtswegen* (Iffland), *von tausend durchgeweinten Tag- und Nächten* (Goe.); *dem wenigen Glaube, Liebe und Hoffnung* (Goe.) bei H. Sachs sogar *dem nimmer golt noch geldts gebrach*; auch *zur Erhaltung Treu und Glaubens* (Möser) wird hierher zu ziehen sein, da jedenfalls an *Treu* das Genitivverhältnis nicht ausgedrückt ist. Häufig

---

[1]) In der älteren Sprache kommt dies allerdings auch bei weniger enger Verbindung vor.

ist die Unterlassung der Flexion im Innern bei der Verbindung zweier Adjektiva, vgl. *die blank- und blossen Widersprüche* (Le.), *gegen innvnd äussern Feind* (Goe.), *auf ein oder die andere Weise* (Le.), *mit mein und deinem Wesen* (Le.).[1])

Notwendig ist das Unterbleiben der Flexion im Innern auch nach dem heutigen Sprachgebrauch in einem Falle wie *einer schwarz- und weissen Fahne, schwarz- und weisse Fahnen*, verschieden im Sinne von *schwarze und weisse Fahnen*. Dem *schwarz- und weiss* analog sind die auch zusammengeschriebenen Verbindungen *einundzwanzig, einunddreissig* etc., früher flektiert *eines und zwanzig*. Feste Verbindungen, die keine Flexion im Innern mehr zulassen, sind ferner *all und jeder, ein und alles*. Zusammengeschrieben wird *einundderselbe*, teils mit, teils ohne Flexion des *ein-*. Griech. καλοκαγαθός ist wohl unter analogischer Einwirkung der alten indogermanischen Kompositionsweise entstanden; sonst würde die Stammform καλο- schwerlich erklärbar sein. Gänzliche Verschmelzung würde wahrscheinlich häufiger sein, wenn nicht die Kopulativpartikel hemmend wirkte. Diese Hemmung wird aufgehoben, wo dieselbe in Folge der lautlichen Abschwächung nicht mehr als solche erkannt wird, wie in dem niederdeutschen *Ritensplit*, zusammengesetzt aus den Imperativen von *riten* und *spliten* (reissen und spleissen). Eine kopulative Verbindung ohne Partikel verschmilzt leichter. So werden *schwarzrotgolden* und *Östreich-Ungarn*, die sich logisch verhalten wie *schwarz und weiss* und *Neapel und Sizilien* als wirkliche Komposita empfunden. In derjenigen Epoche des Indogermanischen, wo es noch keine Flexion und keine Kopulativpartikel gab oder beides wenigstens nicht notwendig erforderlich war, musste natürlich die Verschmelzung zu einem Kopulativkompositum (Dvandva) sehr leicht sein.

§ 231. Die Verbindung eines Substantivums mit einer attributiven, genitivischen oder sonstigen Bestimmung kann alle in Kap. IV besprochenen Arten des Bedeutungswandels durchmachen, ohne dass das Substantivum für sich davon betroffen wird. Sehr häufig ist es zunächst, dass das Ganze einen reicheren, bestimmteren Inhalt erhält, als denjenigen, der sich aus der Zusammensetzung der Teile ergibt. Die Bestimmung hebt namentlich häufig nur ein unterscheidendes Merkmal heraus, während andere daneben bestehende

---

[1]) Jedoch ist das Unterbleiben der Flexion des ersten Gliedes kein zweifelloses Kriterium dafür, dass eine Zusammenfassung der beiden Glieder zu begrifflicher Einheit stattgefunden hat. Es ist bei der Verbindung zweier Adjektiva im älteren Nhd. und noch bei Goethe häufig, H. Sachs sagt sogar *weder mit böss noch guten Dingen*. Seltener ist es bei der Verbindung zweier Substantiva, vgl. *von Thier vnd Menschen* (H. Sachs), *von merck vnd steten* (Id.).

verschwiegen werden. Dazu können dann weitere Modifikationen treten, in Folge deren das Epitheton in seiner eigentlichen Bedeutung gar nicht mehr zutreffend ist. So ist in der botanischen Sprache *viola odorata* nicht ein wohlriechendes Veilchen, sondern eine bestimmte Veilchenart, die noch durch andere Eigenschaften, als durch den Wohlgeruch charakterisiert wird, und es wird mit diesem Namen auch ein getrocknetes Veilchen bezeichnet, welches keine Spur von Wohlgeruch mehr von sich gibt, und ebenso die nichtblühende Pflanze. Unter franz. *moyen âge* versteht man ein bestimmt begrenztes Zeitalter, ohne dass sich aus dem Worte *moyen* an sich eine solche Begrenzung ergibt. *Geheimer Rat* und *Wirklicher Geheimer Rat* sind Titel, die als Ganzes eine bestimmte traditionelle Geltung haben, wie sie aus den Wörtern *geheim* und *wirklich* an sich nicht zu erschliessen ist. Vgl. ferner *gelbe — weisse Rüben, grüner — weisser Kohl, der heilige Geist, die heilige Schrift, die schönen Künste, gebrannte Mandeln, kaltes Blut, der blaue Montag, der grüne Donnerstag, der heilige Abend, die hohe Schule; der Stein der Weisen; die Weisen aus dem Morgenlande.* Den angeführten Beispielen von syntaktischen Verbindungen sind nun viele Komposita analog, teils solche, deren Zusammenwachsen historisch verfolgbar ist, wie *Schwarzwild, Weissbrot, Dünnbier, Rotdorn, Sauerkraut, Edelstein; Haubenlerche, Seidenraupe, Blumenkohl, Bundesrat, arc-en-ciel*; teils solche, deren Bildungsweise schon in eine vorgeschichtliche Zeit zurückreicht, wie *Eisbär, Holzwurm, Hirschkäfer, Steineiche*. Nicht selten wird der nämliche Begriff in einer Sprache durch ein Kompositum, in einer andern durch eine syntaktische Verbindung bezeichnet, vgl. z. B. *Mittelalter* mit *moyen âge*.

Eine Unterabteilung dieser grossen Klasse bilden Gattungsnamen von Örtlichkeiten, die mit Hilfe einer Bestimmung, die an sich gleichfalls allgemeiner Natur sein kann, zu Eigennamen geworden sind, vgl. *die goldene Aue, das rote Meer, der schwarze See, der breite Weg* (Strassenname in Magdeburg und anderswo), *die hohe Pforte* (Torname in Magdeburg); *die Inseln der Seligen, das Kap der guten Hoffnung.* Damit vgl. man die Komposita *Hochburg, Schönbrunn, Kaltbad, Lindenau, Königsfeld; Hirschberg, Strassburg, Steinbach.* Hierher gehört es auch, wenn ein Epitheton, das einem Eigennamen als unterscheidendes Kennzeichen beigefügt ist, zu einem integrierenden Bestandteile des Eigennamens wird, indem es als an einem bestimmten Individuum haftend erlernt wird, vgl. *Karl der Grosse — der Kahle — der Kühne — der Dicke, Ludwig der Fromme — der Heilige — das Kind, Wilhelm der Eroberer; Davos Platz — Davos Dörfli; Basel Land — Basel Stadt; Zell am See.* Damit vgl. man die Komposita *Althans, Kleinpaul; Gross-Basel — Klein-Basel, Oberfranken — Unterfranken, Eichen-Barleben; Kirchzarten.*

Bildliche Anwendung eines Wortes wird, wie überhaupt durch den Zusammenhang (vgl. § 59), so insbesondere durch eine beigefügte Bestimmung als solche erkennbar und verständlich, vgl. *der Löwe des Tages, das Haupt der Verschworenen, die Nacht des Todes, der Abend des Lebens, die Seele des Unternehmens.* Dasselbe wird durch ein bestimmendes Kompositionsglied geleistet. Man wagt deshalb mit Hilfe desselben Metaphern, die man sich in Bezug auf das einfache Wort nicht gestattet, weil das Kompositionsglied gleich eine Korrektur der Metapher enthält. Vgl. *Neusilber, Katzengold, Ziegenlamm, Bienenkönigin, Bienenwolf, Ameisenlöwe, Äpfelwein, Namensvetter, Hirschkuh, Heupferd, Seelöwe, Buchweizen, Erdapfel, Gallapfel, Augapfel, Zaunkönig, Stiefelknecht, Milchbruder.*

Davon zu unterscheiden sind solche Fälle, in denen das Kompositum auch eine eigentliche Bedeutung hat, und erst als Kompositum bildlich verwendet wird, wie *Himmelsschlüssel, Hahnenfuss, Löwenmaul, Schwalbenschwanz, Stiefmütterchen, Brummbär.*

Fast durchweg syntaktische Verbindungen oder Komposita sind die § 70 besprochenen Bezeichnungen nach Teilen des Körpers und des Geistes oder Kleidungsstücken, und zwar deshalb, weil die einfachen Wörter als an sich nicht charakteristisch zu einer solchen Verwendung unbrauchbar sein würden.

Begriffliche Einheiten können syntaktische Verbindungen auch bilden, ohne dass ihre Teile nebeneinander stehen. Hierher gehören z. B. *an — Statt (an Kindes Statt, an meiner Statt), um — willen, ob — gleich (schon, wohl)* neben *obgleich,* franz. *ne — pas* und manches Andere, das zum Teil noch im Folgenden zur Sprache kommt.[1)]

§ 232. Verfolgen wir nun weiter, wie die Verschmelzung der Bestimmung mit dem Bestimmten durch die syntaktische und formale Isolierung gefördert wird.

Bei dem Zusammenwachsen des Genitivs mit dem regierenden Substantivum im Deutschen ist zunächst zu beachten, dass es nur bei Voranstellung des Genitivs eintritt. Die umgekehrte Stellung taugt zunächst deshalb nicht zur Komposition, weil dabei eine Flexion im Innern der Verbindung stattfindet, wodurch man immer wieder an die Selbständigkeit der Elemente erinnert wird, weshalb auch z. B. im Lat. die Zusammenfügung in *pater-familias* weniger fest ist als in *plebiscitum.* Ferner besteht bei Voranstellung des Genitivs Analogie in der Betonung zu den echten Kompositis (ahd. *táges stèrro = tágostèrro,*

[1)] Brugmann verwendet für solche Verbindungen die Bezeichnung **Distanzkomposita**, wobei der von Dittrich angenommene Begriff von Kompositum zu Grunde liegt.

dagegen *stérro des táges*). Das entscheidende Moment für das Zusammenwachsen liegt aber in Veränderungen der syntaktischen Verwendung des Artikels. Wie derselbe vielfach zum blossen Kasuszeichen herabgesunken ist, so ist er insbesondere bei dem Genitiv eines jeden Appellativums, welches nicht mit einem attributiven Adjektivum verknüpft ist, allmählich unentbehrlich geworden. Nur der deutlich charakterisierte Gen. Sing. der starken Masculina und Neutra kommt zuweilen noch ohne Artikel vor, namentlich in Sprichwörtern (*Biedermanns Erbe*) und Überschriften (*Schäfers Klagelied*, *Geistes Gruss*, *Wandrers Nachtlied* etc.). Im Ahd. fehlt der Artikel noch ganz gewöhnlich. Indem sich nun bei dem allmählichen Absterben der Konstruktion gewisse Verbindungen ohne Artikel traditionell fortpflanzten war die Verschmelzung vollzogen. Begünstigt wurde sie noch ganz besonders durch die ursprünglich allgemein übliche und dann gleichfalls absterbende Weise, den Gen. wie im Griech. zwischen Artikel und dem zugehörigen Substantivum zu setzen. Diese Konstruktion hat sich besonders in der Sprache des Volksepos lange lebendig erhalten, allerdings nur bei Eigennamen und verwandten Wörtern, vgl. im Nibelungenlied *daz Guntheres lant*, *daz Nibelunges swert*, *diu Sivrides hant*, *daz Etzelen wîp* etc.; Verbindungen wie *der gotes haz*, *segen*, *diu gotes hant*, etc. sind im dreizehnten Jahrhundert noch allgemein üblich. In der älteren Zeit konnte der Genitiv eines jeden Substantivums so eingeschoben werden, ohne selbst mit dem Artikel verbunden zu sein, vgl. *ther mannes sun* (des Menschen Sohn) häufig bei Tatian, *then hiuuiskes fater* (patremfamilias) ib. 44,16 (dagegen *thes h. fater* 72,4 147,8; *fatere hiuuiskes* 77, 5), *ein ediles man* (ein Mann von edler Abstammung) Otfrid IV, 35, 1; ähnliche Einschiebung zwischen Zahlwort und Substantivum in *zwâ dûbôno gimachûn* (zwei Paar Tauben) Otfrid I, 14, 24. Indem allmählich unmittelbare Nebeneinanderstellung von Artikel und Substantivum notwendig wurde, musste die Verbindung vom Sprachgefühl als eine Einheit aufgefasst werden. Mit der Zeit sind vielfach noch formale Isolierungen hinzugekommen, indem sich die älteren Formen des Genitivs in der Komposition bewahrt haben (*Lindenblatt*, *Frauenkirche*, *Hahnenfuss*, *Schwanenhals*, *Gänseleber*, *Mägdesprung*, *Nachtigall* etc.). Ferner dadurch, dass bei den einsilbigen Masculinis und Neutris im Kompositum gewöhnlich die synkopierten Formen verallgemeinert sind, im Simplex die nicht synkopierten, vgl. *Hundstag*, *Landsmann*, *Schafskopf*, *Windsbraut* gegen *Hundes* etc. (doch auch *Gotteshaus*, *Liebeskummer*). Dazu kommt endlich noch, dass die Genitivform im Kompositum häufig mit der des Nom. Pl. übereinstimmt und daher vom Sprachgefühl, wo die Bedeutung dazu stimmt, an diesen angelehnt wird, vgl. *Bienenschwarm*, *Rosenfarbe*, *Bildersaal*, *Äpfelwein*,

Bürgermeister. Im letzten Falle stimmt die Form auch zum Nom. Sing.: in *Baierland*, *Pommerland* (ahd. *Beiero lant*) nur zu diesem, während der Pl. des Simplex seine Flexion verändert hat. Die älteste Schicht genitivischer Komposita im Französischen ist hervorgegangen aus den alten lateinischen Genitivformen ohne Hinzufügung der Präp. *de*. Im Altfranz. ist solche Konstruktionsweise wenigstens bei persönlichen Begriffen noch allgemein lebendig, z. B. *la volonté le rei* (der Wille des Königs); sie musste allmählich untergehen, weil die Form mit der des Dat. und Akk. zusammengefallen und deshalb die Bezeichnung unklar geworden war. Einige traditionelle Reste der alten Weise haben sich bis heute erhalten, ohne dass in der Schrift Komposition bezeichnet würde, vgl. *rue St. Jaques* etc., *église Saint Pierre*, *musée Napoléon*. In andern Fällen ist die Zusammenfügung fester geworden, teilweise durch anderweitige Isolierung begünstigt, vgl. *Hôtel-Dieu*, *Connétable* (*comes stabuli*), *Château-Renard*, *Bourg-la-Reine*, *Montfaucon*, *Fontainebleau* (*f. Blialdi*). Durch das Schwinden jedes Kasuszeichens ist im Franz. im Gegensatz zum Deutschen die Verschmelzung auch bei Nachstellung des Gen. möglich gemacht. Bei der umgekehrten Stellung musste sie erst recht erfolgen, da dieselbe schon frühzeitig ausser Gebrauch kam; daher *Abbeville* (*abbatis villa*), *Thionville* (*Theodonis villa*).

§ 233. Das Zusammenwachsen des Adjektivs mit dem zugehörigen Subst. geht im Deutschen namentlich von der sogenannten unflektierten Form aus, die im attributiven Gebrauch allmählich ausstirbt, vgl. § 135. Im Mhd. sind (*ein*) *junc geselle*, (*ein*) *edel man*, (*ein*) *niuwe jâr* noch ganz übliche Konstruktionen, im Nhd. können *Junggeselle*, *Edelmann*, *Neujahr* nur als Komposita gefasst werden. Einen weiteren Ausgangspunkt bilden die schwachen Nominative von mehrsilbigen Adjektiven auf *r*, *l*, *n*, die im Mhd. ihr *e* abwerfen, während es im Nhd. nach Analogie der einsilbigen wieder hergestellt wird. Im Mhd. sind *der ober roc*, *diu ober hant*, *daz ober teil* noch reguläre syntaktische Gefüge (daher auch noch Akk. *die obern hant* neben *die oberhant*), im Nhd. können *der Oberrock*, *die Oberhand*, *das Oberteil* nur als Komposita gefasst werden, weil es sonst *der obere Rock* etc. heissen müsste. Indessen reicht das einfache Beharren bei dem älteren Zustande nicht aus, um wirkliche Komposition zu schaffen, und viele derartige Komposita sind schon vor dem Eintritt dieser syntaktischen Isolierung entstanden. Schon ahd. bestehen *altfater*, *frîhals*, *guottât*, *hôhstuol* und viele andere. Vielmehr ist der Vorgang der, dass die Verbindung so formelhaft, der Begriff so einheitlich wird, dass sich damit für das Sprachgefühl eine Flexion im Innern des Komplexes nicht mehr verträgt, und es ist dann natürlich, dass der eigentliche Normalkasus, der

Nom. Sg., der zugleich, weil die Flexionsendung geschwunden ist, als Stamm des Wortes erscheint, massgebend wird. Seitdem die flexionslose Form aufgehört hatte, attributiv verwendet zu werden, war Verschmelzung des Adj. mit dem Subst. viel weniger leicht. Denn die flektierten Formen des Nom. Sg. (*guter, gute, gutes*) hatten von Anfang an kein so grosses Gebiet und waren eben wegen der Flexionsendungen nicht so geeignet als Vertreter des Wortes an sich zu gelten. Es war nun aber auch weniger Bedürfnis zu solchen Verschmelzungen, da bereits eine Menge Komposita mit der flexionslosen Form vorhanden waren, die auch imstande waren analogische Neubildungen zu erzeugen. Doch zeigen sich auch in dieser Periode einige Verschmelzungen und Ansätze dazu, teils so, dass eine Verbindung in die Analogie der älteren verschmolzenen Verbindungen hinübergeführt wird, vgl. *Geheimrat* neben *Geheime(r) Rat*, teils so, dass die flektierte Nominativform verallgemeinert wird, wie in *Krausemünze, Jungemagd*, in *Gutersohn, Liebeskind* und anderen Eigennamen. Bei einigen Wörtern hat sich das Gefühl für die Einheitlichkeit des Begriffs darin kund getan, dass trotz der Flexion im Innern Zusammenschreibung eingetreten ist, vgl. *Langeweile, Hohepriester, Hohelied, Blindekuh*. Lessing schreibt sogar *ein Jüngstesgericht en miniature*. Vgl. auch *derselbe, derjenige*.

Auch wo noch keine volle Verschmelzung des attributiven Adjektivums mit dem dazu gehörigen Subst. stattgefunden hat, werden doch Ableitungen aus der Verbindung gemacht, vgl. *hohepriesterlich, langweilig, kurzatmig, hochgradig, vielzüngig, vielsprachig, rotbäckig, einhändig, vierfüssig, blauäugig, blondhaarig, kleinstädtisch, einseitig, rechtzeitig, Kleinstädter, Schwarzkünstler, Tausendkünstler, Falschmünzer, Einsilber*, die sich gerade so verhalten wie *grossmütig, edelmännisch* etc. Sie als nominale Komposita aufzufassen, hindert schon der Umstand, dass viele der dann vorauszusetzenden Simplicia wie *-weilig, -atmig, -gradig* gar nicht existieren und auch früher nicht existiert haben.

Ebenso werden solche Verbindungen zu Kompositionen verwendet, die sich trotz aller Anfeindungen von Seiten der Grammatiker nicht ausrotten lassen wollen. Der gewöhnliche Einwand, den man gegen Komplexe wie *reitende Artillerie-Kaserne* macht, dass ja die Kaserne nicht reite, ist im Grunde nicht stichhaltig. Denn das meint niemand, der sich dieser Verbindung bedient, und die Gliederung ist nicht *reitende* + *Artillerie-Kaserne*, sondern *reitende Artillerie-* + *Kaserne*. Aber man kommt dabei ins Gedränge wegen der flexivischen und nach Kongruenz strebenden Natur des Adjektivums. Dasselbe richtet sich daher in der Regel nach dem zweiten Elemente, nicht bloss wo es allenfalls auch auf dieses bezogen werden könnte wie in *französischer Sprach-*

lehrer, freie Handzeichnung, sondern auch in anderen Fällen wie *in der sauern Gurkenzeit*. Bei manchen dieser Verbindungen ist Zusammenschreibung üblich geworden, vgl. *Alteweibersommer, Altweiberzählung* (Herder), *Armesünderglöckchen, Siebenmeilenstiefel, Dreimännerwein, Dreikönigstag* etc. Nichtsdestoweniger kommt bei einigen von ihnen Kongruenz des Adjektivums mit dem letzten Bestandteil vor. Goethe schreibt *auf dem Armensünderstühlchen*, dagegen Heine *auf einem Armesünderbänkchen*, die Kölnische Zeitung *nebst Armsündertreppe*. Klopstock gebraucht sogar *Hohepriestergewand*, Luise Mühlbach *den Gutennachtsgruss*.[1]) Im Englischen, wo die Flexion nicht stört, machen solche Zusammenfügungen gar keine Schwierigkeit.

Im Franz. geht das Zusammenwachsen leichter vor sich, weil die Kasusunterscheidung verloren gegangen ist. Wenn bloss noch Sg. und Pl. unterschieden werden, so hat man jedenfalls schon erheblich weniger Veranlassung an die Fuge erinnert zu werden. Ausserdem kommen manche Verbindungen ihrer Natur nach nur im Sg. (z. B. *sainte-écriture, terre-sainte*) oder nur im Pl. (z. B. *beaux-arts, belles-lettres*) vor. Es pflegt sich daher sehr leicht das Gefühl für die Einheitlichkeit eines solchen Komplexes durch Setzung des Bindestrichs geltend zu machen. Ein anderes bedeutsameres Kriterium für das Verhalten des Sprachgefühls gibt die Verwendung des article partitif. Formale und syntaktische Isolierungen können auch hier hinzutreten, um das Gefüge fester zu machen. Im Afranz. haben die Adjektiva, die im Lat. nach der dritten Deklination flektieren, im Fem. noch kein *e* angenommen, welches erst später nach Analogie der Adjéktiva dreier Endungen antritt, z. B. *grand = grandis*, später *grande* nach *bonne* etc. In Kompositis bewahren sich Formen ohne *e*: *grand'mère, grand'messe, Granville, Réalmont, Ville-réal, Rochefort*. In *Vaucluse (vallis clausa)* hat das Kompositum, von der sonstigen Lautgestalt abgesehen, den im Neufranz. eingetretenen Geschlechtswechsel des Simplex (*le val*) nicht mitgemacht. Es erfolgen dann auch Ausgleichungen ähnlich wie im Deutschen. Bei Adjektiven, die häufiger in der Komposition gebraucht werden, wird die Form des Masc. und des Sing. verallgemeinert, so in *mi-, demi-, mal-* (*malfaçon, malheur, maltôte*), *nu-* (*nu-tête, nu-pieds*). Dadurch ist die Komposition deutlich markiert.

§ 234. Wo im Nhd. der Genitiv mit einem regierenden Adj. zusammengewachsen ist, da zeigt sich auch vielfach, dass die Konstruktion entweder gar nicht oder nicht mehr allgemein üblich und durch eine andere ersetzt ist, vgl. *ehrenreich — reich an Ehren, geistesarm — arm an Geist, freudenleer — leer von Freuden*.

---

[1]) Vgl. Andr. Sprachg. S. 152 und 64.

§ 235. Im Nhd. ist es üblich, **Adverbia**, wo sie nach den allgemeinen syntaktischen Regeln dem Verbum vorangehen, mit diesem zusammenzuschreiben, vgl. *aufheben, vordringen, zurückweichen, wegwerfen* etc. Dass noch keine eigentliche Komposition eingetreten ist, beweist die Umstellung *er treibt an, er steht auf* etc. Aber anderseits beweist die Zusammenschreibung, dass man anfängt das Ganze als eine Einheit zu empfinden. Bei den meisten dieser Verbindungen liegt eine Isolierung gegenüber den Elementen klar vor. Die alten präpositionalen Adverbia lassen sich überhaupt nicht mehr ganz frei und selbständig verwenden, sondern sind auf einen bestimmten Kreis von Verbindungen beschränkt. Zu freier syntaktischer Zusammenfügung werden statt ihrer hauptsächlich Verbindungen mit *her* und *hin* verwendet, vgl. *hinaus gehen, heran kommen*, wesentlich verschieden von *auskommen, ankommen*. Es kommt dazu dann meistens eine selbständige Bedeutungsentwickelung der Verbindung als solcher, vgl. *anstehn, ausstehn, vorstehn, zustehn, auslegen, aufbringen, umbringen, zubringen, auskommen, umkommen, vorwerfen, vorgeben* etc. Unterstützt aber ist die Auffassung dieser Verbindungen als Komposita durch die parallelen Nominalkomposita wie *Ankunft, Abnahme, Zunahme, Vorwurf, Ausspruch, Zusage, Anzeige* etc. Diese wirken natürlich am leichtesten auf die Nominalformen des Verbums, bei denen die Verbindung schon so wie so am stabilsten ist und um so fester wird, je mehr sie sich dem Charakter eines reinen Nomens nähern (vgl. das folgende Kapitel), am festesten natürlich dann, wenn nur sie, nicht das Verb. finitum in einer bestimmten Bedeutung üblich werden oder bleiben, vgl. *Aufsehen, Nachsehen, Abkommen; ausnehmend*. Beim Part. kann sich die Verschmelzung in der Bildung von Komparativen oder Superlativen zeigen, die nur einen Sinn haben, wenn das Ganze als eine Einheit gefasst wird, vgl. *die zwei entgegengesetztesten Eigenschaften* (Goe.), *der eingeborenste Begriff* (Goe.), *unter nachsehenderen Gesetzen* (Le.); weitere Beispiele bei Andr. Sprachg. S. 119. Aus der Verbindung des Verbums mit dem Adv. entspringen dann nominale Ableitungen, die zweifellose Worteinheiten sind, wie *Austreibung, Vorsehung, Auferstehung, Abschreiber, anstellig, ausgiebig, zulässig, angeblich, absetzbar*.[1]) Die demonstrativen Ortsadverbien bewahren natürlich ihre Selbständigkeit aus dem § 228 angegebenen Grunde: *wer da ist, her kommt* nicht *daist, herkommt*. Bei den Nominalformen kommen allerdings Zusammenschreibungen vor wie *sein Hiersein*,

---

[1]) Man könnte versucht sein, diese Wörter vielmehr als nominale Komposita zu fassen, aber man würde sich dadurch mit dem Sprachgefühle in Widerspruch setzen, und man würde teilweise auf Simplicia kommen, die gar nicht existieren wie *stellig* und *geblich*.

aber man empfindet das Ganze doch nicht so sehr als eine Einheit wie etwa *Einkommen, Zutrauen.* Ganz anders steht es mit *Dasein* im Sinne von „Existenz"; hier ist eben *da* nicht individualisierend, so wenig wie *dar* in *darbringen* etc., worüber wir schon gesprochen haben. Es zeigen sich Ansätze dazu auch das Verb. fin. in ein wirkliches Kompositum zu wandeln. Im Journalistendeutsch, dem sich hierin auch Germanisten anschliessen, ist es üblich geworden zu sagen *er anerkennt.* Wir sehen demnach deutlich den Weg, auf dem auch die alten verbalen Komposita im Germanischen (wie *durchbréchen, betreiben*) und in den anderen indogermanischen Sprachen aus syntaktischen Verbindungen entstanden sind.

Ein aus einem Adj. abgeleitetes Adv. verschmilzt zuweilen mit den Nominalformen des Verbums. Die erste Veranlassung dazu wird zum Teil dadurch gegeben, dass der eine von den beiden Bestandteilen metaphorisch verwendet wird, vgl. *tieffühlend, weitgreifend, weittragend, hochfliegend.* Noch enger wird die Verbindung, wenn der erste Bestandteil eine Funktion bewahrt, die er im allgemeinen verloren hat. Hierher gehören namentlich die Verbindungen mit *wohl* wie *Wohlleben, wohlschmeckend, wohlriechend, wohltuend* etc., die aus der Zeit her überliefert sind, wo *wohl* noch allgemeines Adv. zu *gut* war. Vgl. ferner *erstgeboren* aus der Zeit, wo *erst* den Sinn unseres *zuerst* hatte. Es wirkt auch hier die Analogie nominaler Komposita, vgl. *zartfühlend — Zartgefühl, scharfblicken — Scharfblick.* Auch hier kann die Komparation ein Kriterium für den Vollzug der Verschmelzung sein, vgl. *bis zur schwerfälligsten, kleinkauendsten Weitschweifigkeit* (Schopenhauer); *den schwachdenkendsten Teil* (Le.), *das reingestimmteste Instrument* (Wieland); *die tiefschlafendsten Sinnen* (S. v. la Roche), *der tieffühlendste Geist* (Goe.), *die reingewölbteste Stirn* (id.), *die freigelegenste Wohnung* (id.), *die tief- und scharfdenkendsten Philosophen* (Klinger), *eines der schwerwiegendsten Blätter* (Scherr), *süssgestimmter als ein unsterblich Lied* (Klopstock, später beseitigt). Verbreitet sind Superlative wie *weitgreifendste, hochgeehrtester, hochverehrtester.* Noch merkwürdiger ist dass von einer Verbindung, in der das Adv. schon superlativisch ist, noch ein Superlativ gebildet wird, vgl. die *Zunächststehendsten* (Frankf. Zeit.).[1]

Auf einer ähnlichen Zwitterstufe zwischen Kompositum und syntaktischem Gefüge stehen manche Verbindungen eines Verbums mit einem Objektsakkusative, vgl. *Acht geben* oder *acht geben, haushalten, standhalten, stattfinden, teilnehmen;* ferner Verbindungen eines Verbums mit einem prädikativen Adj. wie *loskaufen, freigeben, freisprechen,*

---
[1] Die Beispiele teilweise nach Andr. Sprachg. S. 120 und 42. 3, wo noch mehr aufgeführt werden.

feilbieten, feilhalten, hochachten, wertschätzen, gutmachen. Die Gründe, welche hier die Annäherung an die Komposition veranlassen, sind ganz die gleichen wie bei den Verbindungen, die ein Adv. enthalten. Es kommen dabei aber auch zum Teil Gliederungsverschiebungen in Betracht, namentlich durchgängig bei der Verschmelzung des prädikativen Adj., vgl. § 207. Der Übergang zum Kompositum ist natürlich auch hier bei den Nominalformen am leichtesten. Mit einem Objektsakkusativ verwachsene Partizipia gibt es in grosser Anzahl, vgl *feuerspeiend, grundlegend, notleidend, leidtragend, wutschnaubend, segenbringend, nichtssagend.* Auch hier kann die Komparation als Kriterium für eingetretene Verschmelzung dienen, vgl. *die nichtsbedeutendsten Kleinigkeiten* (Sch.), *das grundlegendste der Maigesetze* (Köln. Zeit.), *am gefährlichsten und feuerfangendsten* (Deutscher Reichstag).[1]) Es lässt sich aber keine scharfe Grenze ziehen zwischen spontaner Verschmelzung und Analogiebildung nach dem Muster der nominalen Komposita, wie sie zweifellos vorliegt in Wörtern wie *saftstrotzend, kraftbegabt, mondbeglänzt,* die aber fast durchweg auf den höheren poetischen Stil beschränkt sind. Überführung in wirkliche Komposition haben wir bei *lobsingen, wahrsagen (wahr* substantivisch = Wahrheit), wobei Beeinflussung durch Ableitungen aus Kompositis wie *ratschlagen, weissagen* (vgl. § 171) mitgewirkt haben mag. Ableitungen werden auch aus solchen Verbindungen gebildet, bei denen die Verschmelzung noch nicht vollständig ist, vgl. *Haushälter, Teilnehmer, freigebig;* selbst *Grundlegung, Preisverteilung, Waffenträger, Holzhauer* etc., ferner *Bekanntmachung, Kundgebung, Lostrennung.*[2])

Wie die Adverbia, so verschmelzen auch von einer Präposition abhängige Substantiva bis zu einem gewissen Grade mit dem Verb. Man pflegt zwar Verbindungen wie *zu Grunde legen* oder *in Stand setzen* nicht zusammenzuschreiben ausser beim substantivierten Inf., aber man bildet die Ableitungen *Zugrundelegung, Instandsetzung, Ausserachtlassung, Zuhilfenahme.* Dazu die Superlativbildungen *an dem sichtbarsten, in die Augen fallendsten Orte* (Le.), *dem in der Erde steckendsten Wurm* (Heinse).

§ 236. Ich möchte die Aufmerksamkeit noch auf die vielen Verbindungen lenken, die wie die oben angeführten kopulativen, nicht als

---

[1]) Nach Andr. a. a. O.
[2]) Auch hier könnte ein Zweifel entstehen, ob die betreffenden Wörter nicht als nominale Komposita aufzufassen sind, aber das Sprachgefühl entscheidet wieder für die oben ausgesprochene Auffassung. Die Analogie der nominalen Komposition mag allerdings etwas mitgewirkt haben, aber Bildungen wie *Freisprechung, Bekanntmachung* würden sich dieser Analogie wegen ihrer Bedeutung nicht fügen; sie müssten ja sonst = *freie Sprechung, bekannte Machung* sein.

Komposita gefasst zu werden pflegen, die aber doch einen einheitlichen Begriff repräsentieren, z. B. *so wie so, vor wie nach, Mann für Mann, Schritt für Schritt* (vgl. franz. *vis-à-vis, dos-à-dos, tête-à-tête), von Neuem, von Hause aus, sobald als möglich, so gut wie, was für ein* etc. Bei manchen dieser Verbindungen ist das Zusammenwachsen zu einer Einheit zugleich eine Gliederungsverschiebung im Satze, die sich in der Konstruktionsweise bekundet. Wenn z. B. Lessing sagt *ein mehr als natürliches Gift*, so ist die attributive Verwendung von *mehr als natürlich* und die Flexion am Ende nur dadurch möglich geworden, dass diese Verbindung als eine Einheit gefasst ist wie *übernatürlich*, und dass damit das Gefühl für die Weise der Zusammenfügung geschwunden ist. Entsprechend verhalten sich die folgenden Konstruktionen: *mehr als billigen Anteil* (Goe.), *den wir Deutsche noch nichts weniger als haben* (Herder), *mit einer nichts weniger als schönen Bewegung* (Le), *in so wenig als mögliche Worte* (Le.), *ausser der so lang als möglichen Dauer* (Le.), *die so viel als mögliche Vermeidung alles Ominösen* (Le.), *unter gleichviel welchem Vorwande* (Spielhagen), *wo sonst sich nichts als rasche Blätter regen* (Haller), *eine Fabrike, in welcher nichts als Nähnadeln gemacht werden* (Hebel), *indem das Fräulein fast nichts als weinte und zitterte* (S. v. la Roche). Noch auffallender und dadurch abweichend, dass auch eine Flexion im Innern des Gefüges vorhanden ist, ist die mehrfach bei Lessing vorkommende Konstruktion *in der letzten ohn eine Zeile*. Für *so gut wie* vgl. man Wendungen wie *er hat mirs so gut wie versprochen*. Das zu *was für* (= qualis) gehörige Subst. war ursprünglich von *für* abhängig. So ist z. B. *was habt ihr für Pferde* eigentlich = „was habt ihr an Stelle der Pferde". Wenn man aber jetzt sagt *mit was für Pferden*, so ergibt sich daraus, dass *was für* vom Sprachgefühl als ein indeklinables Attribut zu dem Subst., welches eigentlich von *für* abhängen sollte, gefasst wird.

§ 237. Die Unmöglichkeit, zwischen Kompositum und syntaktischem Gefüge eine feste Grenze zu ziehen, zeigt sich auch darin, dass öfters Glieder eines sonst zweifellosen Kompositums mit selbständigen Wörtern auf gleiche Linie gestellt werden. Man scheut sich nicht zu sagen *öffentliche und Privatmittel, das ordinäre und das Feierkleid.* Hans Sachs verbindet sogar *gesotten, pachen und pratfisch.* Damit vgl. man bei Herder *in einer andern als Kathedersprache; es ist durch den menschlichen, nicht Standescharakter.* Es werden ferner zu dem ersten bestimmenden Gliede eines Kompositums wie zu einem selbständigen Worte Bestimmungen hinzugefügt, nicht bloss solche, die allenfalls auch auf das Ganze bezogen werden könnten, wie *Dankesworte für die Gnade*, sondern auch andere wie *ein Herausforderungslied zum Zweikampf* (Le.), *ein böses Erinnerungszeichen für ihn an die treulosen Griechen* (Herder),

Reisebeschreibungen in den fünften Weltteil (id.), *Glaubensfreiheit an Wunder und Zeichen* (Goe.), *manche Erpressungsgeschichten unter allerlei Vorwänden* (id.), *der Vertragsentwurf mit Deutschland* (Köln. Zeit.), *hoffnungsvoll auf die Zukunft* (Goe.), *erwartungsvoll des Ausgangs* (Wieland), *hopeless to circumvent us join'd* (Milton), *fearless to be overmatch'd* (id.). Es werden endlich Pronomina auf ein Kompositionsglied bezogen: *Menschengebote, die sich von der Wahrheit abwenden* (Lu.), *er hatte einen Ameisenhaufen zertreten, die seine Herrschaft nicht anerkennen wollten* (Goe.), *es gibt im Menschenleben Augenblicke, wo er dem Weltgeist näher ist als sonst* (Schi.), *ein streitendes Gestaltenheer, die seinen Sinn in Sklavenbanden hielten* (id.).[1)]

§ 238. Zu Lautveränderungen, die eine isolierende Wirkung haben, ist in den traditionellen Gruppen mannigfache Veranlassung gegeben. Wir dürfen wohl behaupten, wenn wir die Entwickelung auch nicht historisch verfolgen können, dass solche Veränderungen meistens zuerst allgemein bei engerer syntaktischer Verbindung eintreten, dann aber durch Ausgleichung wieder beseitigt werden, und nur da, wo in Folge der Bedeutungsentwickelung die Elemente schon zu eng mit einander verwachsen sind, bewahrt bleiben. Die leichteste Veränderung ist Hinüberziehung eines auslautenden Konsonanten zur folgenden Silbe, vgl. nhd. *hinein, hieran, allein, einander,* lat. *etenim, etiam.* Eine solche Hinüberziehung wirkt da nicht isolierend, wo sie wie im Französischen allgemein bei engerer syntaktischer Verbindung eintritt. Sie kann z. B. in Fällen wie *peut-être* nicht dazu beitragen, einen engeren Zusammenhang zu begründen, weil sie auch in *il peut avoir* eintritt. Wo sie aber durch Einwirkung des etymologischen Prinzips auf die traditionellen Formen beschränkt wird, da werden diese eben dadurch fester zusammengefügt. Ferner kommt in Betracht Kontraktion eines auslautenden Vokals mit dem anlautenden des folgenden Wortes, resp. Elision eines von beiden, vgl. lat. *reapse, magnopere, aliorsum, rursus* (aus **re-vorsus*), franz. *aubépine* (*alba espina*), *Bonnétable* (Ort im Departement Sarthe), *malaise,* got. *sah* (dieser, aus *sa-uh*), *þammuh* (diesem, aus *þamma-uh*), mhd. *hinne* (= *hie inne*), *húzen* = nhd. *haussen,* nhd. *binnen.* Die Ausstossung im französischen Artikel (*l'état*) oder in der Präposition *de* begründet wieder keine Komposition, weil sie nach einer allgemeinen Regel erfolgt und nicht auf einzelne Formeln beschränkt ist. Ein dritter, häufig vorkommender Fall ist Assimilation eines auslautenden Konsonanten an den Anlaut des folgenden Wortes, vgl. nhd. *Hoffart, Homburg* (= *Hohenburg*), *Bamberg* (= *Babenberg*), *empor* (= *entbor*), *sintemal* (= *sint dem mâle*), lat. *illico, affatim, possum.*

[1)] Vgl. auch Siesbye, Dania 10, 39.

Isolierende Lautveränderungen. Verschmelzung der Kompositionsglieder. 345

Die durchgreifendste Isolierung aber wird durch Wirkungen des Akzents geschaffen, vgl. nhd. *Nachbar* (= mhd. *nâchgebûr*), *Junker* (= *juncherre*), *Jungfer* (= *juncfrouwe*), *Grummet* (= *gruonmât*), *immer* (*ie mêr*), *Mannsen*, *Weibsen* (= *mannes*, *wîbes name*), *neben* (aus *in eban*, *eneben*), lat. *denuo* (= *de novo*), *illico*, franz. *celle* (*ecce illa*); vgl. die entsprechenden Erscheinungen bei den nach indogermanischer Weise gebildeten Kompositis; nhd. *Adler* (mhd. *adel-ar*), *Wimper* (*wint-brâ*), *Wildpret* (*wiltbrât* oder *wiltbræte*), *Schulze* — *Schultess* (*schultheize*), *Schuster* (*schuochsûtære*, Schuhnäher), *Glied* (*gelit*), *bleiben* (*belîben*), franz. *conter* (*computare*), *coucher* (*collocare*), *coudre* (*consuere*), lat.[1]) *subigere* (gegen *agere*), *reddere* (gegen *dare*), *surgere* (aus *sub-regere*), *præbere* (aus *præ-hibere*), *contio* (aus *coventio*), *coetus* (aus *co-itus*).

Seltener ist es, dass lautliche Veränderungen der einfachen Wörter die Veranlassung zur Isolierung geben. Es geschieht das z. B. in der Weise, dass ein auslautender Konsonant durch Hinüberziehen zum folgenden Worte sich erhält, während er sonst abfällt; vgl. nhd. *da* (ahd. *dâr*), *wo* (ahd. *wâr*) gegen *daran*, *woran* etc., mhd. *hieran* etc. gegen *hie*, *sârie* gegen *sâ*. Eine andere Modifikation ist durch die Hinüberziehung vermieden in *vinaigre* gegen *vin*. Wie die geringere Tonstärke eines Kompositionsgliedes Veränderungen hervorrufen kann, denen das Simplex nicht unterliegt, so kann sie umgekehrt auch schützend wirken, wo das Simplex unter dem Einflusse des Haupttones verändert wird, vgl. nhd. *heran*, *herein* gegen *her*. Im Nhd. wird der Vokal eines ersten Kompositionsgliedes durch die folgende Doppelkonsonanz vor der Dehnung geschützt, der das Simplex unterliegt, vgl. *Herzog*, *Hermann*, *Herberge*, *Wollust*.

Dieselben Lautveränderungen, welche das Kompositum vom Simplex trennen, trennen auch die einzelnen Komposita, welche das gleiche Glied enthalten, voneinander, und auch dadurch verliert das Gefühl für die Selbständigkeit der Glieder an Kraft.

Besonders entscheidend für das Zusammenwachsen der Elemente ist es natürlich auch, wenn das eine als Simplex verloren geht; vgl. nhd. *Bräutigam* (ahd. *-gumo* Mann), *Nachtigall* (*-gala* Sängerin), *Augenlid* (*-lid* Deckel), *einerlei* (*-leie* Art), *wahrnehmen*, *beginnen*, *befehlen*, *empfehlen*, franz. *aubépine* (*alb-*), *printemps* (*primum-*), *tiers-état* (*tertius-*), *minuit* (*media-*), *bonheur* (*-augurium*), *ormier* (*-merum*).

§ 239. Wir haben bisher immer nur den Gegensatz von Wortgruppe und Worteinheit im Auge gehabt und uns bemüht, alle Momente zusammenzufassen, welche dazu dienen, die erstere immer entschiedener

---

[1]) Man muss, um die Entstehung der angeführten Formen zu verstehen, auf die vorhistorische Betonungsweise zurückgehen.

346 Neunzehntes Kapitel. Entstehung der Wortbildung und Flexion.

zur letzteren umzugestalten. Es kommt dabei aber noch ein anderer Gegensatz in Betracht. Die geschilderte Entwickelung muss bis zu einem gewissen Punkte gediehen sein, damit der Komplex den Eindruck eines Kompositums macht, sie darf aber auch nicht über einen gewissen Punkt hinausgehen, wenn er noch diesen Eindruck machen soll und nicht vielmehr den eines Simplex. Was man vom Standpunkte des Sprachgefühls ein Kompositum nennen darf, liegt in der Mitte zwischen diesen Punkten.

Syntaktische und formale Isolierung führen nicht leicht zu Überschreitung dieses zweiten Punktes; in der Regel ist es Untergang des einen Elementes in selbständigem Gebrauche, was die Veranlassung gibt, oder lautliche Isolierung, namentlich das Zusammenschmelzen des Lautkörpers unter Akzenteinflüssen.

Die Lebendigkeit des Gefühls für die Komposition zeigt sich besonders in der Fähigkeit eines Kompositums, als Muster für Analogiebildungen zu dienen. Wenn wir die Komposition aus der Syntax abgeleitet haben, so soll damit keineswegs gesagt sein, dass jedes einzelne Kompositum aus einem syntaktischen Komplex entstanden ist. Vielmehr sind vielleicht die meisten sogenannten Komposita in den verschiedenen Sprachen nichts anderes als Analogiebildungen nach solchen, die im eigentlichen Sinne Komposita zu nennen wären. So ist z. B. jedes in der flexivischen Periode der indogermanischen Grundsprache und vollends jedes innerhalb der einzelsprachlichen Entwickelung neugeschaffene eigentliche Nominalkompositum als eine Analogiebildung aufzufassen und nicht als Zusammensetzung eines gar nicht mehr existierenden reinen Stammes mit einem flektierten Worte. Ebenso sind unsere neuhochdeutschen genitivischen und adjektivischen Komposita zum grossen Teile von Anfang an nicht syntaktisch gewesen Das sieht man am besten an solchen Fällen, wo das aus der Genitivendung entstandene *s* des ersten Gliedes auf Wörter übertragen wird. denen es im Gen. gar nicht zukommt (*Regierungsrat* etc.), und auf solche, wo der Genitiv gar nicht hingehört, vgl. *wahrheitsliebend* nach *Wahrheitsliebe*, *Bauersmann* u. dergl.

Wird die Grenze überschritten, bis zu welcher das Kompositum dem Sprachgefühl noch als solches erscheint, so macht das Gebilde, von den eventuellen Flexionsendungen abgesehen, entweder den Eindruck vollkommener Einfachheit oder den einer mit einem Suffix oder Präfix gebildeten Ableitung. So nehmen sich Wörter wie nhd. *Welt* (mhd. *werlt* aus *wer-alt*), *Öhmd* (mhd. *uo-mât*), *Schulze* (mhd. *schult-heize*), *echt* aus mnd. *êhaft* = mhd. *ê-haft*), *heute* (aus *hiu tagu*), *heint* (mhd. *hî-naht*), *Seibt* (ahd. *Sigi-boto*), *bange* (aus *bi-ango*), *gönnen* (aus *gi-unnan*), *fressen* (got. *fra-itan*), *nicht* (aus *ni io wiht*), lat. *demere* (aus

*de-emere), promere (aus *pro-emere), surgere (aus *sub-regere), prorsus (aus *pro-versus) nicht anders aus wie etwa *Stand, Hase, bald, binden, pangere, versus*; und Wörter wie *Adler* (ahd. *adal-ar*), *Schuster* (mhd. *schuochsûtære*), *Wimper* (ahd. *wint-brâwa*), *Drittel* (= dritte Teil), *Meinert* (= *Meinhard*) nicht anders als solche wie *Schneider, Leiter, Mittel, Hundert*. Auch in Wörtern wie *Nachbar, Bräutigam, Nachtigall* wird die letzte Silbe nicht anders aufgefasst werden wie die vollen Ableitungssilben in *Trübsal, Rechnung* u. dergl.

§ 240. Hier sind wir bei dem Ursprunge der **Ableitungssuffixe** und **Präfixe** angelangt. Dieselben entstehen anfänglich stets so, dass ein Kompositionsglied die Fühlung mit dem ursprünglich identischen einfachen Worte verliert. Es muss aber noch mehreres andere hinzukommen, damit ein wortbildendes Element entsteht. Erstens muss das andere Glied etymologisch klar mit einem verwandten Worte oder einer verwandten Wortgruppe assoziiert sein, was z. B. bei *Adler, Wimper* nicht der Fall ist. Zweitens muss das Element nicht bloss in vereinzelten Wörtern auftreten (wie in *Nachbar, Bräutigam*), sondern in einer Gruppe von Wörtern und in allen mit gleicher Bedeutung. Sind diese beiden Bedingungen erfüllt, so kann die Gruppe schöpferisch werden und sich durch Neuschöpfungen nach den auf dem Wege der Komposition enstandenen Mustern vermehren. Es muss dann aber drittens noch die Bedeutung des betreffenden Kompositionsgliedes entweder schon im Simplex eine gewisse abstrakte Allgemeinheit haben (wie Wesen, Eigenschaft, Tun) oder sich innerhalb der Komposition aus der individuelleren, sinnlicheren des Simplex entwickeln. Dieser letztere Umstand kann sogar unter Umständen entscheidend sein, wenn auch das Gefühl des Zusammenhangs mit dem Simplex noch nicht ganz verloren ist.

Wir haben innerhalb der verfolgbaren historischen Entwickelung Gelegenheit genug zu beobachten, wie auf die bezeichnete Weise ein Suffix entsteht. Am bekanntesten sind aus dem Deutschen *-heit, -schaft, -tum, -bar, -lich, -sam, -haft*. Der Typus eines Wortes wie *weiblich* z. B. geht zurück auf ein altes Bahuvrîhi-Kompositum, urgermanisch **wiðolîkiz*[1]) eigentlich 'Weibergestalt', dann durch Metapher 'Weibesgestalt habend'. Zwischen einem derartigen Kompositum und dem Simplex, mhd. *lîch* nhd. *Leiche* ist eine derartige Diskrepanz anfänglich der Bedeutungen, später auch der Lautformen herausgebildet, dass jeder Zusammenhang aufgehoben ist. Vor allem aber hat sich aus der sinnlichen Bedeutung des Simplex 'Gestalt, äusseres Ansehen' die ab-

---

[1]) Mir kommt es hier und im Folgenden nur darauf an, die Bildungsweise zu veranschaulichen, und ich will nicht behaupten, dass gerade das als Beispiel gewählte Wort zu den ursprünglichen Bildungen gehört habe.

straktere 'Beschaffenheit' entwickelt. Bei einem Worte wie *Schönheit* hat sich erst innerhalb des Westgermanischen aus der syntaktischen Gruppe ein Kompositum, aus dem Kompositum eine Ableitung entwickelt. Urgerm. **skaunis haidus* 'schöne Eigenschaft', daraus regelrecht lautlich entwickelt ahd. *scônheit*. Durch Übertragung der flexionslosen Form in die obliquen Kasus ist die Komposition vollzogen gerade wie in *hôchzît* u. dergl., vgl. § 233. Vermöge seiner abstrakten Bedeutung wird dann das zweite Glied zum Suffix, zumal nachdem es in selbständiger Verwendung verloren gegangen ist.[1])

Auch noch in einer späteren Zeit nähern sich manche zweite Kompositionsglieder dem Charakter eines Suffixes. So sind *schmerzvoll*, *schmerzensreich* in ihrer Bedeutung nicht verschieden von lat. *dolorosus*, franz. *douloureux*, der Unterschied zwischen *anmutsvoll* und *anmutig*, *reizvoll* und *reizend* ist ein geringer. Das *-tel* (= *Teil*) in *Drittel*, *Viertel* etc. ist dem Sprachgefühl ein Suffix. Auch in *allerhand*, *allerlei*, *gewissermassen*, *seltsamerweise* etc. ist der Ansatz zur Suffixbildung gemacht. Von *-weise* könnte man sich recht gut vorstellen, dass es sich bei weiter gebender Verallgemeinerung zum durchgehenden **Adverbialsuffix** hätte entwickeln können gerade wie *-mente* in der romanischen Volkssprache.

Die Scheidelinie zwischen Kompositionsglied und Suffix kann nur nach dem Sprachgefühl bestimmt werden. Objektive Kriterien zur Beurteilung desselben haben wir in der Hand, sobald durch die Analogie Bildungsweisen geschaffen werden, die als Komposita undenkbar sind. So könnte man zwar franz. *fièrement* noch als *fera mente* auffassen, aber z. B. *récemment* wäre auf *recente mente* zurückgeführt widersinnig. Die Grundbedeutung unseres *-bar* (= mhd. *bære*) ist 'tragend, bringend'. Wörter wie *ehrbar*, *furchtbar*, *wunderbar* würden dazu noch einigermassen passen; aber schon mhd. *magetbære* (jungfräulich), *meienbære* (zum Mai gehörig), *scheffenbære* (zum Schöffenamt befähigt) nicht mehr. Vollends entschieden ist der Suffixcharakter, wenn die Analogie zum Hinübergreifen in ganz andere Sphären führt wie in *vereinbar, begreiflich, duldsam* etc., die nur als Ableitungen aus *vereinen, begreifen, dulden* gefasst werden können (vgl. darüber § 169); oder wenn Suffixverschmelzungen stattfinden (vgl. darüber § 170) wie in mhd. *miltecheit*, *miltekeit* aus *miltec-heit*, woraus dann Analogiebildungen entspringen wie einerseits *Frömmigkeit, Gerechtigkeit*, anderseits *Eitelkeit, Heiterkeit, Dankbarkeit, Abscheulichkeit, Folgsamkeit*.

§ 241. Aus diesen Beobachtungen, zu denen wir leicht aus andern Sprachen eine Menge ähnlicher hinzufügen könnten, müssen

---

[1]) Über entsprechende Entstehung von Suffixen aus Kompositionsgliedern im Ungarischen vgl. Simonyi S. 275 ff.

wir schliessen, dass die Suffixbildung nicht das Werk einer bestimmten vorhistorischen Periode ist, das mit einem bestimmten Zeitpunkte abgeschlossen wäre, sondern vielmehr ein, so lange die Sprache sich lebendig fortentwickelt, ewig sich wiederholender Prozess. Wir können speziell vermuten, dass auch die gemeinindogermanischen Suffixe nicht schon alle vor der Entstehung der Flexion vorhanden waren, wie die zergliedernde Grammatik gewöhnlich annimmt, sondern dass auch die vorgeschichtliche flexivische Periode nicht ganz unfruchtbar in dieser Beziehung gewesen sein wird. Wir müssen die vorgeschichtliche Entstehung von Suffixen durchaus nach dem Massstabe beurteilen, den uns die geschichtliche Erfahrung an die Hand gibt, und mit allen Theorieen brechen, die nicht auf diese Erfahrung basiert sind, die uns zugleich den einzigen Weg zeigt, auf welchem der Vorgang psychologisch begreifbar wird.

Noch ein wichtiger Punkt muss hervorgehoben werden. Die Entstehung neuer Suffixe steht in stetiger Wechselwirkung mit dem Untergang alter. Wir dürfen sagen, dass ein Suffix als solches untergegangen ist, sobald es nicht mehr fähig ist zu Neubildungen verwendet zu werden. In welcher Weise namentlich der Lautwandel darauf hinwiikt diese Fähigkeit zu vernichten, ist oben § 137 auseinandergesetzt. So stellt sich immer von Zeit zu Zeit das Bedürfnis heraus ein zu sehr abgeschwächtes, in viele Lautgestaltungen zerspaltenes Suffix durch ein volleres, gleichmässiges zu ersetzen. Dazu bieten sich häufig die verschmolzenen Suffixkomplexe dar. Man sehe z. B., wie im Ahd. von den Nomina agentis auf *-ári*, den Nomina actionis auf *-unga*, den Abstractis auf *-nissa* die älteren einfacheren Bildungsweisen zurückgedrängt werden. In andern Fällen aber sind es die Komposita von der beschriebenen Art, die den willkommenen Ersatz bieten, in der Regel zunächst neben die älteren Bildungen treten, dann aber rasch wegen ihrer grösseren Deutlichkeit, ihrer innigeren Beziehungen zum Grundworte ein entschiedenes Übergewicht über diese erlangen und sie bis auf eine grössere oder kleinere Zahl traditioneller Reste überwältigen. So verdrängt *Schönheit* das jetzt veraltete *Schöne*, *Finsterkeit* das noch im Mhd. lebendige *diu vinster* etc.

§ 242. Auf die gleiche Weise wie die Ableitungssuffixe entstehen **Flexionssuffixe**. Zwischen beiden gibt es ja überhaupt keine scharfe Grenze. Wir haben auch hier für die vorgeschichtlichen Vorgänge einen Massstab an den geschichtlich zu beobachtenden. Das Anwachsen des Pronomens an den Tempusstamm lässt sich z. B. durch Vorgänge aus heutigen bairischen Mundarten erläutern, die schon § 217 besprochen sind. Die Bildung eines Tempusstammes zeigt sich am handgreiflichsten am romanischen Fut.: *j'aimerai* = *amare habeo*. Doch es scheint mir

350   Neunzehntes Kapitel. Entstehung der Wortbildung und Flexion.

überflüssig aus der Masse des allgemein bekannten und jedem zur Hand liegenden Materials noch weitere Beispiele zusammenzutragen.

§ 243. Zieht man aus unserer Betrachtung die methodologischen Konsequenzen, so wird man zugestehen müssen, dass das Verfahren, welches früher bei der Konstruktion der Verhältnisse des Indogermanischen eingeschlagen zu werden pflegte, sehr verwerflich ist. Ich hebe einige nach dem Obigen selbstverständliche Sätze hervor, nach denen die bestehenden Theorieen zu korrigieren oder gänzlich umzustossen sind.

Wenn man die indogermanische Grundform eines Wortes, auch vorausgesetzt, dass sie richtig konstruiert ist, nach der üblichen Weise im Stamm und Flexionssuffix und den Stamm wieder in Wurzel und Ableitungssuffix oder Suffixe zerlegt, so darf man sich nicht einbilden, damit die Elemente zu haben, aus denen das Wort wirklich zusammengesetzt ist. Man darf z. B. nicht glauben, dass die 2. Sg. Opt. Präs. *bherois* (früher als *bharais* angesetzt) aus *bher* + *o* + *i* + *s* entstanden sei. Erstens muss man in Betracht ziehen, dass zwar die ersten Grundlagen der Wortbildung und Flexion durch das Zusammenwachsen ursprünglich selbständiger Elemente geschaffen sind, dass aber diese Grundlagen sobald sie einmal vorhanden waren, auch sofort als Muster für Analogiebildungen dienen mussten. Wir können von keiner einzelnen indogermanischen Form wissen, ob sie aus einem syntaktischen Wortkomplex entstanden oder ob sie eine Analogiebildung nach einer fertigen Form ist. Wir dürfen aber auch gar nicht einmal ohne weiteres voraussetzen, dass der Typus einer Form auf die erstere Weise entstanden sein müsste. Vielmehr müssen wir auch schon für die älteste Periode den Faktor in Anschlag bringen, der in den jüngeren eine so grosse Rolle spielt, die Verschiebung des Bildungsprinzipes durch Analogiebildung. So wenig wie wir die Typen *Besuch, unbestreitbar, unveränderlich, Verwaltungsrat* auf einen syntaktischen Komplex zurückführen können, ebenso wenig wird das bei vielen indogermanischen Bildungen statthaft sein. Zweitens muss berücksichtigt werden, dass auch in denjenigen Formen, die wirklich syntaktischen Ursprungs sind, die Elemente nicht mehr in der Lautgestaltung vorzuliegen brauchen, die sie vor ihrem Aneinanderwachsen hatten. So wenig wie *Schusters* aus *Schu* + *ster* + *s* entstanden ist, so wenig braucht ein indogermanischer Gen. *akmenos* aus *ak* + *men* + *os* entstanden zu sein. Eine Reihe von Veränderungen, welche die Elemente erst innerhalb des Gefüges erlitten haben können, hat man längst erkannt, andere sind neuerdings nachgewiesen. Es ist aber durchaus möglich und sogar wahrscheinlich, dass die Summe dieser Veränderungen mit dem Erkannten noch lange nicht erschöpft ist.

Noch weniger darf man glauben, dass die durch Analyse gefundenen Elemente die Urelemente der Sprache überhaupt sind. Unser Unvermögen ein Element zu analysieren beweist gar nichts für dessen primitive Einheit. Gänzlich fallen lassen muss man die für die Geschichte der indogermanischen Flexion beliebte Scheidung in eine Periode des Aufbaues und eine Periode des Verfalls. Das, was man Aufbau nennt, kommt ja, wie wir gesehen haben, nur durch einen Verfall zu Stande, und das, was man Verfall nennt, ist nur die weitere Fortsetzung dieses Prozesses. Aufgebaut wird nur mit Hilfe der Syntax. Ein solcher Aufbau kann in jeder Periode stattfinden, und Neuaufgebautes tritt immer als Ersatz ein da, wo der Verfall ein gewisses Mass überschritten hat.

Zwanzigstes Kapitel.
Die Scheidung der Redeteile.

§ 244. Die übliche Scheidung der Redeteile in den indogermanischen Sprachen, wie sie der Hauptsache nach von den antiken Grammatikern überkommen ist, beruht nicht auf konsequent durchgeführten logischen Prinzipien, sie ist vielmehr zu Stande gekommen unter Berücksichtigung sehr verschiedener Verhältnisse. Sie trägt daher den Charakter der Willkürlichkeit an sich. Ihre Mängel lassen sich leicht zeigen. Es würde aber nicht möglich sein etwas wesentlich Besseres an die Stelle zu setzen, so lange man darauf ausgeht, jedes Wort in eine bestimmte Klasse unterzubringen. Der Versuch, ein streng logisch gegliedertes System aufzustellen, ist überhaupt undurchführbar.

Es sind drei Punkte, die bei der üblichen Einteilung massgebend gewesen sind: die Bedeutung des Wortes an sich, seine Funktion im Satzgefüge, sein Verhalten in Bezug auf Flexion und Wortbildung.

§ 245. Was den ersten Punkt betrifft, so korrespondieren zunächst die grammatischen Kategorieen Substantivum, Adjektivum, Verbum mit den logischen Substanz, Eigenschaft, Tätigkeit oder richtiger Vorgang.[1] Aber wenn es auch die eigentliche Funktion des Substantivums ist eine Substanz zu bezeichnen, wozu ein Adj. oder Verb. nicht fähig ist, so gibt es doch auch substantivische Bezeichnungen der Eigenschaft und des Geschehens. Es gibt ferner Verba, die dauernde Zustände, Eigenschaften bezeichnen. Die Rücksicht auf die Bedeutung der Wörter an sich hat ferner dazu mitgewirkt, dass man die Pronomina und die Zahlwörter als besondere Klassen aufgestellt hat. Wenn man diese nun den Klassen der Substantiva und der Adjektiva koordiniert, so liegt darin ein starker logischer Fehler. Der Gegensatz von Subst. und Adj. geht

---

[1] Schwerlich ist es richtiger, mit Wundt (II, 136) die Bezeichnung von Zuständen als die eigentliche Funktion des Verbums anzusehen.

auch durch die Pronomina und Zahlwörter hindurch. Anderseits müsste man, wenn man auf dem Gebiete der Nomina die Pronomina und Zahlwörter als besondere Klassen ausscheidet, dieselbe Ausscheidung auch auf dem Gebiete der Adverbia vornehmen; denn *bene — huc — bis* verhalten sich zueinander wie *bonus — hic — duo*.

§ 246. Sieht man auf die Funktion im Satzgefüge, so könnte man die Wörter vielleicht zunächst scheiden in solche, die für sich einen Satz bilden, solche, die fähig sind als Satzglieder zu dienen, und solche, die nur zur Verbindung von Satzgliedern dienen, Verbindungswörter. Unter die erste Klasse könnten wir die Interjektionen stellen, die isoliert als unvollkommene Sätze zu betrachten sind. Aber dieselben kommen doch auch als Satzglieder vor, die mit einem Subst. teils unmittelbar, teils durch Vermittlung einer Präposition zu einem Satze verbunden werden, vgl. *wehe dem Lande, o über die Toren*, mhd. *ach mines libes*.

Ein vollkommenerer Satz mit Andeutung von Subj. und Präd. ist ursprünglich das Verb. finitum. Wir finden dasselbe aber daneben schon auf der ältesten überlieferten Stufe als blosses Präd. neben einem besonders ausgedrückten Subjekte und in unserer jetzigen Sprache nur so, abgesehen vom Imperativ. Es ist daher doch nicht möglich die Satznatur als Kennzeichen des Verbums hinzustellen. Und weiter sind die sogenannten Hilfszeitwörter zu Verbindungswörtern degradiert.

Die Verbindungswörter sind, wie wir § 206 gesehen haben, durch eine Gliederungsverschiebung aus selbständigen Wörtern entstanden. Dieser Prozess wiederholt sich immer von Neuem. Sie sind daher schon deshalb nicht scharf abzugrenzen. Dazu kommt, dass ein Wort innerhalb des Einzelsatzes, dem es angehört, Selbständigkeit haben, aber doch zugleich zur Verknüpfung dieses Satzes mit einem andern dienen kann. Sage ich z. B. *ein Mensch der das glaubt ist ein Narr*, so ist *der* innerhalb des Relativsatzes selbständiges Glied, aber zugleich Verbindungswort zwischen Haupt- und Nebensatz. Das Nämliche gilt überhaupt von dem relativen Pron. und Adv. Es gilt auch von dem Demonstrativum, soweit es auf den vorhergehenden oder folgenden Satz weist, dagegen wieder nicht, soweit es auf die vorliegende Anschauung geht.

Versuchen wir dann eine weitergehende Teilung, so verwickeln wir uns wieder in Schwierigkeiten. Das Subst. hat im Gegensatz zum Adjektivum und Verbum vor allem die Funktion als Subj. zu dienen und danach als Objekt im weitesten Sinne. Wenn neben den Substanzbezeichnungen auch solche Substantiva geschaffen sind, die eine Eigenschaft oder ein Geschehen bezeichnen, so beruht dies wohl anfänglich auf einer phantasievollen Anschauung, durch welche Eigenschaften und

Vorgänge zu Dingen oder Personen gestempelt werden. Weiterhin aber ist es eben die Fähigkeit der substantivischen Bezeichnungen beliebig als Subj. oder Obj. zu dienen, was die Veranlassung gibt, sie zu schaffen. Bei alledem aber kann doch wieder auch das Subst. attributiv und prädikativ verwendet werden wie ein Adj., und können anderseits auch andere Wörter als Subj. fungieren; ich meine nicht etwa bloss als psychologisches Subj. im weitesten Sinne, sondern auch als grammatisches Subj. in dem üblichen beschränkten Sinne. Vgl. Sätze wie *frisch gewagt ist halb gewonnen, aufgeschoben ist nicht aufgehoben, hin ist hin, verloren ist verloren, grün ist die Farbe der Hoffnung*; *ehrlich währt am längsten, doppelt genäht hält gut, jung gefreit hat niemand gereut, allzu scharf macht schartig, gleich wieder ist die beste Bezahlung, geradezu gibt gute Renner.* Auch als Obj. kann zuweilen ein Adj. erscheinen, vgl. *er hält gut für böse*; ferner abhängig von Präpositionen, vgl. *schwarz auf weiss, aus arg ärger machen.*

Wenden wir uns zu den Verbindungswörtern, so erregt die Klasse der Konjunktionen, wie sie gewöhnlich aufgestellt wird, allerhand Bedenken. Zunächst ist die Scheidung von den demonstrativen und relativen Adverbien, deren Stellung oben (S. 353) charakterisiert ist, eine ziemlich willkürliche, indem man z. B. *wo* als Adv., *als, während* als Konjunktionen bezeichnet. Im Einzelsatze unterscheidet man dann Präpositionen und Konjunktionen, je nachdem Kasusrektion stattfindet oder nicht, d. h. also im allgemeinen je nachdem Hypotaxe oder Parataxe stattfindet. Vollständig decken sich allerdings diese beiden Unterscheidungen nicht. Dagegen bezeichnet man alle Verbindungswörter, die Sätze untereinander verknüpfen, als Konjunktionen, während man doch hier auch den Unterschied zwischen Hypotaxe und Parataxe machen sollte. Man bezeichnet z. B. *ehe, seit, während*, wo sie im einfachen Satze auftreten, als Präpositionen, wo sie zur Verknüpfung von Sätzen dienen, als Konjunktionen, während doch die Funktion in beiden Fällen analog ist.[1])

§ 247. Am konsequentesten lässt sich noch die Scheidung nach der Flexionsweise durchführen. Und in der Tat wird danach die Scheidung in drei Hauptklassen gemacht, Nomina, Verba und flexionslose Wörter (Indeklinabilia, Partikeln). Aber auch hierbei zeigen sich die Nominalformen des Verbums und die substantivierten Indeklinabilia widerstrebend. Und zu einer weiteren Sonderung reicht die Rücksicht auf die Flexion nicht aus. Die indeklinablen Partikeln lassen sich danach überhaupt nicht weiter einteilen. Die Pronomina weichen in

---

[1]) Über die Verwendung von Präpositionen zur Einleitung von Nebensätzen im Engl. vgl. § 119.

der Flexion zum Teil von den übrigen Nomina ab, aber nur zum Teil und dann wieder untereinander. Der Unterschied zwischen substantivischer und adjektivischer Flexion ist kein durchgängiger. Auch die Bildbarkeit der Steigerungsformen kann nicht als entscheidendes Kennzeichen des Adjektivums gelten, da schon die Bedeutung mancher Adjektiva keine Steigerungsformen zulässt.

§ 248. Wenn demnach bei der üblichen Scheidung der Redeteile so verschiedenartige Rücksichten in Frage kommen, die miteinander in Konflikt geraten können, so ist es ganz natürlich, dass diese Scheidung überhaupt nicht wirklich durchführbar ist. Die dabei in Betracht kommenden Verhältnisse sind zu mannigfaltig und erscheinen in zu verschiedenartigen Kombinationen, als dass eine Einordnung in acht oder neun Rubriken genügen könnte. Es gibt eine Menge Übergangsstufen, vermöge deren ein allmählicher Übergang aus der einen Klasse in die andere möglich ist. Ein solcher Übergang erfolgt nach den allgemeinen Regeln des Bedeutungswandels und der Analogiebildung, wie wir sie in den voraufgehenden Kapiteln kennen gelernt haben. Verfolgt man diese Übergänge, so erhält man damit zugleich Aufklärung über die Ursachen, die ursprünglich eine Differenzierung der Redeteile hervorgebracht haben.

§ 249. Betrachten wir zunächst den Unterschied zwischen Subst. und Adj. Die formelle Scheidung beider beruht in den indogermanischen Sprachen auf der Wandelbarkeit des letzteren nach dem Geschlecht und auf der Bildung der Steigerungsformen. In einzelnen Sprachen haben sich dazu noch weitere Unterscheidungsmittel herausgebildet. So hat namentlich das germanische Adj. die Möglichkeit einer doppelten, wir können sogar sagen dreifachen Flexionsweise erlangt (vgl. *gut — guter — der gute*), wobei sich Formen finden, die in der Flexion der Substantiva gar keine Analogie haben.

Man ist auf Grundlage solcher Kriterien z. B. nicht zweifelhaft, dass man *Hund* für ein Subst., *jung* für ein Adj. erklären muss. Aber trotz aller formellen Differenzierung kann das Adj. ohne weiteres die Funktion eines Substantivums erhalten, zunächst okkasionell, dann auch usuell. Es findet dabei eine Bereicherung des Bedeutungsinhaltes statt, indem entweder die ganz allgemeinen Vorstellungen eines Dinges oder einer Person mit aufgenommen werden oder speziellere, aus der Situation sich ergebende (vgl. § 222). Diese Operation können wir okkasionell mit jedem beliebigen Adj. machen, welches denn auch unser jetziger Schreibgebrauch durch Verwendung der Majuskel als Subst. anerkennt. Durch traditionelle Verwendung kann sich dann aus dem substantivierten Adj. ein reines Subst. entwickeln, zumal wenn es gegen die sonstigen Formen des Adj. irgendwie isoliert wird. Der Fortschritt in der Substantivierung bekundet sich hinsichtlich der Konstruktion namentlich durch die Verknüpfung mit einem attributiven Adjektivum, welches an Stelle des Adverbiums tritt, oder mit einem Gen., der eventuell an Stelle eines vom Adj. regierten Dativs tritt. Vgl. lat. *bonum publicum, malum publicum, amicus fidelis*; auch ohne dass die Substantivierung schon so traditionell geworden ist, sagt man *nonnulli nostri iniqui, nonnullis invidis meis* (vgl. Draeg. § 16); vgl. ferner engl. *my like, equal, better, younger* etc. (Mätzn. III, S. 232), *his worthier* (Milton); mhd. *min geliche* (woher nhd. *meines Gleichen*). Dabei findet sich Mischung substantivischer und adjektivischer Konstruktion, vgl. lat. *multorum bene factorum* (Cic.). In anderer Weise vermischt sich die Auffassung, indem trotz der Substantivierung ein Superlativ gebildet wird: *mei familiarissimi, pessimo publico* (vgl. Draeg. § 16). Im Lat. geht die völlige Substantivierung ohne Schwierigkeiten vor sich, weil keine Abweichung in der Flexion besteht. Im Deutschen dagegen erinnert auch bei schon sehr fortgeschrittener Substantivierung doch die adjektivische Flexion an die ursprüngliche Natur des Wortes. *Der Bekannte, Verwandte, Gesandte, Vertraute, Geliebte, Verlobte, Beamte, Bediente, Liebste* werden jetzt als Substantiva empfunden und demgemäss konstruiert (*der Bekannte des Mannes, mein Bekannter*), aber als Adjektiva verraten sie sich noch durch den regelmässigen Wechsel starker und schwacher Flexion (*der Bekannte — ein [mein] Bekannter*), die entsprechenden Feminina dazu durch die schwache Flexion im Sing., die beim eigentlichen Subst. ausgestorben ist (*der Bekannten* gegen *der Zunge*). In vollständige Substantiva aber umgewandelt sind *der Junge* (*ein Junge*), *der Greis* (mhd. *grise* vom Adj. *gris*), *der Jünger* (die beide aus der schwachen Deklination in die starke übergetreten sind), *Oberst*. Älteren Ursprungs sind *Feind, Freund, Heiland,* mhd. *wîgant* (Kämpfer), *vâlant* (Teufel), alles alte Partizipia Präs., ferner *Fürst* (alter Superl.), *Herr* (alter Kompar. von *hehr*), *Mensch* (Adj. *mennisch* von *man*) und die Neutra *Gut, Übel, Recht, Leid*. Diese Verwandlung des Adjektivums in ein Subst. ist allbekannt und lässt sich in allen Sprachen nachweisen.

§ 250. Nicht so bekannt und viel interessanter ist der umgekehrte Vorgang, die Verwandlung eines Substantivums in ein Adj. Diese kommt zu Stande dadurch, dass etwas aus dem Bedeutungsinhalt ausgeschieden wird, indem mindestens von der Vorstellung einer Substanz abgesehen wird, so dass nur die der Substanz anhaftenden Qualitäten übrig bleiben. Okkasionell findet diese Verwandlung eigentlich schon statt, sobald ein Subst. als Präd. oder Attribut verwendet wird. Denn es werden dadurch der Substanz des Subjekts oder des bestimmten Wortes nur Qualitäten beigelegt, es wird nicht ausser dieser noch eine neue Substanz gesetzt.

Substantivum und Adjektivum.

Die Apposition nähert sich namentlich da der Natur des Adjektivums, wo sie zur Spezialisierung einer Gattung gebraucht wird, zumal wenn die Verbindung noch eine vom Normalen abweichende Kühnheit enthält. Vgl. griech. *ἀνὴρ πολίτης, ῥήτωρ, ὁπλίτης* etc., *γυνὴ δέσποινα*, sogar *παρθένος χείρ*; lat. *exercitus victor* (Liv.), *tirones milites* (Cic.), *bellator equus* (Virg., Ov.), *bos arator* (Sueton); franz. *un dieu sauveur* (Voltaire); *flatteur* und andere Wörter auf *-eur* müssen geradezu auch als Adjektiva angesehen werden. Die adjektivische Natur kann sich durch Beifügung eines eigentlich nur dem Adj. zukommenden Adverbiums bekunden; vgl. *weg du Traum, so Gold du bist* (Goe.); *diesen Widerspruch, so Widerspruch als er ist* (Le.); *so Kriegerinn als sie war* (id.); *so Bedienter, so weit unter seinem Herrn er auch immer ist* (id. und so öfter); *man hält ihn zu sehr für Kind, wenn man sein Ganzes verwirft, und zu wenig für Kind, wenn man sein Probestück nicht ansehen will* (Herder); *so ist er Fuchs genug* (Le.); lat. *nemo tam puer est* (Seneca); franz. *il n'est pas si diable qu'il est noir* (Sprichwort). Wendungen wie *er ist Tor genug, zu sehr* oder *zu wenig Geschäftsmann* sind ganz üblich.

Einige Substantiva werden im Nhd. in prädikativer Verwendung schon geradezu als Adjektiva empfunden, unterscheiden sich aber doch dadurch von wirklichen Adjektiven, dass sie nicht attributiv und mit adjektivischer Flexion gebraucht werden. Hierher ziehen lässt sich wohl schon *Herr* oder *Meister sein* (*werden*). Goethe sagt: *als wenn sie* (Narciss und Landrinette) *Herr und Meister der ganzen Truppe wären*. Hier zeigen die beiden Wörter noch substantivische Natur, insofern ein Gen. davon abhängt, aber zugleich sind sie wie prädikative Adjektiva behandelt, da sie sonst nicht unflektiert neben einem pluralischen Subjekte stehen könnten und ausserdem zu der einen weiblichen Person nicht passen würden. Noch entschiedener hierher zu ziehen ist *einem feind sein* wegen des Dativs. Ferner *schuld sein*, wobei sich die Isolierung gegenüber dem Subst. *Schuld* in der Orthographie zeigt; weniger entschieden *es ist Not, Zeit*, worin *es* von Hause aus Gen. ist. Noch weiter geht die Isolierung in *es ist schade*, indem das Subst. jetzt gewöhnlich *Schaden* lautet. Im Mhd. war die Entwickelung schon noch weiter gegangen. Hier wird *schade* auch als Prädikat zu persönlichen Subjekten gebraucht und es kommt auch ein Komparativ und Superlativ davon vor, z. B. im Trojanerkrieg Konrads v. Würzb. *der was den Kriechen scheder dan iemen anders bî der zît*; [1]

---

[1] Auch von andern Substantiven kommen im Mhd. Steigerungsformen vor, selbst wo das Satzgefüge die Auffassung als Adj. nicht zulässt. So von *zorn* vgl. *dô enkunde Giselhêre nimmer zorner gesîn*; von *nôt*, vgl. *dîner helfe mir nie nœter wart*; von *durft*, vgl. *wand im nie orses dürfter wart*. Von *Angst* gibt es im

ferner wird dazu ein Adv. gebildet wie zu einem Adj. *swie schade er lebe* (Mhd. Wb. II b 63 b). Ebenso wie *schade* wird im Ahd. *fruma* (Vorteil) gebraucht, z. B. Otfrid III, 10, 33, *‚nist' quad er thô ‚fruma thaz'* (es ist das kein Vorteil). Schon im Mhd. ist daraus ein wirkliches Adj. *frum*, nhd. *fromm* geworden. Man sagt *ein frumer man* etc. Wie sehr dabei die Grenzlinie verwischt wird, zeigt eine Stelle im Flore 1289 *daz wirt in nütze unde frume* (:*kume*), wo wir mit Rücksicht auf die Verbindung *nütze* das Adj., mit Rücksicht auf das auslautende *e* noch das Subst. annehmen müssten. Auch das Adj. *ernst*, welches bei Luther zuerst auftritt, ist auf die nämliche Weise wie *fromm* aus dem Subst. entstanden. Das Subst. *Geck* ist in nieder- und mitteldeutschen Dialekten zum Adj. geworden. *Entwicht* aus mhd. *ein wiht*, *enwiht* (eigentlich „ein unbedeutendes Wesen" = „gar nichts, nichtig") ist im sechzehnten Jahrh. vollständiges Adj., vgl. *entwicht vnd ark* (H. Sachs), *du bist vil entwichter* (id.), *die bös entwichten* (Ayrer).

Der nämliche Prozess hat sich schon in einer viel früheren Sprachperiode vollzogen. Sämtliche sogenannte Bahuvrîhi-Komposita sind ursprünglich Substantiva. Denn ein ῥοδοδάκτυλος, βαρύθυμος, βαθύθριξ, εὔελπις, *magnanimus, ignipes, misericors* sind ja eigentlich 'Rosenfinger, Schwermut, Tiefhaar, gute Hoffnung, Grossinn, Feuerfuss, mitleidiges Herz'. Der substantivische Ursprung dokumentiert sich zum Teil noch in einem mangelhaften Ausdruck der adjektivischen Funktion. Die Maskulinform ῥοδοδάκτυλος muss auch für das Femininum dienen.

Etwas anders verlaufen ist die Entwickelung bei *barfuss* aus *bar vuoz* (blosser Fuss). Dasselbe wurde zunächst als Nom. oder Akk. absolutus gebraucht in der Verbindung *barvuoz gân*. Jetzt wird es als Adj. empfunden. Wirkliche adjektivische Flexion findet sich z. B. bei Hans Sachs: *mit barfussen Füssen.*[1]

§ 251. Wenn wir davon absehen, ob das Nomen unter der Kategorie Ding aufgefasst wird oder nicht, so gibt es allerdings noch in einer andern Richtung einen Gegensatz zwischen Subst. und Adj. Das Adj. bezeichnet eine einfache oder als einfach vorgestellte Eigenschaft, das Subst. schliesst einen Komplex von Eigenschaften in sich.

älteren Nhd. einen Komp., vgl. *also viel engster sol dir werden* (Lu., s. DWb. I, 359 a). In diesen Fällen hat nicht sowohl die Analogie des Adj. als die des Adv. gewirkt. Das zeigt schon die häufige Verbindung *angst und bange* (*bange* ist ursprünglich nur Adv.). In Gottfrieds Tristan 17845 heisst *in was dô zuo einander vil anger und vil ander*; *ange* ist Adv. zu *enge*, *ande* Subst. (Schmerz). Wir verwenden das Adv. noch so in *mir ist wohl, weh*. Lateinische Superlative aus Substantiven kommen bei Plautus vor: *oculissime homo, patrue mi patruissime*, jedoch wohl mit beabsichtigter komischer Wirkung. Lafontaine sagt *le plus diable des chats*. Über Steigerungsformen von Substantiven im Ungarischen vgl. Simonyi S. 245.

[1] Noch eine andere Art des Überganges ist § 166 besprochen.

Betrachten wir diesen Unterschied als die Hauptsache, so können wir allerdings *orator* in einer Verbindung wie *Cicero orator* oder *Cicero est orator* noch als ein reines Subst. fassen. Aber dieser Unterschied ist wieder nicht festzuhalten. Er kreuzt sich mit den andern Unterschieden, vgl. einerseits Adjektiva wie *königlich, kriegerisch* etc., anderseits substantivierte Adjektiva wie *der Gute*. Auch zwischen diesen Gegensätzen gibt es eine Vermittelung, die unvermerkt von dem einen zum andern hinüberführt. Der Übergang aus der Bezeichnung einer einfachen Eigenschaft in die eines Komplexes von Eigenschaften geht so vor sich, dass ein substantiviertes Adj. κατ' ἐξοχήν gebraucht und in dieser Gebrauchsweise traditionell wird. Wer das Wort zuerst so gebraucht, der ergänzt die Vorstellungen, die in der bisher üblichen Bedeutung des Wortes noch nicht ausgedrückt sind. Einem späteren aber, dem dieser Gebrauch übermittelt wird, können sich von Anfang an die ergänzten Vorstellungen ebenso direkt an den Lautkomplex anfügen wie die Grundvorstellung, und diese braucht sich ihm nicht mehr vor den andern ins Bewusstsein zu drängen. Wenn dies nicht mehr geschieht, so ist von seiten der Bedeutung der Übergang zum Subst. vollkommen, und durch weitere Isolierungen kann dann die gänzliche Loslösung vom Adj. eintreten, vgl. die oben angeführten Beispiele.

Der umgekehrte Vorgang, dass in einer Komplikation von Eigenschaften alle übrigen gegen eine einzelne zurücktreten, lässt sich an adjektivischen Ableitungen aus Substantiven beobachten, die sich zu Bezeichnungen ganz einfacher Qualitäten entwickeln. Besonders lehrreich sind in dieser Hinsicht die Farbenbezeichnungen, vgl. griech. πορφύρεος von πορφύρα (Purpurschnecke), φοινίκεος von φοῖνιξ, ἀέρινος (luftfarben), μήλινος (quittengelb), lat. *coccinus* von *coccum* (Scharlachbeere), *croceus, crocinus* von *crocus*, *luteus* von *lutum* (Wau), *miniaceus* von *minium* (Zinnober), *niveus, roseus, violaceus*. In allen diesen Wörtern liegt an und für sich keine Beschränkung der Beziehung auf die Farbe des mit dem Grundworte bezeichneten Dinges, und sie werden zum Teil auch ohne diese Beschränkung verwendet, vgl. *unguentum crocinum, vinculum roseum* (Rosenkranz) etc. Auch Substantiva können direkt zu Farbenbezeichnungen werden, vgl. πορφύρα, *coccum, crocus, lutum* und die modernen *lila* (= *lilac* spanischer Flieder), *rosa*, die auch adjektivisch verwendet werden (*ein rosa Band*).

Nach Massgabe dieses Vorganges ist die erste Entstehung von Bezeichnungen für einfache Qualitäten zu beurteilen. Dass diese jünger sind als die Bezeichnungen für Komplikationen ist selbstverständlich, wenn wir davon ausgehen, dass ganze Anschauungen die allererste Grundlage sind. Auch hier kann es anfänglich nur die momentane

Auffassung des Sprechenden gewesen sein, wodurch die übrigen in dem Komplexe enthaltenen Qualitäten von der einen in den Hintergrund gedrängt sind. Es ist das im Grunde derselbe Prozess, wie bei der bildlichen Verwendung eines Wortes. Wenn wir z. B. sagen *der Mensch ist ein Esel, ein Ochse, ein Schaf, ein Fuchs*, so haben wir dabei immer nur eine bestimmte Eigentümlichkeit des betreffenden Tieres im Auge und abstrahieren von den sonstigen Eigenschaften. Dies ist nur möglich, wo ein Wort prädikativ oder attributiv gesetzt wird. Denn sowie man die Vorstellung eines selbständigen Dinges damit verbindet, verbindet man auch die Vorstellung des ganzen Komplexes von Eigenschaften damit. Indem bei einer Anzahl von Wörtern, die sich dazu besonders eigneten, die Verwendungsweise traditionell wurde, war der erste Ansatz zur Bildung einer besonderen Wortklasse gemacht.

§ 252. Auch der Unterschied zwischen Nomen und Verbum ist trotz der stärkeren formellen Differenzierung kein absolut fester. Es sind sehr verschiedene Punkte, durch welche das Verb. gegenüber dem Nom. charakterisiert ist: Personalendung, Unterscheidung von Aktivum und Medium oder Passivum, Modus- oder Tempusbezeichnung. Es ergibt sich danach die Möglichkeit der Existenz von Formen, die nur einen Teil dieser Charakteristika an sich tragen, und der Spielraum der Mannigfaltigkeit erweitert sich noch dadurch, dass solche Formen die positiven Charakteristika des Nomens, Kasusbezeichnung und Geschlechtsunterschied an sich tragen können oder nicht. Und endlich ist bei einer Differenzierung der Konstruktionsweise des Verbums und Nomens die Gelegenheit zu mannigfachen Übergängen und Vermischungen gegeben.

Gewöhnlich werden die Personalendungen als das eigentlich formelle Charakteristikum des Verb. angesehen. Danach würden Part. und Inf. von den Verbalformen ausgeschlossen, genau genommen auch viele Formen der 2. Sg. Imp.; denn ein $βάλλε$ oder $βάλε$ ist nichts anderes als der blosse Stamm des Präs. oder Aor. Die Personalendungen sind demnach, wenn wir von der 2. Sg. Imp. absehen, ursprünglich ein notwendiges Erfordernis für die Funktion des Verbums als normaler Satz und weiterhin für seine Funktion als Präd. oder Kopula im normalen Satze. Sie sind aber doch kein absolutes Erfordernis zur Satzbildung, und andere Eigentümlichkeiten des Verbums sind von ihnen ganz unabhängig.

§ 253. Der Bedeutungsgegensatz, in den man gewöhnlich das Verb. zum Adj., respektive dem prädikativ oder attributiv gebrauchten Subst. setzt, hat mit den Verbalendungen an sich nichts zu schaffen. Er kann ohne dieselben bestehen und kann trotz ihnen fehlen. Ein griechisches $ἐγχοτεῖς, βασιλεύεις$ kann gerade soviel bedeuten wie $ἔγχοτος εἶ, βασιλεύς εἶ$. Der Gegensatz ist nur so lange scharf, als das Adj.

(Subst.) eine bleibende Eigenschaft, das Verb. einen zeitlich begrenzten Vorgang ausdrückt. Nun kann aber das Adj. nicht bloss zur Bezeichnung einer zum Wesen eines Dinges gehörigen Eigenschaft, sondern auch zur Bezeichnung einer vorübergehenden Eigenschaft gebraucht werden, und damit nähert es sich dem verbalen Charakter. Umgekehrt kann das Verb. auch zur Bezeichnung von Zuständen, auch von bleibenden Zuständen gebraucht werden. Wie nahe sich die beiden Bedeutungen des sich Befindens und des Geratens in einen Zustand miteinander berühren, haben wir oben § 191 gesehen.

§ 254. Indem sich mit adjektivischer Form und Funktion die Bedeutung eines zeitlich begrenzten Vorganges verbindet, entsteht das Partizipium, welches vor allem den Wert hat, dass es den Ausdruck für ein Geschehen in bequemer Weise attributiv zu verwenden ermöglicht. Wir können den Übergang aus dem eigentlichen Adj. in das Part. in mehreren Fällen historisch nachweisen. Unter andern gilt dies von dem deutschen sogenannten Part. Perf. oder Prät. (*gegeben, gelegt*), welches so entstanden ist, dass die aus dem Idg. übernommenen Adjektiva auf -*no*- und -*to*- sich in der Bedeutung an die aus der gleichen Wurzel gebildeten Verba derselben angelehnt haben, was dann weiterhin auch manche formale Anlehnungen zur Folge gehabt hat. Ebenso verhält es sich mit dem lateinischen und slawischen Part. Perf. Wir müssen eine entsprechende Entstehung auch für die älteren, schon im Idg. vorhandenen Partizipia annehmen. Wir dürfen ganz gewiss nicht, wie es von manchen Seiten her versucht ist, die Kategorie des Adj. aus der des Part. entstehen lassen, sondern umgekehrt die erstere muss vollkommen entwickelt gewesen sein, bevor die letztere entstehen konnte. Sie wird ausgegangen sein von Formen, die ebensowohl als Ableitungen aus dem Präsens- oder Aoriststamm aufgefasst werden konnten wie als Ableitungen aus der Wurzel, nach deren Muster dann Adjektivformen zu andern Verbalstämmen gebildet wurden.

Die Teilnahme an dem Tempusunterschiede ist der charakteristische Unterschied des Part. von dem sogenannten Verbaladjektive. Eine weitere Konsequenz der Anlehnung an die Formen des Verb. ist die Übernahme der Konstruktionsweise desselben. Als Nomen wird das Part. nur in Rücksicht auf das Subst. konstruiert, zu dem es als Attribut gestellt wird. Es kann sich aber noch weiter von dem nominalen Charakter entfernen, indem es seinen besonderen Weg in der Weiterbildung der Konstruktionsweise geht. Dadurch, dass in unserem *er ist gegangen, er wird gefangen, er ist gefangen worden* Kasus und Geschlecht nicht mehr erkenntlich gemacht werden, ist auch das Gefühl für den nominalen Charakter geschwächt, wenn auch die Konstruktion in den beiden ersten Verbindungen die des gewöhnlichen Adjektivums ist, in der letzten sich davon nur durch das *worden* gegen sonstiges *geworden* abhebt. Eine völlige Loslösung von der Konstruktionsweise eines Adj. müssen wir in *er hat ihn gefangen, er hat geruht* etc. anerkennen. Zwar lässt sich historisch nachweisen, dass ersteres ursprünglich so viel ist wie 'er hat ihn als einen Gefangenen', aber das ist für das jetzige Sprachgefühl gleichgültig. Früher sagte man *habet inan gifanganan*, und damals war natürlich der nominale Charakter unverkennbar. Eigentümlich sind die Verhältnisse bei den entsprechenden Verbindungen in den jetzigen romanischen Sprachen. Es lässt sich daran deutlich der Übergang aus der allgemein adjektivischen in die speziell partizipiale Konstruktion beobachten. Im Franz. sagt man zwar *j'ai vu les dames*, aber *je les ai vus, les dames que j'ai vues*. Im Italienischen kann man auch noch sagen *ho veduta la donna, ho vedute le donne* neben *ho veduto*. Im Spanischen ist die Flexion bei der Umschreibung mit *haber* schon überall getilgt; man sagt *la carta que he escrito* gerade wie *he escrito una carta*. Aber bei der erst später üblich gewordenen Umschreibung mit *tener* ist sie umgekehrt überall gewahrt: *tengo escrita una carta* wie *las cartas que tengo escritas*.

Umgekehrt aber kann das Part. stufenweise wieder zu rein nominaler Natur zurückgeführt werden. Diese Rückführung ist eigentlich schon vollzogen, wenn das Part. Präs. für die dauernde oder sich wiederholende Tätigkeit, das Part. Perf. für das Resultat der Tätigkeit verwendet wird, wie ja jede Form des Präs. oder Perf. verwendet werden kann. Eine Gebrauchsweise κατ' ἐξοχήν oder im metaphorischen Sinne oder sonst irgend eine Art von Isolierung kann die Verwandlung vollständig machen, vgl. Beispiele wie *schlagend, treffend, reizend, zwingend, bedeutend, getrieben, gelungen, berufen, verstorben, verzogen, verschieden, bekannt, unumwunden, verlegen, gewogen, verwegen, erhaben, bescheiden, trunken, vollkommen* etc. Selbst die Verbindung mit einem andern Worte nach den Gesetzen verbaler Konstruktion hindert diesen Prozess nicht, nur dass dann das Ganze im Stande sein muss, sich an die Analogie nominaler Komposition anzulehnen, vgl. *ansprechend, auffallend, ausnehmend, anwesend, abwesend, zuvorkommend, hochfliegend, hellsehend, wohlwollend, fleischfressend, teilnehmend; abgezogen, ausgenommen, hochgespannt, neugeboren, wohlgezogen* etc.

Als ein Charakteristikum für die Verwandlung in ein reines Adj. kann die Bildung eines Komparativs und Superlativs angesehen werden. Bisweilen erscheint dieselbe jedoch neben verbaler Konstruktion, vgl. *dazu erschien mir nichts wünschenswerteres, den Charakter der Nation ehrenderes* (Goe.); *die Östreich kräftigensten Elemente* (Köln. Zeit.).[1]

---

[1] Andr. 119 ff.

Ein anderes Kriterium ist die Konstruktionsweise, z. B. die Verbindung mit einem Gen. im Lat.: *amans tuorum ac tui* (Cic.), *religionum colentes* (id.), *solitudinis fugiens — societatis appetens* (id.).[1] Zum Subst. wird das Part. wie jedes Adj., und das substantivierte Part. kann wie das adjektivische eine momentane Tätigkeit oder einen Zustand bezeichnen. Es kann auch ebenso wie dieses substantiviert werden, vgl. *der Liebende, Vorsitzende, Geliebte, Gesandte, Abgeordnete, Beamte* (= *beamtete*), mhd. *der varnde, gernde* (beide = Spielmann), aus älterer Zeit *Heiland, Freund, Feind* etc., *Zahn* = lat. *dens* = gr. ὀδούς (Part. zu *essen, edere*).

§ 255. Auch das Nomen agentis kann ebenso wie das Part. entweder eine momentane oder eine dauernde resp. sich wiederholende Tätigkeit bezeichnen. In der ersten Verwendung bleibt es immer eng an das Verb. angeschlossen, und es wäre recht wohl denkbar, dass es ebenso wie das Part. einmal verbale Konstruktionsweise annähme, dass man etwa sagte *der Erzieher den Knaben*, wie man ja wenigstens im Kompositum *Knabenerzieher* den ersten Bestandteil als Akk. empfindet und in Analogie zu *Knaben erziehen* setzt. Schon in Verbindungen wie *der Sieger in der Schlacht, der Befreier aus der Not*[2] ist verbaler Charakter ersichtlich, noch mehr in solchen wie griech. ὑπηρέτης τοῖς νόμοις oder gar lat. *dator divitias, justa orator*. Umgekehrt kann das Nom. agentis als Bezeichnung dauernder oder wiederholter Tätigkeit sich mehr und mehr dem Verb. gegenüber isolieren und damit schliesslich überhaupt den Charakter eines Nom. agentis einbüssen, vgl. *Schneider, Beisitzer, Ritter, Herzog* (Heerführer) etc.

§ 256. Noch ein anderer Weg führt vom Verb. zum Nom. Neben den Nomina agentis stehen die Nomina actionis. Diese können wie die substantivischen Eigenschaftsbezeichnungen ihren Ursprung nur einer Metapher verdanken, indem die Tätigkeit unter der Kategorie des Dinges aufgefasst wird. Auch sie können eine momentane oder eine dauernde wiederholte Tätigkeit bezeichnen. Auch sie können sich der verbalen Konstruktion nähern, vgl. *die Befreiung aus der Not*, ἡ τοῖς νόμοις ὑπηρεσία, *Knabenerziehung*. Und es ist wieder die Bezeichnung der dauernden, wiederholten Tätigkeit, die zum Verlust des Charakters eines Nomens actionis führt. Es entwickelt sich daraus die Bezeichnung eines bleibenden Zustandes, vgl. *Besinnung, Bewegung, Aufregung, Verfassung, Stellung, Stimmung*.

Von hier aus ist dann auch eine Weiterentwickelung zu Dingbezeichnungen möglich, wie schon oben § 70 gezeigt ist. Dabei kann

---

[1] Draeger, § 207.
[2] Vgl. noch auffallendere Verbindungen mit Präpositionen bei Andr. S. 209.

das Korrespondieren der Bedeutung mit der des Verbums abgebrochen werden, vgl. *Haltung, Regung, Gleichung, Rechnung, Festung* etc. Und durch weitere Isolierung kann dann jede Spur des verbalen Ursprungs vernichtet werden.

§ 257. Soweit verhält sich das Nom. actionis dem Nom. agentis analog. Es wird aber auch dem verbalen Charakter noch weit mehr angenähert als dieses, weiter sogar als das Adj. (Part.), nämlich dadurch, dass aus ihm der Infinitiv (das Supinum) entspringt. Der Inf. verhält sich in sehr vielen Beziehungen dem Part. analog. Aber während dieses im allgemeinen die adjektivische Form und die adjektivische Konstruktionsweise neben der verbalen bewahrt und nur hie und da mit Aufhebung der formellen Charakteristika des Adj. für sich eine eigenartige Konstruktionsweise entwickelt, so ist für den Inf. Isolierung gegenüber der Form und Konstruktionsweise des Nomens Bedingung seiner Entstehung. Der Inf. ist, wie die formelle Analyse beweist, ein Kasus eines Nom. actionis und muss ursprünglich nach Analogie der sonst für die Verbindung des Nomens mit dem Verb. geltenden Konstruktionsweisen gesetzt sein. Aber er darf als Kasus nicht mehr empfunden werden, die Konstruktionsweise darf nicht mehr in Analogie zu den ursprünglichen Mustern gesetzt werden, oder es ist noch kein Inf. Die isolierte Form und die isolierte Konstruktionsweise werden dann die Basis für die Weiterentwickelung. Die Form und Konstruktionsweise des Inf. ist nach der einen Seite hin verbal wie die des Part., nach der andern Seite hin aber nicht nominal, sondern spezifisch infinitivisch.

Auch für den Inf. gibt es eine stufenweise Rückkehr zu nominaler Natur, aber er findet dabei mehr Hindernisse als das Part. wegen des Mangels der Flexion. Die Annäherung an den nominalen Charakter zeigt sich daher, solange nicht besondere Unterscheidungsmittel angewendet werden, zunächst in solchen Fällen, wo die Charakterisierung durch eine Flexionsendung am wenigsten erforderlich ist, d. h. in der Verwendung als Subjekt oder Objekt. In Satzformen wie *wagen gewinnt,* lat. *habere eripitur, habuisse nunquam* (Sen.), vollends in solchen wie *hic vereri* (= *verecundiam*) *perdidit* (Plaut.) dürfen wir wohl mit Sicherheit annehmen, dass der Inf. nach Analogie eines Nomens konstruiert ist. Weniger sicher ist das in solchen wie *ich lasse schreiben, ich lerne reiten.* Jedenfalls, wenn hier einmal der Inf. nach Analogie eines Objektsakkusativs gesetzt ist, so ist diese Analogie für das jetzige Sprachgefühl nicht mehr vorhanden. Schon weniger leicht tritt die Verbindung mit Präpositionen ein. Im Mhd. ist besonders *durch* mit dem Inf. üblich; in der römischen Volkssprache tritt die Verbindung von Präpositionen mit dem Inf. an die Stelle des Gerundiums (*ad legere* für *ad legendum* etc.); ebenso zuweilen bei Dichtern und späten Prosaikern:

praeter plorare (Hor.), *multum interest inter dare et accipere* (Sen.). Eine weitere Annäherung des Inf. an das Nom. bedarf besonderer begünstigender Umstände. Es gelangen dazu im allgemeinen nur solche Sprachen, die in dem Artikel ein Mittel der Substantivierung und Kasusbezeichnung haben. Daher ist das Griechische in dieser Beziehung weiter gegangen als das Lateinische, in welchem letzteren allerdings doch auch Demonstrativpronomina eine ähnliche Wirkung haben können, vgl. *totum hoc philosophari* (Cic.), *inhibere illud tuum* (id.). Das Nhd. aber und die romanischen Sprachen sind wieder weiter gegangen als das Griechische, indem in ihnen der Inf. auch rücksichtlich der Flexion dem reinen Nomen gleichgesetzt wird. Diese Gleichsetzung ist in den romanischen Sprachen durch die allgemeine Tilgung des Kasusunterschiedes ermöglicht. Das Altfranzösische und Provenzalische gehen aber auch soweit dem Inf. das Nominativ-*s* zu geben: *li plorers ne t' i vaut rien*; *meliers chanza es donars que penres*. Für das Nhd. kommt einerseits der Umstand in Betracht, dass die Kasusunterschiede bei den Substantiven auf -*en* bis auf den Gen. getilgt sind, anderseits die Anlehnung des Gerundiums (mhd. *gebennes, ze gebenne*) an den Inf., mit dem es ursprünglich gar nichts zu tun hat.

Bei dieser Entwickelung sind auch verschiedene Stufen in Bezug auf die Beibehaltung der verbalen Konstruktion möglich. Ohne Beifügung eines Artikels oder Pronomens findet sie in der Regel statt, vgl. z. B. mhd. *durch behalten den lip, durch âventiure suochen*. Im Griech. hindert auch der Artikel nicht; man sagt τὸ σκοπεῖν τὰ πράγματα, τὸ ἑαυτοὺς ἐξετάζειν, ἐπὶ τῷ βελτίω καταστῆσαι τὴν αὑτῶν διάνοιαν. Im Nhd. ist, der Annahme der nominalen Flexion entsprechend, die verbale Konstruktion auf dasselbe Mass beschränkt wie beim Nom. actionis. Im Mhd. dagegen kommt zuweilen noch echt verbale Konstruktion vor; ja sogar ein auf den Inf. bezogenes Relativum kann verbale Konstruktion haben, vgl. Hartmann Greg. 2667 *des scheltens des in der man tete*; Tristan 1067 *diz sehen daz ich in hân getân*. Auch in den romanischen Sprachen findet sich verbale Konstruktion des mit Artikel oder Pron. versehenen Infinitivs neben nominaler, vgl. it. *al passar questa valle* (aber auch *il trapassar del rio*); span. *el huir la occasion* (aber auch *al entrar de la ciudad*); afranz. *au prendre le congié*, noch bei Montaigne *il se penoient du tenir le chasteau*; ferner it. *il conoscer chiaramente*, span. *el bien morir*, afranz. *son sagement parler*.

Sobald der durch die Flexion bewirkte Abstand zwischen Inf. und Nomen getilgt ist, steht der Verwandlung des ersteren in ein reines Nomen nichts mehr im Wege und diese ist daher im Nhd. sehr häufig, auch in den romanischen Sprachen nicht selten, vgl. nhd. *Leben, Ableben,*

Leiden, Scheiden, Schreiben, Tun und *Treiben, Wesen, Vermögen, Betragen, Belieben, Einkommen, Abkommen, Auskommen, Ansehen, Aufsehen, Andenken, Vorhaben, Wohlwollen, Wohlergehen, Gutdünken* etc.; franz. *être, plaisir, pouvoir, savoir, savoir-faire, savoir-vivre* etc. Dabei können dieselben Bedeutungsveränderungen eintreten wie sonst bei den Nomina actionis und dieselbe Isolierung dem Verbum gegenüber.

§ 258. Die Adverbia sind, soweit wir ihren Ursprung erkennen können, fast durchweg aus erstarrten Kasus von Nominibus hervorgegangen, teilweise aus der Verbindung einer Präposition mit einem Kasus. Es ist danach zu vermuten, dass auch die älteste Schicht der Adverbia auf ähnliche Weise aus Nominibus hervorgegangen ist, nur mit dem Unterschiede, dass dieser Prozess vor die Entwickelung der Flexion fällt, und dass daher noch nicht ein Kasus, sondern die reine Stammform zur Verwendung gekommen ist. Das Adv. hat die nächste Verwandtschaft mit dem Adj. Es verhält sich zunächst zum Verbum, dann auch zum Adj. analog wie ein attributives Adj. zu einem Subst. Diese Proportionalität zeigt sich dann auch darin, dass im allgemeinen aus jedem beliebigen Adj. ein Adv. gebildet werden kann.

Die formelle Scheidung des Adjektivums von dem Adv. beruht auf der Flexionsfähigkeit des ersteren und der dadurch ermöglichten Kongruenz mit dem Subst. Wo dies formelle Kriterium fortfällt, da kann auch die Scheidung von dem Sprachgefühl nicht mehr strikt aufrecht erhalten werden. Im Nhd. ist sie wirklich zum Teil durchbrochen, nachdem das Adj. in prädikativem Gebrauche unveränderlich geworden ist, und nachdem der im Mhd. meist noch bestehende Unterschied zwischen der flexionslosen Form des Adj. und dem Adv. (*starc-starke, schœne-schóne, guot-wol, bezzer-baz*) aufgehoben ist. Wir haben eigentlich kein Recht mehr *gut* in Sätzen wie *er ist gut gekleidet, er spricht gut* und *gut* in Sätzen wie *er ist gut, man hält ihn für gut* einander als Adv. und Adj. gegenüberzustellen. Das Sprachgefühl weiss von diesem Unterschiede nichts. Das ersieht man am besten daraus, dass die Adverbialform des Superlativs in die Stelle eingerückt ist, die sonst der flexionslosen Form des Adj. zukommt. Man sagt *es ist am besten* und selbst *du bist am schönsten, wenn* etc.

Anderseits nehmen in verschiedenen Sprachen manche Adverbia neben einem Adjektivum adjektivische Flexion an. So sagt man im Franz. *toute pure, toutes pures*; entsprechend it. *tutta livida*, span. *todos desnudos* etc.; ebenso it. *mezza morte*, span. *medios desnudos*. Auch in vielen deutschen Mundarten sagt man *ein ganzer guter Mann, eine ganze gute Frau; solche schlechte Ware; eine rechte gute Frau* (Le.).

Die Funktion des Adjektivums stimmt besonders überein mit der des Adverbiums neben Nomina actionis und agentis, vgl. *eine gute*

Erzählung, ein guter Erzähler. Hier bezeichnet das Adj. genau so die Art und Weise eines Vorganges wie sonst das Adv. Die letztere Verbindung ist aber zweideutig, indem man *gut* auch auf die Person des Erzählers überhaupt beziehen kann. Diese Zweideutigkeit würde vermieden werden, wenn man etwa für den einen Fall nach Analogie der verbalen Konstruktion das Adv. anwendete; und so sagt man im Engl. *an early riser*. Im Deutschen helfen wir uns durch Vereinigung der Begriffe in ein Wort, vgl. *Frühaufsteher, Langeschläfer, Schönschreiber, Feinschmecker* etc., Ableitungen aus *früh aufstehen* etc. Die berührte Zweideutigkeit ist übrigens nicht auf die Nomina agentis beschränkt, vgl. *ein guter Kutscher, ein arger Narr, ein grosser Esel, ein junger Ehemann*. Das Adj. kann entweder auf die Person schlechthin bezogen werden oder auf die Eigenschaft, welche ihr durch das Subst. beigelegt wird. Im letzteren Falle verhält es sich zu dem Subst. wie ein Adv. zu dem Adj., das es bestimmt. Entsprechend verhält sich das Adj. zu substantivischen Qualitätsbezeichnungen, vgl. *die hohe Vortrefflichkeit, grosse Güte.*

Da Adj. und Adv. derartig miteinander korrespondieren, so ist auch das Bedürfnis vorhanden für jeden einzelnen Fall beides neben einander zu haben. Nun gibt es aber eine grosse Menge von Adverbien, die nicht aus einem Adjektivum abgeleitet sind, und die daher auch kein solches zur Seite haben. Hier treibt das Bedürfnis dazu auf das Adv. auch die Funktion des Adjektivums zu übertragen. Am leichtesten wird das Adv. prädikativ verwendet, indem neben ihm das Verb. ebenso wie neben dem Adj. zum Verbindungswort herabgesunken ist. In Sätzen wie *er ist da, er ist auf, die Tür ist zu, alles ist vorbei, er wird mir zuwider* wird die Konstruktion vom Sprachgefühl nicht anders aufgefasst als in solchen wie *die Tür ist geschlossen, er wird unangenehm*. Das Adv. tritt aber auch, indem es einem Subst. als Bestimmung beigefügt wird, auf gleiche Linie mit dem adjektivischen Attribut. Wenn wir im Nhd. sagen *der Berg dort, die Fahrt hierher, der Baum drüben*, so liegt die Gleichstellung mit dem Adj. noch fern wegen der abweichenden Stellung. Anders steht es schon mit lateinischen (nicht häufigen) Konstruktionen wie *nunc hominum mores vides?* (Plaut.), *ignari sumus ante malorum* (Virg.), *discessu tum meo* (Cic.).[1] Am meisten aber nähert sich das Adv. der adjektivischen Funktion, wo es zwischen Art. und Subst. eingeschoben wird, wie im Griech.: τὴν ἐκεῖ παίδευσιν, τὴν πλησίον τύχην, τῷ νῦν γένει, ἡ λίαν τρυφή; im Engl.: *on the hither side, the above discourse*[2]; im Span.: *la sempre señora mia*. Im Nhd. ist eine derartige Verwendung des Adv. nicht möglich. Man hat um dem

---

[1] Vgl. Draeger § 79.
[2] Vgl. Mätzner III, S. 148. 9.

Bedürfnis zu genügen flektierbare Wörter geschaffen. Einerseits durch sekundäre Ableitungen, die nur attributiv, nicht prädikativ verwendet werden, vgl. *alleinig, hiesig, dortig, obig, jetzig, vorig, nachherig, sofortig, alsbaldig, vormalig, diesseitig*; seltener solche, die auch prädikativ verwendet werden wie *niedrig, übrig* (auch *alleinig* in oberdeutschen Mundarten). Anderseits haben manche Adverbia ohne weiteres Flexionsendung angenommen, was dadurch begünstigt ist, dass in prädikativer Verwendung das Adj. sich formell nicht vom Adv. abhob, weil die flexionslose Form angewendet wurde. Vgl. *nahe, selten, zufrieden, vorhanden, behende* (aus ahd. *bi henti*), *ungefähr, teilweise, anderweit, apart*. Dialektisch sagt man *ein zues Fenster, ein weher Finger*, bairisch *ein zuwiderer Mensch*; Arndt sagt *etwas Überausses und Ungemeines*. Das aus dem Adv. (eigentlich Dat. Pl.) neugebildete Adj. *einzeln* hat das diesem zu Grunde liegende Adj. *einzel* verdrängt. Auch *oft* erscheint nicht selten flektiert, z. B. *die allzuofte Wiederholung eben desselben Wortes* (Le.), vgl. DWb. 7, 1194; allgemein üblich sind dazu adjektivische Steigerungsformen; vgl. dazu lat. *propior, proximus* zu *prope* und griech. ἐγγύτερος, ἐγγύτατος zu ἐγγύς.

In nahe Berührung mit dem Adv. tritt das Adj. als prädikatives Attribut. Dieser Satzteil steht in nächster Beziehung zum Subj., an welches er durch die Kongruenz angeschlossen ist, ist aber doch demselben gegenüber verselbständigt und kann eben deshalb auch in eine direkte Beziehung zum Präd. treten. Das Adv. dagegen ist an das Präd. angeschlossen, kann aber diesem gegenüber in ähnlicher Weise verselbständigt werden und dadurch dem Subj. näher treten. Es gibt nun auch Fälle, in denen eine Bestimmung ebensowohl zum Subj. wie zum Präd. passt. So begreift es sich, dass in manchen Sprachen für den gleichen Fall sowohl das Adj. als das Adv. gesetzt werden kann, oder dass in einer Sprache dieses, in der andern jenes üblich ist. Im Nhd. steht häufig das Adv. einem Adj. anderer Sprachen gegenüber, vgl. *allein* gegen lat. *solus*, franz. *seul* etc.; *zuerst* und *zuletzt* gegen lat. *primus* und *postremus* etc.; *gern* gegen griech. ἑκών, ἄσμενος, lat. *libens* neben *libenter*; *ungern* gegen lat. *invitus* neben seltenerem *invite*. Auffallender für uns und auch in den fremden Sprachen nicht allgemein üblich sind Konstruktionen wie griech. εὗδον παννύχιοι (Hom.), κρήνη ἄφθονος ῥέουσα (Xen.), Ἀσωπὸς ποταμὸς ἐρρύη μέγας (Thuc.), lat. *beatissimi viveremus, propior hostem collocatus, proximi Rhenum incolunt, nocturnusque vocat clamore Cithaeron* (Virg.), *Aeneas se matutinus agebat* (Virg.), *frequens te audivi* (Cic.), *in agmine atque ad vigilias multus* (= *frequenter*) *adesse* (Sall.), *est enim multus in laudanda magnificentia* (Cic.), *is nullus* (= *non*) *venit* (Plaut.), *tametsi nullus moneas* (Ter.); it. *che più lontana se ne vada* (Ariost).

§ 259. Die Präpositionen und Konjunktionen sind als Verbindungswörter immer erst in Folge einer Gliederungsverschiebung aus selbständigen Wörtern entstanden. Diese Verschiebung muss eine definitive sein. Okkasionell können ja die verschiedenartigsten Satzteile zu Verbindungsgliedern herabgedrückt werden. Erst wenn ein Wort mit einer gewissen Regelmässigkeit als Verbindungswort verwendet wird, kann es eventuell als Präp. oder Konj. betrachtet werden. Es gehört dazu aber auch noch eine Isolierung seiner Konstruktionsweise gegenüber derjenigen, die es als selbständiges Wort hatte. Aber auch dann kann es daneben als selbständiges Wort funktionieren, so dass es also nicht möglich ist es einfach unter eine bestimmte Wortklasse unterzubringen. Dies ist erst möglich, wenn das Wort in seiner selbständigen Verwendung untergegangen ist, oder wenn sich mit den beiden Verwendungsweisen eine lautliche Differenzierung verbunden hat, oder wenn sonst irgend eine Isolierung eingetreten ist.

So können wir für die Präposition folgende Definition aufstellen: die Präp. ist ein Verbindungswort, mit welchem ein Kasus eines beliebigen Substantivums verknüpft werden kann, ohne dass die Verbindungsweise noch in Analogie zu einer nominalen oder verbalen Konstruktionsweise steht. Nach dieser Definition werden wir *entsprechend* in einem Satze wie *er hat ihn seinen Verdiensten entsprechend belohnt* nicht für eine Präp. erklären, denn seine Konstruktion ist die des Verbums *entsprechen.* Anders verhält es sich schon mit *anstatt.* In *anstatt des Mannes* ist der Gen. ursprünglich das reguläre Zeichen der nominalen Abhängigkeit. Ob er aber noch als solches empfunden wird, hängt davon ab, ob man *anstatt* noch als Verbindung der Präp. *an* mit dem Subst. *Statt* empfindet. Wo nicht, tritt auch die Konstruktion mit dem Gen. aus der Gruppe, in die sie bisher eingereiht war, heraus, und die Präp. ist geschaffen. Es kann in diesem Falle das Sprachgefühl recht wohl noch schwankend, bei verschiedenen Individuen verschieden sein. Denn allerdings ist *Statt* kein allgemein übliches Subst. mehr, sondern auf gewisse isolierte Verbindungen beschränkt. Sagt man aber *an meiner Statt*, so wird man noch stärker an die substantivische Natur von *Statt* erinnert. In andern Fällen ist die Isolierung eine absolute geworden. Unser *nach* ist ursprünglich Adv. = *nahe.* Aber zwischen *seinem Ende nahe* und *nach seinem Ende* ist jede Beziehung abgebrochen, wiewohl beide auf die nämliche Konstruktionsweise zurückgehen. Hier ist es die Verdunkelung der etymologischen Beziehung durch divergierende Bedeutungsentwickelung, was die Isolierung der Konstruktionsweise veranlasst hat. In anderen Fällen ist es das Verschwinden dieser Konstruktionsweise aus dem lebendigen Gebrauche. Im Idg. wurde nach dem Komp. wie im Lat.

der Abl. gebraucht. Diese Konstruktion war im Altgermanischen noch bewahrt, nur dass der Abl. wie allgemein sich mit dem Instr. und Dat. mischte. Indem sie im allgemeinen unterging, erhielt sie sich unter andern bei zwei adverbialen Komparativen, die durch diese Isolierung zu Präpositionen wurden, mhd. *ê* (nhd. noch in *ehedem*) und *sît* (nhd. seit) = got. *seiþs* in *þanaseiþs*, lautlich regelmässiger Komp. zu *seiþus*. Wie die ältesten Präpositionen des Idg. aus Adverbien entstanden sind, haben wir § 204 gesehen.

§ 260. Die Entstehung der Konjunktionen lässt sich zum Teil wie die der Präpositionen historisch verfolgen. Die satzverbindenden entwickeln sich zum grossen Teil aus den konjunktionellen Adverbien oder isolierten Formen der konjunktionellen Pronomina, die eventuell mit andern Wörtern verknüpft sind (vgl. *daher, darum, deshalb, deswegen, weshalb, indem*). Diese Wörter sind also schon satzverknüpfend, bevor sie reine Konjunktionen geworden sind. Ob man sie als solche gelten lassen will, hängt sehr von der subjektiven Empfindung ab, eine bestimmte Grenze lässt sich nicht ziehen. Es kommt namentlich darauf an, bis zu welchem Grade der Ursprung des Wortes verdunkelt ist. Eine solche Verdunkelung ist notwendig, wenn man das Wort als bloss satzverbindend empfinden soll.

Eine besondere Entstehungsweise von Konjunktionen ist § 211 besprochen. Auch hier liegt meist ein konjunktionelles, und zwar demonstratives Pron. oder Adv. zu Grunde, entweder für sich oder in Verbindung mit einem anderen Worte. Doch gibt es auch Fälle ohne Demonstrativum wie nhd. *weil, falls*, engl. *because, in case*. Aber auch hier hat schon den zu Grunde liegenden Substantiven der Hinweis auf das Folgende angeheftet.

Eine Anzahl von Konjunktionen entsteht aus Wörtern, die einen Vergleich ausdrücken; vgl. *ingleichen, ebenfalls, gleichfalls, gleichwohl, andernfalls, übrigens*; griech. ὅμως, ἀλλά; lat. *ceterum*; ferner die Komparative *ferner, weiter, vielmehr*; lat. *potius, nihilominus*; franz. *mais, plutôt, néanmoins*. Durch diese Wörter ist auch von Anfang an eine Beziehung ausgedrückt, es fehlt dagegen an einem Ausdruck dafür, worauf die Beziehung geht; dies muss aus dem Zusammenhang erraten werden.

Anders verhält es sich dagegen, wo Versicherungen zu satzverbindenden Konjunktionen geworden sind, vgl. *allerdings, freilich, nämlich, wohl, zwar* (mhd. *ze wâre* fürwahr); got. *raihtis* (aber oder denn); lat. *certe, verum, vero, scilicet, videlicet* etc. Diese Wörter drücken an sich gar kein Verhältnis zu einem andern Satze aus. Das logische Verhältnis, in welchem der Satz, in dem sie enthalten sind, zu einem andern steht, wird ursprünglich, ohne sprachlichen Ausdruck zu finden, hinzugedacht. Indem es nun aber gerade dieses Verhältnis ist, weswegen der Sprechende eine ausdrückliche Versicherung hinzuzufügen für nötig erachtet, so kommt es, dass allmählich dies Verhältnis als durch die Versicherung ausgedrückt erscheint. Ebensowenig bezeichnet lat. *licet* ursprünglich eine Beziehung zu dem regierenden Satze; auch hier hat sich eine ursprünglich nur gedachte Beziehung sekundär an diese Verbalform angeheftet, die eben dadurch zur Konjunktion geworden ist.

Ein Mittel zur Bezeichnung der Beziehung zweier Sätze oder Satzteile aufeinander liefert die anaphorische Setzung zweier an sich nicht konjunktioneller Adverbia, vgl. *bald — bald, jetzt — jetzt, einmal — einmal; modo — modo, nunc — nunc, tum — tum* u. dergl. Hiervon zu scheiden ist natürlich die entsprechende Verwendung von solchen Wörtern, die an sich schon Konjunktionen sind.

§ 261. Der Parallelismus in dem Verhältnis von Satzgliedern und dem von ganzen Sätzen zueinander zeigt sich darin, dass die für das eine Verhältnis geschaffenen Verbindungswörter analogisch auf das andere übertragen werden. So werden von alters her für beide Verhältnisse die gleichen kopulativen und disjunktiven Partikeln verwendet. Die Übertragung von Satzglied auf Satz kann man deutlich verfolgen bei den Wörtern wie *weder, entweder,* mhd. *beide,* vgl. § 208. Ebenso besteht Übereinstimmung in der Verwendung der demonstrativen und relativen Vergleichungspartikeln. Hier werden wir die umgekehrte Übertragung von Satz auf Satzglied anzunehmen haben. Über die sonstige Verwendung ursprünglich satzeinleitender Konjunktionen vor Satzgliedern und über die von Präpositionen vor Sätzen vgl. § 119.

Der Unterschied von Präp. und Konj. im einfachen Satze ist durch die Kasusrektion der ersteren scharf bestimmt. Doch finden sich nichtsdestoweniger Vermischungen des Unterschiedes. Ob man sagt *ich mit (samt) allen übrigen* oder *ich und alle übrigen* kommt dem Sinne nach ungefähr auf das Gleiche hinaus, und so geschieht es, dass man zu einer durch *mit* hergestellten Verbindung das Präd. oder die Apposition in den Pl. setzt, wo die Berücksichtigung des eigentlichen grammatischen Verhältnisses den Sg. verlangen würde; vgl. *Scherz mit Huld in anmutsvollem Bunde entquollen dem beseelten Munde* (Schi.); griech. *Δημοσθένης μετὰ τῶν συστρατηγῶν σπεύδονται* (Thuk.); lat. *ipse dux cum aliquot principibus capiuntur* (Liv.); *filiam cum filio accitos* (id.); engl. *old Sir John with half a dozen more are at the door* (Sh.); franz. *Vertumne avec Pomone ont embelli ces lieux* (St. Lambert); weitere Beispiele aus verschiedenen Sprachen bei Delbrück, Grundriss, 5, 255, aus romanischen bei Diez III, 301, aus slawischen bei Miklosich IV, 77. 78.

Hier müssen wir das Verbindungswort, wenn wir auf den dabei stehenden Kasus sehen, als Präp., wenn wir auf die Gestalt des Prädikats sehen, als Konj. anerkennen. Beispiele für den wirklichen Übertritt von der Präp. zur Konj. bieten nhd. *ausser* und *ohne*, vgl. z. B. *niemand kommt mir entgegen ausser ein Unverschämter* (Le.), *dass ich nicht nachdenken kann ohne mit der Feder in der Hand* (Le.), *kein Gott ist ohne ich* (Lu.). Umgekehrt wird die Konj. *wan* im Nhd. zu einer Präp. c. Gen., vgl. *daz treip er mit der reinen wan eht des alters einen* (Konr. v. Würzb.). Man begreift demnach, dass da, wo noch keine Kasus ausgebildet sind, eine Grenzlinie zwischen Präp. und Konj. kaum bestehen kann.

Die Überführung aus der Unterordnung in die Beiordnung ist noch leichter, wenn von Anfang an keine Kasusrektion besteht, das Verbindungswort also schon Konjunktion (konjunktionelles Adv.) ist. Dies zeigt sich namentlich bei der Korrelation *sowohl — als auch* u. dergl., vgl. *die Zurückweisung, welche sowohl Fichte als auch Hegel .. erfahren haben* (Varnhagen v. Ense), *Schade, dass Steinhöwel wie Wyle auf die Grille fielen* (Gervinus); engl. *your sister as well as myself are greatly obliged to you* (Fielding); lat. *ut proprium jus tam res publica quam privata haberent* (Frontinus); franz. *la santé comme la fortune retirent leurs faveurs à ceux qui en abusent* (Saint-Evremont); *Bacchus ainsi qu' Hercule étaient reconnus pour demi-dieux* (Voltaire).

Einundzwanzigstes Kapitel.
Sprache und Schrift.

§ 262. Über die Abweichungen der sprachlichen Zustände in der Vergangenheit von denen in der Gegenwart haben wir keinerlei Kunde, die uns nicht durch das Medium der Schrift zugekommen wäre. Es ist wichtig für jeden Sprachforscher niemals aus den Augen zu verlieren, dass das Geschriebene nicht die Sprache selbst ist, dass die in Schrift umgesetzte Sprache immer erst einer Rückumsetzung bedarf, ehe man mit ihr rechnen kann. Diese Rückumsetzung ist nur in unvollkommener Weise möglich (auch dessen muss man sich stets bewusst bleiben); soweit sie aber überhaupt möglich ist, ist sie eine Kunst, die gelernt sein will, wobei die unbefangene Beobachtung des Verhältnisses von Schrift und Aussprache, wie es gegenwärtig bei den verschiedenen Völkern besteht, grosse Dienste leistet.

Die Schrift ist aber nicht bloss wegen dieser Vermittlerrolle Objekt für den Sprachforscher, sie ist es auch als ein wichtiger Faktor in der Sprachentwickelung selbst, den wir bisher absichtlich nicht berücksichtigt haben. Umfang und Grenzen ihrer Wirksamkeit zu bestimmen ist eine Aufgabe, die uns noch übrig bleibt.

Die Vorteile, welche die geschriebene vor der gesprochenen Rede in Bezug auf Wirkungsfähigkeit voraus hat, liegen auf der Hand. Durch sie kann der enge Kreis, auf den sonst der Einfluss des Individuums beschränkt ist, bis zur Weite der ganzen Sprachgenossenschaft anwachsen, durch sie kann er sich über die lebende Generation hinaus, und zwar unmittelbar auf alle nachfolgenden verbreiten. Es ist kein Wunder, dass diese in die Augen stechenden Vorzüge gewöhnlich bei weitem überschätzt werden, auch in der Sprachwissenschaft überschätzt sind, weil es etwas mehr Nachdenken erfordert sich auch diejenigen Punkte klar zu machen, in denen die Schrift hinter der lebendigen Rede zurückbleibt.

§ 263. Man unterscheidet gewöhnlich zwischen Sprachen, deren Aussprache von der Schrift abweicht, und solchen, in denen man schreibt, wie man spricht. Wer das letztere anders als in einem sehr relativen Sinne nimmt, der befindet sich in einem folgenschweren Irrtum. Die Schrift ist nicht nur nicht die Sprache selbst, sondern sie ist derselben auch in keiner Weise adäquat. Es handelt sich für die richtige Auffassung des Verhältnisses nicht um diese oder jene einzelne Diskrepanz, sondern um eine Grundverschiedenheit. Wir haben oben § 34 gesehen, wie wichtig für die Beurteilung der lautlichen Seite der Sprache die Kontinuität in der Reihe der hintereinander gesprochenen wie in der Reihe der bildbaren Laute ist. Ein Alphabet dagegen, mag es auch noch so vollkommen sein, ist nach beiden Seiten hin diskontinuierlich. Sprache und Schrift verhalten sich zueinander wie Linie und Zahl. So viele Zeichen man auch anwenden mag und so genau man die entsprechenden Artikulationen der Sprechorgane definieren mag, immer bleibt ein jedes nicht Zeichen für eine einzige, sondern für eine Reihe unendlich vieler Artikulationsweisen. Und wenn auch der Weg für den Übergang von einer bezeichneten Artikulation zur andern bis zu einem gewissen Grade ein notwendiger ist, so bleibt doch die Freiheit zu mancherlei Variationen. Und dann erst Quantität und Akzent.

§ 264. Die wirklich üblichen Alphabete bleiben nun auch hinter dem Erreichbaren weit zurück. Zweck eines nicht der wissenschaftlichen Phonologie, sondern nur dem gewöhnlichen praktischen Bedürfnisse dienenden Alphabetes kann niemals sein die Laute einer Sprache von denen einer andern, ja auch nur die eines Dialektes von denen eines andern unterscheidbar zu machen, sondern nur die innerhalb eines ganz bestimmten Dialektes vorkommenden Differenzen zu unterscheiden, und dieses braucht auch nur so weit zu geschehen, als die betreffenden Differenzen von funktionellem Wert sind. Weiter gehen daher auch die meisten Alphabete nicht. Es ist nicht nötig, die durch die Stellung in der Silbe, im Worte, im Satze, durch Quantität und Akzent bedingten Unterschiede zu bezeichnen, sobald nur die bedingenden Momente in dem betreffenden Dialekte immer die gleiche Folge haben. Wenn z. B. im Nhd. der harte *s*-Laut in *Lust, Brust* etc. durch das gleiche Zeichen wiedergegeben wird wie sonst der weiche *s*-Laut, dagegen in *reißen, fließen* durch ß (*ss*), so beruht das allerdings auf einer historischen Tradition (mhd. *lust — rizen*); es ist aber doch sehr fraglich, ob die Schreibung ß sich bewahrt haben würde, wenn nicht im Silbenanlaut das Bedürfnis vorhanden gewesen wäre zwischen dem harten und dem weichen Laute zu scheiden (vgl. *reiß*en — *reisen, fließen — Fliesen*), während in der Verbindung *st* das *s* stets hart ist, auch in Formen aus Wörtern, die sonst weiches *s* haben (*er reist* in der Aussprache nicht geschieden von *er reißt*). Dass die Entstehung aus mhd. *z* nicht das allein massgebende gewesen ist, wird durch die

Schreibung im Auslaut bestätigt. Auch hier ist kein Unterschied der Aussprache zwischen dem aus mhd. *s* und dem aus mhd. *ȝ* entstandenen *s*; das *s* in *Haß*, *heiß* wird gesprochen wie das in *Glas*, *Eis*. Man schreibt nun *ß* im Auslaut (für mhd. *ȝ*) nur da, wo etymologisch eng verwandte Formen mit inlautenden harten *s* daneben stehen, also *heiß* — *heißer* etc., dagegen *das*,[1]) *es*, *alles*, *aus*, auch *blos* als Adv. und *bischen* = ein wenig. Man schreibt auch nicht etwa *Kreiß* — *Kreises* = mhd. *kreiȝ* — *kreiȝes* u. dergl. Aus alledem ist klar, dass die Scheidung der Schreibweise nur von solchen Fällen ausgegangen ist, in denen eine mehrfache Aussprache in dem gleichen Dialekt möglich war. So ist auch bei der schriftlichen Fixierung der meisten Sprachen nicht das Bedürfnis empfunden ein besonderes Zeichen für den gutturalen und palatalen Nasal zu verwenden, sondern man hat dafür dasselbe Zeichen wie für den dentalen angewendet, während der labiale sein besonderes hat. Ursache war, dass der gutturale und palatale Nasal immer nur vor andern Gutturalen und Palatalen vorkam, also in den Verbindungen *nk*, *ng* etc., und in dieser Stellung ausnahmslos galt, während der labiale und der dentale auch im Auslaut und im An- und Inlaut vor Vokalen üblich waren, daher voneinander unterschieden werden mussten. Es ist ferner nicht nötig im Nhd. zwischen dem gutturalen und dem palatalen *ch* zu unterscheiden. Denn die Aussprache ist durch den vorhergehenden Vokal zweifellos bestimmt und wechselt danach innerhalb desselben Stammes: *Fach* — *Fächer*, *Loch* — *Löcher*, *Buch* — *Bücher*, *sprach*, *gesprochen* — *sprechen*, *spricht*. Gäbe es dagegen ein palatales *ch* auch nach *a*, *o*, *u*, ein gutturales auch nach *e*, *i*, *ä*, *ö*, *ü*, so würde allerdings das Bedürfnis nach Unterscheidung vorhanden und vielleicht auch befriedigt sein. Noch weniger ist es notwendig solche Unterschiede zu bezeichnen, wie sie mit Notwendigkeit durch die Stellung im Silbenauslaut oder Anlaut bedingt sind, z. B. bei den Verschlusslauten, ob die Bildung oder die Lösung des Verschlusses hörbar ist. Überall schreibt man *kk*, *tt*, *pp*, während man doch nicht zweimal die gleiche Bewegung ausführt, sondern die zweite die Umkehr der ersten ist. Nirgends haben auch die vielfachen Ersparungen in der Bewegung bei dem Übergange von einem Laute zum andern einen schriftlichen Ausdruck gefunden, vgl. darüber Sievers, Grundzüge der Phonetik[4] § 378 ff. ([5] § 404 ff.).

§ 265. Allerdings gibt es auch einige Alphabete, z. B. das des Sanskrit, die über das Mass dessen, was das unmittelbare praktische Bedürfnis erheischt, hinausgehen und strengeren Ansprüchen der Lautphysiologie Genüge leisten, indem sie auch in solchen Fällen ähnliche,

---

[1]) Die Ausnahmen bei der Konjunktion *daß* erklärt sich aus dem Differenzierungsbedürfnis der Grammatiker.

aber doch nicht gleiche Laute auseinander halten, wo die Unterscheidung für den der Sprache Mächtigen, auch ohne Rücksicht auf Sinn und Zusammenhang sich von selbst versteht. Viel häufiger aber sind solche Alphabete, die auch hinter der bezeichneten billigen Anforderung noch zurück bleiben. Die erste Ursache solcher Mangelhaftigkeit ist die, dass fast sämtliche Völker nicht sich selbständig ihr Alphabet den Bedürfnissen ihrer Sprache gemäss erschaffen, sondern das Alphabet einer fremden Sprache der ihrigen, so gut es gehen wollte, angepasst haben. Dazu kommt dann, dass in der weiteren Entwickelung der Sprache neue Differenzen entstehen können, die bei der Einführung des Alphabetes nicht vorgesehen werden konnten. Dieselben Gründe können übrigens auch einen unnützen Überfluss erzeugen. Beides, Überfluss und Mangel, sind häufig nebeneinander. Als Exempel kann das Neuhochdeutsche dienen. Mehrfache Zeichen für den gleichen Laut sind $c-k-ch-q$, $c-z$, $f-v$, $v-w$, $s-\beta$, $ä-e$, $ai-ei$, $äu-eu$, $i-y$. Ein Zeichen, welches verschiedene Laute bezeichnen kann, ohne dass dieselben durch die Stellung ohne weiteres feststehen, ist e, welches sowohl = französisch $é$ als = französisch $è$ sein kann. In dem Verhältnis von $ä$ und e zeigen sich also Luxus und Mangel vereinigt. Ähnlich ist es mit v (allerdings nur in Fremdwörtern) in seinem Verhältnis zu f und w. Auch ch kann in Fremdwörtern verschiedene Geltung haben (*Chor* — *charmant*). Zur Bezeichnung der Vokallänge sind mehrere Mittel in Anwendung, Doppelschreibung, h und e (nach i) und doch bleibt sie in so vielen Fällen unbezeichnet. Diese Übelstände sind zum Teil so alt wie die Aufzeichnung deutscher Sprachdenkmale und machten sich früher in noch störenderer Weise geltend. Andere, die früher vorhanden waren, sind allmählich geschwunden. So war es gleichfalls eine Vereinigung von Luxus und Mangel, wenn u und v, i und j jedes sowohl zur Bezeichnung des Vokales als des Reibelautes verwendet wurden und nach rein graphischen Traditionen miteinander wechselten. In mittelhochdeutschen Handschriften sind $o - ö$, $u\ (û) - ü\ (iu) - uo - üe$ meist nicht voneinander geschieden. Und so könnte man noch weiter in der Aufzählung von Unvollkommenheiten fortfahren, an denen die deutsche Orthographie in den verschiedenen Perioden ihrer Entwickelung gelitten hat.

§ 266. Nimmt man nun hinzu, dass die Akzentuation entweder gar nicht oder nur sehr unvollkommen bezeichnet zu werden pflegt, so ist es wohl klar, dass auch diejenigen unter den üblichen schriftlichen Fixierungen, in denen das phonetische Prinzip nicht durch die Rücksicht auf die Etymologie und den Lautstand einer älteren Periode beeinträchtigt ist, ein höchst unvollkommenes Bild von der lebendigen Rede geben. Die Schrift verhält sich zur Sprache etwa wie eine

Skizze zu einem mit der grössten Sorgfalt in Farben ausgeführten Gemälde. Die Skizze genügt, um demjenigen, welchem sich das Gemälde fest in der Erinnerung eingeprägt hat, keinen Zweifel darüber zu lassen, dass sie dieses vorstellen soll, auch um ihn in den Stand zu setzen die einzelnen Figuren in beiden zu identifizieren. Dagegen wird derjenige, der nur eine verworrene Erinnerung von dem Gemälde hat, diese an der Skizze höchstens in Bezug auf einige Hauptpunkte berichtigen und ergänzen können. Und wer das Gemälde niemals gesehen hat, der ist selbstverständlich nicht imstande, Detailzeichnung, Farbengebung und Schattierung richtig hinzuzudenken. Würden mehrere Maler zugleich versuchen nach der Skizze ein ausgeführtes Gemälde herzustellen, so würden ihre Erzeugnisse stark voneinander abweichen. Man denke sich nun, dass auf dem Originalgemälde Tiere, Pflanzen, Geräte etc. vorkämen, welche sie niemals in ihrem Leben in der Natur oder in getreuen Abbildungen gesehen haben, die aber eine gewisse Ähnlichkeit mit andern ihnen bekannten Gegenständen haben, würden sie nicht nach der Skizze auf ihrem eigenen Gemälde diese ihnen bekannten Gegenstände unterschieben? So ergeht es notwendigerweise demjenigen, der eine fremde Sprache oder einen fremden Dialekt nur in schriftlicher Aufzeichnung kennen lernt und danach zu reproduzieren versucht. Was kann er anders tun, als für jeden Buchstaben und jede Buchstabenverbindung den Laut und die Lautverbindung einsetzen, die er in seinem eigenen Dialekt damit zu verbinden gewohnt ist, und nach den Prinzipien desselben auch Qualität und Akzent zu regeln, soweit nicht Abweichungen ausdrücklich durch ihm verständliche Zeichen hervorgehoben sind? Darüber ist man ja auch allgemein einverstanden, dass bei der Erlernung fremder Sprachen, auch wenn sie sich der gleichen Buchstaben bedienen, mindestens eine detaillierte Beschreibung des Lautwertes erforderlich ist, und dass auch diese, zumal wenn sie nicht auf lautphysiologischer Basis gegeben wird, nicht das Vorsprechen ersetzen kann. Selbstverständlich aber ist das gleiche Bedürfnis vorhanden, wenn uns eine richtige Vorstellung von den Lauten des Dialektes beigebracht werden soll, der mit dem unsrigen zu derselben grösseren Gruppe gehört. Es kommt darauf an die daraus sich ergebenden Konsequenzen nicht zu übersehen.

§ 267. Auf einem jeden in viele Dialekte gespaltenen Sprachgebiete existieren in der Regel eine grosse Anzahl verschiedener Lautnuancen, jedenfalls, auch wenn man nur das deutlich Unterscheidbare berücksichtigt und alle schwer merklichen Feinheiten bei Seite lässt, sehr viel mehr, als das gemeinsame Alphabet, dessen man sich bedient, Buchstaben enthält. In jedem einzelnen Dialekte aber existiert immer nur ein bestimmter Bruchteil dieser Nuancen, indem die nächstverwandten sich vielfach ausschliessen, so dass sich ihre Zahl, wenn man diejenigen nur für eine rechnet, die zu scheiden das praktische Bedürfnis nicht erfordert, ungefähr mit der Zahl der zur Verfügung stehenden Buchstaben decken mag. Wenn unter so bewandten Umständen an verschiedenen Punkten Aufzeichnungen in der heimischen Mundart gemacht werden, so ist gar kein anderes Verfahren denkbar, als dass jeder Buchstabe eben für diejenige Spezies einer grösseren Gattung von Lauten verwendet wird, die gerade in der betreffenden Mundart vorkommt, also hier für diese, dort für jene. Dabei kommt es auch vor, dass, wenn zwei nahe verwandte Spezies in einem Dialekte neben einander vorkommen, ein Zeichen für beide ausreichen muss, während umgekehrt von zwei für die übrigen Dialekte unentbehrlichen Zeichen für den einen oder andern das eine entbehrlich sein kann. Wir brauchen uns nur einige der wichtigsten derartigen Fälle anzusehen, wie sie auf dem deutschen Sprachgebiete vorkommen, wobei es sich nicht bloss um die eigentliche Mundart, sondern auch um die Sprache des grössten Teiles der Gebildeten handelt. Der Unterschied zwischen harten und weichen Geräuschlauten besteht in Oberdeutschland so gut wie in Niederdeutschland. Aber während er dort auf der grösseren oder geringeren Energie der Exspiration beruht, kommt hier[1]) noch ein weiteres Charakteristikum hinzu, das Fehlen oder Vorhandensein des Stimmtons. Das Obersächsische und Thüringische aber kennen weder eine Unterscheidung durch den Stimmton, noch durch die Energie der Expiration. Demnach bezeichnet also z. B. *b* für den Oberdeutschen einen andern Laut (tonlose Lenis) als für den Niederdeutschen (tönende Lenis) und wieder einen andern für den Obersachsen (tonlose Fortis). Auch *k*, *t*, *p* bezeichnen in gewissen Stellungen für den Obersachsen und Thüringer einen andern Laut (hauchlose Fortis) als für die Masse der übrigen Deutschen (Aspirata).[2]) Das *w* spricht der Niederdeutsche als labio-dentalen, der Mitteldeutsche als labio-labialen Geräuschlaut, der Alemanne als konsonantischen Vokal. Das *s* im Wortanlaut vor *t* und *p* wird in einem grossen Teile Niederdeutschlands als hartes *s*, im übrigen Deutschland wie sonst *sch* gesprochen. Das *r* ist in einem Teile lingualer, in dem andern uvularer Laut, und noch mannigfache sonstige Variationen kommen vor. Das *g* wird in einem Teile Nieder- und Mitteldeutschlands, auch in einigen oberdeutschen Gegenden als gutturaler oder palataler Reibelaut gesprochen, entweder durchweg oder nur im Inlaut. Von jeher ist *g* in den germanischen Dialekten sowohl

---

[1]) Auf genauere Grenzbestimmungen, die zu geben mir unmöglich ist, kommt es natürlich hier und im Folgenden nicht an. Die Tatsache ist zuerst festgestellt von Winteler, Grammatik der Kerenzer Mundart, S. 20 ff.

[2]) Vgl. Kräuter, Ztschr. f. vgl. Sprachforschung 21, 30 ff.

Zeichen für den Verschlusslaut als für den Reibelaut gewesen. Den Unterschied in der Aussprache des *ch* nach der Natur des vorhergehenden Vokales kennt das Hochalemannische nicht. Dagegen macht es einen Unterschied zwischen *f* = nd. *p* und *f* = nd. *f*, den andere Gegenden nicht kennen.

Wo die Gleichheit des Zeichens bei Abweichung der Aussprache zusammentrifft mit etymologischer Gleichheit, da ist in der Schrift ein dialektischer Unterschied verdeckt. Da dies sehr häufig der Fall ist, zumal wenn man auch die vielen im einzelnen weniger auffallenden, aber doch im Ganzen sich bemerkbar machenden Abweichungen mit in Betracht zieht, da ferner meist die Quantität, da vor allem die Modulationen der Tonhöhe und der Exspirationsenergie unbezeichnet bleiben, so muss man zugestehen, dass es ein erheblicher Teil der dialektischen Differenzen ist, der in der Schrift nicht zur Geltung kommt. Gerade das macht die Schrift als Verständigungsmittel für den grossen Verkehr noch besonders brauchbar. Aber es macht sie gleichzeitig ungeeignet zur Beeinflussung der Aussprache, und es ist eine ganz irrige Meinung, dass man mit dem geschriebenen Worte in derselben Weise in die Ferne wirken könne wie mit dem gesprochenen in die Nähe.

Wie kann einer z. B. wissen, wenn er das Zeichen *g* geschrieben sieht, welche unter den mindestens sieben in Deutschland vorkommenden deutlich unterscheidbaren und zum Teil stark voneinander differierenden Aussprachen die des Aufzeichners gewesen ist? Wie kann er überhaupt aus der blossen Schreibung wissen, dass so vielerlei Aussprachen existieren? Was kann er anders tun, als die in seiner Heimat übliche Aussprache dafür einsetzen?

Nur die gröbsten Abweichungen von der eigenen Mundart kann man aus der Schrift ersehen, aber auch ohne dass man über die spezielle Beschaffenheit der abweichenden Laute etwas Sicheres erfährt. Soweit man die Abweichungen erkennt, ist man natürlich auch im Stande sie nachzuahmen. Das kann dann aber nur geschehen mit vollem Bewusstseins und mit voller Absichtlichkeit, indem sich das Nachahmen des fremden Dialekts als etwas Gesondertes neben die Ausübung des eigenen stellt. Es ist ein Vorgang, der sich von der Aneignung einer fremden Sprache nur dem Grade, nicht der Art nach unterscheidet, der dagegen ganz verschieden ist von jenem unbewussten Sichbeeinflussenlassen durch die Sprache seiner Verkehrsgenossen, wie es § 37 ff. geschildert ist. Grundbedingung für dasselbe war eben der kleine Raum, innerhalb dessen sich die Differenzen der Einzelnen voneinander bewegen, und die unendliche Abstufungsfähigkeit der gesprochenen Laute. Innerhalb der Sphäre, in welcher diese Art der Beeinflussung ihre Stelle hat, zeigt die Schrift noch gar keine Differenzen und ist deshalb unfähig zu wirken.

§ 268. Und wie mit der Wirkung in die Ferne, so ist es mit der Wirkung in die Zukunft. Es ist blosse Einbildung, wenn man meint in der Schrift eine Kontrolle für Lautveränderungen zu haben. So gut wie an verschiedenen Orten ziemlich stark voneinander verschiedene Laute mit den gleichen Buchstaben bezeichnet werden können, ebensogut und noch leichter kann das an demselben Orte zu verschiedenen Zeiten geschehen. Kein Buchstabe steht ja mit einem bestimmten Laute in einem realen Zusammenhange, der sich für sich zu erhalten im Stande wäre, sondern der Zusammenhang beruht lediglich auf der Assoziation der Vorstellungen. Man verbindet mit jedem Buchstaben die Vorstellung eines solchen Lautes, wie er gerade zur Zeit üblich ist. Der Vorgang beim natürlichen Lautwandel ist nun der, wie wir § 38 gesehen haben, dass sich an Stelle dieser Vorstellung unmerklich eine etwas abweichende unterschiebt, die nun der folgenden Generation von vorherein als mit dem Buchstaben verbunden überliefert wird. Das mit dem Buchstaben verbundene Lautbild kann daher keinen hemmenden Einfluss auf den Lautwandel ausüben, weil es selbst durch diesen verschoben wird. Und natürlich überträgt man jederzeit den eben geltenden Lautwert eines Buchstaben auch auf die Aufzeichnungen der Vergangenheit. Irgend ein Mittel den früheren Lautwert mit dem jetzigen zu vergleichen, gibt es überhaupt nicht. Dass mit Hilfe wissenschaftlicher Untersuchungen etwaige Konjekturen über die Abweichungen gemacht werden können, kommt natürlich hier nicht in Betracht. In der Regel kann sich auch die veränderte Aussprache mit unveränderter Schreibweise lange vertragen, ohne dass daraus irgend welche Unzuträglichkeiten entstehen. Jedenfalls stellen sich solche erst heraus, wenn die Veränderung eine sehr starke geworden ist. Dann aber ist eine Veränderung der Sprache nach der Schrift, wenn überhaupt, nur mit bewusster Absicht möglich, und eine derartige Veränderung würde wieder etwas der natürlichen Entwickelung durchaus Widersprechendes sein. So lange diese ungestört ihren Weg geht, bleibt nichts anderes übrig als die Unbequemlichkeiten weiter zu tragen oder die Orthographie nach der Sprache zu ändern.

§ 269. Es ist nun auch mit allen den besprochenen Mängeln der Schrift noch lange nicht der Grad gekennzeichnet, bis zu welchem das Missverhältnis zwischen Schrift und Aussprache gelangen kann. Wir haben bisher eigentlich immer nur den Zustand im Auge gehabt, der in der Periode besteht, wo die Sprache erst anfängt schriftlich fixiert zu werden, wo jeder Schreibende noch selbständig mit an der Schöpfung der Orthographie arbeitet, indem zwar ungefähr feststeht, welches Zeichen für jeden einzelnen Laut zu wählen ist, aber nicht, wie das Wort als Ganzes zu schreiben ist, so dass es der Schreiber immer erst, so gut es angehen will, in seine Elemente zerlegen und die diesen Elementen entsprechenden Buchstaben zusammensetzen muss. Es ist aber keine Frage, dass bei reichlicher Übung im Schreiben und Lesen das Verfahren immer mehr ein verkürzies wird. Ursprünglich ist die Verbindung zwischen den Lautzeichen und der Bedeutung immer durch die Vorstellung von den Lauten und durch das Bewegungsgefühl vermittelt. Sind aber beide erst häufig durch diese Vermittelung an einander gebracht, so gehen sie eine direkte Verbindung ein und die Vermittelung wird entbehrlich. Auf dieser direkten Verbindung beruht ja die Möglichkeit des geläufigen Lesens und Schreibens. Man kann das leicht durch eine Gegenprobe konstatieren, indem man jemandem Aufzeichnungen in einem Dialekte vorlegt, der ihm vollständig geläufig ist, den er aber bisher immer nur gehört hat; er wird immer erst einige Mühe haben sich zurechtzufinden, zumal wenn die Aufzeichnungen sich nicht genau an das System der Schriftsprache mit allen Übelständen desselben anschliessen. Und noch viel mehr kann man ihn in Verlegenheit setzen, wenn man ihm aufgibt einen solchen Dialekt, sei es auch derjenige, den er von Kind auf gesprochen hat, selbst in der Schrift zu verwenden. Er wird eine wirkliche Lösung der Aufgabe immer dadurch umgehen, dass er sich in ungehöriger Weise von der ihm geläufigen Orthographie der Schriftsprache beeinflussen lässt. Das zeigen alle modernen Dialektdichter. Diesen Hintergrund der jetzt immer als Analogon dienenden schriftsprachlichen Orthographie müssen wir uns noch wegdenken, wenn wir uns den Unterschied klar machen wollen zwischen der Stellung, die wir jetzt der Niederschrift unserer Gemeinsprache gegenüber einnehmen, und derjenigen, welche etwa die althochdeutschen Schreiber bei Aufzeichnung ihres Dialektes einnahmen. Man wird dann auch nicht leicht vornehm auf das Ungeschick unserer Vorfahren herabsehen. Man wird vielmehr finden, zumal wenn man nicht alles durcheinander wirft, sondern den Schreibgebrauch eines jeden Einzelnen für sich untersucht, dass sie die Laute richtiger beobachten, als es heutzutage zu geschehen pflegt, und das aus einem Grunde, der von anderer Seite her betrachtet als ein Mangel den heutigen Verhältnissen gegenüber erscheint: ihnen stand noch keine festgeregelte Orthographie objektiv gegenüber, ihnen wurde daher auch nicht der unbefangene Sinn für den Laut durch den steten Hinblick auf eine solche Orthographie verwirrt. Das will aber ungefähr ebensoviel sagen als: sie konnten der Vermittlung des Lautbildes zwischen Schriftbild und Bedeutung noch nicht entbehren.

§ 270. Beides steht in der engsten Wechselbeziehung zueinander. Wenn jetzt die direkte Verbindung zwischen Schriftbild und Bedeutung bei allen einigermassen Gebildeten eine sehr starke ist, so ist das zu einem guten Teile der Konstanz unserer Orthographie zu danken. Man sieht das namentlich an solchen Wörtern, die in der Aussprache gleich, in der Schrift verschieden sind. Jede Abweichung in der Orthographie, mag sie auch vom phonetischen Standpunkte aus eine entschiedene Verbesserung sein, erschwert das Verständnis. Wenn das ein schlagender Beweis für die direkte Verbindung von Schrift und Aussprache ist, so muss anderseits der negative Schluss daraus gezogen werden: je weniger konstant die Schrift, je weniger ist direkte Verbindung zwischen ihr und der Bedeutung möglich. Der Mangel an Konstanz kann auf unpassender Beschaffenheit des zu Gebote stehenden Materials oder Ungeschick der Schreiber beruhen, indem etwa mehrere Zeichen in der gleichen Verwendung miteinander wechseln oder umgekehrt ein Zeichen bald in dieser, bald in jener Verwendung auftritt, oder auf dem Fehlen regelnder Autoritäten, die eine Zusammenfassung und Einigung der verschiedenen orthographischen Bestrebungen ermöglichen könnten. Er kann aber auch gerade aus lautphysiologischer Vollkommenheit und Konsequenz entspringen. Wenn z. B. die Schreibung des Stammes in den verschiedenen Formen mit dem Laute wechselt (mhd. *tac — tages, neigen — neicte* etc.), oder wenn gar wie im Sanskrit die Schreibung einer und derselben Form mit der Stellung im Satze wechselt, so stehen der gleichen Bedeutung eine Anzahl Variationen der Schreibung gegenüber, und in Folge davon ist es nicht möglich, dass sich ein ganz bestimmtes Schriftbild mit der ersteren verbindet. So lange die Konstanz der Schreibung fehlt, ist mit aller Übung im Lesen und Schreiben die direkte Verbindung nicht vollkommen zu machen. Zugleich aber wirkt eben die Übung darauf hin allmählich eine grössere Konstanz herbeizuführen. Jeder Fortschritt der ersteren kommt auch der letzteren zu Gute, und jeder Fortschritt in der letzteren erleichtert die erstere.

So ist denn auch der natürliche Entwickelungsgang der Schreibweise einer Sprache Fortgang zu immer grösserer Konstanz, auch auf Kosten der lautphysiologischen Genauigkeit. Freilich geht es nicht immer in dieser Richtung ganz gleichmässig vorwärts. Namentlich starke Lautveränderungen rufen oft Ablenkungen und rückläufige Bewegungen hervor. Es sind drei Mittel, mit Hilfe deren sich die Schreibung zur Konstanz durcharbeitet: Beseitigung des Schwankens zwischen mehreren verschiedenen Schreibweisen, Berücksichtigung der Etymologie, Festhalten an der Überlieferung den Lautveränderungen zum Trotz. Das erste Mittel ist auch vom phonetischen Gesichtspunkte

Luxus von Schriftzeichen und dessen Beseitigung. 383

betrachtet häufig ein Fortschritt oder wenigstens kein Rückschritt, nicht selten wird aber damit über das phonetische Prinzip hinausgegriffen, die beiden andern sind direkte Durchbrechungen dieses Prinzipes. Natürlich aber bleibt daneben doch immer die Tendenz wirksam, Sprache und Schrift in grössere Übereinstimmung miteinander zu setzen, welche Tendenz teils in der Beseitigung anfänglicher Mängel, teils in der Reaktion gegen die in einem fort durch den Lautwandel sich erzeugenden neuen Übelstände sich betätigt. Indem sie in den meisten Fällen mit dem Streben nach Konstanz in Konflikt gerät, so zeigt die Geschichte der Orthographie das Schauspiel eines ewigen Kampfes zwischen diesen beiden Tendenzen, wobei der jeweilige Zustand einen Massstab für das derzeitige Kraftverhältnis der Parteien gibt.

Verfolgen wir die Bewegung ins einzelne, so zeigen sich merkwürdige Analogieen zur Entwickelung der Sprache neben beachtenswerten Verschiedenheiten. Die letzteren beruhen hauptsächlich auf folgenden Punkten: Erstens geschehen die Veränderungen in der Orthographie mit viel mehr Bewusstsein und Absichtlichkeit als die der Sprache; doch muss man sich hüten diese Absichtlichkeit zu überschätzen. Zweitens ist bei dem Kampfe um die Orthographie nicht wie bei dem um die Sprache die ganze Sprachgenossenschaft beteiligt, sondern jedenfalls nur der schreibende (resp. druckende oder druckenassende) Teil derselben und dabei die einzelnen in sehr verschiedenem Grade und mit sehr verschiedenen Kräften; es macht sich.in viel stärkerem Grade als in der Sprache das Übergewicht bestimmter Individuen geltend. Drittens, weil die Wirkungsfähigkeit nicht an die räumliche Nähe gebunden ist, so können sich auf orthographischem Gebiete ganz andere Verzweigungen der gegenseitigen Beeinflussungen herausstellen als auf sprachlichen. Viertens stehen die orthographischen Veränderungen dadurch in entschiedenem Gegensatz zum Lautwandel, dass sie nicht in feinen Abstufungen, sondern immer nur sprungweise vor sich gehen können.

§ 271. Betrachten wir zunächst die Beseitigung des Schwankens zwischen gleichwertigen Lautzeichen. Ein solches Schwanken kann auf mehrfache Weise entstehen. Entweder sind die Zeichen schon in der Sprache, der man das Alphabet entlehnt, gleichwertig verwendet worden. So verhält es sich im Ahd. mit den Doppelheiten $i-j, u-v$, $k-c, c-z$. Oder zwei Zeichen haben zwar in dieser Sprache verschiedenen Wert, es fehlt aber der Sprache, die sie entlehnt, an einem einigermassen entsprechenden Unterschiede, so dass nun beide auf einen Laut fallen. Namentlich kommen sie dann leicht beide in Gebrauch, wenn der eine Laut der eigenen Sprache zwischen den zweien der fremden mitten inne liegt. So gab es im Oberdeutschen zur Zeit der Einführung des lateinischen Alphabetes in der Guttural- und Labialreihe keinen dem lateinischen zwischen tönender Media und Tenuis vollkommen entsprechenden Unterschied, im Silbenanlaut auch nicht einmal einen annähernd entsprechenden, sondern nur einen Laut, der sich von der lateinischen Media durch Mangel des Stimmtons, von der Tenuis durch schwächeren Exspirationsdruck unterschied. Daher ist ein Schwanken zwischen *g* und *k*, *b* und *p* entstanden. Auch das Schwanken zwischen *f* und *v* (*u*) und im Mitteldeutschen das Schwanken zwischen *v* und *b* ist auf ähnliche Weise entstanden. Ferner ergeben sich Doppelzeichen erst im Laufe der weiteren Entwickelung dadurch, dass zwei ursprünglich verschiedene Laute zusammenfallen und ihre beiderseitigen Bezeichnungen dann miteinander ausgetauscht werden. So fallen z. B. im späteren Mittelhochdeutsch hartes *s* und *ȝ* zusammen, und man schreibt dann auch *sas* für *saȝ* und umgekehrt *huȝ* für *hus* etc., letzteres allerdings von Anfang an seltener. Endlich aber kann Spaltung durch verschiedene Entwickelung desselben Schriftzeichens eintreten, man vergleiche lat. *i — j*, *u — v*, in unserer Frakturschrift ſ und s. Besonders gross kann die Mannigfaltigkeit werden, wenn in einer spätern Periode auf eine ältere Entwickelungsstufe zurückgegriffen wird, wie wir es z. B. an dem Gebrauche der Majuskeln neben den Minuskeln sehen.

Der auf diese Weise entstehende Luxus wird auf analoge Weise beseitigt wie der Luxus von Wörtern und Formen. Die einfachste Art ist die, dass das eine Zeichen sich allmählich ganz aus dem Gebrauche verliert. Die andere Art besteht in der Differenzierung der anfänglich untermischt gebrauchten Zeichen. Dieselbe kann sich innerhalb des phonetischen Prinzips halten, indem mit dem Luxus ein dicht daneben stehender Mangel ausgeglichen wird, z. B. wenn im Nhd. *i*, *u* und *j*, *v* allmählich als Vokal und Konsonant geschieden werden. Nicht selten wird für die Unterscheidung die Stellung des Lautes innerhalb des Wortes massgebend, ohne dass ein phonetischer Unterschied vorhanden ist, oder wenigstens ohne dass ein solcher von den Schreibenden bemerkt ist, so wenn *j* und *v* lange Zeit hindurch hauptsächlich im Wortanlaut (auch für den Vokal) gebraucht werden; wenn *c* im Mhd. (von den Verbindungen *ch* und *sch* abgesehen) ganz überwiegend auf den Silbenauslaut beschränkt wird (*sac*, *tac*, *neicte*, *sackes*) und dann im Nhd., weil es in den übrigen Fällen durch etymologische Schreibweise verdrängt wird, nur noch in der Gemination (*ck*) verwendet wird; wenn im Mhd. *f* vor *r*, *l* und vor *u* und verwandten Vokalen viel häufiger gebraucht wird als vor *a*, *e*, *o*. Eine dritte Weise endlich besteht darin, dass ohne phonetische oder graphische Motivierung sich nach Zufall und Willkür in dem einen Worte diese, in dem andern jene Schreibweise festsetzt. Auf diese Weise regelt sich im Nhd. das Verhältnis von *f* — *v* (*Fall* — *Vater* etc.), *t* — *th* (*Tuch* — *thun, Gut* — *Muth* etc.)[1]), *r* — *rh, ai* — *ei*, ferner das Verhältnis zwischen Bezeichnung der Länge und Nichtbezeichnung und zwischen den verschiedenen Weisen der Bezeichnung (*nehmen* — *geben, Aal* — *Wahl, viel* — *ihr* etc.). Ein wesentliches Moment dabei und ein Haupthinderungsgrund, der es nicht zur Durchführung einer einheitlichen Schreibung hat kommen lassen, der sich ja auch neuerdings immer wieder einer konsequenten Reform der Orthographie in den Weg stellt, ist das Bestreben gleichlautende Wörter von verschiedener Bedeutung zu unterscheiden. Man vgl. unter andern *Ferse* — *Verse, fiel* — *viel, Tau* — *Thau, Ton* — *Thon, rein* — *Rhein, Rede* — *Rhede, Laib* — *Leib, Main* — *mein, Rain* — *rein, los* — *Loos, Mal* — *Mahl, malen* — *mahlen, war* — *wahr, Sole* — *Sohle, Stil* — *Stiel, Aale* — *Ahle, Heer* — *hehr, Meer* — *mehr, Moor* — *Mohr*. Sogar verschiedene Bedeutungen ursprünglich gleicher Wörter werden so unterschieden, vgl. *das* — *daß, wider* — *wieder* etc. Hierher gehört auch die Festsetzung der früher beliebig zur Hervorhebung verwendeten Majuskeln als Anfangsbuchstaben für die Substantiva. Auch hierin zeigt sich die Tendenz die Schrift zu Unterscheidungen zu benutzen, welche die Aussprache nicht kennt. Diese Weise der Differenzierung ist eines der am meisten charakteristischen Zeichen für die Verselbständigung der geschriebenen gegenüber der gesprochenen Sprache. Sie kommt auch erst da vor, wo eine wirkliche Schriftsprache sich von den Dialekten losgelöst hat, und ist das Produkt grammatischer Reflexion. Bemerkenswert aber ist, dass auch diese Reflexion nicht erst Verschiedenheiten der Schreibweise für ihre Unterscheidungen schafft, sondern nur die zufällig entstandenen Variationen für ihre Zwecke benutzt. Wo keine solche Variationen vorhanden sind, kann auch der Differenzierungstrieb nicht zur Geltung kommen, vgl. z. B. die § 149 angeführten Homonyma. Übrigens zeigt er sich auch nicht in allen denjenigen Fällen wirksam, wo man es erwarten könnte.

§ 272. Wie die unphonetische Differenzierung, so macht sich auch die Einwirkung der Etymologie am kräftigsten und konsequentesten in der Schriftsprache geltend, ist aber doch öfters auch schon in mundartlichen Aufzeichnungen nicht zu verkennen. Wir können die Verdrängung einer älteren phonetischen Schreibweise durch eine etymologische mit der Analogiebildung vergleichen, durch welche bedeutungslose Lautunterschiede ausgeglichen werden, ja wir dürfen sie

---

[1]) Dass die Unterscheidung von *t* und *th*, *r* und *rh* wieder aufgehoben ist, kommt für unsern Zweck nicht in Betracht.

geradezu als eine auf die geschriebene Sprache beschränkte Analogiebildung bezeichnen, für die denn auch eben die Gesetze gelten, die wir schon kennen gelernt haben. Auch hier natürlich ist nicht das etymologische Verhältnis an sich massgebend, sondern die Gruppierungsverhältnisse auf dem dermaligen Stande der Sprache. Isolierung schützt vor der Ausgleichung, und umgekehrt bewirkt sekundäre Annäherung von Laut und Bedeutung Hinüberziehung in die Analogie. Betrachten wir von diesem Gesichtspunkte aus die wichtigsten Fälle, in denen das Nhd. die phonetische Schreibweise des Mhd. verlassen und Ausgleichung hat eintreten lassen. Im Mhd. wird die Media im Auslaut und vor harten Konsonanten in der Schrift[1]) wie in der Aussprache Tenuis, in Nhd. nur in der Aussprache, nicht in der Schrift: mhd. *tac, leit, gap, neicte* = nhd. *Tag, Leid, gab, neigte*. Bewahrung der mittelhochdeutschen Regel haben wir in *Haupt* (= *houbet, houpt*), *behaupten*, weil keine verwandten Formen mit nicht synkopiertem Vokal mehr daneben stehen; in dem Eigennamen *Schmitt, Schmidt*; in *Schultheiss*, wo die Zusammensetzung mit *Schuld* nicht mehr empfunden wird. Im Mhd. wird Konsonantengemination im Auslaut und vor einem andern Konsonanten nicht geschrieben: *man — mannes, brante — brennen*. Das Nhd. schreibt die Gemination, wo etymologisch eng verbundene Formen das Muster dazu geben: *Mann, brannte, männlich, Männchen*, (doch schon nicht mehr in *Brand, Brunst* u. dergl.); jedoch im Pron. *man*, ferner *Brantewein, Brantwein* (nicht mehr als *gebrannter Wein* verstanden); dagegen mit jüngerer Anlehnung an *Herr*: *herrlich, Herrschaft, herrschen* = mhd. *hêrlich, hêrschaft, hêrsen* aus *hêr* = nhd. *hehr*. Im Mhd. hat *ä* (*ä*), soweit es überhaupt verwendet wird, rein phonetische Geltung, indem es den offensten *e*-Laut bezeichnet. Im Nhd. hat es in der Mehrzahl der Fälle etymologische Geltung, indem es überall eingeführt ist, wo man sich der Beziehung zu einer nichtumgelauteten Form aus der gleichen Wurzel noch deutlich bewusst ist, also *Vater — Väter, Väterchen, väterlich, Kraft — Kräfte, kräftig, Glas — Gläser, gläsern, kalt — kälter, Kälte, Land — Gelände, arg — Ärger, ärgern, fahre — fährst*, ebenso im Diphthongen: *Baum — Bäume, Haut — Häute, häuten, Bärenhäuter* (mhd. *hût — hiute*); dagegen *Erbe, Ente*, (mhd. *ant*, Gen. *ente*), *enge, Engel, besser, regen* (Verb.), wiewohl auch mit offenem *e* gesprochen, *Eule* etc., weil hier unumgelautete verwandte Formen fehlen. Beachtenswert ist die Verschiedenheit von *liegen — legen, winden — wenden* und *hangen — hängen, fallen — fällen*; bei den ersteren findet sich zwar auch *a* im Prät. (*lag, wand*), aber es wird nur Präs. zu Präs. in Beziehung gesetzt. Wo der Gruppenverband

---

[1]) Allerdings in den Handschriften nicht so regelmässig als in den kritischen Ausgaben.

Analogie. 387

gelöst oder wenigstens stark gelockert ist, bleibt *e*, vgl. *Vetter* zu *Vater*, *gerben* zu *gar*, *Scherge* zu *Schar*, *hegen*, *Gehege*, *Hecke* zu *Hag*, *Heu* zu *hauen*, *fertig* zu *Fahrt* (dagegen *hoffärtig*), *Eltern* gegen *älteren*, *behende* gegen *Hände*, *Strecke* zu *stracks*. Die Ausgleichung tritt ferner nicht ein, wo die umgelautete Form als das Primäre erscheint, vgl. *brennen — brannte*, *nennen — nannte* etc. Es lässt sich auch die Beobachtung machen, dass der Hinzutritt einer weiteren lautlichen Verschiedenheit hemmend wirkt, daher *Hahn — Henne*, *nass — netzen*, *henken*, *Henker* gegen *hängen*. Anderseits wird das *e* in einigen Fällen auch da, wo es gar nicht durch Umlaut entstanden, sondern = urgerm. *e* (*ë*) ist, doch als solcher aufgefasst, wenn gerade ein Wort mit *a* daneben steht, wovon das mit *e* abgeleitet scheinen kann; vgl. *rächen* (mhd. *rëchen*) auf *Rache* (mhd. *râche*), *schämen* (mhd. *schëmen*) auf *Scham*, *wägen*, *erwägen* (durch Vermischung von mhd. *wëgen* mit *wegen* entstanden) auf *Wage* bezogen (dagegen *bewegen*).

Auch bei der oben besprochenen Regelung von Schwankungen spielt das etymologische Verhältnis eine wesentliche Rolle. Man schreibt natürlich *fahren — Fahrt — Gefährte — Furt* etc. mit durchgängigem *f*. Wo *h* als Dehnungszeichen gebraucht wird, wird es in der Regel in allen verwandten Formen bei wechselndem Vokalismus durchgeführt, vgl. *nehmen — nahm — genehm — Übernahme*, *Befehle — befiehlt — befahl — befohlen — Befehl* etc. Als Beispiele für Isolierung mögen dienen *zwar* (= mhd. *zewâre*) gegen *wahr*, *Drittel*, *Viertel* etc. gegen *Theil*, *vertheidigen* (aus *tagedingen*) gegen *tag*.

Diese Ausgleichung ist aber in der Regel in bestimmte Grenzen eingeschlossen, indem sie nur da eintritt, wo die Aussprache dadurch nicht zweifelhaft werden kann. Man kann im Nhd. ohne Schaden *lebte* mit *b* schreiben, weil die Sprache im Silbenauslaut überhaupt keine Unterscheidung zwischen *b* und *p* kennt. Aber man darf z. B. ein Längezeichen nur soweit durch die verwandten Formen durchführen, als der Vokal wirklich lang ist (also *genommen* zu *nehmen*, *Furt* zu *fahren*), und die Gemination nur so lange, als der vorhergehende Vokal kurz ist (also *kam* zu *kommen*, *fiel* zu *fallen*).

Übrigens wirkt die Analogie (und darin besteht ein Unterschied von den Verhältnissen der gesprochenen Sprache) auch schützend gegen Veränderungen der älteren Schreibweise. Das lässt sich besonders an der französischen Orthographie beobachten. Wenn die im Auslaut verstummten Konsonanten in der Schreibung bewahrt werden, so ist die Ursache die, dass meistens verwandte Formen daneben stehen, in denen man sie noch spricht, und dass sie auch in derselben Form gesprochen werden, wenn ein mit Vokal anlautendes Wort sich eng anschliesst. Würde man z. B. *fai*, *lai*, *gri*, *il avai*, *tu a* schreiben, so würde ein klaffender Gegensatz zu *faite, laide, grise, avait-il, tu as été* eintreten, wie er allerdings in *il a —a-t-il* nicht vermieden ist. So würde auch die Gleichmässigkeit der Schreibung gestört werden, wenn man für den nasalierten Vokal ein besonderes Zeichen einführen wollte; man müsste dann z. B. in *cousin* und *cousine, un* und *une, ingrat* und *inégal* verschiedene Zeichen anwenden. Dass die Analogie der verwandten Formen massgebend gewesen ist, sehen wir aus einer Anzahl von isolierten Formen wie *plutôt, toujours, hormis, faufiler, plafond* (dagegen *plat-bord*), *verglas* (zu *vert*), *morbleu, morfil, Granville, Gérarcourt, Aubervilliers, fainéant, vaurien, Omont* (zu *haut*).

§ 273. Wenn die Schrift nicht mit der lautlichen Entwickelung der Sprache gleichen Schritt halten kann, so ist leicht zu sehen, dass die Ursache in nichts anderem besteht, als in dem Mangel an Kontinuität. In den Lautverhältnissen ist es ja wie wir gesehen haben, Kontinuität allein, welche die Vereinigung von steter Bewegung mit einem festen Usus ermöglicht. Ein gleich fester Usus in der Schrift ist gleichbedeutend mit Unveränderlichkeit derselben, und diese mit einem stetigen Wachstum der Diskrepanz zwischen Schrift und Aussprache. Je schwankender dagegen die Orthographie ist, je entwickelungsfähiger ist sie, oder umgekehrt, je mehr sie noch der Entwickelung der Sprache nachzufolgen sucht, um so schwankender ist sie.

Wir müssen aber ausserdem einige Gesichtspunkte hervorheben, unter denen das Festhalten an der alten Schreibung bei veränderter Aussprache noch begreiflicher wird. Bei der Beurteilung des Verhältnisses von Schrift und Laut in einer Sprache mischt sich oft ganz ungehöriger Weise der Standpunkt einer andern Sprache ein, während die Orthographie einer jeden Sprache aus ihren eigenen Verhältnissen heraus beurteilt sein will. So lange immer einem bestimmten Schriftzeichen ein bestimmter Laut entspricht, kann von einer Diskrepanz zwischen Schrift und Aussprache keine Rede sein. Ob das in der einen Sprache dieser, in der andern jener Laut ist, tut nichts zur Sache. Wenn daher ein Laut sich gleichmässig in allen Stellungen verändert und dabei nicht mit einem andern schon sonst vorhandenen Laute zusammenfällt, so braucht keine Veränderung der Orthographie einzutreten, und die Übereinstimmung zwischen Schrift und Aussprache bleibt doch gewahrt. Aber selbst wenn die Veränderung keine gleichmässige ist, sondern Spaltung eintritt, wenn dann nur wieder keiner unter den verschiedenen Lauten mit einem schon vorhandenen zusammenfällt, so bleibt in der Regel nichts übrig als die alte Orthographie beizubehalten; denn man würde, um die Laute zu unterscheiden, mindestens eines Zeichens mehr bedürfen, als zu Gebote stehen, und das lässt sich nicht willkürlich erschaffen. Nur da ist zu helfen, wo früher ein Luxus vorhanden war, der sich jetzt zweckmässig ausnützen lässt. Um einigermassen das phonetische Prinzip aufrechtzuerhalten, bedürfte es von Zeit zu Zeit gewaltsamer Erneuerungen, die sich mit der Erhaltung der Einheit in der Orthographie schlecht vertragen. Dazu kommt nun, dass die eben besprochene Wirkung der Analogie für die Konservierung der Formen schwer ins Gewicht fällt. Und endlich ist noch in Betracht zu ziehen, dass durch die Einführung phonetischer Schreibung manche Unterscheidungen gänzlich vernichtet werden würden, die jetzt noch in der geschriebenen Sprache vorhanden sind. So würde im Französischen in den meisten Fällen der Pl. nicht mehr vom Sg. verschieden sein, in manchen auch das Fem. nicht mehr vom Masc. (*clair* — *claire* etc.) In denjenigen Fällen aber, wo noch Verschiedenheiten blieben, würde die jetzt noch in der Schreibung überwiegend bestehende Gleichmässigkeit der Bildungsweise vernichtet sein.

Zweiundzwanzigstes Kapitel.

Sprachmischung.[1]

§ 274. Gehen wir davon aus, dass es nur Individualsprachen gibt, so können wir sagen, dass in einem fort Sprachmischung stattfindet, sobald sich überhaupt zwei Individuen miteinander unterhalten. Denn dabei beeinflusst der Sprechende die auf die Sprache bezüglichen Vorstellungsmassen des Hörenden. Nehmen wir Sprachmischung in diesem weiten Sinne, so müssen wir Schuchardt darin recht geben, dass unter allen Fragen, mit denen die heutige Sprachwissenschaft zu tun hat, keine von grösserer Wichtigkeit ist als die Sprachmischung. In diesem Sinne haben wir die Sprachmischung durch alle Kapitel hindurch berücksichtigen müssen, da sie etwas von dem Leben der Sprache Unzertrennliches ist. Hier dagegen nehmen wir das Wort in einem engeren Sinne. Hier verstehen wir etwas darunter, was nicht notwendig zum Leben der Sprache gehört, wenn es auch kaum auf irgend einem Sprachgebiete ganz fehlt.

Sprachmischung in diesem engern Sinne ist zunächst die Beeinflussung einer Sprache durch eine andere, die entweder ganz unverwandt ist oder zwar urverwandt, aber so stark differenziert, dass sie besonders erlernt werden muss; weiterhin aber auch die Beeinflussung einer Mundart durch eine andere, die dem gleichen kontinuierlich

---

[1] Vgl. zu diesem Kapitel Whitney, On mixture in language (Transactions of the American Philological Association, 1881); Schuchardt, Slavodeutsches und Slavoitalienisches, Graz 1885, sowie andere Arbeiten desselben über Mischsprachen; Harrison, Negro English (Anglia VII, 233); Lundell, Norskt Språk (Nordisk Tidskrift 1882, S. 469); Loewe, Zur Sprach- und Mundartenmischung (Zschr. f. Völkerps. 20, 261); Windisch, Zur Theorie der Mischsprachen und Lehnwörter (Ber. der phil.-hist. Kl. der Sächs. Gesellsch. der Wissensch. 1897, S. 101); G. Hempl, Language-rivalry and speech-differentation in the case of race-mixture (Transactions of the American Philological Association 1898, S. 31); Erik Björkman, Blandspråk och lånord (Sjätte nordiska filologmötes förhandlingar. Upsala 1902); J. Wackernagel (G. G. N. 1904, S. 20), Sprachtausch und Sprachmischung 11; Jespersen, growth and structure of the English language, Chap. IV, V, VI.

zusammenhängenden Sprachgebiete angehört, auch wenn sie noch nicht so stark abweicht, dass nicht ein gegenseitiges Verständnis zwischen den Angehörigen der einen und denen der andern möglich wäre. Noch eine Art von Sprachmischung gibt es, die darin besteht, dass aus einer älteren Epoche der gleichen Sprache schon Untergegangenes neu aufgenommen wird.

§ 275. Wir betrachten zuerst die Mischung verschiedener deutlich voneinander abstehender Sprachen. Um den Hergang bei der Mischung zu verstehen, müssen wir natürlich das Verhalten der einzelnen Individuen beachten. Die meiste Veranlassung zur Mischung ist gegeben, wo es Individuen gibt, die doppelsprachig sind, mehrere Sprachen neben einander sprechen oder mindestens eine andere neben ihrer Muttersprache verstehen. Ein gewisses Minimum von Verständnis einer fremden Sprache ist unter allen Umständen erforderlich. Denn mindestens muss doch das, was aus der fremden Sprache aufgenommen wird, verstanden sein, wenn auch vielleicht nicht ganz exakt verstanden.

Veranlassung zur Zweisprachigkeit oder zu einem mehr oder weniger vollkommenen Verständnis einer fremden Sprache ist natürlich zunächst an den Grenzen zweier Sprachgebiete gegeben, in verschiedenem Grade je nach der Intensität des internationalen Verkehrs. Ferner durch Reisen der Einzelnen auf fremdem Gebiete und vorübergehenden Aufenthalt auf demselben; in stärkerem Grade durch dauernden Umzug einzelner und vollends durch räumliche Verpflanzungen grosser Massen, durch Eroberungen und Kolonisation. Endlich kann ohne irgendwelche direkte Berührung mit einem fremden Volke die Erkenntnis seiner Sprache durch die Schrift vermittelt werden. Im letzteren Falle pflegt die Kenntnis auf gewisse durch Bildung hervorragende Schichten der Bevölkerung beschränkt zu bleiben. Durch die schriftliche Vermittelung ist dann nicht bloss Entlehnung aus einer lebenden fremden Sprache möglich, sondern auch aus einer zeitlich zurückliegenden Entwickelungsstufe derselben.

Wo Durcheinanderwürfelung zweier Nationen in ausgedehntem Masse stattgefunden hat, da wird auch die Doppelsprachigkeit sehr allgemein, und mit ihr die wechselseitige Beeinflussung. Hat dabei die eine Nation ein entschiedenes Übergewicht über die andere, sei es durch ihre Masse oder durch politische und wirtschaftliche Macht oder durch geistige Überlegenheit, so wird sich auch die Anwendung ihrer Sprache immer mehr auf Kosten der andern ausdehnen; man wird von der Zweisprachigkeit wieder zur Einsprachigkeit gelangen. Je nach der Widerstandsfähigkeit der unterliegenden Sprache wird dieser Prozess schneller oder langsamer vor sich gehen, wird diese schwächere oder stärkere Spuren in der siegenden hinterlassen.

Die Mischung wird auch bei dem Einzelnen nicht leicht in der Weise auftreten, dass seine Rede Bestandteile aus der einen Sprache ungefähr in gleicher Menge enthielte wie Bestandteile aus der andern. Er wird vielleicht, wenn er beide gleich gut beherrscht, sehr leicht aus der einen in die andere übergehen, aber innerhalb eines Satzgefüges wird doch immer die eine die eigentliche Grundlage bilden, die andere wird, wenn sie auch mehr oder weniger modifizierend einwirkt, nur eine sekundäre Rolle spielen. In noch höherem Masse gilt das natürlich für denjenigen, der sich keine Sprechfähigkeit in der fremden Sprache erworben hat, sondern nur ein besseres oder schlechteres Verständnis. Bei demjenigen, der zwei Sprachen nebeneinander spricht, kann natürlich jede durch die andere beeinflusst werden, die Muttersprache durch die fremde und die fremde durch die Muttersprache. Der Einfluss der letzteren wird sich in der Regel stärker geltend machen. Er ist unvermeidlich, so lange man die fremde Sprache nicht ganz vollständig und sicher beherrscht. Doch kann auch der Einfluss des fremden Idioms auf das eigene ein sehr starker werden, wo man sich demselben absichtlich hingibt, was meist die Folge davon ist, dass man die fremde Sprache und Kultur höher schätzt als die heimische. Ein Unterschied besteht auch zwischen den im Folgenden zu besprechenden verschiedenen Arten der Beeinflussung. Fremdwörter werden in einer Sprache wohl meistens direkt durch Individuen eingeführt, welche dieselbe als ihre Muttersprache sprechen. Dagegen ist es unausbleiblich, dass eine als fremd erlernte Sprache durch Lautsubstitution und Beeinflussung der inneren Sprachform modifiziert wird.

Wenn nun aber auch der Anstoss zur Beeinflussung einer Sprache durch eine andere von Individuen ausgehen muss, die der einen wie der andern, wenn auch in noch so geringem Grade mächtig sind, so kann sich diese Beeinflussung doch durch die gewöhnliche ausgleichende Wirkung des Verkehrs innerhalb der gleichen Sprachgenossenschaft weiter verbreiten und sich so auf Individuen erstrecken, die mit dem fremden Idiom nicht die geringste direkte Berührung haben. Die letzteren werden dabei nicht bloss von den Angehörigen ihres Volkes beeinflusst, sondern unter Umständen auch von Angehörigen eines fremden Volkes, die sich ihre Sprache angeeignet haben. Natürlich werden sie die fremden Elemente immer nur langsam und in geringen Quantitäten aufnehmen.

§ 276. Wir müssen zwei Hauptarten der Beeinflussung durch ein fremdes Idiom unterscheiden. Erstens kann fremdes Material aufgenommen werden. Zweitens kann, ohne dass anderes als einheimisches Material verwendet wird, doch die Zusammenfügung desselben und seine Anpassung an den Vorstellungsinhalt nach fremdem Muster gemacht werden; die Beeinflussung erstreckt sich dann nur auf das, was Humboldt und Steinthal innere Sprachform genannt haben.

Zur Aufnahme fremder Wörter in die Muttersprache veranlasst natürlich zunächst das Bedürfnis. Es werden demgemäss Wörter für Begriffe aufgenommen, für welche es dieser noch an einer Bezeichnung fehlt. Es wird in der Regel Begriff und Bezeichnung zugleich aufgenommen aus der nämlichen Quelle. Unter den am meisten in Betracht kommenden Kategorieen sind hervorzuheben Orts- und Personennamen; ferner aus der Fremde eingeführte Produkte. Sind dieselben im wesentlichen Naturerzeugnisse, so können die Bezeichnungen dafür mit der Sache von den unkultiviertesten Völkern auf die kultiviertesten übergehen, wohingegen die Einführung von Kunstprodukten mit ihren Benennungen eine gewisse Überlegenheit der fremden Kultur voraussetzt, welche allerdings nur sehr einseitig zu sein braucht. Noch entschiedener ist eine solche Überlegenheit Voraussetzung bei der Überführung von technischen, wissenschaftlichen, religiösen, politischen Begriffen. Eine starke Kulturbeeinflussung bringt fast immer einen starken Import von Fremdwörtern mit sich. Ein Bedürfnis mag noch erwähnt werden, welches auch die Aufnahme von Wörtern aus einer niedrigeren Kultursphäre veranlassen kann, das der Darstellung fremder Verhältnisse, sei es, dass diese Darstellung den Zweck der Belehrung hat und eine wahrheitsgetreue Schilderung und Erzählung zu geben sucht, sei es, dass sie für poetische Zwecke verwendet wird. Über das eigentliche Bedürfnis hinaus geht die Entlehnung, wenn die fremde Sprache und Kultur höher geschätzt wird als die eigene, wenn daher die Einmischung von Wörtern und Wendungen aus dieser Sprache für besonders vornehm oder zierlich gilt.

Mit entlehnten Wörtern verhält es sich ähnlich wie mit neugeschaffenen. Derjenige, welcher sie zuerst anwendet, hat in der Regel nicht die Absicht, sie usuell zu machen. Er befriedigt damit nur das momentane Bedürfnis nach Verständigung. Bleibende Wirkungen hinterlässt eine solche Anwendung erst, wenn sie sich wiederholt, in der Regel nur, wenn sie spontan von verschiedenen Individuen ausgeht. Das Lehnwort wird erst ganz allmählich üblich. Es gibt verschiedene Grade der Üblichkeit. Es ist zunächst ein beschränkter, durch räumliche Nähe oder Übereinstimmung in der Kultur gebildeter Kreis innerhalb einer Volksgemeinschaft, in welchem ein Wort üblich wird, respektive mehrere solche Kreise. In dieser beschränkten Geltung bleiben viele Wörter, während andere sich auf alle Schichten der Bevölkerung verbreiten. Sind sie ganz allgemein üblich geworden und haben sie nicht etwa in ihrer Lautgestalt etwas Abnormes, so verhält sich das Sprachgefühl zu ihnen nicht anders als zu dem einheimischen Sprachgut. Vom Standpunkt des Sprachgefühls aus sind sie keine Fremdwörter mehr.

§ 277. Eine besondere Aufmerksamkeit bei der Entlehnung fremder Wörter verdient das Verhalten gegenüber dem fremden Lautmaterial. Wie wir gesehen haben, deckt sich der Lautvorrat einer Sprache niemals völlig mit dem einer andern. Um eine fremde Sprache exakt sprechen zu lernen, ist eine Einübung ganz neuer Bewegungsgefühle erforderlich. So lange diese nicht vorgenommen ist, wird der Sprechende immer mit denselben Bewegungsgefühlen operieren, mit denen er seine Muttersprache hervorbringt. Er wird daher in der Regel statt der fremden Laute die nächstverwandten seiner Muttersprache einsetzen und, wo er den Versuch macht Laute, die in derselben nicht vorkommen, zu erzeugen, wird er zunächst fehlgreifen. Durch vieles Hören und lange Übung kann er sich natürlich allmählich eine korrektere Aussprache erwerben, doch ist es bekanntlich selten, dass sich jemand eine fremde Sprache so vollkommen aneignet, dass er nicht mehr als Ausländer zu erkennen ist. Wo daher eine Sprache ihr Gebiet über ein ursprünglich anders redendes Volk ausbreitet, da ist es kaum anders möglich, als dass die frühere Sprache des Volkes irgend welche Spuren in der Lauterzeugung hinterlässt, und dass sich auch sonst stärkere Abweichungen einstellen, weil das Bewegungsgefühl nicht ganz übereinstimmend ausgebildet ist. Wo die Erlernung der fremden Sprache nur durch Vermittelung der Schrift erfolgt, da kann natürlich von einer Nachahmung der fremden Laute gar keine Rede sein, es ist ganz selbstverständlich, dass die Laute der eigenen Sprache untergeschoben werden.

Wo ein Volk mit einem anderen ausser an den Grenzen nur durch Reisen und Ansiedlungen Einzelner und durch literarischen Verkehr in Berührung tritt, da wird nur der kleinere Teil die Sprache des fremden Volkes verstehen, ein noch kleinerer Teil sie sprechen und ein verschwindend kleiner Teil sie exakt sprechen. Bei der Entlehnung eines Wortes aus einer fremden Sprache werden daher oft schon diejenigen, die es zuerst einführen, Laute der eigenen Sprache den fremden unterschieben. Aber wenn es auch vielleicht mit ganz exakter Aussprache aufgenommen wird, so wird sich dieselbe nicht halten können, wenn es weiter auf diejenigen verbreitet wird, die der fremden Sprache nur mangelhaft oder gar nicht mächtig sind. Der Mangel eines entsprechenden Bewegungsgefühls macht hier die Unterschiebung, die Lautsubstitution, wie wir es mit Gröber nennen wollen, zur Notwendigkeit. Ist ein fremdes Wort erst einmal eingebürgert, so setzt es sich auch fast immer aus den Materialien der eigenen Sprache zusammen. Selbst diejenigen, welche wegen ihrer genauen Kenntnis der fremden Sprache den Abstand gewahr werden, müssen sich doch der Majorität fügen. Sie würden sonst pedantisch oder geziert erscheinen. Nur ausnahmsweise bürgert sich unter solchen Umständen ein fremder Laut in einer Sprache ein, natürlich am leichtesten ein solcher, der einerseits häufig vorkommt, andererseits sich scharf von allen der Sprache ursprünglich eigenen abhebt. So ist z. B. in die neuhochdeutsche Schriftsprache trotz der massenhaften Lehnwörter nur ein neuer Laut eingeführt, das Französische *j (g)* in *jalousie*, *genie*, *genieren* etc. Und auch hierfür setzen nicht bloss die Volksmundarten, sondern auch die städtische Umgangssprache den Laut unseres *sch* ein. Nicht selten werden mehrere verschiedene fremde Laute durch den gleichen einheimischen ersetzt. So werden im Ahd. lat. *f* und *v* beide durch *f* wiedergegeben (geschrieben zuweilen auch *v* oder *u*), vgl. *fenstar, fiebar, fira* etc. — *fers, fogat* (vocatus), *evangelio* etc.[1] Ursache, warum auch *v* durch *f* wiedergegeben wird, ist das Fehlen eines dem lateinischen genau entsprechenden Lautes, indem an Stelle unseres jetzigen *w* noch konsonantisches *u* gesprochen wurde. Ferner wird im Ahd. die lateinische Fortis *p* ebenso wie die tönende Lenis *b* durch die dazwischen liegende tonlose Lenis wiedergegeben, geschrieben bald *b*, bald *p*, vgl. *beh, (peh)* = *pix, bira* = *pirum, bredigôn* = *praedicare* etc. — *becchi (pecchi)* = *baccinum, buliz* = *boletum* etc. Ursache ist, dass es im Oberdeutschen nach der Lautverbindung kein tönendes *b* gab, weil das früher vorhandene seinen Stimmton verloren hatte und keine Fortis *p*, weil die früher vorhandene zu *ph* verschoben war. Umgekehrt kann man den fremden Laut bald durch diesen, bald durch jenen naheliegenden einheimischen wiedergeben. Doch wird man wohl in der Regel finden, wo in den Lehnwörtern einer Sprache der gleiche fremde Laut bald durch diesen, bald durch jenen Laut wiedergegeben ist, dass die Aufnahme der Wörter in verschiedenen Perioden stattgefunden hat. So wird lat. *v* in den ältesten deutschen Lehnwörtern durch *w* wiedergegeben (vgl. *wîn, wiccha, pfâwo* etc.), wahrscheinlich weil es noch wie das deutsche *v* = konsonantischem *u* oder wenigstens noch bilabial war.[2] In den jüngeren althochdeutschen Lehnwörtern erscheint es als *f* (vgl. oben); in denen der modernen Zeit wieder als *w*.

Als Lautsubstitution können wir es auch betrachten, wenn ungewohnte Konsonantenhäufungen durch Einschiebung eines Vokales erleichtert werden, vgl. z. B. *waranio* in der lex Salica und it. *guaragno* = as. *wrennio*, it. *lanzichenecco*, franz. *lansquenet* = *Lanzknecht*.

---

[1] Vgl. Franz, Die lateinisch-romanischen Elemente im Althochdeutschen, Strassburg 1884, S. 20. 22.
[2] Vgl. Franz a. a. o.

Wo die Herübernahme eines Wortes nur nach dem Gehör und auf Grund unvollkommener Kenntnis des fremden Idioms erfolgt, da treten sehr leicht noch weitergehende Entstellungen ein, die auf einer mangelhaften Auffassung durch das Gehör und auf einem mangelhaften Festhalten durch das Gedächtnis beruhen. In Folge davon werden namentlich Lautverbindungen, an die man nicht gewöhnt ist, durch geläufigere ersetzt und Kürzungen vorgenommen. Sehr leicht tritt Volksetymologie dazu.

§ 278. Von den Veränderungen, welche die fremden Wörter bei der Aufnahme erleiden, sind diejenigen zu scheiden, die sie erst nach ihrer Einbürgerung durchmachen. Da uns aber viele Wörter erst längere Zeit nach ihrer Aufnahme überliefert sind, so ist diese Scheidung nicht immer so leicht zu machen. Die eingebürgerten Fremdwörter nehmen natürlich so gut wie die einheimischen an dem Lautwandel teil. Die Teilnahme oder Nichtteilnahme an einem Lautwandel kann uns da, wo uns die Überlieferung in Stich lässt, Aufschluss geben über die relative Zeit der Entlehnung. Wenn im Ahd. das lateinische *t* in einigen Wörtern als *t*, in andern als *z* erscheint (vgl. *tempal, turri, abbât, altari — ziagil, strâza, scuzzila*), lat. *p* in einigen als *p* (*b*), in andern als *ph* oder *f* (vgl. *pina, priestar — phîl, phlanza, phîfa, pfeffar*), so unterliegt es keinem Zweifel, dass die Wörter mit *z* oder *ph* oder *f* eine ältere Schicht von Entlehnungen darstellen als die mit *t* und *p*. Denn die betreffenden Veränderungen hätten nicht eintreten können, wenn die Wörter nicht schon vor der Lautverschiebung aufgenommen gewesen wären, sodass sie das Schicksal der echt germanischen teilen konnten.

Ausserdem sind die Fremdwörter bei der Weiterverbreitung denselben assimilierenden Tendenzen unterworfen wie bei der ersten Aufnahme. Ein Wort kann zunächst von Individuen, die der fremden Sprache vollständig mächtig sind, ganz oder annähernd genau in der fremden Lautgestalt aufgenommen werden, kann aber, indem es auf solche Individuen übertragen wird, die der fremden Sprache unkundig sind, doch durch Unterschiebung eines anderen Bewegungsgefühls, durch Verhören und durch Volksetymologie entstellt werden. Kommt eine solche Entstellung bei der grossen Masse in allgemeinen Gebrauch, so kann sie auch auf diejenigen zurückwirken, welchen die originale Lautgestalt sehr wohl bekannt ist. Sie müssen sich trotz ihres besseren Wissens der herrschend gewordenen Aussprache fügen, wenn sie nicht unverständlich werden oder affektiert erscheinen wollen. In anderen Fällen dagegen erhält sich im Munde der Gebildeten eine der originalen nahe stehende Lautgestalt, während sich daneben eine oder mehrere abweichende volkstümliche entwickeln, vgl. z. B. *Korporal — Kaporal, Sergeant — Scharsant, Gensd'armes — Schandarre* (so in Niederdeutschland), *Kastanie* — *Kristanje*, *Chirurgus* — *Gregorius*, *renovieren* — *rennefiren* etc.

Eine besondere Art der Assimilation besteht in der Übertragung der einheimischen Akzentuationsweise auf die fremden Wörter. Diese erfolgt wohl in der Regel nicht von Anfang an bei der ersten Übertragung, sondern erst nach längerer Einbürgerung. Im Engl. lässt es sich deutlich verfolgen, wie die französischen Wörter, ursprünglich mit französischem Akzent aufgenommen, erst nach und nach zu der germanischen Betonungsweise übergegangen sind. Im Deutschen lässt sich das Gleiche an den fremden Eigennamen beobachten. Im Ahd. und teilweise noch im Mhd. betont man noch *Adâm*, *Abêl*, *David* etc. Appellativa dagegen erscheinen schon in den ältesten althochdeutschen Denkmälern mit zurückgezogenem Akzent und Wirkungen dieser Zurückziehung, vgl. z. B. *fogat* (*vocatus*), *mettina* (*matutina*), *fenstar*. Wahrscheinlich aber ist auch bei diesen die Zurückziehung des Akzentes nicht gleich bei der Aufnahme eingetreten.

Durch die besprochenen lautlichen Modifikationen wird ein Wort immer mehr seinem Ursprunge entfremdet, sodass derselbe selbst für denjenigen, der mit der Sprache, aus der es stammt, vertraut ist, unkenntlich werden kann. Zu solcher Entfremdung können aber auch Veränderungen in der Sprache, aus der das Wort entlehnt ist, beitragen. So beruht unsere Aussprache der aus dem Französischen entlehnten Wörter zum Teil auf einer jetzt in Frankreich nicht mehr bestehenden Aussprache, vgl. *Paris*, *Konzert*, *Offizier* etc. Noch weiter haben sich deutsche Wörter von der Lautgestalt entfernt, in der sie in die romanischen Sprachen übergegangen sind, vgl. z. B. franz. *tape*, *tapon* = *Zapfen*, it. *toppo* = *Zopf*, franz. *touaille* = oberd. *Zwehle*, mitteld. *Quehle*, it. *drudo* = *traut*. Ebenso kann die Bedeutung, mit der das Wort entlehnt ist, sich in der Grundsprache ebensowohl verändern wie in der Sprache, in die es übergegangen ist, und endlich kann es in der Grundsprache ganz untergehen.

§ 279. Es kann ein und dasselbe Wort mehrmals zu verschiedenen Zeiten entlehnt werden. Es erscheint dann in verschiedenen Lautgestalten, wovon die jüngere sich nahe an die Grundsprache anschliesst, während die ältere schon mehr oder minder starke Veränderungen durchgemacht hat. Mitunter ist die Bedeutung, mit der ein Wort bei der zweiten Entlehnung aufgenommen wird, verschieden von der bei der ersten, und es wird daher gar kein Zusammenhang zwischen den Formen empfunden, vgl. *ordnen* — *ordinieren*, *dichten* — *diktieren*, *predigen* — *prädizieren*, ahd. *zabal-* (Spielbrett) — *tavola* (beide aus *tabula*); auch *prüfen* und *probieren* decken sich nicht in ihrer Bedeutung. Wo die Bedeutung vollständig übereinstimmt, da geht die ältere Form leicht unter, vgl. *Altar*, mhd. schon *alter*; oder es wird die ältere Form auf die volkstümliche mundartliche Rede beschränkt, vgl. *ade — adieu*, *Melodei* (aus mhd. *melodîe* regelrecht entwickelt) — *Melodie* (neu aus dem Franz.), *Phantasei* — *Phantasie, Känel (Kännel, Kändel, Kener)* — *Kanal, Kämi* — *Kamin, Kappel* — *Kapelle, Keste* — *Kastanie*. Besonders häufig sind mehrfache Formen in Folge mehrfacher Entlehnung bei Personennamen. Dabei wird auch vielfach der Ursprung aus der gleichen Grundlage nicht mehr erkannt, indem die älteren Formen z. T. nur noch als Familiennamen erscheinen. Vgl. *Endres* — *Andreas, Bartel* — *Bartholomäus, Michel* — *Michael, Velten* — *Valentin, Metz* — *Mattis* — *Matthias, Marx* — *Markus, Zacher* — *Zacharias, Merten* — *Martin* etc.

Zuweilen wird nicht eine völlig neue Entlehnung vorgenommen, sondern das schon seit längerer Zeit eingebürgerte und lautlich modifizierte Lehnwort erfährt nur eine partielle Angleichung an das zu Grunde liegende Wort der fremden Sprache, vgl. mhd. *trache* = nhd. *drache* (*draco*), mhd. *tihten* = nhd. *dichten* (*dictare*), mhd. *Krieche* = nhd. *Grieche* (*Graecus*).[1]) Auch *Jude* beruht wohl auf einer Wiederanlehnung an *Judaeus*, und *Jüde* ist die einzige lautgesetzlich entwickelte Form.

§ 280. Wo gleichzeitig zwei nahe verwandte Sprachen auf eine dritte wirken, da geschieht es leicht, dass aus beiden die einander korrespondierenden Wörter aufgenommen werden, die dann in der Bedeutung übereinstimmen und in der Lautform wenig voneinander abweichen. Dies Verhältnis finden wir namentlich in den Lehnwörtern aus dem Lat. und dem Franz. So haben wir nebeneinander *ideal* und *ideell, real* und *reell*, jetzt in ihrer Bedeutung differenziert, früher gleichwertig; Schiller gebraucht *material* = *materiell*. Goethe hat *religios* = *religiös*. Einem norddeutschen *Referendar* entspricht ein süddeutsches *Referendär*. Statt *Trinität, Majestät* etc. bestehen im Mhd. *trinitât, majestât*; im 16. und 17. Jahrh. sind beide Formen nachweisbar;[2]) das *ä* kann nur dem Franz. entstammen.

In diesen Fällen kann es nicht ausbleiben, dass auch die dem Französischen entstammende Form von dem des Lateinischen Kundigen direkt auf dieses bezogen wird. In anderen Fällen sind Wörter überhaupt nicht direkt aus der Grundsprache aufgenommen, sondern nur aus einer anderen, in der sie Lehnwörter sind. So sind griechische Wörter zunächst aus dem Lateinischen zu uns gekommen, daher mit

---

[1]) Es kommt bei diesen Wörtern allerdings auch der in einem gewissen Teile von Deutschland eingetretene lautliche Zusammenfall von Tenuis und Media in Betracht, so dass also das Grundwort vielleicht nur für die Regelung der Schreibung in der Schriftsprache massgebend gewesen ist.

[2]) Vgl. J. Grimm, Kl. Schr. 1, 337, wo aber die Auffassung eine andere ist.

lateinischer Betonung und mit der Endung *-us* statt *-os*. Ebenso sind lateinische Wörter, die ihrerseits wieder dem Griechischen entlehnt sein können, durch Vermittlung des Französischen auf uns gekommen, vgl. *Musik, Protestant, Agent, September, Artikel, Religion* etc., ebenso die Eigennamen *Horaz, Ovid* etc. Auch hier stellt sich ein für den der Originalsprache Kundigen direktes Verhältnis her, und die Folge davon ist, dass er, auch wenn er Wörter direkt aus der Originalsprache entnimmt, diesen eine den durch Vermittlung überkommenen analoge Lautgestalt gibt, dass er z. B. den griechischen in den lateinischen Akzent umsetzt, dass er die lateinischen Endungen *-us, -um* und andere fortlässt, dass er den Ausgang der lateinischen Wörter auf *io* in *ion* verwandelt. Hierher gehört es auch, dass Verba, die direkt dem Lateinischen entnommen sind, die aus dem Französischen stammende Endung *-ieren* erhalten haben, vgl. *negieren, spazieren, pokulieren, prädizieren, annektieren, regulieren, prästieren, präparieren* etc. Aus älterem *personifieren* (z. B. bei Le.) ist mit Anschluss an das Lateinische *personifizieren* geworden.

§ 281. Wir haben oben § 115 gesehen, dass einer Ableitung, die mit einem weniger gewöhnlichen Suffixe gebildet ist, leicht noch das für die betreffende Funktion normale Suffix beigefügt wird. Eine besondere Art dieses Vorganges ist die, dass einem fremden Suffixe noch das synonyme einheimische beigefügt wird, vgl. *Historiker, Physiker, Musiker, Kritiker* etc. (Bildungen, die von Adelung noch gemissbilligt werden); *Sicilianer, Mantuaner, Primaner; Italiener; Benediktiner, Rabbiner* (nach Adelung besser *Rabbine*); *Athenienser, Waldenser; Genueser, Bologneser; Galiläer, Pharisäer; Unitarier, Proletarier; Samariter, Jesuiter* (volktümlich); *Patrizier, Plebejer; Kassierer, Tapezierer, Barbierer* (neben *Kassier* etc.); *sicilianisch, italienisch, genuesisch; idealisch, kolossalisch* (beides im 18. Jahrh. häufig), *kollegialisch, musikalisch, physikalisch, theatralisch, martialisch* etc.; *kokettisch, antikisch, barockisch* (18. Jahrh.); *Prinzessin, Äbtissin* (mhd. *ebetisse*), *Baronessin* (18. Jahrh.). Die Verba auf *-ieren* sind entstanden, indem an die fertige altfranzösische Infinitivform auf *-ier* noch die deutschen Verbalendungen angetreten sind.

§ 282. Es werden immer nur ganze Wörter entlehnt, niemals Ableitungs- und Flexionssuffixe. Wird aber eine grössere Anzahl von Wörtern entlehnt, die das gleiche Suffix enthalten, so schliessen sich dieselben ebensogut zu einer Gruppe zusammen wie einheimische Wörter mit dem gleichen Suffix, und eine solche Gruppe kann dann auch produktiv werden. Es kann sich das so aufgenommene Suffix durch analogische Neubildung mit einheimischem Sprachgut verknüpfen. Der Fall ist bei Ableitungssilben nicht gerade selten. Wir haben im Deutschen nach dem Muster von *Abtei* etc. ein *Bäckerei, Gerberei, Druckerei* etc.;

nach *Bagage* etc. Bildungen der Volkssprache wie *Takelage, Kledage, Bommelage* etc. (vgl. Andr. Volkset. 98); nach *korrigieren* etc. *hofieren, buchstabieren, sich erlustieren,* mhd. *wandelieren,* bei H. Sachs *gelidmasieret.*¹) Vgl. ferner romanische Bildungen wie it. *falsardo,* mit germanischem Suffix, englische wie *oddity, morderous, eatable* mit französischem Suffix.²) Es gibt bei uns mehrere Suffixe fremden Ursprungs, die nur in der Gelehrtensprache üblich sind und sich dann nicht nur mit Elementen aus der gleichen Sprache verbinden, sondern auch mit solchen aus einer andern fremden, zuweilen auch mit einheimischem Sprachgut, vgl. *-ist* in *Jurist, Purist, Romanist, Tourist, Manierist, Hornist, Hoboist, Carlist* etc.; *-ismus* in *Atavismus, Purismus, Fanatismus, Somnambulismus* etc.; *-ianer* in *Hegelianer, Kantianer* etc. Diese Bildungen finden sich zum Teil auch im Französischen und sind zum Teil wohl aus dieser Sprache entlehnt. Wenn man Bildungen wie *Purist* und *Purismus* wegen der Mischung aus einem lateinischen und einem griechischen Elemente beanstandet, so ist das insofern nicht zutreffend, als sie weder lateinische noch griechische, sondern deutsche, respektive französische Bildungen sind.

Seltener werden Flexionsendungen auf diese Weise aufgenommen.³) Es gehört dazu schon eine besonders innige Berührung zweier Sprachen. Die französische Pluralbildung mit *s* ist in Niederdeutschland ziemlich verbreitet: *Kerls, Mädchens, Fräuleins, Ladens,* pleonastisch in *Jungens.* Auch in die Schriftsprache ist sie gedrungen bei ursprünglich indeklinablen Wörtern: *A's, O's, Neins, Abers, Vergissmeinnichts, Stelldicheins*; bei Fremdwörtern, die auf einen vollen Vokal ausgehen und sich deshalb in keine sonstige Deklination einfügen: *Papas, Sophas, Mottos, Kolibris*; weniger allgemein üblich und als korrekt anerkannt bei solchen auf *-um*: *Albums.* Weiter verbreitet ist die französische Pluralbildung im Niederländischen, vgl. *mans, zons, vaders, broeders, waters, euvels, lakens, vroukens, vogeltjes* und so überhaupt bei den Neutris auf *-er, -el, -en* und den Deminutiven; pleonastisch angefügt wird das *s* in *jongens, bladers* (neben *bladen* und *bladeren*), *benders* (neben *benderen* zu *ben*) u. a. In das Indoportugiesische ist die englische Genitivendung eingedrungen; man sagt z. B. *hombre's casa.* Die ausgedehnteste Herübernahme von Flexionsendungen hat in der Zigeunersprache stattgefunden. So gibt es ein spanisches und ein englisches Zigeunerisch.

---

[1] Kaum hier anzureihen, weil mit der Absicht komische Wirkung zu erzielen gebildet, sind Schöpfungen der Studentensprache wie *burschikos* (mit griechischer Adverbialendung), *Luftikus, Putzikus, Lumpacius.*

[2] Vgl. Whitney a. a. O. S. 17. Beispiele von slawischen Suffixen in deutschen Mundarten bei Schuchardt S. 86.

[3] Vgl. hierzu Schuchardt S. 8.

§ 283. Beeinflussung in Bezug auf die innere Sprachform erfährt eine Sprache, wie schon hervorgehoben, namentlich durch diejenigen von denen sie als eine fremde gesprochen wird. Doch keineswegs ausschliesslich. Für die Literatursprache kommt in dieser Hinsicht besonders der Einfluss von Übersetzungen in Betracht. Wo ein Wort aus einer fremden Sprache sich in seiner Bedeutung nur teilweise mit einem Worte der eigenen Sprache deckt, da wird man leicht dazu verführt, jenem den vollen Umfang der Bedeutung beizulegen, die diesem zukommt. Es ist dies ja bei Übersetzungsübungen einer der häufigsten Fehler. Solche Fehler können in zweisprachigen Gebieten leicht usuell werden.[1]) Ein südslawischer Schriftsteller schreibt *habt ihr keine Scheu und Schande* weil *sramota* „Schande" und „Scham" bedeuten kann. Von den Deutschruthern wird *Schnur* im Sinne von „Braut" gebraucht, weil im Slovenischen *nevesta* Schwiegertochter und Braut bedeutet. Häufig wird im Slawodeutschen *damals* von der Zukunft gebraucht; ebenso *wo = wohin*, weil im Slawischen für beides das nämliche Wort gebraucht wird.

Ein wesentlich davon verschiedener Vorgang ist es, wenn für einen Begriff, für den es bisher an einer Bezeichnung gefehlt hat, ein Wort nach dem Muster einer fremden Sprache geschaffen oder mit einem schon bestehenden Worte eine Bedeutungsübertragung nach diesem Muster vorgenommen wird. Dieser Vorgang ist in der wissenschaftlichen und technischen Sprache neben der direkten Herübernahme fremden Materials üblich. Man vergleiche z. B. die Versuche die lateinischen grammatischen Termini durch deutsche wiederzugeben. Jene sind ihrerseits Nachbildungen der griechischen. Eine tiefer in alle Schichten der Bevölkerung eindringende Wirkung hat auch nach dieser Richtung die Einführung einer fremden Religion; man vgl. z. B. Wörter wie *Beichte, Busse, Gewissen, Abendmahl, erbauen, Gevatter*. Und so sind es überhaupt dieselben Kultureinflüsse, welche die Einführung von fremdem Wortmaterial veranlassen, die auch fremdes Gedankenmaterial, in einheimisches Gewand gekleidet, zuführen.[2])

Es werden ferner Wortgruppen, die als solche eine eigentümliche Bedeutung entwickelt haben, nach den einzelnen Worten übertragen. So sagt man z. B. in Östreich *es steht nicht dafür* = „es ist den Auf-

---

[1]) Vgl. Schuchardt S. 95 ff.
[2]) S. Singer hat in der Zeitschr. f. deutsche Wortf. 3, 220 und 4, 125 ein reichhaltiges Verzeichnis von deutschen Wörtern gegeben, die in ihrer Bildungsweise und Bedeutungsentwicklung fremden, namentlich lateinischen und französischen Wörtern entsprechen. Doch ist allerdings die Übereinstimmung allein noch nicht genügend um jene als Nachbildungen von diesen zu erweisen. Dazu bedarf es namentlich noch genauerer Untersuchungen über ihr frühestes Vorkommen.

Paul, Prinzipien

wand oder die Mühe nicht wert" nach dem Muster des čechischen *nestojé za to*.¹) In Südwestdeutschland hört man nicht selten nach französischem Muster *es macht gut Wetter*. Auch diese Art von Nachbildung, für die ich hier nur einige besonders in die Augen fallende Beispiele gebe, ist etwas Häufiges.²)

Dazu kommt endlich die Beeinflussung der Syntax.³) Da die Slawen für alle Geschlechter und Numeri des Relativums eine Form verwenden können, so wird im Slawodeutschen häufig *was* entsprechend verwendet, vgl. *ein Mann, was hat geheissen Jakob*; *der Knecht, was ich mit ihm gefahren bin*; auch *ich bin nicht in der Stadt gewesen, was* (= solange) *er weg ist*. Im 18. Jahrh. schrieb man fast allgemein nach französischem Muster *ich lasse ihm das nicht fühlen* u. dergl. Im Litauischen ist die deutsche Konstruktion *was für ein Mann* wörtlich nachgebildet. Auf die romanischen und germanischen Sprachen hat vom Beginn ihrer literarischen Verwendung an immer die lateinische Syntax einen bald stärkeren, bald schwächeren Einfluss gehabt.

Wenn wir zwischen Völkern, die in einer engeren Kulturgemeinschaft stehen, wie z. B. zwischen denen unseres Abendlandes, eine grosse Übereinstimmung in der inneren Sprachform finden, so beruht dies wenigstens zum Teil auf Angleichung durch Sprachmischung.

§ 284. Dialektmischung innerhalb eines zusammenhängenden Sprachgebietes hebt sich dann von der normalen ausgleichenden Wirkung des Verkehrs deutlich ab, wenn sie zwischen Dialekten vor sich geht, deren Gebiete nicht räumlich nebeneinander liegen. Dagegen ist keine eigentliche Grenze zu ziehen, wenn die Gebiete räumlich benachbart und in beständigem Verkehr untereinander sind. Man kann dann nur danach einen Unterschied machen, ob zwischen den betreffenden Dialekten ein scharfer Kontrast besteht oder ob die Verschiedenheiten gering sind und schon durch Übergangsstufen vermittelt.

Im allgemeinen gilt hier das Gleiche wie von der Mischung verschiedener Sprachen. Wortentlehnung ist auch hier der am leichtesten und häufigsten eintretende Vorgang. Dagegen wird das Lautmaterial nicht leicht verändert. Es findet auch hier Substitution der fremden Laute durch die nächstverwandten einheimischen statt. Daher erscheint ein aus einem verwandten Dialekte aufgenommenes Wort ganz gewöhnlich in der nämlichen Lautgestalt, die es erlangt haben würde, wenn es aus der Zeit der ehemaligen Spracheinheit her sich erhalten hätte. So wird es sich in der Regel bei geringeren Differenzen in der Lautentwickelung verhalten. Anders natürlich, wenn zwei Dialekte in ihrer

---

[1]) Weitere Beispiele aus dem Slawodeutschen bei Schuchardt S. 96 ff.
[2]) Auch hierfür verweise ich auf Singer mit dem gleichen Vorbehalt.
[3]) Vgl. Schuchardt S. 99 ff.

Entwickelung weiter auseinander gegangen sind, sodass, was sich etymologisch entspricht, sich nicht mehr phonetisch am nächsten liegt. So ist z. B. das *ch* in *sacht, Nichte* etc. bei der Aufname in das Hochdeutsche nicht in das etymologisch entsprechende *ft* umgesetzt.

Auf literarischem Gebiete entsteht vor der Festsetzung einer Gemeinsprache sehr gewöhnlich eine Mischung dadurch, dass ein Denkmal aus der Mundart, in der es ursprünglich verfasst ist, in eine andere umgesetzt wird. Das ist bei schriftlicher wie bei mündlicher Überlieferung möglich. Die Umsetzung bleibt gewöhnlich eine unvollkommene, zumal wenn sich das Versmass dagegen sträubt. Diese Art von Mischung ist ganz und gar zu scheiden von derjenigen, welche sich in dem Organismus der Sprachvorstellungen bei den einzelnen Individuen vollzieht.

§ 285. Entlehnung aus einer älteren Sprachstufe kann natürlich nur durch Vermittlung der Schrift erfolgen. Das Lautmaterial kann demnach nie dadurch beeinflusst werden. Diese Art der Entlehnung wird in der Regel nur mit bewusster Absicht bei literarischer Produktion vorgenommen. Dabei ist ein Unterschied zu beachten. Entweder sollen dabei gewisse wirkliche oder vermeintliche Vorzüge der älteren Sprache schlechthin wieder zu neuem Leben erweckt werden, oder die Altertümlichkeiten der Sprache sollen zur Charakterisierung der Zeit dienen, in die man durch die Darstellung versetzt wird. Im letzteren Falle wird man leicht viel weiter gehen als im ersteren. Eine Entlehnung ist es auch, wenn man eine untergegangene Bedeutung eines sonst noch lebendigen Wortes neu zu beleben versucht, wie man es z. B. mit *Weib, Frau, Magd, Buhle* getan hat.

Dreiundzwanzigstes Kapitel.
Die Gemeinsprache.

§ 286. In allen modernen Kulturländern finden wir neben vielfacher mundartlicher Verzweigung eine durch ein grosses Gebiet verbreitete und allgemein anerkannte Gemeinsprache. Wesen und Bildung derselben zu untersuchen ist eine Aufgabe, die wir notwendigerweise bis zuletzt verschieben mussten. Wir betrachten wieder zunächst die gegebenen Verhältnisse, die sich unserer unmittelbaren Beobachtung darbieten.

Wir sind bisher immer darauf aus gewesen die realen Vorgänge des Sprachlebens zu erfassen. Von Anfang an haben wir uns klar gemacht, dass wir dabei mit dem, was die deskriptive Grammatik eine Sprache nennt, mit der Zusammenfassung des Usuellen, überhaupt gar nicht rechnen dürfen als einer Abstraktion, die keine reale Existenz hat. Die Gemeinsprache ist natürlich erst recht eine Abstraktion. Sie ist nicht ein Komplex von realen Tatsachen, realen Kräften, sondern nichts als eine ideale Norm, die angibt, wie gesprochen werden soll. Sie verhält sich zu der wirklichen Sprechtätigkeit etwa wie ein Gesetzbuch zu der Gesamtheit des Rechtslebens in dem Gebiete, für welches das Rechtsbuch gilt, oder wie ein Glaubensbekenntnis, ein dogmatisches Lehrbuch zu der Gesamtheit der religiösen Anschauungen und Empfindungen.

Als eine solche Norm ist die Gemeinsprache wie ein Gesetzbuch oder ein Dogma an sich unveränderlich. Veränderlichkeit würde ihrem Wesen schnurstracks zuwider laufen. Wo eine Veränderung vorgenommen wird, kann sie nur durch eine ausserhalb der Norm stehende Gewalt aufgedrängt werden, durch welche ein Teil von ihr aufgehoben und durch etwas anderes ersetzt wird. Die Veranlassungen zu solchen Veränderungen sind auf den verschiedenen Kulturgebieten analog. Ein noch so sorgfältig ausgearbeiteter Kodex wird doch immer eine gewisse Freiheit der Bewegung übrig lassen, und immer werden sich in der

Praxis eine Reihe von unvorhergesehenen Fällen herausstellen. Der Kodex kann aber auch Schwierigkeiten enthalten, hie und da mehrfache Deutung zulassen. Dazu kommt nun Missverständnis, mangelhafte Kenntnis von Seiten derer, die nach ihm verfahren sollten. Er kann endlich vieles Unangemessene enthalten teils von Anfang an, teils infolge einer erst nach seiner Festsetzung eingetretenen Veränderung der sittlichen und wirtschaftlichen Verhältnisse. Diese Unangemessenheit kann die Veranlassung werden, dass sich das Rechtsgefühl der Gesamtheit oder der massgebenden Kreise gegen die Durchführung des Gesetzbuchstabens sträubt. Das Zusammenwirken solcher Umstände führt dann zu einer Änderung des Gesetzbuches durch die Staatsgewalt. Gerade so verhält es sich mit der Gemeinsprache. Sie ist nichts als eine starre Regel, welche die Sprachbewegung zum Stillstand bringen würde, wenn sie überall strikte befolgt würde, und nur soweit Veränderungen zulässt, als man sich nicht an sie kehrt.

Bei alledem ist aber doch der Unterschied, dass die Gemeinsprache nicht eigentlich kodifiziert wird. Es bleibt im allgemeinen der Usus, der die Norm bestimmt. Es kann das aber nicht der Usus der Gesamtheit sein. Denn dieser ist weit entfernt davon ein einheitlicher zu sein. Auch in denjenigen Gebieten, in welchen die Gemeinsprache sich am meisten befestigt hat, finden wir, dass die Einzelnen sehr beträchtlich voneinander abweichen, auch wenn wir sie nur in soweit berücksichtigen, als sie ausdrücklich bestrebt sind die Schriftsprache zu reden. Und selbst wenn diese Abweichungen einmal beseitigt wären, so müssten nach den allgemeinen Bedingungen der Sprachentwickelung immer wieder neue entstehen. Sowohl um eine Einheit herbeizuführen als um eine schon vorhandene aufrecht zu erhalten, ist etwas erforderlich, was von der Sprechtätigkeit der Gesamtheit unabhängig ist, dieser objektiv gegenüber steht. Als solches dient überall der Usus eines bestimmten engeren Kreises.

§ 287. Wir finden nun aber, soweit unsere Beobachtung reicht, dass die Norm auf zweierlei Art bestimmt wird, nämlich einerseits durch die gesprochene Sprache, anderseits durch niedergeschriebene Quellen. Soll sich aus der ersteren eine einigermassen bestimmte Norm ergeben, so müssen die Personen, welche als Autorität gelten, sich in einem beständigen oder nach kurzen Unterbrechungen immer wiederholten mündlichen Verkehre untereinander befinden, wobei möglichst viele und möglichst vielseitige Berührungen zwischen den Einzelnen statthaben. In der Regel finden wir die Sprache einer einzelnen Landschaft, einer einzelnen Stadt als mustergültig angesehen. Da aber überall, wo schon eine wirkliche Gemeinsprache ausgebildet ist, auch innerhalb eines so engen Gebietes, nicht unbeträchtliche Verschiedenheiten zwischen den verschiedenen Bevölkerungsklassen bestehen, so muss die Mustergültigkeit schon auf die Sprache der Gebildeten des betreffenden Gebietes eingeschränkt werden. Aber auch von dieser kann sich das Muster emanzipieren, und das ist z. B. in Deutschland der Fall. Es ist ein reines Vorurteil, wenn bei uns eine bestimmte Gegend angegeben wird, in der das ‚reinste Deutsch' gesprochen werden soll. Die mustergültige Sprache für uns ist vielmehr die auf dem Theater im ernsten Drama übliche, mit der die herrschende Aussprache der Gebildeten an keinem Orte vollständig übereinkommt. Die Vertreter der Bühnensprache bilden einen verhältnismässig kleinen Kreis, der aber räumlich weit zerstreut ist. Die räumliche Trennung widerspricht aber nur scheinbar unserer Behauptung, dass direkter mündlicher Verkehr notwendiges Erfordernis für die Mustersprache sei. Denn der Grad von Übereinstimmung, wie er in der Bühnensprache besteht, wäre nicht erreicht und könnte nicht erhalten werden, wenn nicht ein fortwährender Austausch des Personals zwischen den verschiedenen Bühnen, auch den am weitesten von einander entlegenen stattfände, und wenn es nicht gewisse Zentralpunkte gäbe und gegeben hätte, die wieder den anderen als Muster dienen. Dazu kommt, dass hier auch eine kürzere direkte Berührung die gleiche Wirkung tun kann wie in anderen Fällen eine längere deshalb, weil eine wirkliche Schulung stattfindet, eine Schulung, die bereits durch lautphysiologische Beobachtung unterstützt wird. Die Ursachen, warum sich gerade die Bühnensprache besonders einheitlich und abweichend von allen Lokalsprachen gestalten musste, liegen auf der Hand. Nirgends sonst vereinigte sich ein so eng geschlossener Kreis von Personen aus den verschiedensten Gegenden, die genötigt waren in der Rede zusammenzuwirken. Nirgends war einem Verkehrskreise so viel Veranlassung zur Achtsamkeit auf die eigene und fremde Aussprache, zu bewusster Bemühung darum gegeben. Es musste einerseits der Notwendigkeit sich vor einem grossen Zuschauerkreise allgemein verständlich zu machen, anderseits ästhetischen Rücksichten Rechnung getragen werden. Aus beiden Gründen konnten dialektische Abweichungen auch nicht mehr in der Einschränkung geduldet werden, in der sie sich etwa zwischen den verschiedenen lokalen Kreisen der Gebildeten noch erhalten hatten. Es ist selbstverständlich, dass eine gleichmässig durchgehende Aussprache, an die sich das Publikum allmählich gewöhnt, das Verständnis bedeutend erleichtert. Jede Ungleichmässigkeit in dieser Beziehung ist aber auch für das ästhetische Gefühl beleidigend, wenn sie nicht zur Charakterisierung dienen soll. Gerade aber weil der Dialekt etwas Charakterisierendes hat, muss er vermieden werden, wo die Charakterisierung nicht hingehört. Indem nun verschiedene dialektische Nuanzierungen mit einander um die Herrschaft kämpften, bevor es zu einer Einigung kam, konnte es geschehen, dass, wenn auch vielleicht im ganzen die eine überwog, doch in diesem oder jenem Punkte einer andern nachgegeben wurde. Massgebend für die Entscheidung musste dabei auch das Streben nach möglichster Deutlichkeit sein. Dies Streben musste aber auch zu einer Entfernung von der Umgangssprache überhaupt führen. Diejenigen Lautgestaltungen, welche in dieser nur dann angewendet werden, wenn man sich besonderer Deutlichkeit befleissigt, wurden in der Bühnensprache zu den regelmässigen erhoben. Es wurden insbesondere die unter dem Einflusse des Satzgefüges oder auch der Wortzusammensetzung entstandenen, von Assimilation oder von Abschwächung in Folge der geringen Tonstärke betroffenen Formen, nach Möglichkeit wieder ausgestossen und durch die in isolierter Stellung übliche Lautgestalt ersetzt. Es wurde mehrfach auf die Schreibung zurückgegriffen, wo die Aussprache schon abweichend geworden war. Gerade in diesen Eigenheiten, welche durch das Bedürfnis nach klarer Verständlichkeit für einen grossen Zuhörerkreis veranlasst sind, kann übrigens die Bühnensprache nie absolutes Muster für die Umgangssprache werden. In dieser würde das gleiche augespannte Streben nach Deutlichkeit als Affektation erscheinen.

Durch die Bühne wird also für die Lautverhältnisse eine festere Norm geschaffen als durch die Umgangssprache eines bestimmten Bezirkes. Aber auf die lautliche Seite beschränkt sich auch ihr regelnder Einfluss. Im übrigen wird ihr die Sprache von den Dichtern oktroyiert, und sie kann nach den andern Seiten hin nicht ebenso tätig eingreifen wie die Umgangssprache.

Die Übereinstimmung, welche in der Sprache desjenigen Kreises besteht, der als Autorität gilt, kann natürlich niemals eine absolute sein. Sie geht in einer Umgangssprache nicht leicht über dasjenige Mass hinaus, welches in der auf natürlichem Wege erwachsenen Mundart eines engen Bezirkes besteht. In einer künstlichen Bühnensprache kann man allerdings noch etwas weiter kommen. Und wie die Normalsprache nicht frei von Schwankungen ist, so unterliegt sie auch allmählicher Wandlung wie sonst eine Mundart. Denn sie hat keine anderen Lebensbedingungen wie diese. Wenn auch die Norm einem weiteren Kreise sich als etwas von ihm Unabhängiges gegenüberstellen kann, so kann sie dies nicht ebenso dem engeren massgebenden Kreise, muss vielmehr naturgemäss durch die Sprechtätigkeit desselben allmählich verschoben werden. Dies würde selbst geschehen, wenn dieser engere Kreis sich ganz unabhängig von den Einflüssen des weiteren halten könnte. Es ist aber gar nicht denkbar, dass er bei dem ununterbrochenen Wechselverkehre stets nur gebend, niemals empfangend sein sollte. Und auf diese Weise wird doch auch die Gemeinsprache durch die Gesamtheit der Sprachgenossen bestimmt, nur dass der Anteil, den die Einzelnen dabei haben, ein sehr verschiedener ist.

§ 288. Die andere Norm der Gemeinsprache, welche mit Hilfe der Niederschrift geschaffen ist, bietet manche erhebliche Vorteile. Erst durch schriftliche Fixierung wird die Norm unabhängig von den sprechenden Individuen, kann sie unverändert auch den folgenden Generationen überliefert werden. Sie kann ferner auch ohne direkten Verkehr verbreitet werden. Sie hat endlich, soweit sie nur wieder die niedergeschriebene Sprache beeinflussen soll, ein sehr viel leichteres Spiel, weil um sich nach ihr zu richten es nicht nötig ist sein Bewegungsgefühl neu einzuüben, wie man es tun muss um sich eine fremde Aussprache anzueignen. Dagegen hat sie anderseits den Nachteil, dass sie für Abweichungen in der Aussprache noch einen sehr weiten Spielraum lässt, wie aus unseren Ausführungen in Kapitel XXI erhellt, daher als Muster für diese nur schlecht zu gebrauchen ist.

Für die Regelung der Schriftsprache im eigentlichen Sinne ist es jedenfalls möglich den Gebrauch bestimmter Schriftsteller, bestimmte Grammatiken und Wörterbücher als allein massgebende Muster hinzustellen und sich für immer daran zu halten. Das geschieht z. B., wenn die Neulateiner die Ciceronianische Schreibweise wiederzugeben trachten. Aber schon an diesem Beispiele kann man wahrnehmen, dass es auch da, wo ein ganz bestimmtes Muster klar vor Augen steht, schwer möglich ist etwas demselben ganz Adäquates hervorzubringen. Es gehört dazu, dass man sich mit dem Muster ununterbrochen vollkommen vertraut erhält, und dass man sich ängstlich bemüht alle anderen Einflüsse von sich fern zu halten. Wem es noch am besten gelingt, der erreicht es nur durch eine Selbstbeschränkung in der Mitteilung seiner Gedanken, durch Aufopferung aller Individualität und zugleich auf Kosten der Genauigkeit und Klarheit des Ausdrucks. Wie reich auch der Gedankenkreis eines Schriftstellers sein mag, so wird doch selbst derjenige, der mit ihm der gleichen Bildungsepoche angehört, in ihm nicht für alles das, was er selbst zu sagen hat, die entsprechenden Darstellungsmittel finden; viel weniger noch wird es ein späterer, wenn die Kulturverhältnisse sich verändert haben.

Eine Schriftsprache, die dem praktischen Bedürfnisse dienen soll, muss sich gerade wie die lebendige Mundart mit der Zeit verändern. Wenn sie auch zunächst auf dem Usus eines Schriftstellers oder eines bestimmten Kreises von Schriftstellern beruht, so darf sie doch nicht für alle Zeiten an diesem Muster unbedingt festhalten, darf sich zumal nicht exklusiv gegen Ergänzungen verhalten, wo das Muster nicht ausreicht. Der Einzelne darf nicht mehr bei allem, was er schreibt, das Muster vor Augen haben, sondern er muss wie in der Mundart die

Sprachmittel unbewusst handhaben mit einem sicheren Vertrauen auf sein eigenes Gefühl, er muss eben dadurch einen gewissen schöpferischen Anteil an der Sprache haben, und durch das, was er schafft, auf die übrigen wirken. Der Sprachgebrauch der Gegenwart muss neben den alten Mustern, wo nicht ausschliesslich zur Norm werden. So verhält es sich mit dem Latein des Mittelalters. Indem die Humanisten die lebendige Entwickelung der lateinischen Sprache abschnitten und die antiken Muster wieder zu ausschliesslicher Geltung brachten, versetzten sie eben damit ganz wider ihre Absicht der lateinischen Weltliteratur den Todesstoss, machten sie unfähig fortan noch den allgemeinen Bedürfnissen des wissenschaftlichen und geschäftlichen Verkehrs zu dienen.

Indem sich eine Schriftsprache von den ursprünglichen Mustern emanzipiert, ist es allerdings unvermeidlich, dass sie an Gleichmässigkeit einbüsst, dass zwischen den Einzelnen mannigfache Abweichungen entstehen. Aber ein Zerfallen in verschiedene räumlich getrennte Dialekte, wie es in solchem Falle bei der gesprochenen Sprache unvermeidlich ist, braucht darum doch nicht einzutreten. Eine, und zwar die wichtigste Quelle der dialektischen Differenzierung fällt in der Schriftsprache ganz weg, nämlich der Lautwandel. Flexion, Wortbildung, Wortbedeutung, Syntax bleiben allerdings der Veränderung und damit der Differenzierung ausgesetzt, aber auch diese in einem geringeren Grade als in der gesprochenen Mundart. Eine Hauptveranlassung zu Veränderungen auf diesem Gebiete ist ja, wie wir gesehen haben, der Mangel an Kongruenz zwischen den Gruppierungsverhältnissen, die auf der Lautgestaltung und denen, die auf der Bedeutung beruhen. Von diesem Mangel ist ja natürlich auch die Schriftsprache in ihrer ursprünglichen Fixierung nicht frei, aber es werden in ihr nicht wie in der gesprochenen Mundart durch den Lautwandel fortwährend neue Inkongruenzen hervorgerufen, und es werden nicht die verschiedenen Gebiete durch eine abweichende Lautentwickelung in verschiedene Disposition zur Analogiebildung gesetzt. Es ist daher zu Veränderungen in den Bildungsgesetzen für Flexion und Wortbildung sehr viel weniger Veranlassung gegeben. Es treten aber nicht bloss weniger Veränderungen ein, sondern die, welche eintreten, können sich, so lange der literarische Zusammenhang nicht unterbrochen wird, leicht über das ganze Gebiet verbreiten. Wo sie nicht die nötige Macht dazu besitzen, werden sie in der Regel auch in dem beschränkten Gebiete, in dem sie sich etwa festgesetzt haben, übermächtigen Einflüssen weichen müssen. Am wenigsten wird die Einheit der Sprache gefährdet sein, wenn die alten Muster neben den neuen immer eine gewisse Autorität behaupten, wenn sie viel gelesen werden, wenn aus ihnen Regeln abstrahiert werden, die allgemein anerkannt werden. Erhaltung der Übereinstimmung und Anbequemung an die veränderten Kulturverhältnisse sind am besten zu vereinigen, wenn man sich in der Syntax und noch mehr in der Formenbildung möglichst an die alten Muster hält, dagegen in der Schöpfung neuer Wörter und in der Anknüpfung neuer Bedeutungen an die alten Wörter eine gewisse Freiheit bewahrt. So verhält es sich auch im allgemeinen bei den gebildeteren mittellateinischen Schriftstellern.

§ 289. An dem Mittel- und Neulateinischen können wir am besten das Wesen einer Gemeinsprache studieren, die nur Schriftsprache ist.[1]) Die nationalen Gemeinsprachen dagegen sind zugleich Schrift- und Umgangssprachen. In ihnen stehen daher auch eine schriftsprachliche und eine umgangssprachliche Norm neben einander. Es scheint selbstverständlich, dass beide in Übereinstimmung mit einander gesetzt und fortwährend darin erhalten werden müssen. Aber, wie wir im Kap. XXI gesehen haben, ist solche Übereinstimmung in Bezug auf die lautliche Seite im eigentlichen Sinne gar nicht möglich, und die Verselbständigung der Schrift gegenüber der gesprochenen Rede kann so weit gehen, dass die gegenseitige Beeinflussung fast ganz aufhört. Und gerade die Einführung einer festen Norm begünstigt diese Verselbständigung. Es erhellt daraus, wie notwendig eine besondere Norm für die gesprochene Sprache ist, da sich auf Grundlage der blossen Schriftform kaum eine annähernde Übereinstimmung in den Lautverhältnissen erzielen lassen würde, eher freilich noch mit einer Orthographie wie die deutsche als mit einer solchen wie die englische.

Ferner ist zu berücksichtigen, dass zwischen Schriftsprache und Umgangssprache immer ein stilistischer Gegensatz besteht, dessen Beseitigung gar nicht angestrebt wird. In Folge davon erhalten sich in der ersteren Konstruktionsweisen, Wörter und Wortverbindungen, die in der letzteren ausser Gebrauch gekommen sind, anderseits dringt in die letztere manches Neue ein, was die erstere verschmäht.

Eine absolute Übereinstimmung beider Gebiete in dem, was in ihnen als normal anerkannt wird, gibt es also nicht. Sie sind aber auch noch abgesehen von den beiden hervorgehobenen Punkten immer von der Gefahr bedroht nach verschiedenen Richtungen hin auseinander

---

[1]) Eine ganz ausschliesslich nur in der Niederschrift lebende und sich entwickelnde Sprache ist allerdings auch das Mittellateinische nicht. Es wurde ja auch im mündlichen Verkehre verwendet. Auf die Entwickelung wird das aber von geringem Einflusse gewesen sein, da die Erlernung doch immer an der Hand schriftlicher Aufzeichnungen erfolgte Dagegen ist ein anderer ausserhalb der schriftlichen Tradition liegender Faktor jedenfalls von grosser Bedeutung gewesen, namentlich für die Gestaltung der Syntax, nämlich die Muttersprache der Lateinschreibenden.

zu gehen. Die massgebenden Persönlichkeiten sind in beiden nur zum Teil die gleichen, und der Grad des Einflusses, welchen der Einzelne ausübt, ist in dem einen nicht derselbe wie in dem andern. Dazu kommt in der Schriftsprache das immer wieder erneuerte Eingreifen der älteren Schriftsteller, während in der Umgangssprache direkt nur die lebende Generation wirkt. Um einen klaffenden Riss zu vermeiden, muss daher immer von neuem eine Art Kompromiss zwischen beiden geschlossen werden, wobei jede der andern etwas nachgibt.

§ 290. Wir haben oben § 30 gesehen, dass wir das eigentlich Charakteristische einer Mundart im Gegensatz zu den übrigen in den Lautverhältnissen suchen müssen. Dasselbe gilt von der Gemeinsprache im Gegensatz zu den einzelnen Mundarten. Man darf daher eine technische Sprache oder einen poetischen Kunststil ebensowenig mit einer Gemeinsprache wie mit einer Mundart auf gleiche Linie setzen.

§ 291. In jedem Gebiete, für welches eine gemeinsprachliche Norm besteht, zeigen sich die Sprachen der einzelnen Individuen als sehr mannigfache Abstufungen. Zwischen denen, welche der Norm so nahe als möglich kommen, und denen, welche die verschiedenen Mundarten am wenigsten von der Norm infiziert darstellen, gibt es viele Vermittlungen. Dabei verwenden die meisten Individuen zwei, mitunter sogar noch mehr Sprachen, von denen die eine der Norm, die andere der Mundart näher steht. Diese ist die zuerst in der Jugend erlernte, von Hause aus dem Individuum natürliche, jene ist durch künstliche Bemühungen im späteren Lebensalter gewonnen. Hie und da kommt es allerdings auch vor, dass man von Anfang an zwei nebeneinander erlernt, und durch besondere Umstände kann mancher auch im späteren Alter veranlasst werden eine von der Norm weiter abweichende Sprache zu erlernen und sich ihrer zu bedienen. Der Abstand zwischen den beiden Sprachen kann ein sehr verschiedener sein. Er kann so gering sein, dass man sie im gemeinen Leben nur als etwas sorgfältigere und etwas nachlässigere Aussprache unterscheidet; in diesem Falle stellen sich leicht auch noch wieder Abstufungen dazwischen. Es kann aber auch ein klaffender Gegensatz bestehen. Die Grösse des Abstandes hängt natürlich sowohl davon ab, wieweit die natürliche Sprache von der Norm absteht, als davon, wie nahe ihr die künstliche kommt. In beiden Beziehungen bestehen grosse Verschiedenheiten. Wenn man die künstliche Sprache im gemeinen Leben schlechthin als Schriftsprache bezeichnet, so zieht man dabei eine Menge ziemlich erheblicher lokaler und individueller Differenzen nicht in Rechnung; wenn man die natürliche Sprache schlechthin als Mundart bezeichnet, so übersieht man bedeutende Abstände innerhalb des gleichen engen Gebietes. Es kommen natürlich auch Individuen vor, die sich nur einer Sprache bedienen, einerseits solche, die in ihrer natürlichen Sprache der Norm schon so nahe kommen oder zu kommen glauben, dass sie es nicht mehr für nötig halten sich derselben durch künstliche Bemühungen noch weiter zu nähern, anderseits solche, die von den Bedürfnissen noch unberührt sind, die zur Schöpfung und Anwendung der Gemeinsprache geführt haben.

Je weiter sich die natürliche Sprache eines Individuums von der Norm entfernt, um so mehr wird die daneben stehende künstliche Sprache als etwas Fremdes empfunden; wir können aber auch im allgemeinen behaupten, um so mehr Sorgfalt wird auf die Erlernung der künstlichen Sprache verwendet, um so näher kommt man darin der Norm, namentlich in allen denjenigen Punkten, die sich schriftlich fixieren lassen. In Niederdeutschland spricht man ein korrekteres Schriftdeutsch als in Mittel- und Oberdeutschland. Ebenso ist das sogenannte ‚gut Deutsch' der Schweiz ein sehr viel korrekteres als etwa das des benachbarten badischen oder württembergischen Gebietes, weil hier die Stadtmundarten schon der Norm bei weitem mehr genähert sind als dort.

Wenn auf demselben Gebiete viele Abstufungen neben einander bestehen, so müssen sich diese selbstverständlich fortwährend unter einander beeinflussen. Insbesondere muss das der Fall sein bei den beiden Stufen, die in demselben Individuum neben einander liegen. Alle Stufen des gleichen Gebietes müssen gewisse Eigentümlichkeiten miteinander gemein haben. Die der Norm am nächsten stehenden Stufen aus den verschiedenen Gebieten müssen sich immer noch einigermassen analog zueinander verhalten wie die der Norm am fernsten stehenden.

§ 292. Überall ist die schriftsprachliche Norm bestimmter, freier von Schwankungen als die umgangssprachliche. Und noch mehr übertrifft in der wirklichen Ausübung die Schriftsprache nach dieser Seite hin auch die der Norm am nächsten kommenden Gestaltungen der Umgangssprache. Das ist ein Satz, dessen Allgemeingültigkeit man durch die Erfahrung bestätigt finden wird, wohin man auch blicken mag, und der sich ausserdem aus der Natur der Sache mit Notwendigkeit ergibt. Denn erstens müssen, wie wir gesehen haben, alle feineren Unterschiede der Aussprache in der Schrift von selbst wegfallen, und zweitens gelingt es dem Einzelnen leichter sich eine bestimmte Schreibweise als eine von seiner bisherigen Gewohnheit abweichende Aussprache anzueignen. Es gehört daher nur wenig unbefangene Überlegung dazu, um die Verkehrtheit gewisser Hypothesen einzusehen, die für eine frühere Periode grössere Einheit in der gesprochenen als in der geschriebenen Sprache voraussetzen.

§ 293. In dem Verhältnis der einzelnen individuellen Sprachen zur Norm finden in einem fort Verschiebungen statt. Während dieselben einerseits von den allgemeinen Grundbedingungen der natürlichen Sprachentwickelung sich nicht emanzipieren können und daher zu immer weiter gehender Differenzierung und damit zu immer weiterer Entfernung von der Norm getrieben werden, bringen anderseits die künstlichen Bemühungen eine immer grössere Annäherung an die Norm hervor. Es ist von Wichtigkeit festzuhalten, dass beide Tendenzen neben einander wirksam sind, dass nicht etwa, wenn die letztere zu wirken anfängt, damit die Wirksamkeit der ersteren aufgehoben ist. Die stufenweise Annäherung an die Norm können wir zum Teil direkt beobachten. Ausserdem aber finden wir alle die Entwickelungsstufen, welche die einzelnen Individuen nach und nach durchmachen, an verschiedenen Individuen gleichzeitig nebeneinander. Suchen wir uns nun die einzelnen Vorgänge klar zu machen, mittelst deren sich die Annäherung vollzieht.

Erstens: Es lernt ein Individuum zu der bis dahin allein angewendeten natürlichen Sprache eine der Norm näher stehende künstliche. Das geschieht in den modernen Kulturländern meist zuerst durch den Schulunterricht, und man lernt dann gleichzeitig die Schriftsprache im eigentlichen Sinne und eine der Schriftsprache angenäherte Umgangssprache. Man kann aber eine künstliche Sprache auch dadurch erlernen, dass man in einen andern Verkehrskreis, der sich schon einer der Norm näher stehenden Sprache bedient als derjenige, in dem man bisher gelebt hat, neu eintritt, oder dass man wenigstens zu einem solchen Kreise in nähere Berührung tritt als zu der Zeit, wo man zuerst sprechen gelernt hat. In diesem Falle braucht man eventuell gar nicht lesen und schreiben zu lernen. Das Verhältnis des Individuums zu der neuen Sprache ist natürlich immer erst eine Zeit lang ein passives, bevor es ein aktives wird, d. h. es lernt zunächst die Sprache verstehen und gewöhnt sich an dieselbe, bevor es sie selbst spricht. Ein derartiges mehr oder minder intimes passives Verhältnis hat der Einzelne oft zu sehr vielen Dialekten und Abstufungen der Umgangssprache, ohne dass er jemals von da zu einem aktiven Verhältnis übergeht. Dazu bedarf es eben noch eines besonderen Antriebes, einer besonders energischen Einwirkung. Die Aneignung der künstlichen Sprache ist zunächst immer eine unvollkommene, es kann allmählich zu immer grösserer Vollkommenheit fortgeschritten werden, viele aber gelangen niemals dazu sie sicher und fehlerfrei anzuwenden. Unter allen Umständen bleibt die früher angeeignete natürliche Sprache eines Individuums bestimmend für den spezifischen Charakter seiner künstlichen Sprache. Auch da, wo die letztere sich am weitesten von der ersteren entfernt, wird sie doch nicht als eine absolut fremde Sprache erlernt, sondern immer noch mit Beziehung auf diese, die bei der Anwendung unterstützend mitwirkt. Man richtet sich zunächst, wie überhaupt bei der Anwendung einer jeden fremden Sprache oder Mundart, soviel als möglich nach den Bewegungsgefühlen, auf die man einmal eingeübt ist. Die feineren lautlichen Abweichungen der Mustersprache, die man nachzubilden strebt, bleiben unberücksichtigt. So kann es geschehen, dass, selbst wenn die betreffende Mustersprache der gemeinschaftlichen Norm so nahe als möglich steht, bei der Nachbildung doch eine dem ursprünglichen Dialekte gemässe Nuanzierung herauskommt. Nun aber ist weiter in Betracht zu ziehen, dass der Einzelne in der Regel seine künstliche Sprache von Heimatsgenossen lernt, deren Sprache bereits auf der Unterlage des nämlichen Dialektes aufgebaut ist. Soweit ferner die künstliche Sprache durch Lektüre erlernt wird, ist ja die Unterschiebung verwandter Laute aus der eigenen Mundart ganz selbstverständlich. Aber auch Wortschatz und Wortbedeutung, Flexion und Syntax der künstlichen Sprache bilden sich nicht bloss nach den Mustern, sondern auch nach dem Bestande der eigenen natürlichen Sprache. Man ergänzt namentlich den Wortvorrat, den man aus der Mustersprache übernommen hat, wo er nicht ausreicht oder nicht geläufig genug geworden ist, aus der natürlichen Sprache, gebraucht Wörter, die man in jener niemals gehört hat oder, wenn man sie auch gehört hat, nicht zu reproduzieren imstande sein würde, wenn sie nicht auch in dieser vorkämen. Man verfährt dabei mit einer gewissen unbefangenen Sicherheit, weil in der Tat ein grosser oder der grössere Teil der in der natürlichen Sprache üblichen Wörter auch in der Mustersprache vorkommt, weil man vielfach die Lücken seiner Kenntnis der letzteren auf diese Weise ganz richtig ergänzt. Es kann dabei aber natürlich auch nicht fehlen, dass Wörter in die künstliche Sprache hinübergenommen werden, welche die Mustersprache gar nicht oder nur in abweichender Bedeutung kennt. Wo dasselbe Wort in der Mustersprache und in der natürlichen Sprache vorkommt, bestehen häufig Verschiedenheiten der Lautform. Finden sich diese Verschiedenheiten gleichmässig in einer grösseren Anzahl von Wörtern, so müssen sich in der Seele des Individuums, welches beide Sprachen nebeneinander beherrscht, Parallelreihen herstellen (z. B. nd. *water* — hd. *Wasser* = *eten* — *essen* = *laten* — *lassen* etc.). Es entsteht in ihm ein, wenn gleich dunkles Gefühl von dem gesetzmässigen Verhalten der Laute der einen Sprache zu denen der andern. In Folge davon vermag es Wörter, die es nur aus seiner natürlichen Sprache kennt, richtig in den Lautstand der künstlichen Sprache zu übertragen. Psychologisch ist der Vorgang nicht verschieden von dem was wir als Analogiebildung bezeichnet haben. Dabei können durch unrichtige Verallgemeinerung der Gültigkeit einer Proportion Fehler entstehen, wie ich z. B. von einem in niederdeutscher Mundart aufgewachsenen Kinde gehört habe, dass es hochdeutsch redend *Zeller* für *Teller* sagte.¹) Dergleichen bleibt aber meist individuell und vorübergehend, da es immer wieder eine Kontrolle dagegen gibt. Anderseits aber zeigen sich die Parallelreihen nicht immer wirksam, und es gehen auch Wörter in ihrer mundartlichen von dem Lautstande der Mustersprache abweichenden Gestalt in die künstliche Sprache über. Übrigens verhält es sich wie mit dem Lautlichen, so in allen übrigen Beziehungen: in der Regel ist die dem Einzelnen zunächst als Muster dienende Umgangssprache schon durch ein Zusammenwirken der eigentlichen Normalsprache mit dem heimischen Dialekte gestaltet.

Zweitens wirkt die künstliche Sprache auf die natürliche, indem aus ihr Wörter, hie und da auch Flexionsformen und Konstruktionsweisen entlehnt werden. Die Wörter sind natürlich solche, welche sich auf Vorstellungskreise beziehen, für die man sich vorzugsweise der künstlichen Sprache bedient. Sie werden wie bei der umgekehrten Entlehnung entweder in den Lautstand der natürlichen Sprache umgesetzt oder in der Lautform der künstlichen beibehalten. Es gibt keine einzige deutsche Mundart, die sich von einer solchen Infektion gänzlich frei gehalten hätte, wenn auch der Grad ein sehr verschiedener ist.

Drittens wird bei den Individuen, die eine künstliche und eine natürliche Sprache nebeneinander sprechen, der Gebrauch der ersteren auf Kosten der letzteren ausgedehnt. Anfangs wird die künstliche Sprache nur da angewendet, wo ein wirkliches Bedürfnis dazu vorhanden ist, d. h. im Verkehr mit Fremden, die einem wesentlich abweichenden Dialektgebiete angehören. Dieser erfolgt mehr durch schriftliche als durch mündliche Mittel, es bedarf dafür mehr einer künstlichen Schriftsprache als einer künstlichen Umgangssprache. Im Verkehr zwischen Heimatgenossen kommt die künstliche Sprache zuerst da zur Anwendung, wo gleichzeitig auf Fremde Rücksicht genommen werden muss. Nachdem sie sich für die Literatur und für offizielle Aktenstücke festgesetzt hat, dehnt sie sich überhaupt auf alle schriftlichen Aufzeichnungen aus, auch die privater Natur, die nicht für fremdes Dialektgebiet bestimmt sind. Es ist das die natürliche Konsequenz davon, dass man an den literarischen Denkmälern das Lesen und Schreiben erlernt, infolge wovon es bequemer wird, sich an die darin herrschende Orthographie anzuschließen, als auch noch für die eigene Mundart eine Schreibung zu erlernen oder selbst zu finden. Weiter wird die

---

¹) Hebel erzählt: Das wäre nicht veil sagte der Schulz. Denn dort in Lande sagt man veil statt viel wenn man sich hochdeutsch explizieren will.

künstliche Sprache üblich für den an schriftliche Aufzeichnungen angelehnten öffentlichen Vortrag, für Predigt, Unterricht etc. Erst nachdem sie in allen den erwähnten Verkehrsformen eine ausgedehntere Anwendung gefunden hat, wird sie einem Teile des Volkes, natürlich demjenigen, der sich am meisten in denselben bewegt, der am meisten durch Literatur, Schule etc. beeinflusst wird, so geläufig, dass sie derselbe auch für den Privatverkehr in der Heimat zu gebrauchen anfängt, dass sie zur allgemeinen Umgangssprache der Gebildeten wird. Erst auf dieser Entwickelungsstufe natürlich kann der Gebrauch der Mundart im Umgange für ein Zeichen von Unbildung gelten, erst jetzt tritt die Mundart in der Wertschätzung hinter der künstlichen Sprache zurück. In der Schweiz ist man durchgängig noch nicht soweit gelangt. In den höchstgebildeten Kreisen von Basel, Bern oder Zürich unterhält man sich, solange man keine Rücksicht auf Fremde zu nehmen hat, in der einem jeden von Jugend auf natürlichen Sprache und nimmt auch in den politischen Körperschaften an Reden in Schweizerdeutsch keinen Anstoß. Wenigstens annähernd ähnliche Verhältnisse waren in Holstein, Hamburg, Mecklenburg und anderen niederdeutschen Gegenden noch vor wenigen Dezennien zu finden. In ganz Süd- und Mitteldeutschland erträgt man wenigstens in der Umgangssprache noch einen bedeutenden Abstand von der eigentlichen Normalsprache. Schon die Betrachtung der noch bestehenden Verhältnisse kann lehren, wie verkehrt die Anschauung ist, dass mit der Existenz einer künstlichen und einer natürlichen Sprache von vornherein eine Herabwürdigung der letzteren gegenüber der ersteren verbunden sein müsste, wie verkehrt es ferner ist, nicht das Bedürfnis, sondern das Streben durch feinere Bildung von der grossen Masse des Volkes abzustechen zum ersten Motiv für die Erlernung und für die Schöpfung einer künstlichen Sprache zu machen. Wer dergleichen annimmt, steckt eben noch in den Vorurteilen einer unwissenschaftlichen Schulmeisterei, die von historischer Entwickelung nichts weiss. Die Anwendung der künstlichen Sprache im täglichen Verkehr kann in sehr verschieden abgestufter Ausdehnung statthaben. Zunächst braucht man sie abwechselnd mit der natürlichen. Dabei macht man dann einen Unterschied je nach dem Grade, in dem derjenige, mit dem man redet, mit der künstlichen Sprache vertraut ist und sie selbst anwendet. Schliesslich gelangt man vielleicht dazu die natürliche Sprache gar nicht mehr anzuwenden. Es kommen heutzutage Fälle genug vor, in denen man diese ganze Entwickelung Schritt für Schritt an einem Individuum verfolgen kann. Man gelangt nirgends zu ausschliesslicher Anwendung der künstlichen Sprache, ohne dass eine längere oder kürzere Periode der Doppelsprachigkeit vorangegangen wäre.

§ 294. Sind erst eine Anzahl von Individuen dazu gelangt sich der künstlichen Sprache ausschliesslich oder überwiegend zu bedienen, so erlernt derjenige Teil des jüngeren Geschlechts, welcher vorzugsweise unter ihrem Einflusse steht, das, was ihnen noch künstliche Sprache war, von vornherein als eine natürliche Sprache. Dass die ältere Generation auf künstlichem Wege zu dieser Sprache gelangt ist, ist dann für ihr Wesen und ihr Fortleben in der jüngeren Generation ganz gleichgültig. Diese verhält sich zu ihr nicht anders als die ältere Generation oder andere Schichten des Volkes zu ihrer von der gemeinsprachigen Norm nicht beeinflussten Mundart. Man muss sich hüten den Gegensatz zwischen künstlicher und natürlicher Sprache mit dem zwischen Gemeinsprache und Mundart einfach zu konfundieren. Man muss sich immer klar darüber sein, ob man die verschiedenen individuellen Sprachen nach ihrer objektiven Gestaltung mit Rücksicht auf ihre grössere oder geringere Entfernung von der gemeinsprachlichen Norm beurteilen will oder nach dem subjektiven Verhalten des Sprechenden zu ihnen. Von zwei Sprachen, die man von zwei verschiedenen Individuen hört, kann A der Norm näher stehen als B, und kann darum doch A natürliche, B künstliche Sprache sein.

Wenn auf einem Gebiete ein Teil an der ursprünglichen Mundart festhält, ein anderer sich einer künstlichen eingeführten Sprache auch für den täglichen Verkehr bedient, so gibt es natürlich eine Anzahl von Individuen, die von frühester Kindheit einigermassen gleichmässig von beiden Gruppen beeinflusst werden, und so kann es nicht ausbleiben, dass verschiedene Mischungen entstehen. Jede Mischung aber begünstigt das Entstehen neuer Mischungen. Und so geschieht es, daß ein grosser Reichtum mannigfacher Abstufungen auch in der natürlichen Sprache entsteht. In Ober- und Mitteldeutschland kann man fast überall von der der Norm am nächsten stehenden Gestaltung bis zu der davon am weitesten abstehenden ganz allmählich gelangen, ohne dass irgendwo ein schroffer Riss vorhanden wäre. In der Schweiz dagegen, wo die künstliche Sprache noch nicht in den täglichen Verkehr eingedrungen ist, sich nicht in natürliche Sprache verwandelt hat, gibt es zwar eine Abstufung zwischen den Mundarten, je nachdem sie stärker oder schwächer von der Schriftsprache beeinflußt sind, aber zwischen der Schriftsprache und der am stärksten von ihr beeinflussten Mundart besteht ein durch keine Abstufungen vermittelter Gegensatz.

Wenn jemand von Hause aus eine der Norm näher stehende Sprache erlernt hat, so hat er natürlich kein so grosses Bedürfnis noch eine künstliche dazu zu erlernen, als wenn er die reine Mundart seiner Heimat erlernt hätte. Er begnügt sich daher häufig für den mündlichen Verkehr mit der Einsprachigkeit. Die Ver-

Paul, Prinzipien

hältnisse können ihn aber dazu drängen eine noch grössere Annäherung an die Norm anzustreben, und dann wird er wiederum zweisprachig, und wiederum kann seine künstliche Sprache einer folgenden Generation zur natürlichen werden, und dieser Prozess kann sich mehrmals wiederholen.

§ 295. Wir haben uns bisher zu veranschaulichen versucht, wie sich die Verhältnisse gestalten unter der Voraussetzung, dass schon eine allgemein anerkannte Norm für die Gemeinsprache besteht. Es bleibt uns jetzt noch übrig zu betrachten, wie überhaupt eine solche Norm entstehen kann. Dass sie in den Gebieten, wo sie jetzt existiert, nicht von Anfang an vorhanden gewesen sein kann, dass es vorher eine Periode gegeben haben muss, in der nur Mundarten gleichberechtigt nebeneinander bestanden haben, dürfte jetzt wohl allgemein anerkannt sein. Aber es scheint doch vielen Leuten schwer zu fallen, sich eine literarisch verwendete Sprache ohne Norm vorzustellen, und die Neigung ist sehr verbreitet ihre Entstehung so weit als möglich zurückzuschieben. Ich kann darin nur eine Nachwirkung alter Vorurteile sehen, wonach die Schriftsprache als das eigentlich allein Existenzberechtigte, die Mundart nur als eine Verderbnis daraus aufgefasst wird. Dass überhaupt Zweifel möglich ist, liegt daran, dass uns aus den früheren Zeiten nur Aufzeichnungen vorliegen, nicht die gesprochene Rede. Infolge davon ist Vermutungen über die Beschaffenheit der letzteren ein weiter Spielraum gegeben. Einen Masstab für die Richtigkeit oder Nichtigkeit dieser Vermutungen können uns bloss unsere bisher gesammelten Erfahrungen über die Bedingungen des Sprachlebens geben. Was diesen Masstab nicht aushält, kann nicht als berechtigt anerkannt werden.

§ 296. Unter den Momenten, welche auf die Schöpfung einer Gemeinsprache hinwirken, muss natürlich, wie es schon aus unseren bisherigen Erörterungen hervorgeht, in erster Linie das Bedürfnis in Betracht kommen. Ein solches ist erst vorhanden, wenn die mundartliche Differenzierung so weit gegangen ist, dass sich nicht mehr alle Glieder der Sprachgenossenschaft bequem untereinander verständigen können, und zwar dann auch nur für den gegenseitigen Verkehr derjenigen, deren Heimatsorte weit auseinander liegen, da sich zwischen den nächsten Nachbarn keine zu schroffen Gegensätze entwickeln. Es kann nicht leicht etwas Bedenklicheres geben, als anzunehmen, dass sich eine Gemeinsprache zunächst innerhalb eines engeren Gebietes, das in sich noch geringe mundartliche Differenzen aufzuweisen hat, ausgebildet und erst von da auf die ferner stehenden Gebiete verbreitet habe. Naturgemäss ist es vielmehr, und das bestätigt auch die Erfahrung, dass eine Sprache dadurch zur Gemeinsprache wird, dass man sie in Gebieten zum Muster nimmt, deren Mundart sich ziemlich weit davon entfernt, während kleinere Differenzen zunächst unbeachtet bleiben. Ja der gemeinsprachliche Charakter kann dadurch eine besondere Kräftigung erhalten, dass eine Übertragung auf entschieden fremdsprachliches Gebiet stattfindet, wie wir es an der griechischen κοινή und der lateinischen Sprache beobachten können.

Soll demnach ein dringendes Bedürfnis vorhanden sein, so muss der Verkehr zwischen den einander ferner liegenden Gebieten schon zu einer ziemlichen Intensität entwickelt sein, müssen bereits rege kommerzielle, politische oder literarische Beziehungen bestehen. Von den Intensitätsverhältnissen des weiteren Verkehrs hängt es auch zum Teil ab, wie gross das Gebiet wird, über welches die Gemeinsprache ihre Herrschaft ausdehnt. Die Grenzen des Gebietes fallen keineswegs immer mit denjenigen zusammen, die man am zweckmässigsten ziehen würde, wenn man bloss das Verhältnis der Mundarten zueinander berücksichtigen wollte. Wenn auf zwei verschiedenen Sprachgebieten die mundartlichen Differenzen ungefähr gleich gross sind, so kann es doch geschehen, dass sich auf dem einen nur eine Gemeinsprache, auf dem andern zwei, drei und mehr entwickeln. Es ist z. B. keine Frage, dass zwischen ober- und niederdeutschen Mundarten grössere Unterschiede bestehen, als zwischen polnischen und czechischen oder serbischen und bulgarischen, ja selbst zwischen polnischen und serbischen. Es können zwei Gebiete mit sehr nahe verwandten Mundarten rücksichtlich der Gemeinsprachen, die sich in ihnen festsetzen, nach verschiedenen Seiten hin auseinandergerissen werden, während zwei andere mit einander sehr fern stehenden Mundarten die gleiche Gemeinsprache annehmen.

Wieviel auf das Bedürfnis ankommt, zeigt auch folgende Beobachtung. Es ist sehr schwer, wo nicht unmöglich, wenn sich für ein grösseres Gebiet eine Gemeinsprache einigermassen festgesetzt hat, für einen Teil desselben eine besondere Gemeinsprache zu schaffen. Man kann jetzt nicht mehr daran denken eine niederdeutsche oder eine provenzalische Gemeinsprache schaffen zu wollen. Auch die Bemühungen eine besondere norwegische Gemeinsprache zu schaffen scheitern an der bereits bestehenden Herrschaft des Dänischen. Umgekehrt ist es auch nicht leicht eine Gemeinsprache über ein grösseres Gebiet zur Herrschaft zu bringen, wenn die einzelnen Teile desselben bereits ihre besonderen Gemeinsprachen haben, durch die für das nächste Bedürfnis schon gesorgt ist. Man sieht das an der Erfolglosigkeit der panslawistischen Bestrebungen. Ebenso wirkt auch eine ganz fremde Sprache, wenn sie sich einmal für den literarischen und offiziellen Verkehr eingebürgert hat, der Bildung einer nationalen Gemeinsprache hemmend entgegen. So sind die Bestrebungen, eine vlämische Literatursprache zu gründen, auf grosse Schwierigkeiten ge-

420 Dreiundzwanzigstes Kapitel. Die Gemeinsprache.

stossen, nachdem einmal das Französische zu feste Wurzeln geschlagen hat. In sehr ausgedehntem Masse hat das Lateinische als Weltsprache diesen hemmenden Einfluss geübt.

§ 297. Es ist nur der direkte Verkehr, für welchen das Bedürfnis im vollen Masse vorhanden ist. Für den indirekten besteht es häufig nicht, auch wenn die Individuen zwischen denen die Mitteilung stattfindet, sich mundartlich sehr fern stehen. Geht die Mitteilung durch andere Individuen hindurch, deren Mundarten dazwischen liegen, so kann sie durch mehrfache Übertragungen eine Gestalt erhalten, dass sie auch solchen leicht verständlich wird, denen sie in der ursprünglichen Mundart nicht verständlich gewesen wäre. Eine solche Übertragung findet selbstverständlich statt, wenn poetische Produkte mündlich von einem Orte zum andern wandern. Aber ihr unterliegen auch aufgezeichnete Denkmäler, die durch Abschrift weiter verbreitet werden. Allerdings bleibt die Übertragung gewöhnlich mehr oder minder unvollkommen, so dass Mischdialekte entstehen. Massenhafte Beispiele für diesen Vorgang liefern die verschiedenen Nationalliteraturen des Mittelalters. Es ist auf diese Weise ein literarischer Konnex zwischen Gebieten möglich, die mundartlich schon ziemlich weit voneinander abstehen, ohne die Vermittelung einer Gemeinsprache. Ja dieses so nahe liegende Verfahren hindert geradezu, dass eine Mundart, in der etwa hervorragende literarische Denkmäler verfasst sind, auf Grund davon einen massgebenden Einfluss gewinnt, weil sie gar nicht mit den betreffenden Denkmälern verbreitet wird, wenigstens nicht in reiner Gestalt. Ganz anders verhält sich die Sache, sobald die Verbreitung durch den Druck geschieht. Durch diesen wird es möglich ein Werk in der ihm vom Drucker gegebenen Gestalt unverfälscht überallhin zu verbreiten. Und sollen überhaupt die Vorteile des Druckes zur Geltung kommen, so muss der Druck womöglich für das ganze Sprachgebiet genügen, und dazu gehört natürlich, dass die darin niedergelegte Sprache überall verstanden wird. Mit der Einführung des Druckes wächst also einerseits das Bedürfnis nach einer Gemeinsprache, werden anderseits geeignetere Mittel zur Befriedigung dieses Bedürfnisses geboten. Übrigens ist es auch erst der Druck, wodurch eine Verbreitung der Kenntnis des Lesens und Schreibens in weiteren Kreisen möglich wird. Vor der Verwendung des Druckes kann für die Wirksamkeit einer schriftsprachlichen Norm immer nur ein enger Kreis empfänglich gewesen sein.

§ 298. Das Bedürfnis an sich reicht natürlich nicht aus, eine gemeinsprachliche Norm zu schaffen. Es kann auch nicht dazu veranlassen, eine solche willkürlich zu ersinnen. So weit geht die Absichtlichkeit auch auf diesem Gebiete nicht, wie viel grösser sie auch sein mag als bei der natürlichen Sprachentwickelung. Überall dient als Norm zunächst nicht etwas neu Geschaffenes, sondern eine von den bestehenden Mundarten. Es wird auch nicht einmal unter diesen nach Verabredung ausgewählt. Vielmehr muss diejenige, welche zur Norm werden soll, schon ein natürliches Übergewicht besitzen, sei es auf kommerziellem, politischem, religiösem oder literarischem Gebiete oder auf mehreren von diesen zugleich. Die Absicht eine Gemeinsprache zu schaffen kommt erst hinten nach, wenn die ersten Schritte dazu getan sind. Wenigstens ist es wohl erst in ganz moderner Zeit vorgekommen, dass man ohne eine bereits vorhandene Grundlage den Plan gefasst hat eine Gemeinsprache zu schaffen, und dann meist nicht mit günstigem Erfolge. Man hat sich dabei die Verhältnisse anderer Sprachgebiete, die bereits eine Gemeinsprache besitzen, zum Muster genommen. Als die Gemeinsprachen der grossen europäischen Kulturländer begründet wurden, schwebten noch keine solche Muster vor. Man musste erst erfahren, dass es überhaupt dergleichen geben könne, ehe man danach strebte.

Bevor irgend ein Ansatz zu einer Gemeinsprache vorhanden ist, muss es natürlich eine Anzahl von Individuen geben, welche durch die Verhältnisse veranlasst werden sich mit einer oder mit mehreren fremden Mundarten vertraut zu machen, so dass sie dieselben leicht verstehen und teilweise auch selbst anwenden lernen. Es kann das die Folge davon sein, dass sie in ein anderes Gebiet übergesiedelt sind oder sich vorübergehend länger darin aufgehalten haben, oder dass sie mit Leuten, die aus fremden Gebieten herübergekommen sind, viel verkehrt haben, oder dass sie sich viel mit schriftlichen Aufzeichnungen, die von dort ausgegangen sind, beschäftigt haben. Die auf diese Weise angeknüpften Beziehungen können sehr mannigfach sein. Ein Angehöriger der Mundart A kann die Mundart B, ein anderer C, ein dritter D erlernen und dabei wieder umgekehrt ein Angehöriger der Mundart B oder C oder D die Mundart A etc. So lange sich die wechselseitigen Einflüsse der verschiedenen Mundarten einigermassen das Gleichgewicht halten, ist kein Fortschritt möglich. Ist aber bei einer Mundart erheblich mehr Veranlassung gegeben sie zu erlernen als bei allen übrigen, und zwar für die Angehörigen aller Mundarten, so ist sie damit zur Gemeinsprache prädestiniert. Ihr Übergewicht zeigt sich zunächst im Verkehre zwischen den ihr angehörigen Individuen und den Angehörigen der andern Mundarten, indem sie dabei leichter und öfter von den letzteren erlernt wird, als deren Mundart von den ersteren, während die übrigen Mundarten untereinander mehr in einem paritätischen Verhältnis bleiben. Der eigentlich entscheidende Schritt aber ist erst gemacht, wenn die dominierende Mundart auch für den Verkehr zwischen Angehörigen verschiedener anderer Mundarten gebraucht wird. Es ergibt sich das als eine natürliche Folge davon, dass eine grössere Menge von Individuen mit ihr vertraut ist. Denn dann ist es bequemer sich ihrer zu bedienen, sobald einmal die heimische Mundart nicht mehr genügt, als noch eine dritte oder vierte dazu zu erlernen. Am natürlichsten bietet sie sich dar, wenn man sich ebensowohl an diejenigen wendet, die ihr von Natur angehören, als an die übrige Nation, wie es ja bei dem literarischen Verkehr und unter der Voraussetzung staatlicher Einheit auch bei dem politischen der Fall ist. In dem Augenblicke, wo man sich der Zweckmässigkeit des Gebrauches einer solchen Mundart für den weiteren Verkehr bewusst wird, beginnt auch die absichtliche Weiterleitung der Entwickelung.

§ 299. Die Mustergültigkeit eines bestimmten Dialektes ist aber in der Regel nur eine Übergangsstufe in der Entwickelung der gemeinsprachlichen Norm. Die Nachbildungen des Musters bleiben, wie wir gesehen haben, mehr oder minder unvollkommen. Es entstehen Mischungen zwischen dem Muster und den verschiedenen heimatlichen Dialekten der einzelnen Individuen. Es kann kaum ausbleiben, dass auch diese Mischdialekte teilweise eine gewisse Autorität erlangen, zumal wenn sich hervorragende Schriftsteller ihrer bedienen. Auf der andern Seite unterliegt der ursprüngliche Musterdialekt als Dialekt stetiger Veränderung, während die Normalsprache konservativer sein muss, sich nur durch Festhalten an den Mustern vergangener Zeiten behaupten kann. So muss allmählich der Dialekt seine absolute Mustergültigkeit verlieren, muss mit verschiedenen abweichenden Nuancen um die Herrschaft kämpfen.

Die künstliche Sprache eines grossen Gebietes pflegt demnach in einem gewissen Entwickelungsstadium ungefähr in demselben Grade dialektisch differenziert zu sein, wie die natürliche innerhalb einer Landschaft. Zu grösserer Zentralisation gelangt man in der Regel nur durch Aufstellung wirklicher Regeln in mündlicher Unterweisung, Grammatiken, Wörterbüchern, Akademieen etc. Mit welcher Bewusstheit und Absichtlichkeit aber auch eine schriftsprachliche Norm geschaffen werden mag, niemals kann dadurch die unbeabsichtigte Entwickelung, die wir in den vorhergehenden Kapiteln besprochen haben, zum Stillstand gebracht werden; denn sie ist unzertrennlich von aller Sprechtätigkeit.

Sachregister.

(Die Ziffern beziehen sich auf die Paragraphen.)

Ablaut: in onomatopoet. (Reduplikations-) Bildungen 126; im german. Verbum (Gründe für Verfall u. Erhaltung) 146.

Abstraktionen: fälschlich realisierte 6. 11.

Adjektivum: in attributiver Verbindung bei nur indirekter Beziehung 108; Unterschied u. Übergang zwisch. Adj. u. Substant. 249—251, zwischen Adj. u. Adverb. 258.

Adnominale Bestimmungen: Entstehung u. Funktion 97; ihr psycholog. Verhältnis (Rollentausch zwischen bestimmenden u. bestimmten Gliedern) 202.

Adverbiale Bestimmungen 98; ihr psycholog. Verhältnis 200.

Adverbium: Unterschied u. Übergang zwischen Adv. u. Adjekt. 258.

Akkusativ: Bedeutung 105; prädikativer 207.

Alphabete: Leistungsfähigkeit s. Schrift.

Ammensprache 127; 131.

Analogiebildung: Grundlage (Gruppenbildung, s. dies.) 75—78; Wirkung auf syntaktischem Gebiete 79, in Flexion und Wortbildung 80; analogische Neubildung 81—83; Wirkung auf dem Gebiete des Lautwechsels 84. — Gibt Anlass zur Isolierung 133, und zur Reaktion dagegen 138 (s. Ausgleichung). — Einfluss der Funktionsveränderung auf die A. 159 ff. — A. beruhend auf Verschiebung in der Gruppierung etymolog. zusammenhängender Wörter 167 ff. — Wirkungen auf dem Gebiete der Schrift (Verdrängung od. Erhaltung einer älteren Schreibweise) 272.

Anomalien: momentane, infolge von Kontamination 116; usuelle 117 ff. ἀπὸ κοινοῦ 96—97. 212. 213.

Appellativa: in Eigennamen verwandelt 62. 160, aus Eigennamen entstanden 66.

Apposition: partitive 107.

Assimilationen: zwischen zwei nicht benachbarten Lauten 45.

Assoziationen: Verwandlung direkter in indirekte 8; als Grundlage der Sprechtätigkeit 12; veränderlich 13; Träger der historischen Entwickelung 14; liefern durch Gruppenbildung (s. dies.) die Grundlage zur Analogieschöpfung 75 —78.

Attribut: prädikatives 97, in freier Anknüpfung 108: s. auch adnominale Bestimmungen.

Aufforderungssatz 93.

Ausgleichung: ein Mittel der Reaktion gegen Isolierung (Lautdifferenzierung) 138; A. zwischen Doppelformen 139; stoffliche u. formale A. 140 ff. 147; hemmende u. fördernde Umstände 142 ff. (Lautliche Momente 142, Festigkeit des Zusammenhangs der etymolog. Guppen 143, Intensität der gedächtnismässigen Einprägung 144, formale Gruppierung 145, Zusammentreffen lautlicher Differenzen mit Funktionsunterschieden 146 f.).

Aussprache: Variabilität der A. als Ursache einer Verschiebung des Bewegungsgefühles 37; Verhältnis zur Schrift s. dies.

Bedeutung: Begriff der usuellen und okkasionellen B. 51; Unterschiede zwischen beiden 52; mehrfache B. desselben Wortes 54; Mittel zur Erzeugung konkreten Sinnes 55; okkasionelle Spezialisierung 50—60; Verwandlung okkasioneller in usuelle Bedeutung 61. — Verschiebung in dem Verhältnis der verschied. Bedeutungen desselben Wortes 172.

Bedeutungswandel: Grundlage (Verhältnis von usueller und okkasioneller Bedeutung, s. Bedeutung) 51—61; B. durch Spezialisierung der Bedeutung 62—63, durch Beschränkung auf einen Teil des Vorstellungsinhalts 64—69, durch Übertragung auf das räumlich, zeitlich oder kausal mit dem Grundbegriff Verknüpfte 70, durch andere Modifikationen (Übertreibung, Litotes, Entwertung, Ironie) 71; Kombinationen verschiedener Arten des B. 72; B in Wortgruppen und Sätzen 73; B. und Kulturentwicklung 74. — B. auf syntaktischem Gebiete 103—109. — Einfluss auf die Konstruktion 165.

Bewegungsgefühl: Begriff 32; Inhalt und Grad der Bewusstheit der einzelnen Momente 33—36; Verschiebung des B. und ihre Ursachen 37—39; Kontrolle durch das Lautbild 40; Einfluss der Verkehrsgemeinschaft 41—42; Übertragung auf die jüngere Generation 43—44.

Bequemlichkeit: als Ursache einer Verschiebung des Bewegungsgefühls 38.

Bühnensprache: als Norm für eine Gemeinsprache 287.

Consecutio temporum 217.

Derbheiten 71.

Dialekte (s. auch Sprachspaltung): Entstehung 22 ff.; Grenzen und Gruppierung 26—28; Grundlage für die Entwickelung selbständiger Sprachen 29; charakteristische Merkmale 30; Verhältnis zur Gemeinsprache 31. 290 ff. — Dialektmischung 284.

Differenzierung: a) Lautdifferenzierung, s. Isolierung u. Ausgleichung; scheinbare L. zum Zwecke der Bedeutungsdifferenzierung 175 ff.

b) Bedeutungsdifferenzierung 173 ff., bei ursprüngl. totaler Gleichheit der Bedeutung 176—177, bei partieller Gleichheit 178, auf syntakt. Gebiete 179.

c) Phonet. u. unphonet. Diff. zur Beseitigung des Schwankens zwischen gleichartigen Lautzeichen 271.

Dissimilationen: zwischen zwei nicht aneinander angrenzenden gleichen Lauten 45.

Doppelformen: Ausgleichung dazwischen 139; durch Bedeutungswandel differenziert 176 ff.

Eigennamen: Entstehung aus Appellativen 62. 160; Übergang in Appellativa 66.

Eingliedrigkeit: scheinbare, der Sätze 90—91.

Ellipse 218 ff.

Entwertung ehrender Bezeichnungen 71.

Euphemismus 71.

Flexionsendungen: s. Suffixe.

Flexionsformen: erstarrte 164.

Fragesatz 94.

Funktionsveränderung: Einfluss auf Analogiebildung 159 ff.

Gemeinsprache: eine ideale Norm 286, bestimmt durch die gesprochene Sprache (Umgangsspr.) 287 u. die Schriftsprache 288. — Zwischenstufen zwischen G. u. Mundarten (künstl. u. natürl. Sprache) 290 ff. (Verhältnis zu den Dialekten auch 31). — Verschiebungen im Verhältnis der individuellen Sprachen zur Gemeinspr. 293 f. — Entstehung der G. 295—299.

Genitiv: Bedeutung 104; isolierte Genitive im Deutschen 135; Verselbständigung 203.

Genus verbi: Entstehung des Aktivs u. Passivs 193; Wechsel zwischen aktiver

Sachregister.

u. passiver Bedeutung bei den Nominalformen des Verb. 194; Bildung des Pass. (Übergang vom Med. zum Pass.) 195.
Geschlecht (der Substantiva): Entstehung des grammat. Geschl. 181; Geschlechtswandel 182—183; Entstehung u. Verwendung des Neutr. 184.
Grammatik: historische, deskriptive, vergleichende Gr. 11; Verhältnis zur Logik 21.
Gruppenbildung: 1. durch Assoziationen: stoffliche und formale Gruppen 75; Proportionengruppen (stoffl.-formale u. etymolog.-lautliche) u. syntakt. Gruppen 76 ff. — Zerstörung der G., s. Isolierung. — 2. durch Unterschiede tilgenden Lautwandel (s. dies.) 148 ff. — Verschiebung in der Gruppierung etymolog. zusammenhängender Wörter 167 ff.

Hypotaxe 100. 102.

Impersonalia 91.
Indirekte Rede 100.
Infinitiv: Loslösung des abhängigen Satzgliedes davon 205; Accus. cum inf. 207; nominaler u. verbaler Charakter 257.
Interjektionen 126. 246.
Ironie 71.
Isolierung: Ursache 132 f.; I. durch Zerstörung der etymolog.-lautl. Gruppen 134, der syntakt. Gruppen 135, der stofflichen und formalen Gruppen durch Bedeutungs- und Lautwandel 136—137; Reaktion gegen I. durch Ausgleichung (s. dies.) 138 ff. — Syntakt., formale u. lautliche I. als Ursache der Entstehung eines Kompositums aus einer Wortgruppe 229—239.

Kategorie: psychologische u. grammatische 180—195; s. auch Geschlecht, Numerus, Tempus, Genus verbi.
Komposition: Verschiebung der Beziehungen in der K. 171. — K. ein Mittel zur Bildung etymologischer Gruppen 225. — Entstehung aus der syntakt. Aneinanderreihung ursprüngl. selbständiger Elemente und Ursachen dafür (Isolierung) 226 ff. — Arten der K.: kopulative Verbindungen 230; Verbindung eines Subst. mit Bestimmung 231—234, eines Verb. mit Adverb., Objektsakkusat. od. präposit. Bestimmung 235. — Komplexe nach Art einer K. 236. — Koordination von Kompositionsglied und selbständigem Wort 237. — Grenzen der K. 239.
Kongruenz: Ausgangspunkt für Entstehung 214; Ausbreitung u. Schwanken 215—216; Grundlagen der K. des Verb. in Person u. Numerus, des Nomens, des Tempus, des Modus 217.
Konjunktionen: Bedeutungswandel 109; bei prädikat. Attribut 119; als Verbindungsglied zwischen Haupt- und Nebensatz 211; Unterschied u. Übergang zwisch. Konj. u. Präpos. 259—261.
Konstruktionsmischungen: durch Kontamination 118.
Konstruktionswechsel: durch Bedeutungswandel 165, durch Umdeutung der Verbindung 166.
Kontamination: Begriff 110; in der Lautgestaltung 111—115 (von Synonymen ohne etymolog. Verwandtschaft 111 — bei etymolog. Verwandtschaft 112, von Formen desselben Paradigmas aus verschied. Wurzeln 113, von bedeutungsverwandten Wörtern 114, von formalen Gruppen [Bildungselementen] 115); auf syntakt. Gebiet 116—121.
Kontinuität der Laute eines Wortes 34.
Kopula: ein Verbindungswort 206; Kongruenz der K. 216.
Kulturwissenschaft: spekulative Betrachtungsweise 2; erfordert Kenntnis des Zusammenwirkens psychischer und physischer Faktoren 4; ist Gesellschaftswissenschaft 5.

Lautbild: Grad der Bewusstheit 34—36; als Kontrolle gegen eine Verschiebung des Bewegungsgefühls 40.
Lautgesetze: Konsequenz der L. 46—50.
Lautsubstitution: bei Entlehnung fremder Wörter 277.

Lautsymbolik 128.
Lautwandel: Vorgänge bei der Hervorbringung der Lautkomplexe als Grundlage des L. 32; infolge einer Verschiebung des Bewegungsgefühls 33 —44; ohne Verschiebung des Bewegungsgefühls 45. — L. tilgt vorhandene Unterschiede a) auf stoffl. Gebiet 148 ff.; b) auf formalem Gebiet bei funktioneller Gleichkeit 153—155, bei funkt. Verschiedenheit 156—158.
Lautwechsel: Begriff 46; L. durch Analogiebildung 84.
Lehnwörter: Veranlassung zur Entlehnung fremder Wörter und Grade der Üblichkeit 277; Veränderungen nach der Aufnahme (Assimilation) 278; verschiedene Lautform infolge mehrfacher, zeitl. verschiedener Entlehnung oder nachträglicher Angleichung an das Original 279 oder infolge Entlehnung aus mehreren Sprachen 280. — Entlehnung aus einer älteren Sprachstufe 285. — Entlehnung von Suffixen s. dies.
Litotes 71.
Logik: Rücksichtnahme auf die L. bei der Sprachbetrachtung 21.
Luxus in der Sprache: Ursachen der Entstehung 173; Beseitigung des L. durch Untergang d. mehrfachen Formen 174 u. durch Bedeutungsdifferenzierung 175 ff.

Metapher 68—69.
Metathesis 45.

Negationen: unlogische 120.
Negative. Sätze 92.
Nomen: Unterschied u. Übergang zwisch. Nomen u. Verbum 252—257; N. agentis 253; N. actionis 256.
Numerus (der Substantiva): Entstehung der grammat. Kategorie u. Störungen in der Auffassung 185; der N. bei abstraktem Gebrauch eines Wortes 186; der Singular in der Funktion einer absoluten Form 187 f.

Objekt 98.
Onomatopoetische Neuschöpfungen 125—128.
Orthographie: s. Schrift.

Parataxe 101; Übergang zur Hypotaxe 102.
Pars pro toto 70.
Partizipialkonstruktionen 109.
Partizipium: in attribut. Verbindung bei nur indirekter Beziehung 108; nominaler und verbaler Charakter 254.
Pleonasmus: von Bildungselementen 115, in syntakt. Verhältnissen 121.
Prädikat: psycholog. u. grammat. 87—88 197 ff.
Präfixe: Entstehung 240.
Präpositionen: Rektion 106; zur Einleitung von Nebensätzen 119; im Deutschen ohne Artikel beim Subst. 135; Entwickelung aus Adverbien (Loslösung des Kasus von der Pr.) 204; Unterschied u. Übergang zwisch. Präpos. u. Konjunktion 259—261.
Prinzipienwissenschaft: Begriff (Verhältnis zu den Gesetzes und Geschichtswissenschaften) 1; Wert für Resultate und Methode historischer Forschung 2; ihre Aufgaben für die Kulturwissenschaft 4—5; Verhältnis zu der sogenannten Völkerpsychologie 6; ihre Aufgaben für die Sprachgeschichte 17.

Redeteile: Gesichtspunkte für ihre Scheidung (Bedeutung an sich, Funktion im Satzgefüge, Verhalten inbezug auf Flexion und Wortbildung) 244—247; Beurteilung der üblichen Einteilung 248; Unterschied u. Übergänge zwisch. den einzelnen Redeteilen: Subst. u. Adj. 249—251, Nomen u. Verbum 252 —257, Adj. u. Adverb. 258, Präposit. u. Konjunkt. 259—261.
Reduplikation: in onomatopoet. Bildungen 126; beim Verbum 146.
Relativsatz: Verselbständigung 210.

Satz: Definition 85; Teile des S. 87—88; konkrete und abstrakte Bedeutung der Sätze 89; scheinbare Eingliedrigkeit 90—91; Arten der Sätze 92—94; „erweiterter" Satz 95—99; „zusammengesetzter" Satz 100—102. — s. syntakt. Gliederung.
Satzbildung: Mittel der S. 86.

Sachregister.

Satzglieder: koordinierte 95—97.
Satzteile: s. Satz; — Widerspruch zwisch. ihrem psychol. u. grammat. Verhältnis 197—202 (Subj. u. Präd. 197—199, adverb. Bestimmungen 200, attribut. Bestimmungen 202).
Schrift: Vorzüge gegenüber der gesprochenen Rede inbezug auf Wirkungsfähigkeit 262; Unzulänglichkeit inbezug auf die adäquate Bezeichnung der gesprochenen Laute in den einzelnen Sprachen 263—266 und der mundartlich. Verschiedenheiten 267; Verselbständigung gegenüber der Aussprache 269, und Entwickelung zu grösserer Konstanz 270 durch Beseitigung des Schwankens zwisch. mehreren Schreibweisen 271, durch Berücksichtigung der Etymologie 272, durch Festhalten an der Überlieferung den Lautveränderungen zum Trotz 272 f.
Schriftsprache: eine Norm für die Gemeinsprache 288; Gegensätze zur Umgangssprache 289 ff.
Sparsamkeit im Ausdruck: Bedeutung der Ellipse 218; Ergänzung aus dem Vorhergehenden od. Folgenden 219 ff.; Fehlen von Mittelgliedern 221; Ergänzung aus der Situation 222—224.
Sprachbeschreibung: Schwierigkeit der S. 15.
Sprache: Entstehung der S., s. Urschöpfung; tierische und menschliche S. 131.
Spracherlernung 18.
Sprachmischung: Begriff im engeren u. weiteren Sinne 274; Zweisprachigkeit 275. — Spr. geschieht 1. durch Aufnahme fremden Materials 276—282 (s. Lehnwörter), 2. durch Beeinflussung der inneren Sprachform 283. — Dialektmischung 284.
Sprachschöpfung: ist Werk eines Individuums, geschieht unbewusst, gleichmässig in den verschiedenen Individuen 9.
Sprachspaltung: Analogieen zur Entwickelung der organischen Natur 22; Ausgleichung und Differenzierung 23—25; Entstehung selbständiger Sprachen 29.

Sprachusus: Verschiebung des S., s. Sprachveränderung.
Sprachveränderung: Ursache 16—18; Arten 19.
Sprachwissenschaft: Verhältnis zu der Kulturwissenschaft und den historischen Naturwissenschaften 3; Streit über die Methode 3; Unterschied von andern Kulturwissenschaften 9; erfordert geschichtliche Betrachtung der Sprache 10; Gegenstand der S. 11—12.
Sprechkunststücke 45.
Subjekt: psychologisches u. grammatisches 87—88. 198; in okkasioneller Beziehung zum Verbum 108.
Substantivum: Unterschied u. Übergang zwisch. Subst. u. Adjekt. 249—251; s. auch Nomen.
Suffixe: Entstehung der Ableitungs- und Flexionssuffixe aus Kompositionsgliedern 240—242. — Aus Elementen des Wortstammes entstandene Flexionsendungen 147. — Verschmelzung von Suffixen 170. — Pleonastische Verbindung einheimischer Suffixe mit entlehnten 281; analog. Neubildungen mit entlehnten Ableitungs- und Flexionssuffixen 282.
Syntaktische Gliederung: Verschiebung darin beruht 1. im einfachen Satze auf dem Widerspruch zwischen psychol. und grammat. Verhältnis der Satzteile u. seiner Ausgleichung 196—202, auf der usuell gewordenen Entwickelung eines nur logischen Verhältnisses zu einem grammatischen (Auseinanderreissung des grammat. Zusammengehörigen) 203—206, auf Verwandlung indirekter Beziehungen in direkte 207 —208; 2. im zusammengesetzten Satze auf Verselbständigung des abhängigen Satzes u. Umkehrung des Verhältnisses von Haupt- und Nebensatz 209—210, auf Durchbrechung der Grenzen zwisch. Haupt- und Nebensatz 211—213.
Tempus (des Verbums): Ausbildung der grammat. Kategorie 189; Verhältnisse vor der Ausbildung 190; sekundäre Momente für die Bedeutung der gram-

mat. Tempora 191; Zusammenhang zwischen modalen u. temporalen Verhältnissen 192. — Kongruenz des T., s. consecutio temporum.
Tonempfindung, s. Bewegungsgefühl.

Übertreibungen 71.
Umlaut 146. 147.
Unbewusstes in der Seele 12.
Unbewusstheit der sprachschöpferischen Tätigkeit 9.
Ungenauigkeit: bei Rückbeziehung infolge von Kontamination 117.
Urschöpfung 19; 122. 131.
Ursprung der Sprache 20.

Verbindungswörter: Begriff u. Entstehung 206.
Verdeutlichung: durch Zusammensetzung 152.
Verkehr: Einfluss auf die Individualsprache und die Dialektbildung (ausgleichende u. differenzierende Wirkung) 22—25, auf die Bildung einer Gemeinsprache 296 f.

Vernersches Gesetz 134. 140. 142. 143. 147.
Versprechen 81.
Völkerpsychologie: Kritik des Begriffes 6—7.
Volksetymologie 150 f.
Vorstellungen: unübertragbar, auf physischem Wege vermittelt 8.
Vorstellungsgruppen: s. Assoziationen.

Wechselwirkung: zwischen den Seelen der Individuen geschieht auf physischem Wege 7—8.
Wortbildung 225 ff. (s. Komposition).
Worteinheit: aus syntakt. Verbindungen entstandene 163.
Wortklasse: Übertritt in eine andere Wortkl. durch Funktionsveränderung 162.

Zusammenfall: lautlicher, etymologisch unverwandter Wörter durch Lautwandel 149.